国家社科基金后期资助项目
出版说明

后期资助项目是国家社科基金设立的一类重要项目，旨在鼓励广大社科研究者潜心治学，支持基础研究多出优秀成果。它是经过严格评审，从接近完成的科研成果中遴选立项的。为扩大后期资助项目的影响，更好地推动学术发展，促进成果转化，全国哲学社会科学工作办公室按照“统一设计、统一标识、统一版式、形成系列”的总体要求，组织出版国家社科基金后期资助项目成果。

全国哲学社会科学工作办公室

国家社科基金
GUOJIA SHEKE JIJIN HOUQI ZIZHU XIANGMU
后期资助项目

担保期间研究

Study on Guarantee Period

杨巍 著

法律出版社
LAW PRESS · CHINA
北京

图书在版编目(CIP)数据

担保期间研究 / 杨巍著. -- 北京 : 法律出版社,
2023
ISBN 978-7-5197-8458-4

Ⅰ. ①担… Ⅱ. ①杨… Ⅲ. ①担保法-研究-中国
Ⅳ. ①D923.25

中国国家版本馆 CIP 数据核字(2023)第 206158 号

担保期间研究
DANBAO QIJIAN YANJIU

杨 巍 著

责任编辑 韩满春
装帧设计 李 瞻

出版发行 法律出版社
编辑统筹 学术·对外出版分社
责任校对 裴 黎
责任印制 陶 松
经　　销 新华书店

开本 710 毫米×1000 毫米 1/16
印张 29.5 **字数** 483 千
版本 2023 年 12 月第 1 版
印次 2023 年 12 月第 1 次印刷
印刷 三河市兴达印务有限公司

地址:北京市丰台区莲花池西里 7 号(100073)
网址:www.lawpress.com.cn
投稿邮箱:info@lawpress.com.cn
举报盗版邮箱:jbwq@lawpress.com.cn

销售电话:010-83938349
客服电话:010-83938350
咨询电话:010-63939796

书号:ISBN 978-7-5197-8458-4
定价:118.00 元

凡购买本社图书,如有印装错误,我社负责退换。电话:010-83938349

基金项目
国家社会科学基金后期资助项目，项目批准号：21FFXB031

目　　录 Contents

全简称对照表

序列号	简　　称	全　　称
一、法律、法规、规章		
1	《民法典》	《中华人民共和国民法典》(2020年5月28日第十三届全国人民代表大会第三次会议通过)
2	《民法通则》	《中华人民共和国民法通则》(2009年8月27日第十一届全国人民代表大会常务委员会第十次会议修正,自2021年1月1日起废止)
3	《担保法》	《中华人民共和国担保法》(1995年6月30日第八届全国人民代表大会常务委员会第十四次会议通过,自2021年1月1日起废止)
4	《物权法》	《中华人民共和国物权法》(2007年3月16日第十届全国人民代表大会第五次会议通过,自2021年1月1日起废止)
5	《合同法》	《中华人民共和国合同法》(1999年3月15日第九届全国人民代表大会第二次会议通过,自2021年1月1日起废止)
6	《专利法》	《中华人民共和国专利法》(2020年10月17日第十三届全国人民代表大会常务委员会第二十二次会议第四次修正)
7	《企业破产法》	《中华人民共和国企业破产法》(2006年8月27日第十届全国人民代表大会常务委员会第二十三次会议通过)
8	《民事诉讼法》	《中华人民共和国民事诉讼法》(2021年12月24日第十三届全国人民代表大会常务委员会第三十二次会议修改)
9	《公司法》	《中华人民共和国公司法》(2018年10月26日第十三届全国人民代表大会常务委员会第六次会议第四次修正)

续表

序列号	简　　称	全　　称
10	《海商法》	《中华人民共和国海商法》（1992 年 11 月 7 日第七届全国人民代表大会常务委员会第二十八次会议通过）
11	《民用航空法》	《中华人民共和国民用航空法》（2021 年 4 月 29 日第十三届全国人民代表大会常务委员会第二十八次会议第六次修正）
12	《船舶登记条例》	《中华人民共和国船舶登记条例》（国务院令第 155 号，国务院令第 653 号修订）
13	《民用航空器权利登记条例》	《中华人民共和国民用航空器权利登记条例》（国务院令第 233 号）
14	《股票质押办法》	《中国人民银行、中国银行业监督管理委员会、中国证券监督管理委员会关于印发〈证券公司股票质押贷款管理办法〉的通知》（银发〔2000〕40 号，银发〔2004〕256 号修订）
15	《专利权质押办法》	《专利权质押登记办法》（国家知识产权局令第 56 号，国家市场监督管理总局令第 61 号废止）
16	《不动产登记实施细则》	《不动产登记暂行条例实施细则》（国土资源部令第 63 号，自然资源部令第 5 号修正）
	二、司法解释	
1	《民法典时间效力规定》	《最高人民法院关于适用〈中华人民共和国民法典〉时间效力的若干规定》（法释〔2020〕15 号）
2	《民法典担保制度解释》	《最高人民法院关于适用〈中华人民共和国民法典〉有关担保制度的解释》（法释〔2020〕28 号）
3	《民法典担保制度解释（征求意见稿）》	《最高人民法院关于适用〈中华人民共和国民法典〉有关担保制度的解释》（2020 年 11 月 9 日，最高人民法院民事审判第二庭）
4	《民法典物权编解释（一）》	《最高人民法院关于适用〈中华人民共和国民法典〉物权编的解释（一）》（法释〔2020〕24 号）
5	《担保法解释》	《最高人民法院关于适用〈中华人民共和国担保法〉若干问题的解释》（法释〔2000〕44 号，法释〔2020〕16 号废止）

续表

序列号	简　　称	全　　称
6	《保证规定》	《最高人民法院印发〈关于审理经济合同纠纷案件有关保证的若干问题的规定〉的通知》(法发〔1994〕8号,法释〔2020〕16号废止)
7	《独立保函规定》	《最高人民法院关于审理独立保函纠纷案件若干问题的规定》(法释〔2016〕24号,法释〔2020〕18号修正)
8	《诉讼时效规定》	《最高人民法院关于审理民事案件适用诉讼时效制度若干问题的规定》(法释〔2008〕11号,法释〔2020〕17号修正)
9	《民法通则意见》	《最高人民法院印发〈关于贯彻执行中华人民共和国民法通则若干问题的意见(试行)〉的通知》[法(办)发〔1988〕6号,法释〔2020〕16号废止]
10	《合同法解释(一)》	《最高人民法院关于适用〈中华人民共和国合同法〉若干问题的解释(一)》(法释〔1999〕19号,法释〔2020〕16号废止)
11	《合同法解释(二)》	《最高人民法院关于适用〈中华人民共和国合同法〉若干问题的解释(二)》(法释〔2009〕5号,法释〔2020〕16号废止)
12	《买卖合同解释》	《最高人民法院关于审理买卖合同纠纷案件适用法律问题的解释》(法释〔2012〕8号,法释〔2020〕17号修正)
13	《商品房买卖合同解释》	《最高人民法院关于审理商品房买卖合同纠纷案件适用法律若干问题的解释》(法释〔2003〕7号,法释〔2020〕17号修正)
14	《民间借贷规定》	《最高人民法院关于审理民间借贷案件适用法律若干问题的规定》(法释〔2015〕18号,法释〔2020〕17号修正)
15	《房屋租赁合同解释》	《最高人民法院关于审理城镇房屋租赁合同纠纷案件具体应用法律若干问题的解释》(法释〔2009〕11号,法释〔2020〕17号修正)
16	《民法典建工合同解释(一)》	《最高人民法院关于审理建设工程施工合同纠纷案件适用法律问题的解释(一)》(法释〔2020〕25号)

续表

序列号	简　　称	全　　称
17	《2004 建工合同解释》	《最高人民法院关于审理建设工程施工合同纠纷案件适用法律问题的解释》(法释〔2004〕14号,法释〔2020〕16号废止)
18	《2018 建工合同解释》	《最高人民法院关于审理建设工程施工合同纠纷案件适用法律问题的解释(二)》(法释〔2018〕20号,法释〔2020〕16号废止)
19	《工程价款优先权批复》	《最高人民法院关于建设工程价款优先受偿权问题的批复》(法释〔2002〕16号,法释〔2020〕16号废止)
20	《破产法规定(一)》	《最高人民法院关于适用〈中华人民共和国企业破产法〉若干问题的规定(一)》(法释〔2011〕22号)
21	《破产法规定(二)》	《最高人民法院关于适用〈中华人民共和国企业破产法〉若干问题的规定(二)》(法释〔2013〕22号,法释〔2020〕18号修正)
22	《民诉法解释》	《最高人民法院关于适用〈中华人民共和国民事诉讼法〉的解释》(法释〔2015〕5号,法释〔2022〕11号修正)
23	《民诉法意见》	《最高人民法院印发〈关于适用《中华人民共和国民事诉讼法》若干问题的意见〉的通知》(法发〔1992〕22号,法释〔2015〕5号废止)
24	《查封、扣押、冻结财产规定》	《最高人民法院关于人民法院民事执行中查封、扣押、冻结财产的规定》(法释〔2004〕15号,法释〔2020〕21号修正)
25	《执行解释》	《最高人民法院关于适用〈中华人民共和国民事诉讼法〉执行程序若干问题的解释》(法释〔2008〕13号,法释〔2020〕21号修正)
26	《执行异议规定》	《最高人民法院关于人民法院办理执行异议和复议案件若干问题的规定》(法释〔2015〕10号,法释〔2020〕21号修正)
27	《执行担保规定》	《最高人民法院关于执行担保若干问题的规定》(法释〔2018〕4号,法释〔2020〕21号修正)

续表

序列号	简　　称	全　　称
28	《九民纪要》	《最高人民法院关于印发〈全国法院民商事审判工作会议纪要〉的通知》(法〔2019〕254号)
29	《实施民法典纪要》	《最高人民法院关于印发〈全国法院贯彻实施民法典工作会议纪要〉的通知》(法〔2021〕94号)

导　论

一、问题的提出

我妻荣教授在其名著《债权在近代法中的优越地位》中指出，债权能否具有充分财产价值，取决于债权有无清偿能力。债务人全部财产的状态，因债务人的道义心、经济才能及其他个人因素而受到很大影响。在此情形下，“债权人依债权非人格化或使流通灵活的原理，对特定财产确保排他的优先地位，以便最后确保其财产价值。这种制度就是担保权”。[①] 有学者指出，“担保是市场的根基，私法的核心，甚至是现代生活方式的基石”。[②] 即便该论断略显夸张，但是公正高效担保制度的构建，对保障债权人利益和形成良性市场环境无疑具有重要意义。

根据中国银行业协会公布的数据，截至2022年第二季度末，我国商业银行的不良贷款率达1.67%，不良贷款余额约为2.95万亿元，其中很大原因是担保关系失效。各金融机构为规避金融风险，大多在自行制定的内部规章中将“应当在担保期间内行使债权”规定为必要的工作流程，[③]但实际适用效果并不尽如人意。这固然与国内外总体经济形势、市场信用状况等背景因素有关，但担保期间等制度的缺憾对该局面的恶化也在一定程度上起到了催化作用。保证期间、抵押权行使期间、工程价款优先权行使期间等规则解释和立法完善一直在学理及实务上争议不断。最核心的问题如下。

第一，在价值取向上，我国担保期间制度应采“债权人本位”还是“担保人本位”？前者以保障债权人担保利益的实现为首要目标，后者以防止担保人负担过重为优先价值。在前《民法典》时代，基于解决当时异常突出的三角债的现实需求，《担保法》及其司法解释更多地体现了对债权人的保护，并在规则设计上有意识地加重了担保人的负担。[④]《担保法》实施

① 参见［日］我妻荣：《债权在近代法中的优越地位》，王书江等译，中国大百科全书出版社1999年版，第49页。

② 参见［美］万安黎：《担保论——全球金融市场中的法律推理》，江照信等译，中国民主法制出版社2013年版，第6页。

③ 参见《中国工商银行贷款担保管理办法》第31条、第32条；《中国邮政储蓄银行信贷担保管理办法》第43条、第88条。

④ 参见刘贵祥：《民法典关于担保的几个重大问题》，载《法律适用》2021年第1期。

20余年来，国家经济总量和经济结构都已经发生巨大变化，担保制度的立法目的也发生了相应调整，由清理三角债、强化债权人保护这一单向目标，转为优化营商环境、提高融资效率和化解市场风险等宏观、多重目标。[①]针对这些新的立法目的，《民法典》及新司法解释的相关规定已经有所体现。在此背景下，对担保期间相关规则进行解释时，有必要将以前的“债权人本位”标准进行相应调整。

第二，在现行法采取担保权从属性原则的前提下，如何界定担保期间的性质？我国《民法典》未采流通性担保权（如德国、瑞士）的制度设计，担保权的功能限于担保主债权，故以从属性为原则。基于防范金融风险及遏制欺诈等原因，独立担保被限定于特定的适用范围。[②] 因此在现行法框架下，担保期间规则的解释应充分考量具有从属性的各类担保期间与主债权诉讼时效的合理衔接。尤其在保证担保领域，由于保证债务既适用保证期间又适用自身诉讼时效，还须受主债务诉讼时效影响，如何理顺三者的关系，颇费周章。

第三，在《民法典》将担保物权（抵押权、质权、工程价款优先权等）排除适用诉讼时效的前提下，如何解决担保物权行使期间与主债权诉讼时效的兼容性问题？抵押权行使期间届满的法律后果应采何种模式？对于担保物权行使期间，域外法的规定差异极大，并无立法通例可直接借鉴。《民法典担保制度解释》在总结实务经验的基础上，对抵押权行使期间和其他担保物权行使期间设置了不同的规则。对此类担保期间规则进行解释时，应当就登记、占有等不同公示方式对各方当事人利益关系的影响予以充分考量，以实现相关规则的体系兼容性，[③]并在此基础上设计出合理的立法完善方案。

第四，意思自治原则在担保期间制度中应贯彻到何种程度？应否允许当事人就担保期间作出约定或者登记，以及对此种约定应给予何种程度的干预？对于该问题，并无域外统一模式可循，《民法典》对各类担保期间采取了不同态度。应当在明晰各类担保权性质差异的基础上，结合相关规范属性、与其他规则（如动产担保登记制度）的衔接等因素，对担保期间相关规则进行解释和完善。

对上述问题的不同回答，实际上是对担保期间制度之“性格”的不同

---

① 参见黄薇主编：《中华人民共和国民法典物权编释义》，法律出版社2020年版，第454页。

② 参见高圣平：《担保法前沿问题与判解研究》（第5卷），人民法院出版社2021年版，第26页。

③ 参见最高人民法院民事审判第二庭：《最高人民法院民法典担保制度司法解释理解与适用》，人民法院出版社2021年版，第63~64页。

选择。理论和实务上涉及担保期间的各种分歧,无不与上述问题有直接或间接关联。本书拟以上述问题为基本线索,对现行法框架下的各类担保期间规则进行解释论研究,并在此基础上予以立法论视角的检讨。

二、研究现状

域外各国及地区的担保制度(尤其是担保物权)差异较大,各国学界的研究重点和角度亦不完全相同。在德国,具有严格从属性的担保性抵押权和不具(或限制)从属性的土地债务、流通性抵押权的担保期间适用二元规则,其研究重点在于如何使该担保期间贯彻抵押权的担保功能或流通功能。债法改革后的《德国民法典》第 216 条采取了"击破担保物权从属性理论",规定主债权时效届满不能阻碍抵押权、船舶抵押权和质权的行使。围绕"击破理论"的合理性,学界存在激烈的对立,并产生了各种立法方案。① 主流观点认为,不应当区分担保权的从属性以决定是否适用"击破理论",因为这会导致不同种类担保权的担保质量变得不同,从而影响当事人在实践中的选择。② Peters、Zimmermann 等少数学者认为,应当在区分担保物权是否具有从属性的前提下,分别规定二者在主债权时效届满后是否消灭。具有从属性的担保物权如担保性抵押权、质权等,在主债权时效届满后应当均归于消灭;不具有从属性的担保物权如流通性抵押权、土地债务、定期金债务等,则不因主债权时效届满而消灭。德国立法机关在债法改革中最终采纳了主流观点。③

在法国,学界对消灭时效的性质存在分歧,主流学说"实质主义理论"与少数说"程序主义理论"相互对立。前者认为消灭时效不会消灭作为实体权利的债权,而仅消灭诉讼权利;后者认为消灭时效同时消灭债权人享有的债权和诉讼权利。④ 由于在法国法框架下抵押权和优先权等担保物权亦适用消灭时效,⑤故抵押权等担保物权适用自身时效的性质亦存在相应的分歧意见。法国学界的另一个值得注意的研究动向是:2006 年担保法改革以前,对不具有从属性的独立担保(la garantie autonome)、意向函(les letters d'intention)是否属于人的担保,学界多持否定态度,其担保期间依据

---

① Vgl. Heinrichs:Reform des Verjährungsrechts?,NJW 1982, 2021.

② Vgl. Heinz-Peter Mansel:Die Neuregelung des Verjährungsrechts,NJW 2002,89.

③ 参见朱岩编译:《德国新债法条文及官方解释》,法律出版社 2003 年版,第 52 页。

④ Francois Terré Philippe Simler Yves Lequette, Droit Civil, Les Obligations 10e édition, Dalloz, p. 1481. 转引自张民安:《法国民法》,清华大学出版社 2015 年版,第 314 页。

⑤ 参见《法国民法典》第 2488 条第 4 项。

一般合同关系处理。[①] 民法典最终规定了这些新型担保方式为人的担保,但对其担保期间与主债务消灭时效的从属性程度仍存一定争议。在物的担保领域,基于"减少设立担保的费用,鼓励抵押信贷"之目的,法国担保法改革确立了"可再负担抵押"这一新型抵押权。此类抵押权突破了传统抵押权所具有的"从属性原则"和"主债权特定性原则",其担保期间等相关规则尚有待进一步理论研讨和实践检验。[②]

日本学界在继受德国法教义学方法的基础上,特别重视判例研究方法,并对立法活动产生积极影响。[③] 2017 年《日本民法典》作了较大幅度的修改,新法的大部分规则都是将判例创制的规则条文化,并且整理不合理的规定或难以读懂的规定。[④] 例如,在修法以前,学理及判例总结出物上保证人可以援引主债务时效抗辩权的意见,[⑤]该意见最终被正式规定于《日本民法典》第 145 条。主债务时效因哪些事由中断时亦可导致保证债务时效中断,学理及判例对此存在分歧,[⑥]立法者最终采纳了多数意见,修改后的《日本民法典》第 457 条第 1 款将该事由界定为"履行请求及其他事由而致时效之延期完成或更新"。对于学理及判例尚存较大争议而未达成共识的某些问题,立法者采取了搁置态度而未在此次修法中给出确切结论。例如,对于保证人承认债务,对主债务人及其他连带债务人是否也产生丧失时效援用权的效果(日本学界称其为"丧失时效援用权的主观范围"),学理及判例分歧较大,[⑦]民法典对此仍未作出明确规定。日本学界的这种精细化研究方法和对整理判例意见的重视,确有值得借鉴之处。

质言之,各类担保期间的域外相关研究成果较为丰富,其研究范式提供了方法论上的指引和参考,对我国的立法、实务及学理意见均具借鉴意义。尤其是德、法等国民法典修订中担保权从属性的变化对担保期间规则的影响,颇值关注。

在我国学界,保证期间、抵押权行使期间等问题一直是理论及实务研究的热点,相关研究成果已有相当积累。此类标志性成果较多,如关于保

---

① Philippe Simler Philippe Delebecque, Droit Civil Les Sûretés La Publicité Foncière, 5e édition, Dalloz, p. 246-247. 转引自张民安:《法国民法》,清华大学出版社 2015 年版,第 511 页。

② 参见李世刚:《法国担保法改革》,法律出版社 2011 年版,第 151 页。

③ 参见谢亘:《日本的判例制度》,载《华东政法大学学报》2009 年第 1 期。

④ 参见王融擎编译:《日本民法条文与判例》(上册),中国法制出版社 2018 年版,第 2 页。

⑤ 参见[日]近江幸治:《民法讲义Ⅰ:民法总则》(第 6 版补订),渠涛等译,北京大学出版社 2015 年版,第 313 页。

⑥ 中田裕康『債権総論(第 3 版)』(岩波書店,2014 年)494~495 頁参照。

⑦ 金山直樹『時効における理論と解釈』(有斐閣,2009 年)516 頁参照。

证期间的性质,学者立足于解释论[①]或立法论[②]的视角,对其进行了深入讨论。对于保证期间与主债务诉讼时效的关系,虽然法律及司法解释已有规定,但学理上仍然存在"择一说""衔接说""并行说"之争。又如,对抵押权行使期间届满的后果,代表性观点有"抗辩权发生说""抵押权消灭说""从权利效力说"等。这些学理讨论对澄清有关理论困扰和解决法律适用问题无疑具有积极意义,并且有关学理意见已经对司法实务操作产生了直接影响。[③] 现有研究成果对本书的写作无疑具有启示意义并提供了丰富的研究素材。总体而言,对担保期间的现有研究仍有以下不足。

第一,研究的问题具有不平衡性。其一,现有研究主要集中于保证期间和抵押权行使期间(占全部文献九成以上),而对质权、留置权、非典型担保权等担保期间研究尚未充分展开。例如,对质权行使期间,现有研究多于阐述抵押权行使期间时附带提及,少有将其作为独立问题予以专门讨论,而域外学界则不乏专门针对质权行使期间的研究成果。其二,关于保证期间和抵押权行使期间的现有研究主要集中于几个特定问题,对该领域的其他问题较少关注。研究较为集中的问题包括:保证期间的性质、保证期间的确定、保证期间与主债务诉讼时效的关系、抵押权行使期间届满后果等。在司法实务中,由这两类担保期间的其他问题产生的困扰不乏其例,如最高额抵押权行使期间的计算规则、独立担保之担保期间的确定、主债权的重新确认对抵押权行使期间的影响等,但学界对此类问题的研究总体上偏少。值得注意的是,在最高人民法院2016年制定颁布《独立保函规定》的背景下,针对原本关注较少的独立担保的担保期间问题产生了一些新的研究成果,[④]颇具探索意义。

第二,理论提升尚未充分展开。现有研究较多关注担保期间具体规则的解释及完善,而对该制度的价值取向、立法理念等问题的理论总结尚不充分。例如,对担保期间的功能,现有著述多表述为:督促债权人行使权利、合理分担风险、公平保护各方当事人的利益等。这些表述固然揭示了

---

① 参见王利明:《合同法分则研究》(下卷),中国人民大学出版社2013年版,第311页;程啸:《保证合同研究》,法律出版社2006年版,第502页;甄增水:《解释论视野下保证期间制度的反思与重构》,载《法商研究》2010年第5期。

② 参见王轶:《民法总则之期间立法研究》,载《法学家》2016年第5期;张谷:《论约定保证期间——以〈担保法〉第25条和第26条为中心》,载《中国法学》2006年第4期;冯珏:《或有期间概念之质疑》,载《法商研究》2017年第3期。

③ 参见"王某诉李某抵押合同纠纷案",载《最高人民法院公报》2017年第7期。

④ 参见王利明:《独立保证的相关问题探讨》,载《当代法学》2020年第2期;刘斌:《独立担保的独立性:法理内涵与制度效力——兼评最高人民法院独立保函司法解释》,载《比较法研究》2017年第5期。

民事期间制度的一般功能和价值，但对担保期间制度特有功能的理论提炼则嫌不足，且对担保期间制度究竟应采“债权人本位”还是“担保人本位”的方向性问题也未作出回答。在域外法上，人的担保领域中的保证期间更多地体现减轻保证人负担的理念，担保物权领域中各类担保期间则明显强化对债权人的保护。我国学理及实务上关于担保期间的某些争议，在一定程度上似乎就是由于担保期间制度价值取向不明造成的。有少数学者意识到该问题，并进行了具有探索意义的研究。例如，有学者从时效和担保物权的各自价值入手，进一步得出结论认为抵押权行使期间之现有规则“不但有立法技术上的缺陷，而且有价值选择上的偏差”。[①] 但总体而言，对担保期间制度价值的理论研究尚未充分展开。

第三，对其他制度给担保期间造成的体系性效应关注不足。例如，一些成果主张借鉴法国、日本等国的做法将担保期间与主债务诉讼时效直接挂钩，但域外法规定的时效期间普遍长于我国，该模式在我国难以达到域外法对债权人的实际保护效果。又如，对于抵押权行使期间届满的后果，现有研究多侧重于对“抗辩权发生说”“抵押权消灭说”自身合理性进行分析比较，但对程序法相关规则（如执行异议）与该问题的体系性协调未予足够关注。

第四，因法律施行时间尚短，《民法典》和新司法解释涉及担保期间新规定的研究还未充分展开。在贯彻《民法典》立法原意和总结实务经验的基础上，《民法典担保制度解释》对旧司法解释的相关规定进行了调整、修改、删除和新设，其中大多涉及学理及实务上长期存在争议、悬而未决的问题。[②] 涉及担保期间的新规定主要包括：一般保证的保证期间与保证债务诉讼时效的衔接；共同保证的保证期间的确定和效力；最高额保证的保证期间的计算；无效保证合同对保证期间的适用；保证期间的释明；撤诉对保证期间的影响；主债权诉讼时效届满对抵押权行使期间的影响；主债权诉讼时效届满对留置权行使期间的影响；工程价款优先权行使期间的确定与起算等。对于这些新规则，已有学者释义书进行了富有建设性地探讨，[③]但其具体观点尚有进一步优化的空间。担保期间的这些新规则，将成为本书的重点研究内容。

---

① 参见徐洁：《担保物权与时效的关联性研究》，载《法学研究》2012年第5期。

② 参见刘贵祥：《民法典关于担保的几个重大问题》，载《法律适用》2021年第1期。

③ 参见程啸、高圣平、谢鸿飞：《最高人民法院新担保司法解释理解与适用》，法律出版社2021年版；高圣平：《担保法前沿问题与判解研究》（第5卷），人民法院出版社2021年版。

三、研究方法

除采取文献综述、理论分析等常规研究方法以外，本书重点采取以下两种研究方法：一是立法比较研究方法；二是案例实证研究方法。

担保期间制度在大陆法系各国及地区已发展得较为成熟，形成了大量的文献资料和丰富的研究经验，通过对域外法律制度和学说演进的细致梳理，能够给我国法律规范体系建设以很好的启示。虽然由于各国担保制度差异较大导致担保期间规则内容不尽相同，但是本书力图通过对各类规则进行细致梳理，总结出各立法模式在立法理念上的若干共识，并以此作为检讨我国现行法得失的依据之一。例如，各立法模式关于抵押权行使期间的具体规则差异极大，但在立法理念上均体现了优先保护抵押权人享有充分时间行使权利的精神，各种规则的设置不过是实现该立法理念的不同路径选择而已。这种立法理念的共识值得我国立法予以特别重视。本书自第二章以下各章均设专节对域外立法模式予以梳理比较，并总结出各立法模式体现的价值理念。

本书的案例实证研究主要包括两种形式，即个案研究和类案比较研究。个案研究是针对具有典型意义的案例进行分析讨论，对其裁判理由和裁判结论予以评价，并总结该裁判理由或裁判结论所具有的理论意义和实践意义。例如"中国农业银行股份有限公司锦州锦兴支行与锦州玥宝某塑业有限公司金融借款合同纠纷案"中，在现行法未规定抵押人有权请求抵押权人及时行使抵押权的前提下，主审法院运用合同法上的减轻损失规则肯定了抵押人的该项权利。笔者从抵押权的不可分性、减轻损失规则的适用条件、增加利息的因果关系等方面对该案的裁判理由和裁判结论予以分析讨论及评价。[①] 类案比较研究是对多个同类案件进行整体比较研究，对不同的裁判理由和裁判结论进行梳理分类，并分析形成不同裁判理由和裁判结论的可能原因。在此基础上，对司法实务经验尽可能予以理论上的提炼，以期对法律适用和理论研究有所助益。例如，对于无效保证合同是否适用保证期间问题，最高人民法院的裁判意见前后不一。通过对"中国信达资产管理公司郑州办事处与濮阳市石油公司等借款担保纠纷上诉案"[②]和"中国银行（香港）有限公司与广西壮族自治区商务厅、刘经纶一般担保合同纠纷案"[③]等类似案例的裁判理由和裁判结论进行分析比较，总结出

---

① 参见第三章第六节。

② 参见最高人民法院（2002）民二终字第87号。

③ 参见最高人民法院（2013）民四终字第23号。

司法实务最新的倾向性意见。本书在选取案例时遵循了以下原则。

第一，权威性。优先选取最高人民法院指导案例、公报案例以及最高人民法院作为主审法院的案例，这些案例的裁判意见反映了最高司法机关的倾向性意见。其次选取各高级人民法院作为主审法院的案例，并尽可能结合该高级人民法院颁布的“指导意见”“会议纪要”等法律文件分析其裁判意见。最后选择其他各级法院主审的案件。

第二，典型性。就凸显争议或具有重要意义的理论或实务问题，选取在裁判理由或裁判结论上具有典型性的案例。如果同类案件中存在裁判理由或裁判结论不同的情况，对具有代表性的各类裁判理由或裁判结论适当选取，作为类案比较研究的素材。

第三，全面性。本书选取案例的来源包括：中国裁判文书网、北大法宝案例库、《人民法院案例选》、《人民司法》、《最高人民法院裁判意见精选》以及最高人民法院编纂的《民商事审判指导》等系列丛书。当然，面对浩如烟海的案例资源，由于研究手段的局限性，绝对意义的“全面性”几无可能。本书旨在通过个案研究和类案比较研究的途径，将若干重点问题的司法实务现状尽量予以客观呈现。

四、研究框架

本书的立法论层次目标是：基于立法比较的横向视角和法条演变的纵向视角，对各类担保期间的价值理念予以理论阐释，在此基础上对现行法的利弊得失进行检讨，并给出相应的立法建议。解释论层次的目标是：运用法教义学的各种解释方法，对各类担保期间规则予以解释、修正和完善，梳理总结相关司法实务意见，以期对提高法律适用的质量有所帮助。

基于上述两个目标，本书内容共分为六章。第一章“担保期间的基本问题”分析讨论各类担保期间的基本理论问题，包括：担保期间的含义、担保期间与相关期间之比较、担保期间的功能、担保期间的种类等。第二章至第六章分别研究各具体担保期间，包括：保证期间、抵押权行使期间、质权行使期间、留置权行使期间、工程价款优先权行使期间等。每章内容基本包括：概述、立法例比较（归类比较、各立法模式体现的价值理念）、担保期间的确定（法定、约定）、担保期间的效力（未起算的效力、已起算未届满的效力、届满的效力）、担保期间的计算、特殊担保期间（如独立保函的保证期间、最高额抵押权行使期间）、我国现行法之检讨（现行法与域外立法模式价值理念之比较、我国的立法选择）等。

第一章　担保期间的基本问题

第一节　担保期间的含义

一、时间、法律上的时间与担保期间

在社会学领域，对时间的多重视角研究已有较为丰富的成果。马克思主义理论认为，时间的本质是社会性，因为时间与实践不可分离：理论与实践的统一。功能主义理论认为，时间总是社会时间，因为时间反映、规范和安排着社会生活，即时间是社会事实（social fact）。现象学理论认为，物理环境和身体的不同时间维度是“生活世界”（life-world）的必要组成部分。时间只能是互为主体性地得以构建，因而时间就是社会时间，不过唯有人类被赋予了主体地位。① 社会学研究者对时间问题的研究重点主要集中于：定时问题、时长问题、序列问题以及时间观和时间视角方面的跨文化差异问题等。② 这些学术观点和研究视角对法学领域中各类期间制度的研究和构建具有一定的借鉴意义。例如，英国学者帕特里克认为时间的意义在于：人们在规则的框架下进行自我反思，由此理性地指导自己的行为。这种反思可以是个人的，也可以是集体的，还可以进一步区分为人们对自己（各类）行为的反思，以及面临新经验或未预料到的经验时，对该行为的隐形规则或未认识到的因果机制的反思。这两种反思使个人行为都得到理性的调整。③ 该观点从社会学视角揭示了时间因素对调整个人行为的社会意义。

在法学领域，亦不乏基于不同视角对时间进行的研究。法理学者多立足于时间因素对法学研究或制度构建的意义进行抽象概括。例如，有学者总结了法学研究时间问题的意义，认为其主要包括两个方面，即价值意义

---

① 参见［英］芭芭拉·亚当：《时间与社会理论》，金梦兰译，北京师范大学出版社 2009 年版，第 53 页。

② See H. Martins, *Time and Theory in Sociology*, in J. Rex, Approaches to Sociology: An Introduction to Major Trends in British Sociology, London, Routledge and Kegan Paul, 1974, p. 246-294.

③ 参见［英］帕特里克·贝尔特：《时间、自我与社会存在》，陈生梅等译，北京师范大学出版社 2009 年版，第 19～20 页。

(正义、秩序、效率等)和工具意义(制度创新、法律思维、法律观的现代化等)。[①] 还有学者分析研究了时间观对法律制度存在的影响,认为两种基本时间观(循环时间观、线性时间观)分别契合于古代法律与现代法律。[②]“权利是呈现于现在、根源于过去并指涉于将来的。”[③]还有学者将时间的意义总结为“一种必需的法律制度要素”。比较来看,传统法律呈现传统社会时间观的鲜明特征,其表达具有明显的自然性,数字化程度也较低。现代法律时间则是一个更具客观性的概念,且包含着一整套关于时间的规则。[④] 这些观点有助于我们从更为宏观的视角看待和理解担保期间制度。

从社会学视角来看,担保期间也是一种社会时间,即反映、规范和安排社会生活中担保行为和担保关系的时间。担保期间作为一种社会事实,影响当事人对自己实施的担保行为所进行的反思、评价,并由此起到对担保实践的理性调整作用。从法学视角来看,担保期间是法律上的时间的一种表现形式,是民事实体法领域中各类期间中的一种。担保期间借助法律制度的强制力保障,将立法者所欲实现的价值理念及特定立法目的贯彻于担保领域,体现了立法者在特定法律体系下对担保权予以时间限制的立法态度。

二、担保期间的概念

在我国现行法框架下,相关法条多直接采用“保证期间”“抵押权行使期间”等针对具体担保权的概念。作为一个学理概念,担保期间是保证期间、抵押权行使期间、质权行使期间等具体期间的上位概念,它凝结了各具体期间概念的共同含义及价值理念。本书认为,担保期间是指担保权人享有担保利益和行使担保权受法律保护的期间。担保期间包含以下几方面的具体含义。

(一)担保期间的目的是划定担保权的时间边界

在现代民事权利体系中,除所有权、人格权等少数权利不受时间限制外,绝大多数民事权利均受时间限制,为有期限的权利,即它们只能在一定的期间内有效存在或得到公力救济。[⑤] 担保期间制度的基本作用,是界定

---

① 参见于兵:《私权救济的时间限度》,吉林大学 2005 年博士学位论文。

② 参见熊赖虎:《时间观与法律》,载《中外法学》2011 年第 4 期。

③ 参见熊赖虎:《权利的时间性》,载《现代法学》2011 年第 5 期。

④ 参见高一飞:《论作为法律制度要素的时间:“法律时间化”及其根由解析》,载《〈北大法律评论〉2018 年学术研讨会论文集——法律与法学中的“时间”与“空间”》。

⑤ 参见杨巍:《民事权利时间限制研究》,武汉大学出版社 2011 年版,第 16 页。

了担保权在多长时间内能够有效存在,或在多长时间内能够得到公力救济,即担保权为法律所认可和保护的时间范围如何。

由于担保期间使担保权的存续或保护在时间上受到限制,故担保期间是体现权利限制的一项制度。对于权利限制的界定与解释,学理上素有外在理论与内在理论之争。外在理论认为,权利的初始状态是不受限制、没有边界的,权利限制是由于国家、法律等外部原因造成的结果。所谓权利是指本义上的权利(right in itself),其本无限制,其后则存在一个经限制后的权利(right as limited)。[①] 内在理论认为,权利并非先于法律而存在,权利是法律规制及确认的结果。权利限制的产生原因源于权利内部,其本质是界定权利外延或者内容的方法。[②] 对这两种理论,我国学界均有支持者。[③] 笔者认为,这两种理论各自从不同角度对权利及权利限制的本源作出了理论上的阐释,仅从理论的角度来看,二说都可以自圆其说。但是,任何学说的建立及采纳,都不能脱离社会经济现实和法律现实,结合我国的社会现实及立法司法现状,采取内在理论来界定权利限制为宜。一方面,外在理论先验地认为权利先于国家和法律而存在,这与自然法权利的理念不谋而合。在我国学界,主流观点历来强调法的阶级性和社会性,外在理论在学界的现有语境下显然缺乏能够被普遍认可的理论基础;另一方面,我国立法及学理意见历来强调权利的法定性特征,即权利是得到法律确认和保护的利益,这种认识与内在理论更为接近。因此,本书所称担保期间,是在内在理论的语境下所使用的概念。

(二)担保期间包括担保权存续期间和担保权行使期间

担保期间概念包含两层基本含义,一是担保权存续期间,二是担保权行使期间。担保权存续期间,是指担保权有效存在的期间,即以担保权成立为起点、担保权消灭或丧失法律保护为终点的时间段,如保证合同有效期间、抵押权存续期间等。在担保权存续期间内,担保权已经有效成立并能够产生相应的法律效力,如保全担保财产价值的效力、附随义务等。但是如果担保权行使条件尚未具备,即使是在担保权存续期间内,担保权人也还不能行使担保权以获得清偿。担保权行使期间,是指担保权人能够依法行使担保权的期间,即以担保权行使条件具备为起点、担保权消灭或丧

---

① See Robert Alexy, *A Theory of Constitutional Rights*, Oxford University Press, 2002, p. 55.

② 参见[法]雅克·盖斯旦等:《法国民法总论》,陈鹏等译,法律出版社 2004 年版,第 704~705 页。

③ 外在理论说参见张平华:《私法视野里的权利限制》,载《烟台大学学报(哲学社会科学版)》2006 年第 3 期;内在理论说参见丁文:《权利限制论之疏解》,载《法商研究》2007 年第 2 期。

失法律保护为终点的时间段,如保证期间、抵押权行使期间、质权行使期间等。担保权行使期间自担保权行使条件具备时起算,这意味着在担保权行使期间内担保权人可以行使保证债权、抵押权、质权等担保权以获得清偿。担保权存续期间与担保权行使期间的基本关系是,前者必然包含后者,后者只能存在于前者之中。

本书的研究重点是担保权行使期间,而非担保权存续期间。主要原因如下。

第一,担保权人的核心担保利益是行使担保权以使主债权受偿,担保权行使期间规则的适用与该利益的实现密切相关。无论担保权人享有保证债权抑或担保物权,设立担保权的主要目的都是强化主债权的效力、增大主债权的受偿机会,而该目的必须通过行使担保权才能实现。[①] 担保权行使期间对担保权人行使担保权构成时间上的限制,故该期间对担保权人核心利益的影响甚巨。在担保权存续期间内,如果担保权行使期间尚未起算,担保权人虽然已经享有担保权,但因担保权行使条件此时尚不具备,担保权人还不能行使担保权以获得清偿。换言之,担保权人享有的担保权的核心效力(如优先受偿效力)尚处于隐而未发的状态,此时担保权人只能依据债权或物权的一般效力受到保护(如附随义务、物权请求权)。担保权的这些效力不属于担保权人的核心利益。

第二,担保权行使期间属于特殊期间规则,而担保权存续期间的相关问题可通过合同效力、物权效力等一般规则予以解决。担保权行使期间的制度构建及规则适用,涉及债权人(担保权人)、担保人、主债务人、第三人等多方主体的利益考量,且涉及实体法规则与程序法规则(如担保物权实现程序)的衔接,故其构成特定领域的特殊规则体系,不能被诉讼时效或除斥期间等制度涵盖。担保权存续期间内各方当事人的权利义务,主要涉及附随义务、物权请求权、损害赔偿等内容。这些内容在传统债法和物权法中已有充分研究,故本书不以其为研究重点。

第三,就现行法和学界现有研究的角度而言,其似乎均未对担保权存续期间和担保权行使期间作出清晰的区分,也未明晰二者的区分意义。例如,《民法典》第 406 条规定的"抵押期间",应解释为以抵押权设立为起点、抵押权行使条件具备为终点的时间段,而非抵押权行使期间。[②] 法条用语的混乱,在一定程度上反映了立法及学理对区分担保权存续期间与担保

① 参见[日]我妻荣:《债权在近代法中的优越地位》,王书江等译,中国大百科全书出版社 1999 年版,第 49 页。

② 参见第三章第一节。

权行使期间的忽视,并进一步造成了法律适用的困扰。

(三)担保期间限制的对象包括担保物权和担保债权

在担保的两类基本方式即物的担保和人的担保中,均有适用担保期间的问题。在担保物权领域,担保期间包括抵押权行使期间、质权行使期间、工程价款优先权行使期间等。在人的担保即保证领域,担保期间主要是指保证期间。这两类担保期间的内容和效力存在一定差异:以担保物权为限制对象的担保期间通常是物权效力担保期间,即担保期间的起算、届满导致物权内容的变动;以保证合同为限制对象的保证期间属于债权效力担保期间,其起算、届满导致保证债权内容的变动。

(四)担保期间限制担保权的方式包括直接限制和间接限制

各类担保期间虽然均具有限制担保权存续时间或行使时间的作用,但是由于各国法律体系的差异性、一国法律体系内部对各类担保权定位的差异等原因,各类担保期间限制担保权的方式并不完全相同,大致包括直接限制和间接限制两种方式。

担保期间直接限制担保权,是指担保期间的直接适用对象就是担保权,或者担保期间构成担保权的内容组成部分。例如,法国法中,抵押权和优先权均适用自身的时效,[①]该时效的适用对象即为抵押权和优先权,其属于一种直接限制担保权的担保期间。该规定的前提是,法国法上的消灭时效作为"具有解除义务之效果的时效",是消灭债权与物权的一种方式。[②]在德国法系中,由于消灭时效的适用对象被限定为请求权,[③]法律如欲实现直接限制抵押权的效果,则必须设计其他期间(而非时效期间)规则适用于抵押权。

担保期间间接限制担保权,是指担保期间的直接适用对象不是担保权,该期间是直接限制担保合同(而非担保权)的某种期间,或者是主债权适用时效对担保权存续时间或行使时间产生的影响。具体包括两种情况:一是担保期间的直接限制对象是担保合同而非担保权。例如,保证期间作为保证合同所附解除条件,该条件成就导致保证合同失效,保证人免责仅为保证合同失效的后果之一。[④] 二是所谓"担保期间",不过是主债权适用时效对担保权存续时间或行使时间产生的影响。此类担保期间有"名不副

---

① 参见《法国民法典》第2488条第4项。

② 参见[法]弗朗索瓦·泰雷、菲利普·森勒尔:《法国财产法》(上册),罗结珍译,中国法制出版社2008年版,第546页。

③ Vgl. Helmut Grothe, Kommentar zum § 194, in: *Münchener Kommentar zum BGB*, 9. Aufl., München: C. H. Beck, 2021, Rn. 40.

④ 参见第二章第一节。

实”之嫌，因为它不是法律专门设置的一种期间，而是主债权适用时效对担保权造成的某种影响。基于行文方便的原因，亦以担保期间称之。与其说它是一种期间，不如说它是担保权从属性在时间上的反映更为准确。例如，在日本法中，法律没有对质权行使期间作直接规定，但依据《日本民法典》第 145 条规定，物上保证人属于有权援引主债权消灭时效抗辩权的“当事人”。换言之，主债权消灭时效的直接对象虽然不是质权，但基于质权的从属性，出质人亦可援引主债权消灭时效抗辩权。这就间接导致债权人行使质权也被限定在一定的时间范围之内。又如，我国《民法典》第 419 条规定抵押权人应当在主债权诉讼时效期间行使抵押权，因现行法规定诉讼时效的适用对象仅限于请求权，故主债权诉讼时效的直接适用对象并非抵押权而是主债权，故该条亦属间接限制担保权的例证。

第二节　担保期间的功能

担保期间的功能与担保制度的功能既有一致性，也有差异性。主流意见认为，担保制度的功能包括：确保债权的安全及实现；降低交易成本；促进资金融通；强化信用保障；刺激消费、高效地满足消费需求、优化营商环境等。[①] 担保期间的某些功能与其一致，如降低交易成本、促进资金融通等；但也有些与上述功能存在一定程度的抵触，如确保债权的安全、强化信用保障等，因为很明显，永久性担保更有利于这些功能的实现。本书认为，担保期间具有以下几个方面的功能。

一、促进资金融通、优化营商环境

担保制度的立法目的是“促进资金融通和商品流通、为优化营商环境提供法治保障”。[②] 包括担保期间在内的各项规则设计，均应遵循该立法目的要求。“经济发展史表明，在本来不认识的人之间建立相互之间的信任关系是交易范围扩大和经济发展的关键。”[③]担保期间制度有助于这种信任关系的建立，并在此基础上促进资金融通，因为该制度使担保权益和担保风险都被纳入一个可预见的时间范围，这种权利义务安排更容易被各

---

① 参见最高人民法院民事审判第二庭：《最高人民法院民法典担保制度司法解释理解与适用》，人民法院出版社 2021 年版，第 38～39 页；徐洁：《担保物权功能论》，法律出版社 2006 年版，第 61～69 页。

② 参见王晨：《关于〈中华人民共和国民法典（草案）〉的说明》，2020 年 5 月 22 日第十三届全国人民代表大会第三次会议。

③ 参见张维迎：《法律制度的信誉基础》，载《经济研究》2002 年第 1 期。

方当事人接受。在法律体系中设置担保期间制度,对各方当事人而言都有利于促进资金融通功能的实现,并由此促进优化营商环境目标的实现。

第一,对担保人而言,担保期间的存在使其更加愿意提供担保。由于法律设置了担保期间制度,无论担保人提供物保还是人保,担保关系均被限定在一定期间之内,而不会使担保人永久负有担保责任。换言之,担保人可通过风险评估等手段,在自己可以接受的前提下为他人的债务提供担保,以作为交易安排的组成部分。各国法律都允许当事人就人的担保关系约定保证期间,某些国家的法律还允许当事人就担保物权存续期间或行使期间作出约定,这就使担保人有机会依其意思确定担保期间的长度。这无疑会增加担保人提供担保的可能。例如,在《日本民法典》“债编”的修订过程中,基于保证担保主要适用于中小企业融资、熟人亲族之间借贷等情形的现实,为避免保证人负担过于严酷的结果,并使保证制度被更有效率地运用,对个人最高额保证之保证期间等规则作出了有利于保证人的修改。[①] 我国《民法典担保制度解释》对共同保证和最高额保证的保证期间的规定,亦在一定程度上体现了该精神。[②]

第二,对债权人而言,担保期间制度增加了其获得担保的机会。虽然从理论上而言,对债权人最有利的选择是获得永久性担保,但是这种担保因负担过于沉重实际上少有担保人愿意提供,这必然会降低债权人获得担保的机会。法律设置担保期间制度,虽然杜绝了债权人获得永久性担保的可能,但是由于有期限担保的风险可控和可预见,反而增加了债权人获得担保的可能性。而且,债权人可基于担保期间的长短,预先得知自己的担保权益受法律保护的时间范围,并在此基础上合理选择行使权利的时间。

第三,对债务人而言,担保期间制度使其债务更易得到担保。能否提供合法有效的担保,是债务人能否获取融资的重要因素之一。依现行法规定,商业银行贷款,借款人应当提供担保(《商业银行法》第 36 条第 1 款)。由于担保合同通常为无偿合同、单务合同,担保人往往缺乏足够的动机订立此类合同,债务人只能求诸亲朋或有偿委托担保公司提供担保。担保权附有担保期间限制,意味着担保人仅在特定时间范围内负担保责任,这使亲朋等熟人担保人更易于接受,也为担保公司评估风险、计算费率提供了切实的依据。

---

① 吉田徹-筒井健夫『改正民法[保証制度・現代語化]の解説』(商事法務,2005 年)3 頁参照。

② 参见程啸、高圣平、谢鸿飞:《最高人民法院新担保司法解释理解与适用》,法律出版社 2021 年版,第 189 页、第 194 页。

第四,担保期间制度有利于实现"为优化营商环境提供法治保障"之立法目的。现行法在优化营商环境上具体有两方面的体现:一是对标世界银行营商环境指标;二是优化国内营商环境。① 如何解决中小微企业融资难、融资贵问题,是优化营商环境的重要内容。担保期间制度有助于提高担保人的担保意愿,增加了债权人获得担保的机会,为中小微企业获得融资机会、降低融资成本提供了更大可能性。此外,鉴于"执行难"对营商环境的负面影响,新司法解释对担保期间在执行阶段的衔接适用作出规定,力图避免因担保期间的实体规范属性而导致执行阶段中当事人利益的失衡(《民法典担保制度解释》第27、28、44条)。

二、贯彻担保权的从属性

担保权的从属性,也称担保权的附随性,是指担保权与其所担保的主债权之间构成从属关系,在权利的成立、效力等方面担保权从属于主债权。② 在大陆法系的德国、瑞士、日本等国,基于刺激融资的需要,催生了抵押权证券化的现象。这种证券化抵押权以流通为基本属性,其相对于主债权的附随性被大大弱化甚至消失。③ 在我国现行法框架下,担保物权和保证债权均被定位为以担保主债权实现为目的的权利,并不存在类似德国法中以流通为目的(附随性受到限制)的流通性抵押权制度。④ 虽然现行法中也存在一些特殊的担保规则(如独立担保、最高额抵押)在一定程度上突破了担保权的从属性,但总体而言,现行担保制度的构建还是以担保权的从属性为基本出发点的。学界主流意见亦认为我国担保制度应当仍然将债权担保功能作为基本价值取向,⑤而贯彻担保权的从属性则是该价值取向的当然要求。担保期间制度是担保权从属性在权利时间方面的贯彻,其具体规则内容也从各方面体现了担保权的从属性。

第一,担保期间对担保权"成立上的从属性"的意义。担保权成立上的从属性,是指担保权是为担保主债务的履行而设立,只有主债务存在

---

① 参见林文学等:《〈关于适用民法典有关担保制度的解释〉的理解和适用》,载《人民司法》2021年第4期。

② 潮見佳男『新債権総論Ⅱ』(信山社,2017年)638頁参照。

③ 参见[日]我妻荣:《我妻荣民法讲义Ⅲ:新订担保物权法》,申政武等译,中国法制出版社2008年版,第207~208页。

④ 参见[德]鲍尔、施蒂尔纳:《德国物权法》(下册),申卫星等译,法律出版社2006年版,第37页。

⑤ 参见王利明:《我国民法典物权编中担保物权制度的发展与完善》,载《法学评论》2017年第3期。

时,担保权的存在才有意义。因此,在担保权成立之前或同时,主债务必须也已经有效成立。担保期间的起算标准使这种从属性要求得以贯彻:担保权存续期间的起算点不得早于主债权有效成立之时;担保权行使期间的起算点不得早于或等于主债务履行期限届满之时。因此在一般场合下,当事人排除担保从属性的约定应为无效(《民法典担保制度解释》第2条)。唯应注意,具有更强担保效力的独立保函虽然违反了“成立上的从属性”,但是基于金融实践和国际贸易的现实需要,其在现行担保体系中具有独特地位,其担保期间应适用特别法规定。[①]

第二,担保期间对担保权“效力范围上的从属性”的意义。基于担保权的从属性,担保权的效力范围当然不得重于或大于主债权的效力范围,此为效力范围上的从属性的基本要求。担保期间相关规则贯彻了这种从属性要求,如主合同数量、价款、履行期限等内容变更的,保证期间不得超出原主合同的强度(《民法典》第695条)。简言之,担保期间使担保权的存续或行使被局限于一定的时间范围内,而该时间范围不得超出主债权受法律保护的时间范围,这是效力范围上的从属性在时间方面的体现。[②]

第三,担保期间对担保权“移转上的从属性”的意义。担保权移转上的从属性,是指主债权或主债务被依法移转时,担保权随之移转,而不允许将担保权与主债权相分离而单独移转。移转上的从属性对担保期间的要求是:主债权或主债务被依法移转后,随之移转的担保权的担保期间不得超出移转之前的范围。换言之,担保人通过担保期间体现的担保责任的负担,不得因债权让与或债务承担的发生而加重,除非当事人有相反约定。现行法关于主债权或主债务转让对担保责任及担保期间的规定,贯彻了这种从属性要求(《民法典》第391条、第407条)。

第四,担保期间对担保权“消灭上的从属性”的意义。担保权消灭上的从属性,是指主债权由于清偿、抵销、提存等原因消灭的,担保权因丧失担保对象而归于消灭。担保期间规则贯彻消灭上的从属性体现为:主债权消灭导致担保权随之消灭的,作为担保权内容之一的担保期间亦当然失效。

三、在担保领域实现意思自治

意思自治原则,又称私法自治原则,是指在民法领域中,私人的法律关

① 参见高圣平:《担保法前沿问题与判解研究》(第5卷),人民法院出版社2021年版,第27页。

② 应当指出的是,在不同立法模式下,抵押权等担保物权的存续期间或行使期间并非绝对不得超出主债权诉讼时效期间。详见第三章第二节。

系（民事法律关系）仅依私人的自由意思自律决定。追根溯源，它是在否定封建社会中强制契约（义务强制）的基础上产生的概念。[①] 在担保领域中，意思自治原则对保障当事人意思自由、建立良性合理的担保关系同样具有重要意义。就某种意义而言，在财产法和合同法中，担保是一种典型的私人监管手段。[②]

一方面，我国现行法框架下的担保关系以约定担保为主，除留置权等个别法定担保方式以外，担保关系的建立都要求当事人订立担保合同。在当事人订立担保合同的场合下，担保期间条款为当事人提供了依其意思限制担保权存续时间或行使时间的途径，这对当事人通过担保合同内容充分表达自身意思无疑具有积极意义。另一方面，由于担保具有无偿性、单务性等特征，担保人不能从债权人处获得相应的对价，法律制度的设计更应当关注如何避免担保人负担时间过长的担保责任，防止担保人在违背自己意思的情形下负担过重的担保责任。担保期间规则有利于该目标的实现。

在不同担保领域及不同立法模式下，担保期间对实现意思自治原则的意义存在差异。对于人的担保，绝大多数立法允许当事人就保证期间作出约定，即使是少数设置法定保证期间的国家（如俄罗斯），也未禁止约定保证期间，且将约定保证期间优先适用。由此可见，在保证领域中保证期间对实现意思自治原则的作用十分明显。但是在担保物权领域，各国及地区法律对是否允许当事人约定担保物权期间差异较大。基于不同的立法政策考量，某些国家（如法国、意大利）对此持肯定态度，并将约定期间或登记期间作为担保物权的时间效力依据；也有些国家（如我国）对此持否定态度，即不承认约定期间或登记期间的效力。

四、平衡各方当事人利益

在域外学界及司法实务上，利益衡量主要被作为一种个案裁判方法，故其属于一种法官造法的现象。利益衡量的基本表现形式是，法官结合个案所涉各法益的“重要性”，以此为基准进行“衡量”并形成裁判意见。[③] 对于利益衡量的理论内涵和理论依据，域外学理上尚存较大分歧。[④] 我国有学者扩展了利益衡量的适用领域，不仅将其作为一种个案裁判中的

① 参见［日］近江幸治：《民法讲义Ⅰ：民法总则》（第 6 版补订），渠涛等译，北京大学出版社 2015 年版，第 12 页。

② 参见［美］万安黎：《担保论——全球金融市场中的法律推理》，江照信等译，中国民主法制出版社 2013 年版，第 206 页。

③ 参见［德］卡尔·拉伦茨：《法学方法论》，陈爱娥译，商务印书馆 2003 年版，第 279 页。

④ 参见张利春：《日本民法解释学中利益衡量理论研究》，法律出版社 2013 年版，第 278～280 页。

思考方法,还将其用以解释某一法律制度的合理性及价值功能。[①] 笔者认为,无论这种理论上的扩展是否妥当,该观点的思路揭示了一个事实,即某一法律制度中必然存在其所欲实现的某种核心利益,而法律制度的具体内容必须围绕该核心利益展开。在担保制度中,其核心利益是在平衡各方当事人利益的基础上实现高效的担保效果。担保期间规则有助于该核心利益的实现。就债权人角度而言,担保期间制度避免了债权人享有过于优厚的担保利益,而仅承认其在一定时间范围内能够享有该利益。由于债权人多处于天然优势地位,且在担保关系下无须向担保人支付对价,故限制债权人的利益是合理的。就担保人角度而言,担保期间制度防止担保人背负过重程度的担保责任,而将其担保责任的存续时间或行使时间限定于一定范围之内。由于担保具有无偿性、单务性,通过担保期间制度减轻担保人的责任范围和强度,对担保人是公平的。从债务人角度而言,担保期间制度强化了担保责任的从属性和补充性,避免债务人因担保关系的设立而脱责。担保关系的设立意味着用以清偿债务的财产范围被扩大,而债务人处于第一清偿顺位的状况并未改变,担保期间的存在有助于对债务人起到某种"警醒"作用。

在司法实务中,已有某些裁判意见有意地或无意地将担保期间理解为一项平衡各方利益的制度,并采取利益衡量的思路得出裁判结论。例如,最高人民法院公报案例"王军诉李睿抵押合同纠纷案"中,法院在《物权法》第 202 条规定的抵押权行使期间之解释适用存在争议的前提下,采取了比较、衡量各方利益的思路,并由此得出裁判结论。[②]

五、合理配置交易成本、提高受偿效率

依据科斯定理,"交易成本(信息成本、权利转让时的协调成本以及权利执行的成本)为零时,不管产权的初始分配如何,资源配置都是一样的并且达到帕累托最优"。虽然该定理在西方学界备受争议,[③]但是该定理与其反对者的一个共识是:一项法律制度所导致的交易成本高低以及配置情况,是评价该法律制度优劣的决定性因素之一。在经济分析法学的视角下,担保期间是一项有助于降低交易成本并在各方当事人之间合理配置交易成本的制度。

---

① 参见梁上上:《利益衡量论》(第 2 版),法律出版社 2016 年版,第 165 页。

② 对该案裁判意见的详细分析,参见第三章第六节。

③ 对科斯定理的批评意见参见[德]汉斯-贝恩德·舍费尔等:《民法的经济分析》(第 4 版),江清云等译,法律出版社 2009 年版,第 101~104 页。

第一,担保期间制度有助于降低交易成本。就担保制度而言,“一方面,担保降低了债权人评估风险的成本和监控借款人行为的成本;另一方面,担保不仅降低了担保债权人的信息成本,同时也并未提高,甚至可能会降低非担保债权人的信息成本。保持低成本的担保交易法的一个特点通常是,如果同一资产为超过一笔贷款担保,第一个债权人在违约时有优先权。非担保债权人的信息成本之所以不会提高,是因为非担保债权人总数减少了,而能够满足非担保债权人的资本总额也减少了”。[①] 担保期间有助于风险评估成本和监控成本的进一步降低,因为:一方面,担保期间事先由法律规定或当事人约定,可以使债权人预先知道自己享有或行使担保权的时间界限,并以此为前提作出相应的交易安排,这就为债权人节省了债务人违约后所需花费的评估成本;另一方面,由于担保期间使担保权被局限于一定的时间范围之内,故债权人仅需针对该时间段内的担保人行为予以监控,这使监控成本得以降低。

第二,担保期间制度有助于合理配置交易成本。担保期间不仅有助于降低债权人的交易成本,对担保人、债务人和其他债权人而言亦是如此。对担保人而言,他需要调查评估债务人在履行期限和担保期间内不能清偿的风险,并为此支出成本,而无须为评估债务人在其他时间的清偿能力支出成本。对债务人而言,在有偿担保(如委托担保公司)的场合下,他需要向担保人支付基于担保期间长度计算出的费用,而无须支付超出该期间的费用。对其他债权人而言,为了避免昂贵的协商成本和信息成本,他们通常倾向于假想债务人已向特定债权人设定了担保物权。[②] 在承认登记担保期间效力的法律体系下,这些债权人可以通过查阅登记簿记载的担保期间验证这种假想,并由此作出交易安排,这就避免了一些无谓的调查费用。

第三,担保期间制度有助于提高债权的受偿效率。正如沙维尔指出的,“与财产使用有关的可能的外部效应应该反映在使社会福利最大化的行为上。构建一个以最大化当事人的总效用为社会目标的模型。那么当且仅当,某行为给实施者带来的效用与它给别人带来的外部效应之和的净值为正时,该行为才符合社会最优,应该得以实施”。[③] 从效率的角度看,担保权具有明显的“外部性”,接受担保的债权人和普通债权人之间具

① 参见[美]理查德·波斯纳:《法律的经济分析》(第7版),蒋兆康译,法律出版社2012年版,第593~594页。

② See T. Jackon, A. Kronman, *Secured Financing and The Priorities Among Creditors*, Yale Law Journal, 1979, 88(6).

③ [美]斯蒂文·沙维尔:《法律经济分析的基础理论》,赵海怡等译,中国人民大学出版社2013年版,第72页。

有某种程度的风险转嫁关系。[1] 担保期间制度有利于使担保权的“外部性”趋于合理化，并且通过提高债权受偿效率以实现优化当事人总效用的效果。担保期间将担保权限定于一定的时间范围之内，这有利于督促债权人尽快行使担保权以免因期间届满而丧失担保权益。一般而言，短期的担保期间更有利于提高债权的受偿效率，以及担保财产的高效利用。[2] 例如，我国现行法规定的保证期间（6 个月）和抵押权行使期间（3 年）相较于其他大陆法系国家而言明显偏短，如果仅从提高债权的受偿效率来看，其效果是明显的。[3]

第三节　担保期间的种类

一、法定担保期间与约定担保期间

以确定依据为标准，担保期间可以分为法定担保期间和约定担保期间。法定担保期间，是指直接由法律规定适用条件及法律效力的担保期间。其长度、计算方法、效力等均由法律直接规定，除法律有特别规定外，一般不允许当事人另行约定规则内容。法律规定法定担保期间的原因在于，特定法律体系下的立法者认为有必要对担保权的时间界限予以介入，而不能完全或部分地交由当事人意思决定。在不同立法模式下，立法者对是否规定法定担保期间的态度有所不同。例如，绝大多数国家及地区的法律未规定法定保证期间，而交由当事人约定或通过催告等规则确定保证债权的行使期间；仅俄罗斯等少数国家的法律规定了法定保证期间。即使在都规定有法定担保期间的国家或地区，法律以何种方式规定担保期间亦有所不同。例如，法国法和日本法规定抵押权适用单独的时效期间作为抵押权行使期间的形式。在我国现行法框架下，法定担保期间主要包括：法定保证期间、抵押权行使期间、质权行使期间、留置权行使期间、工程价款优先权行使期间等。

约定担保期间又称意定担保期间，是指依据当事人的意思而设定的担保期间。约定担保期间的设立以当事人达成合意为前提，通常以担保合同

---

① 参见廖志敏：《担保的效率之谜——兼谈法律经济学方法》，载《法学》2007 年第 1 期。

② 参见曾荣鑫：《论现代担保法的理念——法经济学视角的解读》，载《吉首大学学报（社会科学版）》2016 年第 6 期。

③ 本书并非认为效率原则必然是担保期间制度的优先价值甚至唯一价值，在不同类型的担保期间制度中应当充分考虑效率原则与其他价值（如担保利益的实现）的关系。详见第二章第十节、第三章第九节。

条款的方式出现。在承认担保物权登记期间的法律框架下,该登记期间本质上亦属约定担保期间。法律允许约定担保期间的原因在于,立法者认为担保权的时间界限仍属于当事人意思自治的范畴,故承认该约定期间的效力。值得注意的是,约定担保期间的设立虽然取决于当事人的意思,但是担保期间的计算、效力等通常还是由法律规定,对约定期间的长度法律也往往给予一定程度的限制,故约定担保期间规则的内容并不完全由当事人的意思决定。在我国现行法框架下,允许当事人约定担保期间的领域较窄,法律仅明确承认约定保证期间具有法律效力,而对抵押权行使期间、质权行使期间等不允许由当事人约定。

二、物权效力担保期间与债权效力担保期间

以期间效力为标准,担保期间可以分为物权效力担保期间与债权效力担保期间。物权效力担保期间,是指其起算、届满具有物权效力或者能够引起物权变动的担保期间。物权效力担保期间的适用对象是抵押权、质权等担保物权,其基本作用是对担保物权各项权能的产生、变更、消灭划定时间界限,因此在该类担保期间的各阶段内,担保物权的各项权能表现出不同的运行状态。以抵押权行使期间为例:在该期间起算前,抵押权的优先受偿权能处于未启动状态,但保全、处分等权能正常运行;在该期间已起算、未届满阶段,优先受偿权能得以行使,其他权能的运行状态被相应调整;在该期间届满之后,抵押权消灭或者丧失法律保护。在我国现行法框架下,物权效力担保期间主要包括:抵押权行使期间、质权行使期间、留置权行使期间、工程价款优先权行使期间等。

债权效力担保期间,是指其起算、届满引起债权债务关系变动的担保期间。债权效力担保期间的适用对象是保证债权等具有担保功能的债权,其基本作用是对担保债权各项权能的产生、变更、消灭划定时间界限。在该类担保期间的各阶段内,担保债权的各项权能也表现出不同的运行状态。在不同法律体系下对担保物权范围界定存在的差异,影响着担保期间的性质。例如,德国法中的留置权仅具有债权效力,故其行使期间为债权效力担保期间。[①] 在我国现行法框架下,债权效力担保期间主要是保证期间。另外,定金债权亦属于具有担保功能的债权,但由于其作为金钱债权适用诉讼时效规则而无特殊之处,故本书不对其专门讨论。物权效力担保

① Vgl. Wolfgang Krüger, Kommentar zum § 273, in: Münchener Kommentar zum BGB, 9. Aufl., München: C. H. Beck, 2022, Rn. 3.

期间与债权效力担保期间的区别如下。

第一,法律强制的态度不同。在我国现行法框架下,基于物权法定原则的理由,不允许当事人约定抵押权行使期间等物权效力担保期间。[①] 换言之,物权效力担保期间的法律强制程度较高,排除当事人依其意思决定该类担保期间的可能。对于保证期间等债权效力担保期间,现行法态度较为宽松,在不违反保证期间从属性、补充性的前提下,允许当事人就保证期间予以约定。

第二,效力内容不同。在物权效力担保期间内,担保物权具有优先受偿效力和排他效力,担保物权人可就担保财产的价值优先受偿并排除其他普通债权人的清偿请求;担保人破产的,担保物权人可以通过别除权规则实现优先受偿效力。在债权效力担保期间内,保证债权不具有优先受偿效力和排他效力,受保证担保的债权人与其他普通债权人按照同一顺序受偿;债务人破产或保证人破产的,受保证担保的债权人以普通债权人身份申报破产债权,不享有优先受偿地位。

第三,与诉讼时效规则的关系不同。我国现行法框架下的担保物权和担保债权原则上都具有从属性,故物权效力担保期间和债权效力担保期间均受主债权诉讼时效的影响,该两类担保期间在此方面总体上相同。但是二者与诉讼时效规则的关系亦存在一定差异:一是担保物权自身不适用诉讼时效,而保证债权自身亦适用诉讼时效。二是由于担保物权不适用诉讼时效,故只存在物权效力担保期间与主债权诉讼时效的关系问题;保证债权涉及保证期间和诉讼时效的双重限制,故产生主债权诉讼时效与保证期间、主债权诉讼时效与保证债权诉讼时效的衔接兼容问题。

第四,期间届满的后果不完全相同。在我国现行法框架下,对抵押权行使期间等物权效力担保期间届满的后果,学理及实务尚存较大争议。保证期间届满时债权人未依法主张权利的,保证债权消灭;保证债务诉讼时效期间届满的,由保证人取得抗辩权。

三、从属性担保期间与独立性担保期间

根据担保期间是否具有从属性不同,担保期间可以分为从属性担保期间与独立性担保期间。从属性担保期间,是指其长度、计算、效力等方面具

---

① 参见最高人民法院民法典贯彻实施工作领导小组主编:《中华人民共和国民法典总则编理解与适用》(下),人民法院出版社 2020 年版,第 583 页。

有从属性的担保期间,即此类担保期间与主债权履行期限、诉讼时效期间的关系应当遵循从随主原则。在我国现行法框架下,绝大多数担保期间均属于从属性担保期间,即只要法律未作特殊规定的,担保期间应认定为具有从属性。最高额保证期间和最高额抵押权行使期间的从属性在某些方面虽具有特殊性,但其性质总体上仍属于从属性担保期间。

独立性担保期间,是指其长度、计算、效力等方面具有独立性的担保期间,即此类担保期间与主债权存续、效力等不具有从属性关系。独立性担保期间的适用对象是独立担保,所谓独立担保,是指担保人应申请人的申请向受益人开出的、独立于基础交易合同并在受益人向担保人提交符合担保书约定的文件和单据时由担保人承担无条件的、见索即付保证责任的担保方式。[①] 在域外法中,独立担保和跟单信用证主要被运用于国际贸易及金融领域。[②] 2016 年最高人民法院颁布的《独立保函规定》对独立保函的相关规则作出了规定,但学理及实务上对独立担保的种类、效力等问题仍存在不少争议。[③] 从属性担保期间与独立性担保期间的区别如下。

第一,是否具有从属性不同。这是二者最基本的区别,其他区别亦由该区别推衍而生。从属性担保期间与主债权履行期限、诉讼时效期间的关系遵循从随主原则;独立性担保期间与主债权存续、效力等遵循独立性原则。

第二,适用的法律规则不同。从属性担保期间适用于国内普通担保,其主要法律依据是《民法典》及有关司法解释。在《独立保函规定》施行以前,我国司法实务的主流意见仅承认对外担保领域中独立担保的效力。[④] 虽然《独立保函规定》第 23 条认可了国内担保中独立保函的效力,但是独立保函原则上并不适用《民法典》的相关规定,可以载明适用独立保函交易示范规则或者适用外国法律(《独立保函规定》第 5 条、第 22 条)。

第三,当事人意思的意义不同。从属性担保期间中,法律允许当事人约定担保期间的,该期间由当事人合意确定;法律不允许约定担保期间的,当事人意思对担保期间的确定无影响。独立性担保期间由开立人(担保人)依单方意思在独立保函中载明,无须与对方当事人达成合意。

---

① 参见刘应民、张亮:《独立担保制度研究:以见索即付保函与备用信用证为视角》,中国社会科学出版社 2017 年版,第 30 页。

② See Ltd. v. Barclays Bank In-ternational Ltd. (1978) 1 Lloyd's Rep. ,166.

③ 参见高圣平:《论独立保证的典型化与类型化》,载《武汉大学学报(哲学社会科学版)》2016 年第 1 期;刘斌:《论民法典分则中人的担保之体系重构》,载《当代法学》2018 年第 5 期。

④ 参见最高人民法院(1998)经终字第 184 号。

第四,期间计算标准不同。从属性担保期间适用于以担保为目的的担保物权和担保债权,因此该期间的起算点原则上是主债务履行期限届满时(债务人未履行债务)。从独立担保的产生原因来看,这种特殊担保类型与规避商业风险、增强信用有关而非以担保特定债务为目的,[①]因此该担保期间的起算点原则上依开立人的单方意思确定,而非主债务履行期限届满之时。

第四节 担保期间与相关期间之比较

一、担保期间与绝对权存续期间

所谓绝对权存续期间,是指依据法律规定或当事人约定绝对权有效存在的期间。某些绝对权仅在一定期间内有效存在,即此类有期限权利在绝对权存续期间之外被法律认为并不存在。例如,《民法典》第 332 条规定的耕地、草地和林地的承包期(30 年、30~50 年、30~70 年);《专利法》第 42 条规定的专利权期限(20 年、10 年)等。担保期间与绝对权存续期间存在以下几个方面的区别。

第一,立法目的不同。担保期间制度的立法目的主要是保护担保人,即通过设置担保期间避免担保人长时间负有担保责任,以此减轻担保人的负担。例如,各国立法均不允许当事人设立永久性保证,因为保证合同是无偿合同、单务合同,由保证人永久负担保责任显然导致当事人之间利益失衡,[②]因此通过保证期间减轻保证人的责任强度是合理的。绝对权存续期间的立法目的较为复杂,在不同领域中未必相同。例如,土地承包期的立法目的是"保障农民享有长期的承包经营权,稳定和完善家庭承包经营为基础、统分结合的双层经营体制,实现农业、农村经济发展和农村社会稳定"。[③] 专利权保护期限的立法目的是"充分适当地保护专利权人的利益,调动发明创造的积极性;同时兼顾国家和社会公共利益,促进先进技术的推广和应用"。[④]

第二,计算标准不同。担保权存续期间的起算点是担保权成立之时,其具体时间点在不同种类担保权的场合下有所不同。担保权行使期间

① 参见高圣平:《担保法前沿问题与判解研究》(第 5 卷),人民法院出版社 2021 年版,第 19~20 页。

② 吉田徹-筒井健夫『改正民法[保証制度・現代語化]の解説』(商事法務,2005 年)3 頁参照。

③ 参见黄薇主编:《中华人民共和国民法典物权编释义》,法律出版社 2020 年版,第 321 页。

④ 参见安建主编:《中华人民共和国专利法释义》,法律出版社 2009 年版,第 96 页。

的起算点是担保权人行使担保权的条件具备之时,一般场合下是主债务履行期限届满时(主债务人未履行债务),某些特殊场合依据法律规定确定起算点。绝对权存续期间的起算标准依据法律规定。例如,土地承包期自土地承包经营权合同生效时起算(《民法典》第 333 条);专利权保护期限自申请之日起算(《专利法》第 42 条)。

第三,期间届满的法律后果不同。在不同的法律框架下,担保权存续期间和担保权行使期间届满的后果有所不同,有的导致实体权利消灭,有的仅产生抗辩权或以其他方式丧失公力救济。绝对权存续期间届满的后果有二:一是绝对权消灭;二是启动其他规则的适用,如用益物权自动续期规则、注册商标续展规则等。

第四,是否具有独立性不同。由于担保权一般具有从属性,故担保期间规则的适用也体现出一定程度的从属性特征,主要体现为:一是主债权诉讼时效的计算及状态对各类担保期间产生不同程度的影响;二是主债权无效或消灭对担保期间的计算也产生影响。绝对权多为独立存在的权利,而非从属于其他权利存在,故其存续期间不存在从属性问题。

二、担保期间与诉讼时效

在某些域外法(如法国)中,法律特别规定时效直接适用于某些担保权(如抵押权),在此法律框架下,时效就是此类担保期间的表现形式。在另一些域外法(如日本)中,法律未对某一类担保期间作特别规定,故某些担保权(如保证债权)依其性质当然适用时效的规定。[①] 在我国现行法框架下,除保证债权外,担保权不属于诉讼时效的适用对象,担保期间与诉讼时效是两种不同的制度。二者的区别如下。

第一,立法目的不同。担保期间制度的立法目的主要是保护担保人,将担保责任限定于一定的时间范围之内,以此减轻担保人的负担。诉讼时效的立法目的较为复杂,域外学界通常将其归纳为:使当事人双方免于陈年旧账之纠缠;[②]避免债务人举证困难;[③]出于公共利益的考虑,使纠纷得以尽快解决;[④]保护债务人因时间久远产生的某种确信[⑤]等。我国学

① 金山直樹『時効における理論と解釈』(有斐閣,2009 年)517 頁参照。

② 参见[德]迪特尔・梅迪库斯:《德国民法总论》,邵建东译,法律出版社 2013 年版,第 91 页。

③ See Reinhard Zimmermann, *Comparative Foundations of a European Law of Set-off and Prescription*, New York: Cambridge University Press, 2002, p. 64.

④ See Camille Cameron, Elsa Kelly, *Principles and Practice of Civil Procedure in Hong Kong*, Sweet Maxwell Asia, 2001, p. 91.

⑤ See Andrew McGee, *Limitation Periods*, Sweet Maxwell Limited, 2002, p. 16.

界通说认为,诉讼时效制度的目的主要有:(1)督促权利人行使权利;(2)作为证据之代用,有利于法院及时正确地处理民事纠纷;(3)维护社会关系的稳定。① 近年来,还有学者从“信赖利益保护”②、“合理配置司法资源”③等角度解释诉讼时效制度的立法目的。总体而言,学界对诉讼时效的立法目的和价值理念的研究已较为深入,而对担保期间立法目的的研究尚未充分展开。

第二,计算标准不同。担保权存续期间的起算点是担保权成立之时,担保权行使期间的起算点是担保权人行使担保权的条件具备之时。无论何种担保期间,均不能适用中断、中止、延长规则,即使因主债权的诉讼时效中断、中止、延长导致担保期间事实上发生变动,这也是担保权从属性的体现而已,而非担保期间直接适用中断、中止、延长规则的结果。诉讼时效期间的起算点依据《民法典》第 188 条第 2 款等规定予以确定,可以适用中断、中止、延长规则。

第三,期间届满的法律后果不同。担保权存续期间和担保权行使期间届满,可能导致担保权消灭,也可能仅使担保权丧失公力救济而非实体权利消灭。诉讼时效期间届满的后果包括直接后果和援引抗辩权的后果:直接后果是义务人取得时效抗辩权;义务人援引时效抗辩权的后果是该债务不得被强制执行等。④

第四,当事人能否约定不同。依现行法规定,保证期间可由当事人约定,且约定保证期间优先于法定保证期间的适用;担保物权期间不得由当事人约定,原则上亦不承认登记期间的效力。现行法对诉讼时效规则采取严格法定主义,即有关诉讼时效事项均不允许当事人约定。⑤

第五,相互关系不同。基于担保权的从属性,主债权诉讼时效的计算及状态对担保期间大多会产生影响,虽然这种影响的样态和程度对不同类型的担保期间而言并不完全相同。反之,担保期间的计算及状态一般不会对主债权的诉讼时效产生影响。

---

① 参见王利明:《民法总则研究》(第 2 版),中国人民大学出版社 2018 年版,第 749~750 页。

② 参见王轶:《民法总则之期间立法研究》,载《法学家》2016 年第 5 期。

③ 参见杨巍:《民法时效制度的理论反思与案例研究》,北京大学出版社 2015 年版,第 138 页以下。

④ 参见杨巍:《〈民法典〉第 192 条、第 193 条(诉讼时效届满效力、职权禁用规则)评注》,载《法学家》2020 年第 6 期。

⑤ 对该模式的批评意见,参见金印:《诉讼时效强制性之反思——兼论时效利益自由处分的边界》,载《法学》2016 年第 7 期。

三、担保期间与除斥期间

除斥期间(Ausschlussfrist),是指权利预定存续之期间,故又称“预定期间”。该期间经过后权利当然消灭,且不得展期。① 因法条通常不直接采“除斥期间”之表述,因此某种期间是否为除斥期间须根据权利性质及规定设置的价值取向作实质性判断。② 担保期间与除斥期间的相似点在于:二者都是某种“预定期间”,即事先依法律或约定确定的某种限制权利的期间;二者的适用对象都是某种从权利,即担保权和形成权;二者都不能适用中断、中止、延长规则等。在现行法框架下,二者的区别如下:

第一,担保期间制度的立法目的主要是保护担保人,将担保责任限定于一定的时间范围之内,以此减轻担保人的负担。传统学说认为,除斥期间具有“绝对的固定性”,即不因任何事由而延长,因此其具有稳定法律关系的目的和作用。③ 还有学者认为,除斥期间保护的是一种“复合利益关系”,该关系包含了特定他人利益与公共利益等内容。④

第二,适用对象不同。担保权的直接或间接适用对象是担保权,包括担保物权和保证债权。除斥期间的适用对象是形成权。在大部分形成权场合,对于权利行使所要求的行为以及法律对权利消灭的法律上的不利规定是形成权规定的一般情形,所以可以说形成权就是一种法律预定其存续期限的权利。⑤ 在我国现行法框架下,由于法律规定某些形成权必须以诉讼或仲裁的方式行使(如《民法典》第 147 条),此类除斥期间的适用对象实际上是形成诉权。

第三,届满的法律后果不同。担保权存续期间和担保权行使期间届满,可能导致担保权消灭,也可能仅使担保权丧失公力救济而非实体权利消灭。除斥期间届满的后果是实体权利归于消灭,且该法律事实无须由当事人主张,法院或仲裁机构可依职权主动做出认定。

第四,立法方法不同。现行法未在各类担保期间之上抽象出普遍适用的一般规则,而是在保证、担保物权等领域对保证期间、抵押权行使期间等分别作出具体规定。《民法典》对除斥期间设置了一般性规定,其第 199 条虽未直接使用“除斥期间”概念而是采用“权利的存续期间”概念,但从该

---

① 参见郑玉波:《民法总则》,中国政法大学出版社 2003 年版,第 493 页。

② 参见[日]近江幸治:《民法讲义Ⅰ:民法总则》(第 6 版补订),渠涛等译,北京大学出版社 2015 年版,第 336 页。

③ 参见姚瑞光:《民法总则论》,中国政法大学出版社 2011 年版,第 332 页。

④ 参见耿林:《论除斥期间》,载《中外法学》2016 年第 3 期。

⑤ 参见申海恩:《私法中的权力:形成权理论之新展开》,北京大学出版社 2011 年版,第 227 页。

条在立法过程中的演进来看,该条就是关于除斥期间的一般规定。[①] 就该角度而言,现行法对除斥期间的体系化程度似高于担保期间。

四、担保期间与执行担保期间

执行担保期间,是指在民事执行程序中设立的执行担保所附期间。依据《民事诉讼法》第 238 条的规定,被执行人向法院提供担保并经申请执行人同意的,法院可以决定暂缓执行及暂缓执行的期限。但该条对执行担保期间未作规定。《民诉法解释》第 467 条继承《民诉法意见》第 268 条之规定,将暂缓执行期间界定为"应当与担保期限一致,但最长不得超过一年"。该规定存在的问题是,由于暂缓执行的作用类似延缓债务履行期,即暂缓执行期限内被执行人暂时不必履行义务,而"暂缓执行的期限应当与担保期限一致"意味着:在此两种期间未届满时,基于担保的补充性还不能执行担保财产;此两种期间届满时被执行人仍不履行义务的,执行担保关系因期间届满而消灭,因此只能就被执行人申请恢复执行。如此,根本无法产生担保的作用。因此,《执行担保规定》对执行担保期间规则作出修改。《执行担保规定》施行后,其对执行担保期间的规定与《民诉法解释》不一致的,以《执行担保规定》的规定为准。[②] 基于《执行担保规定》的规定,担保期间与执行担保期间的区别如下。

第一,适用领域不同。对于执行担保的性质,学理上存在分歧。一种观点认为,执行担保是被执行人向法院提供担保,其属于公法上的强制执行法律关系,不同于平等主体之间的民事担保关系,其本质是"向法院提存担保物"。[③] 另一种观点认为,执行担保仍有民事担保的属性,即使执行担保是公法关系,也仍然存在民事担保的适用可能。[④] 无论采何种理解,执行担保期间仅能适用于执行领域当无疑义。该期间所附着的担保关系发生于被执行人与法院之间,而非平等的债权人与债务人之间。该期间的设立、计算、届满效力均受公权力介入的影响,而有异于民事领域的担保期间。

---

① 参见杨巍:《中国民法典评注·规范集注(第 1 辑)诉讼时效·期间计算》,中国民主法制出版社 2022 年版,第 327~328 页。

② 参见最高人民法院民法典贯彻实施工作领导小组编著:《最高人民法院新民事诉讼法司法解释理解与适用》(下),人民法院出版社 2022 年版,第 1052 页。

③ 参见江伟、肖建国主编:《民事诉讼法》(第 8 版),中国人民大学出版社 2018 年版,第 450~451 页。

④ 参见刘璐:《执行担保的性质及其法律适用问题研究》,载《法律科学(西北政法大学学报)》2009 年第 5 期。

第二,担保对象不同。担保期间的担保对象是民商事领域的债务关系。执行担保期间的担保对象是生效法律文书确定的全部或部分义务(《执行担保规定》第 1 条),而非涉及执行程序的所有担保关系(如解除保全措施提供的担保、第三人撤销之诉中第三人为中止执行提供的担保等)。

第三,当事人能否约定不同。在现行法框架下,抵押权等担保物权行使期间不得由当事人约定,仅保证期间可以约定。在执行担保场合下,无论担保方式是抵押、质押还是保证,均可约定执行担保期间。① 担保书中没有记载担保期间或记载不明的,担保期间为一年(《执行担保规定》第 12 条第 2 款)。

第四,起算点不同。保证期间、抵押权行使期间等担保期间起算点通常为主债务履行期限届满时,法律有特殊规定的除外。执行担保期间的起算点是暂缓执行期限届满之日(《执行担保规定》第 12 条第 1 款)。暂缓执行期限届满后被执行人仍不履行义务,或者暂缓执行期间担保人有转移、隐藏、变卖、毁损担保财产等行为的,法院可以依申请执行人的申请恢复执行,并直接裁定执行担保财产或者保证人的财产,不得将担保人变更、追加为被执行人(《执行担保规定》第 11 条第 1 款)。换言之,因执行担保具有从属性和补充性,暂缓执行期限与执行担保期间原则上构成衔接关系。

第五,届满的法律后果不同。担保期间届满的后果包括担保权消灭、抗辩权发生等。执行担保期间届满的后果是“申请执行人申请执行担保财产或者保证人财产的,人民法院不予支持。他人提供财产担保的,人民法院可以依其申请解除对担保财产的查封、扣押、冻结”(《执行担保规定》第 13 条)。即担保人的执行担保责任得以免除。②

---

① 参见最高人民法院民法典贯彻实施工作领导小组编著:《最高人民法院新民事诉讼法司法解释理解与适用》(下),人民法院出版社 2022 年版,第 1052 页。

② 参见丁亮华编著:《民事执行程序注释书》,中国民主法制出版社 2019 年版,第 179 页。

第二章　保证期间

第一节　保证期间概述

一、保证期间、保证债务履行期限、保证合同有效期间的含义及区分意义

（一）保证期间

1. 保证期间概念的学说争议

在民法领域中，保证期间可能是理论和实务上分歧最大的制度之一，有学者称其是“理论上最富争议而实践中又最为棘手的问题”。[①]《民法典》第 692 条第 1 款规定：“保证期间是确定保证人承担保证责任的期间人民……”该定义似乎是借鉴最高人民法院有关复函的结果，[②]而此前的《担保法》及其司法解释未就保证期间的定义作出界定。《民法典》对保证期间的定义并不令人满意，因为：一方面，仅有保证期间届满的事实尚不足以“确定”保证人是否应当承担保证责任，该事实必须加上债权人的特定行为（不作为），才能产生保证人免责的效果；[③]另一方面，保证期间并非“确定”保证人承担保证责任时间范围的唯一因素，其他规则（如诉讼时效）也会对该时间范围产生影响。因此，该款应解释为不完全法条，当事人不能仅依据该款的规定主张保证责任消灭，而须结合其他法条对保证责任的承担或消灭作出判断。[④] 对于担保期间的概念，学理上主要有以下几种观点。

第一种观点“责任承担说”认为，“保证期间就是保证人承担保证责任的期间”。[⑤] 该说基本是“法函〔1995〕142 号”中保证期间概念的翻版，其主要存在于《担保法》施行后不久的数年间。

第二种观点“区分说”侧重于区分保证期间对一般保证和连带责任保证的不同意义，认为它是指“债权人应当向债务人（在一般保证情况下）或者保证人（在连带保证情况下）主张权利的期间”。

---

① 参见程啸：《保证合同研究》，法律出版社 2006 年版，第 496 页。

② 最高人民法院复函“法函〔1995〕142 号”曾对保证期间作出定义：“保证责任的期限是指依法律的规定或当事人的约定，保证人只在一定的期限内承担保证责任。”

③ 参见高圣平：《民法典上保证期间的效力及计算》，载《甘肃政法大学学报》2020 年第 5 期。

④ 参见杨巍：《〈民法典〉保证期间规则修改评释》，载《河北法学》2020 年第 9 期。

⑤ 参见孙鹏、肖厚国：《担保法律制度研究》，法律出版社 1998 年版，第 80 页。

第三种观点“容忍说”强调保证期间对保证人的限制作用，认为保证期间是指保证人能够“允许”或“容忍”债权人不行使权利而仍然承担保证责任的期间。①

第四种观点“双向限制说”认为，保证期间一方面是限制债权人“积极行使权利的期间”；另一方面是限制保证人的“免责期间”。②

第五种观点“废除说”是一种较为激烈的意见，其认为保证期间是“难以自圆其说的多余概念”，应予以废除。③ 废除该概念所带来的问题，可通过细化其他规则予以解决。④

上述各观点中，除第五种观点从立法论角度主张废除保证期间概念系采不同视角外，其他4种观点皆从解释论角度对保证期间予以界定，但均存在一定程度的不足。第一种观点和第三种观点失之过宽，因为其定义亦可适用于保证债务的诉讼时效。第二种观点关注到在一般保证和连带责任保证中保证期间规则的适用存在差异，并以此为视角界定保证期间，有其合理性。但该观点将保证期间解释为债权人“应当”主张权利的义务性规定，似乎偏离了该规则的属性。第四种观点兼具观点一和观点二的缺点。

2. 本书观点

上述几种观点虽然在界定角度和表述上存在差异，但是至少存在以下几点共识：其一，保证期间与保证人承担保证责任的时间范围有关；其二，保证期间的适用效果与债权人的行为密切相关，即债权人在不同时间向债务人或保证人行使权利，后果可能不同；其三，保证期间在我国有法定和约定之分。

基于这些共识和现行法的相关规定，本书对保证期间给出以下定义：保证期间是当事人约定或者法律规定的一种期间，债权人在该期间内不以法定方式行使权利即导致保证合同失效（保证人免除保证责任）。保证期间是以保证债权行使条件具备为起点、该期间届满为终点的时间段，为不变期间。

（二）保证债务履行期限

1. 保证债务履行期限的含义

保证债务履行期限，是指保证人依约定或法定要求履行保证债务的期

---

① 参见邹海林、常敏：《债权担保的理论与实务》，社会科学文献出版社2005年版，第72页；高圣平：《担保法论》，法律出版社2009年版，第113页。

② 参见孔祥俊：《保证期间再探讨——以〈担保法〉第25条和第26条为中心》，载《法学》2001年第7期；郭明瑞等：《担保法》（第4版），中国人民大学出版社2014年版，第44页。

③ 参见王恒：《保证期间的本体论批判》，载《河北法学》2011年第10期。

④ 参见姜朋：《保证期间的困扰——兼论法律与司法解释的关系》，载《北方法学》2017年第1期。

限。凡债务皆有履行期限,保证债务亦不例外。在履行期限届满之前,保证人享有期限利益而不必作出给付。《民法典》之前的司法解释曾明确规定了最高额保证债务履行期限问题(《担保法解释》第37条)。虽然《民法典》对保证债务履行期限未作规定,但是依据立法机关释义书的解释,保证债务亦有履行期限问题。[①] 当事人就保证债务履行期限有约定的,依其约定;无约定的,依催告规则予以确定(《民法典》第511条第4项)。由于保证债务具有补充性,债权人请求保证人履行保证债务须以债务人"不能履行债务"或"不履行到期债务"为前提(《民法典》第687条第1款、第688条第2款),因此保证债务履行期限应迟于主债务履行期限。具体而言,保证债务履行期限的意义如下。

(1)限定保证人作出给付的时间范围,即在履行期限届满之前保证人无须作出给付。该履行期限可以是期日,如保证合同约定"债务人于还款期限届满之日未履行还款义务的,保证人当天替代偿还100万元";该履行期限也可以是期间,如保证合同约定"债务人未按期交货的,保证人于交货日期后一周内支付100万元"。

(2)判断保证人是否构成迟延履行的标准,即履行期限届满时保证人不履行或履行不符合要求的,产生债务不履行责任。

(3)保证人放弃期限利益作出期前给付的,可适用提前履行规则(《民法典》第530条)。

2. 保证债务履行期限与保证期间的区分

有必要澄清的一个问题是,保证债务履行期限与保证期间能否并存?本书持肯定意见。虽然二者对保障保证人的期限利益均能发挥作用,但其具有各自的制度价值和规范目的,故不能相互替代,二者分别依据约定或法定予以确定。对保证债务履行期限与保证期间的认定,可遵循以下标准。

第一,如果明确采取"保证期间"表述,无论是否明示其免责效果,均应认定为保证期间。

第二,如果未采"保证期间"表述,则应视其约定的法律后果认定该期间的属性。该期间强调对"履行""给付"进行时间限制,即要求保证人在该期间内完成给付行为的,为保证债务履行期限。实务中的常见情形包括:"保证×年×月底前全额偿还债务"[②]、"保证书中约定三日代为清偿期

① 参见黄薇主编:《中华人民共和国民法典合同编释义》,法律出版社2020年版,第517页。
② 参见最高人民法院(2017)最高法民申2839号。

间”[①]、“保证人承诺分五年以每年 12 月 31 日前归还 20 万元”[②]等。该期间强调债权人应在该期间内主张权利，否则产生“保证人免责”或类似后果的，为保证期间。

（三）保证合同有效期间

1. 保证合同有效期间的含义

保证合同有效期间，是指保证合同作为一种债权合同有效存续的时间，即以保证合同具备有效要件为起点、保证合同消灭为终点的时间段。保证合同有效期间长于或至多等于保证期间的长度。因为法定保证期间的起算点是“主债务履行期限届满之日”（《民法典》第 692 条第 2 款），该时间点不可能早于保证合同有效期间的起点；约定保证期间的起算点虽有可能与“主债务履行期限届满之日”不一致，但亦不得早于保证合同有效期间的起点。

2. 保证合同有效期间的效力

在保证合同有效期间的不同阶段，依据《民法典》合同编的一般规定和保证合同的特殊规定发生相应的法律效力。在保证合同有效成立至保证期间起算的时间段内，保证合同处于已经有效但还不能适用保证期间规则的状态。在该时间段内，保证合同具有以下效力。

（1）合同约束力已经发生，当事人不得无正当理由废止保证合同（《民法典》第 465 条）。

（2）保证债权或期待权的发生及救济。保证合同有效成立后，若无特殊情形则同时生效，由此在当事人之间产生债权债务关系。在保证合同附条件或附期限的场合下，合同有效成立至生效的时间段内，债权人仅享有期待权。[③] 对该期待权的侵害虽不能通过违约责任加以救济，但可适用条件成就或不成就的拟制规则得到救济（《民法典》第 159 条）。

（3）附随义务的发生。保证合同有效成立后，无论是否能向保证人主张保证责任，当事人均应履行通知、协助、保密等附随义务（《民法典》第 509 条第 2 款）。当事人违反附随义务的，无论此时债权人请求保证人履行保证债务的条件是否具备，均可产生违约责任。

值得说明的是，《担保法》第 22 条、第 23 条虽采“保证期间”表述，但实际上是指保证合同有效期间，而非真正意义的保证期间。该两条的规范含义是，保证合同有效期间内主债权和主债务转让对保证责任产生何种影

---

① 参见延安市中级人民法院（2018）陕 06 民再 5 号。

② 参见成都高新技术产业开发区人民法院（2019）川 0191 民初 8273 号。

③ 参见韩世远：《合同法总论》（第 4 版），法律出版社 2018 年版，第 106 页。

响。《民法典》第696条、第697条继承了该两条的规范内容,但删除了“保证期间”之定语。这表明立法者意识到将该两条的适用范围限定于“保证期间”并非合理。

(四)保证期间、保证债务履行期限与保证合同有效期间的区分意义

第一,涉及的合同利益不同。耶林教授将各种冲突的利益区分为个人的、国家的和社会的利益三种。[①] 保证期间和保证债务履行期限关乎债权人的担保利益和保证人的期限利益,为这两种利益划定了时间界限。这两种利益属于存在冲突的两种个人利益。保证期间和保证债务履行期限决定了这两种利益的实现方式和得丧范围,这两种利益构成债权人和保证人在保证合同中的核心利益和特有利益。保证合同有效期间涉及所有合同关系中都存在的一般性利益,包括合同约束力、债权的期待利益、附随义务等。因此,这三种期间对保证合同当事人而言具有不同意义。

第二,法律效力不同。保证期间的效力主要在于,债权人未在该期间内依法行使权利导致保证人免责。在现行法框架下,主要将保证期间作为保证责任消灭事由予以规制,相关学理讨论也是在“保证责任消灭”的框架下进行。保证债务履行期限界定保证人作出给付的时间,该期限届满并非导致保证债务消灭,而是产生债务不履行责任。保证合同有效期间的效力在于,该合同关系在多长时间范围内受法律认可,当事人在多长时间范围内受到合同约束。在现行法及学理上,主要是将合同有效期间置于合同成立及合同效力的框架下予以规制和讨论。

第三,受当事人意思影响程度不同。对当事人意思对保证期间的影响程度,现行法采取较严格标准,即不允许当事人约定不定期保证或不符合法律要求的保证期间。对保证债务履行期限,现行法未设置特别规定,故仍适用债务履行期限的一般规则。保证合同有效期间受当事人意思更大程度地影响,因为在现行法框架下合同成立时间和有效期间均由当事人任意约定,并无特别限制。

第四,有助于厘清保证期间与保证债务诉讼时效的关系。保证期间为保证人有条件免责提供了机会,其与保证债务的诉讼时效具有不同规范目的。保证债务履行期限届满导致保证人迟延履行,故该期限与保证债务的诉讼时效应为衔接关系。详见本章第八节。

第五,有助于明确保证合同的性质。对于保证合同是否为附生效条件

---

① Vgl. Rudolf von Jhering, Der Zweck im Recht Vol. 1, English Translation by Isaac Husik as *Law as a Means to an End*, The Modern Legal Philisophy Series, p. 325, 328.

合同,学界存在分歧意见。一种观点认为,保证合同均为附生效条件合同,所附条件是“债务人不履行债务及债权人选择向保证人主张权利”;[①]另一种观点认为,保证合同不属于附生效条件合同,保证合同成立时已经生效。[②] 本书赞同后一种观点,因为前一种观点混淆了附生效条件与履行保证债务的条件,也未能合理解释保证合同中“给付”的意义。保证作为一种人的担保,系以保证人的全部责任财产为债务人提供担保,给付义务是“依约定履行保证债务”。这种担保效果在保证合同成立时便已发生,因为保证合同成立意味着债权人受偿的责任财产范围已由债务人的责任财产扩大到债务人和保证人的责任财产。至于保证人是否实际替代清偿,须以主债务人不履行或不能履行为条件,该条件是履行保证债务的条件而非保证合同的生效条件。事实上,此类履行条件并非保证合同所独有,买卖、租赁等合同也常就交货条件、付款条件作出约定,此类约定并非均构成合同所附生效条件。因此,保证期间并不构成生效条件的具体内容,而仅与保证人免责有关;保证债务履行期限亦与合同生效无关,其为保证人作出给付的时间要求;保证合同有效期间的起算点应为保证合同依法成立之时,而非履行保证债务条件具备之时。

二、保证期间的性质

(一)学说争议

对于保证期间的性质,学界及实务界一直存在极大争议。大致可分为两类观点:统一说和区别说。前者主张约定保证期间和法定保证期间的性质相同,对二者的性质应作一体把握;后者主张约定保证期间和法定保证期间的性质不同,对二者性质应分别界定。

1. 统一说

持此类观点的学者虽然都主张对约定保证期间和法定保证期间的性质应作一体把握,但是对具体性质的界定亦存在较大分歧。

第一种观点“诉讼时效说”认为,保证期间是一种特殊诉讼时效期间。[③] 该说主要存在于《担保法》施行后不久的数年间,《担保法解释》施行后该说基本归于沉寂。

第二种观点“除斥期间说”认为,保证期间在届满效力(实体权利消

---

① 参见宋宗宇、王热:《保证期间的性质再认识》,载《西南大学学报(社会科学版)》2009 年第 1 期。

② 参见程啸:《保证合同研究》,法律出版社 2006 年版,第 223 页。

③ 参见王启江:《浅谈保证期间》,载《政法论丛》1997 年第 6 期。

灭)、能否约定(可约定)、适用对象(选择权)等方面均可证成其为除斥期间。[①]《民法典》颁布前,该说是学界和实务界的主流意见,《担保法解释》及相关司法文件亦采该说。[②]

第三种观点"免责期间说"认为,保证期间是一种特殊的权利行使期间或者责任免除期间。[③] 但是对"免责"的具体理解,该说内部存在分歧。一种意见认为,保证期间届满导致债权人丧失实体权利——保证债务请求权;[④]另一种意见认为,保证期间届满仅产生保证人的免责抗辩权,不产生权利消灭的法律效果。[⑤]

第四种观点"权利存续期间说"认为,保证期间是保证债权请求权的存续期间。[⑥] 其作为债权存续期间,在适用对象、效力发生等方面存在特殊性。

第五种观点"失权期间说"认为,保证期间是一种失权期间,因为它具有不同于诉讼时效、除斥期间等制度的特有价值。[⑦]

第六种观点"或有期间说"认为,保证期间是我国现行法中典型的或有期间。[⑧] 其设置目的是限制优势地位当事人(债权人)取得特定权利,这是该期间的根本价值。[⑨] 保证责任具有"或然性",即保证责任是否实际产生取决于债权人的行为和选择。[⑩]

第七种观点"解除条件(期限)说"认为,保证期间是保证债务所附否定解除条件,但是在不同类别的保证中该解除条件的意义有所不同。[⑪] 还有学者认为,保证期间是保证合同所附的解除期限。理由在于保证期间具有任意性和保护性。[⑫]

---

① 参见杨洁、李洁:《保证期间是除斥期间》,载《当代法学》2003 年第 9 期。

② 参见李国光等:《最高人民法院〈关于适用中华人民共和国担保法若干问题的解释〉理解与适用》,吉林人民出版社 2000 年版,第 141 页。

③ 参见孔祥俊:《保证期间再探讨——以〈担保法〉第 25 条和第 26 条为中心》,载《法学》2001 年第 7 期。

④ 参见高圣平:《民法典上保证期间的效力及计算》,载《甘肃政法大学学报》2020 年第 5 期。

⑤ 参见曹士兵:《中国担保制度与担保方法》(第 4 版),中国法制出版社 2017 年版,第 158 页。

⑥ 参见苏号朋:《论保证期间与诉讼时效》,载沈四宝主编:《国际商法论丛》(第 7 卷),法律出版社 2005 年版,第 401 页。

⑦ 参见崔建远:《论保证规则的变化》,载《中州学刊》2021 年第 1 期。

⑧ 参见王轶:《民法总则之期间立法研究》,载《法学家》2016 年第 5 期。

⑨ 参见夏沁:《或有期间三论》,载《北方法学》2017 年第 1 期。

⑩ 参见包晓丽、司伟:《民法典保证期间规定之理解适用中的几个问题》,载《法律适用》2021 年第 1 期。

⑪ 参见张鹏:《我国保证债务诉讼时效问题研究》,载《中外法学》2011 年第 3 期。

⑫ 参见余立力:《论一般保证期间的性质》,载《武汉大学学报(哲学社会科学版)》2007 年第 5 期。

第八种观点为“特殊期间说”。《民法典》颁布后，最高人民法院对保证期间性质的态度似发生变化。最高人民法院释义书认为，保证期间不是除斥期间或诉讼时效，而是《民法典》规定的一种“特殊期间”，理论上对其名称尚未形成共识。① 亦有学者从保证期间与其他期间存在差异的角度，证成保证期间属于一种“特殊期间”。②

2. 区别说

持此类观点的学者认为，约定保证期间和法定保证期间是两种性质不同的期间，对二者的性质应分别予以界定。区别说在学界及实务界属于少数说。

第一种观点认为，法定保证期间是诉讼时效中断的限制期间；约定保证期间是保证合同所附的终期。因为二者具有不同的功能：前者是督促债权人及时行使权利的；后者在于事先控制保证的风险。③

第二种观点认为，法定保证期间是特殊诉讼时效期间或除斥期间；约定保证期间是免责期间。《担保法》第 25 条规定的法定保证期间属特殊诉讼时效期间，因为其可适用中断规则；第 26 条规定的属除斥期间，因为其不能适用中断规则。④ 约定保证期间是免责期间，这符合私法自治原则。⑤

（二）本书观点

在统一说中，“诉讼时效说”混淆了保证期间与保证债务诉讼时效的关系，且无法解释与时效法定原则的兼容问题，故不足采。“除斥期间说”解释了约定保证期间以及保证期间届满导致实体权利消灭的问题，其将保证期间界定为不变期间的思路亦值得肯定，但其缺陷是难以解释并非形成权的保证债权何以能够适用除斥期间。将保证期间的适用对象解释为选择权的观点，也有违通常认知而显得牵强。“免责期间说”、“权利存续期间说”和“失权期间说”基本属于同一类观点，即从保证期间届满后果（免责、权利消灭或丧失）的角度反推出保证期间的性质，但这种界定仅停留在描述性的层面，其并未真正揭示该期间何以能够产生此种后果的原因。而且，失权期间（Verwirkung）作为一个域外法上的专有名词，有其特定含义，⑥

① 参见最高人民法院民法典贯彻实施工作领导小组主编：《中华人民共和国民法典合同编理解与适用（二）》，人民法院出版社 2020 年版，第 1344 页。

② 参见程啸、高圣平、谢鸿飞：《最高人民法院新担保司法解释理解与适用》，法律出版社 2021 年版，第 171 页。

③ 参见张谷：《论约定保证期间——以〈担保法〉第 25 条和第 26 条为中心》，载《中国法学》2006 年第 4 期。

④ 参见李明发：《论法定保证期间的法律性质相关问题》，载《法学》1998 年第 1 期。

⑤ 参见李明发：《保证责任研究》，法律出版社 2006 年版，第 111 页。

⑥ 参见［德］卡尔·拉伦茨：《德国民法通论》（上册），王晓晔等译，法律出版社 2003 年版，第 309~310 页。

以其泛指所有能够导致权利丧失的期间并不妥当。“或有期间说”作为一种最新学说,其试图在创设一个全新概念的基础上,将保证期间、买受人异议期间等纳入该概念之中。但正如有学者批评的那样,该概念存在内涵不清、外延不当等问题;其所要涵盖的法现象仅在特殊领域内具有正当性;该概念的创设既非理论上的必然,又可能引发评价矛盾。[①]

“区别说”亦不足取,因为:一方面,该说的主要依据之一是《担保法》曾规定保证期间在某些场合可适用中断规则,但其系基于当时对保证期间性质的误解所作规定,现已被《民法典》删除。另一方面,从现行法规定来看,约定保证期间和法定保证期间届满的后果完全相同(保证人免责),而且对二者性质作不同界定在实际操作上几无可能。

本书赞同“解除条件说”,即保证期间是保证合同所附当事人不在该期间内实施一定行为即导致保证合同失效之解除条件。具体包含以下要点:(1)保证人免除保证责任的原因是解除条件成就导致保证合同失效;(2)保证期间不同于保证债务的诉讼时效期间;(3)在一般保证和连带责任保证中,解除条件成就的认定标准有所不同;(4)保证期间是不变期间,不适用中断、中止、延长规则。这是基于解释论角度对现行法框架下的保证期间所作解读,分析如下。

第一,就约定保证期间而言,当事人作此约定的意图是让保证合同可因某种条件成就而失效。简言之就是,“你(债权人)如果不在一定时间内找我(保证人)”,便产生“就当我们之间没这事(合同失效)”“你以后就再别找我(免责)”的后果。当事人的这种约定,恰好符合法律行为所附解除条件的要义,即法律行为之效力本已发生,但因条件成就使其失效。[②]

第二,就法定保证期间而言,该期间是当事人默认之解除条件。由于《民法典》第692条规定当事人未约定保证期间即适用6个月之法定期间,故当事人未作约定之不作为可解释为当事人愿意适用法定期间而不必再就保证期间另行约定。这种现象并非保证合同所独有,如买卖合同中未约定价款的,适用《民法典》第511条第2项确定价款内容。这种解释构成法解释学上之“补充性契约解释”。[③]

第三,“解除条件说”能够合理解释现行法框架下保证期间与保证债务诉讼时效的关系。债权人在保证期间内依法主张权利的,使解除条件确定不可能发生,故仍须计算保证债务诉讼时效;债权人未在保证期间内依

---

① 参见冯珏:《或有期间概念之质疑》,载《法商研究》2017年第3期。

② 参见郑玉波:《民法总则》,中国政法大学出版社2003年版,第377页。

③ 参见[德]卡尔·拉伦茨:《法学方法论》,陈爱娥译,商务印书馆2003年版,第181页。

法主张权利的，因解除条件成就导致保证合同失效，故不再有诉讼时效计算问题。该解释符合《民法典》第694条之规范本义，而其他各说均存在解释上的障碍。例如，旧通说除斥期间说，一方面认为保证期间届满导致实体权利消灭，另一方面又承认保证债务诉讼时效届满前债权人行使权利仍受保护。这显然无法令人信服，因为除斥期间的基本效力是期间届满导致权利消灭，不会发生因当事人某种行为而导致权利继续存在的效果。[①]

第四，"解除条件说"能够合理解释现行法中的相关规则。例如，因保证期间属于解除条件，故不能适用诉讼时效中断、中止、延长规则（《民法典》第692条第1款）；又如，约定保证期间早于或者等于主债务履行期限的，由于该约定构成自相矛盾的解除条件，故视为没有约定（《民法典》第692条第2款）。

三、保证期间的特征

（一）保证期间制度的目的是减轻保证人负担

"没有目的，就没有法律文本。"[②]依据官方释义书的解释，保证期间制度的首要目的是限制保证人责任、减轻保证人负担。[③] 其制度意义在于，一是保护保证人的合同权利，二是督促债权人及时行使权利。[④] 保证期间使保证成为一种受时间限制的担保关系，或者说保证人会因特定时间内发生特定事由而免责。在各立法模式中，这种减轻保证人负担的立法目的都十分明显。该目的形成受到以下几个方面因素的影响。

第一，保证债务的性质。通说认为，债是具有期限性的法律关系，法律不应承认永久存在的债务。[⑤] 其理由主要是基于债权的性质，避免使债权请求权具有支配权的属性，并防止债务人因背负永久债务而对其过于苛刻。[⑥] 因保证人所承担的保证责任本质上属于依据保证合同应履行的保证

---

① 有学者认为，除斥期间是须行使的权利的存在期间，属于特殊的权利期间，保证期间属于除斥期间。在除斥期间制度中，行使的权利（如一般保证中对主债务人的主张）和消灭的权利（如保证人的担保权）也无须一致。参见耿林：《论除斥期间》，载《中外法学》2016年第3期。笔者不同意该观点，因为其不恰当地扩大了除斥期间的范围，脱离了通说意义上的除斥期间的含义。

② See Stanley Fish, Adrian Vermeule, *Editor's Symposium: What is Legal Interpretation? There is No Textualist Position*, 42 San Diego L. Rev. (2005), p. 616.

③ 参见黄薇主编：《中华人民共和国民法典合同编释义》，法律出版社2020年版，第501页。

④ 参见最高人民法院民事审判第二庭：《最高人民法院民法典担保制度司法解释理解与适用》，人民法院出版社2021年版，第295页。

⑤ 参见王利明：《债法总则研究》，中国人民大学出版社2015年版，第12页。

⑥ 参见王泽鉴：《债法原理》（第2版），北京大学出版社2013年版，第58~59页。

债务,保证人作为保证合同之债务人亦应受到普通债务人之保护,故对保证债务设置一定期限限制是合理的。

第二,保证合同的从属性。保证的存在意义是为主债务担保,并具有附随主债务的本质属性。[①] 从属性不可依当事人双方之意思而除去。[②] 因此,各国法律均不允许当事人约定比主债务负担更重或期限更长的保证债务,但约定比主债务存续期间更短的保证期间因不违背从属性原则则被允许。我国《民法典》及司法解释的相关规定亦贯彻该精神。[③]

第三,保证合同的无偿性。基于对无偿合同之债务人义务从轻解释的精神,应当允许保证人依约定或法定期间减轻其义务。即使保证人与主债务人之间可能存在有偿提供担保之约定,但该约定系为解决保证人与主债务人之内部关系而作出,并不影响保证合同的无偿性。

第四,节约司法资源。债权人为了不丧失担保利益,依常理会尽早积极行使权利。设置保证期间有利于尽快了结各当事人之间的权利义务关系,也有利于减轻司法机关的压力并节省宝贵的司法资源。

(二)保证期间直接限制的对象是保证合同

条件作为法律行为的一种附款,其构成法律行为的内容,且直接制约法律行为的生效或消灭。[④] 因此,作为解除条件的保证期间直接限制的对象是保证合同,而非保证债权或保证债务。该期间亦非债权存续期间或者债务履行期间。换言之,保证人因保证期间届满(解除条件成就)而免责不过是保证合同失效的若干后果之一。

(三)我国法律中有约定保证期间和法定保证期间

大多数立法允许当事人依意思自治原则对保证期间予以约定,但对于是否设置法定保证期间,域外法态度差异很大。我国现行法受苏联及俄罗斯民法的影响,对二者均设有相应规则。这意味着,我国现行法框架下只存在定期保证,而没有不定期保证存在的余地,各保证合同中的保证期间之差异仅在于依据约定标准还是法定标准予以确定。

(四)保证期间属于债权效力担保期间

由于保证期间是保证合同所附解除条件,而保证合同系债权合同、负

---

① 参见[日]我妻荣:《我妻荣民法讲义Ⅳ:新订债权总则》,王燚译,中国法制出版社 2008 年版,第 398 页。

② 参见黄立主编:《民法债编各论》(下),中国政法大学出版社 2003 年版,第 861 页。

③ 参见程啸、高圣平、谢鸿飞:《最高人民法院新担保司法解释理解与适用》,法律出版社 2021 年版,第 22~23 页。

④ 参见[日]近江幸治:《民法讲义Ⅰ:民法总则》(第 6 版补订),渠涛等译,北京大学出版社 2015 年版,第 298 页。

担行为，因此保证期间直接影响保证合同的生效和失效，并进一步引起各方当事人的债权债务发生变动。因保证期间属于债权效力担保期间，故其于不同时间段所生效力与债的保全、债权债务转让、合同变更等债法规则发生关联。又因保证债权系适用诉讼时效之请求权，导致保证期间规则与保证债权诉讼时效规则在适用上存在关联。

（五）保证期间原则上属于从属性担保期间

在我国现行法框架下，保证合同一般为从合同，保证期间亦属于从属性担保期间。保证期间的从属性体现为以下几点。

第一，成立上的从属性。一方面，主合同未成立、无效或被撤销的，作为从合同解除条件的保证期间即丧失存在基础；另一方面，保证期间的设置受到主债务履行期限的制约。

第二，转让上的从属性。主债权转让的场合下，保证债权及原保证期间对受让人原则上继续有效（《民法典》第696条第1款）。经保证人书面同意，债权人许可债务人转让债务的，原保证期间对保证人和债权人继续有效（《民法典》第697条）。

第三，变更上的从属性。主合同履行期限变更的场合下，如果未经保证人书面同意，保证期间仍依据原标准予以确定（《民法典》第695条第2款）。简言之，保证期间在变更和转让上的从属性并非直接随变更和转让行为发生相应变化，而是在遵循保证人初始意思的前提下继续维持其从属性。

第四，消灭上的从属性。主合同由于清偿、解除等原因消灭的，保证合同随之消灭，保证期间亦失去意义。值得说明的是，由于现行法中除了常见的从属性保证外，尚有独立保函、最高额保证等不具有或不完全具有从属性的保证类型，这些类型保证关系的保证期间并不完全体现上述各从属性特征。

（六）保证期间是不变期间

保证期间不是诉讼时效期间，其作为保证合同所附解除条件的主要作用在于，为条件事实是否发生划定时间范围，故该期间是不变期间，不适用诉讼时效中止、中断、延长等规则。虽然《担保法》第25条第2款曾规定保证期间适用中断规则，但其属于明显的立法失误，故《民法典》删除了该规定。

四、保证期间与保证债务诉讼时效的关系

（一）学说争议

一个令人困扰的问题是：保证期间与保证债务诉讼时效是何种关系？

这两种期间都能产生保证人免责的法律后果，却何以能够共存？学界及实务界对此存在极大争议。

第一种观点“择一说”认为，保证期间和诉讼时效指向的对象均为保证债权，但二者的规则内容差异明显，因此不可能将二者并行适用，而只能择一适用。[①] 依此观点，这两种期间的制度功能和适用对象重合，故不可能同时适用，现行法框架下应适用保证期间解决保证人免责问题。

第二种观点“衔接说”认为，债权人在保证期间内依据法定方式主张权利的，则保证期间的作用结束，开始适用诉讼时效规则，故二者相互衔接。换言之，保证人受到两种期间的保护，[②]因为二者在任意性、起算点、可否中断、期间届满后果等方面均不相同。[③] “衔接说”为实务界通说，司法解释亦采取该说构建相关具体规则。

第三种观点“并行说”认为，保证期间和保证债务诉讼时效均为保护保证人利益而设，它们是两个“并行的、互不相关、互不影响的”期间。“保证期间届满”和“保证债务诉讼时效届满”是两个并列的抗辩事由，保证人可就其任意选择。只要其中一个抗辩成立，债权人的请求权即因此落空。[④]

（二）本书观点

本书赞同并行说，即保证期间依其解除条件的性质予以确定和计算，保证债务诉讼时效依据诉讼时效规则予以确定和计算，二者确定和计算无必然关联（如图 2-1 所示）。

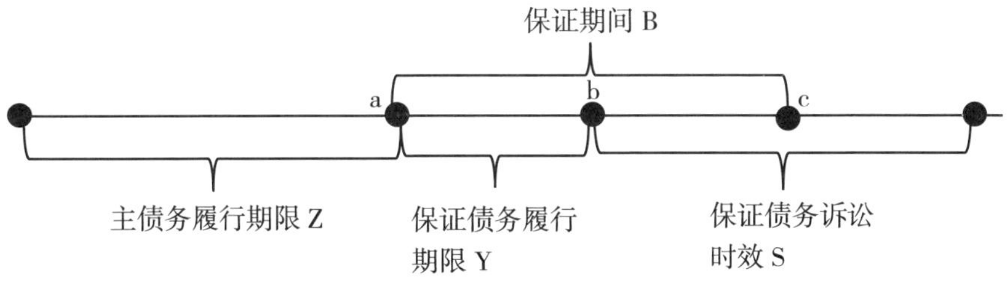

图 2-1　保证期间和保证债务诉讼时效的关系

第一，保证期间和保证债务诉讼时效具有不同的功能，二者并非择一说认为的仅选择其一已足。虽然这两种期间对当事人的合同利益均构成

---

① 参见孔祥俊：《保证期间再探讨》，载《法学》2001 年第 7 期。

② 参见曹士兵：《中国担保制度与担保方法》（第 4 版），中国法制出版社 2017 年版，第 163 页。

③ 参见包晓丽、司伟：《民法典保证期间规定之理解适用中的几个问题》，载《法律适用》2021 年第 1 期。

④ 参见张鹏：《我国保证债务诉讼时效问题研究》，载《中外法学》2011 年第 3 期；张谷：《论约定保证期间——以〈担保法〉第 25 条和第 26 条为中心》，载《中国法学》2006 年第 4 期。

时间上的限制，但是其具有的功能并不相同。保证期间是保证合同所附解除条件，其功能是减轻保证人的责任，即保证人可因解除条件成就而免责。对于诉讼时效的价值和功能，学界存在多种不同解释，[①]一种较为合理的意见是“诉讼时效制度的重要价值之一是平衡权利人与义务人的利益关系”。[②] 一方面，债权人只要在时效期间内行使权利，即可通过适用中止、中断规则使权利受法律保护的时间得到延续，故其具有保护债权人的功能；另一方面，由于诉讼时效否认了保证债务的永久性，故当然也具有保护保证人的功能。保证债务诉讼时效的这种双向保护和平衡利益的功能，是保证期间不具有的。

第二，“衔接说”意识到保证期间和保证债务诉讼时效的功能差异且不能相互替代，是其优于“择一说”之处，但其存在以下弊端。其一，“衔接说”忽略了保证债务履行期限的存在，导致保证债务诉讼时效起算标准背离时效起算的基本原理。保证债务履行期限届满时保证人未履行保证债务的，构成“债权人知道权利受到损害”，故此时（时间点 b）起算诉讼时效。债权人在保证期间（时间段 B）主张权利之前，诉讼时效可能已经起算，因此该主张权利的行为可构成中断事由而非起算事由。其二，“衔接说”未能将保证期间作为免责事由的属性贯彻于规则设计，对该期间功能的定位有欠精准。保证期间作为解除条件仅与免责有关，保证债务诉讼时效则解决保证人的时效抗辩权问题。如果债权人未在保证期间主张权利，保证合同因解除条件成就于时间点 c 失效。其后不再有时效问题是因为保证合同失效所致，而并非诉讼时效从未起算。如果债权人在保证期间主张权利，因解除条件确定地不可能成就而致保证人无法再依据保证期间主张免责，保证债务诉讼时效继续计算（而非起算）。

《民法典》第 694 条继承了司法解释的“衔接说”，其理由与司法解释所持理由类似，即认为“债权人在保证期间内主张权利的，保证期间即失去意义，保证人不能再主张保证期间抗辩，而应计算保证债务诉讼时效”。[③] 但该解释并未弥合“衔接说”的既有缺陷，故难具说服力。因此，对该条应采目的性缩限解释确定其规范含义，使其适用效果符合这两种期间之规范目的。详见本章第八节。

第三，通过与附解除条件的买卖合同进行比较，“并存说”的合理性可

---

① 例如，日本学界有“保护权利人”“保护非权利人说”“多元说”等不同意见。参见［日］山本敬三：《民法讲义 1：总则》，解亘译，北京大学出版社 2004 年版，第 346~349 页。

② 参见杨巍：《民法时效制度的理论反思与案例研究》，北京大学出版社 2015 年版，第 142 页。

③ 参见黄薇主编：《中华人民共和国民法典合同编释义》，法律出版社 2020 年版，第 503 页。

得到验证。例如，买卖合同约定，交货时间为9月1~20日，但如果15日之前标的物的政府指导价下跌20%以上，则合同解除。情形一：9月20日出卖人仍未交货，此前也未发生指导价下跌20%以上的事实。此时诉讼时效起算，合同也确定地不可能因解除条件成就而失效。情形二：9月10日管理机关宣布该类标的物的指导价3个月内不予调整，20日出卖人仍未交货。10日解除条件确定不可能成就，诉讼时效于20日起算。情形三：9月10日出卖人通知买受人无法履约，12日指导价下跌22%。诉讼时效于10日起算，12日解除条件成就导致合同失效，其后不再有时效问题。由此可知，在各类情形下解除条件与诉讼时效依各自规则分别发挥作用，二者并无必然关联。保证期间与保证债务诉讼时效的关系，与买卖合同中解除条件与诉讼时效的关系，性质上并无不同。

五、《民法典》施行前后保证期间规则的衔接适用

（一）《民法典》原则上不具有溯及既往效力

基于法的安定性价值，《民法典》原则上不具有溯及既往效力，只能适用于施行后发生的民事法律事实；《民法典》施行前发生的民事法律事实，适用当时的法律。[①] 依据《民法典时间效力规定》第1条、第5条、第27条等规定，《民法典》的规定原则上不具有溯及既往效力。《实施民法典纪要》第13条规定："坚持'法不溯及既往'的基本原则，依法保护当事人的合理预期。民法典施行前的法律事实引起的民事纠纷案件，适用当时的法律、司法解释的规定，但《时间效力规定》另有规定的除外。"依据《实施民法典纪要》第14条的规定，"应当适用民法典的"应解释为包括《民法典》自身的规定及其司法解释（如《民法典担保制度解释》）的规定，但是该司法解释另有规定的除外。[②] 对不具有溯及既往效力，可从以下几个方面理解。

第一，保证合同成立于《民法典》施行后，因保证期间等事项引起的民事纠纷案件，适用《民法典》的规定。《民法典时间效力规定》第1条第1款规定："民法典施行后的法律事实引起的民事纠纷案件，适用民法典的规定。"该情形下，保证合同成立和诉讼均发生在《民法典》施行后，故适用

---

① 参见王雷：《民法典适用衔接问题研究——动态法源观的提出》，载《中外法学》2021年第1期。

② 参见最高人民法院民事审判第二庭：《最高人民法院民法典担保制度司法解释理解与适用》，人民法院出版社2021年版，第77页。其后各章中的衔接适用问题均采此解释，后文不再重复说明。

《民法典》的规定不存疑义。

第二,保证合同成立于《民法典》施行前,适用旧法确定和计算的保证期间已届满的,保证人免责的效果不因《民法典》的施行发生改变。《民法典时间效力规定》第1条第2款规定:"民法典施行前的法律事实引起的民事纠纷案件,适用当时的法律、司法解释的规定,但是法律、司法解释另有规定的除外。"该情形下,《民法典》施行前保证人已经因保证期间届满确定地免责,《民法典》施行后不再有适用保证期间的问题。

第三,保证合同成立和保证期间起算发生于《民法典》施行前,《民法典》施行时(适用旧法确定和计算的)保证期间处于未届满状态,其后保证期间仍适用旧法确定和计算。《民法典时间效力规定》第1条第3款规定:"民法典施行前的法律事实持续至民法典施行后,该法律事实引起的民事纠纷案件,适用民法典的规定,但是法律、司法解释另有规定的除外。"《民法典时间效力规定》第27条规定:"民法典施行前成立的保证合同,当事人对保证期间约定不明确,主债务履行期限届满至民法典施行之日不满二年,当事人主张保证期间为主债务履行期限届满之日起二年的,人民法院依法予以支持;当事人对保证期间没有约定,主债务履行期限届满至民法典施行之日不满六个月,当事人主张保证期间为主债务履行期限届满之日起六个月的,人民法院依法予以支持。"该两条的适用效果是相反的。由于第1条第3款属于一般规定,而第27条是针对保证期间所作的特殊规定,因此应当优先适用第27条,即第27条构成第1条第3款中的"但是法律、司法解释另有规定的除外"之情形。

《民法典时间效力规定》第27条主要针对保证期间"约定不明"和"没有约定"情形下,保证期间的新旧规则衔接适用而设置。《民法典》施行前,旧法规定保证期间"约定不明"时适用2年法定保证期间;保证期间"没有约定"时适用6个月法定保证期间。《民法典》作出修改,将保证期间"约定不明"和"没有约定"统一适用6个月法定保证期间。该修改意味着,依据旧法确定和计算的2年保证期间于《民法典》施行时虽未届满,但依据《民法典》的规定确定和计算却可能已经届满。对此,《民法典时间效力规定》第27条规定该情形下的保证期间仍适用旧法确定和计算,即《民法典》规定不具有溯及效力。[①]

第四,保证合同成立于《民法典》施行前,保证期间起算发生于《民法

---

① 参见最高人民法院研究室编著:《最高人民法院民法典时间效力司法解释理解与适用》,人民法院出版社2021年版,第302~303页。

典》施行后，适用《民法典》的规定。该情形下，保证期间期间起算和届满之法律事实均发生于《民法典》施行后，故期间的确定和计算均应适用新法规定。

第五，再审案件不适用《民法典》的规定。《民法典时间效力规定》第5条规定："民法典施行前已经终审的案件，当事人申请再审或者按照审判监督程序决定再审的，不适用民法典的规定。"该情形下，《民法典》施行前案件已经终审并形成生效法律文书，当事人之间的实体争议已通过诉讼程序得到解决。即使《民法典》施行后又依法启动再审程序，再审法院也应当适用旧法作出裁决，以保障当事人的程序法利益。

(二)《民法典》不具有溯及既往效力的例外规则

1. 有利溯及规则

《民法典时间效力规定》第2条规定："民法典施行前的法律事实引起的民事纠纷案件，当时的法律、司法解释有规定，适用当时的法律、司法解释的规定，但是适用民法典的规定更有利于保护民事主体合法权益，更有利于维护社会和经济秩序，更有利于弘扬社会主义核心价值观的除外。"有利溯及规则的依据是《立法法》第93条。例如，对保证方式没有约定或约定不明的，旧法推定为连带责任保证，而《民法典》规定为一般保证。如果保证合同成立于《民法典》施行前，诉讼发生于《民法典》施行后，应依据有利溯及规则适用《民法典》确定保证方式以及相应的保证期间。因为相较于旧法而言，《民法典》的规定显然更有利于保护保证人的利益，对各方当事人的利益平衡也更为合理。

有利溯及规则虽然改变了当事人的预期，但是这种改变更加有利于当事人，所以允许溯及适用。有利溯及的标准需要严格限定，如果泛化有利溯及的标准和范围，无疑会冲击法不溯及既往的基本原则。[①] 依据《实施民法典纪要》第18条的规定，有利溯及规则的适用应当从严把握，人民法院认为符合有利溯及规则的适用条件的，应当做好类案检索，经本院审判委员会讨论后层报高级人民法院。高级人民法院审判委员会讨论后认为符合《民法典时间效力规定》第2条规定的"三个更有利于"标准，应当溯及适用民法典规定的，报最高人民法院备案。最高人民法院将适时发布相关指导性案例或者典型案例，加强对下指导。

① 参见最高人民法院民法典贯彻实施工作领导小组办公室：《〈最高人民法院关于适用时间效力的若干规定〉的理解与适用》，载《人民司法》2021年第10期。

2. 新增规定溯及规则

《民法典时间效力规定》第3条规定:“民法典施行前的法律事实引起的民事纠纷案件,当时的法律、司法解释没有规定而民法典有规定的,可以适用民法典的规定,但是明显减损当事人合法权益、增加当事人法定义务或者背离当事人合理预期的除外。”例如,旧法对共同保证的保证期间未作规定,而《民法典担保制度解释》第29条对此作出规定,且该规定不构成“明显减损当事人合法权益、增加当事人法定义务或者背离当事人合理预期”的情形。因此,如果共同保证关系成立于《民法典》施行前,诉讼发生于《民法典》施行后,法院可以适用《民法典担保制度解释》第29条的规定。

3. 裁判说理规则

《民法典时间效力规定》第4条规定:“民法典施行前的法律事实引起的民事纠纷案件,当时的法律、司法解释仅有原则性规定而民法典有具体规定的,适用当时的法律、司法解释的规定,但是可以依据民法典具体规定进行裁判说理。”例如,一般保证债权人在保证期间依据赋予强制执行效力的公证债权文书申请强制执行,是否可以导致保证人丧失先诉抗辩权,旧法对此未作明确规定。但依据此类公证债权文书的性质,该情形应当产生与依生效判决书、裁决书申请强制执行相同的效力,此为强制执行规则的当然结论。[①]《民法典担保制度解释》第27条对此作出规定,不过是将此前理论上的结论以条文形式具体化而已,故《民法典》施行前后的处理结果并无不同。如果此类行为发生于《民法典》施行前,诉讼发生于《民法典》施行后,虽然法院应当适用旧法作为裁判依据,但可以依据《民法典担保制度解释》第27条进行裁判说理,以强化裁判理由的说服力。

4. 尚未审结的一审、二审案件的溯及适用

《民法典时间效力规定》第28条规定:“本规定自2021年1月1日起施行。本规定施行后,人民法院尚未审结的一审、二审案件适用本规定。”对该条的含义,解读如下:其一,对于实体性规范而言,尚未审结的一审、二审案件适用该规范体现了溯及效力;对于程序性规范而言,根据程序从新原则,尚未审结的一审、二审案件适用该规范与溯及效力无关。《民法典时间效力规定》并非单纯的实体法或程序法,而具有类似“准据法”功能。因此,仅在依据该条适用实体性规范的场合下体现其溯及效力。其二,尚未

① 参见程啸、高圣平、谢鸿飞:《最高人民法院新担保司法解释理解与适用》,法律出版社2021年版,第175页。

审结的一审、二审案件适用《民法典时间效力规定》,并不意味着此类案件必然适用《民法典》的规定。仅在依据该条适用《民法典》规定的场合下体现其溯及效力。①

第二节　保证期间的立法例

虽然域外立法未必采取我国现行法中的保证期间概念,但其确有以某种期间来限制保证合同债权人之担保利益的相关规则。在不同法律框架下,此类期间的法律效果和计算方法存在很大差异。

一、模式一:既规定约定保证期间,也规定法定保证期间

俄罗斯等少数国家采取该模式。《俄罗斯联邦民法典》第 367 条第 4 款对约定保证期间和法定保证期间均设有规定,《独联体成员国示范民法典》第 362 条第 3 款与其类似。对该模式的内容从以下三方面予以说明。

第一,在该模式下,债权人对保证人享有的保证债权必然受到保证期间的限制,而不存在不定期保证。保证合同就保证期间有约定的,适用约定期间;没有约定的,依据主债务履行期限的不同分别适用 1 年和 2 年之法定期间。法律设置保证期间规则的目的在于,为债权人有权向保证人提出要求的期限设置时间上的上限。“这样就排除了已过诉讼时效的主债权由债权人转移到保证人的可能性。”②

第二,保证期间的性质是保证合同的有效期,即保证合同因保证期间届满而终止。约定保证期间的可以是时间段或者时间点,③但对该期间有无上下限要求,法律未作规定。

第三,该模式的规则内容较为简略,即仅规定约定保证期间与法定保证期间的基本关系以及法定保证期间的长度,而对涉及保证期间其他相关问题未作具体规定。例如,一般保证与连带责任保证中保证期间的计算方法是否存在区别、先诉抗辩权的行使对保证期间有无影响、保证期间与主

---

① 参见最高人民法院研究室编著:《最高人民法院民法典时间效力司法解释理解与适用》,人民法院出版社 2021 年版,第 319 页。

② 但对于这种可能性应否被允许,俄罗斯学界也存在一定争议。参见[俄]B. A. 别洛夫:《保证·理论结构的经验和仲裁实践的总结》,莫斯科 1998 年版,第 89~90 页。转引自[俄]E. A. 苏哈诺夫主编:《俄罗斯民法》(第 3 册),丛凤玲译,中国政法大学出版社 2011 年版,第 803 页。

③ 参见[俄]E. A. 苏哈诺夫主编:《俄罗斯民法》(第 3 册),丛凤玲译,中国政法大学出版社 2011 年版,第 802 页。

债务诉讼时效期间是何关系等问题均无规定。

《意大利民法典》第 1957 条的文义与上述规定类似，但意大利法院的主流意见认为，该条并不适用于所有未约定保证期间的保证，而仅适用于“隐含地限定于被担保债务之期限的保证”。[①] 因此，意大利虽亦属模式一，但其规则的具体适用与俄罗斯尚有差异。

二、模式二：仅规定约定保证期间，不规定法定保证期间

大多数大陆法系国家及地区采取该模式。在该模式下，法律未就法定保证期间作出规定，故当事人未约定保证期间的情形下，构成不定期保证。但对于不定期保证中如何避免保证人承担过重责任以实现当事人之间的利益均衡，各国及地区法律规定差异较大。大致包括以下几种类型。

（一）未就不定期保证作特殊规定，依据其他相关规则保护保证人

德国采取该模式。《德国民法典》第 777 条仅就定期保证作出规定，定期保证中的“特定期间”性质为解除条件，用以产生限制担保责任期间的效果。当事人可以约定在主债务到期后或者在订货人接受制成品后的特定期间内主张权利，约定不确定事件也构成定期保证。[②] 德国法对不定期保证未作专门规定，不定期保证之保证人可依据下列规则得到保护。

第一，《德国民法典》第 777 条第 2 款规定的债权人及时收取债权规则。债权人可以通过及时通知使其请求权免受连带责任担保人的影响，尽管该保证金额受到第 2 款的限制。如果保证人对先行起诉提出抗辩或者是有期限的短期保证，则债权人有责任根据第 1 款第 1 句立即对主债务人根据第 772 条收取债权，并且在没有显著迟延的前提下延续程序。[③]

第二，《德国民法典》第 768 条规定，保证人可以主张债务人所享有的抗辩权，如延期清偿、主债权时效届满、主债权的取得无法律原因等。即使主债务人放弃行使这些抗辩权，也不对保证人构成妨碍。[④]

第三，《德国民法典》第 775 条规定的保证人的免除请求权。依该条规定，在“主债务人的财产状况严重恶化”等情形下，保证人可以行使免除请

---

① 参见欧洲民法典研究组、欧盟现行私法研究组编著：《欧洲私法的原则、定义与示范规则：欧洲示范民法典草案》（第 4 卷），于庆生等译，法律出版社 2014 年版，第 1223 页。

② Vgl. Mathias Habersack, Kommentar zum § 777, in: *Münchener Kommentar zum BGB*, 8. Aufl., München: C. H. Beck, 2020, Rn. 7.

③ Vgl. Mathias Habersack, Kommentar zum § 777, in: *Münchener Kommentar zum BGB*, 8. Aufl., München: C. H. Beck, 2020, Rn. 10.

④ 参见［德］迪特尔·梅迪库斯：《德国债法分论》，杜景林等译，法律出版社 2007 年版，第 422 页。

求权。该条旨在赋予保证人以指向主债务人的免除请求权,前提条件是在保证人和主债务人之间,并且是在内部关系上存在委任或者类似的法律关系,如无因管理或者事务处理合同。①

第四,《德国民法典》第 418 条规定,为债权而设定的保证,因债务承担而消灭,但保证人同意债务承担的除外。理由在于,不应将债务人变更的风险转嫁给担保人。②

第五,《德国民法典》第 242 条规定的诚实信用原则。该条规定的一般原则以及由此衍生的失权规则亦适用于保证人;债权人不得有意识地损害保证人的利益。原则上,并不把对保证人的一项补充勤勉义务加在债权人身上。③

(二)保证人可于法定期间催告债权人行使权利,债权人经催告仍不行使权利的,保证人免责

瑞士、葡萄牙采取该模式。《瑞士债务法》第 511 条规定:“(1)保证未定期间者,在主债务届其清偿期后,如因此已具备对主债务人的起诉条件,保证人得请求债权人在 4 周内依法向主债务人行使其债权,如有担保物权,应实行担保物权,并尽快提起诉讼。(2)债务得因债权人的通知而届其清偿期者,保证人在保证契约订立 1 年后,得请求债权人为通知并在清偿期届至后行使前款所称之权利。(3)债权人未依前款规定为请求者,保证人免除责任。”依此规定,不定期保证的保证人可依据主债务届期的不同分别在不同的法定期间催告债权人行使权利。《葡萄牙民法典》第 652 条与上述规定类似。催告是一种有相对人的意思表示,一旦到达相对人处或者被相对人知晓,即生效力。④

《欧洲示范民法典草案》第Ⅳ. G-2:109 条规定:“如果担保范围并未限于产生的一切债务或者履行期在约定期间届满的债务,则任何一方得向他方为通知,并给予至少 3 个月的宽限期,以限制担保范围。如果担保范围被限于特定债务或产生于特定合同的债务,则前句规定不适用。”虽然该条使用的是“通知”和“宽限期”概念,并未使用“催告”概念,但其适用效果与催告类似,故将该规定归入此类。但应注意的是,该条规定的意义与前

---

① Vgl. Mathias Habersack, Kommentar zum § 775, in: *Münchener Kommentar zum BGB*, 8. Aufl., München: C. H. Beck, 2020, Rn. 2.

② 参见[德]迪特尔·梅迪库斯:《德国债法总论》,杜景林等译,法律出版社 2004 年版,第 569 页。

③ 参见沈达明编著:《法国/德国担保法》,中国法制出版社 2000 年版,第 209~210 页。

④ 参见[葡]Carlos Alberto da Mota Pinto:《民法》,澳门翻译公司等译,澳门地区法务局、澳门大学法学院 2009 年版,第 250 页。

述瑞士法的规定存在以下差异:其一,适用效果不同。该条的适用效果是限制不定期保证的担保范围,而前述瑞士法规定的适用效果是保证人免责。其二,行为人不同。可依据该条实施通知的是“任何一方”,依据该草案制定者的解释,“任何一方”是指债权人与保证人,但实际上通常只有保证人才会行使该权利。依据前述瑞士法的规定,实施催告行为的是保证人。其三,保护的对象不同。该条通过设置通知的最低长度,具有保护债权人和债务人的作用。3 个月的通知期限可以提供给债务人安排替代担保或从其他来源获得借贷的机会,而保证人的利益则需借助诚实信用原则受到保护。[①] 前述瑞士法规定的保护对象是保证人。

(三)适用告知规则等保护保证人

法国采取该模式,具体规则包括以下内容。

第一,适用于部分不定期保证的告知规则。《法国民法典》第 2293 条第 2 款规定:“在此种保证(不定期保证)是由自然人缔结时,债权人至少每年应按照各方当事人约定的日期向作为保证人的该自然人告知受担保的债权以及这些附带权利的数额变化;如当事人没有约定应当进行告知的日期,应在合同订立的每一周年时进行此项告知,否则债权人丧失全部附带的权利、费用与违约金。”依此规定,不定期保证之保证人是自然人的,可适用该条规定免除保证责任。依法国最高法院的解释,该条规定并不具有公共秩序性质,尤其有理由适用于对保证人来说比较肯定的、有最高数额的保证。[②]

第二,适用保证的一般规则。如保证人对债务人的提前求偿规则(《法国民法典》第 2309 条)、保证人可以主张债务人抗辩权规则(《法国民法典》第 2313 条)、保证消灭的一般规则[③]等。

第三,不定期合同的单方解除权。在法国法中,不定期合同原则上都包含着单方解除义务约束的权利。该规则体现了“禁止永久性义务负担”的思想,其目的是保护个人自由、维护自由竞争。这种单方解除权在有些合同中已被明文规定(如劳动合同、租赁合同等),但依据法国最高法院的意见,即使没有法律条文作出明确规定,这种单方解除权也应当扩张适用于没有规定任何到期日的所有合同。[④] 因此,不定期保证之保证人也享有

---

① 参见欧洲民法典研究组、欧盟现行私法研究组编著:《欧洲私法的原则、定义与示范规则:欧洲示范民法典草案》(第 4 卷),于庆生等译,法律出版社 2014 年版,第 1226 页。

② 参见《法国民法典》(下册),罗结珍译,法律出版社 2005 年版,第 1469 页。

③ 参见沈达明编著:《法国/德国担保法》,中国法制出版社 2000 年版,第 42~47 页。

④ 参见[法]弗朗索瓦·泰雷等:《法国债法·契约篇》(下),罗结珍译,中国法制出版社 2018 年版,第 940~941 页。

该单方解除权。

（四）保证人享有任意解除权

巴西采取该模式。《巴西民法典》第835条规定："保证人承担了无期限的保证的，只要他愿意，他可以解除此等保证责任，但在通知债权人后的60天内，他仍受保证的所有效力的约束。"依此规定，不定期保证之保证人对保证合同享有任意解除的权利，但须受到60天缓冲期的限制。

（五）经过一定期间后保证人享有免除请求权

阿根廷、智利等国采取该模式。《阿根廷民法典》第2025条规定："自提供保证之时经历5年后，保证人可请求债务人免除保证，但主债务的性质不因确定期间而消灭，或保证定有更长期限的，不在此限。"《智利民法典》第2369条与此规定类似。该5年期间的性质不同于模式一中的法定保证期间，体现为：其一，该期间届满的后果是保证人取得免除请求权，而非直接免除保证责任。该免除请求权与《德国民法典》第775条规定的免除请求权性质类似，区别在于前者设置了行使该权利的时间条件，而后者则否。其二，该期间与约定保证期间可以并存，而法定保证期间仅在无约定保证期间的前提下才可适用。

三、模式三：对约定、法定保证期间均未规定

日本等少数国家采取该模式。《日本民法典》对"保证债务"之约定保证期间和法定保证期间均未设置专门条文予以规定，但是从一些间接规定可推知该模式对保证期间的态度。具体包括以下内容。

第一，《日本民法典》第448条规定，保证人的负担不得重于主债务。因此，当事人可以约定保证债务的期限后于主债务到期，但不得约定前者先于后者到期。① 保证合同约定保证期间等内容导致保证债务重于主债务内容的，构成"过大保证"，超过主债务的部分无效。②

第二，保证人既享有基于保证合同产生的时效抗辩权，也享有主债务人的时效抗辩权。《日本民法典》第457条规定："因对主债务人之履行请求及其他事由而致时效之延期完成或更新，对保证人，亦生其效力。保证人得以主债务人得主张之抗辩对抗债权人。"

第三，日本司法实务的主流意见认为："未约定期间的持续性保证合同，保证人有相当的理由（如保证人对主债务人的信赖遭受损害）申请解

① 参见［日］我妻荣：《我妻荣民法讲义Ⅳ：新订债权总则》，王燚译，中国法制出版社2008年版，第413页。

② 潮見佳男『新債權総論Ⅱ』（信山社，2017年）662頁参照。

除合同时,除了存在特别情事(如债权人因上述解约将遭受诚信原则上无法忽视的损害时)的情形,保证人可以单方解除合同。"[①]该意见类似于法国、巴西规定的保证人任意解除权规则。总体而言,日本法主要借助时效规则限制债权人对保证人的请求权,但也允许当事人在一定条件下约定保证期间。主债务人放弃时效利益时,只是成为无保证债务。保证人对保证债务放弃时效利益时,则依据主债务人在事前或事后是否放弃时效利益作出不同认定。[②] 此外,对于因保证人"债务承认"或"部分清偿"导致主债务时效和保证债务时效中断的效力范围及二者之间的关联,学理及实务中积累了大量的研究意见。[③]

《日本民法典》"债编"修订后的第 465 条之三规定,个人最高额保证在不同情形下分别适用 5 年或 3 年之"保证期间"。但是,该条规定的"保证期间"的效力是:在该期间内发生的债务纳入最高额保证的担保范围,即该期间限定受最高额保证担保的主债务的发生时间。[④] 因此,该条规定的"保证期间"并非本章讨论的保证期间,而属于债务决算期。另外,日本《人事保证法》第 1 条、第 2 条规定了人事保证的保证期间:未定期限的人事保证契约,以其成立之日起的 3 年内有效,但工商业见习生为 5 年。定有期限的,其期限不得超过 5 年,超过 5 年的缩短为 5 年。允许重新订立人事保证契约,但其期限不得超过 5 年。由于人事保证具有人身担保性质,并非严格意义上的保证债务,日本司法实务中对其债务性质通常结合当事人的意思予以解释。[⑤] 可见,日本《人事保证法》规定的人事保证期间与本书讨论的保证期间性质迥异,故本书不予讨论。

第三节 各立法模式体现的价值理念

法律规范的内容和法律技术的运用不过是立法者所欲实现特定价值理念的手段。所谓法律适用,是一种就既定法律规范所为之适当行动、选择与执行,在具体案件中给予适当之法理分析以确保法律的正确适用,解释便是此种法律适用的基础。[⑥] 因此,通过各立法模式的表面规则内容提

---

① 参见最判昭和 39(1964)年 12 月 18 日判决,载《民集》第 18 卷 10 号第 2179 页。

② 中田裕康『債権総論(第三版)』(岩波書店,2014 年)494~495 頁参照。

③ 金山直樹『時効における理論と解釈』(有斐閣,2009 年)528~534 頁参照。

④ 潮見佳男『新債権総論Ⅱ』(信山社,2017 年)749 頁参照。

⑤ 参见最判明治 40(1907)年 11 月 5 日判决,载《民録》第 12 辑第 1462 页。

⑥ See Emilio Betti, *On a Genernal Theory of Interpretation*, The American Journal of Jurisprudence, Vol. 32, p. 266.

炼出其遵循的内在价值理念，对于法律的解释及适用无疑具有重要意义。基于上文的梳理可知，域外各国及地区关于保证期间的规定在立法技术层面存在很大差异，对保证期间规则并不存在所谓立法通例。各立法模式所体现的价值理念既有共性，也有差异。

一、保护保证人利益为首要目标

在保证关系中，各方当事人具有不同的利益诉求：债权人通过担保强化债权效力，降低不能受偿的风险；债务人通过担保获得更多的融资机会；保证人接受委托或基于其他法律关系提供担保，其核心利益是降低和控制代偿风险。对于这三方利益，各立法模式无一例外地将保护保证人利益作为保证期间规则设计的首要目标。形成该立法理念的原因主要是保证债务的性质、保证合同的从属性、无偿性等。① 该立法理念体现为以下几个方面。

（一）各立法模式均不允许设立永久性保证

所谓永久性保证，是指当事人约定保证人承担保证责任不受时间限制，或者保证债务不因某种期间（法定的、约定的）届满而消灭。因永久性保证对保证人过于苛刻且与诉讼时效等规则存在抵牾，故所有立法均不承认其效力。为排除永久性保证，各立法模式采取的立法技术各不相同。采取模式一的俄罗斯、意大利等国直接规定法定保证期间，在没有约定保证期间的情形下适用法定保证期间，这导致所有保证都是有保证期间的。该模式对永久性保证的否定最为彻底和直接的。采取模式二的各国及地区虽然允许设立不定期保证，但同样设计各类规则排除永久性保证。德国法规定的保证人抗辩权、免除请求权等规则可以使保证债务被局限在一定时间范围之内；瑞士、葡萄牙等国通过保证人催告规则实现这一效果；法国、巴西规定的保证人任意解除权使保证人在不定期保证中可以随时解除保证合同；阿根廷、智利等国为保证人免除请求权设置了法定行使期间，使行使该权利的时间具有更明确的可预测性。采取模式三的日本虽然对约定保证期间和法定保证期间均未作出规定，而且日本学界对保证债务的性质也存在分歧，但是无论基于保证债务从属性还是依据其他学说，均可得出排除永久性保证的结论。② 另外，在德国学界还存在将保证人负担过重的

---

① 吉田徹-筒井健夫『改正民法［保証制度・現代語化］の解説』（商事法務，2005 年）153 頁参照。

② 参见［日］我妻荣：《我妻荣民法讲义Ⅲ：新订担保物权法》，申政武等译，中国法制出版社 2008 年版，第 398～400 页。

保证债务解释为违反善良风俗的意见。[①]

(二)为保证人设计各类样态的权利,将保护保证人利益的主动权置于保证人手中

虽然各立法模式对保证期间规则的具体设计差异很大,但是为实现保护保证人利益之目的,多赋予保证人某种样态的权利,使其能够通过自己行使权利处于主动地位,而不必被动承受有关后果。保证人的权利大致包括两类:一是主债务人对债权人的权利,如各类抗辩权、其他防御性权利(抵销权、撤销权等)。对保证人可以主张主债务人对债权人的权利,各立法模式普遍持肯定态度,其主要依据是保证债务的从属性。[②] 二是保证人的特有权利。以主动性强度和效力为标准,此类权利依次包括:不定期保证合同的任意解除权(法国、巴西)、免除请求权(德国、阿根廷)、催告权(瑞士、葡萄牙)等。如果说第一类权利多为防御性权利而主动性并不明显的话,第二类权利的主动性则十分明显。尤其是法国、巴西等国规定的任意解除权,使保证人随时可依据单方意思退出担保关系,对保证人的保护力度最强。

(三)除保证期间规则以外,某些立法模式还设置了一些特殊规则对保证人提供保护

例如,《瑞士债务法》第500条第1款规定:"在自然人保证之情形,除预先或嗣后另有约定外,每年消减责任额的3%,债权同时有不动产担保权者,每年消减原始责任额的1%。无论如何,在自然人保证之情形,保证人的责任额,因主债务的减少而减少。"该规定旨在对作为保证人的自然人提供特殊保护,此类保证人的保证债务数额在保证期间内逐年递减。这导致债权人因时间经过而不能向保证人主张数额较高的保证债权。又如,《法国民法典》第2314条规定:"因债权人本人所为致使保证人不能代位行使该债权人的权利、抵押权与优先权时,保证人即解除其义务,一切相反条款均视为未予订立。"第2315条规定:"债权人自愿接受用于清偿主债务的不动产或其他任何财产,即告解除保证人的义务,即使债权人接受的财产日后被追夺,亦同。"依此规定,保证人在某些情形下有权解除保证合同。

二、对债权人担保利益采取不同程度的"保护+限制"

保证合同之基本目的是使债权人享有担保利益,故各种规则设计当然

---

① 参见[德]迪特尔·梅迪库斯:《德国债法分论》,杜景林等译,法律出版社2007年版,第417页。

② 参见吴志正:《债编各论逐条释义》,元照出版有限公司2015年版,第403页。

围绕保护债权人担保利益展开，自不待言。但是，各立法模式普遍地未将保护债权人担保利益置于首要立法目的，而是在保护的同时设置各类限制性规则，以实现对保证人的保护。这种“保护+限制”的原因在于：一方面，债权人享有的担保利益属于债权性担保利益，因保证债权不具公示性、绝对性和排他性，而不能得到类似担保物权程度的法律保护；另一方面，保证合同系无偿合同，相关规则的设计须考虑对保证人的保护。尤其是在自然人作为保证人的情形下，对债权人的限制则显得更为必要，而在商事保证中这种限制则并不明显。[①] 对债权人担保利益的限制体现为以下几个方面。

（一）各立法模式均不承认债权人永久享有担保利益

如前文所述，各立法模式均不允许设立永久性保证，故保证人不负有永久性保证债务，债权人相应地不可能永久享有保证债权。[②]

（二）债权人担保利益的保护通常处于被动地位

各立法模式多为保证人设计了各类样态权利以保护其利益，但通常并未给债权人设计对应的权利。这造成的效果是，保证人维护自身利益往往有较多权利保障和救济路径，而债权人不仅只能作为一般债权人受到保护，而且这种保护还须受到保证人各项权利的限制。例如，在法国法中，不定期保证合同的保证人被赋予单方解除合同的权利，而债权人则不享有该解除权，而且债权人也不得与保证人在合同中约定排除该单方解除权。因为法国法将此类解除权解释为具有公共秩序性质。[③]

三、对意思自治介入保证期间多采宽容态度

在域外法上，意思自治原则受到限制仅存在于某些特定场合。例如，德国法限制意思自治的场合主要涉及法定禁止性条款、善良风俗及诚实信用原则等。[④] 这些场合由于涉及他人利益或公共利益而有必要对意思自治进行限制。[⑤] 瑞士法限制意思自治的场合包括：内容不能、违法或悖俗的合同；违反自由处分界限的遗嘱；违反“社团法定”的行为等。[⑥] 在这些

---

① 参见《法国民法典》第 2296 条。

② 潮見佳男『新債権総論Ⅱ』（信山社，2017 年）639 頁参照。

③ 参见［法］弗朗索瓦·泰雷等：《法国债法·契约篇》（下），罗结珍译，中国法制出版社 2018 年版，第 945 页。

④ 参见［德］迪特尔·梅迪库斯：《德国民法总论》，邵建东译，法律出版社 2013 年版，第 114 页。

⑤ 参见［德］迪特尔·施瓦布：《民法导论》，郑冲译，法律出版社 2006 年版，第 300 页。

⑥ 参见［瑞］贝蒂娜·许莉蔓-高朴、［瑞］耶尔格·施密特：《瑞士民法：基本原则与人法》，纪海龙译，中国政法大学出版社 2015 年版，第 20 页。

场合下,立法者基于政策性和伦理性原因将某些法律关系排除适用意思自治,以实现特定的立法目的。保证合同在一般场合下并不属于意思自治原则应受限制的情形,故大多数国家及地区的立法对保证期间采取较为宽松、放任态度,将其交由当事人决定。

(一)大多数立法中仅存在约定保证期间,而未设置法定保证期间

除俄罗斯、意大利等个别国家规定法定保证期间之外,大多数国家及地区并无此类规定。在大多数法律框架下,基于约定保证期间的有无,保证被分为定期保证和不定期保证,不定期保证通过催告权、免责请求权等规则避免保证债务的永续存在。就立法技术而言,某些立法以法条明确规定当事人可约定保证期间(如瑞士、葡萄牙等);另一些立法未以专门法条对此明确规定,而是基于保证债务的从属性推导出保证债务的范围可小于或轻于主债务来实现相同的规范目的(如法国、日本等)。[①] 质言之,大多数立法将是否设置保证期间的决定权交给当事人,在保证期间问题上体现了较大程度的意思自治。事实上,即使是在规定有法定保证期间的俄罗斯、意大利等少数国家,也未完全排斥意思自治:一方面,约定保证期间优先适用;另一方面,当事人未就保证期间作出约定可解释为其具有适用法定保证期间的意思。

(二)各立法对约定保证期间的具体长度一般未作限制

由于保证期间仅涉及特定当事人之间的债务履行或免除,通常并不涉及公共利益及第三人利益,故该期间的长短依据当事人意思确定,法律没有干涉的必要。从上文对域外法的梳理来看,基本没有对约定保证期间长度设置上限或下限的规定。当然,这并非意味着约定保证期间的长短不受任何限制。这种限制主要源于两方面:一是基于保证债务的从属性,不能约定比保证债务存续时间还要长的保证期间。例如,在日本法上,保证债务的形态不得重于主债务的形态(如主债务为附条件而保证债务为无条件;保证债务履行期限早于主债务履行期限)。保证债务的形态更重时,应缩减至与主债务形态相同。[②] 二是基于保证期间的性质,不能约定与其性质相矛盾或无意义的期间。在定期保证的场合下,主债务履行期必须在保证期间内,或履行期虽不在保证期间内,但依法或约定得期前请求者,或主债务未定有履行期(债权人得随时请求履行)而于保证期间内请求履行者,约定保证期间才有实益。除受到这两方面限制外,约定保证期间的长

---

① 中田裕康『債權総論(第三版)』(岩波書店,2014 年)481 頁参照。

② 参见[日]我妻荣:《我妻荣民法讲义Ⅳ:新订债权总则》,王燚译,中国法制出版社 2008 年版,第 413 页。

度原则上依当事人意思确定。

四、区分保证期间与保证债务诉讼时效

因在不同法律框架下对保证期间采取不同定位,使得在各国及地区语境下的保证期间性质并完全不相同。例如,德国法语境下的保证期间是保证合同所附解除条件或终期;法国法中的保证期间构成合同终止期日的一种情形[①]等。但无论对保证期间如何定性,各立法均将保证期间作为可致保证人免责的一种规则。因大多数立法仅承认约定保证期间而无法定保证期间,故这种免责规则又以当事人有特别约定为前提。诉讼时效作为一种适用于请求权的法定期间,当然适用于保证债务,且不得约定排除适用。因此,大多数立法将这两种期间作为两项不同规则分别予以规定,前述二者各方面的区别在不同法律框架下亦有不同程度的体现。

第四节 约定保证期间

一、概述

我国《民法典》第 684 条、第 692 条在继承《担保法》关于约定保证期间规定的基础上作出一定程度的修正。依据立法机关释义书的解释,允许当事人于保证合同中约定保证期间的理由是"保证期间事关保证人和债权人之间的债权债务能否行使和履行,也是确定保证债务和诉讼时效关系的依据,故保证合同应明确约定""私法自治原则的要求"等。[②] 最高人民法院释义书的解释与其基本一致,即从"意思自治""避免保证人责任过重"等方面解释约定保证期间的合理性。[③]

《民法典》中约定保证期间的基本规范内容可概括为以下几点。

(1)约定保证期间是保证合同的可记载事项,但不是必要条款。保证期间属于保证合同"一般包括的条款",但当事人未约定保证期间的,适用法定保证期间。因此,未约定保证期间并不影响保证合同的成立。

---

① 参见[法]弗朗索瓦·泰雷等:《法国债法·契约篇》(下),罗结珍译,中国法制出版社 2018 年版,第 934 页。

② 参见黄薇主编:《中华人民共和国民法典合同编释义》,法律出版社 2020 年版,第 489 页、第 500 页。

③ 参见最高人民法院民法典贯彻实施工作领导小组主编:《中华人民共和国民法典合同编理解与适用(二)》,人民法院出版社 2020 年版,第 1343~1344 页。

(2)约定保证期间优先于法定保证期间适用。

(3)对约定保证期间的长短、形态未作限制,但对其计算设有限制。

对于法律允许当事人约定保证期间,学界普遍持赞同意见。理由主要包括:“意思自治的要求”、[①]“衡平保证人与债权人的利益”、[②]“预先防范风险”、[③]“保证债务从属性、无偿性”[④]等。

二、保证期间“视为没有约定”

(一)“视为没有约定”的含义

《民法典》第692条第2款继承了《担保法解释》第32条第1款的规定:约定保证期间的起点或终点受到限制,即如果该期间早于或者等于主债务履行期限则约定期间无效,而应适用法定保证期间。该规定的理由在于:保证责任的产生以债务人未履行义务为前提,在约定保证期间早于或等于主债务履行期限的情形下,与当事人设立保证的本意相悖,因此应当认定无效,等同于没有约定。[⑤]

学界主流意见对该规定持赞同态度,理由主要包括:“保证债务从属性的要求”、[⑥]“探求保证人的意思”、[⑦]“保证期间起算点属强制性规范”[⑧]等。仅有少数学者否定该款的合理性,理由在于:主债务人有可能提前履行主债务、有可能预期违约;有可能存在加速到期条款等。[⑨]

本书赞同主流意见。除前述理由外,基于本书将保证期间界定为附解除条件的观点,“早于或者等于主债务履行期限的约定保证期间”构成“矛盾条件”。所谓矛盾条件,是指使法律行为全部内容陷于矛盾的条件。法

---

① 参见谢鸿飞、朱广新主编:《民法典评注 · 合同编典型合同与准合同2》,中国法制出版社2020年版,第83页。

② 参见程啸、高圣平、谢鸿飞:《最高人民法院新担保司法解释理解与适用》,法律出版社2021年版,第173页。

③ 参见张谷:《论约定保证期间——以〈担保法〉第25条和第26条为中心》,载《中国法学》2006年第4期。

④ 参见高圣平:《民法典上保证期间的效力及计算》,载《甘肃政法大学学报》2020年第5期。

⑤ 参见最高人民法院民法典贯彻实施工作领导小组主编:《中华人民共和国民法典合同编理解与适用(二)》,人民法院出版社2020年版,第1344~1345页。

⑥ 参见程啸:《保证合同研究》,法律出版社2006年版,第504页。

⑦ 参见高圣平:《担保法论》,法律出版社2009年版,第119页。

⑧ 参见李明发:《关于保证期间的几个问题——兼评〈担保法解释〉关于保证期间之若干规定》,载《政法论坛》2003年第1期。

⑨ 参见张谷:《论约定保证期间——以〈担保法〉第25条和第26条为中心》,载《中国法学》2006年第4期。

律行为所附解除条件属于矛盾条件的，应视为未附条件。[①] 之所以将此类约定保证期间认定为矛盾条件，是因为在此类约定保证期间内债权人还不能向保证人主张权利，即保证人因保证期间届满而免责确定地发生，这导致保证人提供担保的意思与解除条件相矛盾。少数说虽然注意到在某些场合下保证人于主债务到期之前也有可能承担保证责任，但这并不足以否定主流意见。理由如下。

第一，少数说所指情形大多属于主债务拟制提前到期（如预期违约、加速到期）和主债务人放弃期限利益（如提前履行）的情形。主债务拟制提前到期的，仍然发生与正常到期相同的后果，且现行法已针对这些情形下保证责任的处理作出规定（如《企业破产法》第 47 条）。因此以“主债务正常到期前（但构成拟制提前到期）保证人有可能承担保证责任”为由，否认“约定保证期间不得早于或者等于主债务履行期限”，说服力不足。主债务人放弃期限利益的，可构成主合同履行期限变动，如果未经保证人书面同意，则原保证期间不变，即应当发生与原保证期间相同的后果，而不得因此加重保证人的责任。因此该情形亦不能否认“约定保证期间不得早于或者等于主债务履行期限”的合理性。

第二，该款系针对大多数正常情况所作规定，即当事人意欲受保证合同约束的前提下对保证期间作出的安排。在无特殊情形发生的一般场合下，该款规定的合理性是显而易见的。少数说指出的均为特殊情形，这些特殊情形的处理本就有赖于特殊规则，故其所举例证并不足以否定该款针对一般情形所作规定的合理性。

第三，少数说指出的各类情形可通过保证期间起算规则解决，详见本章第六节的相关内容。

（二）“早于或者等于主债务履行期限”的具体判断

所谓主债务履行期限，是指主合同约定当事人履行义务（如交付标的物、价款或者报酬、提供劳务、完成工作等）的时间界限。[②] 主债务履行期限可以是期日，也可以是期间。如果主债务履行期限是期日，则问题相对简单，因为保证期间只能是期间，不存在“等于”主债务履行期限的问题，而判断保证期间是否“早于”某一期日一般并不困难。如果主债务履行期限是期间，问题较为复杂。分为以下几种情形讨论。

---

① 参见［德］维尔纳·弗卢梅：《法律行为论》，迟颖译，法律出版社 2013 年版，第 827 页。

② 参见黄薇主编：《中华人民共和国民法典合同编释义》，法律出版社 2020 年版，第 29 页。

1. 保证期间届满早于主债务履行期限届至（如图 2-2 所示）

在图 2-2 情形下，因保证期间届满（时间点 b）在主债务履行期限届至（时间点 c）之前，[①]导致保证期间（时间段 B）完全在主债务履行期限（时间段 Z）之前，故属于“早于主债务履行期限”无疑。实务中，图 2-2 情形罕有出现，因为此类约定明显不合常理。

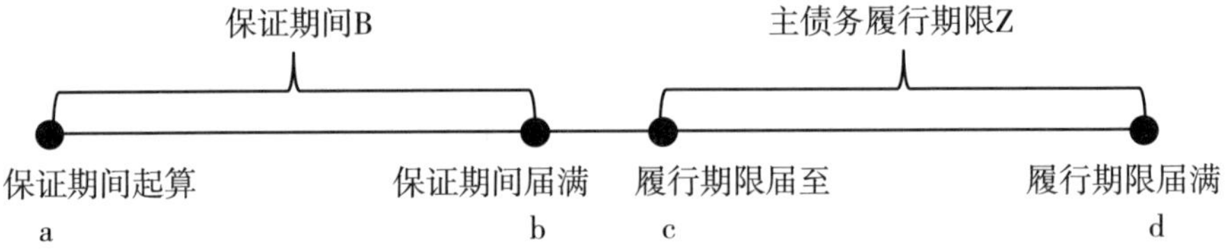

图 2-2　保证期间届满早于主债务履行期限届至

2. 保证期间与主债务履行期限的起点和终点均重合（如图 2-3 所示）

在图 2-3 情形下，保证期间起算与主债务履行期限届至（时间点 a 和 c）重合，保证期间届满与主债务履行期限届满（时间点 b 和 d）也构成重合，这导致保证期间（时间段 B）和主债务履行期限（时间段 Z）就是同一时间段，故属于“等于主债务履行期限”也不存疑义。值得注意的是，如果时间点 a 和 c 不一致，而 b 和 d 一致，是否构成“约定保证期间等于主债务履行期限”。本书对此持肯定意见，因为该情形与图 2-3 情形的法律后果相同，即由于二者同时届满导致债权人在保证期间内没有机会主张权利。

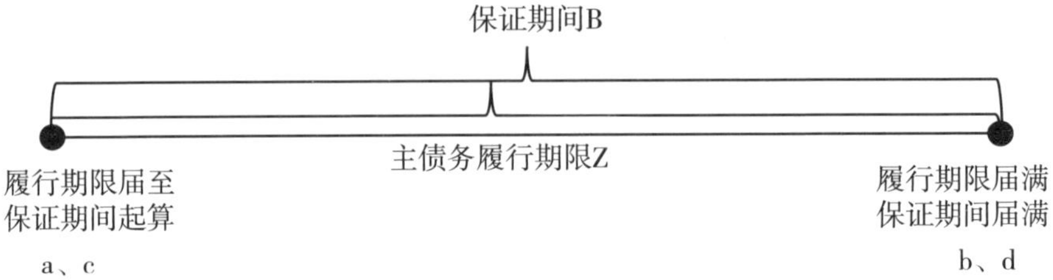

图 2-3　保证期间与主债务履行期限的起点和终点均重合

司法实务中，图 2-3 情形较为常见，典型情形如下。

（1）约定保证期间与主债务履行期限的起点和终点一致。这是最典型的一种情形，也即上文图 2-3 情形。例如，在“项某苗与李某宏、李某等民间借贷纠纷案”中，还款协议书中约定债务人的本金还款之日是 2009 年 12 月 31 日，又约定“保证期间延期至 2009 年 12 月 31 日”。法院认为该约定保证期间等于主债务履行期限，视为没有约定。[②]

---

① 时间点 b 和 c 也有可能重合，性质无差异。

② 参见温州市中级人民法院（2011）浙温商终字第 274 号。

（2）虽采不同表述，但依文义解释约定保证期间与主债务履行期限基本相同。例如，在“费某荣诉曹某等买卖合同纠纷案”中，欠条中约定债务人应于2016年3月30日向债权人付款，保证人约定的保证期间为3月底。法院认为“月底通常指月末，即一个月的最后几天”，因此该约定构成保证期间等于主债务履行期限。[①] 又如，在“××支行与黄××金融借款合同纠纷案”中，约定保证期间是“2002年3月至2003年3月”，主债务履行期限是“2002年3月4日至2003年3月4日”。虽然二者表述并不完全一致，但法院仍然认定保证期间等于主债务履行期限。[②]

（3）未约定具体时间点，而将保证期间约定为主债务履行期限。例如，在“松滋市金诚小额贷款有限责任公司诉张某等小额借款合同纠纷案”中，保证人在共同还款承诺书中约定“同意在借款人还款责任期间为其承担所欠全部贷款本息的责任”，法院认为该约定构成“约定保证期间等于主债务履行期限”。[③]

3. 保证期间届满迟于主债务履行期限届至、早于主债务履行期限届满（如图2-4所示）

在图2-4情形下，保证期间（时间段B）和主债务履行期限（时间段Z）构成部分重合。在该情形下，由于保证期间届满时主债务履行期限尚未届满，这使债权人在保证期间内仍然无法向保证人主张权利，此类保证期间依然构成矛盾的解除条件。因此，该情形应属于“早于主债务履行期限”。另外，如果保证期间起算（时间点a）迟于与主债务履行期限届至（时间点c），其他条件不变，仍应作相同认定。

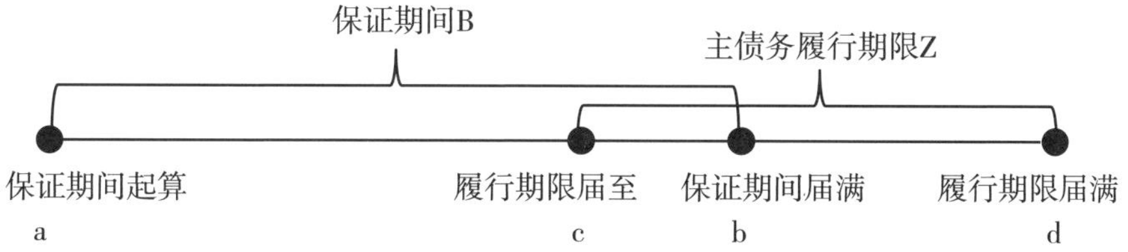

图2-4　保证期间届满迟于主债务履行期限届至、早于主债务履行期限届满

司法实务中，图2-4的典型情形如下。

（1）保证期间届满迟于主债务履行期限届至，且早于主债务履行期限届满。例如，在“某银行与某煤气公司等借款担保合同纠纷案”中，主合同履行期限届满之日是2006年1月18日，约定保证期间是2005年1月9日

---

① 参见石嘴山市中级人民法院（2018）宁02民终214号。

② 参见上海市浦东新区人民法院（2009）浦民二（商）初字第2921号。

③ 参见荆州市中级人民法院（2017）鄂10民终1421号。

至2006年1月8日,法院认定为“未约定保证期间”。[①]

(2)当事人各方协议变更主债务履行期限,但保证期间未作变更,导致原约定保证期间早于变更后的主债务履行期限。例如,在“彭某斌诉刘某等民间借贷纠纷案”中,各方当事人重新达成新的债务履行期限而未处理担保期间条款,法院仍依据原担保期间条款认定“保证期间早于主债务还款期限”。[②] 如果变更主债务履行期限而未取得保证人书面同意,法律后果相同。[③]

(3)约定某一事实的存续期间为保证期间,而该事实早于主债务履行期限。例如,在“尹某成诉江门市民盈投资有限公司等财产保全损害责任纠纷案”中,担保函约定“保证期间自保全物查封之日起至实际解封之日止”,法院认为“该约定保证期限早于主债务履行期限,视为没有约定”。[④]

4. 保证期间起算迟于主债务履行期限届至、早于主债务履行期限届满;保证期间届满迟于主债务履行期限届满(如图2-5所示)

在图2-5情形下,虽然也导致保证期间(时间段B)和主债务履行期限(时间段Z)部分重合,但与图2-4的部分重合在法律效果上有显著差异,因为在保证期间中的d至b时间段内,债权人可以依法向保证人主张权利,而仅仅是a至d时间段无意义。因此,图2-5中的约定保证期间应认定为部分无效(a至d时间段无效),保证期间为d至b时间段,[⑤]而不适用法定保证期间。图2-5情形不构成“早于或者等于主债务履行期限”。

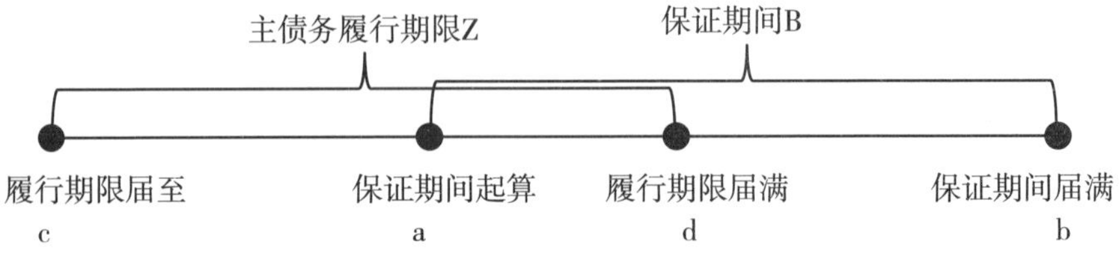

图2-5 保证期间起算迟于主债务履行期限届至、早于主债务履行期限届满;保证期间届满迟于主债务履行期限届满

5. 保证期间包含了主债务履行期限(如图2-6所示)

在图2-6情形下,主债务履行期限(时间段Z)完全被保证期间(时间段B)所包含。在该情形下,在保证期间中的d至b时间段内,债权人可以

---

① 参见最高人民法院(2007)民二终字第233号。

② 参见娄底市中级人民法院(2017)湘13民终1893号。

③ 参见兰州市中级人民法院(2017)甘01民终2947号。

④ 参见江门市蓬江区人民法院(2017)粤0703民初6653号。

⑤ 参见《民法典》第156条规定:“民事法律行为部分无效,不影响其他部分效力的,其他部分仍然有效。”

依法向保证人主张权利，而 a 至 d 时间段无意义。换言之，该保证期间起点无效，但终点仍具法律意义。[①] 因此，图 2-6 与图 2-5 应作相同处理，即约定保证期间应认定为部分无效（a 至 d 时间段无效），保证期间为 d 至 b 时间段，而不适用法定保证期间。图 2-6 情形不构成"早于或者等于主债务履行期限"。

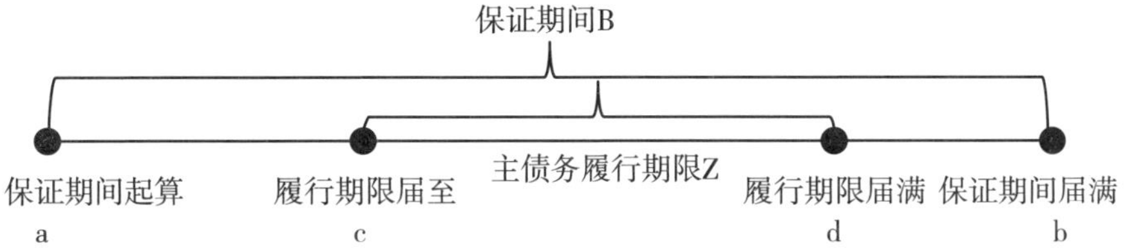

图 2-6　保证期间包含了主债务履行期限

6. 保证期间与借款期限重合

实务中值得特别注意的一种情形是，借款合同当事人往往约定的借款期间（非图 2-3 中的履行期限）与保证期间重合。此类案件数量较多，法院的裁判意见基本一致，即认定构成"视为没有约定保证期间"。但对此类情形究竟是属于"早于"还是"等于"主债务履行期限，各裁判意见存在差异。

（1）一类裁判意见笼统地将该情形认定为"约定保证期间早于或者等于主债务履行期限"，而未作"早于"或"等于"的具体认定。例如，在"邹某友诉赵某举等民间借贷纠纷案"中，约定借款期间和保证期间均为 2014 年 11 月 13 日至 22 日。法院直接依据司法解释的规定判定保证期间应为自 2014 年 11 月 23 日起 6 个月，而未对"早于"或"等于"作出具体认定。[②]《民法典》施行前，此类裁判意见在实务中占据主流地位。

（2）另一类裁判意见认为该情形属于约定保证期间"等于"主债务履行期限。例如，在"朔州市晋银小额贷款有限责任公司诉应县九龙超市有限公司等民间借贷纠纷案"中，当事人约定的借款期间和保证期间均为"2012 年 11 月 10 日至 2013 年 5 月 9 日"。法院认定"保证期间等于借款合同履行期限"。[③] 这两类裁判意见虽小有差异，但均将 6 个月法定保证期间的起算点认定为借款期限届满的次日，这意味着这些裁判意见都认为

---

① 参见包晓丽、司伟：《民法典保证期间规定之理解适用中的几个问题》，载《法律适用》2021 年第 1 期。

② 参见四川省高级人民法院（2017）川民终 337 号。类似案例参见河南省高级人民法院（2002）豫法民二终字第 186 号；韶关市中级人民法院（2017）粤 02 民终 2140 号。

③ 参见怀仁县人民法院（2017）晋 0624 民初 1115 号。

借款期限就是借款合同中的主债务履行期限。本书认为,因借款期限内债务人尚无需履行还款义务,故将其等同于主债务履行期限显非妥当,故应将该情形认定为“约定保证期间早于主债务履行期限”为宜。

综上所述,可得出以下结论。

(1)只要保证期间届满早于主债务履行期限届满(时间点 b 在 d 之前),即构成“约定保证期间早于主债务履行期限”。保证期间起算(时间点 a)与主债务履行期限届至(时间点 c)处于何种状态,并不重要。

(2)只要保证期间届满与主债务履行期限届满为同一时间点(时间点 b 在 d 重合),即构成“约定保证期间等于主债务履行期限”。保证期间起算(时间点 a)与主债务履行期限届至(时间点 c)处于何种状态,并不重要。

(3)如果保证期间届满迟于主债务履行期限届满(存在 d 至 b 时间段),约定保证期间部分无效,保证期间为 d 至 b 时间段。该情形不构成“约定保证期间早于或者等于主债务履行期限”。保证期间起算(时间点 a)与主债务履行期限届至(时间点 c)处于何种状态,并不重要。

三、保证期间“视为约定不明”

(一)“视为约定不明”规则的演变

1.《民法典》施行前的“视为约定不明”规则

《民法典》施行前,《保证规定》第 11 条曾规定了保证期间约定不明规则,即保证期间的确定分为两种情况:一是“约定明确”的,依约定确定保证期间;二是“没有约定”与“约定不明确”做相同处理。但是哪些具体情形为“约定不明确”则并未予以界定。《担保法》对保证期间约定不明未作规定。《担保法》施行后,针对司法实务中保证期间的认定问题,最高人民法院主管领导曾经指出,约定“保证责任直至主债务本息还清时为止”应认定为“约定不明”而非“没有约定”。[①] 在该指导思想的影响下,促成了其后司法解释相关规则的制定。交易实践中,大量存在当事人约定此类条款,某些商业银行制定的标准合同文本中也记载此类条款。其后《担保法解释》第 32 条第 2 款规定,此类条款应认定为“视为约定不明”,保证期间为主债务履行期届满之日起二年。依据最高人民法院释义书的解释,该款理由在于:一方面,“此类条款不同于根本没有约定”;另一方面,“此类条

① 参见最高人民法院副院长李国光在全国经济审判工作座谈会上的讲话“关于适用担保法的一些重要问题”部分(1998 年 11 月 23 日)。

款期间超出诉讼时效部分应认定无效,未超出的部分仍可认定为有效”。①

2.《民法典》施行后的“视为约定不明”规则

《民法典》施行后,“视为约定不明”规则发生了以下变化。

(1)《民法典》第 692 条第 2 款改变了前述司法解释规定,将保证期间“没有约定”和“约定不明确”作统一处理,即均适用 6 个月法定保证期间。立法者显然认为这两种情形无本质区别,因此应当适用同一规则。②

(2)《民法典担保制度解释》第 32 条规定,“约定保证人承担保证责任直至主债务本息还清时为止等类似内容”认定为“视为约定不明”。换言之,虽然《民法典》施行后保证期间“约定不明确”适用 6 个月法定保证期间,而不再适用“2 年”期间,但“约定保证人承担保证责任直至主债务本息还清时为止等类似内容视为约定不明”之规则仍应继续适用。③ 有学者认为,该规定的合理性在于,如果法律承认此类约定的效力,实际上使保证期间成为不确定期间,无法起到限制保证责任的作用。④

(二)“视为约定不明”的具体认定

司法实务中,“约定保证人承担保证责任直至主债务本息还清时为止等类似内容”的具体表现形式各异,但都具有两个共同点:一是未将保证期间约定为一个确定期间(如几周、几个月),而是将某一事实的发生作为保证期间的终点;二是将保证期间与主债务的履行加以捆绑,即无论采何种具体表述,都表达了只要主债务未被履行保证期间就不届满的意思。大致可分为以下两类情形。

1.将保证期间终点约定为“主债务履行完毕之时”

例如,有最高人民法院公报案例认为,“本担保书将持续有效至借款合同项下借款方所欠贷款方的全部贷款本息、逾期加息及其他费用完全清偿时为止”构成“保证期间约定不明”。⑤ 其他常见约定如“保证期间为自合同生效之日起至最后结清借款之日止”⑥、“保证期间至主债务人还清本息

---

① 参见李国光等:《最高人民法院〈关于适用中华人民共和国担保法若干问题的解释〉理解与适用》,吉林人民出版社 2000 年版,第 146~147 页。

② 参见黄薇主编:《中华人民共和国民法典合同编释义》,法律出版社 2020 年版,第 502 页。

③ 参见最高人民法院民事审判第二庭:《最高人民法院民法典担保制度司法解释理解与适用》,人民法院出版社 2021 年版,第 320 页。

④ 参见程啸、高圣平、谢鸿飞:《最高人民法院新担保司法解释理解与适用》,法律出版社 2021 年版,第 200 页。

⑤ 参见“厦门国际银行诉晋江厚泰鞋业有限公司等借款合同纠纷案”,载《最高人民法院公报》1998 年第 2 期。

⑥ 参见聊城市中级人民法院(2017)鲁 15 民终 2775 号。

之日止"[①]、"担保期限为贷款本息全部还清为止"[②]、"本合同项下担保的应付款项总额计算至被上诉人实际收到款项之日"[③]、"保证责任直至还清贷款本息和费用为止"[④]等。

2. 将保证期间终点约定为"主合同失效之时"

常见约定如"本担保函有效期到租赁合同执行完毕为止"[⑤]、"保证期间为主合同生效开始至主合同失效时止"[⑥]等。此类约定虽未采"本息还清时为止"的表述,但当事人的真实意思仍为主债务被清偿前保证人就不能免责。因此,此类约定与前一类约定的性质类似,也应构成"视为约定不明"。

应当注意的是,由于实务中当事人作出该类约定的语境、目的存在差异,因此不能仅凭"本息还清时为止"或类似字样就简单地认定为"保证期间视为约定不明",而应运用意思表示解释相关规则确定该约定的含义。例如,在"潢川县电业局与中国长城资产管理公司郑州办事处及河南旭牛纺织集团股份有限公司借款担保纠纷案"中,虽然合同中存在"直至全部借款本息还清为止"的表述,但其主语是"本合同"而非"保证人"或"保证责任"。法院据此认定该表述是对合同效力的约定,而非保证期间约定不明。[⑦]

(三)对《民法典》修改"视为约定不明"规则的评价

对于《民法典》之前旧司法解释规定的"视为约定不明"规则,学界评价存在分歧。肯定性评价的理由如下:其一,此类条款构成无期限保证。司法解释的该规定可以适当减轻保证人的责任,平衡当事人的利益。[⑧] 其二,公平原则的考量。对于此类条款,如果适用法定6个月保证期间,对债权人而言不公平;但如果不设期限限制,对保证人而言亦不公平。[⑨] 其三,司法政策的要求。司法解释将此类约定"视为约定不明",也就是不承认"不定期保证",强制将"不定期"变为"定期"2年,这可以视为最高人民法院在一定时期所采取的司法政策。[⑩] 其四,借鉴格式条款的解释规则。

---

① 参见武汉市中级人民法院(2010)武民商初字第37号。

② 参见三亚市中级人民法院(2000)三亚民初字第12号。

③ 参见海口市中级人民法院(2000)海中法民终字第300号。

④ 参见南宁市中级人民法院(2000)南市经初字第225号。

⑤ 参见最高人民法院(2000)经终字第38号。

⑥ 参见山西省高级人民法院(2001)晋经二终字第19号。

⑦ 参见河南省高级人民法院(2008)豫法民再字第00022号。

⑧ 参见王利明:《合同法分则研究》(下卷),中国人民大学出版社2013年版,第314页。

⑨ 参见曹士兵:《中国担保制度与担保方法》(第4版),中国法制出版社2017年版,第162页。

⑩ 参见何志:《担保法疑难问题阐释》,中国法制出版社2011年版,第126页。

由于保证责任是一种加重的法律责任，在对保证合同条款可以作两种以上解释时应采对保证人有利的解释，故此类保证期间应解释为主债务受法律保护的最短期间（2 年）。①

学界亦不乏对旧司法解释“视为约定不明”规则的批评意见，其中高圣平教授的批评意见最具代表性。他认为：其一，此类条款不属于关于期间的约定，其实际上表述了保证债务的从属性。其二，现行法关于保证期间的适用仅有约定和法定两种，其外延是周延的，故不存在约定不明的独立情形。其三，在《担保法》承认保证期间可以中断的前提下，司法解释的该规定对于避免保证期间随主债务诉讼时效中断而中断尚有一定意义，那么在《民法典》第 692 条第 1 款明确规定保证期间不发生中止、中断、延长的前提下，旧司法解释的该规定已无意义。② 还有学者指出，旧司法解释创造性地提出了“视为约定不明”的概念，改变了以往将“约定不明”与未约定保证期间等同的立场，缺乏足够的上位法支持。③ 还有学者激烈地指出，此类约定是债权人应对“立法制造的陷阱”的理性反应，而旧司法解释的该规定使得债权人想通过约定，来避免面对令人头痛的繁杂的保证期间制度的希望破灭。这对商事交易构成了障碍。④

本书认为，《民法典》修改“视为约定不明”规则，将保证期间“没有约定”和“约定不明确”作统一处理是合理的。但是，《民法典担保制度解释》仍然将“约定保证人承担保证责任直至主债务本息还清时为止等类似内容”直接认定为“视为约定不明”并不合理。

1.《民法典》第 692 条第 2 款将保证期间“没有约定”和“约定不明确”作统一处理是合理的

第一，旧司法解释“视为约定不明”规则在理论上和实务上造成诸多不必要的困扰，《民法典》修改该规则是对批评意见的接受和回应。⑤ 这些批评意见的具体理由，学者已有详尽阐释，兹不赘述。

第二，《民法典》修改“视为约定不明”规则，系以立法政策变化和社会现实考量为基础。《担保法》的主要立法目的之一，是解决当时经济活动中严重的三角债问题，以实现保护债权人的效果。旧司法解释基于保护债

① 参见曾祥生：《保证期间若干问题析辨》，载《江西社会科学》2007 年第 5 期。

② 参见高圣平：《担保法前沿问题与判解研究》（第 5 卷），人民法院出版社 2021 年版，第 236～238 页。

③ 参见姜朋：《保证期间的困扰——兼论法律与司法解释的关系》，载《北方法学》2017 年第 1 期。

④ 参见叶金强：《担保法原理》，科学出版社 2002 年版，第 56 页。

⑤ 参见程啸：《论我国〈民法典〉及其司法解释中的保证期间》，载《财经法学》2021 年第 3 期。

权人的立法政策,将“视为约定不明”规则设置为更加有利于债权人的规范内容。[①] 制定《民法典》时的社会现实已发生明显变化,经济活动中的主要矛盾表现为“担保过度”,所以《民法典》修改“视为约定不明”规则、作出有利于保证人的规定是回应现实变化的结果。[②]

第三,现行法框架下,通常将“没有约定”和“约定不明”作相同处理(如《民法典》第300条、第302条、第510条等),因为二者均属效果意思欠缺而需要解释的情形,区别仅在于欠缺程度的差异。旧司法解释在“约定明确”和“没有约定”之间生硬地挤入“视为约定不明”的情形,并单独设置规则,在立法技术上明显存在瑕疵。因此,《民法典》修改该规则将二者适用同一规则符合现行法惯例。

2.《民法典担保制度解释》第32条将“约定保证人承担保证责任直至主债务本息还清时为止等类似内容”直接认定为“视为约定不明”是不合理的

第一,将此类条款直接认定为“视为约定不明”,易造成诸多不必要的困扰。任何合同条款都有可能“约定不明”,意思表示解释的基本任务就是依据一定标准使此类条款的含义得以明晰。[③] 该规定直接将此类条款界定为“视为约定不明”造成的恶果在于:不恰当地以法定单一标准代替了意思表示解释的各种标准,忽视了意思表示解释的复杂性,剥夺了结合其他条款内容使此类约定得以明确的可能性。这也一直是学界质疑的焦点所在,但遗憾的是,司法解释仍然坚持了该做法。

第二,约定此类条款不当然构成无期限保证或不定期保证。在大陆法系语境下,所谓不定期保证是相较于定期保证而言,是指没有就保证债务约定一定期间的保证。[④] 由于大多数立法未规定法定保证期间,因此须借助催告权、解除权、免责请求权等规则解决不定期保证的保证人免责问题。在我国现行法框架下,当事人约定此类条款的本意,是通过该约定强化保证人的责任程度,并无通过催告权或解除权等规则代替约定保证期间的意思,也很难从文义上得出当事人欲使保证责任永久存续的结论。因此,此类条款不宜直接认定为无期限保证或不定期保证。

第三,此类条款的本意是强调保证责任的从属性以及主债务未被清偿

① 参见刘贵祥:《民法典关于担保的几个重大问题》,载《法律适用》2021年第1期。

② 参见杨永清:《〈新担保司法解释〉中有关保证合同的几个问题》,载《法律适用》2021年第2期。

③ 参见朱庆育:《意思表示解释理论》,中国政法大学出版社2004年版,第252页以下。

④ 参见[德]迪特尔·梅迪库斯:《德国债法分论》,杜景林等译,法律出版社2007年版,第426页。

情形下保证人不得脱责，其未必是对保证期间的约定。此类条款不构成约定保证期间的情形包括：(1)单纯强调保证债务从属性，如约定“保证至清偿所欠债务后自行终止”。[①] 此类条款既非无效，也无特别实际意义。(2)在“保证合同有效期间”意义上使用“保证期间”概念，如约定“保证期间至主债务人还清本息之日止”。[②] 该情形较为常见，该条款本意是主债务人未履行完毕则保证合同处于有效状态，故该条款中的“保证期间”应解释为保证合同有效期间。(3)合同中既有此类条款，又另行约定有保证期间，不得以此类条款的存在否定约定保证期间的效力。(4)构成不确定保证期间之约定，如约定“保证期间自主债务到期至债务人该批产品生产完毕”。此类条款并非对保证期间约定不明，而是将某种不确定期间约定为保证期间。此类约定的效力详见后文分析。

第四，如果依据意思表示解释规则，此类条款构成矛盾条件、不法条件、无意义条件等，则应认定为未约定保证期间，适用法定保证期间。如约定“即使债权人在保证期间内未向保证人主张权利，保证期间仍为主债务人还清本息之日止”。

综上所述，《民法典担保制度解释》施行后较为妥当的做法是，对其第32条作目的性缩限解释：如果此类条款构成矛盾条件、不法条件、无意义条件等，违反法律强制性规定和保证期间性质的，构成“保证期间视为约定不明”，适用法定保证期间；反之，如果此类条款的含义不违反法律强制性规定和保证期间的性质，应构成“保证期间有约定”，依据意思表示解释规则确定保证期间，而不适用法定保证期间。

四、约定保证期间能否是不确定期间

所谓不确定期间，是指将某一确定到来的事实作为该期间的终点，且该事实到来的具体时间尚不确定的一种期间。[③] 在域外法上，各立法大多允许当事人约定不确定之保证期间。例如，在德国，约定保证期间可以是日历上的日期，也可以是不确定的事件或期间。[④] 我国学界对该问题存在争议。肯定说认为，不确定期间如“作为某公司股东期间”“婚姻关系存续

---

① 参见武汉市中级人民法院(2018)鄂01民终3352号。

② 参见新疆维吾尔自治区高级人民法院生产建设兵团分院(2018)兵民终7号。

③ 参见[日]近江幸治书：《民法讲义Ⅰ：民法总则》(第6版补订)，渠涛等译，北京大学出版社2015年版，第303页。

④ Vgl. Mathias Habersack, Kommentar zum § 777, in: Münchener Kommentar zum BGB, 8. Aufl., München: C. H. Beck, 2020, Rn. 7.

期间”“允诺工程验收之前”等皆可被约定为保证期间。[①] 否定说认为,因保证期间是除斥期间,故其必须是一个确定的时间段。[②] 保证合同约定不确定期间的,应认定为“约定不明”。[③]

《民法典》和《民法典担保制度解释》对该问题均未作出规定。本书赞同肯定说,理由如下。

第一,保证期间是保证合同所附解除条件,故只要该期间能够满足解除条件的一般要求即可,至于该期间是否为固定的时间段则并不重要。

第二,从意思自治角度而言,当事人存在约定不确定之保证期间的现实需求。法律允许约定保证期间的理由在于,承认依当事人意思将担保利益限定于一定时间范围之内,使意思自治原则在担保领域得以贯彻。在交易实践中,经常有当事人欲以某一时间不确定之事实状态作为保证期间的情形,如保证人作为股东或合伙人期间、债务人就某项目施工期间等。该期间虽为不确定期间,亦可作为约定保证期间,除非违反法律强制性规定或公序良俗。[④]

第三,否定说混淆了“不定期保证”与“不确定期间”两个不同概念。由于我国现行法规定了法定保证期间,即使没有约定保证期间,保证也仍然是定期保证,只不过保证期间适用法定标准而已。但法律不允许“不定期保证”与保证期间能否是“不确定期间”,是两个不同的问题。前者决定保证是否存在一个预定期间(约定或法定);后者决定该预定期间是否为一个确定期间。虽然现行法不承认“不定期保证”,但不能以此推导出保证期间必须是确定期间的结论。

五、约定保证期间有无上下限限制

(一)约定“过长”保证期间

如果当事人约定“过长”保证期间,法律是否认可其效力?域外法对此一般未作规定,而由法官依据法律对期间的一般要求作出判断。[⑤] 仅有个别立法对约定保证期间的长度有明确限制。例如,《瑞士债务法》第509

① 参见张谷:《论约定保证期间——以〈担保法〉第25条和第26条为中心》,载《中国法学》2006年第4期。类似观点参见李明发:《保证责任研究》,法律出版社2006年版,第119页;叶金强:《担保法原理》,科学出版社2002年版,第55页。

② 参见杨洁、李洁:《保证期间是除斥期间》,载《当代法学》2003年第9期。

③ 参见程啸:《论我国〈民法典〉及其司法解释中的保证期间》,载《财经法学》2021年第3期。

④ 潮見佳男『新債権総論Ⅱ』(信山社,2017年)661頁参照。

⑤ 参见欧洲民法典研究组、欧盟现行私法研究组编著:《欧洲私法的原则、定义与示范规则:欧洲示范民法典草案》(第4卷),于庆生等译,法律出版社2014年版,第1218~1219页。

条第5款规定,保证人虽然可以延长保证期间,但最长不得超过10年。

对于该问题,《民法典》和《民法典担保制度解释》未作规定,学界存在争议。否定说认为,保证合同具有从属性,保证义务以主债务的存在为前提,所以保证期间不得超过主债务的诉讼时效期间,[①]否则有悖于诉讼时效的强制性及保证期间的本旨。[②] 肯定说认为,保证期间的长度纯属意思自治的问题,因此当事人可以约定"长期"的保证期间。[③] 即使在承认保证债务从属性的前提下,约定保证期间长于主债务诉讼时效期间也不与保证债务的从属性相矛盾。如果主债务时效已届满而保证期间尚未届满,保证人可援引主债务时效抗辩权得到救济。[④] 从产生的时间来看,否定说产生时间较早,其基本存在于《担保法解释》施行前后;肯定说的产生晚于否定说,近年来肯定说逐渐被多数学者接受。

在司法实务中,对长于主债务诉讼时效期间的约定保证期间,采否定说的多为早年判决,[⑤]而近年裁判意见则多持肯定说。例如,在"杨某若与肖某茂、潘某等民间借贷纠纷案"中,法院认为5年之约定保证期间"不违反法律法规强制性规定、合法有效"。[⑥] 该裁判意见直接肯定了此类约定保证期间的有效性。又如,在"丁某杰诉梁某等民间借贷纠纷案"中,《借款合同》中约定的保证期间为借款期限届满后5年。法院一方面肯定了保证人可援引主债务时效抗辩权,但并未因此否认约定5年保证期间的有效性。换言之,本案中保证人得以免责是援引主债务时效抗辩权的结果,而非5年保证期间无效的结果。[⑦] 在《民法典》颁布以前,已有最高人民法院复函[⑧]和高级人民法院指导意见[⑨]明确肯定长于主债务诉讼时效期间的约定保证期间的效力。

本书认为,约定保证期间可以长于主债务诉讼时效期间,但最长不得超过20年。理由如下。

第一,约定保证期间是保证合同所附解除条件,该期间的长短构成解

---

① 参见吴家友:《保证期间探究》,载《人民司法》1999年第1期。

② 参见刘保玉、吕文江主编:《债权担保制度研究》,中国民主法制出版社2000年版,第142页。

③ 参见包晓丽、司伟:《民法典保证期间规定之理解适用中的几个问题》,载《法律适用》2021年第1期。

④ 参见高圣平:《民法典上保证期间的效力及计算》,载《甘肃政法大学学报》2020年第5期。

⑤ 参见最高人民法院(1999)经终字第385号。

⑥ 参见青岛市中级人民法院(2014)青金终字第239号。

⑦ 参见柳州市中级人民法院(2017)桂02民终3300号。

⑧ 参见最高人民法院〔2001〕民二他字第27号。

⑨ 参见《山东省高级人民法院关于当前审理民商事案件中适用法律若干问题的意见》(2005年)"关于担保方面的问题"第2条。

除条件的内容,在不违反法律强制性规定的前提下,期间长度应依当事人意思确定。一方面,现行法关于约定保证期间的条文并未对其长度作出强制性规定,否定说缺乏成文法依据;另一方面,现行法将保证期间与诉讼时效定位为两种不同的制度,前者使保证人享有因解除条件成就而免责的可能,后者解决主债务和保证债务时效抗辩权问题。虽然保证人可因保证期间届满而免责,但这并非保证人唯一的免责途径,主债务时效抗辩权、保证债务时效抗辩权及其他类型抗辩权都可以使保证人得到不同程度的保护。否定说所持保证债务从属性、诉讼时效强制性等理由,似对保证期间和诉讼时效制度的功能有所误解。

第二,要求约定保证期间不得长于主债务诉讼时效期间,存在立法技术上的障碍。如果采取否定说,在立法技术上有两种可能的选择。第一种选择是直接规定约定保证期间不得超过普通诉讼时效期间“3 年”。但该做法的问题在于,不同类型的主债务所适用的诉讼时效期间未必相同。在现行法框架下,主债务诉讼时效期间有 6 个月、[①]1 年、[②]2 年、[③]4 年、[④]5 年[⑤]等多种可能,直接规定约定保证期间不得超过“2 年”或“3 年”似乎并不妥当。第二种选择是规定“约定保证期间不得超过主债务诉讼时效期间”。虽然这样可以避免前述问题,但是仍然存在问题。由于主债务诉讼时效期间可因中止、中断而发生变化,而保证期间是不变期间,因此规定约定保证期间不得超过(未中止、中断状态下的)主债务诉讼时效期间是没有意义的。例如,约定保证期间是 5 年,主债务诉讼时效期间 3 年因数次中断而致 6 年后届满,在此情形下,约定保证期间也并未超出主债务诉讼时效期间的实际存续长度。事实上,由于当事人不可能准确预见主债务诉讼时效日后将如何中止、中断,因此要求当事人事先约定一个期间不超过主债务诉讼时效期间根本不具有可操作性。

第三,“保证合同从属性”不构成约定长期保证期间的障碍。保证合同的从属性,主要体现在成立、效力、范围、抗辩、移转和消灭等方面。[⑥] 其中“抗辩上的从属性”要求主债务人享有的抗辩权(包括时效抗辩权),保

---

① 参见《票据法》第 17 条。

② 参见《海商法》第 257 条第 1 款、第 260 条、第 263 条;《拍卖法》第 61 条第 3 款;《最高人民法院关于审理无正本提单交付货物案件适用法律若干问题的规定》(法释〔2009〕1 号)第 14 条。

③ 参见《产品质量法》第 45 条第 1 款。

④ 参见《民法典》第 594 条。

⑤ 参见《保险法》第 26 条第 2 款。

⑥ 参见王利明:《合同法分则研究》(下卷),中国人民大学出版社 2013 年版,第 257~259 页。

证人也能享有和行使。[①] 此为域外法共识,[②]我国现行法亦不例外。对于主债务诉讼时效与保证债务诉讼时效的关系如何贯彻从属性,域外法态度并不一致,我国学理及实务上亦存争议。[③] 但无论采取何种立法模式或学理解释,从属性约束的对象并不包括保证期间,因为保证期间不是保证债务的存续期间,而是保证合同所附解除条件。换言之,即使保证债务诉讼时效届满而保证期间因约定较长而尚未届满,这也仅意味着此时会因保证人援引主债务时效抗辩权而使保证期间失去意义,而并非保证人仍必须履行保证债务。

第四,在我国现行法框架下,约定保证期间最长不应超过 20 年。其一,保证期间是保证合同所附解除条件,约定“超长”保证期间(如 100 年、1000 年)构成不真正条件。此类“超长”保证期间意味着该期间涵盖保证人全部在世期间,实则导致保证关系属于不定期保证,这有悖于现行法不承认不定期保证的立法态度。其二,虽有域外法未对保证期间设置上限且承认不定期保证,但往往设置催告权、免责请求权、任意解除权等规则以防止保证期间过长,而我国现行法并无此类配套规则存在。例如,《瑞士债务法》第 511 条规定:“保证未定期间者,在主债务届其清偿期后,如因此已具备对主债务人的起诉条件,保证人得请求债权人在 4 周内依法向主债务人行使其债权……债权人未依前款规定为请求者,保证人免除责任。”又如,《巴西民法典》第 835 条规定了不定期保证的保证人享有针对保证合同的任意解除权等。虽然我国《保证规定》第 11 条曾经规定了保证人的催告权,但其后《担保法》以法定保证期间规则替换了催告权规则,因此在现行法框架下并无此类配套规则存在。其三,当事人约定“超长”保证期间的,不应视为没有约定保证期间,而适用法定保证期间。因为在此情形下,当事人已就保证期间事项作出意思表示,只是由于“超长”部分不被法律认可而导致部分无效,故不应完全否认该约定期间的效力。其四,将约定保证期间的上限设置为 20 年基于两方面考虑:一是因为在现代社会交易速度加快的背景下,约定 20 年以上的保证期间,其实际效果与约定永久性保证期间几无差异;二是现行法规定的 20 年最长诉讼时效期间(《民法典》第 188 条第 2 款)反映了立法机关提供公力救济的最大心理底线,故可参照该规定将 20 年作为约定之上限。

---

① 潮見佳男『新債権総論Ⅱ』(信山社,2017 年)641 頁参照。

② 参见《德国民法典》第 768 条、《日本民法典》第 457 条、《瑞士债务法》第 502 条。

③ 参见杨巍:《保证债务与主债务的诉讼时效关联》,载《法学》2020 年第 6 期。

(二)约定“过短”保证期间

如果当事人约定“过短”的保证期间(如3天、7天),法律是否认可其效力？对该问题的回答,涉及6个月法定保证期间应否解释为约定保证期间的下限。学界对此存在争议。第一种观点认为,约定保证期间不得短于6个月,否则按6个月处理。换言之,法定保证期间6个月构成法律保护的最短时间。[①] 第二种观点认为,基于意思自治及利益平衡等理由,即使约定保证期间短于6个月,亦属有效。[②] 第三种观点认为,约定保证期间短于6个月的,原则上有效,但以不违反诚实信用、公序良俗原则为限。[③] 第一种观点产生时间最早,其在学界的影响力渐弱。第二种观点和第三种观点本质上没有冲突,因为前者虽未明确提及约定保证期间须受诚实信用、公序良俗原则限制,但由于此二原则既为民法基本原则,当然适用于所有民事法律关系。

在司法实务中,对短于6个月的约定保证期间,法院多持肯定态度。例如,在“丁某寿诉张某锁等民间借贷纠纷案”中,约定保证期间为2个月,法院认为该约定保证期间合法有效。[④] 在某些约定保证期间“过短”的案件中,法院通常依据诚信原则认定其无效。例如,在“翁某某诉钱某某等民间借贷纠纷案”中,约定保证期间仅为1天,法院认为:“该约定过分地限制债权人行使保证债权,违背了诚实信用原则和客观常理,致使债权人主张保证债权非常困难,对其极度不公。”因此认定该约定无效,而适用法定保证期间。[⑤] 总体而言,司法实务意见与前述第三种观点较为接近。

本书认为,短于6个月的约定保证期间原则上有效,但如果该期间构成不真正条件,则为无效。理由如下。

第一,约定保证期间是保证合同所附解除条件,该期间的长短构成解除条件的内容,在不违反法律强制性规定的前提下,期间长度应依当事人意思确定。在意思自治、从属性等方面与前述约定保证期间可以长于主债务诉讼时效期间的理由相同,此处不再重复。

---

① 参见曹士兵:《中国担保法诸问题的解决与展望——基于担保法及其司法解释》,中国法制出版社2001年版,第135页。但曹士兵法官其后似乎改变了观点,认为约定保证期间短于6个月亦可有效。参见曹士兵:《中国担保制度与担保方法》(第4版),中国法制出版社2017年版,第162页。

② 参见李明发:《关于保证期间的几个问题——兼评〈担保法解释〉关于保证期间之若干规定》,载《政法论坛》2003年第1期。

③ 参见高圣平:《民法典上保证期间的效力及计算》,载《甘肃政法大学学报》2020年第5期。

④ 参见原平市人民法院(2017)晋0981民初517号。

⑤ 参见杭州市萧山区人民法院(2012)杭萧商初字第3138号。

第二，如果约定保证期间过短，构成不能条件或不法条件，因其属于不真正条件，应当视为未约定保证期间。例如，约定保证期间为 3 天，因债权人和保证人分属两地且主张权利所需材料甚多，以至于在 3 天内根本来不及主张权利，该约定保证期间构成不能条件。又如，约定保证期间以分钟计算，因为现行法关于期间计算单位的规定，[①]构成不法条件。在此类场合下，因约定保证期间构成不真正解除条件，故应适用法定保证期间。有学者认为，约定保证期间可短于 6 个月但不得短于 1 个月。[②] 反对者认为，如果根据交易习惯约定更短的保证期间（如 10 天）对债权人行使权利并不构成明显的不公平，该约定亦属有效。[③] 本书认为，将约定保证期间的下限规定为 1 个月或其他固定期间，固然具有便于操作的优点，但是由于交易实践中担保关系种类多样，保证人也有自然人、普通法人、商业担保公司等多种类型，其利益关系和交易能力亦非完全相同。因此，由法官结合个案因素对约定保证期间是否构成不真正条件作具体判断，似乎更为妥当。

六、无效保证合同是否适用约定保证期间

（一）无效保证合同适用保证期间规则的演变

1.《民法典》施行前的无效保证合同适用保证期间规则

如果保证合同被确认无效，债权人对保证人的民事责任请求权是否还应适用保证期间？[④] 对于该问题，《担保法》及其司法解释均未作规定。学界对此存在争议。

肯定说认为，保证合同无效的情形下保证期间仍具意义，即债权人向保证人主张合同无效的民事责任也须在保证期间内进行。理由在于，“保证合同无效时债权人所获利益不应超过保证合同有效时”“以该期间确定债权人与保证人的利益符合双方缔约的本意”等。该观点在《担保法解释》制定过程中得到多数起草者的认同，但未体现在具体条文中。[⑤]

否定说认为，保证期间适用的前提是保证合同合法有效，无效保证合同产生的民事责任不适用保证期间。理由在于，“保证合同无效时‘缔约本意’已无意义”“过错责任与保证责任不具有利益可比性”“避免导致保

① 参见《民法典》第 200 条规定：“民法所称的期间按照公历年、月、日、小时计算。”

② 参见曾祥生：《保证期间若干疑难问题析辨》，载《江西社会科学》2007 年第 5 期。

③ 参见包晓丽、司伟：《民法典保证期间规定之理解适用中的几个问题》，载《法律适用》2021 年第 1 期。

④ 该问题同样存在于法定保证期间，为避免重复，在此一并讨论。

⑤ 参见曹士兵：《中国担保制度与担保方法》（第 4 版），中国法制出版社 2017 年版，第 159～160 页。

证期间规则更加复杂”等。①

对于无效保证合同是否适用保证期间,在司法实务中一直未形成统一意见,②最高人民法院的裁判意见也前后不一。2000 年左右的最高人民法院裁判意见对此多持否定说。例如,在“太原市融通信用合作社与山西省通宝能源股份有限公司保证合同纠纷案”中,在主合同和保证合同均无效的情形下,最高人民法院认为“保证期间丧失了法律适用条件,担保人应在诉讼时效期间(2 年)内承担民事责任”。③ 又如,在“中国信达某办事处与某石油公司等借款担保纠纷上诉案”中,最高人民法院亦持上述观点。④但是,近年来最高人民法院的裁判意见发生明显变化,转而采取肯定说,即认为保证合同无效产生的请求权也应适用保证期间。例如,最高人民法院主审的“中国银行(香港)有限公司与广西壮族自治区商务厅、刘某纶一般担保合同纠纷案”⑤和“中国农业银行股份有限公司鞍山立山支行与国网辽宁省电力有限公司鞍山供电公司、中国电力财务有限公司东北分公司物权保护纠纷案”⑥中,最高人民法院均认为保证合同无效时,“保证期间仍然对保证合同当事人具有法律拘束力”,并以此为前提计算民事责任的诉讼时效。

2.《民法典》施行后的无效保证合同适用保证期间规则

虽然《民法典》对该规则未作规定,但《民法典担保制度解释》第 33 条明确采取肯定说。其规范含义如下。

(1)保证合同无效的场合下,保证人仍可依据保证期间规则免责,即债权人未在保证期间内依法行使权利的,保证人有权主张不承担缔约过失责任。该条虽表述为“保证合同无效”,但保证合同被撤销亦采相同解释。⑦

(2)该规则适用于约定保证期间和法定的保证期间。

依据最高人民法院释义书的解释,该规定的理由在于:其一,符合当事人订立保证合同时的真实意思;其二,保证期间作为或有期间,对保证合同无效的情形亦具意义;其三,保证合同无效时保证人责任不应重于保证合

---

① 参见叶金强:《担保法原理》,科学出版社 2002 年版,第 53~54 页。

② 参见刘贵祥:《民法典关于担保的几个重大问题》,载《法律适用》2021 年第 1 期。

③ 参见最高人民法院(1998)经终字第 330 号。

④ 参见最高人民法院(2002)民二终字第 87 号。

⑤ 参见最高人民法院(2013)民四终字第 23 号。

⑥ 参见最高人民法院(2015)民二终字第 39 号。

⑦ 参见林文学等:《〈关于适用民法典有关担保制度的解释〉的理解和适用》,载《人民司法》2021 年第 4 期。

同有效时的责任。①

（二）对《民法典担保制度解释》第33条的评价

对于《民法典担保制度解释》第33条，学界评价不一。肯定性评价的理由如下：其一，保证合同无效时，债权人能够要求保证人承担赔偿责任的范围应以保证合同有效时的法律效果为限；其二，如果无效保证合同不受保证期间限制，对债权人过于有利，导致当事人的利益失衡；其三，保证合同无效时，保证期间条款可解释为清算条款。②

否定性评价的理由如下：其一，该规定违反了《民法典》第692条第1款对保证期间的界定。保证合同无效的赔偿责任是法定责任，而适用保证期间的保证债务属于约定义务。其二，保证合同无效时保证人承担赔偿责任的前提是其具有过错，就法政策角度而言，此时并无特别理由对保证人加以保护。其三，将保证期间条款解释为清算条款，违反了《民法典》第567条对清算条款的界定。③

本书赞同否定说，除上述理由外，还有以下几点理由值得注意。

第一，该规定有悖于保证期间的性质。保证期间作为保证合同所附解除条件，在保证合同被确认无效后已失去存在意义。保证期间的核心作用是依据债权人在该期间内是否主张权利以决定保证合同是否失效，在保证合同已经被确认无效的情形下，保证期间的这种作用也不复存在。

第二，该规定导致保证合同无效时诉讼时效与保证期间的衔接问题难以解决。保证合同无效产生的请求权是缔约过失责任请求权，诉讼时效自确认保证合同无效的法律文书生效之日起算，其不可能再与保证期间构成衔接关系。对合同无效产生的请求权的诉讼时效起算标准，学界及实务界存在争议，主流意见认为应当自合同被确认无效之日起算。④ 因为在此情形下，“债权人知道或者应当知道自己权利被侵害之日”就是保证合同无效在法律上被确认之日，即确认保证合同无效的法律文书生效之日。前述采用肯定说的裁判意见违反了现行法关于诉讼时效起算的规定。因为保证合同被确认无效后，债权人主张的权利性质已发生变化，其在保证期间

---

① 参见最高人民法院民事审判第二庭：《最高人民法院民法典担保制度司法解释理解与适用》，人民法院出版社2021年版，第323~324页。

② 参见高圣平：《担保法前沿问题与判解研究》（第5卷），人民法院出版社2021年版，第239~240页。

③ 参见程啸：《论我国〈民法典〉及其司法解释中的保证期间》，载《财经法学》2021年第3期。

④ 参见张雪楳：《诉讼时效审判实务与疑难问题解析——以〈民法总则〉诉讼时效制度及司法解释为核心》，人民法院出版社2019年版，第243页。

内主张保证债权之日不再是其知道或者应当知道自己权利(缔约过失责任请求权)被侵害之日。

第三,该规定有悖于缔约过失责任请求权的行使条件。保证合同被确认无效后,即使此前债权人未在保证期间内主张权利,债权人同样可行使缔约过失责任请求权。现行法并未规定行使该请求权须以债权人在保证期间内主张权利为前提条件,因为该请求权的行使与解除条件是否成就不存在关联。换言之,该请求权的行使及诉讼时效的计算与保证期间已经完全脱离关系。如果依据前述最高人民法院的裁判意见,将会造成如果债权人在保证期间未主张权利则诉讼时效无法起算的困扰。因此相比较而言,早期的最高人民法院裁判意见更为妥当。

综上所述,《民法典担保制度解释》第 33 条应作缩限解释:仅在保证合同明确约定保证期间条款为独立有效的清算条款的场合下,保证人承担保证合同无效的民事责任才受保证期间的限制;否则,保证期间条款随保证合同无效而失效,保证人承担该民事责任仅受诉讼时效的限制。

第五节　法定保证期间

一、概述

《民法典》第 692 条继承了《担保法》第 25 条第 1 款和第 26 条第 1 款之规定,对一般保证和连带责任保证均适用法定保证期间。但对《民法典》为何采取个别立法模式设置法定保证期间的原因,立法机关释义书未直接给出解释,仅以"限制保证人责任""督促债权人行使权利"等理由说明保留既有保证期间制度的原因。[①] 依据最高人民法院释义书的解释,设置法定保证期间的理由在于,"考虑到保证合同具有单务性、无偿性,为倾斜保护保证人的权利,法律规定较短的保证期间可以避免保证人承担过重的责任"。[②] 有学者指出,《担保法》设置法定保证期间与 20 世纪 80、90 年代严重的"三角债"问题有关,即立法者希望借助该制度在此背景下促进资金融通、有效保障债权的实现。[③] 现行法对保证期间采取强制适用主义,设置法定保证期间即为具体体现之一。这使保证期间制度成为我国民

① 参见黄薇主编:《中华人民共和国民法典合同编释义》,法律出版社 2020 年版,第 501 页。

② 参见最高人民法院民法典贯彻实施工作领导小组主编:《中华人民共和国民法典合同编理解与适用(二)》,人民法院出版社 2020 年版,第 1343 页。

③ 参见程啸:《保证合同研究》,法律出版社 2006 年版,第 518~519 页。

法上就当事人之间利益衡量的特殊政策工具,而深具中国特色。[①]

二、法定保证期间与催告规则

(一)《民法典》施行前的催告规则

《民法典》施行前,《保证规定》第 10 条、第 28 条对约定保证期间的效力和计算作出了规定,但并未规定法定保证期间。该司法解释第 11 条和第 29 条对没有约定保证期间或者约定不明的情形设计了相关规则,概括为以下几点。

第一,约定保证期间优先适用,这与《民法典》的规定并无差异。

第二,未规定法定保证期间,在没有约定保证期间的情形下适用催告规则。这是《保证规定》与《民法典》在保证期间规则上最大的差异,即前者采取"承认不定期保证+催告规则"模式(与瑞士、葡萄牙类似),后者采取"不承认不定期保证+法定保证期间"模式(与俄罗斯类似)。

第三,没有约定保证期间的情形下,保证债务的从属性更为明显。在此情形下,保证人承担保证责任的时间范围是"被保证人承担责任的期限"。《民法典》则将此情形下的保证期间限定为 6 个月的法定期间。

第四,明确承认保证债务诉讼时效的适用,并严格贯彻其从属性(不区分一般保证、连带责任保证)。《民法典》基本继承了司法解释的该做法,但区分保证方式对诉讼时效做分别处理。

第五,未规定保证期间与保证债务诉讼时效的具体关系。虽然该司法解释明确承认保证债务的诉讼时效,但对其与保证期间的关系规定模糊。《民法典》和《民法典担保制度解释》在承认两种期间相互独立的前提下,对两者关系设计了相对清晰的规则。

《民法典》未继承《保证规定》的催告规则,因为在设置法定保证期间的前提下,并无适用催告规则的余地。因此《民法典》施行后,旧司法解释的催告规则不再适用。

(二)适用催告规则的实务意见评析

在司法实务中,适用催告规则的典型裁判意见如下。

1. 经保证人催告,债权人未在 1 个月内提起诉讼的,保证人免责。

例如,在最高人民法院公报案例"厦门国际银行诉晋江厚泰鞋业有限公司等借款合同纠纷案"中,在保证期间约定不明的情形下,保证人以电报和特快专递等书面形式通知债权人向债务人主张权利,但债权人收到催告

---

① 参见高圣平:《民法典上保证期间的效力及计算》,载《甘肃政法大学学报》2020 年第 5 期。

通知后没有在规定期限内起诉。法院据此认定“债权人起诉已逾催告期限,保证人的保证责任应当免除”。[①] 又如,在“中国光大银行烟台支行与蓬莱鹏翔海运有限公司等借款担保合同纠纷案”中,最高人民法院认为债权人在收到担保人的函要求其向债务人提起诉讼的请求后,未在一个月内提起诉讼,故“丧失了向担保人请求履行担保义务的权利”。[②] 虽然两项判决书所采表述略有差异,但实则裁判结论一致,即保证人依法向债权人行使了催告权而债权人未在法定期间内提起诉讼的,应确认保证人得以免责。

2. 保证人未催告的,应当在“被保证人承担责任的期限”内承担保证责任。

例如,在“中国银行中卫支行与宁夏伊斯兰国际信托投资公司等借款担保合同纠纷案”中,作为二审法院的最高人民法院认为,在保证期间约定不明的情形下,“保证人应在主债务人承担责任的期限内承担保证责任,即保证人承担保证责任的期限为自 1993 年 12 月 30 日至 1995 年 12 月 30 日……债权人于 1994 年、1995 年、1996 年、1997 年、1998 年向主债务人发出了催款通知,主债务诉讼时效中断,保证债务诉讼时效亦应随之中断,但保证责任期限并不适用《民法通则》关于诉讼时效中止或中断的规定,因没有证据证明债权人在上述保证责任期限内向保证人主张过权利,故应免除保证人的保证责任”。[③]

最高人民法院的该裁判意见有三点值得注意:其一,在没有约定保证期间的情形下,保证人行使催告权并非其免责的唯一事由。《保证规定》与我国台湾地区“民法”在催告规则上的一个显著区别是,前者在规定催告规则的同时,还规定“保证人应当在被保证人承担责任的期限内承担保证责任”,即使保证人不行使催告权,亦可因“被保证人承担责任的期限”届满而免责,催告仅发生提前免责的效果;后者仅规定催告规则,保证人行使催告权是确定保证期间的唯一途径。其二,“被保证人承担责任的期限”的文义有两种可能的解释:一是以主债务诉讼时效期间为标准的时间段(固定期间),如 1 年、2 年等;二是主债务诉讼时效实际未届满的期间(不固定期间),即适用中断、中止规则后的实际计算期间,而非固定的 1 年、2 年。本案裁判意见采取了第一种解释。其三,保证期间与保证债务

---

① 参见“厦门国际银行诉晋江厚泰鞋业有限公司等借款合同纠纷案”,载《最高人民法院公报》1998 年第 2 期。

② 参见最高人民法院(1999)经终字第 32 号。

③ 参见最高人民法院(1998)经终字第 355 号。

的诉讼时效分别适用,即使保证债务的诉讼时效因中断而未届满,也不影响保证期间届满导致保证人免责。

综上所述,在《民法典》颁布以前,司法实务中催告规则的适用状况较为混乱。这既与旧司法解释规范内容不够明晰、准确有关,也反映出由于催告规则的适用涉及更多其他相关规则而易生分歧和误解。相比较而言,法定保证期间的适用条件和法律后果明显更为清晰明了,这也是《民法典》未继承催告规则而设置法定保证期间规则的重要原因之一。

三、法定保证期间存废之争

(一)学说争议

虽然《担保法》和《民法典》均规定了法定保证期间,但学界对于该规定合理性的争论从未平息。肯定说的主要理由如下:其一,维护法律基本稳定和社会合理预期的需要;①其二,实现当事人之间的利益平衡;②其三,补充当事人意思表示的内容;③其四,有利于保护保证人(因法定保证期间较短)。④

相当多的学者持否定说,认为法定保证期间弊大利小,我国应废弃法定保证期间制度,将保证期间的设置完全交由当事人决定。理由如下:其一,法定保证期间违反意思自治原则。保证期间关系个人利益,其有无应由当事人意思自治。⑤ 甚至有学者激烈地将法定保证期间比喻为意思自治原则诞下的"不伦不类的孽子"。⑥ 其二,法定保证期间违反保证期间制度的利益平衡功能,有失偏颇。⑦ 其三,法定保证期间与保证债务的从属性不合。⑧ 其四,法定保证期间违反补充性任意性规范的设计目的。⑨ 其五,法定保证期间客观上发挥着类似日本法上"因请求导致时效中断的限制期间"的功能,是为时效法缺陷打的"补丁"。⑩ 其六,法定保证期间可能打破

---

① 参见刘贵祥:《民法典关于担保的几个重大问题》,载《法律适用》2021年第1期。

② 参见秦钰:《论保证期间》,载梁慧星主编:《民商法论丛》(第26卷),香港金桥文化出版公司2003年版,第452页。

③ 参见孔祥俊:《担保法及其司法解释的理解与适用》,法律出版社2001年版,第149页。

④ 参见李明发:《保证责任研究》,法律出版社2006年版,第112页。

⑤ 参见甄增水:《解释论视野下保证期间制度的反思与重构》,载《法商研究》2010年第5期。

⑥ 参见张谷:《论约定保证期间——以〈担保法〉第25条和第26条为中心》,载《中国法学》2006年第4期。

⑦ 参见张鹏:《我国保证债务诉讼时效问题研究》,载《中外法学》2011年第3期。

⑧ 参见高圣平:《担保法论》,法律出版社2009年版,第111~112页。

⑨ 参见刘铁光:《论补充性任意性规范的目的及其实现——以保证期间为例的验证》,载《西南政法大学学报》2014年第4期。

⑩ 参见张谷:《民法典合同编若干问题漫谈》,载《法治研究》2019年第1期。

债权人与保证人经过博弈后形成的利益平衡状态。当事人既约定排除适用法定保证期间又未约定保证期间的，应属有效，即允许不定期保证。[①]

（二）本书观点

对法定保证期间规则的取舍及设计，应在贯彻保证期间制度理念的基础上，充分考虑与诉讼时效等规则的衔接、我国担保实践的现实需求等因素，作出合适的选择。《民法典》规定在没有约定保证期间的情形下适用6个月之法定保证期间，该规定基本上是合适的。理由如下。

第一，对法定保证期间的批评意见夸大了该规则对意思自治的负面影响。虽然现行法规定了法定保证期间，但并未禁止约定保证期间，且法定保证期间的适用顺位居于约定保证期间之后。如果当事人欲依据自身意思设定保证期间，法定保证期间规则的存在并不构成障碍，当事人完全可依其意思排除法定保证期间的适用。在没有约定保证期间的场合下，可推定为当事人的意思就是适用法定保证期间，故也未违反当事人的意思。此类规定在现行法体系中并非孤例，其他同类规定如《民法典》第511条等。

第二，设置法定保证期间的实际效果对保证人有利，这符合保证期间规则侧重保护保证人的立法理念。法定保证期间规则的存在，意味着我国现行法框架下的所有保证关系均为定期保证，保证人必然享有因保证期间届满而免责的机会。而且现行法规定的法定保证期间6个月远短于普通诉讼时效期间，这对减轻保证人负担、使其尽快脱离担保关系较为有利。

第三，如果废弃法定保证期间规则，就必须如某些域外法（如德国、瑞士）那样规定相关配套规则（如催告规则、免责请求权规则等），以解决保证人承担责任的时间范围问题。相比较而言，这些配套规则的内容和适用更为复杂，不如法定保证期间规则简洁明了。如前文所述，虽然《保证规定》曾经规定催告规则代替法定保证期间的作用，但实际适用效果并不理想。

第四，法律活动的成本对法律的实施效果有着不可忽视的重要影响。[②]如果废弃法定保证期间规则，允许当事人设立不定期保证且代之以适用更为复杂的催告规则，将必然增加立法成本、司法成本和法学教育成本。保证期间现有规则的很多内容须作修改，很多成熟的司法经验亦将被废弃，这有可能给已经很复杂的现有规则体系造成更多的混乱。

第五，《担保法》制定时的某些社会背景没有根本性改变，解决三角

---

① 参见谢鸿飞、朱广新主编：《民法典评注·合同编典型合同与准合同2》，中国法制出版社2020年版，第87页。

② See Robert Cooter, *Law and Economics* (Third Edition), Pearson, 2004, p. 55.

债、稳定金融秩序、优化营商环境等设置法定保证期间的立法目标仍具有现实意义甚至更为重要。[①] 随着我国经济总量的巨幅提升，法院审理的借款担保案件数量不断增加，借款担保的形式亦趋多样化。例如，在 2013～2017 年，各级人民法院共审结借款等金融案件 503 万件、民间借贷案件 705.9 万件、互联网金融案件 15.2 万件。[②] 在这些案件中，大部分涉及保证等担保关系纠纷。而且，近年来在实务上还出现了一些涉案数额巨大的违规提供保证担保的案件。[③] 这些情况表明，在当前的社会背景下，保证期间规则的稳定性和延续性对司法机关和交易当事人都具有重要意义。

第六节　保证期间的效力

保证期间的效力，是指保证期间给债权人和保证人造成的权利义务变动。因保证期间是保证合同所附解除条件，故保证期间的效力体现为该解除条件在不同时间段所引起的权利义务变动。具体包括：保证期间未起算的效力；保证期间已起算、未届满的效力；保证期间届满的效力。

一、保证期间未起算的效力

该效力发生的时间起点是保证合同成立之时，终点是保证期间起算条件具备之时。一方面，在该时间段内依据合同编的一般规定发生附随义务、合同拘束力等普遍的法律效力；另一方面，依据保证合同的特殊规定发生相应的法律效力。在该时间段内，因保证期间尚未起算，故不存在解除条件成就导致保证合同失效的可能。在该时间段内，债权人已经享有保证债权，具体体现为对保证人责任财产的保全效力、对保证债权的处分效力等，但在该阶段因保证债权的给付请求权能行使条件尚不具备，债权人还不能请求保证人履行保证债务。以下仅讨论依据保证合同的特殊规定发生相应的法律效力。

（一）阻碍保证债权给付请求权能的效力

在该阶段内，保证合同已经生效，保证人的责任财产也已被纳入清偿主债务的财产范围之中，但因保证债权的核心权能即给付请求权能尚不具

---

① 参见林文学等：《〈关于适用民法典有关担保制度的解释〉的理解和适用》，载《人民司法》2021年第 4 期。

② 参见周强：《最高人民法院工作报告》，2018 年 3 月 9 日在第十三届全国人民代表大会第一次会议。

③ 参见《银监会查处广发银行违规担保案件，开 7.22 亿天价罚单》，载经济观察网 2017 年 12 月 8 日。

备行使条件,此时债权人行使该权能存在障碍。该效力可以从以下几个方面予以说明。

第一,该效力是保证债务从属性的要求。基于从属性的要求,保证债务的内容及强度均不得超过主债务。[①] 在履行债务的时间上,保证债务的履行期限不应早于主债务的履行期限。在一般场合下,保证期间未起算意味着主债务履行期限尚未届满,若此时允许债权人行使保证债权请求权,将导致保证人先于主债务人履行债务。这显然使保证债务履行期限的强度重于主债务,而有违从属性要求。

第二,该效力是保证债务补充性的要求。基于补充性的要求,主债务和保证债务存在"顺位"或"位阶"之别。主债务人对债权人负第一次的责任,保证人负第二次的责任。[②] 只有在主债务人的第一次责任未达到清偿效果时,才能启动保证人的第二次责任,即请求保证人履行保证债务。如果主债务人的第一次责任的履行条件尚不具备或者第一次责任能否实现清偿效果尚处不确定状态,则保证人的第二次责任应处于不被启动的状态。一般保证人因享有先诉抗辩权,保证债务的补充性表现得最为充分。在一般保证人丧失或自愿放弃先诉抗辩权时,以及在连带责任保证中,保证债务的补充性表现在主债务人不履行债务时保证人才承担保证责任。[③] 基于补充性的要求,因保证期间未起算(主债务履行期限尚未届满)时主债务人的第一次责任的最终效果尚处不确定状态,故债权人还不能请求保证人履行第二次责任。

第三,该效力并不排斥保证债权在该时间段内的其他效力。由于给付请求权能是保证债权的核心内容,因此该阶段的阻碍保证债权给付请求权能的效力很容易给人造成一种错觉,即此时保证债权尚未生效或保证合同尚未生效。事实上,在该阶段内保证债权已经有效存在,除了给付请求权能以外的债权效力仍可发生,如保证债权的保全、保证债权的处分等。至于保证合同成立至终止各阶段存在的附随义务,如通知义务、协助义务、保密义务等,对债权人和保证人也当然具有约束力。

(二)对保证债权的保全效力

因保证债权的性质为债权,债的保全规则原则上可以适用于保证债权。但由于现行法对代位权和撤销权设置了不同的行使要件,故在该阶段

---

① 中田裕康『債権総論(第三版)』(岩波書店,2014 年)481 頁参照。

② 参见黄立主编:《民法债编各论》(下),中国政法大学出版社 2003 年版,第 864 页。

③ 参见最高人民法院民法典贯彻实施工作领导小组主编:《中华人民共和国民法典合同编理解与适用(二)》,人民法院出版社 2020 年版,第 1316~1317 页。

内债权人能否行使代位权或撤销权尚需作具体分析。

1. 债权人能否行使代位权？

如果保证人怠于向次债务人行使权利，致使保证人将来用以清偿保证债务的责任财产减少，债权人能否向次债务人主张权利。例如，A 对 B 享有 100 万元的债权，C 作为保证人提供担保；C 对 D 享有 200 万元的到期债权但怠于行使。A 对 B 的债权未到期时，A 能否代位行使 C 对 D 的到期债权？学界少有讨论该问题。

本书赞同否定意见，理由如下。

第一，债权人此时不符合行使代位权的条件。通说认为，“债务人（此处的保证人 C）已陷于迟延”是代位权行使要件之一，[①]即债权人享有的保证债权已经到期且保证人已构成履行迟延。但是在保证期间未起算阶段，保证债务履行期限尚未届至，更毋谈届满，显然不具备该要件。而且，“债权人对债务人（此处的保证人 C）的债权须具有确定性”也是代位权行使要件。[②] 由于保证债务具有补充性，即保证人仅对主债务人未清偿部分负清偿义务，而该阶段届满前主债务人会作出何种的程度清偿尚不确定，故此时保证债务尚不具有“确定性”。

第二，此时如果允许债权人 A 行使代位权，将有违保证债务的从属性。在该阶段，主债务和保证债务均未到期。由于主债务未到期导致债权人 A 还不能针对主债务人 B 的次债务人行使代位权，如果此时反而允许债权人可针对保证人 C 的次债务人 D 行使代位权，将使保证债务具有比主债务更强的效力，这显然有悖于保证债务的从属性。

第三，基于公平原则的考虑。因保证人对其次债务人仅构成怠于行使权利，而非免除、低价转让等更具恶意的行为，且此时保证债权的给付请求权能尚未启动，如果此时允许债权人 A 行使代位权，不免对保证人 C 及其次债务人 D 过于严苛。

2. 债权人能否行使撤销权？

保证人实施无偿转让财产、以明显不合理低价转让财产等行为，而导致其责任财产不当减少的，债权人能否撤销此类行为。学界对该问题的直接讨论较少，相关文献仅在讨论撤销权行使要件时简略提及。[③] 在司法实务中，各法院对该问题的态度不一。

（1）多数法院持肯定说。例如，在“何某某等诉中国农业银行某支行

---

① 参见韩世远：《合同法总论》（第 4 版），法律出版社 2018 年版，第 440 页。

② 参见朱广新、谢鸿飞主编：《民法典评注 · 合同编通则 2》，中国法制出版社 2020 年版，第 8 页。

③ 参见王洪亮：《债法总论》，北京大学出版社 2016 年版，第 149 页。

等债权人撤销权纠纷案”中,法院以“保证人属于撤销权关系中的‘债务人’”为由,支持了债权人行使撤销权的诉讼请求。[①] 该裁判意见认可未到期的保证债权属于撤销权的保全对象。又如,在“江苏银行股份有限公司常州分行与杨某剑、管某韵债权人撤销权纠纷案”中,法院主要从保证人诈害行为(将房屋出卖、赠与第三人)与主债权受损具有因果关系的角度,得出可撤销保证人有关行为的结论。[②]

(2)少数法院持否定说。例如,在“侯某岭、单某涛债权人撤销权纠纷案”中,同样是针对保证人低价出卖房屋的行为,法院认为债权人不能行使撤销权。[③] 该判决没有支持债权人撤销保证人的出卖房屋行为有两种可能的原因:一是保证债权不属于撤销权的保全对象,故保证人的行为不会对债权人的债权造成损害;二是保证债权虽然属于撤销权的保全对象,但是该案中保证人的行为未对债权人的债权造成损害。该裁判意见究竟是基于哪种原因得出不支持债权人行使撤销权的结论,判决书中并未明晰。

本书赞同肯定说,理由如下。

第一,撤销权的保全对象包括未到期债权。[④] 因为撤销权(针对积极行为)不同于代位权(针对消极行为),若不及时行使撤销权,将无法补救。[⑤] 在保证期间未起算时,债权人享有的保证债权属于已有效成立但尚未到期的债权,可以成为撤销权保全的对象。

第二,撤销权的保全对象主要是金钱债权。撤销权以保全责任财产为目的,故撤销权人的债权应当为金钱债权(包括将来转化的金钱债权,如因违约而转化为损害赔偿)。[⑥] 金钱债权或可转换为金钱债权的债权,即使附有条件或期限,亦可成为撤销权的保全对象。[⑦] 在实践中,保证担保关系中最常见的主合同是借款合同,在此情形下债权人所享保证债权属于金钱债权不存疑义。即使受担保的主债务是非金钱债务(如特定物买卖),在保证人不能实际代为清偿的情形下,保证债权亦转化为赔偿责任,构成可转换为金钱债权的债权。

---

① 参见佛山市中级人民法院(2016)粤06民终3779号。

② 参见常州市中级人民法院(2015)常民终字第423号。类似裁判意见参见广州市中级人民法院(2018)粤01民终5693号。

③ 参见郑州市中级人民法院(2017)豫01民终14416号。

④ 参见黄薇主编:《中华人民共和国民法典合同编释义》,法律出版社2020年版,第178页。

⑤ 参见申卫星:《论债权人撤销权的构成:兼评我国〈合同法〉第74条》,载《法制与社会发展》2000年第2期。

⑥ 参见韩世远:《债权人撤销权研究》,载《比较法研究》2004年第3期。

⑦ 参见崔建远:《论债权人撤销权的构成》,载《清华法学》2020年第3期。

第三,保证债权的不确定性和补充性,不足以否认债权人的撤销权。对承认债权人撤销权的可能质疑是,由于保证期间尚未起算,债务人是否履行债务及保证债务是否需要履行均未确定,此时若允许撤销保证人的行为,是否对保证人干涉过巨。笔者对该质疑的回应是,因保证人实施无偿转让、低价转让等诈害行为对责任财产危害甚大,故债权人行使撤销权并不要求其所享保证债权具有前述代位权场合下的确定性。对诈害行为的认定,应当结合行为的客观形态、当事人的主观状态以及行为所引起的后果综合判断。[①] 如果保证人的行为具有诈害性,就应允许债权人针对其行使撤销权,以实现保全责任财产的目的。[②] 此外,对于债务人向他人提供保证担保,亦可构成危害责任财产的行为。[③] 在此情形下,债务人作为保证人将来是否会实际承担保证责任同样具有不确定性,但仍被归入可撤销范围。这与保证人的诈害行为虽非同一问题,但反映的撤销权场合下对保证债权确定性的要求应作相同处理。

(三)债权人对保证债权的处分权

在该阶段,由于保证债权已有效成立,故债权人可就保证债权的处分权能予以行使。对保证债权的处分行为包括转让、设质、免除等。虽然以保证债权为标的设立质权在理论上成立,但是基于保证债权的担保目的,此类质押行为罕见于实践。债权人实施免除行为的,导致保证债权消灭,法律关系亦属简单。因上述两种处分行为无特别讨论价值,故此处着重讨论债权人转让保证债权的行为及其对保证期间的影响。

1. 转让保证债权的要件

由于保证债权具有从属性,转让保证债权必须与转让主债权一并进行,而不得单独就保证债权予以转让。换言之,保证债权的转让是主债权让与的附属效果。转让保证债权应具备以下要件。

(1)主债权让与合法有效。如果转让主债权的行为无效,作为从权利的保证债权当然也不发生转让效果。主债权让与的条件适用《民法典》第545条关于债权让与的一般规定。

(2)保证债权不具有专属性。依据《民法典》第547条的规定,如果保证债权具有专属性,则不随主债权转让而发生转让。在现行法框架下,具

---

① 参见[日]下森定、钱伟荣:《日本民法中的债权人撤销权制度及其存在的问题》,载《清华法学》2004年第1期。

② 中田裕康『債権総論(第三版)』(岩波書店,2014年)241頁参照。

③ 参见朱广新、谢鸿飞主编:《民法典评注·合同编通则2》,中国法制出版社2020年版,第50页。

有专属性的保证债权主要包括两种情况：一是保证合同约定保证人仅为特定债权人提供担保的(《民法典》第 696 条第 2 款)。该约定表明保证人具有仅为特定债权人提供担保的意思，故该保证债权具有不可移转性。主债权转让时，此类保证债权因合同目的已不可能实现而消灭。二是须有关部门审批才能生效的对外担保合同。国家外汇管理局在批准一笔对外担保后，如果原对外担保合同或者相关债务合同中的某些条款发生变化，一要取得担保人的书面同意，二要重新报外汇管理局审批。这两个条件如果不具备，担保人将免除担保责任。简言之，因对外保证合同存在审批程序，导致保证债权不能直接随主债权当然转让，而须重新办理审批程序。

(3)是否应通知保证人？《民法典》颁布前，对于债权人转让主债权时是否以通知保证人为保证人承担责任的条件，学界存在争议。[①]《民法典》第 696 条第 1 款明确规定了债权人对保证人的通知义务。本书赞同《民法典》的做法，理由如下：其一，如果仅从主债权转让角度观察，因保证人并非主合同的当事人，似乎无须通知保证人，但主债权转让亦同时导致保证债权转让，保证人作为保证合同的债务人，仍应适用《民法典》第 546 条之通知规则。其二，即使是从主债权转让角度观察，依据《民法典》第 509 条第 2 款的规定，债权人也应当遵循诚实信用原则对保证人负有通知义务、协助义务。其三，债权让与通知规则的理由在于，一方面以此避免债务人重复履行而实现保护债务人的目的，[②]另一方面“使债权变动的内外关系保持清晰、交易安全得以体现”。[③] 该立法政策考量在保证债权转让的场合下同样存在。其四，比较法上不乏采此观点的实例，债权让与时，受让人或转让人应当通知提供担保的保证人，否则保证债权的转让对保证人不生效力。

2. 转让保证债权对保证期间的影响

依据《民法典》第 696 条第 1 款的反面解释，债权人转让债权通知保证人的后果是“该转让对保证人发生效力”。对此，应解释为原保证期间对保证人和新债权人继续有效。具体分析如下。

(1)债权转让时保证期间已届满，且原债权人未在保证期间内依法主张权利的，保证人对原债权人和新债权人均免责。[④]

---

① 肯定说参见程啸：《保证合同研究》，法律出版社 2006 年版，第 358 页；否定说参见高圣平：《担保法论》，法律出版社 2009 年版，第 168 页。

② 参见黄薇主编：《中华人民共和国民法典合同编释义》，法律出版社 2020 年版，第 192 页。

③ 参见申建平：《债权让与制度研究——以让与通知为中心》，法律出版社 2008 年版，第 334 页。

④ 参见铜陵市中级人民法院(2014)铜中民二初字第 00116 号。

(2)债权转让时保证期间尚未届满(包括保证期间已起算和尚未起算两种情形),且原债权人未在保证期间内依法主张权利的,原保证期间(或其剩余部分期间)对保证人和新债权人继续有效。[①]

(3)债权转让前,原债权人在保证期间内依法主张权利的,保证期间对保证人和新债权人已无意义。在债权转让前已经进行的保证债权诉讼时效对保证人和新债权人继续有效,保证债权的诉讼时效自债权转让通知到达保证人之日起中断(《诉讼时效规定》第 17 条第 1 款)。

(4)原债权人转让部分债权的,原保证期间对原债权人、新债权人和保证人均继续有效,并依据上述规则分别产生法律效果。

(四)保证人对保证债务的处分权

在保证期间未起算阶段,由于保证债务已有效成立,故债务人可依法对保证债务进行处分。保证人对保证债务的处分主要包括转让保证债务、变更保证债务、主债务转让时同意继续提供担保等。转让保证债务的行为适用《民法典》关于债务承担的规定,可采取免责的债务承担或债务加入方式转让保证债务。前者导致新保证人完全取代原保证人地位,原保证人从保证关系中脱离出来;后者则构成共同保证,其对保证期间的影响详见本章第九节的内容。变更保证债务详见后文分析,此处不赘。对于主债务转让时保证人同意继续提供担保的行为,《民法典》第 697 条对《担保法》作出了修改,此处着重讨论该行为对保证期间的影响。

1. 保证人同意继续提供担保的要件

主债务转让时保证人同意继续提供担保,实际上是保证人愿为另一债务人提供担保的意思表示。由于不同债务人的责任财产、信用状况等情况均不相同,而保证人订立原保证合同时是针对某一特定债务人作出担保的意思表示,因此主债务转让时保证人同意继续提供担保将导致保证债务的内容及实际履行的可能性均发生实质变化。保证人同意继续提供担保应具备以下要件。

(1)主债务转让行为合法有效。主债务转让的条件适用《民法典》第 551 条关于债务承担的一般规定。

(2)保证债务具有可转让性。如果保证债务不具有可转让性,即使保证人同意债务人转让主债务,也不导致保证债务一并转让。一般而言,导致债务不具有可转让性的因素包括债务性质、当事人意思、法律规定等。如果保证合同约定主债务不得转让,而债务人转让主债务时保证人予以同

---

① 参见南宁市青秀区人民法院(2014)青民二初字第 873 号。

意，应视为该同意的意思表示变更了先前约定，该情形下的保证债务具有可转让性。

（3）保证人书面同意。依据《民法典》第697条第1款的规定，主债务转让场合下，保证人继续承担保证责任以“书面同意”为要件。对于该“书面同意”，应作如下解释：其一，该“书面同意”应解释为保证人同意继续提供担保的意思表示。保证人并非主合同的当事人，其是否同意并不影响主债务转让的效力。换言之，保证人“书面同意”不是主债务转让的要件，而是保证人愿为新债务人继续提供担保的意思表示。① 有判决认为，如果主债务转让时保证人仅单纯表示同意，并未明确表达继续提供担保的意思，仍应将该“书面同意”认定为继续提供担保的意思表示。② 其二，保证人同意继续提供担保的意思表示应以书面形式作出。与现行法对债权转让时通知的形式未作要求相比，债务转让时保证人同意的形式要求更为严格，即必须采取书面形式。该规定的理由在于，该限制既是对保证人利益的保护，也是对债权人利益的保护。③ 其三，依据《民法典》第697条第2款的规定，如果主债权转让采债务加入方式，即使未经保证人书面同意，其保证责任亦不受影响。其四，实务中的主流意见认为，在主债务发生法定移转的情形下，无须取得保证人同意。例如，依法强制企业合并、分立、转让、解散、改组、破产、联营或者股份制改造等过程中涉及债务移转的，无须债权人和保证人同意，从属于原债务的保证债务原则上不消灭。④《民法典》施行后仍应采此解释。

值得注意的是，《民法典》第697条删除了《担保法》第23条中“保证期间”的限定，其适用范围应解释为保证合同的有效期间。因此，此处讨论的保证人对保证债务的处分权存在于包括保证期间未起算阶段在内的整个保证合同的有效期间。

2. 保证人同意继续提供担保对保证期间的影响

依据《民法典》第697条第1款的规定，主债务转让未经保证人书面同意的后果是“保证人对未经其同意转移的债务不再承担保证责任”。依该款的反面解释，主债务转让经保证人书面同意的，保证人继续承担保证责任。但是对于该情形下保证期间如何认定，现行法未予规定。本书认

---

① 参见谢鸿飞、朱广新主编：《民法典评注 · 合同编典型合同与准合同2》，中国法制出版社2020年版，第109页。

② 参见北京市第二中级人民法院（2016）京02民终3175号。

③ 参见黄薇主编：《中华人民共和国民法典合同编释义》，法律出版社2020年版，第509页。

④ 参见李国光等：《最高人民法院〈关于适用中华人民共和国担保法若干问题的解释〉理解与适用》，吉林人民出版社2000年版，第137页。

为,应类推适用债权转让对保证期间影响规则,即原保证期间对保证人和债权人原则上继续有效。具体分析如下。

(1)债务转让时保证期间已届满,且债权人未在保证期间内依法主张权利的,保证人免责。在该情形下,因原保证债务已经消灭,故保证人仅对主债务转让表示同意并不影响保证人免责的效果。但是如果保证人同意的意思表示中明确包含了成立新的保证合同的意思,则应依据该意思确定保证期间。该情形与《民法典担保制度解释》第34条第2款规定的"保证责任消灭后……保证人在通知书上签字、盖章或者按指印"的性质类似,因此,认定保证人愿意继续承担保证责任,应当要求保证人以"明示方式"作出,而不能采取"推定愿意"或"默示愿意"标准。①

(2)债务转让时保证期间尚未届满,且债权人未在保证期间内依法主张权利的,原保证期间(或其剩余部分期间)对保证人和债权人继续有效。

(3)债务转让前,债权人在保证期间内依法主张权利的,保证期间已无意义。在债务转让前已经进行的保证债权诉讼时效继续有效,保证债权诉讼时效自保证人书面同意到达债权人之日起中断。

(4)对于债务人转让部分债务的,《担保法解释》第29条规定:"保证期间,债权人许可债务人转让部分债务未经保证人书面同意的,保证人对未经其同意转让部分的债务,不再承担保证责任。但是,保证人仍应当对未转让部分的债务承担保证责任。"《民法典》和《民法典担保制度解释》均未继承该规定。但依据《民法典》第697条第1款的文义,保证人不再承担保证责任的对象是"未经其同意转移的债务",因此其规范含义及法律后果与旧司法解释的规定并无不同。

(五)保证人对保证债务的变更权

在保证期间未起算阶段,符合法定条件的前提下可以变更保证债务,如扩大或缩小担保范围、延长或缩短保证期间等。变更保证债务包括两种情形:一是变更保证合同;二是变更主合同导致保证债务变更。前者适用《民法典》第543条关于合同变更的规定,通常须由债权人与保证人达成变更合意,属于一般意义的双方变更行为;后者主要取决于主合同变更时保证人是否同意变更保证债务,属于债务变更的特殊规则。此处着重讨论后一种情形及其对保证期间的影响。

---

① 参见最高人民法院民事审判第二庭:《最高人民法院民法典担保制度司法解释理解与适用》,人民法院出版社2021年版,第330页。

1. 保证人同意变更保证债务的要件

主合同变更，是指在主合同当事人不变的前提下，于主合同尚未履行完毕之前使主合同内容发生改变的现象。合同变更的原因包括两种：一是法院或者仲裁机构的裁决；二是当事人协议。依据《民法典》第695条的文义，该条系针对后一情形所作规定。[①] 由于其他原因（如情事变更）导致主合同变更的，亦可类推适用《民法典》第695条，因为该情形下保证人是否继续承担保证责任所应考量的因素与前者并无区别。主合同变更时，保证人同意变更保证债务应具备以下要件。

（1）主合同变更行为合法有效。当事人协议变更主合同的条件适用一般标准，包括：其一，原已存在有效的合同关系；其二，合同内容须有变更；其三，变更协议的有效性；其四，变更本身的明确性。

（2）主合同的变更内容包括数量、价款、币种、利率、履行期限等。保证合同订立时，保证人是以主合同内容及债务人的偿债能力作为是否提供担保的主要依据。所以一般而言，主合同内容发生变更很有可能会影响保证人提供担保的意愿。但是由于合同变更内容纷繁复杂，有些内容的变更对保证人的利益并无实质影响，如将包装箱颜色由黄色变为蓝色（成本相同）、将交货地点由A仓库变为B仓库（两仓库相邻）等。有判决认为，付款方式的变更被认为不构成主合同的根本性变更，不影响保证人的保证责任。[②] 在这些情形下，如果也须以保证人同意作为继续承担保证责任的条件，显然过于吹毛求疵，且违反了设立担保的初衷。因此，《担保法解释》第30条列举了“主合同数量、价款、币种、利率”等变更事项，因为这些内容的变更对合同关系的影响甚巨，须给予保证人机会以决定是否同意相应地变更保证债务。《民法典》施行后，依理仍应采相同解释。

（3）保证人书面同意。《担保法》第24条在没有区分主合同变更内容和变更效果的前提下，规定一律以“保证人书面同意”作为承担保证责任的条件。该规定的不合理之处在于，没有将规则内容建立在合同变更对保证责任的影响的基础上。保证人在保证关系成立后，只要不加重其责任，就应当贯彻“从随主”原则。不经保证人同意而变更主合同本身并不存在损害保证人利益的问题，而如果额外要求主合同变更需经其同意，反而使债权人受到无谓的约束，对债权人是不公平的。[③] 针对该问题，《担保法解释》第30条对该条作出一定程度的修正。对是否须保证人书面同意

① 参见黄薇主编：《中华人民共和国民法典合同编释义》，法律出版社2020年版，第506页。

② 参见最高人民法院（2000）经终字第119号。

③ 参见王利明：《合同法分则研究》（下卷），中国人民大学出版社2013年版，第308页。

分为两种情况：一是对该条列举的数量、价款等内容发生变更的，如果减轻主债务，无须保证人同意，保证债务发生相应的变更；如果加重主债务，须保证人同意，保证债务才发生相应的变更。二是该条列举之外的内容变更且对主债务不产生实质影响的，无须保证人同意，保证债务不变。对司法解释的这种修正，学界多持赞同意见。[①]《民法典》第 695 条虽未列举数量、价款等变更内容，但其坚持区分"减轻"或"加重"主债务对保证责任产生不同影响的做法，因此其实际上继承了司法解释的规范内容。[②]

《民法典》第 695 条删除了《担保法》第 24 条和《担保法解释》第 30 条中"保证期间"的限定，其适用范围应解释为保证合同的有效期间。因此，此处讨论的保证人对保证债务的变更权存在于包括保证期间未起算阶段在内的整个保证合同的有效期间。

《民法典》第 695 条删除了《担保法》第 24 条的"但书"内容。该但书规定："保证合同另有约定的，按照约定。"仅从文义来看，该但书似乎表明：如果保证合同特别约定主合同变更时无须保证人书面同意保证债务也发生相应变更的，该约定有效。但这样解释未必妥当。在担保实践中，尤其是银行单方以格式条款形式拟定的保证合同中常有预先弃权条款。此类条款通常约定：在变更主合同的情形下，"除展期或增加本金金额之外，无须取得保证人同意，保证人仍对变更后的合同承担担保责任"。此类条款在国内外银行业界普遍存在，其效力及合法性在学界和实务界均存在较大争议。[③] 对于此类合同条款的效力，有效说认为，此类条款并不违背保证合同的目的及从属性，故应属有效。无效说认为，从属性和补充性是保证合同的本质，此类条款与保证合同的本质相违背，而严重妨碍保证人的正当利益，应认定其显失公平。[④] 可能是作为对该争议的回应，《民法典》第 695 条删除了该"但书"。

本书认为，如果此类合同条款是在平等磋商的基础上订立的，尤其是担保公司有偿担保的场合下，此类条款可以认定有效。因为在此场合下，当事人依自己意思对保证合同的权利义务事先作出安排，属于意思自治的范畴，该"但书"的本意也正是如此。但是，如果此类合同条款是银行

---

① 参见崔建远：《债法总论》，法律出版社 2013 年版，第 202 页；反对意见参见高圣平：《担保法论》，法律出版社 2009 年版，第 175～176 页。

② 参见最高人民法院民法典贯彻实施工作领导小组主编：《中华人民共和国民法典合同编理解与适用（二）》，人民法院出版社 2020 年版，第 1366 页。

③ 参见费安玲、龙云丽：《论银行格式保证条款中的保证人权利救济》，载《中国政法大学学报》2012 年第 4 期。

④ 参见詹森林：《民事法理与判决研究》，北京大学出版社 2005 年版，第 304 页。

等经营者以格式条款形式单方预先拟定,保证人(尤其是自然人)并无参与磋商的机会,此类条款应当认定无效。在此场合下,即使债权人已就此类条款履行了提示、说明义务,因保证债务的变更权属于保证人在保证合同中的核心权利之一,依据"排除对方主要权利"的格式条款无效之规定(《民法典》第497条),此类条款应当认定无效。

2. 保证人是否书面同意变更主合同对保证期间的影响

《民法典》第695条继承了《担保法解释》的精神,在区分减轻债务和加重债务的前提下,作出不同处理。据此,基于主合同变更内容和程度的不同,对保证期间产生不同的影响。具体分析如下。

(1)主合同标的物若干因素的变更对保证期间的影响。依据《民法典》第695条第1款的规定,保证期间的确定分为三种情形。

其一,主合同数量、价款等内容变更时,保证人同意的,保证债务发生相应变更,原保证期间不变。因为此类合同内容的变更不涉及债务履行的时间因素,故保证期间的确定和计算不受此类变更影响。

其二,此类主合同内容变更时保证人未书面同意,且该变更减轻主债务的,原保证期间继续有效。在此情形下,基于保证债务的从属性,主债务内容减少或变轻导致保证债务也发生相应的减少或变轻,原保证期间效力所及的债务范围发生变化,但保证期间自身的确定和计算不发生变化。例如,主合同当事人未经保证人书面同意,将违约金由100万元变更为50万元,保证人仍在原保证期间内对50万元违约金承担保证责任。

其三,此类主合同内容变更时保证人未书面同意,且该变更加重主债务的,原保证期间继续有效,但仅能适用于未加重的债务部分。"保证人对加重的部分不承担保证责任"对保证期间而言,就是保证期间不适用于加重的债务部分。在此情形下,因主合同内容变更超出了保证人承诺提供担保的范围,且保证人未作出新的意思表示,故保证债务的内容及保证期间均不发生变化。例如,主合同当事人未经保证人书面同意,将违约金由100万元变更为200万元,保证人仍在原保证期间内对100万元违约金承担保证责任。

(2)主合同履行期限的变更对保证期间的影响。主合同履行期限变更对保证期间的计算必然造成影响,但域外法对该问题设计的规则并不一致。例如,《法国民法典》第2316条规定,主合同履行期限延长即使未取得保证人同意,保证债务也仍然存续,但赋予保证人强制债务人清偿的权利。

《民法典》第695条第2款继承了《担保法解释》第30条第2款之规定,仅将表述修改为"保证期间不受影响"。据此,保证期间的确定分为三种情形。

其一，主合同履行期限变更时，保证人书面同意的，保证期间发生相应变更。此处“保证期间发生相应变更”，是指保证期间起算点因主合同履行期限变更而发生相应变化，而保证期间的长度不变，除非当事人作出新的约定。无论主合同履行期限延长还是缩短，由于保证人对其书面同意，故均应采此解释。

其二，主合同履行期限延长时，保证人未书面同意的，自新履行期限届满时计算原保证期间的剩余期间。该情形下，“保证期间不受影响”应解释为保证人享有的期限利益仍按照原标准认定。换言之，原履行期限届满时本应起算保证期间，虽然此时主合同履行期限延长，但不能将保证期间的起算点作相应延后。基于保证债务的从属性，新履行期限届满前债权人尚不能请求保证人履行保证债务，故新履行期限届满前计算的保证期间没有实际意义。新履行期限届满时主债务人未履行债务的，因保证债权行使条件具备而于此时起计算保证期间具有意义，但仅计算其剩余期间；如果新履行期限届满时原保证期间已经届满（剩余期间为零），则保证债务消灭。上述解释与约定保证期间早于主债务履行期限规则（《民法典》第695条第2款）的精神相一致。[①]

其三，主合同履行期限缩短时，保证人未书面同意的，保证期间的确定和计算不受该变更影响。值得注意的是，《民法典》第695条第2款“变更主债权债务合同的履行期限”在文义上包含了延长履行期限和缩短履行期限两种情形，这与域外法通常仅针对“延期清偿”予以规定明显不同。对于如何解释该款，学界存在争议。第一种观点认为，现行法似乎仅考虑到延长履行期限的情形，而忽略了缩短履行期限的影响。因此，应对上述规定作目的性限缩解释，即缩短主合同履行期限时未经保证人书面同意的，保证人免除保证责任。[②] 第二种观点认为，主合同履行期限缩短的情形下适用第2款对保证人不公平，构成法律漏洞，应比照同条第1款，区分是否加重保证人责任作分别处理。[③] 第三种观点认为，对上述规定不应作限缩解释，主合同履行期限缩短的，新履行期限届满时保证债权行使条件尚不具备，保证期间起算点仍依据原履行期限予以认定。[④]

---

① 参见高圣平：《特殊情形之下保证期间的计算三论》，载《法学杂志》2021年第4期。

② 参见刘言浩：《担保法典型判例研究》，人民法院出版社2002年版，第38页。

③ 参见谢鸿飞、朱广新主编：《民法典评注·合同编典型合同与准合同2》，中国法制出版社2020年版，第104页。

④ 参见吴恩玉：《论保证期间的起算》，载最高人民法院民事审判第二庭等：《中国民商审判》（总第5集），法律出版社2004年版，第109页。

本书赞同第三种观点,《民法典》第695条第2款"变更主债权债务合同的履行期限"应包含主合同履行期限缩短之情形;该情形下,"保证期间不受影响"应解释为保证期间的起算点依据原履行期限认定,保证期间长度亦不变。理由如下。

第一,主合同履行期限延长或缩短对保证人是否有利,很难简单判断。在履行期限延长的场合下,保证期间的起算点被推迟,保证人受到保证合同约束的时间变长了,就该角度而言,对保证人不利。但是换一个角度来看,履行期限延长给予主债务人筹措、周转资金的机会,增加了主债务人实际履行的可能性,且至少是推迟了保证人履行保证债务的时间,就此而言,对保证人是有利的。在履行期限缩短的场合下,保证期间的起算点被提前,保证人履行保证债务的时间可能因此被提前,就该角度而言,对保证人不利。但是履行期限缩短导致保证人受担保关系约束的时间变短了,保证人可以更早地行使有关抗辩权,使其尽早从保证关系中脱离出来,这对保证人又是有利的。因此,第一种和第二种观点认为主合同履行期限缩短必然对保证人不利,并由此得出上述规定不应适用于主合同履行期限缩短的结论,并不妥当。

第二,如果立法者本意是采第一种观点,在立法技术上应将履行期限变更也置于第1款,将其与数量、价款等事项一并规定,且同样区分加重或减轻债务人责任作分别处理。现行法专设第2款规定履行期限变更,且未区分延长或缩短而统一适用"原保证期间不变"的后果,恰可证明立法者认识到履行期限变更对保证人是否有利的复杂性和不易判断,而不能采取第1款的处理方法。

第三,采取第三种观点的效果是,由于保证期间的原起算点晚于新履行期限,导致保证债务的补充性被进一步强化。该解释更加尊重保证人设立担保的初始意思,对保护保证人更为有利。有学者认为,主合同履行期限缩短视为对债务人放弃期限利益,依据"主债务人弃权不影响保证人抗辩"规则(《民法典》第701条),对债权人请求保证人提前履行保证债务的行为,保证人仍有权主张期限抗辩。① 该意见可资赞同。

3. 对《民法典》删除《担保法解释》第30条第3款的评价

该款规定:"债权人与债务人协议变动主合同内容,但并未实际履行的,保证人仍应当承担保证责任。"依据最高人民法院释义书的解释,该规定的理由在于:主合同当事人虽然协商变更主合同内容,但是如果双方并

---

① 参见高圣平:《特殊情形之下保证期间的计算三论》,载《法学杂志》2021年第4期。

未按照变更后的内容履行，则并未产生变更后的实际法律后果，故保证人仍应承担责任。① 对于该规定，学界评价不一。持肯定评价的学者认为，在该款规定的情形下，可以“视为主合同未变更”，因此保证人仍应承担责任。② 持否定评价的学者认为，该款规定是“令人费解的”。是否实际履行并不影响合同变更的效力，对主债务变化也不发生影响。真正应解决的问题是，合同变更虽未履行，但债务人的义务发生了变化，此种变化对保证人的保证责任能发生何种影响？应否发生影响？对这一真正的问题，司法解释未作回答。③

本书认为，该款属于明显的立法失误，《民法典》删除该规定值得赞同。理由如下。

第一，该规定违反法理。一方面，主合同通常为借款合同、买卖合同等，属于典型的债权合同、负担行为，合同变更的效力取决于当事人的意思表示，而与履行行为无关，因此未实际履行不能“视为未变更”；另一方面，由于保证债务具有补充性，如果主债务已被实际履行，保证人又如何能够“仍应承担保证责任”。

第二，该规定的含义不明。依据最高人民法院释义书的解释及所举事例，似乎是说主合同变更后必须有履行行为且不合要求（如部分履行、瑕疵给付等），才能由保证人承担保证责任。如果采此解释，意味着保证人的担保范围仅限于主债务人违约行为产生的损害赔偿责任，这与现行法规定的担保范围有所抵触（《民法典》第691条），故该解释的合理性令人怀疑。而且，部分履行、瑕疵给付等违约行为究竟是依据变更前的主合同履行还是依据变更后的主合同履行，在很多场合下是根本无法判断的。另外，该款规定的法律后果是“保证人仍应当承担保证责任”，但究竟是依据变更前还是变更后的内容承担保证责任，该款也未予明确。

第三，该规定的本意可能是想防止主合同当事人假借变更主合同加重保证人的负担，但此类情形可借助恶意串通等规则使保证人得到救济，该规定有多此一举、徒生纷扰之嫌。

二、保证期间已起算、未届满的效力

保证期间已起算、未届满的效力，是指在保证期间已起算、未届满的时

---

① 参见李国光等：《最高人民法院〈关于适用中华人民共和国担保法若干问题的解释〉理解与适用》，吉林人民出版社2000年版，第140页。

② 参见孔祥俊：《担保法及其司法解释的理解与适用》，法律出版社2001年版，第137页。

③ 参见叶金强：《担保法原理》，科学出版社2002年版，第64页。

间段内债权人和保证人分别享有何种权利。保证期间已起算意味着债务人未依约履行主债务，因此在该时间段内，保证债权给付请求权的行使条件已经具备，保证人亦可行使有关抗辩权对抗债权人的履行请求。

（一）一般保证的保证债权请求权

1. 先诉抗辩权对债权人行使保证债权的影响

对于先诉抗辩权的性质及其对行使保证债权的影响，学理及实务素有争议。

第一种观点“诉讼权利说”认为，先诉抗辩权是诉讼权利，即一般保证人针对“先被起诉”的抗辩，因此债权人起诉主债务人之前不能“先诉”保证人。该观点的实质是将起诉主债务人作为债权人行使保证债权的前置条件。

第二种观点“实体权利说”认为，先诉抗辩权是实体权利，债权人先起诉保证人的，法院仍应受理并作出实体审理以判断该抗辩权是否成立。①

第三种观点“先执行抗辩权说”认为，先诉抗辩权本质上是执行程序中的规则，虽名为“先诉”，但实则是“先执行”抗辩权。②

上述分歧很大程度上造成了先诉抗辩权在司法实践上适用的混乱。《民法典》对《担保法》的先诉抗辩权规则进行了一定程度的修正，《民法典担保制度解释》也在继承实务经验的基础上对该规则作出了规定。

（1）《民法典》第 687 条第 2 款规定，一般保证人“在主合同纠纷未经审判或者仲裁，并就债务人财产依法强制执行仍不能履行债务前，有权拒绝向债权人承担保证责任”。依据立法机关释义书的解释，如果保证人不行使先诉抗辩权，那么债权人可以对主债务人和保证人有效地行使两个请求权，并可以同时或先后请求其为全部或部分履行。③ 该解释可能一定程度上是受学理意见影响的结果。有学者指出，保证人凭借先诉抗辩权拒绝清偿的效力仅发生在债权实现阶段，该权利的存在并非意味着债权人不能向保证人提出清偿请求。④ 因此，先诉抗辩权是一种需要主张的实体抗辩权。

（2）《民法典担保制度解释》第 26 条继承了《担保法解释》第 125 条的规范内容，对债权人以不同主体提起诉讼或者申请仲裁如何处理作出规

---

① 参见曹士兵：《中国担保制度与担保方法》（第 4 版），中国法制出版社 2017 年版，第 149～150 页。

② 参见宋春龙：《诉讼法视角下的先诉抗辩权研究——兼评民法典各分编草案中的先诉抗辩权》，载《政治与法律》2019 年第 3 期。

③ 参见黄薇主编：《中华人民共和国民法典合同编释义》，法律出版社 2020 年版，第 493 页。

④ 参见程啸：《保证合同研究》，法律出版社 2006 年版，第 529 页。

定。该条内容包括:①债权人仅起诉一般保证人的,法院应驳回起诉;②债权人可以一并起诉主债务人和一般保证人,判决书主文应当明确"保证人仅对债务人财产依法强制执行后仍不能履行的部分承担保证责任";③债权人不得先对一般保证人财产申请保全。该规定的理由在于:其一,保持先诉抗辩权内涵在立法上的连续性;其二,继承《民间借贷规定》等司法解释规定的精神;其三,《担保法解释》第125条施行20多年的效果良好;其四,符合诉讼经济原理,减少讼累。[①]

依该条规定,债权人起诉一般保证人不以"对主债务人强制执行无效果"为前提条件,而允许债权人将主债务人和一般保证人作为共同被告一并提起诉讼,并通过"限制胜诉之判决"体现先诉抗辩权的作用;但不允许仅起诉一般保证人。该规定既体现了对既有实务主流意见的坚持,[②]也体现了对先诉抗辩权属于实体抗辩权的定位以及对一般保证人顺序利益的保护。[③] 仅从理论角度而言,由于先诉抗辩权是一种需要主张的实体抗辩权并不自动产生抗辩效果,因此不允许仅起诉一般保证人的做法并不具有充足的合理性。但基于节省诉讼成本、保证人最大限度地维护自身利益意愿的实际状况等因素的考量,司法解释的该规定亦属可以理解和接受的变通做法。有学者指出,对单独起诉一般保证人的限制,并非先诉抗辩权存在及行使的当然效果,而是我国民事诉讼在权利保障与纠纷解决目的冲突中偏重纠纷解决之政策立场的产物。[④]

(3)《民法典》施行前,已有司法解释对上述问题作出规定,并影响了《民法典担保制度解释》相关规定的设计。2015年《民间借贷规定》第4条第2款规定,债权人不能仅起诉一般保证人,但可以仅起诉主债务人(借款人)。该条的理由主要是与先诉抗辩权规则衔接、方便法院查清案情等。[⑤] 2015年《民诉法解释》第66条规定:"因保证合同纠纷提起的诉讼,债权人向保证人和被保证人一并主张权利的,人民法院应当将保证人和被保证人列为共同被告。保证合同约定为一般保证,债权人仅起诉保证人的,人民法院应当通知被保证人作为共同被告参加诉讼;债权人仅起诉被保证人

① 参见最高人民法院民事审判第二庭:《最高人民法院民法典担保制度司法解释理解与适用》,人民法院出版社2021年版,第274~275页。

② 参见最高人民法院(2019)最高法民终485号。

③ 参见高圣平:《担保法前沿问题与判解研究》(第5卷),人民法院出版社2021年版,第205页。

④ 参见安海涛:《保证合同诉讼的程序原理——基于〈民诉法解释〉第66条的分析》,载《华东政法大学学报》2017年第2期。

⑤ 参见最高人民法院民事审判第一庭编著:《最高人民法院民间借贷司法解释理解与适用》,人民法院出版社2015年版,第100页。

的,可以只列被保证人为被告。"《民法典》施行后,上述司法解释的规定仍被保留。

综上所述,现行法框架下的先诉抗辩权对债权人行使保证债权的影响如下。

其一,在实体法层面,先诉抗辩权是一种需要主张的抗辩权,"对主债务人强制执行无效果"不是债权人行使保证债权的前置条件。债权人在诉讼中或诉讼外向保证人行使保证债权,保证人可援引先诉抗辩权予以拒绝。法院须经实体审理判断该援引行为是否成立。

其二,在程序法层面,允许债权人一并起诉一般保证人和主债务人,而不要求"先诉"主债务人。债权人单独起诉一般保证人的,在程序法上仍被禁止。

2. 债权人向一般保证人行使保证债权的方式

(1)以诉讼外请求的方式行使保证债权。保证债权作为一种普通债权,依理当然可以在诉讼外请求保证人履行。需要注意的是,《民法典》第693条第1款的规范含义是保证期间届满导致保证人免责,并非指债权人必须以诉讼或仲裁方式行使保证债权。学理及实务上均认可保证人在诉讼外行使先诉抗辩权,[①]恰可证明债权人可在诉讼外行使保证债权。一般保证的债权人以诉讼外请求方式行使保证债权的意义在于,在债务人不行使抗辩权的情形下使保证债权得以实现,但该行为并不影响保证期间届满效力的发生。换言之,债权人在保证期间内以诉讼外请求方式行使保证债权后(保证人未履行),并未进一步提起诉讼或者申请仲裁,保证期间届满后保证人仍可依据《民法典》第693条第1款主张免责。

债权人以诉讼外请求的方式行使保证债权的,依据意思表示的一般标准判断债权人是否具有行使保证债权的意思。该行为不要求必须出现"保证债务""保证责任"等字样,只要能够认定具有以明示或默示方式行使权利的意思即可。依据最高人民法院的有关复函,送达清收债权通知书、以特快专递向保证人发出逾期贷款催收通知书等被认定为债权人诉讼外行使保证债权的行为。[②]

(2)以诉讼或仲裁的方式行使保证债权。如前文所述,如果债权人以诉讼方式行使保证债权,应将一般保证人和主债务人列为共同被告。在此类诉讼中,法院如果支持债权人行使保证债权的诉讼请求,应在判决书中

---

① 参见汪渊智、侯怀霞:《论保证人的先诉抗辩权》,载《中国法学》1997年第1期。

② 参见最高人民法院复函"民二他字〔2002〕第32号""民二他字〔2003〕第6号"。

明确“在对主债务人财产依法强制执行后仍不能履行债务时，由保证人承担保证责任”，而不能判决由保证人直接向债权人作出给付。

债权人在保证期间内起诉或者申请仲裁后又撤诉或者撤回仲裁申请的，对保证期间的效力有无影响？对此，《民法典担保制度解释》第31条第1款新增规定：“一般保证的债权人在保证期间内对债务人提起诉讼或者申请仲裁后，又撤回起诉或者仲裁申请，债权人在保证期间届满前未再行提起诉讼或者申请仲裁，保证人主张不再承担保证责任的，人民法院应予支持。”依此规定，撤诉或者撤回仲裁申请导致此前的起诉或者申请仲裁失去意义，保证期间在“被撤之诉或申请视为不存在”的状态下计算及发生免责效果。该规定的理由在于，“债权人撤诉或者撤回仲裁申请本质上意味着并无让债务人先承担责任的意思表示”[①]、“起诉之后又撤诉的，在程序法上视为未提起诉讼”。[②] 由于先诉抗辩权的存在及行使，“对主债务人强制执行无效果”之事实发生以前债权人实现保证债权存在阻碍，而撤诉或者撤回仲裁申请导致没有实质上启动司法程序，故保证期间的计算及效力不受影响。从解释论角度而言，该款之“撤诉”应解释为包括：申请撤诉（《民事诉讼法》第148条）、按撤诉处理（《民事诉讼法》第146条）、不予受理（《民事诉讼法》第127条）或者驳回起诉（《民诉法解释》第208条第3款）。因为这些情形均属于未能实质上启动司法程序。

（3）以申请强制执行的方式行使保证债权。债权人起诉一般保证人和主债务人且胜诉的情形下，其针对一般保证人申请强制执行的，一般保证人可在执行程序中行使先诉抗辩权。债权人仅起诉主债务人的情形下，因对保证债权尚未取得执行名义，故不能以申请强制执行的方式行使保证债权。

《民法典担保制度解释》第27条新增规定：“一般保证的债权人取得对债务人赋予强制执行效力的公证债权文书后，在保证期间内向人民法院申请强制执行，保证人以债权人未在保证期间内对债务人提起诉讼或者申请仲裁为由主张不承担保证责任的，人民法院不予支持。”该条系针对《民法典》规定所作漏洞补充解释。[③] 因为“具有强制执行效力的公证债权文书”可以直接作为执行依据，故债权人凭此公证债权文书可直接对主债务

---

① 参见最高人民法院民事审判第二庭：《最高人民法院民法典担保制度司法解释理解与适用》，人民法院出版社2021年版，第315~316页。

② 参见高圣平：《民法典上保证期间的效力及计算》，载《甘肃政法大学学报》2020年第5期。

③ 参见杨永清：《〈新担保司法解释〉中有关保证合同的几个问题》，载《法律适用》2021年第2期。

人向法院申请强制执行,而无须再对主债务人提起诉讼或者申请仲裁。债权人的该行为性质与在保证期间内对主债务人提起诉讼或者申请仲裁并依据胜诉法律文书申请强制执行的性质并无不同,因此当然产生保证人不能再依据保证期间免责的效果。由于该情形毕竟突破了《民法典》第693条第1款"提起诉讼或者申请仲裁"的文义,因此司法解释设此规定,以避免对《民法典》第693条第1款的僵化理解和适用。[①]

(二)连带责任保证的保证债权请求权

1. 连带责任对债权人行使保证债权的影响

值得讨论的一个前提问题是,连带责任保证债务的性质是否为连带债务?对于连带债务的认定标准,学理上素有争议。德国"同一阶层说"认为,如果数个债务属于同一阶层,则为连带债务,否则不属于。不同阶层的债务,必有一债务人必须终局负责,此债务人即为真正之第一债务人。依此标准,连带责任保证不属于连带债务。[②] 我国学界对该问题存在分歧。[③]本书认为,连带责任保证属于不真正连带之债,准用《民法典》关于连带债务的规定,但法律另有规定的除外。

(1)《民法典》第688条第2款规定,保证债权行使条件具备的,债权人可以请求债务人履行债务,也可以请求连带责任保证人在其保证范围内承担保证债务。《民法典》第518条第1款规定,连带债务关系中,债权人可以请求部分或者全部债务人履行全部债务。因为连带债务设立的目的是最大限度地保障债权人的利益,每一个债务人对全部债务均负有履行义务,相当于以全体债务人的全部财产担保债务的履行。[④]

(2)《民法典担保制度解释》第26条仅针对一般保证情形下诉讼主体的确定作出规定,而未继承《担保法解释》第126条[⑤]关于连带责任保证情形下诉讼主体的规定。这并非否认后者的规范内容,而是由于《民法典》

---

① 参见程啸、高圣平、谢鸿飞:《最高人民法院新担保司法解释理解与适用》,法律出版社2021年版,第175页。

② 参见杨淑文:《论连带保证与连带债务》,载蔡明诚等:《保证专题研究》,台北,元照出版有限公司2016年版,第105~106页。

③ 第一种观点与德国通说类似,即认为连带责任保证债务与主债务并非同一层次的债务关系,故连带责任保证债务不属连带债务。参见程啸:《保证合同研究》,法律出版社2006年版,第51~53页。第二种观点认为,即使采取"同一阶层说",也应得出连带责任保证属于连带债务的结论。参见王利明:《债法总则研究》,中国人民大学出版社2015年版,第221、224页。

④ 参见黄薇主编:《中华人民共和国民法典合同编释义》,法律出版社2020年版,第123页。

⑤ 《担保法解释》第126条规定:"连带责任保证的债权人可以将债务人或者保证人作为被告提起诉讼,也可以将债务人和保证人作为共同被告提起诉讼。"

第 518 条第 1 款的存在使得单独规定后者没有必要。

(3)《民间借贷规定》第 4 条第 1 款规定,债权人(出借人)仅起诉保证人的,人民法院“可以追加”主债务人(借款人)为共同被告。相较于《担保法解释》第 126 条,该款内容有明显变化。其理由在于:从理论上讲,债权人选择起诉连带责任人之一、部分或全部是其权利,按理不应做过多干预,但是只审从债务而不审主债务会留下诸多“后遗症”。追加主债务人为共同被告的优点是能够通过一个诉讼,准确地界定当事人的权利义务,以免保证人在日后追偿时产生不必要的纠纷。[①] 有学者对该条提出批评意见指出:该规定过度强调“一次性解决纠纷功能”,有扰乱现有规则体系之嫌。[②] 司法实务中,在债权人仅起诉连带责任保证人的情形下,各法院对该条“可以追加”之规定的理解和适用较为混乱。例如,有的法院据此驳回追加申请;[③]也有法院认为,在此情形下应当支持追加主债务人为共同被告的申请;[④]还有的法院为查明案件事实而主动追加主债务人为共同被告,但判决中只判令保证人承担责任。[⑤] 实务上的混乱状况,似乎是该条缺乏理论正当性支撑的一个反映。

《民诉法解释》第 66 条与《民间借贷规定》第 4 条第 1 款有所不同,其未规定“可以追加”主债务人为共同被告。因此,后者应解释为仅适用于民间借贷纠纷中的特殊规则。

2. 债权人向连带责任保证人行使保证债权的方式

(1)以诉讼外请求的方式行使保证债权。具体要求与前述向一般保证人行使保证债权基本相同。连带责任保证的债权人以诉讼外请求方式行使保证债权具有双重意义:一是促使保证人作出履行行为使保证债权得以实现(与一般保证相同);二是保证人不能再以保证期间届满为由主张免责(与一般保证不同)。在司法实务上,债权人向连带责任保证人行使保证债权的常见方式包括:债权人向连带责任保证人送达《担保人履行责任通知书》,并办理公证;[⑥]债务人向债权人出具《债务认可书》,连带责任

---

① 参见最高人民法院民事审判第一庭编著:《最高人民法院民间借贷司法解释理解与适用》,人民法院出版社 2015 年版,第 96~97 页。

② 参见安海涛:《保证合同诉讼的程序原理——基于〈民诉法解释〉第 66 条的分析》,载《华东政法大学学报》2017 年第 2 期。

③ 参见上海市徐汇区人民法院(2015)徐民二(商)初字第 711 号。

④ 参见六安市叶集区人民法院(2016)皖 1504 民初 431 号。

⑤ 参见上海市长宁区人民法院(2014)长民一(民)初字第 5150 号。

⑥ 参见最高人民法院(2001)民二终字第 91 号。

保证人在其上签名盖章表示认可;[①]债权人要求保证人督促主债务人尽快履行债务;[②]债权人针对保证人申请支付令[③]等。

债权人能否以公告方式向保证人主张权利?有最高人民法院判例认为,该问题参照适用诉讼时效中断规则中“诉讼外请求”的相关规定(《诉讼时效规定》第8条第1款第4项)。例如,在“张某伟、江西广丰农村商业银行股份有限公司金融借款合同纠纷再审案”中,保证人下落不明的情形下,债权人在省级有影响力的报纸上刊登向保证人催收债务的公告,被予以认可。[④] 又如,在“陈某海、陈某民间借贷纠纷再审案”中,最高人民法院以“保证人并未下落不明”“《淮海商报》并非省级有影响力的媒体”为由,对公告方式向保证人主张权利不予认可。[⑤]

保证人向债权人作出同意履行的表示或者自动履行部分债务,是否产生与债权人主张权利的相同效果?有最高人民法院判例对此持肯定意见,认为保证人在保证期间内自动向债权人支付利息的情形下,“保证责任促使债务人尽快行使权利的功能已经被保证人的自动履行行为所替代,故无论债权人是否实际向保证人主张权利,均应视为债权人在保证期间内要求保证人承担保证责任”。[⑥] 该裁判意见系将“义务人同意履行义务”之诉讼时效中断规则类推适用于保证期间。[⑦]

(2)以诉讼或仲裁的方式行使保证债权。如前文所述,债权人既可以单独起诉连带责任保证人,也可以将主债务人和连带责任保证人作为共同被告一并提起诉讼。但民间借贷担保纠纷适用《民间借贷规定》第4条第1款,存在追加主债务人(借款人)为共同被告的问题。如果债权人以申请仲裁方式行使保证债权,可类推适用司法解释的上述规定。债权人在保证期间内起诉连带责任保证人且被法院立案受理的,无论立案受理以及送达起诉状副本是否在保证期间内完成,均不影响债权人是否在保证期间内行使权利的判断,因为司法行为的完成时间无涉保证期间的效力。[⑧]

《民法典担保制度解释》第31条第2款新增规定:“连带责任保证的债

---

① 参见海口市中级人民法院(2000)海中法民初字第132号。

② 参见徐州市中级人民法院(2013)徐民终字第2207号。

③ 参见广西壮族自治区高级人民法院(2012)桂民四终字第8号。

④ 参见最高人民法院(2020)最高法民申2849号。

⑤ 参见最高人民法院(2017)最高法民再178号。

⑥ 参见最高人民法院(2016)最高法民申621号。

⑦ 参见王朝辉:《保证人在保证期间内支付利息视为债权人主张保证责任》,载《人民司法(案例)》2018年第14期。

⑧ 参见最高人民法院(2022)最高法民再313号。

权人在保证期间内对保证人提起诉讼或者申请仲裁后，又撤回起诉或者仲裁申请，起诉状副本或者仲裁申请书副本已经送达保证人的，人民法院应当认定债权人已经在保证期间内向保证人行使了权利。”《民法典》第693条第2款中“请求保证人承担保证责任”系指该请求已到达保证人的情形，因为到达时该请求之意思表示才能生效而具有法律意义。[①] 起诉状副本或者仲裁申请书副本已经送达保证人的情形下，可解释为债权人“请求保证人承担保证责任”的意思表示于到达保证人时生效。[②] 因此，虽然因债权人撤回起诉或者仲裁申请而未能实质上启动司法程序，但已具备《民法典》第693条第2款之条件，保证人不能再以保证期间届满为由主张免责。

（3）以申请强制执行的方式行使保证债权。债权人可以依据生效法律文书向法院申请执行保证债权。

（三）保证人的抗辩权

1. 主债务人享有的抗辩权

《民法典》第701条继承了《担保法》第20条第1款之规定，主债务人对债权人的抗辩权保证人原则上均可享有。该规定是为了贯彻保证债务的从属性，以避免保证债务重于主债务的强度。[③] 此类抗辩权具有以下特征：其一，一般保证人和连带责任保证人均享有此类抗辩权；其二，此类抗辩权不属于主债务人专有，主债务人弃权不导致保证人丧失此类抗辩权。此类抗辩权具体包括：主张主债权未发生的抗辩权（如主合同未成立或无效）；主张主债权已消灭的抗辩权（如主债务已被清偿、免除）；拒绝履行的抗辩权（如同时履行抗辩权、先履行抗辩权、不安抗辩权）；主债务诉讼时效抗辩权等。

《民法典》第702条新增规定：债务人对债权人享有抵销权或者撤销权的，保证人可以在相应范围内拒绝承担保证责任。此前《担保法》对此未作规定，该条似乎是借鉴日本民法的结果，即将此类权利亦解释为保证人基于保证债务从属性予以抗辩的方式。[④]《民法典》施行前，《九民纪要》第42条、第43条即已承认当事人可以以抗辩的方式行使撤销权、抵销权。这表明，《民法典》第702条新增规定存在实务经验的基础，而非单纯法律

---

① 参见最高人民法院民事审判第二庭：《最高人民法院民法典担保制度司法解释理解与适用》，人民法院出版社2021年版，第313页。

② 参见高圣平：《担保法前沿问题与判解研究》（第5卷），人民法院出版社2021年版，第234页。

③ 参见黄薇主编：《中华人民共和国民法典合同编释义》，法律出版社2020年版，第516页。

④ 潮見佳男『新債権総論Ⅱ』（信山社，2017年）675頁参照。

移植的结果。《民法典》第 702 条规定“保证人可以在相应范围内拒绝承担保证责任”,实质上是赋予保证人一时性抗辩权,其目的是使其免于承担追偿不能的风险。①

2. 一般债务人享有的抗辩权

保证人作为保证合同中的债务人,享有基于一般合同关系所产生的抗辩权。具体包括:主张保证债权未发生的抗辩权(如保证合同未成立或无效);主张保证债权已消灭的抗辩权(如保证债权已被抵销);保证债务诉讼时效抗辩权等。

3. 保证人的专属抗辩权

其主要包括先诉抗辩权和催告抗辩权。前者如前文所述,此处不赘。所谓催告抗辩权,是指债权人要求保证人履行义务的,保证人可以要求首先催告债务人履行。②《日本民法典》第 452 条对催告抗辩权设有明确规定。我国《保证规定》第 5 条曾经规定了催告抗辩权,但《民法典》对该抗辩权未作规定。对于我国现行法应否承认催告抗辩权,学界尚存一定争议。③

需要说明的是,本书之所以将保证人的抗辩权置于“保证期间已起算、未届满的阶段”进行讨论,是因为在该阶段内保证债权行使条件已经具备,故保证人在该阶段行使抗辩权最具实际意义。如果保证期间尚未起算,意味着主债务履行期限还未届满,基于保证债务的补充性保证人当然不必履行债务,此时虽然某些抗辩权行使条件也已具备,但对保证人还不具有太大意义。如果保证期间已届满且债权人未依法主张权利,保证人因解除条件成就而免责,其他抗辩权对其也无实际意义。简言之,保证人实际行使抗辩权的时间主要是保证期间已起算、未届满阶段,但同时也须结合特定抗辩权行使条件对该时间作具体判断。例如,主合同先履行抗辩权的行使时间只能是主债务履行期限届至之后;主合同不安抗辩权的行使时间只能是主债务履行期限届满之前等。

(四)对保证债权的保全效力、债权人对保证债权的处分权、保证人对保证债务的处分权

保证期间已经起算的,在符合法定条件的前提下,对保证债权的保全效力、债权人对保证债权的处分权、保证人对保证债务的处分权仍可存在。

---

① 参见程啸:《论〈民法典〉第 702 条上的保证人抗辩权》,载《环球法律评论》2020 年第 6 期。

② 中田裕康『債権総論(第三版)』(岩波書店,2014 年)497 頁参照。

③ 肯定说参见王利明:《合同法分则研究》(下卷),中国人民大学出版社 2013 年版,第 297 页;否定说参见程啸:《保证合同研究》,法律出版社 2006 年版,第 250 页。

理由如前文所述，此处不赘。

三、保证期间届满的效力

保证期间届满的情形有二：一是债权人在保证期间内依法主张权利，保证人不能再以保证期间届满为由主张免责，其后保证期间届满已无意义；二是债权人在保证期间内未依法主张权利，保证期间届满导致保证人免责。此处仅讨论第二种情形。

（一）法院应否主动审查保证期间是否届满

《民法典》颁布以前，《担保法》及其司法解释对该问题未作规定。学界对此存在争议，[①]实务上采肯定说[②]和否定说[③]的裁判意见皆有其例。《民法典担保制度解释》第34条第1款采取肯定说，要求人民法院"应当将保证期间是否届满、债权人是否在保证期间内依法行使权利等事实作为案件基本事实予以查明"。理由在于：其一，保证期间与诉讼时效对权利的影响不同；其二，如果对保证期间适用"职权禁用规则"会影响实体公正；其三，司法功能和社会效果的要求；其四，未提出保证期间抗辩的当事人多为弱势群体；其五，审级制度的考量；其六，法官心理的考量。[④]

本书不赞同司法解释的上述规定，理由如下。

第一，法院主动审查保证期间事项违反处分原则。处分原则以私法自治原则为其理念基础，因此适用于私法自治原则的关系同样也适用于处分原则。仅在非私人间的权利义务关系作为诉讼标的的诉讼中，处分原则才受到显著限制。[⑤] 换言之，如果当事人对其实体权利的处分违反法律强制性规定或违背公序良俗、损害他人合法权益时，法院应认定该处分无效。[⑥]保证期间的本质是保证人主张免责的防御性手段，其届满与否并不涉及违反法律强制性规定或公序良俗事项，因此法院主动审查并无充分理由。

第二，保证期间规则属于半强制性规范，期间届满而当事人不予主张，仍属意思自治范畴。在现行法框架下，由于允许当事人以约定保证期

① 参见高圣平：《民法典担保制度及其配套司法解释理解与适用》（上），中国法制出版社2021年版，第176～177页。

② 参见福建省高级人民法院（2016）闽民申1596号。

③ 参见上海市高级人民法院（2016）沪民申2781号。

④ 参见最高人民法院民事审判第二庭：《最高人民法院民法典担保制度司法解释理解与适用》，人民法院出版社2021年版，第327～329页。

⑤ 参见［日］伊藤真：《民事诉讼法》（第4版增补版），曹云吉译，北京大学出版社2019年版，第148页。

⑥ 参见江伟、肖建国主编：《民事诉讼法》（第8版），中国人民大学出版社2018年版，第61页。

间代替法定保证期间,故其性质属于半强制性规范。在约定期间并不违反法定要求的前提下,即使期间届满后当事人不以此主张免责,也仍被法律认可,以实现社会公共政策目标与当事人意思自治的平衡。[①] 肯定说认为法院不主动审查将导致变相承认无期限保证(不定期保证),[②]该疑虑并不成立。因为防范债权人苛责保证人接受负担过重的不定期保证的任务应通过事先禁止此类约定来实现,事后保证人是否依据保证期间届满主张免责应依其单方意思决定,此时债权人已经无法对其进行不当干预。

第三,保证期间不是除斥期间,《民法典》第 199 条不能适用于保证期间。[③]《民法典》颁布后,虽然对保证期间性质的理解仍存分歧,但是立法机关和最高人民法院普遍认为保证期间虽是不变期间,但并非除斥期间。因此,第 199 条针对除斥期间设置的主动审查规则不能当然适用于保证期间。

第四,保证期间届满导致实体权利变动,不能成为法院主动审查的理由。保证期间届满是否导致实体权利变动与法院应否主动审查,是两个不同层面的问题。前者关乎保证期间规则对民事权利产生何种程度的影响,后者涉及法官职权对特定事项的审查权限。虽然《民法典》第 193 条针对诉讼时效抗辩权设置了职权禁用规则,但不能以此反推出实体权利变动事项皆应由法院主动审查。在民事案件中,即使涉及实体权利变动法院也不主动审查的不乏其例,如合同约定免责事由、违约金酌减规则等。某事项虽然涉及实体权利变动,但只要不违反强制性规定和公序良俗,仍属于当事人自由处分的范畴,故法院不得主动审查。

第五,法院不主动审查保证期间事项,有利于与程序法规则衔接。有最高人民法院判例认为,保证人未在一审期间主张保证期间届满的,不得在二审期间提出,理由是参照适用原《诉讼时效规定》第 3 条之规定。[④] 该裁判意见是合理的,其较好地处理了保证期间规则在不同审级中的适用问题。如果认为保证期间届满是事实问题所以法院应主动审查,则该判例中二审法院应裁定发回重审,这显然有违诉讼效率原则,且可能鼓励当事人的不诚信诉讼行为。

---

① 参见钟瑞栋:《民法中的强制性规范——公法与私法"接轨"的规范配置问题》,法律出版社 2009 年版,第 43 页。

② 参见《对保证期间是否经过的案件事实,人民法院应职权主动审查》,载最高人民法院民一庭:《民事审判指导与参考》2015 年第 3 辑,人民法院出版社 2016 年版,第 160 页。

③ 参见杨巍:《中国民法典评注 · 规范集注(第 1 辑)诉讼时效 · 期间计算》,中国民主法制出版社 2022 年版,第 331 页。

④ 参见最高人民法院(2019)最高法民申 1360 号。

（二）“保证人不再承担保证责任”的理解

《民法典》第 693 条继承《担保法》第 25 条、第 26 条之规定，债权人在保证期间内未依法主张权利，保证期间届满的后果是“保证人不再承担保证责任”。[①] 对于该规定的具体含义，学理及实务上存在争议。

第一种观点“实体权利消灭说”认为，“保证人免除保证责任”应解释为实体权利（保证债权和保证债务）归于消灭。该观点是学界的主流意见，但具体理由不尽相同，具体包括以下几种理由：其一，保证期间是除斥期间。依据最高人民法院释义书的解释，保证期间届满导致权利本身消灭，法院可以据此驳回当事人的请求。[②] 很多学者也支持这种解释。[③] 其二，基于文义解释规则，“保证人不再承担保证责任”和“保证人免除保证责任”都不符合抗辩权的典型表述。[④] 其三，保证期间具有附解除条件的效果。我国法律的立法初衷虽然是采“存续期间模式”，但实质上却有“附解除条件模式”之效果。[⑤] 在司法实务中，“实体权利消灭说”亦为主流意见。但在具体表述上不尽相同，有的表述为“保证责任免除”，[⑥]有的表述为“保证责任消灭”。[⑦]

第二种观点“抗辩权发生说”认为，保证期间届满仅产生保证人的免责抗辩权，不产生权利消灭的法律后果。[⑧] 该说为少数说，仅个别学者主张。在司法实务中，有少数案例采取“抗辩权发生说”。例如，在“中国信达资产管理公司郑州办事处诉沁阳市铝电集团公司保证合同纠纷案”中，作为主审法院的河南高院即采此观点。[⑨] 但该裁判意见未对保证期间届满产生抗辩权而非导致实体权利消灭予以说理。

《民法典担保制度解释》第 34 条第 2 款第 1 句明确采取“实体权利消灭说”。本书认为该规定是合理的，除上述既有理由外，以下理由值得特别注意。

第一，抗辩权发生与实体权利消灭的核心差异在于，对保证期间届满后保证人同意履行或自愿履行性质的解释及认定不同。在抗辩权发生说

---

① 《担保法》第 25 条、第 26 条表述为“保证人免除保证责任”。

② 参见李国光等：《最高人民法院〈关于适用中华人民共和国担保法若干问题的解释〉理解与适用》，吉林人民出版社 2000 年版，第 143 页。

③ 参见甄增水：《解释论视野下保证期间制度的反思与重构》，载《法商研究》2010 年第 5 期。

④ 参见高圣平：《民法典上保证期间的效力及计算》，载《甘肃政法大学学报》2020 年第 5 期。

⑤ 参见张鹏：《我国保证债务诉讼时效问题研究》，载《中外法学》2011 年第 3 期。

⑥ 参见最高人民法院（2013）最高法民二终字第 117 号。

⑦ 参见江门市中级人民法院（2011）江中法民二终字第 255 号。

⑧ 参见曹士兵：《中国担保制度与担保方法》（第 4 版），中国法制出版社 2017 年版，第 159 页。

⑨ 参见河南省高级人民法院（2002）豫法民二初字第 25 号。

语境下,因实体权利并未消灭,保证人同意履行或自愿履行属于放弃抗辩权,故同意履行导致保证债权恢复为完全债权;自愿履行仍发生清偿效果,保证人不得要求返还。如果保证期间届满导致实体权利消灭,则保证人同意履行须构成提供担保的新意思表示才能使保证人负有保证债务;自愿履行因丧失履行依据而构成不当得利,原则上可以要求返还。依据最高人民法院相关复函意见,①否认了诉讼时效的同意履行规则和自愿履行规则可适用于保证期间,《民法典担保制度解释》第 34 条第 2 款第 2 句也坚持该精神(详见后文分析)。

第二,从保证期间与保证债务诉讼时效衔接角度来看,采取实体权利消灭说更为合理。由于这两种期间分别具有不同的功能和价值取向,其届满后果也应依其自身特有功能予以确定。如果这两种期间届满后果均采抗辩权发生说,则导致除了期间名称不同外,两者法律后果均属相同。这似乎有悖于现行法将这两种期间并立的本意。

第三,实体权利消灭说与保证期间性质更为契合。由于保证期间是保证合同所附解除条件,保证期间届满而债权人未依法主张权利意味着解除条件成就,其后果是保证合同失效,即保证债务消灭而非抗辩权发生。

第四,大多数国家和地区立法都将保证期间届满后果界定为保证债务消灭。因为保证为单务、无偿合同,保证人所负责任甚重,为了有助于保证人减轻责任,法律设有多项特殊消灭事由,保证期间届满属于其中之一。②虽然《民法典》未设专条规定保证责任消灭的事由,但保证期间届满可解释为《民法典》第 557 条第 1 款第 6 项之"法律规定或者当事人约定终止的其他情形"。

(三)保证人放弃保证期间利益的效力

1. 保证期间届满后保证人同意履行的效力

由于保证期间届满后保证债务已实体消灭,故保证人同意履行并不构成弃权行为而使原保证合同的效力当然恢复。仅在保证人同意履行构成订立新保证合同之意思表示,并以此与债权人达成合意的场合下,债权人才能依据新保证合同请求保证人承担保证责任。在此情形下,保证期间及保证责任依据新保证合同确定,原保证期间不再具有法律意义。

《民法典》施行前,针对保证人于保证期间届满后在债权人发出的催款通知书上签字或者盖章行为的效力,最高人民法院发布了以下复函或

① 参见最高人民法院批复"法释〔2004〕4 号"。

② 参见邱聪智:《新订债法各论》(下册),中国人民大学出版社 2006 年版,第 404~405 页。

批复。

（1）最高人民法院复函“〔2002〕民监他字第 14 号”指出，保证期间届满不能适用诉讼时效的有关规则，即保证人于保证期间届满后在催款通知书上签字或者盖章行为不能“视为对原债务的重新确认”。

（2）最高人民法院批复“法释〔2004〕4 号”是对该问题解释得较为详尽的一份文件。该批复包含了以下几层含义：其一，保证期间届满债权人未依法主张权利的，保证债务消灭。其二，保证人于保证期间届满后在债权人发出的催款通知书上签字的，不能仅以该行为认定保证人有继续履行保证债务的意思。这与“〔2002〕民监他字第 14 号”的精神一致。在司法实务中，依据该批复否认保证人具有同意履行意思表示的实例较多。① 其三，依据意思表示解释规则，如果催款通知书的内容构成要约、保证人签字构成承诺，新保证合同的成立要件得以具备，保证人按照新保证合同履行保证债务。在司法实务中，审查保证人是否具有“重新提供担保的意思表示”是判断新保证合同能否成立的关键因素。②

《民法典担保制度解释》第 34 条第 2 款第 2 句规定：“保证责任消灭后，债权人书面通知保证人要求承担保证责任，保证人在通知书上签字、盖章或者按指印，债权人请求保证人继续承担保证责任的，人民法院不予支持，但是债权人有证据证明成立了新的保证合同的除外。”该规定系继承“法释〔2004〕4 号”的结果，仅对文字表述进行了技术处理。③ 依此规定，“保证人在通知书上签字、盖章或者按指印”并不当然构成订立新保证合同之意思表示。在诉讼时效届满的场合下，债务人的此类行为则被直接认定为构成弃权行为。④ 换言之，“保证人同意履行”构成订立新保证合同之意思表示的认定标准严于诉讼时效届满后“义务人同意履行”的标准。理由在于，基于保证合同的单务性、无偿性，对保证人提供新担保的意思表示应当遵循当事人的真实意思从严认定，以避免为债权人转嫁风险提供便利。⑤

---

① 参见江苏省高级人民法院（2007）苏民三终字第 0124 号；海南省高级人民法院（2005）琼民二终字第 11 号。

② 参见惠州市中级人民法院（2002）惠中法经初字第 109 号。

③ 参见杨永清：《〈新担保司法解释〉中有关保证合同的几个问题》，载《法律适用》2021 年第 2 期。

④ 参见最高人民法院批复“法释〔1999〕7 号”。

⑤ 参见程啸、高圣平、谢鸿飞：《最高人民法院新担保司法解释理解与适用》，法律出版社 2021 年版，第 210~211 页。

2. 保证期间届满后保证人自愿履行的效力

此处的“自愿履行”，是指保证期间届满后保证人在自愿的前提下向债权人实际完成了给付行为。该履行行为的性质如何？保证人能否要求债权人予以返还？《民法典》和《民法典担保制度解释》对此未作规定。

对于该问题，学界存在争议。第一种观点认为，该履行行为属于无债清偿，构成不当得利。[①] 第二种观点认为，应区分保证人对保证期间届满是否知情，作分别处理。如果保证人明知保证责任已消灭，仍然承担保证责任，可以认为保证人有新的提供保证的意思。如果保证人不知保证责任已消灭，而承担了保证责任的，债权人无保有受领给付的法律基础，保证人可请求其返还所受领给付。一般情况下推定保证人知道保证责任消灭的事实，保证人主张不知的，应负举证责任。[②]

本书赞同第二种观点，理由如下。

第一，保证期间届满导致保证债务实体消灭，故保证期间届满后保证人自愿履行的效力不能适用诉讼时效届满后的自愿履行规则。诉讼时效届满后义务人自愿履行的，仍属具有合法原因的履行行为，故可产生清偿效果，权利人受领之给付不构成不当得利。该自愿履行规则系以抗辩权发生主义为基本前提。[③] 由于现行法对保证期间届满采“实体权利消灭说”，因此债权人对保有该给付并不当然具有权利基础。

第二，区分保证人对保证期间届满是否知情作分别处理，与《民法典担保制度解释》第 34 条第 2 款第 2 句的精神相一致。虽然该规定系针对保证人在催款通知书上签字等行为性质作出的规定，并未涉及自愿履行的性质，但该规定的处理精神亦可适用于自愿履行。保证人于保证期间届满后自愿履行的，本不能仅以该履行行为认定保证人有设立新保证合同的意思，但由于保证期间系由当事人约定或法律明确规定而属明知或应知事项，故可推定该履行行为是保证人以行为作出的愿意成立新保证合同之意思表示。如果能够认定新保证合同成立，保证人的自愿履行是以新保证合同为依据作出的给付，原保证合同的内容当然不能作为评判该履行行为的标准；如果不能认定新保证合同成立，保证人的自愿履行因缺乏基础关系

---

① 参见张谷：《论约定保证期间——以〈担保法〉第 25 条和第 26 条为中心》，载《中国法学》2006 年第 4 期。

② 参见叶金强：《担保法原理》，科学出版社 2002 年版，第 54 页。

③ 参见杨巍：《〈民法典〉第 192 条、第 193 条（诉讼时效届满效力、职权禁用规则）评注》，载《法学家》2020 年第 6 期。

而构成非债清偿,债权人就所受领给付负有返还义务。

第七节 保证期间的计算

一、保证期间的起算

(一)一般场合下保证期间的起算标准

保证期间的起算,是指债权人能够向保证人主张保证债权的时间起点。换一角度而言,保证期间作为保证合同所附解除条件,其起算意味着债权人不依法主张权利即导致保证合同失效的时间段开始计算。

1. 法定保证期间的起算点

《民法典》第692条第2款规定,法定保证期间的起算点是“主债务履行期限届满之日”。据此,在一般场合下法定保证期间起算应具备以下条件。

(1)主债务履行期限届满。基于保证债务的补充性,主债务履行期限届满前债权人还不能请求保证人履行保证债务,故一般情形下保证期间不能起算,应无疑义。主合同对主债务履行期限有约定的,依其约定判断届满时点。在没有约定或者约定不明确的场合下,依据《民法典》第692条第3款的规定,保证期间的起算点是“债权人请求债务人履行债务的宽限期届满之日”。该规定的依据是《民法典》第511条第4项关于履行期限不明时的“宽限期”规则。如果债权人与主债务人依据《民法典》第510条通过补充协议对履行期限作出约定,该行为属于“对主合同履行期限作了变动”,应当适用《民法典》第695条第2款确定保证期间起算点,而非适用第692条第3款。[①]

须注意的是,《民法典》第681条规定,债权人行使保证债权的前提条件是“债务人不履行到期债务”或者“发生当事人约定的情形”。后一条件“发生当事人约定的情形”系《民法典》的新增规定,旨在与担保物权行使条件(《民法典》第386条)保持一致。[②] 该变化对保证期间起算点的认定具有实质性影响。所谓“发生当事人约定的情形”,主要是指在债务到期之前当事人违反有关特约义务(如借款用途)、某种事实的达成(如债务人

---

① 参见高圣平:《民法典上保证期间的效力及计算》,载《甘肃政法大学学报》2020年第5期。

② 参见最高人民法院民法典贯彻实施工作领导小组主编:《中华人民共和国民法典合同编理解与适用(二)》,人民法院出版社2020年版,第1281页。

丧失股东资格、标的物的市场价下降一定幅度)等。在此情形下,虽然主债务履行期限尚未届满,但是由于债权人依约定已经可以行使保证债权,因此该情形构成本要件之例外。

(2)主债务人未依法或依约履行债务。仅具备主债务履行期限届满之事实,尚不足以导致保证期间起算,还须该期限届满时处于“主债务人未依法或依约履行债务”的状态,才满足“债务人不履行到期债务”的要求,从而起算保证期间。《民法典》第 681 条之“债务人不履行到期债务”,既包括不履行,也包括履行不符合法定或约定要求,[①]如债务人不能履行、迟延履行、不完全履行等,但不包括预期违约,对预期违约场合下的保证期间起算问题,详见后文分析。

2. 约定保证期间的起算点

基于保证债务的补充性,无论适用法定保证期间还是约定保证期间,一般场合下其起算点均为“主债务履行期限届满之日”。这从《民法典》第 692 条第 2 款要求“约定的保证期间早于主债务履行期限或者与主债务履行期限同时届满的,视为没有约定”之规定可以得到印证。因此,当事人对保证期间长短作出约定但未约定起算点的,起算点仍为“主债务履行期限届满之日”。

约定保证期间场合下的一个特殊问题是,当事人就保证期间起算点作出特别约定的,该约定是否有效?学界对此存在争议。第一种观点认为,法定保证期间和约定保证期间都应从主债务履行期限届满之日起算,这是保证从属性的要求,因此属于强制性规定。[②] 第二种观点认为,约定保证期间的起算点可由当事人自由约定,这是意思自治原则的当然要求。[③] 第三种观点认为,虽然约定保证期间的起算点取决于当事人意思,但是应受能否行使权利的限制,即必须在债权人可以行使权利的期间内约定该起算点。[④]

本书赞同第三种观点,即约定保证期间的起算点不得早于法定保证期间的起算点,但可适当晚于法定保证期间的起算点,亦不得在保证债权已丧失救济的时间内约定起算点。理由如下。

---

① 参见谢鸿飞、朱广新主编:《民法典评注·合同编典型合同与准合同 2》,中国法制出版社 2020 年版,第 7 页。

② 参见李明发:《保证责任研究》,法律出版社 2006 年版,第 113 页。

③ 参见甄增水:《解释论视野下保证期间制度的反思与重构》,载《法商研究》2010 年第 5 期。

④ 参见冯永军、徐诚明:《论保证期间与诉讼时效》,载《河南财经政法大学学报》2015 年第 2 期。

第一,依据《民法典》第 692 条第 2 款的规定,约定起算点不得早于法定起算点。如果约定起算点早于法定起算点(主债务履行期限届满时),既有可能构成约定保证期间早于或等于主债务履行期限,①也有可能不构成。② 如果构成,约定保证期间及约定起算点均无效,适用法定保证期间及起算点;如果不构成,约定起算点无效而适用法定起算点,约定保证期间早于主债务履行期限届满的部分无效,其余部分有效。

第二,基于保证债务的从属性和补充性,约定起算点不得早于法定起算点。在约定起算点早于法定起算点的情形下,意味着主债务履行期限届满之前债权人就有权请求保证人履行保证债务,即保证人在履行期限上的负担重于主债务人,这显然违反保证债务的从属性。由于主债务履行期限届满之前债务人是否会履行债务尚不确定,故该约定也违反了保证债务的补充性。

第三,在实践中,虽然约定起算点晚于法定起算点的情形并不常见,但是依理不应禁止。例如,主债务履行期限届满之日是 2020 年 9 月 10 日,保证期间的约定起算点是 2020 年 10 月 10 日,该约定应属有效。在此情形下,当事人的真实意思是:如果主债务人违约,债权人还不能"立即"找保证人主张权利,而是应当先花 1 个月时间继续要求主债务人履行或承担违约责任,1 个月后无果的,才能向保证人主张权利。该约定的实质是通过推迟保证期间的起算点,强化保证债务的补充性。因该约定并不违反法理,且在适用上与其他规则也无抵触,故应认定有效。此外,主债务人迟延履行后保证人提供担保亦被实务认可,③该情形下保证期间的起算点必然晚于法定起算点,当事人就起算点作出约定应属有效。

第四,如果约定起算点过晚,即处于保证债权已丧失救济的时间之内,该约定无效。例如,主债务履行期限届满之日是 2010 年 9 月 10 日,保证期间的约定起算点是 2015 年 9 月 10 日。在此情形下,约定起算点到来时主债务的诉讼时效都已届满,因保证人有权援引主债务的时效抗辩权,故此类约定起算点无实际意义。此类约定起算点无效的后果,是适用法定起算点(仅约定起算点无效,约定期间仍有效),还是保证合同未成立或无效(保证人根本就没有提供有效担保的意思),应结合当事人约定的

---

① 即本章第四节中图 2-2、图 2-3 情形。

② 即本章第四节中图 2-4、图 2-5、图 2-6 情形。

③ 参见《广东省高级人民法院关于民商事审判适用〈中华人民共和国担保法〉及其司法解释若干问题的指导意见》第 5 条。

内容通过意思表示解释予以确定。应当注意的是,此处讨论的“约定起算点过晚”是指订立保证合同时事先作出该约定,即此时主债权和保证债权尚未丧失公力救济。如果当事人于主债务诉讼时效已届满时订立保证合同,构成自愿为不完全债权提供保证担保,属另一问题。

(二)特殊场合下保证期间的起算标准

1. 主债务分期履行

对于主债务分期履行的情形下保证期间何时起算,现行法未作规定。学界对此存在争议。第一种观点认为,自最后一笔债务到期之日起算,因为主债务分期履行常见于20年的长期按揭贷款合同,在此情形下针对各笔还款分别起算保证期间不具有可操作性。[①] 第二种观点认为,自每一笔债务履行期限届满之日起算,即每一笔债务分别计算保证期间。[②] 第三种观点认为,应区分保证人对分期履行是否知情作不同处理。保证人订立保证合同时对分期履行知情的,保证期间分别计算;不知情的,自最后一笔债务到期之日起算。[③] 最高人民法院的裁判意见多持第一种观点。[④]

本书赞同第一种观点,在主债务分期履行的场合下,保证期间的起算点是“最后一笔债务履行期限届满之日”。理由如下。

第一,该情形可类推适用《民法典》第189条。该条的立法理由在于:同一债务的特性;减少讼累、实现诉讼效率;促进交易、增加社会财富等。[⑤] 虽然该条规定的是分期履行债务诉讼时效的起算规则,但其规则原理亦可适用于保证期间的起算。

第二,依据《民法典担保制度解释》第30条的新增规定,最高额保证合同对保证期间的起算时间没有约定或者约定不明,主债权履行期限尚未届满的,保证期间自最后到期债权的履行期限届满之日起算。据此,主债权存在多个履行期限时,系以最后一个履行期限届满的时点认定为保证期间的起算点。该规定体现了新司法解释将期限利益倾向于保证人一方,以及“简化规则、提高操作性”的精神。[⑥] 第一种观点与司法解释的精神相契合。

---

① 参见曹士兵:《中国担保制度与担保方法》(第4版),中国法制出版社2017年版,第160页。

② 参见张爱云、马向伟:《保证期间若干实践问题探讨》,载刘保玉主编:《担保法疑难问题研究与立法完善》,法律出版社2006年版,第258~259页。

③ 参见程啸:《保证合同研究》,法律出版社2006年版,第524~525页。

④ 参见最高人民法院(2001)民二终字第24号。

⑤ 参见黄薇主编:《中华人民共和国民法典总则编释义》,法律出版社2020年版,第506页。

⑥ 参见杨永清:《〈新担保司法解释〉中有关保证合同的几个问题》,载《法律适用》2021年第2期。

第三,第二种观点混淆了定期给付之债与分期给付之债。在学理上,分期履行之债涉及两种形态:一是定期给付之债,即数个各自独立的债权,在一定期间内反复继续发生而为给付,如租金、工资、利息等。二是分期给付之债,即一个独立的债权,分数期而为给付,如一笔货款分三次付清。[①] 现行法对分期履行债务诉讼时效规则的设置(《民法典》第 189 条),是针对后一种情形,即分期给付之债。[②] 第二种观点似乎未意识到两者的差异。

第四,第三种观点将"保证人是否知情"作为认定保证期间起算的因素,似非妥当。因为如果保证人订立保证合同时对主债务履行方式等内容不知情或存在误解,将涉及当事人是否达成合意的判断或者是否构成重大误解的问题,这关乎合同是否成立及有效。在此前提问题未予明确之前,毋谈保证期间的起算。而且除履行方式外,主债务的各项内容都存在保证人是否知情的问题,未见其他内容以是否知情作为确定规则的依据。

2. 主债务人预期违约

预期违约,又称先期拒绝履行,是指债务人在债务到期前明示或默示地表示拒绝履行。在主债务人预期违约的情形下,由于"主债务履行期限届满之日"尚未到来,而且当事人可能也未将该情形约定为可以提前行使保证债权的情形,故保证期间的起算点如何界定值得探讨。第一种观点认为,该情形导致主债务加速到期,保证期间相应地提前起算。[③] 第二种观点认为,该情形下保证人的期限利益仍受保护,除非保证人也预期违约,否则保证期间的起算点仍为"主债务履行期限届满之日"。[④] 第三种观点认为,应视债权人是否向主债务人提前行使违约责任请求权而定:提前行使的,保证期间的起算点也提前至债权人行使权利之时;未提前行使的,保证期间的起算点仍为"主债务履行期限届满之日"。[⑤]

本书基本赞同第三种观点,但稍做修正:债权人提前行使违约责任请求权的,保证期间的起算点提前至债权人行使权利之时,还须以"保证人知道或应当知道该情形"为条件;如果不具备该条件,保证期间的起算点仍为"主债务履行期限届满之日"。因为倘若保证人对债权人提前行使权利的

---

① 参见王泽鉴:《民法总则》,北京大学出版社 2009 年版,第 418 页。

② 参见最高人民法院民事审判第二庭编著:《最高人民法院关于民事案件诉讼时效司法解释理解与适用》,人民法院出版社 2015 年版,第 103 页。

③ 参见包晓丽、司伟:《民法典保证期间规定之理解适用中的几个问题》,载《法律适用》2021 年第 1 期。

④ 参见金永熙:《借贷合同诉讼》,人民法院出版社 2002 年版,第 176 页。

⑤ 参见高圣平:《特殊情形之下保证期间的计算三论》,载《法学杂志》2021 年第 4 期。

事实不知情,其心理预期和财务准备仍以原合同约定为标准,此时提前起算保证期间显然不恰当地侵害了保证人的期限利益。基于保证债务从属性和补充性的考量,上述解释比第一种观点和第二种观点更为合理。

3. 主债务人借新还旧

所谓借新还旧,又称以贷还贷,是指在旧贷款尚未清偿的情况下债权人与债务人再次订立贷款合同,以新贷出的款项清偿全部或部分旧贷款的行为。在实践中,借新还旧的效力及其法律关系的认定一直是令人困扰的问题。中国人民银行曾经颁布文件肯定了以借新还旧行为的效力,《担保法》和《民法典》均未禁止此类行为。借新还旧对保证责任的影响,《民法典担保制度解释》第16条在继承《担保法解释》第39条和《九民纪要》第57条的基础上作出规定。依据该条规定,分以下几种情形讨论。

(1)旧贷无担保或旧贷与新贷的保证人不同,且新贷保证人不知或不应知以贷还贷的,保证人不承担民事责任。在此情形下,保证人不承担民事责任是指保证人既不承担保证责任,也不承担保证合同无效产生的民事责任。理由在于,如果该情形下承认保证人的责任,则极易诱发道德风险,使保证人因“骗保”受到损害、让保证人就坏账或死账承担责任。① 最高人民法院的裁判意见认为,该情形下担保新贷或旧贷的保证合同中的保证期间对保证人均无约束力,也不存在起算的问题。②

(2)旧贷无担保或旧贷与新贷的保证人不同,且新贷的保证人知道或应当知道借新还旧的,适用新贷保证合同中的保证期间。在此情形下,保证人按照新贷保证合同中的保证期间承担保证责任。理由在于,由于现行法并未禁止以贷还贷行为,保证人对新贷提供担保时如果知道贷款用途是借新还旧还仍然作出订立保证合同的意思表示,该保证合同应属有效。如果新贷合同中写明贷款用途是借新还旧或者通过意思表示解释可知贷款用途是借新还旧,应认定保证人对借新还旧明知或应知。在此情形下,保证期间依据新贷的保证合同中的内容予以起算。③

(3)旧贷与新贷的保证人相同,无论保证人对借新还旧是否知情,均适用新贷保证合同中的保证期间。在此情形下,保证人按照新贷保证合同中的保证期间承担保证责任。理由在于,同一保证人先后为两份贷款合同提供担保。在借新还旧的场合下,由于新贷使旧贷得以清偿,保证人对旧

---

① 参见程啸、高圣平、谢鸿飞:《最高人民法院新担保司法解释理解与适用》,法律出版社2021年版,第107~108页。

② 参见最高人民法院(2006)民二终字第211号。

③ 参见最高人民法院(2005)民二终字第77号。

贷的担保关系归于消灭；由其继续承担对新贷的保证责任，并未加重其风险责任。[①] 在此情形下，保证期间依据新贷的保证合同中的内容予以起算。[②]

4. 主债务人进入破产程序

主债务人被申请破产的场合下，债权人如何向主债务人和保证人行使权利？保证期间如何起算？对此，《民法典担保制度解释》第 23 条修改了《担保法解释》第 44 条的相关规则。依据该条规定，分以下几种情形讨论。

(1)债权人选择向保证人主张权利的，保证期间如何起算。虽然《民法典担保制度解释》第 23 条第 1 款改变了旧司法解释的表述，但是结合其文义及《企业破产法》第 92 条等规定，仍应解释为债权人可以选择仅向保证人主张权利。[③] 破产申请受理时，保证期间可能存在三种状态：一是保证期间已届满且债权人未在保证期间内依法主张权利；二是保证期间已经起算，但债权人此前尚未依法主张权利；三是保证期间尚未起算（主债务履行期限尚未届满）。[④] 在状态一下，因保证人已免责，不存在保证期间的计算问题；在状态二下，债权人在已起算的保证期间内向保证人主张权利，保证期间已失去意义，也不再有计算问题。仅在状态三的场合下，尚需考虑保证期间的起算问题。破产申请受理时主债务履行期限尚未届满的，此时应视为届满（《企业破产法》第 46 条），起算保证期间。换言之，在主债务人被申请破产的场合下，未到期债权视为已到期，保证期间于破产申请受理之日提前起算。该情形下，由于一般保证人因法院受理债务人破产案件而丧失先诉抗辩权（《民法典》第 687 条第 2 款第 2 项），因此与连带责任保证人在保证期间的起算问题上适用同一标准。[⑤]

《民法典担保制度解释》第 23 条第 2 款为新增条款，对保证人向债权人履行保证债务后的“法定代位规则”作出规定。区分全部清偿代位和部分清偿代位作出不同处理。[⑥] 在此情形下，因保证债务已履行完毕，不存在保证期间的计算问题。

---

① 参见最高人民法院民事审判第二庭：《最高人民法院民法典担保制度司法解释理解与适用》，人民法院出版社 2021 年版，第 205 页。

② 参见绍兴市越城区人民法院（2007）越民二初字第 840 号。

③ 参见高圣平：《担保法前沿问题与判解研究》（第 5 卷），人民法院出版社 2021 年版，第 185 页。

④ 对这三种状态的详细讨论，参见张爱云、马向伟：《保证期间若干实践问题探讨》，载刘保玉主编：《担保法疑难问题研究与立法完善》，法律出版社 2006 年版，第 260～261 页。

⑤ 参见包晓丽、司伟：《民法典保证期间规定之理解适用中的几个问题》，载《法律适用》2021 年第 1 期。

⑥ 参见程啸、高圣平、谢鸿飞：《最高人民法院新担保司法解释理解与适用》，法律出版社 2021 年版，第 151～152 页。

（2）债权人选择申报破产债权的，保证期间如何起算。对于债权人先申报破产债权，并在破产程序终结后向保证人主张权利的情形，《担保法解释》第44条第2款曾经规定，债权人应当在破产程序终结后6个月内主张权利。但对于该“6个月”的性质与适用，学界及实务界存在较大争议。第一种观点认为，该6个月是主债务人破产场合下债权人向保证人主张权利的“特殊保护期限”，其既非保证期间，亦非诉讼时效期间。因此在该情形下，保证期间已无意义，也不存在起算问题。[①] 第二种观点认为，该6个月不能取代保证期间的作用。在不同情形下，既有可能原保证期间继续计算，也有可能6个月构成法定延长的保证期间（自破产程序终结之时起算）。[②] 第三种观点认为，该款规定的6个月已没有继续适用的必要。最高人民法院答复“民二他字〔2002〕第32号”和“民二他字〔2003〕第49号”明确了主债务人破产期间债权人向保证人主张权利的方式，废除《担保法解释》第44条第2款可以厘清保证期间在破产程序中产生的混乱。[③] 司法实务中，最高人民法院曾经作出过接近第二种观点的裁判意见。[④]

《民法典担保制度解释》第23条第3款删除了“6个月”的表述，仅规定“债权人在债务人破产程序中未获全部清偿，请求担保人继续承担担保责任的，人民法院应予支持”。仅从字面来看，似乎破产程序终结后债权人向保证人主张权利并无时间限制，但这样解释显然是不合理的。《全国法院破产审判工作会议纪要》（法〔2018〕53号）第31条重申了《担保法解释》第44条第2款“6个月”的规定。依据最高人民法院释义书的解释，《民法典担保制度解释》第23条系以《全国法院破产审判工作会议纪要》第31条为基础制定。[⑤] 因此本书认为，《民法典担保制度解释》施行后仍应采该会议纪要解释，即该“6个月”的起算点为“破产程序终结之时”。

（3）债权人选择同时申报破产债权和起诉保证人主张权利的，保证期间如何起算。依据《民法典担保制度解释》第23条第1款的规定，法院受理债务人破产案件后，债权人可以同时申报破产债权和起诉保证人主张权利。该款系继承最高人民法院答复“民二他字〔2002〕第32号”的结果。保证人承担保证责任的具体金额通过中止诉讼或“在判决中明确应扣除债

---

① 参见刘贵祥：《担保法适用中的几个新问题》，载《法律适用》2004年第6期。

② 参见曹士兵：《中国担保制度与担保方法》（第4版），中国法制出版社2017年版，第185页。

③ 参见许胜锋主编：《人民法院审理企业破产案件裁判规则解析》，法律出版社2016年版，第233页。

④ 参见最高人民法院（2003）民二终字第83号。

⑤ 参见最高人民法院民事审判第二庭：《最高人民法院民法典担保制度司法解释理解与适用》，人民法院出版社2021年版，第247页。

权人在债务人破产程序中可以分得的部分”的方式解决。在该场合下，如果破产申请受理时主债务履行期限尚未届满，保证期间也于破产申请受理之日提前起算。

二、保证期间能否中断、中止、延长

（一）保证期间能否中断

《民法典》删除了《担保法》第25条第2款关于保证期间适用中断的规定。《担保法》该规定的主要目的是解决一般保证人行使先诉抗辩权情形下保护债权人的问题。如果债权人为主张保证债权而先对债务人提起诉讼或申请仲裁，由于案件审理和执行程序需花费较长时间，那么“对主债务人强制执行无效果”的事实确定时，保证期间可能已经届满。依该款规定，由于保证期间适用中断规则，故“对主债务人强制执行无效果”时保证期间重新计算，使保证人仍有时间向保证人主张权利。[①] 大多数学者对该规定持批评意见，理由在于：该规定混淆了保证期间与保证合同的诉讼时效；[②]误解了先诉抗辩权的性质和功能；[③]其本意似乎是“提起诉讼、申请仲裁是一般保证债务诉讼时效中断事由”。[④]

《民法典》删除《担保法》的上述规定，且于第692条第1款明确规定保证期间不发生中止、中断和延长。立法机关和最高人民法院释义书对此主要从保证期间的性质、保证期间与诉讼时效的区别及联系等方面予以解释，[⑤]通过该修改实现保证期间与保证债务诉讼时效的合理衔接。[⑥] 但有少数学者认为，在约定保证期间的情形下，应当允许当事人对保证期间中断事由作出约定。[⑦]

本书认为，《民法典》的规定比《担保法》的规定更为合理，即保证期间不应适用中断规则。除前述理由外，以下两点理由值得特别强调。

第一，在现行法框架下，如果债权人在保证期间内向一般保证人主张权利，保证期间即失去意义，而不再有所谓重新计算问题。如果认为保证

---

① 参见全国人大常委会法制工作委员会民法室编著：《中华人民共和国担保法释义》，法律出版社1995年版，第34~35页。

② 参见王利明：《合同法分则研究》（下卷），中国人民大学出版社2013年版，第316页。

③ 参见程啸：《保证合同研究》，法律出版社2006年版，第528~529页。

④ 参见崔建远：《债法总论》，法律出版社2013年版，第198页。

⑤ 参见黄薇主编：《中华人民共和国民法典合同编释义》，法律出版社2020年版，第500页。

⑥ 参见最高人民法院民法典贯彻实施工作领导小组主编：《中华人民共和国民法典合同编理解与适用（二）》，人民法院出版社2020年版，第1346页。

⑦ 参见孙宪忠、朱广新主编：《民法典评注·物权编4》，中国法制出版社2020年版，第84页。

期间适用中断规则,将导致现有相关规则在很大程度上出现混乱。如前文所述,《民诉法解释》等司法解释已经为债权人直接起诉一般保证人设置了法律路径,“对主债务人强制执行无效果”并非债权人向保证人主张权利的前提条件,所以也就不存在因执行程序时间较长导致债权人无法行使权利的问题。

第二,保证期间是保证合同所附解除条件,无论是从理论角度还是从实际适用效果角度,该解除条件均不能适用中断规则。如果保证期间适用中断规则,则意味着在原约定期间或法定期间内即使该解除条件已经成就(债权人未依法主张权利),保证人仍有可能不能免责,因为保证期间还有重新计算的可能,这显然违背了保证期间的设置初衷且不恰当地增加了保证人的负担。

实际上在《担保法》时代,司法实务的主流意见就已经倾向于避免将保证期间适用中断规则。例如,在“乌鲁木齐市水磨沟区民用爆破器材专卖公司与中国信达资产管理公司乌鲁木齐办事处等借款担保合同纠纷案”中,最高人民法院以“违背保证期间的初衷”“对担保人不公平”为由,否认了保证期间可适用中断规则。①

(二)保证期间能否中止

虽然《民法典》第692条第1款否定了保证期间适用中止规则,但学理上不乏相反意见。此类观点的理由如下:其一,保护债权人的需要。在保证期间内,如果发生不可抗力致使债权人根本不能按照法律要求做出阻止保证责任消灭的行为时,保证期间不适用中止规则是不合理的。例如,丙为甲对乙的债权提供一般保证,未约定保证期间,在债权到期时乙未清偿,4个月后发生了洪水,法院、仲裁机构等均因此停止办公达2个多月,此时保证期间应当中止计算。② 其二,中止规则与中断规则的目的不同。前者的目的是针对不可抗力等客观事由造成行使权利的障碍提供救济,这种障碍对请求权和形成权均有可能发生。③

本书认为,保证期间不应适用中止规则,《民法典》第692条第1款否认保证期间适用中止规则是合理的。理由如下。

第一,诉讼时效中止制度的目的在于,在当事人主观上没有怠于行使权利,却受制于客观因素无法行使权利的情形下,通过规定诉讼时效停止

---

① 参见最高人民法院(1999)经终字第348号。

② 参见叶金强:《担保法原理》,科学出版社2002年版,第55页。

③ 参见张爱云、马向伟:《保证期间若干实践问题探讨》,载刘保玉主编:《担保法疑难问题研究与立法完善》,法律出版社2006年版,第254~255页。

计算及继续计算,以避免不公平的结果。[①] 保证期间的设立目的,主要是保护保证人的利益,而形成该目的的理由则是保证合同的从属性、补充性等。保证期间制度更多地着眼于通过该期间来减轻保证人的负担,因此其与中止制度的目的并不契合。

第二,在现行法框架下,诉讼时效中止规则在相当程度上是作为中断规则的补充。中止事由“不能行使请求权”被解释为“不能中断时效”,即不能以任何方法(包括诉讼外请求、起诉)引起时效中断,而非仅指不能提起诉讼。在诉讼中,权利人可以以时效中断为主要抗辩,以时效中止为备用抗辩。[②] 保证期间本无适用中断规则的可能,故亦无适用中止规则的必要。主张保证期间应适用中止规则的观点,似对中止规则的适用条件有所误解。

第三,保证期间适用中止规则存在技术上的障碍。依现行法规定,必须在诉讼时效期间的最后 6 个月内发生客观障碍,诉讼时效才能中止(《民法典》第 194 条)。由于现行法中的法定保证期间就是 6 个月,如果保证期间适用中止规则,则意味着法定保证期间一经起算就有可能中止,这有违中止规则的一般运行状态。

第四,保证期间作为保证合同所附解除条件,条件成就或不成就受到客观原因不当影响的,应当借助附条件法律行为的相关规则解决。在某些场合下,债权人丧失权利亦属正常的生活风险,而并非法律必然提供救济的情形。

(三)保证期间能否延长

《民法典》第 692 条第 1 款否定了保证期间适用延长规则,但有少数学者认为,在约定保证期间情形下仍有适用延长规则的空间。[③] 本书认为,保证期间不应适用延长规则。理由如下。

第一,现行法中的诉讼时效延长是由法官行使自由裁量权弥补立法列举式规定不足的一项规则。[④] 从延长规则在实务中的实际适用情况来看,该规则的适用范围十分狭窄,仅适用于涉台案件(20 世纪 80、90 年代)[⑤]和特

① 参见黄薇主编:《中华人民共和国民法典总则编释义》,法律出版社 2020 年版,第 520 页。

② 参见杨巍:《〈民法典〉第 194 条(诉讼时效中止)评注》,载《南京大学学报(哲学·人文科学·社会科学版)》2020 年第 6 期。

③ 参见孙宪忠、朱广新主编:《民法典评注·物权编 4》,中国法制出版社 2020 年版,第 84 页。

④ 参见陈甦主编:《民法总则评注》(下册),法律出版社 2017 年版,第 1358 页。

⑤ 参见最高人民法院副院长马原在最高人民法院新闻发布会上的讲话《关于人民法院处理涉台民事案件的几个法律问题》(1988 年 8 月 9 日)。

殊类型的身份权受侵害案件(如抱错婴儿案)[①]等。保证期间纠纷与这些案件的性质差异较大。

第二,保证期间作为保证合同所附解除条件,其目的是使保证人在特定时间经过且未受权利主张即能够免责。如果保证期间能够被延长,将使保证人提供担保时所预期的免责条件发生变化,不合理地增加保证人的负担。而且,该解除条件在性质上也使其不应适用延长规则。

第三,延长规则并非各国的立法通例,仅我国等个别国家设此规则。对于延长规则的利弊存废,学理上多有讨论,已达成的共识是至少应当将该规则限制在极狭窄的适用范围,将其作为一种不得已的例外补救规则而非常规规则。[②] 在此背景下,更不应将保证期间适用延长规则。

第八节　保证债务诉讼时效的计算

一、保证债务诉讼时效的起算

(一)保证债务诉讼时效起算的要件

1.《民法典》第 188 条第 2 款与第 694 条的关系

一个需要澄清的前提问题是:能否认为《民法典》第 694 条对保证债务的诉讼时效起算作出特别规定,所以不再适用第 188 条规定的一般起算标准?即特别规定排除一般规定的适用。本书认为不能作此理解,《民法典》第 694 条应在遵循起算规则目的的前提下作缩限解释,而不能完全排除一般起算标准的适用。理由如下。

第一,《民法典》规定的一般起算标准反映了现行法对诉讼时效起算规则的基本价值取向,特别规范只能在不违反该价值取向的前提下作出规定,而不能作相反规定或相反解释。例如,虽然《民法典》第 694 条第 2 款规定,连带责任保证债务诉讼时效的起算点是“债权人请求保证人承担保证责任之日”,但如果此前保证人已向债权人作出拒绝履行(预期违约)的通知,因债权人已经知道权利受到侵害,所以此时就应依据一般起算标准起算诉讼时效。

第二,《民法典》第 188 条第 2 款之“法律另有规定”,主要是指商事单

---

① 参见“孙某东夫妇诉通化市人民医院错给所生孩子致使其抚养他人孩子达 20 余年要求找回亲子和赔偿案”,载最高人民法院中国应用法学研究所编:《人民法院案例选》2003 年第 4 辑(总第 46 辑),人民法院出版社 2004 年版,第 93 页以下。

② 参见杨巍:《民法时效制度的理论反思与案例研究》,北京大学出版社 2015 年版,第 435 页以下。

行法的规定。例如,《保险法》第 26 条规定的保险金请求权的时效起算标准、《海商法》第 258 条等对海商领域中请求权的时效起算标准等。[①] 基于商事关系特殊性、商事惯例等原因,商事领域中对时效起算标准设置了特殊规定。

第三,《民法典》第 694 条应作目的性缩限解释,使该条适用效果符合起算规则之目的。详见后文的分析。

2.《民法典》第 188 条第 2 款规定的诉讼时效起算要件

依据《民法典》第 188 条第 2 款的规定,诉讼时效起算原则上采主观主义起算标准。[②] 依此规定,保证债务诉讼时效的起算要件如下。

(1)保证债权在客观上受到损害。因保证债权属于合同债权,故该要件所称"保证债权受到损害"是指保证债权未被依法或依约定履行。[③] 在一般情形下,该要件要求保证债务履行期限届满而保证人未依法或依约定履行保证债务。在保证人预期违约的情形下,自债权人知道或应当知道保证人违约行为时满足该要件。

(2)债权人知道或应当知道保证债权受到损害。该要件要求债权人对保证债务未被履行在主观上知道或应当知道。如果保证合同约定了保证债务的履行期限,该履行期限届满时不存在债权人不知的可能。如果保证合同未约定保证债务的履行期限,应适用《民法典》第 511 条第 4 项"催告规则",于宽限期届满时起算诉讼时效。同时,该要件还应结合合同编"保证合同"一章的相关规定(《民法典》第 694 条)予以判断。

(3)债权人知道或应当知道具体的义务人。由于保证担保属合同关系,故不存在债权人不知道何人为保证人的可能。该要件对保证债务诉讼时效的起算不具实际意义。

债权人在保证期间内是否向保证人主张权利,原则上不影响诉讼时效的起算,仅于特殊场合下影响。基于并行说,保证期间和保证债务的诉讼时效分别计算,原则上不发生关联。债权人在保证期间内是否向保证人主张权利,仅影响保证期间作为解除条件是否成就,并不必然影响诉讼时效的起算。如果保证债务履行期限的届满时点后于保证期间的届满时点,债权人在保证期间内未向保证人主张权利导致保证合同失效,其后不再有诉讼时效起算问题。但在实践中,当事人约定如此长的履行期限极为罕见。

---

① 参见最高人民法院民法典贯彻实施工作领导小组主编:《中华人民共和国民法典总则编理解与适用》(下),人民法院出版社 2020 年版,第 949 页。

② 参见黄薇主编:《中华人民共和国民法典总则编释义》,法律出版社 2020 年版,第 503 页。

③ 参见王利明:《民法总则研究》(第 2 版),中国人民大学出版社 2018 年版,第 780 页。

(二)一般保证债务诉讼时效的起算

1.《民法典》第694条第1款的解释与评价

《担保法解释》第34条第1款曾规定,一般保证债务诉讼时效的起算点是"债权人……对债务人提起诉讼或申请仲裁的,从判决或者仲裁裁决生效之日"。对司法解释的该规定,学界普遍持批评意见,但是对如何界定该起算点存在较大分歧。第一种观点认为是"保证人不再享有先诉抗辩权却拒绝债权人关于履行保证债务的请求之日"。[①] 第二种观点认为是"债权人就主债务人的财产强制执行程序终结之日"。[②] 第三种观点认为是"主债务履行期限届满之日"。[③]

《民法典》第694条第1款意图修正司法解释的错漏,[④]改为规定一般保证债务的诉讼时效起算点是"保证人拒绝承担保证责任的权利消灭之日"。依其文义,似指"先诉抗辩权消灭之日"。该规定仍然贯彻了保证期间与诉讼时效"相互转化"的实务意见,[⑤]且意识到"法律文书生效之日"与"对主债务人强制执行无效果"并非同一时点,是其进步之处。但是,该规定仍存在以下缺憾。

第一,该规定的基本思路仍然是将保证债务诉讼时效的起算与先诉抗辩权直接捆绑,即"先诉"未有明确效果之前不起算诉讼时效。但是如前文所述,先诉抗辩权是一种需要主张的实体抗辩权,其不能当然阻却债权人向保证人主张权利,故保证人享有先诉抗辩权但未行使的,对诉讼时效计算不生影响。类比抵销抗辩的场合说明其理:甲对乙享有A债权(履行期限于9月1日届满),乙对甲享有B债权(履行期限于8月1日届满)。如果9月1日乙未履行债务,A债权的诉讼时效即具备起算条件而导致诉讼时效起算。虽然此时乙合法地享有抵销权,其后有可能主张抵销抗辩,但此时"乙享有抵销权"之单纯事实不影响A债权诉讼时效的起算。同理,保证债务履行期限届满时保证人未履行的,即因具备起算条件导致诉讼时效起算,其后保证人是否行使先诉抗辩权及该抗辩权是否消灭对起算均无直接影响。

第二,该规定的本质系以"能够无阻碍地行使权利"为起算标准,其与现行法的起算标准之基本理念不符。《民法典》延续了《民法通则》之主观

① 参见崔建远:《债法总论》,法律出版社2013年版,第196~197页。

② 参见房绍坤:《民商法问题研究与适用》,北京大学出版社2002年版,第258~259页。

③ 参见张谷:《论约定保证期间——以〈担保法〉第25条和第26条为中心》,载《中国法学》2006年第4期。

④ 参见黄薇主编:《中华人民共和国民法典合同编释义》,法律出版社2020年版,第503~504页。

⑤ 参见刘贵祥:《民法典关于担保的几个重大问题》,载《法律适用》2021年第1期。

起算标准，一方面考虑到权利人行使权利的可能性，另一方面尽量维护诉讼时效制度的可预期性和安定性。现行起算标准是这两方面因素平衡的结果。[①] 这种平衡理念体现为，权利人知或应知“权利受损害”和“义务人”这两个要素即构成法律意义上的“能够行使权利”。至于义务人是否享有抗辩权、该抗辩权的存续时间等因素，均不在起算标准考虑之列。以日本法为参考，它是以“能够行使权利”为起算标准的典型立法例(《日本民法典》第166条)。所谓“能够行使权利”是指行使权利不存在法律上的障碍，而行使权利在事实上的困难(如权利人患病、不知行使权利的可能性)并不影响时效起算。[②] 诉讼时效起算标准中的“不存在法律上的障碍”，通常采取“可发现性标准”予以判断。该标准仅要求权利人对“行使权利具有法律上的期待可能性”知情，而非要求权利人掌握的信息达到行使权利必然成功或大概率胜诉的程度。[③] 因此，“义务人是否能够提出抗辩”“是否适用过失相抵”等均不构成阻碍诉讼时效起算的法律障碍。[④]《民法典》第694条第1款将“先诉抗辩权消灭之日”规定为起算点，既不恰当地拉高了起算标准，又未虑及此时其他起算条件是否具备，故并不合理。

第三，该规定没有虑及保证债务作为一项合同债务，也存在履行期限问题。在履行期限届满之前，保证人因享有期限利益而无须履行，故此时不应起算诉讼时效。在实践中虽不常见，但当事人亦可事先约定保证债务的履行期限。[⑤] 保证人于履行期限届满前明确向债权人表示，或者以行为表示将不履行保证债务的，此时满足“保证债权受到侵害”之要件，可起算诉讼时效。履行期限届满时保证人未履行的，构成“保证债权受到侵害”，诉讼时效通常于此时起算。遗憾的是，对履行期限对诉讼时效起算的影响，该规定完全未予考虑。

第四，在保证人援引先诉抗辩权的场合下，对主债务人强制执行效果未确定之前保证人时效利益的保护问题，应通过诉讼时效中止或中断(而非起算)规则解决。例如，《德国民法典》第771条规定：“保证人提出先诉抗辩权的，债权人对保证人的请求权的时效中止，直至债权人尝试对主债

---

① 参见黄薇主编：《中华人民共和国民法典总则编释义》，法律出版社2020年版，第503页。

② 金山直樹『時効における理論と解釈』(有斐閣，2009年)93頁参照。

③ 参见杨巍：《〈民法典〉第188条第2款第1、2句(诉讼时效起算)评注》，载《法学家》2022年第5期。

④ Vgl. Helmut Grothe, Kommentar zum § 199, in: *Münchener Kommentar zum BGB*, 9. Aufl., München: C. H. Beck, 2021, Rn. 28.

⑤ 参见史尚宽：《债法各论》，中国政法大学出版社2000年版，第904页。

务人强制执行而无效果之时。”该规则系基于保证债务的辅助性而设。[①]保证人援引先诉抗辩权具有延期抗辩的效力，其得以暂时拒绝履行，故在此时段内存在行使权利的障碍，应当停止计算时效。[②] 在我国现行法框架下，由于诉讼时效中止事由不包括“援引抗辩权”，保证人援引先诉抗辩权可解释为中断事由。如果保证债务的诉讼时效起算后保证人援引先诉抗辩权，应导致诉讼时效中断，抗辩效力结束时（《民法典》第 694 条第 1 款表述为“保证人拒绝承担保证责任的权利消灭之日”）诉讼时效期间重新计算；如果保证债务的诉讼时效起算前保证人援引先诉抗辩权，应视抗辩效力结束时的起算要件是否均已具备判断起算点。详见后文分析。

第五，《民法典》第 694 条第 1 款与第 2 款存在抵牾。从逻辑上而言，先诉抗辩权消灭的后果是一般保证转化为类似连带责任保证关系。[③]依第 2 款规定，连带责任保证中须以“债权人请求保证人承担保证责任”为诉讼时效的起算条件，为何第 1 款中一般保证转化为连带责任保证之时直接起算时效，而无须该条件？虽然第 1 款有“债权人对债务人提起诉讼或申请仲裁”之前提，但是因主张权利的对象不同，似不能代替第 2 款的该条件。且无论该条规范内容本身是否合理，仅从这两款的协调角度而言，该条就存在明显瑕疵。[④]

2.《民法典担保制度解释》第 28 条的解释与评价

在《民法典》第 694 条第 1 款的基础上，《民法典担保制度解释》第 28 条对一般保证债务的诉讼时效起算规则作出进一步细化规定。分述如下。

（1）债权人依据生效法律文书对债务人的财产依法申请强制执行，保证债务的诉讼时效起算按照下列规则确定。

其一，人民法院作出终结本次执行程序裁定，或者依照《民事诉讼法》第 264 条第 3 项、第 5 项作出终结执行裁定的，自裁定送达债权人之日起算。该情形下，表明法院已经穷尽执行措施，而仍未查到被执行人有可供执行的财产，因此符合“就债务人财产依法强制执行仍不能履行债务”的

① 参见［德］迪特尔·梅迪库斯：《德国债法分论》，杜景林等译，法律出版社 2007 年版，第 423 页。

② Vgl. Mathias Habersack, Kommentar zum § 771, in: *Münchener Kommentar zum BGB*, 8. Aufl., München: C. H. Beck, 2020, Rn. 6.

③ 参见邱聪智：《新订债法各论》（下册），中国人民大学出版社 2006 年版，第 386 页。

④ 对《民法典》第 694 条第 1 款的质疑意见，还可参见王叶刚：《论一般保证中保证债务诉讼时效的起算》，载《华东政法大学学报》2021 年第 3 期。

标准(《民法典》第687条第2款),先诉抗辩权消灭。[1]

其二,人民法院自收到申请执行书之日起一年内未作出前项裁定的,自人民法院收到申请执行书满一年之日起算,但是保证人有证据证明债务人仍有财产可供执行的除外。理由在于,为了严格规范执行案件的审理期限,防止执行程序的不当拖延损害当事人的合法权益,法院收到申请执行书后,即便未作出上述裁定,在完成执行程序的最长期限一年届满后,也应起算诉讼时效。该项但书是指即使保证人有证据证明债务人仍有财产可供执行,债权人仍须通过执行程序从债务人的财产中受偿,一般保证人不能仅因法院拖延执行而丧失先诉抗辩权。[2]

(2)债权人在保证期间届满前对债务人提起诉讼或者申请仲裁,债权人举证证明存在《民法典》第687条第2款但书情形的,一般保证债务的诉讼时效自债权人知道或者应当知道该情形之日起算。由于该但书情形既可能出现于债权人起诉之前,也可能出现于起诉之后,因此该起算点的具体认定尚须结合《民法典担保制度解释》第25条、第26条和第23条等规定进行。[3]

综上所述,《民法典担保制度解释》第28条对《民法典》第694条第1款"先诉抗辩权消灭之日"的细化解释,其合理性在现行法框架下可以得到证成。但如前文所述,该解释对"先诉抗辩权消灭之日"的具体确定虽属合理,但将其直接认定为一般保证债务的诉讼时效起算点则非妥当。因此,该解释的适用场合应采取与《民法典》第694条第1款相同之缩限解释。

3. 本书观点

《民法典》第694条第1款应作目的性缩限解释,仅于某些特殊情形下适用;其他情形下,一般保证债务的诉讼时效起算应遵循《民法典》诉讼时效普通起算规则。

(1)《民法典》第694条第1款规定的"先诉抗辩权消灭之日"(时点c)应作缩限解释。(见图2-7)

其一,该规定的适用场合,应限于Y期间内保证人已经援引先诉抗辩权且债权人已对债务人启动法律程序的情形。如前文所述,先诉抗辩权单

① 参见杨永清:《〈新担保司法解释〉中有关保证合同的几个问题》,载《法律适用》2021年第2期。

② 参见程啸、高圣平、谢鸿飞:《最高人民法院新担保司法解释理解与适用》,法律出版社2021年版,第181~182页。

③ 参见最高人民法院民事审判第二庭:《最高人民法院民法典担保制度司法解释理解与适用》,人民法院出版社2021年版,第289页。

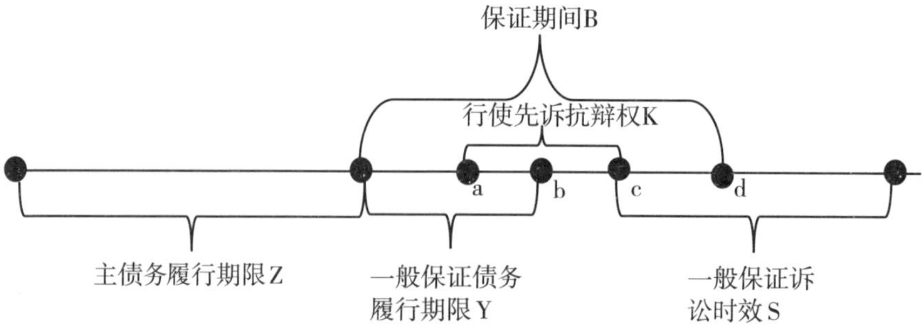

图 2-7

纯存在而未被行使或者仅在诉讼外行使的，不影响诉讼时效的计算。

其二，该款之“先诉抗辩权消灭”，实际上是指抗辩效力消灭，而非权利消灭。结合《民法典》第 687 条第 2 款对先诉抗辩权效力的规定，“先诉抗辩权消灭之日”应解释为“债权人就债务人财产依法强制执行仍不能履行债务”之事实被确定之日。其具体时点依据《民法典担保制度解释》第 28 条第 1 款确定。简言之，“先诉抗辩权消灭”意味着保证债务的补充性已然丧失，债权人请求保证人履行不再存在法律上的障碍。

其三，《民法典》第 687 条第 2 款规定的 4 种情形下，虽然保证人并未援引先诉抗辩权，但由于这些情形产生与“债权人就债务人财产依法强制执行仍不能履行债务”类似的效果，因此也导致保证债务的补充性丧失，债权人请求保证人履行不再存在法律上的障碍。

（2）仅在图 2-7 的情形下，[①]第 694 条第 1 款之“先诉抗辩权消灭之日”构成保证债务的诉讼时效起算点。由于保证债务履行期限届满时（b 时点）处于抗辩效力存续状态中，债权人此时向保证人请求履行存在法律上的障碍，故抗辩效力结束时点 c 为诉讼时效起算点。

（3）如果 c 发生于 b 之前，保证债务的诉讼时效起算点为 b，“先诉抗辩权消灭之日”c 不具有时效意义。在此情形下，虽然抗辩效力结束于 c 时点，但由于保证人仍享有履行期限利益而不必履行，故仍应以履行期限届满时（b 时点）为诉讼时效起算点。换言之，该情形下“先诉抗辩权消灭”是诉讼时效起算的必要条件而非充分条件。

（4）如果 a 发生于 b 之后，保证债务诉讼时效起算点为 b。保证人援引先诉抗辩权时（a 时点）导致诉讼时效中断，抗辩效力结束时点 c（“先诉抗辩权消灭之日”）为诉讼时效期间重新计算时点。理由在于：其一，保证人援引先诉抗辩权的行为可解释为“义务承认”之中断事由。对于现行法

① 时间点 c 亦可在 d 之后，后果无差异。

中“义务人同意履行义务”之中断事由(《民法典》第 195 条第 2 项),通说认为应解释为“义务承认”,即义务人承认义务即可构成中断事由,而不必要求有同意履行的意思。[①] 保证人援引先诉抗辩权,系在承认保证债务有效存在的前提下要求延缓履行,故可构成中断事由。实务中,确有最高人民法院判例认为,义务人援引抗辩权的行为可导致诉讼时效中断。[②] 其二,由于先诉抗辩权的行使效果须通过执行程序予以确定,故执行程序或其他相关程序终结时(c 时点)起,诉讼时效期间重新计算(《民法典》第 195 条前段)。该情形下,《民法典担保制度解释》第 28 条第 1 款确定的时点不是诉讼时效起算点,而是重新计算时点。在诉讼程序和执行程序进行过程中,诉讼时效处于停止计算状态。

综上所述,仅在保证人已经援引先诉抗辩权且符合情形(2)的前提下,《民法典》第 694 条第 1 款之“先诉抗辩权消灭之日”构成一般保证债务的诉讼时效起算点。在其他情形下,依据《民法典》诉讼时效普通起算标准的规定,一般保证债务的诉讼时效起算点是:①保证债务履行期限届满时(通常情形);②债权人知道或者应当知道保证人预期违约时(预期违约情形)。

(三)连带责任保证债务诉讼时效的起算

1.《民法典》第 694 条第 2 款的解释与评价

该款继承了《担保法解释》第 34 条第 2 款之规定,将连带责任保证债务的诉讼时效起算点界定为“债权人要求保证人承担保证责任之日”。与一般保证债务的诉讼时效起算的激烈争议不同,学界对该规定的合理性似乎普遍认可,立法机关释义书也未对继承该规定的正当性作出特别说明。[③] 事实上,该款规定亦存在以下弊端。

第一,连带责任保证债务因具有补充性,其自身也存在履行期限问题。连带责任保证债务在性质上并非连带债务,而属不真正连带债务。[④] 保证人与债务人并非履行共同体,亦非负有同一阶层之债务,即主债务与保证债务并非“同一给付”。[⑤] 依据《民法典》第 688 条第 2 款的规定,“债务人不履行到期债务或者发生当事人约定的情形”是债权人请求保证人履行保

---

① 参见陈甦主编:《民法总则评注》(下册),法律出版社 2017 年版,第 1408 页;最高人民法院民事审判第二庭编著:《最高人民法院关于民事案件诉讼时效司法解释理解与适用》,人民法院出版社 2015 年版,第 275 页。

② 参见最高人民法院(2017)最高法民终 46 号。

③ 参见黄薇主编:《中华人民共和国民法典合同编释义》,法律出版社 2020 年版,第 504 页。

④ 参见孙森焱:《民法债编总论》(下册),法律出版社 2006 年版,第 743 页。

⑤ 参见杨淑文:《论连带保证与连带债务》,载蔡明诚等:《保证专题研究》,台北,元照出版有限公司 2016 年版,第 108 页。

证债务的前提。该规定体现了连带责任保证债务仍具补充性，即虽然主债务与保证债务为连带关系，但是前者的履行期限并不适用于后者。因此，连带责任保证债务仍须依据自身履行期限判断保证人是否适当履行。"主债务到期未被履行"是激活保证债务补充性的条件，而非意味着此时保证人亦构成迟延履行。

第二，连带责任保证中，债权人在保证期间向保证人提出履行请求具有双重意义，不宜简单界定为诉讼时效起算点。该请求的意义之一（对保证期间），是导致保证合同解除条件确定不可能成就，保证人丧失依据保证期间免责的机会。该请求的意义之二（对诉讼时效），视保证债务履行期限有无约定而有所不同：（1）履行期限无约定的，该请求构成为确定履行期限而实施的催告行为（《民法典》第 511 条第 4 项）。保证人被催告后于宽限期内仍未履行的，构成迟延履行，宽限期届满时起算诉讼时效。[①]（2）履行期限有约定的，该请求构成履行催告。基于该请求发生时间的不同（履行期限届满之前或者之后），该请求具有不同的时效意义。简言之，与保证债务诉讼时效起算最具关联的因素是履行期限，而该请求不是诉讼时效起算的必要条件，其意义受多项规则适用效果的影响，将其在任何场合下一律认定为诉讼时效起算点并不合理。

第三，债权人未在保证期间向保证人提出履行请求，因解除条件成就导致保证合同失效，但此前有可能诉讼时效已经起算。在此情形下，其后不再有时效问题是因为保证合同失效所致，并非诉讼时效从未起算。例如，保证债务履行期限届满先于保证期间届满的，履行期限届满时保证人未依约履行即构成"债权人知道保证债权受到侵害"而导致诉讼时效起算。如果债权人不请求的状态延续至保证期间届满，因保证合同失效而不再有时效问题，此前已经起算的诉讼时效也丧失意义。《民法典》第 694 条第 2 款的失误在于，将"保证合同失效而致不再有时效问题"等同于"诉讼时效未起算"，并由此反推出保证债务诉讼时效起算点是"债权人请求保证人承担保证责任之日"。事实上，"债权人未在保证期间向保证人提出履行请求"是使诉讼时效失去意义的充分条件，但"债权人在保证期间向保证人提出履行请求"并非诉讼时效起算的必要条件。

---

① 实务中，大多数当事人未就保证债务履行期限作出特别约定，故该情形更具普遍性。值得说明的是，在一般保证中也可能存在通过催告确定履行期限的情形，但该请求仅具催告意义，而不具解除条件不成就的意义。前文为方便论述，仅讨论保证债务履行期限有约定的情形，而未论及该种情形，但其原理相同。

2. 本书观点

《民法典》第 694 条第 2 款应作目的性缩限解释，仅于某些特殊情形下适用；其他情形下，连带责任保证债务的诉讼时效起算应遵循《民法典》诉讼时效普通起算规则（如图 2-8 所示）。

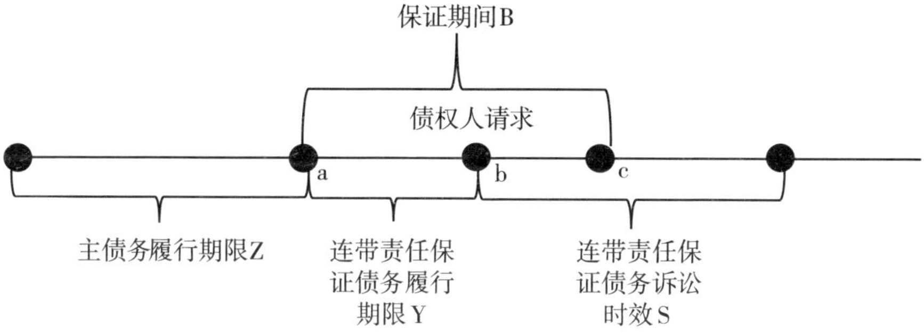

图 2-8

（1）仅在图 2-8 的情形下，第 694 条第 2 款之“债权人请求保证人承担保证责任之日”构成保证债务诉讼时效起算点。该情形须满足以下条件：其一，保证合同约定了保证债务的履行期限。其二，保证债务的履行期限届满时保证人未依约履行保证债务。其三，债权人于保证债务履行期限届满时（b 时点）请求保证人履行，即保证人构成迟延履行的最早时点对其进行催告。其四，保证人没有预期违约，否则“债权人知道或者应当知道保证人预期违约时”为保证债务诉讼时效起算点。在图 2-8 的情形下，保证债务履行期限届满时保证人未依约履行的，无论此时债权人是否向保证人请求履行，诉讼时效均于此时起算。该请求之日构成保证债务诉讼时效起算点，不过是与履行期限届满时点重合的偶然结果，故该情形在实务中并不常见。

（2）保证债务的履行期限有约定的，债权人提出履行请求发生在履行期限届满前，保证债务的诉讼时效起算点为 b。在此情形下，因保证人尚享有期限利益，即使其拒绝债权人的履行请求，也不造成“保证债权受到侵害”之结果，故仍以履行期限届满时为诉讼时效起算点。

（3）保证债务的履行期限有约定的，债权人提出履行请求发生在履行期限届满后，保证债务的诉讼时效起算点为 b，提出该请求时诉讼时效中断。在此情形下，因债权人提出履行请求时诉讼时效已经起算，故该请求构成“诉讼外请求”之中断事由。

（4）保证债务的履行期限没有约定的，债权人在保证期间提出履行请求，保证债务的诉讼时效起算点为“宽限期届满之日”。在此情形下，该请求具有除去保证期间免责和催告确定履行期限的双重意义。由于宽限期届满时保证人未依约履行保证债务方构成“保证债权受到侵害”，故于此时诉讼时效起算。

综上所述，仅在债权人向保证人提出履行请求与保证债务约定履行期限届满时点偶然重合的情形下，《民法典》第 694 条第 2 款之“债权人请求保证人承担保证责任之日”构成连带责任保证债务的诉讼时效起算点。在其他情形下，依据《民法典》诉讼时效普通起算标准的规定，连带责任保证债务的诉讼时效起算点是：①保证债务约定履行期限届满时或者债权人知道或者应当知道保证人预期违约时；②保证债务履行期限没有约定的，债权人在保证期间提出履行请求，保证债务的诉讼时效起算点为“宽限期届满之日”。

二、保证债务诉讼时效的中断

（一）保证债务诉讼时效中断的要件

1.《民法典》第 195 条规定的诉讼时效中断要件

依据该条规定，保证债务诉讼时效的中断要件如下。

（1）须存在法定中断事由。《民法典》第 195 条规定了 4 种中断事由，另依《民法典》第 197 条第 1 款的规定，诉讼时效的中断事由由法律规定，当事人约定无效。因中断规则是为债权人利益而设，故应由债权人主张并证明中断事由的存在。中断规则应遵循当事人抗辩主义，即法院不得主动认定中断事由存在并适用中断规则，而应由当事人提出诉讼时效中断的主张并举证加以证明。[①] 因为基于通说“规范说”的证明责任分配规则：原告对权利产生规范的要件事实承担证明责任，被告对权利妨碍规范、权利消灭规范和权利排除规范的要件事实承担证明责任。[②]

（2）中断事由必须发生在诉讼时效已起算、未届满的阶段。中断规则的主要目的是对积极行使权利的债权人继续提供时效上的保护，故诉讼时效尚未起算或已经届满的情况下排除其适用。[③] 诉讼时效届满后发生中断事由的，不导致时效中断，也不影响义务人享有和行使时效抗辩权。[④]

2. 保证债务诉讼时效中断后于何时重新计算

对于诉讼时效中断后于何时重新计算，《民法典》第 195 条规定是“中

---

① 参见陈甦主编：《民法总则评注》（下册），法律出版社 2017 年版，第 1405～1406 页。

② 参见霍海红：《诉讼时效中断证明责任的中国表达》，载《中外法学》2021 年第 2 期。

③ 参见冯恺：《诉讼时效制度研究》，山东人民出版社 2007 年版，第 176 页。

④ 参见最高人民法院（2017）最高法民终 129 号。

断、有关程序终结时”。关于保证债务诉讼时效中断后重新计算时点，分述如下。

（1）债权人向保证人提出履行请求的，诉讼时效自该履行请求通知到达保证人时重新计算。《诉讼时效规定》第 8 条规定，应当认定为“权利人向义务人提出履行请求”的包括 4 种情形。该规定亦适用于保证债务的诉讼时效。在这些情形下，中断时间均采“到达主义”，即债权人向保证人提出履行请求的意思表示到达保证人时中断诉讼时效，并于次日重新计算。理由在于：债权人提出履行请求是有相对人的意思表示，该意思表示只有到达特定相对人，特定相对人才知道或应当知道权利人主张权利的意思表示，才能发生明确和维持权利的效力。①

（2）保证人同意履行保证债务的，诉讼时效自该同意通知到达债权人时重新计算。《诉讼时效规定》第 14 条规定，应当认定为“义务人同意履行义务”的情形包括“义务人作出分期履行……承诺或者行为”等。对于此类事由引起诉讼时效中断的时间点应采“发信主义”还是“到达主义”，学界存在争议。② 司法实务的主流意见采“到达主义”。最高人民法院批复“法复〔1994〕3 号”指出，义务人作出同意履行义务的意思表示（出具欠款条），债权人知道该意思表示时诉讼时效中断，并于次日重新计算。

（3）债权人对保证人提起诉讼或者申请仲裁的，诉讼时效自诉讼或者仲裁程序终结时重新计算。依据《诉讼时效规定》第 10 条的规定，因该事由引起诉讼时效中断的，诉讼时效的中断时间和重新计算时间并不一致，即中断时间是“提交起诉状或者口头起诉……之日”，而重新计算时间是“诉讼或者仲裁程序终结时”。理由在于：如果规定诉讼时效期间从起诉或提起仲裁之日重新计算，可能会因法律程序烦琐、所耗费的时间过长，出现法律程序尚未终结而诉讼时效已经届满的情况，这在我国司法实践中并不少见。该情况有违诉讼时效中断制度的目的，应予以避免。③

（4）发生与提起诉讼具有同等效力的其他情形的，诉讼时效自有关法律程序终结时重新计算。对于该“其他情形”，《诉讼时效规定》第 11 条规定了“申请支付令”等 8 种情形。在这些情形下，当事人提出启动某法律程序的申请时诉讼时效中断，该法律程序终结时重新计算。

① 参见最高人民法院民事审判第二庭编著：《最高人民法院关于民事案件诉讼时效司法解释理解与适用》，人民法院出版社 2015 年版，第 171 页。

② 参见杨巍：《民法时效制度的理论反思与案例研究》，北京大学出版社 2015 年版，第 368 页。

③ 参见黄薇主编：《中华人民共和国民法典总则编释义》，法律出版社 2020 年版，第 528 页。

(二)主债务诉讼时效中断对保证债务诉讼时效中断的影响

主债务诉讼时效中断,是否也导致保证债务诉讼时效中断? 域外法对此存在两种模式:(1)肯定模式。在日本法中,虽然时效中断原则上仅具相对效力,①但是《日本民法典》第457条第1款被解释为是基于保证债务的从属性而使时效中断例外地具有绝对效力的规定。② 该款规定既适用于一般保证,也适用于连带责任保证。③《德国民法典》虽未就该问题专门作出规定,但通说认为,保证人同样可以主张主债务人根据第212条第1款第1项所享有的主债务消灭时效中断的抗辩权。④ (2)否定模式。少数立法采取该模式,例如,《葡萄牙民法典》第636条第1款规定,对债务人发生之时效中断不对保证人产生效力,反之亦然,但债权人将对债务人发生中断的事实通知保证人的除外。依此规定,主债务时效中断与保证债务时效中断的效力相互"隔离",但债权人将主债务中断的事实通知保证人的,构成变相的"主张权利",故引起保证债务时效中断。

对于该问题,《民法典》颁行以前司法解释的态度历经反复,⑤学界对此亦存争议。⑥《民法典》删除了前述司法解释的相关规定。依据诉讼时效和保证债务从属性的一般规则,对该问题应采与前述模式一相同的解释,分述如下。

第一,对于一般保证和连带责任保证,均应适用时效中断从属性规则。司法解释曾经区分一般保证和连带责任保证,规定主债务时效中断对其具有不同影响,即前者的保证债务时效中断,后者不中断。《民法典》未继承该规定,应解释为改变了对该问题的态度。其一,主债务时效中断导致保证债务时效中断的理由,并非先诉抗辩权规则的影响,而是保证债务从属性的要求。无论是一般保证还是连带责任保证,其从属性都应在时效中断规则上有所体现。⑦ 司法解释以先诉抗辩权为理由而认可主债务时效中断

---

① 参见《日本民法典》第153条第3款(2017年修改前为第148条)规定:"依前条之规定,时效中断者,仅于发生中断事由之当事人及其承继人间,有其效力。"

② 金山直樹『時効における理論と解釈』(有斐閣,2009年)503頁参照。

③ 参见[日]我妻荣:《我妻荣民法讲义Ⅳ:新订债权总则》,王燚译,中国法制出版社2008年版,第443页。

④ Vgl. Mathias Habersack, Kommentar zum § 768, in: *Münchener Kommentar zum BGB*, 8. Aufl., München: C. H. Beck, 2020, Rn. 5.

⑤ 参见《保证规定》第29条、《担保法解释》第36条。

⑥ 参见李明发:《保证责任研究》,法律出版社2006年版,第125页;崔建远:《债法总论》,法律出版社2013年版,第199页;张鹏:《我国保证债务诉讼时效问题研究》,载《中外法学》2011年第3期。

⑦ 潮見佳男『新債権総論Ⅱ』(信山社,2017年)691頁参照。

导致一般保证债务时效中断,这已经偏离了问题的重点,司法解释制定者却以此为基点强调一般保证与连带责任保证的区别,进一步得出主债务时效中断不导致连带责任保证债务时效中断的结论,①这显然是在错误的前提下得出的错误结论。其二,在时效中断规则贯彻从属性的前提下,如果主债务时效中断仅导致一般保证债务时效中断,而不导致连带责任保证债务时效中断,确如有学者指出的那样,会造成连带责任保证人的负担轻于一般保证人的悖理结果。② 其三,从域外法经验来看,虽然《日本民法典》第457条第1款是针对一般保证所作的规定,但学理及实务均认为其也适用于连带责任保证。理由在于,连带责任保证仍属保证,只要主债务时效未届满,应认为保证关系仍然存续并起到担保作用。③ 其四,《诉讼时效规定》第15条第2款规定:“对于连带债务人中的一人发生诉讼时效中断效力的事由,应当认定对其他连带债务人也发生诉讼时效中断的效力。”虽然学理上对连带责任保证债务的性质是否为连带债务存在分歧,但实务部门大多更加关注二者在外部关系上的共性,而将该款适用于连带责任保证。④

第二,主债务时效中断导致保证债务时效中断,须以后者时效已起算为前提。对于时效中断从属性规则,有学者提出以下质疑。由于一般保证债务时效起算须以债权人在保证期间届满前对债务人提起诉讼或者申请仲裁为条件,如果主债务的判决或仲裁裁决并未作出,时效中断从属性规则将会导致“保证债务时效尚未起算却先中断”的矛盾。⑤ 针对该质疑,笔者给出以下回应。其一,时效中断从属性规则仅适用于保证债务时效已起算的场合,这样解释符合时效起算和中断关系的一般原理。实际上,在保证以外的其他场合下,同样有可能存在时效尚未起算而先发生“中断”事由的问题。例如,在买卖合同中交货债务履行期限未届满时(时效未起算),债权人即提起诉讼,如果经审理得出时效未起算的结论,“提起诉讼”当然不能产生中断效果,该情形也不存在所谓“尚未起算却先中断”的问题。而且,日本设有时效中断从属性的规定,在学理及实务上并不存在类

---

① 参见李国光等:《最高人民法院〈关于适用《中华人民共和国担保法》若干问题的解释〉理解与适用》,吉林人民出版社2000年版,第154页。

② 参见叶金强:《担保法原理》,科学出版社2002年版,第59页。

③ 参见[日]我妻荣:《我妻荣民法讲义Ⅳ:新订债权总则》,王燚译,中国法制出版社2008年版,第443页。

④ 参见最高人民法院(2011)民提字第270号。

⑤ 参见石冠彬:《论保证债务诉讼时效与主债务诉讼时效的关联性》,载《浙江社会科学》2020年第12期。

似的批评意见和实务困扰。其二,司法解释关于一般保证债务时效起算的规定,系基于对先诉抗辩权规则的误解所作出,其规范内容自身亦不合理。关于先诉抗辩权的定位,学界一直存在分歧。笔者对该问题的基本态度是,应使先诉抗辩权回归抗辩权的属性,而不应将行使先诉抗辩权作为主张保证债权的前置条件。正如有学者指出的,现行法对单独起诉一般保证人的限制,并非先诉抗辩权存在及行使的当然效果,而是我国民事诉讼在权利保障与纠纷解决的目的冲突中偏重于纠纷解决之政策立场的产物。[①]因此,一般保证债务时效的起算仍应符合《民法典》关于时效一般起算标准的规定。在此前提下,也不会发生所谓时效起算与中断“相矛盾”的问题。

第三,是否主债务时效因任何事由中断均可导致保证债务时效中断,尤其是“债务人同意履行义务”包含放弃时效利益的因素,在仅有主债务人作出该表示时,是否也能对保证人发生效力殊值探讨。域外法对此存在两种模式:一是肯定模式(如法国法、日本法[②]);二是否定模式(如意大利法[③]),即主债务人的“债务承认”不导致保证债务时效中断。前一种模式将时效中断从属性规则贯彻得更为彻底,将主债务时效中断作为一个整体事实看待,并不考虑主债务人的意思对形成该事实的影响,故该模式对债权人较为有利;后一种模式在认可保证债务从属性的前提下,将当事人对时效利益的意思作为更加优先考虑的因素,故区分不同的中断事由以决定从属性的影响,这对保证人更为有利。笔者认为,我国宜采法国法、日本法立法例,即包括“债务人同意履行义务”在内的所有法定事由导致主债务时效中断的,均可引起保证债务时效中断,理由在于以下三个方面。其一,在我国现行法框架下,在涉及两个互有关联的法律关系适用中断的现有规则中,往往着眼于中断事实这一后果,并未将不同中断事由作为规则设计的因素。例如,《诉讼时效规定》第 16 条、第 17 条规定债权人代位权场合下的中断和债权让与、债务承担场合下的中断规则均体现了该特点。这一特点与法国法、日本法立法例将时效中断作为一个整体事实看待的思路类似,加之我国立法及学理一贯强调保证关系的从属性,因此法国法、日本法立法例与我国法的特点更为契合。其二,从法条文义而言,《诉讼时效规定》第 15 条第 2 款并未限定时效中断事由的范围,将“债务人同意履行

① 参见安海涛:《保证合同诉讼的程序原理——基于〈民诉法解释〉第 66 条的分析》,载《华东政法大学学报》2017 年第 2 期。

② 参见《法国民法典》第 2246 条;日本民法对此虽无明文规定,但学理及实务上也作此解释。

③ 参见《意大利民法典》第 1957 条。

义务”排除于可致保证债务时效中断事由之外，缺乏解释论依据。其三，由于我国现行法规定的普通时效期间偏短，采取法国法、日本法立法例有助于降低债权人较易丧失时效利益的不利影响。

（三）保证债务诉讼时效中断对主债务诉讼时效中断的影响

保证债务诉讼时效中断，是否也导致主债务诉讼时效中断？基于保证债务从属性仅具单向性的原因，域外法对此多持否定态度。例如，在日本法中，债权人与保证人之间产生的事由，原则上并不影响主债务人。只是清偿、提存、抵销等满足债权的事由产生绝对效力。其他事由如保证人“债务承认”、保证人放弃时效利益、向保证人通知债权让与等，都不对主债务人产生效力。[①] 司法实务的主流意见亦采此观点。[②]

对于该问题，《民法典》颁行以前的司法解释曾经规定，债权人向“保证人、债务人的代理人或者财产代管人”主张权利的，主债务时效中断。[③] 依据官方解释，该规定的理由在于，债权人向保证人主张权利构成向主债务人“间接请求”，故引起主债务时效中断。[④]《民法典》未继承该规定，笔者赞同该做法，因为该规定违反了保证债务从属性的基本原理，其立法理由亦不成立。

第一，正如有学者指出的，该规定“完全忽视、颠倒了主债务与保证债务的关系，不符合保证债务的从属性法理”。[⑤]“从属性”作为一种立法技术的简化手段，原始关系（主权利）之经济目的所须考量的因素仅就原始关系而为规定，再利用从属性之规定使补充之法律关系（从权利）亦发生相同之内容。[⑥] 换言之，保证债务的从属性具有单向性，即主债务的行使影响保证债务，反之则否。

第二，该规定混淆了保证人与代理人、财产代管人的法律地位。如果债权人向主债务人的代理人或财产代管人主张权利，该行为视同向主债务人本人作出，其时效中断的后果当然归属于主债务人。但保证人并非主债务人的代理人或代管人，而是基于保证合同负有担保义务的另一独立主体，债权人向其主张权利的效果并不能当然作用于主债务人。依据最高人民法院的解释，债权人向保证人主张权利可推定债权人具有向主债务人主

---

① 中田裕康『債権総論（第三版）』（岩波書店，2014 年）498 頁参照。

② 参见大判明治 35（1902）年 6 月 27 日判决，载《民録》第 7 辑第 6 卷第 70 页。

③ 参见《民法通则意见》第 173 条第 2 款。

④ 参见梁书文主编：《民法通则贯彻意见诠释》，中国法制出版社 2001 年版，第 148 页。

⑤ 参见程啸：《保证合同研究》，法律出版社 2006 年版，第 555～556 页。

⑥ 参见杨淑文：《论连带保证与连带债务》，载蔡明诚等：《保证专题研究》，台北，元照出版有限公司 2016 年版，第 80 页。

张权利的意思,即便这种推定成立,[1]由于该意思表示尚未向主债务人作出,也未到达主债务人处,故其尚属未完成之意思表示,无法生效并导致时效中断。

第三,该规定导致主债务时效与保证债务时效独立计算丧失实际意义。对保证人而言,这两种时效独立计算的最大好处在于,保证人能够享有两种独立的时效抗辩权用以对抗债权人的履行请求。但是,在保证债务从属性要求保证债务时效随同主债务时效中断而中断的前提下,该款进一步打破了从属性的单向性,即规定保证债务时效中断也引起主债务时效中断。这导致两种时效的计算完全具有一致性,所谓保证人享有两种时效抗辩权名不副实。

第四,依据《诉讼时效规定》第 15 条第 2 款的规定,连带责任保证债务时效中断的,主债务时效中断。该款系基于连带债务的外部效力所作的规定,而非对当事人意思进行“推定”或否认保证债务从属性的结果。[2] 因此,较为合理的做法是,基于保证债务的从属性,保证债务时效中断原则上不导致主债务时效中断,但法律有特殊规定的除外。具体而言,一般保证债务时效中断的,主债务时效不中断;连带责任保证债务时效中断的,主债务时效中断(依据《诉讼时效规定》第 15 条第 2 款的规定)。[3]

三、保证债务诉讼时效的中止

(一)保证债务诉讼时效中止的要件

1.《民法典》第 194 条规定的诉讼时效中止要件

依据该条规定,保证债务诉讼时效的中止要件如下。

(1)须存在法定中止事由。《民法典》第 194 条规定了 5 种中止事由,诉讼时效的中止事由只能由法律规定,当事人约定中止事由无效(《民法典》第 197 条第 1 款)。因中止规则的适用应遵循当事人抗辩主义,即法院不得主动认定中止事由存在并适用中止规则,因此应由当事人提出诉讼

---

① 事实上,该推定是否成立也大有疑问。

② 实务中,有法院将保证债务时效中断引起主债务时效中断的原因解释为“为了保障保证人对主债务人的求偿权”。参见莱芜市中级人民法院(2018)鲁 12 民终 268 号;曲阜市人民法院(2018)鲁 0881 民初 2400 号。该裁判意见亦欠妥当,因为保证人的求偿权适用自身独立的时效,而并非将主债务时效予以继续计算。

③ 相反观点参见石冠彬:《论保证债务诉讼时效与主债务诉讼时效的关联性》,载《浙江社会科学》2020 年第 12 期。

时效中止的主张并举证加以证明。[①]

（2）须中止事由导致债权人不能向保证人行使请求权。所谓“不能行使请求权”，不限于不能通过诉讼行使权利。例如，因法院停止办公不能起诉，而尚能向保证人诉讼外请求的，或者虽不能向保证人请求，但仍可向法院起诉的，都不构成“不能行使请求权”。[②]

（3）须中止事由导致债权人“不能行使请求权”的状态存在于诉讼时效期间的最后6个月内。依据《民法典》第194条的规定，只须在此最后6个月内有不能行使请求权之障碍存在，不问中止事由起点发生于何时，均可适用本条规定。[③] 换言之，如果中止事由起点发生于诉讼时效期间最后6个月以前，但该中止事由造成的“不能行使请求权”的状态持续到该最后6个月时仍未结束，应当自该最后6个月的第1日停止计算诉讼时效，即诉讼时效中止。

2. 保证债务诉讼时效中止的效力

依据《民法典》第194条第2款的规定，中止事由造成的“不能行使请求权”的状态消除之日起，继续计算6个月的时效期间。换言之，无论诉讼时效中止前诉讼时效期间还剩余多少，在中止事由造成的影响消除后，继续计算的诉讼时效期间均为6个月。该规定改变了《民法通则》关于诉讼时效中止的规定，[④]理由在于：在不违背时效制度目的的前提下，尽可能给予权利人救济。[⑤]

（二）主债务诉讼时效中止对保证债务诉讼时效中止的影响

《民法典》颁布以前，《担保法解释》第36条第2款曾规定，主债务诉讼时效中止导致保证债务诉讼时效同时中止（不区分一般保证或连带责任保证）。对于该规定，学界评价不一。肯定性评价的主要理由是，基于中止事由的客观性，应使保证债务诉讼时效中止与主债务诉讼时效中止相一致。[⑥] 否定性评价的主要理由为：与其他规则相抵触；[⑦]违反保证债务不随主债务范围扩大而扩大的变动规则[⑧]等。

---

① 参见杨巍：《〈民法典〉第194条（诉讼时效中止）评注》，载《南京大学学报（哲学·人文科学·社会科学版）》2020年第6期。

② 参见陈甦主编：《民法总则评注》（下册），法律出版社2017年版，第1397页。

③ 参见李宇：《民法总则要义——规范释论与判解集注》，法律出版社2017年版，第917页。

④ 参见《民法通则》第139条规定：“……从中止时效的原因消除之日起，诉讼时效期间继续计算。”

⑤ 参见黄薇主编：《中华人民共和国民法典总则编释义》，法律出版社2020年版，第522页。

⑥ 参见曹士兵：《中国担保制度与担保方法》（第4版），中国法制出版社2017年版，第168页。

⑦ 参见程啸：《保证合同研究》，法律出版社2006年版，第554页。

⑧ 参见冯永军、徐诚明：《论保证期间与诉讼时效》，载《河南财经政法大学学报》2015年第2期。

《民法典》及《民法典担保制度解释》均未继承旧司法解释的上述规定。本书认为,上述规定将保证债务的从属性贯彻于中止规则,其本身无可厚非。虽然该规定的理由系基于中断事由与中止事由对行使权利影响的差异并不合理,但因其规范内容体现了保证债务从属性的要求,属于"与民法典及有关法律不冲突且在司法实践中行之有效的"规定(《实施民法典纪要》第 12 条),因此在《民法典》施行后仍应作此解释。具体而言:其一,主债务诉讼时效中止,保证债务诉讼时效同时中止,但须以后者已起算为前提;其二,主债务诉讼时效因何种事由中止,在所不问。

(三)保证债务诉讼时效中止对主债务诉讼时效中止的影响

保证债务诉讼时效中止,是否也导致主债务诉讼时效中止?《民法典》及《民法典担保制度解释》均未作出规定。学界对此多持否定意见,理由主要是基于保证债务的从属性和补充性。[①] 基于前文对保证债务诉讼时效中断的分析理由,在保证债务诉讼时效中止的场合下亦可成立。因此,较为合理的做法是:基于保证债务的从属性,保证债务诉讼时效中止原则上不导致主债务诉讼时效中止,但法律有特殊规定的除外。具体而言,一般保证债务诉讼时效中止的,主债务诉讼时效不中止;连带责任保证债务诉讼时效中止的,主债务诉讼时效中止(类推适用《诉讼时效规定》第 15 条第 2 款)。

第九节　特殊保证的保证期间

一、最高额保证的保证期间

(一)最高额保证的保证期间的确定

《民法典》第 690 条继承了《担保法》第 14 条关于最高额保证的规定,以满足银行融资业务的现实需求。[②]《民法典》删除了《担保法》第 27 条的内容,该条规定最高额保证"未约定保证期间"的情形下,保证人可以随时书面通知债权人终止保证合同,但保证人对通知到债权人前所发生的债权,承担保证责任。从规范内容来看,该条所称"保证期间"显然不是真正意义的保证期间,而应是"主债权决算期"。[③] 由于《民法典》未对最高额保证的主债权决算期作出规定,依据第 690 条第 2 款的规定,参照适用最

---

① 参见张鹏:《我国保证债务诉讼时效问题研究》,载《中外法学》2011 年第 3 期。
② 参见黄薇主编:《中华人民共和国民法典合同编释义》,法律出版社 2020 年版,第 497 页。
③ 参见高圣平:《担保法前沿问题与判解研究》(第 5 卷),人民法院出版社 2021 年版,第 226 页。

高额抵押权的决算期规定。

确定最高额保证的保证期间的难点在于:其一,最高额保证担保多个债权,各主债权的履行期限未必一致,由此产生保证期间应分别计算还是统一计算的问题。其二,最高额保证场合下涉及多种期间,包括主债务履行期限、主债权决算期、保证债务履行期限和保证期间等。保证期间的确定须考虑与其他期间的衔接兼容问题。其三,由于保证债务自身存在履行期限和诉讼时效,导致最高额保证的保证期间比最高额抵押权行使期间更为复杂。虽然现行法规定最高额保证参照适用最高额抵押权的有关规定,但是后者并不能满足前者全部的规范需求。对最高额保证的保证期间的确定可从以下几方面予以说明。

第一,最高额保证的保证期间包括约定保证期间和法定保证期间。最高额保证与普通保证在保证期间问题上无本质区别,故前者仍然适用《民法典》关于约定保证期间和法定保证期间的规定。有约定保证期间的,前文所述关于该约定的各项要求及规则亦应适用。对保证期间没有约定、视为没有约定或者约定不明的,适用法定保证期间 6 个月。换言之,现行法框架下的最高额保证亦不可能是不定期保证。

第二,最高额保证的保证期间统一计算,其担保对象是确定后的债权。在最高额保证场合下,是多个主债权分别适用各自保证期间,还是统一适用一个保证期间?《民法典担保制度解释》颁布前,对此存在两种意见。第一种观点认为,最高额保证担保的各主债权分别计算保证期间。《民法典担保制度解释(征求意见稿)》第 29 条规定,各主债权"逐笔单独计算"保证期间,但当事人另有约定的除外。第二种观点认为,最高额保证的担保对象是决算期前发生的债务余额,而非各笔债务,因此保证期间应统一计算。[①]《民法典担保制度解释》最终未采征求意见稿的前述规定,而对最高额保证的保证期间统一计算,以贯彻最高额保证的特性。[②] 而且其第 30 条第 1 款规定,"最高额保证合同对保证期间的计算方式",当事人可以约定。对此可作以下理解。

(1)依据《民法典》第 690 条第 2 款的规定,最高额抵押权的债权确定规则亦适用于最高额保证。最高额保证的担保对象不是实际发生的各笔

① 参见高圣平:《担保法论》,法律出版社 2009 年版,第 205 页。

② 参见最高人民法院民事审判第二庭:《最高人民法院民法典担保制度司法解释理解与适用》,人民法院出版社 2021 年版,第 304 页。

债权总额，而是决算期确定的债权余额。[①] 在决算期届满或其他事由导致债权确定之前，债权人尚不能请求保证人承担责任，此时并不具备适用保证期间的条件。债权确定后，意味着最高额保证的担保对象被特定化，债权人才有可能向保证人主张权利。因此，最高额保证的保证期间是债权确定后适用的一个统一期间。

（2）如果采第一种观点的做法，各主债权“逐笔单独计算”保证期间，实质上等同于保证人为多个债权分别提供担保。该做法意味着，各主债权可分别约定保证期间或各自适用法定保证期间，且某一主债权到期即应起算其保证期间。由于各主债权的履行期限并不一致，至决算期届满时，可能有的主债权因保证期间届满已丧失担保，有的尚在计算保证期间，还有的保证期间尚未起算。该结果显然有违最高额保证提高担保效率、促进融资的制度功能。[②]

（3）《民法典担保制度解释》第 30 条第 1 款之“最高额保证合同对保证期间的计算方式”，应解释为保证期间长短的确定。前文所述的对保证期间上下限、内容确定性等要求，在该场合下仍然适用。如果当事人针对各笔主债权分别约定多个保证期间，应依据意思表示解释规则认定当事人的真实意思究竟是针对多个主债权设立多个担保，还是设立一个最高额保证担保。在认定为最高额保证的情形下，当事人约定多个保证期间与最高额保证性质相矛盾，故属无效，而应适用法定保证期间。

（二）最高额保证的保证期间的计算

1. 最高额保证的保证期间的起算

该保证期间起算的特殊性在于：其一，该起算点必然在债权确定后，故普通保证的保证期间起算规则（《民法典》第 692 条）不能适用。其二，虽然最高额保证参照适用最高额抵押权的有关规定，但由于抵押权行使期间是法定期间（主债权诉讼时效），而保证期间的确定和起算均有约定和法定两种可能，故两种期间起算标准并不完全相同。其三，保证债务自身有诉讼时效问题，抵押权则无此问题。据此，最高额保证的保证期间起算应当具备以下条件。

（1）最高额保证所担保的债权确定。最高额保证参照适用最高额抵押权的“债权确定规则”（《民法典》第 423 条），详见第三章第八节。但需注意的是，第 423 条第 4 项“抵押权人知道或者应当知道抵押财产被查封、

---

① 参见最高人民法院民法典贯彻实施工作领导小组主编：《中华人民共和国民法典合同编理解与适用（二）》，人民法院出版社 2020 年版，第 1336 页。

② 参见程啸：《论我国〈民法典〉及其司法解释中的保证期间》，载《财经法学》2021 年第 3 期。

扣押”之规定不适用于最高额保证。因为该规定是为了防止抵押权人因对查封扣押事实不知情而发放的贷款得不到优先保护，而在最高额保证中不存在该问题。[①]

值得注意的是，《担保法解释》第 37 条曾规定，如果最高额保证合同约定有保证债务清偿期限的，保证期间起算点是“清偿期限届满之日”；没有约定保证债务清偿期限的，保证期间起算点是“最高额保证终止之日或自债权人收到保证人终止保证合同的书面通知到达之日”。《民法典》和《民法典担保制度解释》删除了该规定，理由在于：其一，该规定混淆了保证期间起算点与保证债务诉讼时效起算点，保证债务“清偿期限届满之日”应为保证债务诉讼时效起算点。其二，由于最高额保证涉及多个主债权，基于保证债务的从属性，并不存在一个统一的保证债务履行期限。[②] 其三，将保证期间起算点界定为“最高额保证终止之日或债权人收到保证人终止保证合同的书面通知到达之日”，系以《担保法》第 27 条之“保证人任意中止权”为前提。[③]《民法典》删除了“保证人任意中止权”之规定。其四，该规定未虑及当事人可以对保证期间起算点另行约定。

（2）债务人不履行到期债务。由于最高额保证债务仍具补充性，故受担保债权确定是保证期间起算的必要条件而非充分条件，保证期间是否起算还须视被确定债权是否到期而定。依据《民法典担保制度解释》第 30 条第 2 款的规定，该要件的判断标准如下：其一，债权确定时，各债权都已到期且债务人不履行债务的，保证期间于债权确定时起算。其二，债权确定时，各债权均未到期的，保证期间于最后到期的债权到期且债务人不履行该债务时起算。其三，债权确定时，既有债权已到期的，也有债权未到期的，保证期间于最后到期的债权到期且债务人不履行该债务时起算。[④] 简言之，该要件并非仅要求债务人不履行任一到期债务，而是要求债务人不履行最后到期债务，而先到期债务是否履行则在所不问。该做法最大限度地强化了最高额保证的补充性，对保证人十分有利。

（3）当事人对保证期间起算点另有约定的，依其约定。最高额保证的保证期间仍属保证合同所附解除条件，故起算点原则上可由当事人约定，但该约定不得违背保证债务的从属性和补充性。《民法典担保制度解

---

① 参见杨永清：《〈新担保司法解释〉中有关保证合同的几个问题》，载《法律适用》2021 年第 2 期。

② 参见高圣平：《担保法前沿问题与判解研究》（第 5 卷），人民法院出版社 2021 年版，第 227 页。

③ 参见四川省高级人民法院（2016）川民终 914 号。

④ 参见林文学等：《〈关于适用民法典有关担保制度的解释〉的理解和适用》，载《人民司法》2021 年第 4 期。

释》第30条第1款规定，保证期间的“计算方式”和“起算时间”均可由当事人约定。对此，不应解释为当事人可约定保证期间可以中断、中止、延长，因为该约定既违反保证期间的性质（《民法典》第692条第1款），也违反诉讼时效规则的法定性（《民法典》第197条第1款）。

2. 主债权诉讼时效和保证债务诉讼时效中断、中止、延长对最高额保证的保证期间的影响。如前文所述，主债权诉讼时效、保证债务诉讼时效和保证期间分别计算。最高额保证场合下亦是如此。

二、共同保证的保证期间

（一）共同保证的保证期间的确定

1. 共同保证类型及追偿权的立法变化

（1）《民法典》对《担保法》及其司法解释的修改。

《民法典》和《民法典担保制度解释》对《担保法》及其司法解释的共同保证规则作了较大程度的修改：一是改变了按份共同保证和连带共同保证的二分法，将共同保证分为按份共同保证、连带共同保证和不真正连带共同保证三种类型；[①]二是在新分类的前提下对各保证人之间的追偿权规则设置了新的规定。《民法典》仍然坚持了旧法的“行为共同标准”，即不要求各保证人达成共同担保的合意，而只要各保证人均有为同一债权人的同一债权提供担保的意思即可构成共同保证。《担保法解释》第19条规定的“两个以上保证人对同一债务同时或者分别提供保证”即为此意。《民法典》和《民法典担保制度解释》虽未直接采取该表述，但由于其对成立共同保证未要求有共同担保的合意，故《民法典》施行后仍应采相同解释。[②]

《担保法》第12条曾规定，连带共同保证人之间当然享有追偿权，而不以约定为必要。《民法典》和《民法典担保制度解释》对此作出修改，有无追偿权主要取决于当事人约定。[③]《民法典》第700条仅规定保证人有权向债务人追偿，而未规定保证人相互之间有权追偿。

（2）共同保证人之间有权相互追偿的情形。

依《民法典担保制度解释》第13条的规定，共同保证人之间有权相互追偿的情形包括以下三种。

---

① 参见黄薇主编：《中华人民共和国民法典合同编释义》，法律出版社2020年版，第513页。

② 参见最高人民法院民法典贯彻实施工作领导小组主编：《中华人民共和国民法典合同编理解与适用（二）》，人民法院出版社2020年版，第1378页。

③ 有学者认为，该修改是吸收《九民纪要》第56条精神的结果。参见高圣平：《担保法前沿问题与判解研究》（第5卷），人民法院出版社2021年版，第129页。

第一,各保证人约定相互之间可以追偿。该约定有分担份额的,依该份额追偿;没有分担份额的,各保证人按照比例分担向债务人不能追偿的部分。

第二,各保证人明确约定系连带共同保证。该情形下,虽然各保证人未约定相互之间可以追偿,但可依据《民法典》第519条享有连带债务人之间的追偿权。

第三,各保证人在同一份合同书上签字、盖章或者按指印。该情形可解释为各保证人之间具有连带共同保证的意思联络。[①] 这三种情形均构成连带共同保证,其共同点在于,各保证人系“同时提供”保证,且具有提供连带共同保证的意思联络,各保证人之间成立连带债务关系。三者的区别仅在于具体表现形式不同。

(3)共同保证人之间没有追偿权的情形。

第一,各保证人“分别提供”保证,且未约定保证份额。该情形下,因各保证人之间不具有连带共同保证的意思联络,甚至不知还有其他保证人,也未约定相互之间可以追偿,故不存在追偿权。虽然债权人可以分别请求各保证人履行全部保证债务,但各保证人之间并不成立连带债务关系。立法机关释义书将该情形称为“不真正连带共同保证”。[②]

第二,各保证人“同时或分别提供”保证,且约定了保证份额。该情形构成按份共同保证。各保证人之间成立按份债务关系,相互之间不存在追偿问题(《民法典》第517条)。

2. 不同类型共同保证的保证期间的确定

(1)按份共同保证的保证期间的确定。

按份共同保证人“分别提供”保证的,可分别约定保证期间;没有约定的,分别适用法定保证期间。按份共同保证人“同时提供”保证的,既可以分别约定保证期间,也可以约定统一适用的保证期间;没有约定的,分别适用法定保证期间。无论属于上述何种情形,保证期间的效力均各自发生而不存在关联。简言之,按份共同保证关系中,由于保证人各自依其份额承担保证责任,保证期间的确定、计算及效力均分别认定,故保证期间的适用并无特殊之处。[③]

(2)连带共同保证人的保证期间的确定。

该情形下,由于各保证人具有提供连带共同保证的意思联络,其通常须在同一份合同上签章或者以其他方式达成担保合意,该合意中可以包含

① 参见刘贵祥:《民法典关于担保的几个重大问题》,载《法律适用》2021年第1期。
② 参见黄薇主编:《中华人民共和国民法典合同编释义》,法律出版社2020年版,第513页。
③ 参见高圣平:《特殊情形之下保证期间的计算三论》,载《法学杂志》2021年第4期。

保证期间事项。对统一适用于所有保证人的保证期间达成约定的,适用该约定保证期间;没有约定的,统一适用法定保证期间。

有疑问的是,连带共同保证中各保证人能否分别约定保证期间?《民法典》施行以前,有学者对此持肯定意见,但该观点系以当时法律规定连带共同保证人当然享有追偿权以及保证期间构成绝对效力事项为前提。[①] 本书认为,在《民法典》和《民法典担保制度解释》施行后,不应允许各保证人分别约定保证期间。分别约定的,视为保证期间约定不明,统一适用法定保证期间。理由如下。

第一,《民法典担保制度解释》第 29 条第 1 款规定,债权人在保证期间内依法向部分保证人行使权利的,对其他保证人不具效力。从该款内容来看,债权人向部分保证人行使权利具有相对效力以各保证人适用同一保证期间为前提,才具有实质规范意义。如果允许各保证人分别适用各自的约定保证期间,则该规定仅在各期间存在重合时才具有适用意义,这将使该规定的必要性大为降低甚或不复存在。

第二,如果允许各保证人分别约定保证期间,则意味着各保证人享有不同的期限利益而负担轻重有异,因此追偿权规则的设计也应考虑该期限因素。例如,保证人 A、B、C 分别约定保证期间为 1 个月、3 个月和 1 年,C 于将近 1 年时依债权人请求清偿了全部债务,如果 C 向 A、B 追偿时完全不考虑各保证期间的差异,显然是不合理的。《民法典担保制度解释》第 13 条和第 29 条对追偿权的规定仅涉及清偿数额,而未将期限作为规范设计的考量因素。以此反推,现行法对连带共同保证的保证期间应解释为采取统一标准为妥。

第三,在现行法框架下,共同保证人与债权人既有可能是一般保证关系,也有可能是连带责任保证关系。[②] 在一般保证关系的情形下,由于各保证人行使先诉抗辩权涉及可供执行财产状况,而各保证人的可供执行财产必然存在差异,如果还允许各保证人分别约定保证期间,将进一步放大现有追偿权规则未考虑期限因素的负面效果。

第四,实务中,连带共同保证人通常被“视作一个整体”共同对债权人承担保证责任。[③] 该做法一方面强化了对债权人的担保效果,另一方面有利于简化法律关系。各保证人统一适用保证期间是该实务精神的合理推

---

① 参见程啸:《保证合同研究》,法律出版社 2006 年版,第 582~583 页。

② 参见最高人民法院民法典贯彻实施工作领导小组主编:《中华人民共和国民法典合同编理解与适用(二)》,人民法院出版社 2020 年版,第 1380 页。

③ 参见最高人民法院(2015)最高法民申 2064 号。

论，而允许各保证人分别约定保证期间则显然与该精神相悖。

(3)不真正连带共同保证的保证期间的确定。

该情形下，由于各保证人系“分别提供”保证，故各保证人与债权人分别约定保证期间不存障碍；没有约定的，分别适用法定保证期间。

(二)共同保证的保证期间的计算

1. 共同保证的保证期间的起算

(1)按份共同保证中，各保证人与债权人既可以分别约定保证期间的起算点，也可用约定统一适用的起算点；未约定的，分别适用法定起算标准(《民法典》第692条)。

(2)连带共同保证中，对统一适用的保证期间起算点有约定的，依其约定；没有约定的，统一适用法定起算标准。依前文所述理由，各保证人既不能分别约定保证期间，也不能在约定一个保证期间的前提下约定不同起算点，以实现与现行追偿权规则的兼容性以及连带共同保证关系的整体性。

(3)不真正连带共同保证中，各保证人与债权人可分别约定保证期间的起算点；没有约定的，分别适用法定起算标准。该情形下，由于各保证人系“分别提供”保证，故各保证人与债权人可以分别约定保证期间的起算点。

2. 主债权诉讼时效和保证债务诉讼时效中断、中止、延长对共同保证的保证期间的影响。如前文所述，主债权诉讼时效、保证债务诉讼时效和保证期间分别计算。

(三)共同保证的保证期间的相对效力

《民法典》施行以前，连带共同保证中的债权人在保证期间内向部分保证人主张权利的，效力及于其他保证人，即保证期间具有绝对效力。《最高人民法院关于已承担保证责任的保证人向其他保证人行使追偿权问题的批复》(法释〔2002〕37号)规定：“根据《中华人民共和国担保法》第12条的规定，承担连带责任保证的保证人一人或者数人承担保证责任后，有权要求其他保证人清偿应当承担的份额，不受债权人是否在保证期间内向未承担保证责任的保证人主张过保证责任的影响。”该规定的理由在于，这是连带债务的性质以及追偿权规则(《担保法解释》第20条)的当然推论。[①] 实务中，该规定不仅被适用于债权人向部分保证人主张权利的情形，[②]某些案件中还被进一步扩张解释。有最高人民法院判决认为，保证人

---

① 参见吴贵祥：《〈最高人民法院关于已承担保证责任的保证人向其他保证人行使追偿权问题的批复〉的理解和适用》，载《民事审判指导与参考》2003年第1期。

② 参见最高人民法院(2020)最高法民申322号。

之一在保证期间内向债权人还款,该行为应“视为债权人已向其他保证人主张过债权”,基于连带共同保证的保证期间的涉他性,债权人虽未提交证据证明其在保证期间内向其他保证人主张过权利,但其他保证人不能以此抗辩其保证责任已被免除。[①] 但也有学者对“法释〔2002〕37 号”提出批评意见,认为该规定是对《担保法解释》第 20 条的误读,且有悖民法中过错自行承担责任原则。[②]

《民法典担保制度解释》改变了“法释〔2002〕37 号”的做法,后者亦随《民法典》的施行而被废止。《民法典担保制度解释》第 29 条规定,债权人在保证期间内依法向部分保证人行使权利的,效力不及于其他保证人,即保证期间具有相对效力;区分共同保证人之间有无追偿权,因保证期间届满而免责的保证人适用不同的追偿规则。对该条的规范含义,具体解读如下:

1.“同一债务有两个以上保证人,债权人以其已经在保证期间内依法向部分保证人行使权利为由,主张已经在保证期间内向其他保证人行使权利的,人民法院不予支持。”(第 1 款)该款适用于所有类型的共同保证。

(1)按份共同保证中,保证期间的相对效力体现为两方面:一是“行使权利的相对效力”。债权人在保证期间内依法向部分保证人行使权利的,行使权利的效力不及于其他保证人,其他保证人的保证期间仍正常计算。有一种情形值得注意,在保证人承担一般保证责任的情形下,该款“债权人以其已经在保证期间内依法向部分保证人行使权利”应解释为“债权人以其已经在保证期间内对债务人提起诉讼或者申请仲裁”(连带共同保证中亦同)。[③] 二是“免责的相对效力”。保证人在其自身适用的保证期间内未被债权人依法行使权利,保证债务消灭。因保证期间届满导致该保证人免责的效力不及于其他保证人。这两方面效力是按份债务关系的当然结论,《民法典》施行前后没有变化。

(2)连带共同保证中,保证期间的相对效力仅体现为“行使权利的相对效力”,而无“免责的相对效力”(详见后文)。债权人在保证期间内依法向部分保证人行使权利的,行使权利的效力不及于其他保证人,其他保证人的保证期间仍正常计算。[④] 这是被废止的“法释〔2002〕37 号”主要涉及

---

① 参见最高人民法院(2014)民四终字第 5 号。

② 参见秦康美:《论共同保证中的保证人责任》,载《经济问题》2005 年第 12 期。

③ 参见程啸、高圣平、谢鸿飞:《最高人民法院新担保司法解释理解与适用》,法律出版社 2021 年版,第 188 页。

④ 参见高圣平:《特殊情形之下保证期间的计算三论》,载《法学杂志》2021 年第 4 期。

的情形。值得说明的是，依据《诉讼时效规定》第 15 条的规定，债权人对连带债务人之一请求履行的，对其他连带债务人也发生诉讼时效中断的效力，即中断事由在连带债务关系中具有绝对效力。《民法典担保制度解释》第 29 条与其做法不同，债权人在保证期间内向部分保证人行使权利仅具相对效力。依据最高人民法院释义书的解释，该规定的理由系基于保证期间与诉讼时效最根本的差异，即保证期间是倾向于保护保证人的制度，诉讼时效是倾向于保护债权人的制度。① 亦有学者以“不能受偿的风险系由债权人的原因所致”为由解释该规定的合理性。② 新司法解释的这种态度变化，反映了现行法对连带共同保证人保护的强化。

（3）不真正连带共同保证中，保证期间的相对效力体现为“行使权利的相对效力”和“免责的相对效力”。由于各保证人系“分别提供”保证，其相互之间不存在意思联络，故保证期间具有“行使权利的相对效力”更具合理性。由于各保证人之间不构成连带债务关系，《民法典担保制度解释》第 29 条第 2 款不能适用于不真正连带共同保证，故保证期间仍具“免责的相对效力”。

2.“同一债务有两个以上保证人，保证人之间相互有追偿权，债权人未在保证期间内依法向部分保证人行使权利，导致其他保证人在承担保证责任后丧失追偿权，其他保证人主张在其不能追偿的范围内免除保证责任的，人民法院应予支持。”（第 2 款）该款仅适用于连带共同保证。依此规定，连带共同保证的保证期间不具有“免责的相对效力”。

（1）“其他保证人在承担保证责任后丧失追偿权”的理解。依该款规定，“其他保证人在承担保证责任后丧失追偿权”的前提是“债权人未在保证期间内依法向部分保证人行使权利”。也就是说，债权人在保证期间内向一部分保证人行使了权利而对另一部分保证人未行使权利的情形下，未被行使权利的保证人于保证期间届满后，既可以向债权人主张免责，也可以拒绝其他保证人的追偿请求。因为基于保证期间的“行使权利的相对效力”，保证期间内债权人未向保证人行使权利导致该保证人所负保证债务消灭，故其后债权人和其他保证人均丧失请求其履行的基础。依据司法解释制定者的解释，债权人在保证期间内未向部分保证人行使权利导致其保证债务消灭的，本质上属于“债务免除”，因为债权人的该消极行为包含免

---

① 参见最高人民法院民事审判第二庭：《最高人民法院民法典担保制度司法解释理解与适用》，人民法院出版社 2021 年版，第 300 页。

② 参见程啸、高圣平、谢鸿飞：《最高人民法院新担保司法解释理解与适用》，法律出版社 2021 年版，第 189 页。

除的意思。[①] 对因保证期间届满免责的保证人而言,其对债权人所负保证债务和对其他保证人所负受追偿义务均发生免除效果。

以下两个问题值得特别注意。

其一,《民法典担保制度解释》第 29 条第 2 款与第 13 条第 1 款、第 2 款的适用关系。依据后者的规定,在连带共同保证的三种情形中,承担了保证责任的保证人有权请求其他保证人按照约定分担份额;未约定分担份额的,各保证人按照比例分担向债务人不能追偿的部分。该规定虽未提及保证期间,但结合第 29 条的内容,第 13 条第 1 款、第 2 款中的"其他保证人"应解释为未因保证期间届满免责的保证人,包括保证期间内已被债权人行使权利但未履行、保证期间内未被债权人行使权利但保证期间尚未届满等情形。

其二,《民法典担保制度解释》第 29 条第 2 款中的"丧失追偿权",是指丧失保证人之间的追偿权,而非丧失保证人对债务人的追偿权。连带共同保证中,存在两层追偿关系:一是保证人对债务人的追偿权;二是各保证人之间的追偿权。由于《民法典担保制度解释》第 13 条规定保证人之间的追偿范围是"按照比例分担向债务人不能追偿的部分",因此各保证人应先向债务人追偿,对债务人追偿无效果的,再向其他保证人追偿。在诉讼程序中,行使追偿权的保证人可将债务人与其他保证人列为共同被告,法院在判决中应列明清偿顺序。[②] 该规定的理由是为了避免循环追偿。[③]《民法典担保制度解释》第 29 条第 2 款涉及的情形是,部分保证人因保证期间届满免责导致承担了保证责任的保证人无法向其追偿,而未涉及对债务人追偿的处理,故该款中追偿权应解释为保证人之间的追偿权。

(2)"其他保证人主张在其不能追偿的范围内免除保证责任"的理解。《民法典担保制度解释》第 29 条第 2 款系以《民法典》第 520 条第 2 款为基础,将连带共同保证中因保证期间届满免责的保证人认定为连带债务关系中被债权人免除债务的债务人。因此,虽然承担了保证责任的保证人丧失对免责保证人的追偿权,但未免责的保证人可依据《民法典》第 520 条第 2 款关于免除的"限制绝对效力"之规定,[④]就免责保证人应分担的份额主张

① 参见林文学等:《〈关于适用民法典有关担保制度的解释〉的理解和适用》,载《人民司法》2021 年第 4 期。

② 参见刘贵祥:《民法典关于担保的几个重大问题》,载《法律适用》2021 年第 1 期。

③ 对该规定的质疑意见,参见高圣平:《担保法前沿问题与判解研究》(第 5 卷),人民法院出版社 2021 年版,第 132 页。

④ 参见黄薇主编:《中华人民共和国民法典合同编释义》,法律出版社 2020 年版,第 132 页。

免责。具体分析如下。

其一,“不能追偿的范围”是指因保证期间届满免责的保证人所应分担的份额。因债权人免除了该保证人的债务份额,导致其他保证人亦可就该份额主张免除效果。因此,连带共同保证的保证期间不具有“免责的相对效力”,而具有免除的“限制绝对效力”。

其二,该款中“其他保证人”是指未因保证期间届满免责的保证人,包括承担了保证责任的保证人和未承担保证责任且未免责的保证人。虽然该款文义似乎将“其他保证人”限定于承担了保证责任的保证人,但依据《民法典》第520条第2款的“限制绝对效力”,无论是否已经承担保证责任,未因保证期间届满免责的保证人均属于连带债务人,故均有权就免责保证人所应分担的份额主张免除效果。

其三,该款中其他保证人“主张的对象”包括两种情形:一是债权人请求未免责的保证人履行保证债务时,该保证人可以主张在扣除免责保证人所应分担份额的前提下进行履行;二是承担了保证责任的保证人向未承担保证责任且未免责的保证人行使追偿权时,后者可以主张在扣除免责保证人所应分担份额的前提下进行追偿。①

三、独立保函的保证期间

(一)独立保函保证期间的确定

独立保函是独立担保的下位概念。独立担保是相对于“从属性担保”的一个类概念,用以指称包括独立保函、备用信用证等具有重要共同特征的担保类型。所谓重要的共同特征,是指独立性规则和单据规则。② 依据《独立保函规定》第1条的规定,独立保函是指银行或非银行金融机构作为开立人,以书面形式向受益人出具的,同意在受益人请求付款并提交符合保函要求的单据时,向其支付特定款项或在保函最高金额内付款的承诺。该司法解释较多借鉴《见索即付保函统一规则》(The Uniform Rules for Demand Guarantees,URDG758)的相关内容,实践中依据URDG758出具的独立保函也较为常见。③

依据《民法典担保制度解释》第2条的规定,银行或非银行金融机构以外的当事人开立独立保函,或者保证合同中约定保证合同的效力独立于主

① 该情形下追偿和分担的具体方法,参见高圣平:《特殊情形之下保证期间的计算三论》,载《法学杂志》2021年第4期。

② 参见刘斌:《独立担保:一个概念的界定》,载《清华法学》2016年第1期。

③ 参见蒋琪主编:《中国独立保函法律实务精要与判例详解》,法律出版社2020年版,第3页。

合同的，该担保独立性的约定无效。但根据“无效法律行为的转换”原理，应将此类担保认定为从属性保证：主合同有效的，保证合同有效，依当事人意思将其解释为一般保证或连带责任保证；主合同无效的，保证合同亦无效，但法律另有规定的除外。[①] 在上述情形下，应当适用从属性保证的保证期间规则，而非适用独立保函的保证期间规则。

1. 保函有效期是否属于保证期间

由于独立保函的性质不是《民法典》中的一般保证或连带责任保证（《独立保函规定》第 3 条第 3 款），因此《民法典》中的保证期间规则并不当然适用于独立保函。《独立保函规定》对保证期间未作规定，而是规定了“保函有效期”规则。其第 4 条第 2 款规定：“独立保函一经开立即生效，但独立保函载明生效日期或事件的除外。”第 11 条规定，“独立保函载明的到期日或到期事件届至，受益人未提交符合独立保函要求的单据”构成独立保函权利义务终止事由之一。对于保函有效期是否属于保证期间，学界存在争议。肯定说认为，二者为同义语。除非当事人另有约定，不可能发生“保函有效期届满，但保证期间未经过的情况”。在免责条件、与诉讼时效关系等问题上，保函有效期均与保证期间相同。[②] 否定说认为，保函有效期不同于保证期间，因为二者在适用情形、价值理念等方面均存在明显差异。保函有效期是单独的或有期间类型，在该期间内，由于特定法律事实的发生以确定请求权之有无以及诉讼时效之起算。[③] 本书赞同肯定说，理由如下。

第一，保函有效期与保证期间的价值理念相一致。保函有效期的主要功能是减轻担保人（保函开立人）的清偿负担，使其有机会在一定期间经过后免除责任，故其价值理念与保证期间并无不同。由于独立保函效力与主合同效力不具直接关联性，独立保函担保人的责任排除适用保证合同中的从属性规则，因此独立保函的效力独立于主合同。换言之，独立保函一旦生效，通常都是不可撤销的，任何一方都不能单方面撤销合同或解除合同。[④] 可见，独立保函担保人的责任负担明显重于从属性保证人。在后者都可通过保证期间减轻其负担的前提下，前者适用保证期间（保函有效期）亦具合理性。在现行法框架下，保函有效期也应解释为附解除条件，即

---

① 参见刘贵祥：《民法典关于担保的几个重大问题》，载《法律适用》2021 年第 1 期。

② 参见高圣平、何颖来：《论独立保证中保证人的权利保护体系——兼评独立保函司法解释征求意见稿》，载《社会科学》2016 年第 4 期。

③ 参见刘斌：《独立担保的独立性：法理内涵与制度效力——兼评最高人民法院独立保函司法解释》，载《比较法研究》2017 年第 5 期。

④ 参见王利明：《独立保证的相关问题探讨》，载《当代法学》2020 年第 2 期。

“债权人(受益人)未在该期间内依特定要求向担保人主张权利”构成解除条件成就,从而导致独立保函失效。

第二,保函有效期的效力与保证期间不存在本质差异。《独立保函规定》第11条第1款第1项和URDG758第25-c条均规定,保函有效期届满的后果是“独立保函权利义务终止”,即担保责任消灭。如果债权人于保函有效期内依据法定或约定要求向担保人主张权利,即使其后保函有效期届满也不导致担保责任消灭。换言之,仅有保函有效期届满的事实尚不能当然导致担保责任消灭,还须视债权人在该期间内实施何种行为才能决定担保责任的有无。保函有效期的该效力与债务履行期限、诉讼时效期间均不相同,而与保证期间一致。应注意的是,由于独立保函的独立性特征,主债权债务转让、变更影响保证期间规则并不适用于保函有效期,但此系独立保函与从属性担保的差异所致,并不足以否认保函有效期属于保证期间之判断。

第三,域外法上,虽然各国法律对从属性保证期间规则能否适用于独立保函存在较大争议,但是对独立保函可适用自身保证期间基本上已达成共识。[①] 例如,《欧洲示范民法典草案》第Ⅳ.G-3:107条将独立保函区分为定期和未定期,并设置了相应规则。简言之,独立保函能否适用从属性保证期间规则与独立保函能否设置保证期间系两个不同问题,对前者的否定不能当然推导出后者的否定性结论。前述否定说所持独立保函与保证期间不兼容之理由,并不成立。

2. 未约定保函有效期的情形如何处理

对于该情形,域外规则多规定适用法定有效期间或者以单方催告确定保函有效期。例如,URDG758第25-c条规定:“如果保函或反担保函既没有规定失效日,也没有规定失效事件,则保函应自开立之日起3年之后终止,反担保函应自保函终止后30个日历日之后终止。”《欧洲示范民法典草案》第Ⅳ.G-3:107条规定:“没有约定保证期间的,保证人得以通知形式设置至少3个月的保证期间。”

《独立保函规定》在制定过程中,对未约定保函有效期的处理存在两种方案:一是借鉴URDG758,规定“3年”和“30日”的法定有效期;二是对保函有效期不作规定。[②] 司法解释最终采纳了方案二,未规定法定有效期。但对此能否解释为当事人可设立无期限之有效期而非采取法定主义的保

① 参见欧洲民法典研究组、欧盟现行私法研究组编著:《欧洲私法的原则、定义与示范规则:欧洲示范民法典草案》(第4卷),于庆生等译,法律出版社2014年版,第1291~1292页。

② 参见《最高人民法院关于审理独立保函纠纷案件若干问题的规定(征求意见稿)》第14条。

证期间,学界仍存疑义。[①] 本书认为,《独立保函规定》未规定法定有效期,且基于独立保函之特殊担保属性,也不能适用《民法典》之法定保证期间规则。虽然从理论上而言,我国的独立保函可分为有期限保函和无期限保函,但是实践中仍以有期限保函为常态。

第一,独立保函开立人只能是银行或非银行金融机构等商事主体,故罕有违背商业惯例而不约定保函有效期且不作任何事先安排的情形。实务中,对保函有效期的约定主要有三种情形。一是约定担保人收到受益人提交的相关书面文件后支付款项,款项支付后保函终止,同时约定保函最迟不晚于某个日期失效。二是约定合同项下义务得到充分履行且被受益人彻底解除义务后失效,同时约定保函最迟不晚于某个日期失效。三是不约定保函有效期,而由申请人向担保人提交履约保证金,同时约定"履约保证金在合同规定的质量保证期满后不迟于 30 天内退还;如果此时存在合同争端且未能解决,则履约保证金的有效期应延长到上述争端最终解决且理赔完毕"。[②] 司法解释未规定法定有效期,可能与承认第三种交易模式有关。在该模式下,虽然未约定保函有效期增加了担保人的风险,但是申请人提交的履约保证金作为反担保在一定程度上降低了担保人的风险。从申请人角度而言,其提交履约保证金虽然增加了成本和无法返还的风险,但是可使担保人更易于同意提供担保从而提高获得担保的机会。因此,该模式是当事人评估各方风险后所作的合理交易安排,并不会因未约定保函有效期而使担保人单方面处于负担过重的境地。基于合同自由原则,司法解释没有必要禁止该交易模式。

第二,《独立保函规定》第 3 条和第 5 条规定,保函载明适用 URDG758 等交易示范规则的,或开立人和受益人在一审法庭辩论终结前一致援引的,应当认定为独立保函性质,且交易示范规则的内容构成独立保函条款的组成部分。依此规定,即使当事人未约定保函有效期,但保函载明适用 URDG758 等交易示范规则的,该保函可依据交易示范规则确定有效期而非构成无期限保函。换言之,司法解释未规定法定有效期的做法,系将是否适用交易示范规则之有效期规则的决定权交给当事人,而不作强制要求。由于实务中独立保函大多载明适用 URDG758 等交易示范规则,因此司法解释不规定法定有效期可避免与交易示范规则抵牾而产生不必要的困扰。

---

① 参见刘斌:《独立担保的独立性:法理内涵与制度效力——兼评最高人民法院独立保函司法解释》,载《比较法研究》2017 年第 5 期。

② 参见蒋琪主编:《中国独立保函法律实务精要与判例详解》,法律出版社 2020 年版,第 360 页。

（二）独立保函保证期间的计算

1. 独立保函保证期间的起算

独立保函有效期的起算点是独立保函生效之时。依据《独立保函规定》第4条的规定，独立保函生效时点包括两种情形：一是独立保函开立时生效，开立时间为开立人发出独立保函的时间；二是独立保函载明生效日期或事件的，依该标准生效。相较于从属性保证而言，独立保函保证期间的起算具有以下特征。

第一，独立保函保证期间起算与主债务履行期限相分离。从属性保证因具有补充性，其保证期间起算不得早于主债务履行期限届满之时。基于独立保函债务之独立性，其保证期间起算与主债务履行期限并无直接关联。《民法典》及司法解释关于保证期间与主债务履行期限的限制规则不适用于独立保函。

第二，独立保函保证期间起算标准更有利于保护债权人利益。在一般情形下，独立保函生效时点为“开立时”，而开立时间为开立人发出独立保函之时，即采取发出主义而非到达主义。这对债权人获得担保利益更为有利，因为这意味着担保人一旦发出保函则不享有撤回的权利。《独立保函规定》的该规则与URDG758保持了一致，后者第4条规定，保函一旦脱离担保人的控制即为开立，债权人有权自保函开立之日或保函约定的开立之后的其他日期或事件之日起提交索赔。该规则强化了独立保函债务的独立性，使债权人更易于接受这种担保方式。

2. 独立保函保证期间计算的特殊性

基于独立保函保证期间的性质，其排除适用中止、中断、延长规则，此与从属性保证期间相同。由于独立保函在成立、内容、效力等方面具有独立性，其计算规则亦具有异于从属性保证期间的特殊性。分述如下。

（1）主合同内容或履行期限变更、主债权或主债务转让影响保险期间规则，不适用于独立保函。从属性保证中，由于保证关系具有从属性和补充性，主合同内容或履行期限变更、主债权或主债务转让导致保险期间发生相应变化（《民法典》第695～697条）。独立保函关系中，债权人将其基于保证交易与其基于基础交易的法律地位相分离，并阻断基础交易对保证交易的影响，使得保证人与主债务人的地位相互独立。[1] 依《独立保函规定》第6条和第12条的规定，除构成保函欺诈外，担保人无权以基础交易关系或独立保函申请关系对付款义务提出抗辩。因此，《民法典》的上述

---

① 参见高圣平：《论独立保证的典型化与类型化》，载《武汉大学学报（哲学社会科学版）》2016年第1期。

规定不适用于独立保函。换言之,独立保函不仅在内容和效力上具有独立性,其保证期间亦具独立性。

(2)《民法典》中保证期间与保证债务诉讼时效起算关系规则,不适用于独立保函。由于独立保函不是一般保证或连带责任保证(《独立保函规定》第 3 条第 3 款),因此《民法典》第 694 条对保证期间与保证债务诉讼时效起算关系的规定不适用于独立保函。通常情形下,独立保函存在有效期之记载而无履行期限之记载。债权人于保证期间(保函有效期)依特定要求向担保人请求付款的,自知道或应当知道担保人拒绝付款时起算诉讼时效。URDG758 第 20 条规定,如果债权人请求付款时没有表明此后将补充其他单据,则担保人应从交单翌日起 5 个营业日内审核该索赔并确定该索赔是否相符;如果请求付款时表明此后将补充其他单据,则可以到单据补充完毕之后再进行审核。一旦担保人确定索赔是相符的,就应当付款。第 23 条对展期或付款作出规定。据此,担保人在上述审核期限或展期内作出拒绝付款决定的,债权人收到拒付通知时起算诉讼时效;担保人拒绝部分付款的,债权人收到拒付通知时被拒付的部分债权诉讼时效起算。

(3)《民法典》中保证人有权援引主债务时效抗辩权规则,不适用于独立保函。依据《独立保函规定》第 6 条第 2 款的规定,担保人无权援引主债务时效抗辩权以拒绝债权人的付款请求。基于独立保函的独立抽象性,担保人不能以基础交易的抗辩为由拒绝付款,基础交易中的抗辩不能构成履行独立保函义务的影响。① 独立担保人只能依据自身享有的抗辩事由主张抗辩,如受益人索付有"明显的欺诈或滥用",即受益人知道或应当知道索付会造成他人损害。② 换言之,独立保函排除了抗辩权上的从属性,其担保方式的核心是担保人严格依据文本所载条件付款,故担保人不能以主债务人对债权人享有的抗辩对抗债权人。③

第十节　我国现行法之检讨

对于保证期间的制度设计,我国法律无论是宏观价值取向还是微观规则设置都经历了一个逐渐演变的过程。《担保法》《民法典》及司法解释相

---

① 参见刘斌:《独立担保的独立性:法理内涵与制度效力——兼评最高人民法院独立保函司法解释》,载《比较法研究》2017 年第 5 期。

② 参见李世刚:《独立担保中国规则的风险控制机制研究——以"独立保函司法解释"为研究对象》,载《法学杂志》2020 年第 2 期。

③ 参见王利明:《独立保证的相关问题探讨》,载《当代法学》2020 年第 2 期。

关规定的变化可以清晰地体现这一点。在现行法框架下,保证期间规则大致可归纳为以下几个方面:(1)保证期间一定是保证合同的内容,即所有保证关系均为定期保证,如无约定保证期间,则适用法定保证期间。①(2)保证期间规则的内容总体上遵循从随主原则,即保证期间是对保证债务从属性予以强化或具体化的一项规则,保证期间的设置不得违反保证债务的从属性。(3)保证期间与保证债务的诉讼时效构成并存关系。前者构成保证合同所附解除条件,保证合同因解除条件成就而失效,保证人因此免责;后者是诉讼时效制度在保证领域的体现,其应当遵循现行时效法相关规则的要求。

一、现行法与域外立法模式价值理念之比较

对于保证期间制度的立法理念,我国现行法与域外法在某些方面存在相当程度的一致性,如侧重保护保证人、贯彻从属性、区分保证期间与诉讼时效等。这些共同点系由保证关系性质及保证期间功能决定的,故现行法对这些问题的态度值得肯定。以下着重就现行法与域外法模式在价值理念上的差异予以比较。

(一)现行法虽然也侧重保护保证人利益,但对债权人的保护力度明显强于域外法模式

基于保证合同的无偿性、单务性和从属性,现行法对保证期间的立法理念和规则设置均体现了侧重保护保证人的精神,其总体价值取向与域外法的方向一致。但值得注意的是,与域外法对债权人采取"保护+限制"的基本态度相比,我国现行法对债权人的保护力度偏大,体现了较为明显的"债权人本位"色彩。体现为以下几个方面。

第一,对于保证方式的确定,《担保法》曾经采取连带责任保证为原则、一般保证为例外的做法,使债权人利益得到更大程度的保护。在域外法中,如无特别约定或特别规定,保证关系均认定为一般保证,而对责任负担较重的连带责任保证,仅以当事人特别约定或法律特别规定为限。②《担保法》采取连带责任保证为原则、一般保证为例外的做法,系基于立法当时规范经济秩序、保护银行等金融机构等现实原因,③虽具有一定合理

---

① 有学者将该做法称为"保证期间的强制适用主义",参见高圣平:《民法典上保证期间的效力及计算》,载《甘肃政法大学学报》2020年第5期。

② 吉田徹-筒井健夫『改正民法[保証制度・現代語化]の解説』(商事法務,2005年)244頁参照。

③ 参见全国人大常委会法制工作委员会民法室编著:《中华人民共和国担保法释义》,法律出版社1995年版,第25页。

性,但明显违反"对义务人课以较重义务时须经其同意"的基本法理,故学理上对该规定一直存在批评意见。就保证期间规则的适用而言,由于上述规定在保证期间起算、主张权利的方式、对诉讼时效的影响等方面连带责任保证的债权人享有更优的权利,这就使债权人在保证期间方面也能得到更大程度的保护。值得注意的是,《民法典》第686条改变了《担保法》以连带责任保证为原则的做法,构成立法上的重大变化,使保证人与债权人之间的利益关系更趋平衡①,故值得肯定。

第二,对于主合同变更对保证责任的影响,《民法典》采取更有利于债权人的规定。《担保法》第24条曾规定,债权人和债务人变更主合同内容而未经保证人书面同意的,保证人一律免责,除非保证合同另有约定。该规定明显有利保证人,因为无论主合同变更何种内容,均推定违反保证人订立保证合同时的意思,故须保证人重新认可。从保证合同从属性的角度观察,该规定亦可视为对从属性的绝对贯彻。但是《民法典》对该问题的态度有显著变化,其区分主合同变更内容以决定对保证责任的影响:如果主合同变更未加重保证人的负担,则保证责任的内容(包括保证期间)不变或相应减轻。该做法虽未违反保证责任的从属性,但明显对债权人更为有利,因为在主合同变更的诸多场合下,即使未取得保证人书面同意,保证人仍须承担保证责任。域外各国对该问题虽然态度并不完全一致,但通常仅规定主债务履行期限延长对保证责任的内容(包括保证期间)的影响,②而罕有类似我国司法解释之该规定。

第三,现行法没有针对特殊保证人设置特别保护规则。基于保证合同的无偿性及对弱势主体的倾向性保护,域外法大多设置一些特别规则,以加强对某些特殊保证人的保护力度。例如,《瑞士债务法》第493条、第500条针对自然人保证人的规定,第494条针对已婚保证人的规定;法国、巴西等国规定不定期保证的保证人享有任意解除权等。我国现行法并无此类规定,这导致自然人保证人、非商事主体保证人承担保证责任的强度(包括保证期间)与商事主体保证人(如担保公司)处于相同水平。该做法虽然有利于保护债权人利益,但是否有无视弱势主体保护的嫌疑,殊值疑问。

第四,保证人对无效主合同或无效保证合同仍须承担一定责任,使债权人在此情形下也能享有担保利益。在域外法上,保证人通常仅对有效的

---

① 参见刘贵祥:《民法典关于担保的几个重大问题》,载《法律适用》2021年第1期。

② 中田裕康『債権総論(第三版)』(岩波書店,2014年)492頁参照。

主债务负担保责任,如《法国民法典》第 2289 条、《瑞士债务法》第 492 条第 2 款、《葡萄牙民法典》第 642 条对此均设有明文规定。我国现行法与域外法规定有所不同。《民法典》和《民法典担保制度解释》在继承实务意见的基础上,结合无效原因、有无过错等因素决定保证人责任的有无及大小,并形成了极为复杂的规则。[①]《民法典担保制度解释》第 33 条将保证期间的适用范围扩展至保证合同无效的场合,虽然该做法一定程度上弱化了保证人的负担,但相较于域外法中的保证人完全免责而言,我国现行法仍然明显地体现了对债权人利益的优待。

(二)相较于域外法模式,现行法对保证期间的介入程度更大

第一,现行法设置了法定保证期间,排除了不定期保证的类型。在域外法上,绝大多数国家不设置法定保证期间,即当事人未约定保证期间则构成不定期保证,以实现对当事人意思自治的尊重。《担保法》摒弃了《保证规定》的催告规则,代之以规定法定保证期间。该做法与制定《担保法》时的三角债问题、稳定金融秩序等立法背景有关。[②]《民法典》坚持了《担保法》所采模式。本书认为,应否设置法定保证期间是一个立法政策选择问题,只要该规则与其他规则能够有效衔接和兼容,且符合法律适用之时的社会现实需要,其应当作为立法选项之一,不能仅以该做法与大多数立法模式不符为由而简单予以否定。详见后文分析。

第二,对于约定保证期间,现行法设置了若干限制规则。域外法对约定保证期间大多持宽松态度,即只要不违反法律强制性规定或公序良俗原则即属有效,期间长度及计算方法依当事人意思确定。我国现行法虽然也允许当事人约定保证期间,但法律和实务对其存在较多限制。例如,《民法典》和司法解释对“视为没有约定”“视为约定不明”设置专门规定。又如,由于我国存在法定保证期间,实务上对约定保证期间能否短于法定保证期间或长于诉讼时效期间,亦存在分歧意见。[③] 应当说明的是,本书并非认为域外法的宽松做法一定优于我国现行法的做法。对于我国现行法规定的评价,应当立足于我国现行法框架的兼容性、对实现立法目的是否有利等因素进行。

---

① 对该规则的批评意见,参见程啸、高圣平、谢鸿飞:《最高人民法院新担保司法解释理解与适用》,法律出版社 2021 年版,第 114~115 页。

② 详见本章第五节。

③ 参见包晓丽、司伟:《民法典保证期间规定之理解适用中的几个问题》,载《法律适用》2021 年第 1 期。

（三）由于我国法律对保证期间立法理念的变化、调整等原因，现有规则越来越复杂、烦琐

总体上而言，域外法普遍对保证期间规则设计得较为简单，民法典中直接规定该规则的一般不过 1 条或 2 条，甚至有些国家（如日本）根本无直接规定，而通过法律行为的一般规则及学理实务意见解决，从而给有关规则的解释适用留下足够大的空间。反观我国法律，由于保证期间立法理念在不同时期不断发生变化、调整，加之司法解释总是试图通过设置具体规则来平息实务分歧，这两项因素导致保证期间规则的内容不断地扩充、膨胀，以至于现行法规则显得十分复杂、烦琐。体现如下。

第一，法律规范数量众多、体系庞杂。《民法典》《民法典担保制度解释》和此前的《保证规定》《担保法》《担保法解释》直接涉及保证期间的条文数量为：《民法典》共 6 条（13 款）；《民法典担保制度解释》共 9 条（15 款）；《保证规定》共 9 条（10 款）；《担保法》共 6 条（8 款）；《担保法解释》共 9 条（14 款）。这些条文是直接规定保证期间规则的条文，还不包括规定保证债务诉讼时效的规定和其他间接规定。此外，最高人民法院颁布了大量涉及保证期间规则的批复、答复、意见等司法文件。其中，较为重要的包括："法函〔1995〕142 号""法〔2002〕144 号""〔2002〕民监他字第 14 号函""法释〔2004〕4 号"等。这些文件是解释、补充法律规定的重要依据，但不乏相互抵牾的内容。

第二，规则设计复杂。相较而言，《担保法》规定的保证期间规则较为简明，由于实务中很多实际问题无法得到解决，司法解释和相关批复不断对保证期间规则予以扩充、解释，形成了一套设计复杂但仍不乏争议的规则体系。例如，由于现行法对先诉抗辩权的性质、功能存在定位偏差，一般保证期间和连带责任保证期间的计算被设计为两套规则，这给实体法和程序法的适用带来诸多困扰。为解决这些困扰，司法解释又不得不设计出更多的规则予以补救。又如，保证期间与保证债务诉讼时效的衔接及后者的计算问题，同样存在类似状况。毋庸讳言，现行法框架下的保证期间规则不仅普通民众难以理解，即使是专职研究者或法官亦存在理解障碍。[①] 对现行法的这种烦琐规则体系，学界不乏批评意见。[②] 虽然《民法典》对现有规则进行了一定程度的整合，但仍不尽如人意。本书认为，导致现有规则体系过于复杂的主要原因是：立法者对保证期间缺乏一以贯之的立法理

① 参见刘贵祥：《民法典关于担保的几个重大问题》，载《法律适用》2021 年第 1 期。

② 参见朱凡：《人的担保基本制度研究》，中国检察出版社 2006 年版，第 136～138 页；王恒：《保证期间的本体论批判》，载《河北法学》2011 年第 10 期。

念，不同时期的立法政策、司法政策都对规则内容有不同程度的影响；加之对先诉抗辩权、保证债务诉讼时效等规则的定位变化，导致规则体系不断膨胀、烦琐。

二、我国保证期间规则的立法完善

基于以上分析，完善我国保证期间规则的基本思路是：以优先保护保证人为基本价值理念，适当兼顾保护债权人利益；妥善处理与其他规则（尤其是先诉抗辩权和保证债务诉讼时效）的衔接和兼容；适当简化现有规则体系内容。基于该思路，具体规则构建分述如下。

（一）约定保证期间与法定保证期间并存的做法应予坚持

现行法将这两种类型保证期间并行适用的做法，有利于弱化保证人的负担、简化法律规则的适用，可有效避免设置催告等规则导致的法律适用成本。本章第五节对此已有详尽论述，此处不再重复。正如有学者指出的，保证期间的强制适用，在一定程度上缓和了保证债务存续上的从属性，可以避免保证人无止境地处于承担债务的不利状态或长期处于可能承担责任的财产关系不确定状态。[①]

（二）将先诉抗辩权回归抗辩权的本质，一般保证期间和连带责任保证期间适用相同的计算规则

关于先诉抗辩权规则对保证责任和保证期间的影响，本章第六节、第七节已有详细分析，此处仅归纳结论性意见。

第一，一般保证期间和连带责任保证期间的起算点均为“债权人能够请求保证人履行保证债务时”。在一般场合下，保证期间起算点是“主债务履行期限届满之日”；在主债务人破产、预期违约等场合下，保证期间提前起算或依据法律特殊规定确定起算点。

第二，一般保证人行使先诉抗辩权的，不影响保证期间起算。应当允许债权人直接起诉一般保证人，法院可依据《民诉法解释》第66条作出限制胜诉判决，以实现一般保证人对先诉抗辩权的行使。

第三，约定保证期间中，当事人可以另行约定起算点，但不得违反保证债务的从属性和补充性。

（三）厘清保证期间与保证债务诉讼时效的关系

二者的基本关系是：前者是保证合同所附解除条件，其届满导致保证合同失效（保证人免责），后者是诉讼时效规则在保证领域的体现，其届满

---

① 参见高圣平：《民法典上保证期间的效力及计算》，载《甘肃政法大学学报》2020年第5期。

产生诉讼时效抗辩权；二者在计算上构成并存关系。对于二者关系的详细分析及理由，参见本章第八节，此处仅归纳结论性意见。

第一，保证期间与保证债务诉讼时效为并存关系。前者的功能在于保证合同能否因解除条件成就失效，故解除条件成就后不再有时效问题；后者的功能是赋予保证人独立的时效抗辩权，其与前者分别进行计算。

第二，保证债务诉讼时效起算、中断、中止仍适用《民法典》"诉讼时效"一章的规定，法律另有规定的除外。在一般场合下，起算点原则上是"保证债务履行期限届满之日"；在预期违约等场合下，依据法律特殊规定确定起算点。一般保证中，先诉抗辩权的存在和行使并不必然阻碍保证债务诉讼时效起算，在不同场合下前者对时效规则的适用具有不同意义。连带责任保证中，债权人向保证人请求履行具有双重意义：一是使解除条件确定不成就；二是催告，尤其在保证债务履行期限无约定时以催告确定履行期限。

（四）厘清主债务诉讼时效与保证债务诉讼时效的关系

主债务诉讼时效与保证债务诉讼时效的基本关系应当遵循从随主原则，法律有特殊规定的除外。对于二者关系的详细分析及理由，参见本章第八节，此处仅归纳结论性意见。

第一，主债务诉讼时效与保证债务诉讼时效适用相同期间，但二者分别计算，即前者届满不当然导致后者届满。

第二，主债务诉讼时效中断、中止，保证债务诉讼时效同时中断、中止，但须以后者已起算为前提。前者因何种事由中断，在所不问。

第三，一般保证中，保证债务诉讼时效中断、中止的，主债务诉讼时效不中断、不中止；连带责任保证中，保证债务诉讼时效中断、中止的，主债务诉讼时效中断、中止。

第四，主债务人放弃诉讼时效抗辩权的（重新确认主债务），不影响保证人享有和行使该抗辩权。

第五，保证人放弃主债务或保证债务诉讼时效抗辩权的，其弃权行为对求偿权和另一抗辩权的影响，依据主债务人的意思予以确定。

（五）适当简化保证期间现有规则

在合理确立保证期间制度立法理念和厘清其与相关规则关系的基础上，有必要对现有繁杂的规则体系予以适当简化。这样反而有助于减少因法律适用的不同理解而产生的争议，并使保证期间与法律行为、诉讼时效等一般规则更具兼容性。

第一，对司法解释中违反法理的有关条文应予删除。例如，《民法典担保制度解释》第 32 条“约定保证人承担保证责任直至主债务本息还清时为止等类似内容的，视为保证期间约定不明”之规定，不恰当地取代了合同解释规则；第 33 条将保证期间适用于保证合同无效的场合，有悖于保证期间的性质和功能等，理由如前文所述。

第二，还有些条文属于“无害亦无益”条款，即依据法理可通过当然解释推出该条文内容。例如，《民法典担保制度解释》第 27 条规定，依据赋予强制执行效力的公证债权文书在保证期间内申请强制执行，亦可导致保证期间丧失意义，这本是此类公证债权文书效力的应有之义，并无特别规定的必要；第 35 条对“诉讼时效期间届满仍然提供保证或者承担保证责任”之规定，此为保证人自愿放弃时效利益的当然结论等。此类条款亦可考虑删除，以简化已显繁杂的现有规则体系。

第三章　抵押权行使期间

第一节　抵押权行使期间概述

一、抵押期间、抵押权存续期间、抵押权行使期间的含义及其区分意义

(一)抵押期间

抵押期间,是指抵押权已依法成立,但因行使条件尚不具备,抵押权人还不能行使抵押权的期间。该期间是以抵押权设立为起点、抵押权行使条件具备为终点的时间段。《民法典》第406条、《物权法》第191条和《担保法》第49条规定的抵押财产转让规则中均使用了"抵押期间"概念,并将该规则适用场合限定于"抵押期间"。虽然3个条文的规范内容存在差异,但其中"抵押期间"均应采上述解释。[①] 理由如下。

第一,对于抵押人在抵押期间转让抵押物所得价款的法律后果,上述条文均规定为"提前清偿债务或者提存"。既然是提前清偿或者提存,表明此时主债务履行期限尚未届满,而"主债务履行期限届满"与"抵押权行使条件具备"通常为同一时点(《民法典》第410条)。因此在一般场合下,抵押期间这一时间段内抵押权行使条件尚不具备。

第二,《民法典》第406条系改造《物权法》第191条的结果。对于该条的立法目的,立法机关释义书和学界的解释基本一致:该条系为充分发挥物的效用、促进交易便捷,允许抵押人在抵押期间转让抵押财产并承认抵押权的追及效力,同时允许当事人就能否转让抵押财产另行约定,以尊重当事人的意思自治。[②] 赋予抵押人在抵押期间对抵押财产的自由处分权,以此确保"物尽其用"原则的适用。[③] 因此,该条的着眼点是对抵押人的行为予以规范,并不涉及抵押权的行使条件和行使期间问题。

第三,学界对"抵押期间"概念的使用曾经较为混乱,有学者在使用该概念时采取了不同于本书的理解。例如,有学者认为,"抵押期间是指抵押

---

① 《土地登记办法》第43条和《房屋登记办法》第34条对在抵押期间转让土地使用权或房屋所有权的规定中,其使用的"抵押期间"概念也应作此解释。

② 参见黄薇主编:《中华人民共和国民法典物权编释义》,法律出版社2020年版,第510~511页。

③ 参见孙宪忠、朱广新主编:《民法典评注·物权编4》,中国法制出版社2020年版,第174页。

权人能够行使抵押权的有效期间”。[①] 该观点是将抵押期间等同于抵押权行使期间。还有学者认为,“抵押期间即抵押权存续期间,该期间届满,抵押权消灭”。[②] 由于这些学理意见没有注意到法条在使用抵押期间概念时所在语境,且这些观点大多产生于《物权法》施行以前,故并不足取。

(二)抵押权存续期间

抵押权存续期间,是指抵押权作为一种担保物权有效存在的时间,即以抵押权设立为起点、抵押权丧失法律保护为终点的时间段(图 3-1 中的 a 至 c 之间)。抵押权存续期间由抵押期间和抵押权行使期间相加构成,后两者以抵押权行使条件具备时间点 b 为分界(如图 3-1 所示)。

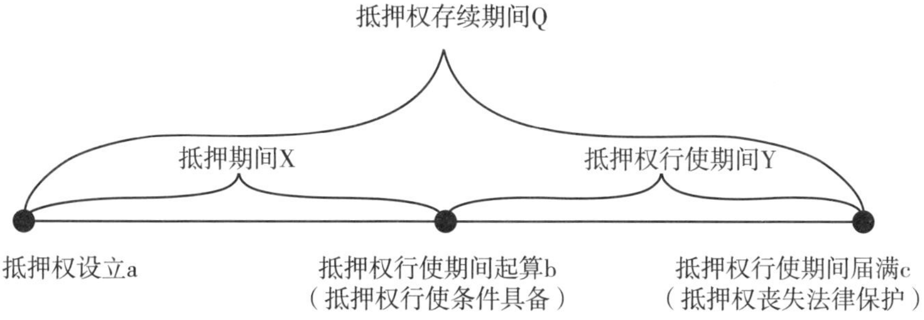

图 3-1　抵押权存续期间与抵押期间、抵押权行使期间的关系

以公式体现:抵押权存续期间 Q=抵押期间 X+抵押权行使期间 Y。

《民法典》第 390 条继承了《物权法》第 174 条关于担保物权之物上代位性的规定,将该规则适用场合限定于“担保期间”。该“担保期间”即应解释为抵押权等担保物权存续期间,因为基于物上代位性规则的功能,该规则于整个抵押权存续期间均可适用,而无论抵押权行使条件是否具备。[③]《担保法解释》第 67 条设置的抵押权追及效力规则曾采取“抵押权存续期间”概念,因为该规则未将转让抵押财产的后果规定为“提前清偿债务或者提存”,故该规则适用于整个抵押权存续期间而非抵押期间。

学理意见方面,多数学者在《物权法》施行后因认识到“抵押权存续期间”与“抵押期间”的差异,故采用“抵押权存续期间”或“担保物权存续期间(期限)”概念讨论抵押权等担保物权的存续或行使的问题,而少有再使用“抵押期间”概念者。例如,有学者认为,“担保物权存续期限就是指担

① 参见翟云岭:《论抵押期限》,载《政法论坛》1999 年第 2 期。

② 参见张爱珍:《确立“抵押期间”制度的必要性》,载《法律适用》2000 年第 11 期。

③ 参见最高人民法院民法典贯彻实施工作领导小组主编:《中华人民共和国民法典物权编理解与适用》(下),人民法院出版社 2020 年版,第 1006 页。

保物权的存在时间,分为约定期限与法定期限”。① 实务界人士也多采用“抵押权存续期间”概念。②

（三）抵押权行使期间

抵押权行使期间,是指抵押权人能够依法行使抵押权的时间范围,即以抵押权行使条件具备为起点、抵押权丧失法律保护为终点的时间段。《民法典》第419条继承了《物权法》第202条,规定“抵押权人应当在主债权诉讼时效期间行使抵押权”;《担保法解释》第12条曾规定“担保权人可在诉讼时效结束后的二年内行使担保物权”;《民法典担保制度解释》第44条第1款对《民法典》第419条作出了细化解释。这些条文均属抵押权行使期间的规范性质。学理上,学者多采用“担保物权行使期间”③、“担保物权实行期间”④或“抵押权实现期间”⑤概念指称该时间段。

需要澄清的一个前提问题是,“实现抵押权”和“行使抵押权”是否为同一概念。对实现抵押权概念的内涵和外延,学界基本不存异议。但是对“行使抵押权”,有广义说和狭义说两种观点。广义说认为,行使抵押权是指抵押权人针对抵押权的各项权能予以行使的行为,因此行使抵押权包括实现抵押权。⑥ 按照这种理解,行使抵押权不仅包括实现抵押权的行为,还包括在抵押权实现条件具备前的抵押权转让、保全等行为。狭义说认为,行使抵押权仅指实现抵押权的行为,不包括实现条件具备之前的转让、保全等行为。实现抵押权被理解为抵押权人行使抵押权的基本方式。⑦ 本书赞同狭义说,理由如下。

第一,从《民法典》第419条的表述来看,行使抵押权的法定期间是主债权诉讼时效期间。在现行法框架下,主债权诉讼时效期间起算点一般是主债务履行期限届满之时,亦即通常情形下抵押权实现条件具备之时,故《民法典》第419条规定的“行使抵押权”就是第410条规定的“实现抵押权”。抵押权人在该时间点之前实施的转让、保全等行为根本不能称为行使抵押权。

---

① 参见程啸:《论担保物权之存续期限》,载《财经法学》2015年第1期。

② 参见何志等:《抵押权存续期间应当为除斥期间》,载《人民司法·案例》2009年第14期。

③ 参见高圣平:《担保物权的行使期间研究——以〈物权法〉第202条为分析对象》,载《华东政法大学学报》2009年第1期。

④ 参见孙鹏:《论担保物权的实行期间》,载《现代法学》2007年第6期。

⑤ 参见程啸、高圣平、谢鸿飞:《最高人民法院新担保司法解释理解与适用》,法律出版社2021年版,第10页。

⑥ 参见郭明瑞等:《担保法》(第4版),中国人民大学出版社2014年版,第107页。

⑦ 参见高圣平:《担保法前沿问题与判解研究》(第5卷),人民法院出版社2021年版,第307页。

第二，对于抵押权人的转让抵押权行为、保全抵押权行为等，学理上一般以“抵押权的效力”概念指称。[①] 而且，《民法典》第 407 条、第 408 条等对这些行为的规范文义也未采“行使抵押权”之表述。

第三，在学理、实务或日常生活中，“行使抵押权”概念给人的直观理解就是在主债权未受清偿时针对抵押财产的变价行为，而一般不会将该概念与转让、保全等行为联系起来。如果是说后一类行为，一定会清晰地表述为转让抵押权、保全抵押权等，而不会使用“行使抵押权”概念。因此，《民法典》第 419 条规定的“行使抵押权”与第 410 条规定的“实现抵押权”在性质上是同一种行为，即抵押权人在抵押权实现条件具备后对抵押财产的变价行为。抵押权行使期间亦不妨称为抵押权实现期间，只是由于法条用语及学理习惯通常采前一种表述。

（四）抵押期间、抵押权行使期间、抵押权存续期间的区分意义

第一，这三种期间的性质侧重点有所不同。三者均属于民事权利时间限制规则，民事权利时间限制可分为原权利时间限制和救济权时间限制。[②] 抵押权存续期间是抵押权作为一种担保物权有效存在的时间范围，即抵押权人从正面享有抵押权的时间范围，因此其性质属于原权利时间限制应无疑义。抵押期间和抵押权行使期间包含于抵押权存续期间之内，从逻辑上而言二者也应具有原权利时间限制的性质。但是从现行法的具体规则来看，抵押权行使期间在一定程度上又具有救济权时间限制的性质。例如，抵押权行使期间内不能达成实现抵押权协议的情形下，抵押权人可以请求法院拍卖、变卖抵押财产（《民法典》第 410 条第 2 款）。在此情形下，抵押权行使期间明显具有救济权时间限制的性质。抵押权行使期间之所以在某些场合下具有限制救济权的作用，是因为抵押权作为一种价值支配权而非实体支配权，在该期间内有可能因抵押人的不配合而需要寻求公力救济。抵押权行使期间的这种性质，要求立法者在构建相关规则时，应充分考虑对抵押权人的救济路径和救济效果，而不能仅从正面行使原权利的视角构建相关规则。

第二，这三种期间区分了抵押权各具体效力发生的时间界限。抵押权存续期间由抵押期间和抵押权行使期间构成，在这两种期间内抵押权效力具有不同的表现形式。在抵押期间内，因抵押权行使条件尚不具备，抵押权的优先受偿效力还处于未启动状态，此时抵押权效力主要体现为抵押财

---

① 参见孙宪忠、朱广新主编：《民法典评注·物权编 4》，中国法制出版社 2020 年版，第 175 页。

② 参见杨巍：《民事权利时间限制研究》，武汉大学出版社 2011 年版，第 23 页。

产价值保全权、抵押权的处分权等。而且,由于抵押期间内抵押人有权占有、使用、收益甚至处分抵押财产,故如何既保障抵押人对抵押财产的处分权,又能有效维护抵押权人的权益不受侵害,成为规则设计的重点。在抵押权行使期间内,因抵押权行使条件已经具备,抵押权的优先受偿效力已具有现实性,但是需要通过抵押权人实施行使抵押权的行为才能使该优先受偿效力得以实现,因此在该期间内法律规则的设计均围绕抵押权的优先受偿效力展开。在抵押权行使期间届满后,抵押权人所享有的抵押权丧失法律保护,在此场合下"丧失法律保护"究竟产生何种具体后果,则是规则设计的重点。质言之,由于以是否具备抵押权行使条件为标准将整个抵押权存续期间划分为不同阶段,在不同阶段内抵押权效力具有不同的功能和表现形式,因此这三种期间区分了各具体效力发生的时间界限。

第三,突出抵押权行使期间的重要意义。抵押权的本质是优先支配抵押财产的交换价值,以使债权得以清偿的担保物权。[①] 要发挥其担保作用,最终必须依靠抵押权的实现。[②] 在这三种期间中,抵押权行使期间对抵押权人具有最重要的意义,因为该期间表明了在哪一段时间内抵押权人行使抵押权能够得到法律保护,亦表明了哪一段时间届满后将丧失法律救济。抵押权人通过设立抵押权的行为取得该担保物权,其核心目的当然是以抵押权强化其债权受偿的可能性,而抵押期间内的保全权、处分权等只是对抵押权优先受偿效力起着前期辅助作用而已。将抵押权行使期间置于规则设计的核心位置,有利于抵押权人明确其实现抵押权优先受偿效力的时间界限,并在此基础上对自身行为作出理性安排。如果不对这三种期间作出区分,仅笼统地认定抵押权人享有抵押权,则显然不利于抵押权人明确其行使抵押权受到何种时间限制。

第四,这三种期间的相互关系不同。由于三者的基本关系是抵押权存续期间包含后两种期间,故后两种期间的确定不能超出抵押权存续期间的范围。因抵押权存续期间是抵押权存在的最大时间范围,因此在逻辑上抵押期间和抵押权行使期间只能是抵押权存续期间之内的某一个时间段。该论断在理论上固然不存疑义,但是由于抵押权制度的各立法模式差异较大,且对时效规则的设计亦存不同态度,所以在不同立法模式下很难笼统地说究竟是抵押权存续期间限制了行使期间的范围,还是抵押权行使期间

---

① 参见[日]我妻荣:《我妻荣民法讲义Ⅲ:新订担保物权法》,申政武等译,中国法制出版社 2008 年版,第 208 页。

② 参见最高人民法院民法典贯彻实施工作领导小组主编:《中华人民共和国民法典物权编理解与适用》(下),人民法院出版社 2020 年版,第 1110 页。

影响了存续期间的最终确定。“法律规范的含义,可以通过法律的外在体系获得。”[①]对某项法律概念或法律规则的理解,必须在特定法律体系的语境下进行才是恰当的。例如,在抵押权适用诉讼时效的立法模式下,[②]由于作为抵押权行使期间的时效可发生中止、中断,导致抵押权存续期间的长度也随之发生相应变化,该情形就很难说是存续期间限制行使期间了。因此,对于抵押权存续期间与行使期间二者的互动关系,必须在具体立法模式的特定语境下予以讨论,才具有实际意义。

二、抵押权行使期间的特征

(一)设置抵押权行使期间的目的是限制和保护抵押权人的担保利益

抵押权行使期间作为一项界定权利时间边界的制度,决定了抵押权在行使上可以得到法律救济的范围。虽然各立法模式下抵押权行使期间规则的具体内容不尽一致,但是该制度的设置目的都体现为“限制+保护”抵押权人的担保利益。

第一,设置抵押权行使期间的基本目的是限制抵押权的行使时间。在大陆法系框架下,除所有权和永佃权等个别物权系无期限物权以外,其他物权皆为有期限物权。[③] 原因在于,由于定限物权标的系他人之动产或不动产,故以用益或担保为目的设立的定限物权只能在一定时间范围内存在,而不能永久对他人财产构成限制。就抵押权而言,各立法均将其定位为有期限物权,使抵押权人就抵押财产所享担保利益仅存于一定时间范围之内。

第二,抵押权行使期间在限制抵押权的前提下,亦具有保护抵押权人有充足时间享有和行使担保利益的目的。我妻荣教授指出,成为抵押权客体的不动产的货币价值乃至资本价值,只意味着不动产的交换价值与起支配作用的不动产使用价值相对应,不动产进一步偏离其物质存在。[④] 由于抵押权人对抵押财产交换价值的支配是一种观念支配,故法律上设置抵押权行使期间对抵押权人享有和行使担保利益具有更为突出的意义,因为不占有抵押财产的抵押权人全赖法定期间或登记期间确定其受法律保护的时间范围。虽然将抵押权定位为有期限物权是各立法共识,但是在具体规

---

① Vgl. Franz Bydlinski, Juristische Methodenlehre und Rechtsbegriff, Wien/New Tork, Springer Verlag, 1982, S. 443.

② 参见《法国民法典》第 2488 条第 4 项。

③ 参见郑玉波:《民法物权》,台北,三民书局 2012 年版,第 33 页。

④ 参见[日]我妻荣:《债权在近代法中的优越地位》,王书江等译,中国大百科全书出版社 1999 年版,第 50~51 页。

则的设计上各立法都不同程度地体现了赋予抵押权人足够时间行使抵押权的理念。例如,承认抵押权登记期间效力的某些立法,将登记期间的效力规定为不短于一定时间(如 20 年[①]);抵押权行使期间的起算点不得早于主债务履行期限届满之时等。

(二)特定立法模式对从属性和时效规则的态度影响甚至决定了抵押权行使期间规则的内容

对抵押权行使期间规则能够产生重大影响的有两项因素:一是特定立法模式对抵押权的从属性(附随性)采何种态度;二是特定立法模式对时效规则采取何种基本理论构架。在大陆法系框架下,对抵押权从属性的立法态度大致分为两类:附随性模式和独立性模式。附随性模式由《法国民法典》确立并倡导,其以抵押权对受担保债权的附随关系构建相关规则。[②]在该模式下,包括行使期间在内的各规则贯彻严格的"从随主"精神,故其完全受制于主债权时效。独立性模式的代表是德国法,其具有典型独立性(抽象性)的制度是流通性抵押权和土地债务。这种模式被认为是顺应了交易观念的要求,使抵押权的取得(而不是主债权的取得)更为重要,由此去除了"附随性教义"对权利移转造成僵硬、强制的特点,适应了权利流转的需要。[③] 在该模式下,由于抵押权或土地债务具有独立性(抽象性),故抵押权行使期间不受主债权时效的影响,二者原则上相互分离。

另一个能够对抵押权行使期间规则产生重大影响的因素,是特定立法对时效规则所采取的模式。例如,法国法对时效适用对象采取宽松模式,消灭时效作为"具有解除义务之效果的时效"既可以适用于债权,也可以适用于物权。[④] 因此在该模式下,抵押权不仅受到主债权时效的影响,还适用自身时效作为抵押权行使期间的表现形式。[⑤] 德国法对时效适用对象采取严格模式,消灭时效的适用对象仅限于请求权,[⑥]因此该模式下消灭时效不可能成为抵押权行使期间的具体形式。

(三)我国法律中的抵押权行使期间构成对抵押权的间接限制

在我国现行法框架下,抵押权行使期间系间接限制抵押权,而非将某

---

① 参见《意大利民法典》第 2847 条。

② 参见陈本寒:《担保物权法比较研究》,武汉大学出版社 2003 年版,第 24 页。

③ 参见[德]鲍尔、施蒂尔纳:《德国物权法》(下册),申卫星等译,法律出版社 2006 年版,第 37 页。

④ 参见[法]弗朗索瓦·泰雷、菲利普·森勒尔:《法国财产法》(上册),罗结珍译,中国法制出版社 2008 年版,第 546 页。

⑤ 参见《法国民法典》第 2488 条第 4 项。

⑥ 参见《德国民法典》第 194 条。

种期间直接适用于抵押权。

第一,抵押权行使期间规则的主要法律依据是《民法典》第419条及《民法典担保制度解释》第44条第1款。由于现行法及实务均认为诉讼时效的适用对象是请求权,故该两条规定的诉讼时效适用对象并非抵押权本身。

第二,在抵押权从属性问题上,我国现行法与采取附随性模式的法国、日本等国较为类似,而与采取独立性模式的德国、瑞士明显不同。虽然学理及实务对《民法典》第419条的规范含义尚存争议(抵押权消灭?胜诉权消灭?抗辩权发生?)[①],但无论采取哪种解释,对该条是抵押从属性之表现应无疑义。换言之,《民法典》第419条规定的诉讼时效的适用对象仍为主债权而非抵押权,但是基于抵押权的从属性,主债权适用诉讼时效间接导致行使抵押权仅在该时效期间内才能得到法律保护。

(四)我国法律中的抵押权行使期间是法定期间

对于抵押权行使期间能否由当事人约定,各立法态度差异较大。我国现行法对此类约定行使期间持禁止态度,亦不承认登记簿上就抵押权存续或行使所记载的期间。抵押权行使期间只能依据法律规定予以确定,即《民法典》第419条所规定的期间。我国的这种立法模式系由理论上和实践上多种因素造成的,其利弊详见本章后文分析。

(五)抵押权行使期间属于物权效力担保期间

抵押权行使期间的起算、届满具有物权效力或者能够引起物权变动,故其属于物权效力担保期间。在抵押权行使期间已起算、未届满的阶段,该物权效力体现为优先受偿效力、排他效力等,即抵押权人可就抵押财产价值优先受偿并排除其他普通债权人的清偿请求。在抵押权行使期间届满后的阶段,该物权效力体现为抵押权消灭(抵押权消灭说)或物权的某些权能丧失(抗辩权发生说)。

三、《民法典》施行前后抵押权行使期间规则的衔接适用

(一)《民法典》原则上不具有溯及既往效力

关于抵押权行使期间规则的衔接适用,涉及三个问题。一是期间的确定。由于现行法将抵押权行使期间与主债权诉讼时效期间加以捆绑,而《民法典》第188条第1款将普通诉讼时效期间改为3年,故产生该问题。二是期间的计算。《民法典》对诉讼时效中止、中断等计算规则作出若干

---

① 详见本章第六节。

修改，导致主债权诉讼时效的计算适用旧法和新法可能产生不同结果。例如，对于时效中止事由消除的后果，由“诉讼时效期间继续计算”改为“消除之日起满六个月，诉讼时效期间届满”（《民法典》第194条）；对于时效中断后重新计算的时点，由“中断时”改为“中断、有关程序终结时”（《民法典》第195条）等。三是期间届满的效力。由于《民法典》第419条继承了《物权法》第202条的规范内容，故《民法典》施行前后该规则的解释适用应当具有一致性。虽然《民法典担保制度解释》第44条第1款属于新增规定，但是该款系对《民法典》第419条（《物权法》第202条）的解释，且未与旧法既有规定相抵触，故其并非严格意义上的“新法”规范。《民法典》施行前，实务中对抵押权行使期间届满的效力存在分歧意见（实体权利消灭说、抗辩权发生说等）[①]且旧法对此未作明确规定，《民法典担保制度解释》第44条第1款对此则明确采取抗辩权发生说。因此，真正的问题是：《民法典担保制度解释》第44条第1款作为对《民法典》第419条（《物权法》第202条）的解释，可否溯及地否定当时的其他解释。

依据《民法典时间效力规定》第1条、第5条等的规定，《民法典》原则上不具有溯及既往效力。结合上述三个问题，分述如下。

第一，抵押权成立于《民法典》施行后，因抵押权行使期间等事项引起的民事纠纷案件，适用《民法典》的规定。依据《民法典时间效力规定》第1条第1款的规定，抵押权成立和诉讼均发生在《民法典》施行后，故抵押权行使期间的确定、计算和届满效力均适用《民法典》的规定不存疑义。

第二，抵押权成立和行使期间起算均发生于《民法典》施行前，抵押权行使期间已届满的，适用旧法的规定。其一，《民法典》施行时适用旧法确定和计算的抵押权行使期间（主债权诉讼时效期间2年）已届满的，该届满后果不因《民法典》的施行而发生改变。该情形下，不能适用《民法典》的规定（主债权诉讼时效期间3年）确定和计算抵押权行使期间。其二，对于期间届满的效力，虽然《民法典》第419条与《物权法》第202条的规范内容相同，但是依据《民法典时间效力规定》第1条第2款的规定，裁判文书应当援引旧法（《物权法》第202条）作为裁判依据。

第三，抵押权成立和行使期间起算均发生于《民法典》施行前，《民法典》施行时适用旧法确定和计算的抵押权行使期间处于未届满状态，其后适用《民法典》的规定。其一，对期间的确定，该情形属于《民法典时间效力规定》第1条第3款中“民法典施行前的法律事实持续至民法典施行

① 参见本章第六节。

后”之情形,故《民法典》施行后应当适用《民法典》的规定(主债权诉讼时效期间加长为3年)。其二,对期间的计算,应当遵循诉讼时效中止、中断规则的衔接适用原理。总体而言,应当结合中止事由和中断事由的类别、发生时点、延续时间等因素,判断是否适用以及如何适用《民法典》的规定。[①] 其三,对期间届满效力,由于该情形下期间届满之法律事实发生于《民法典》施行后,故应当适用《民法典担保制度解释》第44条第1款。

第四,抵押权成立于《民法典》施行前,行使期间起算发生于《民法典》施行后,适用《民法典》的规定。该情形下,抵押权行使期间起算和届满之法律事实均发生于《民法典》施行后,故期间的确定、计算和届满效力均应适用新法规定。

第五,再审案件不适用《民法典》的规定。依据《民法典时间效力规定》第5条的规定,《民法典》施行前案件已经终审并形成生效法律文书,即使《民法典》施行后又依法启动再审程序,再审法院也应当适用旧法作出裁决。该情形下,《民法典》对普通诉讼时效期间、中止、中断的新规定和《民法典担保制度解释》第44条第1款对期间届满效力所作解释均不构成申请再审的合法理由,再审法院也不应以此规定作为裁判依据。

(二)《民法典》不具有溯及既往效力的例外规则

1. 不应适用“有利溯及规则”

《民法典》及其司法解释对抵押权行使期间的规定,不符合《民法典时间效力规定》第2条之“有利溯及规则”的适用条件。

第一,对期间的确定和计算,《民法典》的新规定不符合有利溯及规则的适用条件。有利溯及规则的适用条件应从严认定,即严格遵循《民法典时间效力规定》第2条规定的“三个更有利于”之标准。所谓“更有利于保护民事主体合法权益”,应解释为“新法的溯及适用更有利于保护民事主体的合理预期、不减损民事主体的既存权利”。如果将《民法典》对普通诉讼时效期间(3年)以及中止、中断的新规定溯及适用,显然破坏了当事人基于当时的诉讼时效期间(2年)和计算规则所产生的合理预期,也导致当事人已经获得的时效抗辩权发生减损。所谓“更有利于维护社会和经济秩序”和“更有利于弘扬社会主义核心价值观”,是从社会层面(如维护婚姻家庭、保护弱者等)规定的判断标准,系对“更有利于保护民事主体合法权

---

① 参见杨巍:《〈民法典〉第194条(诉讼时效中止)评注》,载《南京大学学报(哲学·人文科学·社会科学版)》2020年第6期;杨巍:《〈民法典〉第195条评注之一(诉讼外请求、义务承认)》,载《法学家》2021年第4期。

益”的附加判断要件。[①] 抵押权法律关系主要发生在企业融资、民间借贷等场合下，当事人亦为普通交易主体，不存在家庭伦理、弱者保护等特殊立法政策的考量，故并不符合溯及规则的适用条件。

第二，对期间届满的效力，《民法典担保制度解释》第 44 条第 1 款的新解释不符合有利溯及规则的适用条件。有利溯及规则的适用前提是，对某一规则新法和旧法均有规定，且新法改变了旧法规定。对抵押权行使期间届满的效力，《民法典》第 419 条和《物权法》第 202 条均规定为“人民法院不予保护”，即新法并未改变和旧法规定。《民法典担保制度解释》第 44 条第 1 款系对这两条的细化解释，不构成改变旧法规定的“新法规定”。

2. 不应适用“新增规定溯及规则”

《民法典》及其司法解释对抵押权行使期间的规定，不符合《民法典时间效力规定》第 3 条之“新增规定溯及规则”的适用条件。新增规定溯及规则的适用前提是，对某一规则旧法没有规定而新法有规定。“新增规定”是指法律规则层面的“新增加”，而非立法技术层面的、形式意义上的“新增加”。[②] 一方面，《民法典》对普通诉讼时效期间（3 年）以及中止、中断的规定属于对旧法规定的修改，而非本条之“新增规定”；另一方面，《民法典》第 419 条系继承《物权法》第 202 条的结果，而非新增规定；《民法典担保制度解释》第 44 条第 1 款系对这两条的细化解释，也非“新增规定”。因此，《民法典》及其司法解释对抵押权行使期间的规定不符合“新增规定溯及规则”的适用条件。

3. 可以适用“裁判说理规则”

依据《民法典时间效力规定》第 4 条之“裁判说理规则”，《民法典》施行前仅有原则性规定而《民法典》有具体规定的，适用旧法规定时可以依据《民法典》的具体规定进行裁判说理。对于抵押权行使期间届满的效力，《物权法》第 202 条规定为“人民法院不予保护”，但“人民法院不予保护”的具体含义并不明确，故属于“仅有原则性规定”之情形，而《民法典担保制度解释》第 44 条第 1 款系对该条的细化解释。如果抵押权行使期间届满发生于《民法典》施行前，诉讼发生于《民法典》施行后，虽然法院应当适用旧法作为裁判依据，但是可以依据《民法典担保制度解释》第 44 条第

① 参见最高人民法院研究室编著：《最高人民法院民法典时间效力司法解释理解与适用》，人民法院出版社 2021 年版，第 37~38 页。

② 参见最高人民法院研究室编著：《最高人民法院民法典时间效力司法解释理解与适用》，人民法院出版社 2021 年版，第 58 页。

1 款进行裁判说理,以强化裁判理由的说服力。[①]

4. 尚未审结的一审、二审案件的溯及适用

依据《民法典时间效力规定》第 28 条的规定,2021 年 1 月 1 日该司法解释施行后,人民法院尚未审结的一审、二审案件适用该司法解释。如果抵押权成立或者行使期间起算发生于《民法典》施行前,《民法典》施行后一审、二审尚未审结,且依据该条应当适用《民法典》规定的,表明该情形下《民法典》的规定具有溯及效力。

第二节　抵押权行使期间的立法例

各国及地区的担保物权制度和诉讼时效制度存在较大差异,导致各立法对抵押权行使期间的规则构建也体现出较大差异。在大陆法系范围内,各立法模式大致可分为以下几种类型。

一、模式一:行使抵押权不受预设期间限制

德国、瑞士等国采取该模式。依据《德国民法典》第 216 条的规定,德国法上的抵押权不适用从属性原则,故不因主债权时效届满而消灭。[②]《德国民法典》第 1170 条规定了以公示催告程序消灭抵押权的条件及后果,但该条仅适用于债权人不明的特殊场合。该条的主要意义是在下述情形:所有权人不能够证明债权已经消灭,因此抵押权已经移转于自己。如其能够提出此项证明,则存在于土地登记簿更正的可能性。[③] 德国法这样规定的原因主要有两个方面。

第一,在德国法中,消灭时效届满的后果是由债务人取得抗辩权,而债权人的债权并不消灭。《德国民法典》第 214 条第 1 款规定:“在消灭时效完成后,债务人有权拒绝履行给付。”依此规定,是否援引时效抗辩权由债务人决定,法官不得依职权考虑。[④] 消灭时效届满的请求权只是被阻碍,但仍继续存在,因此它仍可以被履行。[⑤] 在此前提下,债权人于主债权消灭时

---

① 实例参见广东省广州市中级人民法院(2022)粤 01 民终 7461 号。

② Vgl. Heinz-Peter Mansel:Die Neuregelung des Verjährungsrechts,NJW 2002,89.

③ 参见杜景林、卢谌:《德国民法典评注(总则 · 债法 · 物权)》,法律出版社 2011 年版,第 581 页。

④ Vgl. Helmut Grothe, Kommentar zum § 214, in: Münchener Kommentar zum BGB, 9. Aufl., München: C. H. Beck, 2021, Rn. 3.

⑤ Vgl. Helmut Grothe, Kommentar zum § 214, in: Münchener Kommentar zum BGB, 9. Aufl., München: C. H. Beck, 2021, Rn. 9.

效届满后行使抵押权就并不存在法律上的障碍。对于《德国民法典》第216条的立法理由,德国官方解释是:"由于时效已届满的债权仍旧存在,并不自动消灭。所以该条击破了抵押权的从属性,即已时效届满的债权并不妨碍从其附属的担保权中获得求偿。"[①]该解释清晰地指出了抗辩权发生主义对该条内容的影响。

第二,在德国,抵押权分为流通性抵押权和担保性抵押权,前者的从属性(附随性)受到限制而更便于流通,后者则具有严格从属性(附随性)。在流通性抵押权的场合,债权人受到清偿通常不导致抵押权的消灭,而是导致抵押权移转给另外一个人:可能是所有人、债务人、第三人。[②] 担保性抵押权虽具有严格的从属性,但在主债权已经超过时效时,仍然可行使该抵押权,构成突破严格从属性的例外。[③] 另应注意,《德国民法典》第1137条、第1211条规定,抵押人或出质人可以对抵押权人或质权人主张"债务人"对债权享有的抗辩权。但结合第216条的规定及学理解释,该抗辩权并不包括针对主债权的时效抗辩权。[④]《德国民法典》第216条的一个重要目的在于,使抽象担保物权(abstrakte Sicherungsrechte)和从属性担保物权(akzessorischen Sicherungsrechten)受到同等对待,即二者均不受主债权时效的影响。也有少数德国学者对该条的合理性提出质疑,认为该条击破担保物权的从属性"并无令人信服的理由"。德国立法机关在债法改革中最终没有采纳该少数意见。[⑤]

瑞士民法将担保物权区分为不动产担保(Grundpfand)和动产担保(Fahrnispfand),抵押权属于不动产担保的范畴。对于抵押权行使期间的立法模式,瑞士法与德国法类似,即总体上不对抵押权预设法定期间且主债权时效届满不影响抵押权继续存在。但二者亦存在一些细微差别,体现为以下几个方面。

第一,相较于德国法而言,瑞士法在强化抵押权担保功能的道路上走得更远。《瑞士民法典》第807条规定:"债权,经办理不动产担保登记

---

① 参见朱岩编译:《德国新债法条文及官方解释》,法律出版社2003年版,第51页。

② 参见[德]鲍尔、施蒂尔纳:《德国物权法》(下册),申卫星等译,法律出版社2006年版,第190页。

③ 参见[德]曼弗雷德·沃尔夫:《物权法》(第18版),吴越等译,法律出版社2002年版,第460页。

④ 参见[德]鲍尔、施蒂尔纳:《德国物权法》(下册),申卫星等译,法律出版社2006年版,第108页。

⑤ Peters和Zimmermann教授对该条的批评意见,以及德国立法机关未采纳该少数意见的具体理由,参见朱岩编译:《德国新债法条文及官方解释》,法律出版社2003年版,第52页。

后,不因时效而消灭。"学界将该条解释为"从属性原则之突破"。[①] 依该条规定,此类债权人既可以向债务人主张主债权,也可以就担保物行使不动产担保权。《德国民法典》第 216 条仅仅是在主债权时效届满后排除了担保物权人行使时效抗辩权的可能,而主债务人的时效抗辩权并不受影响。

第二,依据《德国民法典》第 216 条第 3 款的规定,主债权所产生的利息和其他定期给付请求权的消灭时效届满后,债权人不得依据该条前 2 款规定行使担保物权。依据《瑞士民法典》第 807 条的规定,此类场合下的利息请求权也不适用消灭时效。

第三,依据《瑞士民法典》第 856 条的规定,不动产担保权因除权判决而消灭。依据《德国民法典》第 1170 条和第 1171 条的规定,除权判决导致抵押物由所有人取得抵押权。

二、模式二:主债权时效和抵押权自身时效对行使抵押权均有影响

法国、日本、韩国等国采取该模式。依《法国民法典》第 2488 条的规定,"主债务消灭"[②]和"时效完成"都是抵押权的消灭原因。法国法上的消灭时效作为"具有解除义务之效果的时效",是消灭债权与物权的一种方式。[③] 对于主债权诉讼时效和抵押权自身诉讼时效的关系,从以下两方面说明。

第一,在债务人占有抵押财产的场合下,抵押权不适用自身独立的时效,此时只有主债权因时效消灭的,抵押权基于其从属性才归于消灭。如果抵押财产被转让给第三人占有的,该场合适用《法国民法典》第 2488 条第 4 项规定的抵押权自身独立的时效。该项规定提供了依一定条件而成立取得时效和依一定效果而成立消灭时效的根据。

第二,抵押权行使期间与抵押权登记期间存在关联。《法国民法典》第 2434 条规定了主债权到期与抵押权登记期间的关系,并于不同场合下适用 1 年、10 年和 50 年之登记期间。但是,如果《法国民法典》第 2427 条

---

① Vgl. Heinrich Honsell, Nedim Peter Vogt, Thomas Geiser (Hrsg.), *Basler Kommentar zum Zivilgesetzbuch*, Helbing Lichtenhahn Verlag, Basel, 3. Aufl., 2007, Art. 807, N. 4.

② 值得一提的是,2006 年修改后的《法国民法典》第 2488 条(原第 2180 条)第 1 项"主债务消灭"新增但书规定,基于第 2422 条设立的"可再负担抵押"不因主债务消灭而消灭。该规定在一定程度上突破了抵押权的"从属性原则",但在一般情形下,"主债务消灭"仍构成抵押权的消灭事由。参见李世刚:《法国担保法改革》,法律出版社 2011 年版,第 138、145 页。

③ 参见[法]弗朗索瓦・泰雷、菲利普・森勒尔:《法国财产法》(上册),罗结珍译,中国法制出版社 2008 年版,第 546 页。

规定的事由[①]之一先期发生,该抵押权登记丧失法律效力。因此,一个谨慎的债权人应当在时效期间届满之前续展抵押权登记,这样即使出现《法国民法典》第2427条规定的事由,续展仍然是有效的。他应当实施续展行为直到债务人履行债务或转让抵押财产的价款被提存。[②]

日本所采模式与法国法类似,即抵押权可以基于主债权消灭时效和抵押权自身消灭时效届满而受到限制。从以下两个方面说明。

第一,对于主债权消灭时效对抵押权的影响,虽然日本法没有像法国法那样直接规定主债权消灭时效届满是抵押权消灭事由,但是日本学界和实务界普遍对此持肯定意见。对此,学理及实务中存在两条解释路径:(1)基于抵押权的从属性,在作为主权利的受担保债权因时效届满而消灭时,抵押权作为从权利也随之消灭。[③] 当然,这种"消灭"究竟是当然消灭还是须由当事人主张而消灭,须结合相关时效规则予以确定。[④] (2)有权援引时效抗辩的主体是"因时效而直接受益之人"。[⑤] 抵押人(物上保证人)虽非主债权关系中的债务人,但因其属于"因时效而直接受益之人",故其亦可援引主债权之时效抗辩,从而阻碍债权人行使抵押权。日本最高裁判所的相关判例也持此观点。[⑥] 在此情形下,因主债权消灭导致抵押权消灭,故无须等待抵押权登记被注销就可以发生抵押权消灭的绝对效力。[⑦] 2017年《日本民法典》修改后,于第145条明确规定物上保证人属于有权援引消灭时效抗辩权的"当事人"。

第二,《日本民法典》涉及抵押权消灭时效的有两个条文:第166条第2款[⑧]与第396条。仅从法条文义上看,似乎主债权和抵押权分别适用各自独立的时效。对于这两种时效计算的相互关系,日本学界在争议。第一种观点认为,虽然抵押权可因自身时效届满而消灭,但是如果抵押权时效与主债权时效不一致时,抵押人不得援引抵押权时效对抗抵押权人。[⑨] 第

---

① 《法国民法典》第2427条规定的事由包括:仅以遗产的净资产为限接受继承或者在宣告无人继承遗产的情况下,债权人之一仅在被继承人死亡之后才进行抵押权登记等。

② 参见尹田:《法国物权法》,法律出版社2009年版,第513页。

③ 道垣内弘人『担保物権法(第4版)現代民法Ⅲ』(有斐閣,2017年)233頁参照。

④ 金山直樹『時効における理論と解釈』(有斐閣,2009年)481頁参照。

⑤ 参见[日]近江幸治:《民法讲义Ⅰ:民法总则》(第6版补订),渠涛等译,北京大学出版社2015年版,第313页。

⑥ 参见最判昭和42(1967)年10月27日判决,载《民集》第21卷第8号第2110页。

⑦ 参见[日]我妻荣:《我妻荣民法讲义Ⅲ:新订担保物权法》,申政武等译,中国法制出版社2008年版,第383页。

⑧ 平成29年(2017年)《日本民法典》修改之前,该款为第167条第2款。

⑨ 参见[日]田山辉明:《物权法》,陆庆胜译,法律出版社2001年版,第114页。

二种观点认为，抵押权不属于第167条第2款规定的"债权或所有权以外的财产权"，故抵押权没有单独的消灭时效。① 第三种观点认为，应考虑是否存在第三人及抵押权顺位等因素作不同处理。② 司法实务界似乎倾向于第三种观点。③

三、模式三：以登记期间作为抵押权行使期间

意大利、阿根廷、葡萄牙等立法采取该模式。依据《意大利民法典》第2847条、第2878条第6项的规定，"抵押权登记期间届满"是抵押权的消灭事由之一。《阿根廷民法典》第3197条规定："抵押登记的效果，自登记之日起经历20年而消灭。"《葡萄牙民法典》第730条规定，抵押权的消灭事由之一是"有利于取得被抵押房地产之第三人之时效完成，此时效于登记作出后经过20年，及债权到期后经过5年而完成"。对于该立法模式的具体适用效果，从以下两个方面说明。

第一，该模式突出强调登记的独立效力。该模式既不同于模式一（德国、瑞士）不对抵押权行使期间预设时间限制，也不同于模式二（法国、日本）将主债权诉讼时效与抵押权行使期间直接捆绑，而是规定独立的登记期间作为抵押权行使期间。在该模式下，各立法例虽存在具体立法技术的差异，但共同点在于在主债权诉讼时效之外规定单独登记期间用以限制抵押权行使。该模式的优点是，将独立的登记期间与主债权诉讼时效完全分离，可以避免因后者是可变期间而导致抵押权行使期间总是处于变动状态，使抵押权人和抵押人对自身权利义务的时间范围具有更强的预判性。该模式的缺点是，由于将上述两种期间完全分离，导致抵押权从属性的解释存在一定的理论障碍，而且需要构建一系列相关规则使主债权诉讼时效届满的效果与抵押权行使期间单独计算具备体系上的兼容性。

第二，该模式更加注重维护当事人的意思自治。体现为：（1）通过续展登记制度为当事人提供继续维持抵押权效力的机会，而不是由法律直接规定一个固定的权利存续期间。例如，《意大利民法典》第2848条规定："尽管前条规定的期间届满，但是债权人依然可以进行新的登记；在该情形下抵押权按照新的登记日期确定顺序。新的登记不得对抗已将权利证书进行登记的抵押不动产的第三受让人。"该规定在不侵害相关第三人合法权益的基

---

① 参见［日］近江幸治：《担保物权法》，祝娅等译，法律出版社2000年版，第209页。

② 参见［日］我妻荣：《我妻荣民法讲义Ⅲ：新订担保物权法》，申政武等译，中国法制出版社2008年版，第385页。

③ 参见最判昭和48（1973）年12月14日判决，载《民集》第27卷第11号第1586页。

础上，充分尊重抵押权人是否具有继续维持抵押权效力的意思。(2)对诉讼时效届满效力，该立法模式并不排斥抗辩权发生主义。例如，在葡萄牙和我国澳门地区，法律规定诉讼时效届满的后果是由债务人(受益人)取得抗辩权，而并非权利当然消灭。① 在诉讼时效届满的效力问题上，该模式与模式一(德国、瑞士)并无不同，即采取抗辩权发生主义。在采取抗辩权发生主义的前提下，该立法模式既不允许主债权诉讼时效届满后抵押权永久存续(德国、瑞士)，也不预设一个法定期间，而由当事人通过登记确定抵押权行使期间，以充分维护当事人的意思自治。

四、模式四：由程序法规定抵押权行使期间

俄罗斯、荷兰、埃及等国采取该模式。在俄罗斯，对被追索的抵押财产的变卖(出卖)应当按照诉讼法规定的程序通过拍卖的方式进行，但法律规定有不同程序的除外。② 根据《执行程序法》第 54 条第 2、3 款的规定，对债务人不动产以外的财产的拍卖应由专门机构根据联邦法律规定的行纪和其他原则进行；债务人的不动产的拍卖应通过有权进行不动产业务的专门机构举行的拍卖进行。根据抵押人的要求，法院有权在关于追偿抵押财产的判决中将公开拍卖的期限延长到 1 年。《不动产抵押法》第 54 条第 3 款规定，在确定延期变卖抵押财产的期限时，法院应当考虑在延期届满时抵押财产的价值应当满足抵押权人的债权数额，且不应当超过抵押合同所规定的抵押财产的估值。变卖抵押财产所得金钱分配的一般程序由《执行程序法》第 77、78 条加以规定，该款项分配的特点也可以由其他联邦法律加以规定(包括《不动产抵押法》第 61 条)。③ 与俄罗斯所采模式类似的国家还有荷兰和埃及。《荷兰民法典》第 3:268 条第 3 款规定："第 2 款所称请求应在《民事诉讼法典》中为此目的设置的期间提出。"《埃及民法

① 参见[葡]Carlos Alberto da Mota Pinto：《民法》，澳门翻译公司等译，澳门地区法务局、澳门大学法学院 2009 年版，第 207 页。

② 虽然《俄罗斯联邦民法典》第 207 条规定"附带请求(违约金、抵押金、保证金等等)的时效期随主要请求的时效期的届满而届满"，但该条不应解释为是对抵押权行使期间的规定，理由为：其一，该条规定的"抵押金"与违约金、保证金并列，系以金钱设定的担保关系，与大陆法语境下在特定财产上设定的抵押权性质完全不同。其二，俄罗斯法中抵押包括移转抵押财产的抵押和不移转抵押财产的抵押(《俄罗斯联邦民法典》第 338 条)，因此，该条规定的"抵押金"大致类似于我国在特定金钱上设定的质押。其三，该条规定"抵押金"适用诉讼时效，而依据俄罗斯学者的解释，诉讼时效原则上不适用物权法律关系。参见[俄]E. A. 苏哈诺夫主编：《俄罗斯民法》(第 1 册)，黄道秀译，中国政法大学出版社 2011 年版，第 436 页。

③ 参见[俄]E. A. 苏哈诺夫主编：《俄罗斯民法》(第 3 册)，丛凤玲译，中国政法大学出版社 2011 年版，第 838~839 页。

典》第1051条第1款规定："债权人在向债务人作出清偿催告后，可按照《民事诉讼法》规定的期限和形式实施不动产扣押并出卖用于抵押的不动产。"在该模式下，抵押权行使期间规则被定位为程序法问题，交由民事程序法予以规定。

第三节　各立法模式体现的价值理念

从表面上看，前述四种模式在立法技术层面差异巨大，但透过这些外表的差异对各立法模式的实际效果予以观察，我们可以看到它们蕴含一些共同的价值理念。

一、保障权利人享有充分时间行使抵押权为首要目标

在抵押权法律关系中，涉及抵押权人（债权人）、抵押人（债务人或物上保证人）和第三人（如抵押财产受让人）等多个主体，抵押权行使期间规则的设计面临的首要问题就是哪一个主体应当优先保护的问题。透过各立法模式差异巨大的外表，我们可以看到，各立法模式通过不同技术路径体现出优先保护抵押权人的立法目的。体现为以下几个方面。

（一）各立法模式的实际适用效果是赋予抵押权人足够的、充分的时间行使抵押权，尽量不让时间因素成为行使抵押权的障碍

在不同法律体系中，该效果借助不同的立法技术得以实现。从表面上看，模式一对抵押权的保护力度最大，行使抵押权原则上不受时间限制，仅在特殊场合下可启动公示催告程序消灭抵押权。法律这样规定固然有德国法中保障抵押权流通性的需要，但也确实体现了在抵押权制度中优先保护抵押权人的立法倾向。在德国法中，抵押担保所发挥的经济功能是其他担保手段所不能比拟的。鲍尔教授指出，"不动产担保物权具有较高的担保水准（相较于保证、质押），是最能够充分满足债权人担保需要的担保手段"。[①] 立足于保障抵押权的流通性和发挥抵押担保的经济功能这两项因素，就不难理解法律规定行使抵押权原则上不受时间限制在德国法中的合理性了。采取模式二的法国在民法典修订后，虽然主债权的诉讼时效期间由旧法规定的30年大幅缩短为5年，但是抵押权独立适用的诉讼时效期间仍为30年，而且抵押登记期限的上限由旧法的35年改为50年。[②] 这些

① 参见［德］鲍尔、施蒂尔纳：《德国物权法》（下册），申卫星等译，法律出版社2006年版，第9~10页。

② 参见《法国民法典》第2224条、第2227条、第2434条。

变化体现了立法对抵押权人保护力度的维持或强化，类似变化还包括法律简化了抵押权的设立和行使手续、抵押权实现方式也不再仅限于司法拍卖等。法国的改革者指出，迫切希望能提供“满足经济发展和刺激信贷所需”的灵活、务实的担保制度（有些新的内容甚至与古老的原则或制度相违背）。[①] 这种强调抵押权保护对经济发展和信贷活动积极意义的理念，与德国法如出一辙。其他立法模式如模式三的意大利、阿根廷等国规定抵押权自登记存续20年且可续展；模式四不在实体法中规定抵押权行使期间，而交由程序法解决。这四种模式虽然所采立法技术迥异，但是均可达到权利人行使抵押权有足够时间保障之效果。

（二）在优先保护抵押权人有充分时间行使抵押权的前提下，适当兼顾交易关系中第三人的利益

在抵押权法律关系中，如果抵押财产在抵押权行使之前依据正常交易行为转让给第三人，就难免产生抵押权人与受让人之间的利益冲突。针对该情形，多数立法设置某种规则对受让人的利益予以某种程度的保护，以防止优先保护抵押权人的单一价值对交易安全有所妨碍。例如，《法国民法典》第2434、2435条和《意大利民法典》第2848条均规定，虽然抵押权人可依据续展制度延长抵押权的登记期间，但是应当区分不同情况对其他登记人（尤其是第三受让人）的顺序利益提供保护。在德国法中，对于抵押权证券与土地登记簿的关系，前者的内容必须与后者记载的内容一致。如果二者记载不一致，则对抵押权证券内容的信赖不予保护。[②] 对于维护土地登记簿的公信力，这样规定当然是必要的，但如果在任何场合下抵押权证券的效力都得不到承认，显然对保障该证券的流通性和维护证券持有人的利益是不利的。因此，《德国民法典》第1140条规定，在某些场合下抵押权证券可以击破土地登记簿的公信力。该规定对于流通性抵押权框架下保护抵押权证券持有人和受让人的利益，无疑具有重要意义。总体而言，这些规则的设置是在优先保护抵押权人的基础上，在涉及交易第三人的情形下作出的例外调整，其目的是保护交易安全、实现抵押权证券流通性（德国、瑞士）等。

（三）在抵押权行使期间的规则设计中，并无对抵押人（债务人或物上保证人）予以特殊保护的考量

在抵押法律关系中，抵押权人的利益与抵押人的利益形成了直接对

---

① 参见2006年3月23日法国司法部长作的《关于2006年3月23日第2006-346号关于担保的法令的报告》的前言部分。转引自李世刚：《法国担保法改革》，法律出版社2011年版，第22页。

② 参见《德国民法典》第1140条。

立，如果抵押权人行使抵押权，必然会阻碍甚至排斥抵押人对抵押物的支配。在此场合下，各立法无一例外地采取优先保护抵押权人利益的态度，而对抵押人，只要不存在转让抵押物的情形，则并未通过法律规则予以特殊保护。这是立法者对不同利益进行权衡并最终选择的结果。正如庞德指出的，“所有利益不能全部得到保护也不能彻底地得到保护，因为许多利益是交错的、或多或少有冲突的。如何衡量这些利益对立法者来说是根本问题”。① 由抵押权担保功能和信贷保障功能决定，在抵押权行使期间规则中，抵押权人（债权人）的利益属于核心利益，抵押人的利益则属非核心利益。因此，立法者对抵押权行使期间规则设计的主要着眼点，应当是如何保障抵押权人享有充足时间行使权利，而对抵押人除给予基于所有权人、债务人地位的一般保护外，对其利益的保护并非制度设计的重点。

二、抵押权行使期间均长于或至少不短于主债权时效期间

通过上文的梳理可知，虽然各立法模式所采立法技术各异，对抵押权行使期间性质的定位也不尽相同，但是从实际效果来看，没有任何一种立法模式中的抵押权行使期间短于主债权诉讼时效期间。各立法模式的实际适用效果反映了如下事实：抵押权行使期间的下限是主债权诉讼时效期间，上限则未必存在；②立法者在下限与上限之间，通过某种具体的立法技术确定某一期间作为抵押权行使期间，都是可以接受的。事实上，直接以下限作为抵押权行使期间的仅有法国、日本等少数国家，大多数国家及地区都是在下限与上限之间确定某一期间作为抵押权行使期间。该事实也在一定程度上反映出各立法将抵押权定位为物权这一立法态度，因为基于物权属性，其行使期间应当由法律单独确定而非完全取决于主债权诉讼时效期间之长短。

三、抵押权“从属性”或“流通性”的影响

在从属性问题上，第一类模式以法国法为代表，即以从属性作为构建抵押权规则的逻辑起点。在法国传统的担保法体系中，抵押权是所担保债权的附属权，其只是为担保一项债权而存在的。抵押权应跟随所担保债权的境遇与债权同时自动地或自愿地转移，其亦与所担保债权同时消灭。③《法国民法典》第 2488 条第 1 项正是以抵押权从属性为理论依据的体现。

---

① 参见［美］罗斯科·庞德：《法理学》（第 3 卷），廖德宇译，法律出版社 2007 年版，第 246 页。

② 基于抵押权的流通性、抵押权登记续展等制度。

③ 参见沈达明编著：《法国/德国担保法》，中国法制出版社 2000 年版，第 160~161 页。

第二类模式以德国法为代表,即以流通性作为构建抵押权规则的逻辑起点。该模式与德国不动产担保物权制度的特殊历史传承有关。形式主义是德意志不动产物权法在不同历史发展阶段的一个共同根本标志。正是在形式主义理念不同的历史发展阶段上孕育了德国流通式不动产担保物权的各个构成原则、要素和制度,最后在与当代德国罗马法理论体系进行创造性融合之后,形成了德国法现今之模式。因此,构成流通式不动产担保物权制度基础的公示公信制度、抽象原则以及证券化技术,都应当在形式主义原则的框架下予以解读。① 德国法排除主债权诉讼时效对抵押权行使期间的影响,而将抵押权消灭事由限定为通过法律行为进行的废止、基于土地的清偿和拍定等,②这是流通性抵押权制度的当然要求。

值得注意的是,即使是在坚持抵押权从属性的第一类模式中,也并非将抵押权行使期间严格限定在主债权诉讼时效期间的范围。具体路径包括以下几种:(1)采取模式二的法国、日本规定,在某些特殊场合下抵押权适用自身时效期间,这就使抵押权行使期间与主债权时效在特定场合下得以分离。(2)基于“减少设立担保的费用、鼓励抵押信贷”目的,2006年法国担保法改革在《民法典》第2422条确立了“可再负担抵押”规则。该规则是担保物权领域中“主债权特定原则”和“从属性原则”的例外。③ 在可再负担抵押关系中,最初担保的主债权诉讼时效期间与抵押权行使期间也发生某种程度的分离。(3)采取模式三的意大利、葡萄牙等国通过登记和续展制度确定抵押权行使期间,采取模式四的俄罗斯等国在民事程序法中作出规定,均能产生类似效果。这些立法例表明,坚持抵押权从属性的立法模式并非承认抵押权行使期间独立性的绝对樊篱,因为各立法将充分保障抵押权行使置于优先价值,故运用各种立法技术使抵押权适用独立行使期间成为必要和可能。

第四节 抵押权法定行使期间

一、概述

(一)《民法典》施行以前抵押权法定行使期间的立法概况

对于抵押权行使期间,《担保法》未作规定。立法机关以“抵押权的物

---

① 参见黄家镇:《德国流通式不动产担保物权制度研究》,法律出版社2010年版,第102页。

② 参见[德]鲍尔、施蒂尔纳:《德国物权法》(下册),申卫星等译,法律出版社2006年版,第190页。

③ 参见李世刚:《法国担保法改革》,法律出版社2011年版,第151页。

权属性”之理由予以解释。[1] 当时多数学者对此持批评意见,认为我国有必要规定抵押权行使期间制度。理由包括:“发挥抵押物的利用效率”“公平地保护抵押人利益”“从属性理论的新发展”“意思自治原则的要求”“类比保证期间”等。[2] 这些批评意见确在一定程度上指出了法律不规定抵押权行使期间的弊端,但囿于当时立法水平和学理研究的局限,其具体理由也未必均属允当。

《担保法解释》采取了不同于《担保法》的态度,其第 12 条第 2 款规定,担保物权行使期间(包括抵押权行使期间)是“主债权诉讼时效届满后 2 年”。最高人民法院释义书也承认,该款规定并无《担保法》上的依据。该款之所以如此规定,理由在于:“漏洞补充式解释”“只是对计算的选择”“担保物权本身不存在时效问题”等。[3] 虽然最高人民法院力图否认该款规定的立法性质,但无论是从该款的规范含义还是从实际适用效果来看,都很难说该款仅是在解释《担保法》而不是在进行新的立法。

《物权法》第 202 条改变了态度,其规定抵押权行使期间是“主债权诉讼时效期间”。立法机关释义书对此以“经济发展”“物的效用”“权利从属性”等抽象理由予以解释,而对所采立法技术的合理性、法律规范的准确含义等具体问题则未予解释。[4]

（二）《民法典》和《民法典担保制度解释》规定的抵押权行使期间

《民法典》第 419 条完全继承了《物权法》第 202 条的规范内容。立法机关释义书对此的解释与前述《物权法》第 202 条的解释基本一致,即认为该规定的理由是“防止抵押权人怠于行使权利制约经济发展”“抵押权作为从权利应与主债权诉讼时效挂钩”等。[5] 有学者对该规定进一步作出辩护,强调“如果法律不顾主债权诉讼时效的限制,而执意保护抵押权人,则与诉讼时效制度的法律精神相悖”。[6]

---

① 参见项淳一:《全国人大法律委员会关于〈中华人民共和国担保法(草案)〉审议结果的报告》,1995 年 6 月 23 日第八届全国人民代表大会常务委员会第十四次会议。

② 参见翟云岭:《论抵押期限》,载《政法论坛》1999 年第 2 期;张清河、何志:《论抵押期间》,载《法律适用》1999 年第 10 期;张爱珍:《确立“抵押期间”制度的必要性》,载《法律适用》2000 年第 11 期。

③ 参见李国光等:《最高人民法院〈关于适用《中华人民共和国担保法》若干问题的解释〉理解与适用》,吉林人民出版社 2000 年版,第 89~90 页。

④ 参见全国人大常委会法制工作委员会民法室编:《中华人民共和国物权法条文说明、立法理由及相关规定》,北京大学出版社 2007 年版,第 366 页。

⑤ 参见黄薇主编:《中华人民共和国民法典物权编释义》,法律出版社 2020 年版,第 546~547 页。

⑥ 参见孙宪忠、朱广新主编:《民法典评注 · 物权编 4》,中国法制出版社 2020 年版,第 251~252 页。

《民法典担保制度解释》第44条第1款对《民法典》第419条作出进一步细化解释，分述如下。

(1)主债权诉讼时效期间届满后，抵押权人主张行使抵押权的，人民法院不予支持；抵押人以主债权诉讼时效期间届满为由，主张不承担担保责任的，人民法院应予支持。该款第1句从抵押权人和抵押人正反两方面对抵押权行使期间作出规定。

其一，主债权诉讼时效期间届满后，抵押权人主张行使抵押权的后果是"人民法院不予支持"。该后果是对《民法典》第419条中"未行使的，人民法院不予保护"的重申。唯须进一步解释的是，"不予支持"或"不予保护"的原因究竟是抵押权消灭？抗辩权发生？抑或其他？

其二，抵押人以主债权诉讼时效期间届满为由，主张不承担担保责任的后果是"人民法院应予支持"。该后果并不存在于《民法典》第419条之文义，系对该条从抵押人角度所作解释。①

(2)主债权诉讼时效期间届满前，债权人仅对债务人提起诉讼，经人民法院判决或者调解后未在民事诉讼法规定的申请执行时效期间内对债务人申请强制执行，其向抵押人主张行使抵押权的，人民法院不予支持。该款第2句对主债权诉讼时效是否包括程序法上的执行时效作出规定。

二、抵押权法定行使期间与除斥期间

(一)《担保法解释》第12条第2款的学理争议

《民法典》颁布以前，《担保法解释》第12条第2款曾规定抵押权的行使期间是"主债权诉讼时效届满后2年"。通说认为，该期间的性质是除斥期间。② 对该规定的合理性，学界存在分歧意见。

持肯定评价的学者所提理由包括：抵押权作为担保物权不适用诉讼时效；③对抵押权应设置不同于主债权时效的期间限制；④有利于社会经济关系的稳定。⑤

---

① 参见程啸、高圣平、谢鸿飞：《最高人民法院新担保司法解释理解与适用》，法律出版社2021年版，第275页。

② 参见曹士兵：《中国担保诸问题的解决与展望——基于担保法及其司法解释》，中国法制出版社2001年版，第259页。但时任最高人民法院法官的孔祥俊认为该2年是诉讼时效，参见孔祥俊：《担保法及其司法解释的理解与适用》，法律出版社2001年版，第55页。

③ 参见邹海林、常敏：《债权担保的理论与实务》，社会科学文献出版社2005年版，第194页。

④ 参见车辉、李敏：《担保法律制度新问题研究》，法律出版社2005年版，第139页。

⑤ 参见郭明瑞：《担保法》(第2版)，法律出版社2004年版，第144页。

也有很多学者对该规定持否定评价,其中程啸教授的批评意见最具代表性。他认为,该规定是由于对德国、瑞士民法规定的错误理解以及未充分考虑我国现行立法而作出的规定,其不合理之处在于:其一,依据当时《民法通则》的规定,诉讼时效的效力系采"胜诉权消灭主义"。换言之,诉讼时效届满导致胜诉权消灭而非主债权消灭。在此前提下,规定担保物权在主债权诉讼时效届满后2年内不行使就消灭是缺乏依据的。其二,司法解释没有对已登记担保物权和未登记担保物权的存续期间作出区分。抵押人无法进行注销登记而此时抵押权依据司法解释又已消灭,这不仅无法真正确立登记制度的公信力,也严重威胁交易安全。其三,司法解释的制定者将《德国民法典》第1170条和《瑞士民法典》第871条理解为是对抵押权除斥期间的规定,该理解是错误的。德国、瑞士对担保物权的保护比较严格,必须在符合特别条件下由当事人依照法定程序申请法院作出除权判决后才能宣告担保物权消灭,这也与登记制度相符合。我国仅依据司法解释就可使物权消灭,是过于草率的。① 还有学者指出,由于担保物权并非形成权,规定担保物权适用除斥期间在理论上存在缺陷;②司法解释的规定未能实现抵押期间制度所应体现的对实现公平与追求效率的兼顾;③"人民法院应当予以支持"并非除斥期间的合适表述,建议对该不明确的规定予以修正④,等等。

(二)本书观点

《民法典》之前的《担保法解释》第12条第2款的本意是以除斥期间作为抵押权行使期间,以实现对当时《担保法》进行漏洞补充的作用。

在法律未设置抵押权行使期间规则的背景下,《担保法解释》第12条第2款当时确实在一定程度上发挥了定分止争的作用,亦使抵押关系中各方当事人对自身权利义务具有预见性。这是该规定的积极意义。但也正如前述学者批评意见所指出的,该规定在理论自洽性、与时效规则的兼容性等方面也确实存在一定程度的缺憾。《民法典》和《民法典担保制度解释》均未继承该规定,可能是针对这些缺憾作出的回应。从立法论角度而言,现行法所采模式在我国法律框架下是否适宜,还应从抵押权行使期间

---

① 参见程啸:《中国抵押权制度的理论与实践》,法律出版社2002年版,第420~422页。

② 参见温世扬、廖焕国:《物权法通论》,人民法院出版社2005年版,第648页。

③ 参见胡志刚:《不动产抵押期间的设立应兼顾公平和效率(下)》,载《中国房地产》2005年第7期。

④ 参见孙宪忠编著:《物权法》,社会科学文献出版社2005年版,第289~290页。

的立法理念、与其他规则的兼容性等角度进行全面评估。详见本章第九节。

三、抵押权法定行使期间与主债权诉讼时效期间

(一)《民法典》第419条的立法由来及学理争议

《民法典》第419条是继承《物权法》第202条的结果。在《物权法》起草过程中,对抵押权行使期间的规则设计存在较大分歧意见。[①]《物权法》第202条最终将抵押权行使期间界定为主债权诉讼时效期间,而未继承《担保法解释》第12条第2款的规定。相较于后者而言,《物权法》第202条的规范内容有以下变化:(1)缩短了抵押权行使期间,将其长度与主债权诉讼时效期间完全等同。(2)缩小了该期间的适用范围,即该规定仅适用于抵押权,而未涉及质权和留置权。(3)对该期间法律效果的表述发生变化,前者系从权利人在该期间行使权利的角度规定其法律效果是"人民法院应当予以支持";后者则从权利人未在该期间行使权利的角度规定其法律效果是"人民法院不予保护"。但因"人民法院不予保护"究竟是指何种法律后果,该条语焉不详,导致在理论和实务中产生了很大分歧。

《物权法》施行后,学界主流意见对《物权法》第202条持肯定评价。例如,王利明教授认为,该规定是对司法解释规定的重大修改,其确定了抵押权的法定期限和确定法定期限的规则。该规定既符合抵押权的从属性,又可防止抵押权人通过行使抵押权而规避诉讼时效。[②] 还有学者认为,从诉讼时效制度的整体效果角度来看,该条基于"主权利消灭,从权利消灭"的基本法理,无疑是合适之选。[③] 少数学者对《物权法》第202条持否定评价,甚至认为应删除该条。有学者认为,基于加强社会信用的考虑,该条采取日本模式并不可取。[④] 该条"异化"了抵押权体系结构和变动逻辑,其在解释层面已成"无解"状态。[⑤] 还有学者主张我国未来修法时删除该条,而重新回复到《担保法解释》第12条第2款的规定。[⑥] 另有很多

---

① 参见全国人大常委会法制工作委员会民法室编著:《物权法立法背景与观点全集》,法律出版社2007年版,第173、661~662、686页。

② 参见王利明:《物权法研究》(第4版)(下卷),中国人民大学出版社2016年版,第1210、1212页。

③ 参见高圣平:《担保法论》,法律出版社2009年版,第269~270页。

④ 参见徐洁:《担保物权与时效的关联性研究》,载《法学研究》2012年第5期。

⑤ 参见邹海林:《抵押权时效问题的民法表达》,载《法学研究》2018年第1期。

⑥ 参见陈华彬:《民法物权论》,中国法制出版社2010年版,第439页。

学者将研究重点放在对《物权法》第 202 条的解释、适用上，而回避对该条进行立法论层面的评价。

《民法典》在制定过程中，对抵押权行使期间的立法设计存在不同意见。第一种观点主张回归司法解释规定，即抵押权行使期间为主债权诉讼时效期间届满后两年。第二种观点认为，抵押权人未在主债权诉讼时效期间行使抵押权的，抵押权消灭。第三种观点认为，应在“担保物权一般规定”中对抵押权、质权和留置权等担保物权行使期间作统一规定。立法机关认为上述三种观点均存在不足，《民法典》第 419 条最终原封不动地继承了《物权法》第 202 条之规定。理由在于：防止抵押权人怠于行使权利，不利于发挥抵押财产的经济效用，制约经济发展；抵押权作为从权利应与主债权诉讼时效挂钩等。[①] 依据最高人民法院释义书的解释，《民法典》第 419 条改变司法解释的理由在于，抵押人为第三人的情形下，如果主债权诉讼时效届满后 2 年仍须承担担保责任，无论承认还是否认抵押人对主债务人的追偿权，都会产生不合理的结果。因此，该条更符合抵押权从属性的要求。[②]

（二）《民法典》第 419 条的含义解读

1.“主债权诉讼时效期间”的直接适用对象是主债权而非抵押权，主债权诉讼时效期间届满间接导致抵押权丧失法律保护

基于抵押权的物权属性，其自身并无适用诉讼时效的可能。《民法典》第 419 条之所以要求“抵押权人应当在主债权诉讼时效期间行使抵押权”，是因为基于抵押权的从权利性质，当主债权因时效届满而成为不完全债权时，抵押权的效力也应发生相应减损。换言之，抵押权行使期间的界定具有“被动性”，即该期间并非由抵押权人“主动”掌控，而完全取决于主债权诉讼时效如何起算、中断、中止。由此观之，所谓“抵押权行使期间是主债权诉讼时效期间”，只是一个约定俗成、差强人意的说法而已。

2.“主债权诉讼时效期间”依据主债权债务关系予以判断

该期间的长短，取决于主债权适用何种诉讼时效期间，而并不存在一种专门适用于抵押权的诉讼时效期间。更重要的是，《民法典》第 419 条中的“主债权诉讼时效期间”，应解释为“主债权诉讼时效期间届满前”。换言之，该条之“主债权诉讼时效期间”系指发生中断、中止等规则的可变期间，而非指行使抵押权必须在某一固定的诉讼时效期间之内。唯此解

---

① 参见黄薇主编：《中华人民共和国民法典物权编释义》，法律出版社 2020 年版，第 544～547 页。

② 参见最高人民法院民法典贯彻实施工作领导小组主编：《中华人民共和国民法典物权编理解与适用》（下），人民法院出版社 2020 年版，第 1144 页。

释,才不至于与抵押权的从属性相悖。①

3.“主债权诉讼时效”包括实体法规定的诉讼时效和程序法规定的执行时效

《民法典担保制度解释》第44条第1款第2句将《民法典》第419条中“主债权诉讼时效”解释为包括执行时效。依此规定,债权人仅起诉债务人导致主债权诉讼时效中断,债权人获得胜诉法律文书后未在执行时效期间内对债务人申请强制执行,由于执行时效期间届满,主债权和抵押权均不受法院保护。② 详细分析见下文。

(三)主债权诉讼时效包括执行时效

域外法中并不存在该问题,因为各立法普遍认为生效法律文书确定的请求权仍属实体法请求权,故仍适用民法典诉讼时效制度。③ 由于我国《民法典》和《民事诉讼法》分别规定诉讼时效和执行时效(二元模式),将生效法律文书确定的请求权适用程序法的执行时效,故产生《民法典》第419条之“主债权诉讼时效”是否包括执行时效的问题。实务中曾有裁判意见认为,债权人在主债权诉讼时效内行使抵押权且被生效判决确认的,其后申请强制执行抵押财产就不再不受执行时效限制。④《民法典担保制度解释》第44条第1款未采纳这种意见,其规定“主债权诉讼时效期间届满前,债权人仅对债务人提起诉讼,经人民法院判决或者调解后未在民事诉讼法规定的申请执行时效期间内对债务人申请强制执行,其向抵押人主张行使抵押权的,人民法院不予支持”。该款内容未见于旧法及司法解释,属新设规定,故甚有解读必要。

对于现行法所采二元模式,学界近年普遍持批评意见,认为是受苏联法影响及误读诉权性质的产物。⑤ 执行时效的标的,仍属实体法上的请求权。⑥《民事诉讼法》及其司法解释的多次修订对学理意见已作出回应,逐渐将执行时效由程序法期间转为实体权保护期间。体现为:执行时效适用

---

① 具体分析详见本章第七节。

② 参见最高人民法院民事审判第二庭:《最高人民法院民法典担保制度司法解释理解与适用》,人民法院出版社2021年版,第396页。

③ 参见《德国民法典》第197条;《瑞士债务法》第137条;《日本民法典》第169条。

④ 参见深圳市中级人民法院(2014)深中法房终字第1504号。

⑤ 参见霍海红:《执行时效期间的再改革》,载《中国法学》2020年第1期;杨巍:《论援引诉讼时效抗辩权的三种场合》,载《法学评论》2018年第6期;金印:《执行时效的体系地位及其规制方式——民法典编撰背景下执行时效制度的未来》,载《法律科学(西北政法大学学报)》2017年第5期。

⑥ 参见张卫平:《民法典与民事诉讼法的连接与统合——从民事诉讼法视角看民法典的编纂》,载《法学研究》2016年第1期。

中止、中断规则(《民事诉讼法》第 246 条);执行法院在受理、执行环节不主动依职权适用执行时效(《民诉法解释》第 481 条)等。简言之,除名称和适用领域的差异外,执行时效与诉讼时效已无区别。依据最高人民法院释义书的解释,《民法典担保制度解释》第 44 条第 1 款系以"申请执行期间进行时效化改造"为基础,要求债权人行使抵押权应受执行时效的限制。[①]因此,该规定的总体精神值得肯定,其有助于厘清执行阶段主债权时效与行使抵押权的关系。依据《民法典担保制度解释》第 44 条第 1 款的文义,其适用条件如下。

1. 主债权诉讼时效期间届满前,债权人仅对债务人提起诉讼

该条件意味着,主债权诉讼时效因起诉发生中断,因其被生效法律文书确认,诉讼程序终结时计算执行时效。换言之,该条件是主债权诉讼时效与执行时效发生衔接的基本前提。如果主债权在诉讼时效内出现"债权人请求履行""义务人同意履行"等情形,虽也能引起时效中断,但不产生执行依据而无与执行时效衔接问题。

第一,债权人提起诉讼主要是指民事诉讼,包括提起本诉和反诉,因为二者均可构成时效中断事由并形成执行依据。[②] 同理,该条件也包括刑事附带民事诉讼(《刑事诉讼法》第 101 条)和提起行政诉讼时申请一并解决相关民事争议(《行政诉讼法》第 61 条)。权利人单独提起刑事诉讼虽可构成时效中断事由(《诉讼时效规定》第 13 条),财产刑(如罚金)也可以民事给付作为执行标的,但此类给付不可能事先成为抵押权担保对象,故不符合该条件。权利人单独提起行政诉讼,如果该诉讼系以民事法律关系为基础,该起诉对民事权利可构成时效中断事由,[③]但由于该行政判决不能以民事给付作为执行标的,故亦不符合该条件。

第二,该条件中"仅对债务人提起诉讼"非指本诉中未列抵押人为共同被告(在本诉外是否对抵押人采取行动在所不问),而是指债权人未针对抵押人采取任何行动。由于《民法典担保制度解释》第 44 条第 1 款的本意是将《民法典》第 419 条之"主债权诉讼时效"解释为包含执行时效,即两种时效的任一种届满且债权人未行使抵押权的,就导致抵押权丧失保护,因此"仅对债务人提起诉讼"有两重意义:一是提起诉讼后才有计算执

① 参见最高人民法院民事审判第二庭:《最高人民法院民法典担保制度司法解释理解与适用》,人民法院出版社 2021 年版,第 398 页。

② 参见梁展欣主编:《诉讼时效司法实务精义》,人民法院出版社 2010 年版,第 105 页。

③ 例如基于房屋买卖纠纷,当事人提起行政诉讼要求撤销案涉房产证,该起诉对买卖合同请求权构成中断事由。参见河南省高级人民法院(2015)豫法民一终字第 278 号。

行时效的可能；二是债权人在主债权诉讼时效届满前未对抵押人行使权利，诉讼程序终结后行使抵押权转为受执行时效限制。如果债权人既起诉债务人，又另行申请实现抵押权，[①]由于债权人已在主债权诉讼时效期间内行使抵押权，其后依据实现抵押权程序有无实质性争议产生不同后果，并相应地对主债权时效产生不同影响，故该情形并不属于第44条第1款所规范情形。同理，债权人在主债权诉讼时效期间内另行订立实现抵押权协议的，履行该协议的不同状态对主债权时效产生不同影响，而且该协议还存在自身诉讼时效的计算问题，因此该情形亦不属于第44条第1款所规范情形。

第三，债权人对债务人申请仲裁、申请支付令、申请作出公证债权文书等，因其亦可形成执行依据而启动执行时效，故也符合该条件。现行法框架下，仲裁时效与诉讼时效的关系属特别规则与一般规则。[②] 因此，在债权人申请仲裁的情形下，《民法典担保制度解释》第44条第1款中"诉讼时效期间"应解释为仲裁时效期间。

2. 法院通过判决或者调解支持债权人诉讼请求，债权人取得执行依据

符合该条件的，债权人方能凭借执行依据启动执行程序，并由此计算执行时效。如果法院未作出实体判决（如因程序瑕疵被不予受理或者驳回），该起诉虽可使时效中断，但未导致执行时效起算，故不符合该条件。如果法院经实体审理认定原告的权利不成立并据此驳回诉讼请求，表明不存在受法律保护的权利，故没有时效问题而也不符合该条件。

第一，虽然《民法典担保制度解释》第44条第1款对取得执行依据的原因仅列举"判决或者调解"，但如前文所述，债权人取得其他执行依据同样存在执行时效问题，故也满足该条件。具体包括：仲裁裁决、支付令、公证债权文书、确认调解协议裁定等。其他执行依据适用该款时，条件1应调整为"主债权诉讼时效（仲裁时效）期间届满前，债权人仅对债务人启动相关法律程序"。

第二，上述法律文书须具备执行依据的条件。《民诉法解释》第461条和《最高人民法院关于人民法院执行工作若干问题的规定》（2020年修正）第16条规定，执行依据的核心条件是"给付内容明确"。如果债权人虽然获得胜诉判决或其他法律文书，但是其不具备执行依据的条件，则不能适

---

① 该情形是否构成重复起诉，实务中存在分歧。参见最高人民法院（2018）最高法民终1202号。相反裁判意见参见浙江省高级人民法院（2018）浙民申3997号。

② 参见黄薇主编：《中华人民共和国民法典总则编释义》，法律出版社2020年版，第535~536页。

用《民法典担保制度解释》第44条第1款。上述法律文书中，支付令和公证债权文书当然符合“给付内容明确”之要求，其他法律文书则须依其性质及内容予以判断。以判决书为例，构成执行依据的最常见情形为给付之诉判决，而确认之诉和形成之诉因判决生效导致法律关系确定或变动，故原则上不构成执行依据。①

3. 债权人未在执行时效期间内对债务人申请强制执行

《民法典担保制度解释》第44条第1款规定该条件之文义易生误解。一方面，该条件本意应为执行时效届满时主债权仍未受偿，故债务人和抵押人均可享有时效抗辩权。但是，能使主债权受偿的原因除强制执行外，还包括执行程序之外的清偿、抵销、免除等事由。因此，重要的是执行时效届满时主债权处于未受偿状态，而基于何种原因则在所不问。另一方面，该条件隐含的一项规范内容是，如果债权人在执行时效期间内对债务人申请强制执行，则因时效中断而影响执行时效届满的认定。但是，依据《执行解释》第20条的规定，除申请强制执行外，达成和解协议、提出履行要求和同意履行义务亦可导致执行时效中断。因此，《民法典担保制度解释》第44条第1款中“对债务人申请强制执行”应解释为是对中断事由的不完全列举。而且，中止事由亦可影响执行时效届满的认定。综上，该条件应解释为：由于债权人未在执行时效期间内对债务人申请强制执行、请求履行、主张抵销等原因，致使执行时效届满时主债权仍未受偿的，抵押权丧失法律保护；因法定中断事由或中止事由而致执行时效未届满的，抵押权仍受法律保护。

第五节　抵押权约定行使期间和登记行使期间

一、概述

（一）《民法典》施行以前抵押权约定和登记行使期间的立法概况

《担保法》一方面未规定抵押权法定行使期间，另一方面也未规定当事人能否约定该期间。这与当时的立法思想不承认存在独立的担保物权期间有关。② 学界对此普遍持批评意见，已如前文所述。实务界意见与学界观点接近，而且当时实务界人士力图通过解释论路径使抵押权约定行使

① 参见杨与龄编著：《强制执行法论》，中国政法大学出版社2002年版，第50页。

② 参见项淳一：《全国人大法律委员会关于〈中华人民共和国担保法（草案）〉审议结果的报告》，1995年6月23日第八届全国人民代表大会常务委员会第十四次会议。

期间事实上得到承认。依据最高人民法院释义书的解释,《担保法》第 39 条规定的抵押合同内容的兜底条款“当事人认为需要约定的其他事项”包括抵押权行使期间。[①] 但是,依据立法机关释义书的解释,《担保法》第 39 条规定的兜底条款包括抵押物的保险责任、提存事项、仲裁条款等,而并未涉及抵押权行使期间。[②] 学界和实务界的这些意见对其后制订的部门规章的有关内容产生了一定程度的影响。

《担保法》之后出台的部门规章对抵押权约定行使期间和登记行使期间作出了规定。1995 年国家工商行政管理局《企业动产抵押物登记管理办法》第 7 条第 5 项规定,登记机关就申请材料予以审查的内容包括“债务人履行债务的期限是否在动产抵押物权属期限或者使用年限内”。[③] 1997 年建设部《城市房地产抵押管理办法》第 26 条第 6 项规定,房地产抵押合同应当载明的主要内容包括“抵押期限”。[④] 依据上述规定,“抵押期限”是抵押合同应当记载的事项及登记机关应审查的内容。这意味着:一方面,抵押期间是抵押合同的必要条款,当事人必须就该事项在抵押合同中作出约定,否则将导致抵押合同不成立;另一方面,抵押期间是登记机关的审查事项,如果抵押合同中未约定该事项,登记机关将要求当事人补足该事项或不予登记。

《担保法解释》改变了上述部门规章的态度,其第 12 条第 1 款明确否定了担保物权约定存续期间和登记存续期间的法律效力。虽然该款系针对“担保物权的存续”所作规定,但由于其核心意义是对担保物权人行使担保物权的时间界限予以规范,而且担保物权登记主要针对抵押权,因此该款对抵押权约定行使期间和登记行使期间最具意义。依据最高人民法院释义书的解释,该规定的立法理由是:其一,理论上的理由是此类约定期间和登记期间违反物权法定原则;其二,实践上的理由是此类约定期间和登记期间不利于债权保护,且加大了担保成本。[⑤]

① 参见唐德华等编著:《最新担保法条文释义》,人民法院出版社 1995 年版,第 102 页。

② 参见全国人大常委会法制工作委员会民法室编著:《中华人民共和国担保法释义》,法律出版社 1995 年版,第 59 页。

③ 根据 1998 年和 2000 年对《企业动产抵押物登记管理办法》的修订,该规定仍被保留。但是,根据 2016 年和 2019 年对《动产抵押登记办法》的修订,该办法第 5 条规定的《动产抵押登记书》应当载明的内容中并无“抵押期限”,只有“债务人履行债务的期限”。

④ 根据 2001 年 8 月 15 日《建设部关于修改〈城市房地产抵押管理办法〉的决定》,该项修改为“债务人履行债务的期限”。

⑤ 参见李国光等:《最高人民法院〈关于适用《中华人民共和国担保法》若干问题的解释〉理解与适用》,吉林人民出版社 2000 年版,第 87~88 页。

(二)《民法典》和《民法典担保制度解释》对抵押权约定行使期间和登记行使期间未作规定

《民法典》采取了与《物权法》相同的态度,对抵押权约定行使期间和登记行使期间均未作规定。《民法典担保制度解释》未继承《担保法解释》第 12 条第 1 款的内容,但也未作出相反规定,而是进行了“留白”。对此,能否以现行法删除旧司法解释禁止性规定为依据,解释为现行法承认抵押权约定行使期间和登记行使期间的效力?虽有学者对此持肯定意见,[①]但实则现行法对该问题的态度似有未明,尚须结合相关立法目的以及与其他制度的兼容性等因素予以解释。

二、抵押权约定行使期间

(一)《担保法解释》第 12 条第 1 款的立法由来及学理争议

1.《担保法解释》第 12 条第 1 款的产生背景[②]

由于《担保法》对抵押权约定行使期间和登记行使期间未作规定,相关部门规章又将此类期间界定为抵押权登记的必要记载事项,导致当时在实践中产生以下弊端:其一,在抵押实践中,当事人和司法机关通常将抵押期间和合同履行期限相混淆。很多房地产登记机关在进行抵押登记时,将合同履行期限填入《房屋他项权证》或《土地他项权利证明书》中的“权利存续期限”一栏,以此向抵押权人颁发他项权证。[③] 这就导致两个具有不同法律意义的概念被混淆,并因此引发纠纷。其二,登记机关依据部门规章强制性地要求当事人将抵押期间登记为 1 年(或 6 个月),且须每年(或每 6 个月)续展一次,否则抵押权消灭。这种做法极大地提高了设定抵押权的成本且不合理地增加了抵押登记的非便利性,也使该规定备受诟病。其三,由于该规定系由部门规章作出,处于更高位阶的《担保法》对此并无直接规定,导致该规定的合法性在理论和实践上存在很大分歧。

《担保法解释》第 12 条第 1 款系针对上述部门规章强制当事人约定并登记抵押期间作出的回应。对于该款的理由,司法解释制定者主要从物权法定原则和实践弊端这两个角度予以解释。该款规定的基本含义包括:一是否定当事人约定担保物权存续期间的法律效力;二是否定登记机关登记的担保物权存续期间的法律效力。

① 参见孙宪忠、朱广新主编:《民法典评注 · 物权编 4》,中国法制出版社 2020 年版,第 255 页。

② 此处就抵押权约定行使期间和登记行使期间一并分析。

③ 参见彭坳等:《抵押权制度中的自由与限制——以若干个案为分析对象》,载蔡耀忠主编:《中国房地产法研究》(第 1 卷),法律出版社 2002 年版,第 370 页。

2.《担保法解释》第 12 条第 1 款的学理争议

虽然《担保法解释》对抵押权约定行使期间持明确否定态度,但是学界对应否承认此类约定期间的效力存在极大争议。肯定说认为,从立法论角度,应当允许当事人约定担保物权的存续期间;从解释论角度,可以从现行法的相关规定中间接推导出该结论。理由如下:其一,意思自治原则的要求;其二,不违反物权法定原则;其三,经济活动追求效率和公平的要求;其四,担保物权从属性并不构成障碍;其五,司法解释规定缺乏立法依据。[①]

应当注意的是,持肯定说的学者并非认为此类约定是不受限制的。该约定除不得违反法律强制性规定和公序良俗等一般合法性要件外,还不得与担保物权的目的和性质相抵触。(1)该约定期间不应短于或者等于主债务履行期限,否则有悖于抵押权的设立目的和价值功能。[②] (2)当事人约定抵押权存续至主债权受到清偿之日为止的,该约定虽然对保障债权人的利益具有一定的积极意义,但是基于违反抵押担保目的、财产效用功能等原因,应认定无效。[③] (3)当事人约定的抵押权存续期间不得超过最长法定抵押期间。[④] 最长法定抵押期间可以比照诉讼时效期间的相关制度予以设计。[⑤]

否定说认为,不应允许当事人约定担保物权的存续期间,如果约定的应认定无效。理由如下:其一,该约定违反物权法定原则;其二,该约定违反担保物权的从属性;其三,禁止该约定不违反意思自治原则;其四,实现交易行为公平与效率兼顾的要求;其五,将保证期间与抵押权行使期间类比不具有合理性;其六,"担保物权可以抛弃"不能成为肯定说的理由。[⑥]

从上述梳理可见,对于应否允许当事人约定担保物权的存续期间,学界既有的肯定说和否定说两派意见分歧极大。有意思的是,两种观点所持理由大多系从同一角度得出完全相反的结论。例如,两种观点都认为应坚持物权法定原则和担保物权的从属性,但对二者是否构成约定担保物权存

---

① 参见王利明:《物权法研究》(第 4 版)(下卷),中国人民大学出版社 2016 年版,第 1212 页;程啸:《民法典物权编担保物权制度的完善》,载《比较法研究》2018 年第 2 期;刘贵祥:《〈物权法〉关于担保物权的创新及审判实务面临的问题》(下),载《法律适用》2007 年第 9 期。

② 参见陆永棣等:《开庭以后:判例与民法问题研究》,法律出版社 2001 年版,第 233 页。

③ 参见程啸:《论担保物权之存续期限》,载《财经法学》2015 年第 1 期。

④ 参见常鹏翱:《物权法的展开与反思》(第 2 版),法律出版社 2017 年版,第 163 页。

⑤ 参见彭熙海等:《论我国抵押期间制度》,载《律师世界》2003 年第 4 期。

⑥ 参见高圣平:《担保物权的行使期间研究——以〈物权法〉第 202 条为分析对象》,载《华东政法大学学报》2009 年第 1 期;张驰:《论抵押权的存续期间——兼评我国〈物权法〉第 202 条》,载《法学》2010 年第 4 期;胡鹏翔:《论消灭时效与抵押权期限》,载《吉林大学社会科学学报》2001 年第 3 期。

续期间的障碍却持完全相反的看法；又如，两种观点都从实现交易行为公平和效率的角度论证自身观点的合理性，但对约定担保物权的存续期间对实现公平效率所起作用的评估结论，却是完全相反的。上述争论不仅反映了两派意见对物权法定原则、担保物权的从属性及其他原理含义和适用的不同解读，还隐含了更深层次的意见分歧，即对担保物权行使期间的效力、担保物权行使期间与主债权诉讼时效的关系等问题的不同立法选择。

（二）《民法典》施行后抵押权约定行使期间效力的认定

对抵押权约定行使期间的法律效力，《民法典》和《民法典担保制度解释》既未肯定，也未否定，而是仅删除了旧司法解释的禁止性规定。这给该问题的解释造成了一定的困扰。本书认为，《民法典》施行后抵押权约定行使期间仍应认定无效。理由如下。

第一，《民法典担保制度解释》删除旧司法解释的禁止性规定的原因，并非改变了既有态度，而是与其对抵押权行使期间届满效力采取"抗辩权发生说"有关。依据最高人民法院释义书的解释，在《民法典》的框架下，诉讼时效届满并不导致主债权消灭，因此作为从权利的抵押权也不消灭。[①]《民法典担保制度解释》第 44 条第 1 款遵循该思路，在"抗辩权发生说"框架下对抵押权行使期间届满后债权人和抵押人的权利义务作出规定。而且，由于《民法典》第 406 条明确承认了抵押权的追及效力，抵押登记的存在对抵押财产流转不构成障碍，其与"抗辩权发生说"并存更符合体系化的要求。[②] 在此前提下，抵押权约定行使期间显然没有存在的空间，因为主债权诉讼时效届满后抵押人才能取得抗辩权，如果允许当事人事先就抵押权行使期间另行作出约定，既违反时效利益不得预先放弃的规定（《民法典》第 197 条），也可能与抵押权追及效力相抵牾。

第二，由于《担保法解释》第 12 条第 1 款的适用对象是"担保物权"而非仅限于抵押权，实务中对应收账款质权、专利权质权等适用约定行使期间和登记行使期间已普遍承认，因此删除旧司法解释的禁止性规定对这些领域的实务操作具有松绑意义。

第三，虽然《担保法解释》第 12 条第 1 款被新司法解释删除，但是产生该规定的社会背景并未完全消除，即登记机关强制要求对抵押期间进行登记导致抵押成本增加的风险仍然存在。由于该规定与《民法典》及《民法

① 参见最高人民法院民法典贯彻实施工作领导小组主编：《中华人民共和国民法典物权编理解与适用》（下），人民法院出版社 2020 年版，第 1026 页。

② 参见高圣平：《担保法前沿问题与判解研究》（第 5 卷），人民法院出版社 2021 年版，第 299～302 页。

典担保制度解释》的相关规定并不抵触，可将其认定为“与民法典及有关法律不冲突且在司法实践中行之有效的规定”（《实施民法典纪要》第12条），因此《民法典》施行后仍可参考适用。

三、抵押权登记行使期间

（一）《民法典》施行以前抵押权登记行使期间的学理争议

抵押权登记行使期间与约定行使期间密切相关，因为登记期间在性质上是将当事人约定期间通过登记而强化其效力。但是，由于实践中存在登记机关强制要求当事人就担保物权存续期间予以登记的现象，以及现行法对不动产抵押登记和动产抵押登记规定不同的法律后果等原因，导致对问题的回答并不简单。即使是对担保物权约定存续期间持肯定说的学者，对该问题的认识也不完全一致。

第一类意见总体上肯定担保物权登记存续期间的法律效力，但是对登记的具体效力、登记是否具有强制性等具体问题存在分歧，大致包括以下几种观点：第一种观点认为，当事人约定的担保物权存续期间必须经登记才能产生物权效力，未经登记的，仅在当事人之间产生拘束力。① 第二种观点认为，应当仅承认动产抵押权的登记存续期间的效力，即原则上否定抵押权登记存续期间的前提下，例外地承认动产抵押权可以登记存续期间。②第三种观点认为，应当以抵押权登记存续期间作为抵押权效力存续的唯一依据。该模式既可以通过登记确定明确的抵押权存续期间，又可以通过续展制度实现债权人的意思自由，而且因抵押权存续不受主债权诉讼时效的影响，可达到法律关系清晰明了的效果。③

第二类意见否定担保物权登记存续期间的法律效力。持该类意见的学者都是在否定担保物权约定存续期间效力的基础上，进一步否定登记期间的法律效力。主要理由包括：担保物权约定存续期间与登记存续期间的效力是一致的；④担保物权登记存续期间在实践中存在弊端；⑤现行法框架下没有必要允许约定和登记担保物权存续期间⑥等。为了强化该类意见的

---

① 参见王利明：《物权法研究》（第4版）（下卷），中国人民大学出版社2016年版，第1214页。

② 参见张驰：《论抵押权的存续期间——兼评我国〈物权法〉第202条》，载《法学》2010年第4期。

③ 参见徐洁：《担保物权与时效的关联性研究》，载《法学研究》2012年第5期。

④ 参见高圣平：《担保物权的行使期间研究——以〈物权法〉第202条为分析对象》，载《华东政法大学学报》2009年第1期。

⑤ 参见曹士兵：《中国担保制度与担保方法》（第4版），中国法制出版社2017年版，第304页。

⑥ 参见车辉、李敏：《担保法律制度新问题研究》，法律出版社2005年版，第142页。

说理，还有学者引用谢在全教授的观点："抵押权登记在实务上虽常有存续期间一项，实则因抵押权的担保目的及其从属性……如果当事人约定期间长于或短于第880条规定的除斥期间，则因违反除斥期间不得变更之强制性规定，导致该约定无效。据此，抵押权存续期间之约定和登记，并不具有任何意义。"①

上述第一类意见中的三种观点基本上都是从立法论角度对承认担保物权登记存续期间提出的某种立法构想。第一种观点的态度较为折中，在肯定担保物权约定存续期间效力的前提下，将该约定期间是否登记作为能否产生物权效力的依据，且将是否登记的决定权交给当事人。该观点意图在实现当事人意思自治和坚持登记公信力之间找到一个平衡点，根据当事人是否选择将约定期间予以登记来决定该约定期间的效力。该观点在理论上较具合理性，但似乎忽略了登记实践中的一些具体障碍：如果登记簿上记载了存续期间事项，登记机关往往会强制当事人填写该事项，否则可能导致无法完成登记行为；如果登记簿上未记载存续期间事项，则登记机关或者不允许当事人将存续期间记载于登记簿，或者仅允许将存续期间填写于"备注"一栏，这导致约定存续期间无法予以登记或者虽经登记但效力存在隐患。因此，该观点的实现须以重塑抵押权的现行登记制度为必要条件，这将涉及制度成本的考量。而且，对于如何处理登记期间和法定期间的关系，该观点也未给出一个令人满意的方案。第二种观点从不动产抵押权登记与动产抵押权登记具有不同效力的角度入手，认为应将登记存续期间适用于动产抵押权作为例外规则予以承认。该观点似乎偏离了问题的重点，因为不动产抵押权登记与动产抵押权登记固然存在生效要件和对抗要件之效力差异，但是二者均存在是否允许登记期间以及该期间与法定期间的关系问题。仅从动产抵押权登记的对抗效力推导出应例外允许登记抵押权存续期间，似乎理由并不充分。第三种观点最为激进，欲以登记期间全面取代法定期间，姑且不论该观点的理论合理性如何，为实现该观点所需付出的立法成本和制度成本，就使得该观点不具有太大的现实意义。与第一类意见立足于立法论角度不同，上述第二类意见主要从解释论角度出发，一方面强调不承认担保物权约定存续期间和登记存续期间的各项理由，另一方面为当时《担保法解释》第12条第1款在实践中的各种积

① 该观点虽为我国台湾地区的主流意见，但亦有少数反对意见。例如，黄茂荣教授认为当事人可以约定抵押权存续期间，但该约定不得针对"民法"第880条而为之，且该约定对抵押权人并无实益。参见谢在全：《民法物权论》（修订5版）（中册），中国政法大学出版社2011年版，第820页。

极意义进行辩护。

(二)《民法典》施行以前抵押权登记行使期间的实务意见

实务中,司法机关对抵押权登记行使期间的效力普遍持否定态度。以登记期间短于或长于主债务诉讼时效期间为标准,裁判意见可具体分为以下几种。

1. 登记行使期间短于主债务诉讼时效期间的

例如,在“李某与李某连民间借贷纠纷上诉案”中,一审法院认为:“原告未放弃抵押权的情况下,抵押他项权证上载明的抵押期限已过并不意味着原告丧失抵押优先受偿权。”二审法院支持了一审法院的意见,并进一步认为:“虽然本案抵押房产的一般抵押权他项权证上载明的抵押期限截止至2016年3月2日,但至今被告仍未偿还原告借款,原告对被告的债权并未实现,故原告在起诉被告偿还借款时可以一并行使抵押权。”①该裁判意见的核心理由是强调抵押权行使期间的从属性,即该期间与主债权存续期间相一致。登记簿上记载的抵押权行使期间不构成抵押权提前消灭的依据。

2. 登记行使期间长于主债务诉讼时效期间的

例如,在“吉林靖宇农村商业银行股份有限公司等诉宫某奎等抵押权纠纷案”中,抵押权登记行使期间尚未届满但主债务时效期间已届满,法院认为:“原告与被告之间的借款合同主债权已超过诉讼时效,若继续维持抵押登记,则将使抵押物的权利状态永不确定,对被告而言,势必影响抵押物的正常使用和流转,妨害被告对抵押物的利用,产生‘一次抵押、终身受限’的后果。”从而否认了原告行使抵押权的诉讼请求。② 该裁判理由依据抵押权的从属性,认定登记行使期间超出主债务诉讼时效期间的部分不具有法律效力。

对于主债务诉讼时效期间已届满,抵押权登记行使期间尚未届满且未被注销登记的,如何解释抵押权未被注销登记却不能行使的问题,法院一般引用《物权法》第202条规定的“人民法院不予保护”作为裁判依据。例如,在“重庆市渝中区科融小额贷款股份有限公司与潘某抵押合同纠纷案”中,法院认为在此情形下,“人民法院对抵押权人对案涉房屋享有的抵押权不再予以保护,该抵押权已经丧失继续存在的价值和意义,已经办理的相关抵押登记手续也丧失了继续存在的合法依据”③。又如,在“沈阳市

---

① 参见郴州市中级人民法院(2017)湘10民终2673号。类似案例参见遵义市中级人民法院(2017)黔03民终2176号。

② 参见白山市中级人民法院(2017)吉06民终920号。

③ 参见重庆市第五中级人民法院(2016)渝05民终6458号。

沈北新区雷明小额贷款股份有限公司等诉许某城等外人执行异议之诉案”中，法院认为在该情形下，虽然抵押权因未注销依然存在，但“人民法院对其依抵押权所享有优先受偿权不再保护”。①

3. 不区分登记行使期间短于或长于主债务诉讼时效期间，一概否定登记行使期间的效力

例如，在“中国农业银行股份有限公司北流市支行与吴某任等抵押合同纠纷上诉案”中，法院认为：“抵押人只有在主债权消灭的情况下才不用承担抵押担保责任。也就是说注销抵押登记的前提是抵押人不用承担抵押担保责任，而不承担抵押担保责任的前提是主债权消灭或主债权已过诉讼时效。”②该裁判意见并未阐述登记行使期间短于或长于主债务诉讼时效期间对登记期间效力的影响，而是依据《物权法》第 202 条和《担保法解释》第 12 条笼统地否定登记期间的效力。

（三）《民法典》施行后抵押权登记行使期间效力的认定

由于抵押权登记行使期间系以约定行使期间为前提，其本质是将当事人约定的内容记载于登记簿上。因此基于前文相同理由，《民法典》施行后抵押权登记行使期间仍应认定无效。而且，相较于约定行使期间而言，登记行使期间存在以下几个更为现实的障碍。

第一，虽然这两种期间均有可能违反物权法定原则，但是约定行使期间尚有于当事人之间发生债权效力的可能，而登记行使期间基于其公示性对物权法定原则的抵牾更为明显。

第二，《不动产登记暂行条例》施行后，由于其未就抵押权登记行使期间设置相应的规则，导致当事人缺乏可操作的路径。该条例的施行，也在很大程度上消除了此前抵押登记实践的混乱局面。

第三，根据《九民纪要》第 59 条的规定可知，抵押权人在主债权诉讼时效届满前未行使抵押权的，抵押人有权请求涂销抵押权登记。换言之，在“抗辩权发生说”框架下，抵押权登记的内容（包括行使期间）不能阻碍抵押人行使抗辩权，其仍然有权请求涂销抵押权登记。③

从立法论角度而言，应否允许抵押权约定行使期间或登记行使期间不是一个可以被孤立解决的问题。单纯地从理论角度肯定或否定约定和登记行使期间的效力，恐怕并不足以实现抵押权行使期间规则的价值功能。

---

① 参见沈阳市中级人民法院（2017）辽 01 民终 9491 号。

② 参见玉林市中级人民法院（2016）桂 09 民终 1131 号。

③ 参见林文学等：《〈关于适用民法典有关担保制度的解释〉的理解和适用》，载《人民司法》2021 年第 4 期。

立法者应当以实现抵押权行使期间价值功能为基本目标,充分考虑该规则与其他相关规则(如抵押权行使期间届满的效力、抵押权登记的效力等)的衔接和兼容性,作出适当的立法选择。具体分析详见本章第九节。

四、《不动产登记暂行条例》及其实施细则相关规定的理解

(一)《不动产登记暂行条例》相关规定的理解

《不动产登记暂行条例》第8条第3款规定了不动产登记簿的记载事项。依据官方解释,该款第2项规定的"期限"是指土地使用权的期限;第3项规定的"涉及不动产权利限制、提示的事项"是指异议登记、预告登记、查封登记等情形,并不包括限制不动产抵押权的存续期间或行使期间。① 据此,《不动产登记暂行条例》规定的必要记载事项并不包括抵押权存续期间或行使期间。

对于不予登记的情形,该条例第22条第3项规定包括"申请登记的不动产权利超过规定期限的"情形。依据官方解释,该项规定包含"超过抵押权期限"的情形,因为抵押权期限一般与主债权的期限相同,所以抵押权期限超过主债权期限的应当不予登记。② 根据该解释,所谓"超过抵押权期限"系指申请登记的抵押权期限超过"主债权期限"之情形。但是,该解释仍有两点疑问需要澄清。

第一,"主债权期限"究竟是指何种期限?是主债权的履行期限还是主债权的诉讼时效期间?因抵押权存续期间短于或等于主债权的履行期限将导致该存续期间与抵押权的担保目的相悖,故应解释为"主债权期限"是指主债权的诉讼时效期间为妥。

第二,如果将该项规定解释为"超过主债权期限"的情形不予登记,那么能否从反面解释为只要申请登记期间不超过主债权的诉讼时效期间就应当予以登记呢?如果对此作肯定回答,则意味着当事人可以约定抵押权在主债权的诉讼时效期间未届满之前因抵押权存续期间届满而消灭。如果认可此类约定的效力,如何处理此类约定与《民法典》第419条的关系,该条例似乎并未给出明确且合理的回答。

(二)《不动产登记实施细则》相关规定的理解

《不动产登记实施细则》对是否允许当事人申请登记抵押权存续期间

---

① 参见国土资源部政策法规司、国土资源部不动产登记中心编著:《不动产登记暂行条例释义》,中国法制出版社2015年版,第95页。

② 参见国土资源部政策法规司、国土资源部不动产登记中心编著:《不动产登记暂行条例释义》,中国法制出版社2015年版,第179页。

无直接规定,但从该实施细则的相关规定可以间接推导出否定结论。

第一,《不动产登记实施细则》第9~11条规定申请人应当提交的申请材料中,并不包括不动产担保物权存续期间事项;第15条规定的登记机关应当进行查验的内容和第18条规定的不动产登记公告应包括的内容,也不包括不动产担保物权存续期间事项。

第二,《不动产登记实施细则》第26条第3项规定,不动产权利人可以向登记机关申请变更登记的事由包括“不动产权利期限……发生变化”。依据官方解释,该情形是指建设用地使用权、土地承包经营权和海域使用权等用益物权的权利期限发生变化,并不包括担保物权存续期间的变化。[①]

第三,《不动产登记实施细则》第68条第1款第3项规定,当事人申请抵押权变更登记的事由包括“债务履行期限变更”。理由在于,“履行期限届满而债权人未要求债务人履行债务的,诉讼时效起算。如果主债权诉讼时效届满而抵押权人未实现抵押权的,人民法院不予保护。因此在债权人与债务人协议变更履行期限(延长或缩短)时,应当办理抵押权变更登记”。[②] 可见,该规定目的是贯彻《物权法》第202条所体现的主债务诉讼时效与抵押权行使期间的一致性,并非认可抵押权约定行使期间可予以登记。[③] 事实上,登记机关的这种态度可以从《城市房地产抵押管理办法》的修改情况得到印证。1997年施行的该办法第26条第6项规定,房地产抵押合同应当载明的主要内容包括“抵押期限”,但是由于现行法对“抵押期限”未作明确界定导致在登记实践中对该期间的性质和效力往往存在误解。另外,由于其后颁行的《担保法解释》第12条第1款明确否认担保物权的约定和登记存续期间的效力,因此《城市房地产抵押管理办法》于2001年修订时,其第26条第6项的内容被修改为“债务人履行债务的期限”。[④] 因此,《不动产登记实施细则》第68条第1款第3项可以看作对上述规定的继承。

综上,《不动产登记暂行条例》及其实施细则坚持和继承了《担保法解释》第12条第1款对担保物权约定存续期间和登记存续期间所持的否定态度,没有为此类约定期间和登记期间设置制度上的通道。

---

① 参见国土资源部不动产登记中心编:《不动产登记暂行条例实施细则释义》,北京大学出版社2016年版,第60页。

② 参见国土资源部不动产登记中心编:《不动产登记暂行条例实施细则释义》,北京大学出版社2016年版,第181页。

③ 参见程啸、尹飞、常鹏翱:《不动产登记暂行条例及其实施细则的理解与适用》(第2版),法律出版社2017年版,第379页。

④ 参见2001年8月15日《建设部关于修改〈城市房地产抵押管理办法〉的决定》。

第六节 抵押权行使期间的效力

抵押权行使期间的效力，是指该期间给抵押权人、抵押人和其他当事人造成的权利义务的变动。抵押权行使期间的效力关乎适用该规则在各当事人之间具体引起哪些权利和义务，也从时间限制的角度界定了抵押权的具体法律效果。具体包括：该期间未起算的效力；已起算、未届满的效力；届满的效力。这三方面内容分别对应着三个不同的时间段，在这些不同的时间段中，因抵押权行使条件是否具备不同而使抵押权行使期间具有不同的效力表现。

一、抵押权行使期间未起算的效力

抵押权行使期间未起算的效力亦即抵押期间的效力。该效力发生的时间起点是抵押权成立之时，终点是抵押权行使条件具备之时。在该时间段内，抵押权人已经享有抵押权，并具体体现为处分、保全等权利内容，但是在该阶段因抵押权行使条件尚不具备还不能行使抵押权。对于抵押期间的效力，学理上一般称为“抵押权的效力”，并在该标题下讨论在抵押期间内抵押权人和抵押人分别享有哪些权利，[①]而该效力并不涉及行使抵押权的问题。[②] 以下主要从抵押权行使期间未起算对抵押权效力影响的角度，对抵押期间的效力展开分析。

（一）阻碍抵押权行使的效力

抵押权行使期间未起算意味着抵押权行使条件尚不具备，故此时抵押权人不能将抵押物变价以行使抵押权，此为该期间未起算的最基本效力。鲍尔教授指出，抵押权人在变价条件成熟（Pfandreife）之前的地位，与在变价条件成熟之后的地位是完全不同的：在变价条件成熟之前，主要是保障抵押权人免受因抵押物贬损而产生的危险，在变价条件成熟之后，抵押权人可以行使抵押权。[③] 即使抵押权人依法享有抵押权，但是如果存在行使抵押权的“法律上的障碍”时，也会发生阻碍抵押权行使的效力。[④] 抵押权行使期间未起算可被理解为行使抵押权的一种法律障碍。阻碍抵押权行

---

① 参见王利明：《物权法研究》（第4版）（下卷），中国人民大学出版社2016年版，第1235页以下。

② 崔建远教授对此持反对意见。他对抵押权的效力持广义理解，认为抵押权的效力包括“抵押权的实行”“第三人的求偿权和代位权”。参见崔建远：《物权法》（第5版），中国人民大学出版社2021年版，第445页。

③ 参见［德］鲍尔、施蒂尔纳：《德国物权法》（下册），申卫星等译，法律出版社2006年版，第157页。

④ 参见程啸：《担保物权研究》，中国人民大学出版社2017年版，第111页。

使的效力,从以下两个方面说明。

第一,该效力是抵押权担保功能的要求。在我国现行法框架下,抵押权的基本功能是担保主债权的实现。依据《民法典》第394条的规定,抵押权的行使具有补充性,即抵押权依法设立后抵押权人不能直接行使抵押权将抵押财产予以变价,而须待抵押权行使条件具备时方能实施该行为。法律通过设置该行使条件,以实现抵押权的担保功能,因此在抵押权行使期间未起算的时间段内当然发生阻碍抵押权行使的效力。

第二,该效力不排斥抵押权在抵押期间内的其他效力。该效力并非否认抵押权成立或有效,而是在行使条件尚不具备时使抵押权人的变价行为处于不启动状态。在该阶段内抵押权仍有效存在,故抵押权在行使条件前所具有的效力仍可发生,如抵押权的处分、抵押权的保全等。

(二)抵押权人的权利

1. 抵押权的处分权

抵押权既为物权,抵押权人当然有权以某种方式处分该权利。广义上而言,实现抵押权也可能构成处分抵押权。例如,在折价协议中,抵押权人同意以价值较低的抵押财产折抵价值较高的主债权。此处所说抵押权的处分,是指实现抵押权以外的对抵押权的处分行为,具体形态包括转让抵押权、将抵押权供作担保和抛弃抵押权。如果抵押权行使期间已起算,因抵押权已具备行使条件而有更强效力,故抵押权人在行使期间起算前享有的处分权在起算后仍然享有。因此,此处讨论的抵押权的处分权存在于包括抵押期间在内的整个抵押权存续期间。

(1)抵押权的转让。抵押权是一种不具有人身专属性的财产权,故原则上具有可转让性。在抵押期间内,虽然抵押权人能否行使抵押权尚不确定,但是在该阶段内可以实施抵押权转让行为。依据《民法典》第407条的规定,抵押权人转让抵押权的,须将抵押权与其所担保的债权一并转让,而不允许将二者之一单独转让。立法理由在于"抵押权的附随性",即我国并不承认抵押权的流通性和独立性,而将抵押权的功能仅定位于担保主债权。[①] 在现行法框架下,所谓转让抵押权,实则是主债权让与行为导致抵押权作为从权利附带被转让。当事人实施此类转让行为的,可以持主债权让与协议等书面材料,向登记机关申请抵押权的转移登记。[②]

(2)将抵押权供作担保。依据《民法典》第407条的规定,虽然抵押权

① 参见黄薇主编:《中华人民共和国民法典物权编释义》,法律出版社2020年版,第514页。
② 参见《不动产登记实施细则》第26条第5项、第69条。

不能单独供作其他债权的担保,但是可与其主债权一并作为其他债权的担保。立法理由在于,通过此类担保形式“充分利用无形财产权,促进资金融通和商品流通,发展经济”。[①] 在此情形下,抵押权人(主债权人)须依据《民法典》第440条等的规定,通过设立权利质权的方式实施该担保行为。因此,所谓将抵押权供作担保,系指以抵押权所担保的主债权为标的设立权利质权时,该抵押权作为从权利附随地成为质押标的的一部分,并非指单独以抵押权作为质押标的设立权利质权。

(3)抵押权的抛弃。抵押权既为权利,原则上当然可以抛弃,除非法律针对某些情形禁止抛弃。《民法典》第393条第3项规定的“债权人放弃担保物权”之消灭事由,即应解释为抛弃行为。因该项规定并未限定适用时间,故在抵押期间内当然可以实施。抵押权的抛弃分为相对抛弃与绝对抛弃。抵押权的相对抛弃,是指为了同一抵押人的特定无担保债权人的利益而抛弃其抵押权。[②] 有域外立法对抵押权的相对抛弃作了明文规定(如《日本民法典》第376条第1款),我国现行法对此未作规定。抵押权的绝对抛弃,是指抵押权人以消灭抵押权的意思实施抛弃行为。其法律后果是抵押权归于消灭,而非将抛弃行为人的原顺序利益转归他人享有。《民法典》第393条第3项规定的“放弃担保物权”,即指绝对抛弃。[③]

2. 抵押权的保全权

因抵押权属于不移转占有之担保物权,较易出现抵押人的行为导致抵押财产的价值减损从而影响抵押权人利益的情形。这使法律赋予抵押权人以保全权成为必要,以该权利保障抵押权人能够享有抵押财产之正常交换价值。在抵押期间内,抵押权行使条件尚不具备使得抵押权人还不能将抵押财产予以变价,因此在该阶段保全权的意义更为重要。

(1)抵押财产价值减少防止权。抵押期间内,抵押人负有维持抵押财产价值的义务。如果抵押人实施某种行为,其并非对抵押财产的正常使用、收益且足以导致抵押财产的价值减损,则抵押权人可通过价值减少防止权以维持抵押财产的正常价值。此为域外立法通例,[④]我国现行法亦有此规定。依据《民法典》第408条的规定,抵押财产价值减少防止权的成立要件为:其一,必须有抵押人的行为。该行为应解释为某种非正常或不恰当行为,如对作为抵押财产的房屋进行违规改建,导致房屋有垮塌危险。

---

① 参见黄薇主编:《中华人民共和国民法典物权编释义》,法律出版社2020年版,第582页。

② 参见[日]近江幸治:《担保物权法》,祝娅等译,法律出版社2000年版,第182页。

③ 参见孙宪忠、朱广新主编:《民法典评注·物权编4》,中国法制出版社2020年版,第62页。

④ 参见《德国民法典》第1134条;《瑞士民法典》第808条。

如果是抵押权人的行为、不可抗力或市场因素致使抵押财产的价值下跌，不能成立抵押财产价值减少防止权。其二，抵押人的行为必须足以使抵押财产的价值减少。此处抵押财产的价值减少，应解释为合理折旧和损耗之外的非正常价值减少或毁损、灭失，例如野蛮装修可能导致房屋主体结构受损甚至倒塌。如不作此解释，将可能导致抵押权人以防止抵押财产的价值减少为名任意干涉抵押人正常占有、使用抵押财产的行为，这显然违背了设置抵押财产价值减少防止权的本意。其三，抵押人实施该行为时不考虑是否具有过错。《民法典》第408条并未规定以过错为要件，学理上也通常认为抵押人的该行为并不以过错为要件。①

（2）恢复抵押财产价值请求权和增加担保请求权。依据《民法典》第408条的规定，这两种请求权发生于抵押人行为已现实地造成抵押财产价值减少的场合。其一，恢复抵押财产价值，是指抵押人采取适当措施使抵押财产的价值恢复到抵押人侵害行为之前的价值状态。例如，抵押人的野蛮装修已造成房屋主体结构受损，抵押权人有权请求抵押人更换受损的建筑材料。其二，增加担保，是指抵押人新提供的担保数额相当于抵押财产价值减少的数额。抵押人新提供的担保方式，可以是（以另外的抵押财产为标的的）抵押、质押或保证等。② 其三，抵押权人行使该两种请求权而抵押人未履行的，抵押权人有权要求债务人提前清偿债务。③ 因《民法典》第408条规定的法律效果是"有权请求债务人提前清偿债务"，故该条规定的两种请求权只能存在于主债权履行期限尚未届满时，即抵押权行使期间未起算阶段。

3. 抵押权人是否享有物权请求权？

《民法典》第235、236条规定了返还原物请求权、排除妨害请求权和消除危险请求权三种物权请求权。抵押权既为物权，依理似乎应含有这三种物权请求权。但是因抵押权人不占有抵押财产，由其享有返还原物等物权请求权是否合适，确需斟酌。我国现行法对该问题没有明确规定，学理上亦存在争议。肯定说认为，对这三种物权请求权抵押权人均应享有。④ 否定说认为，抵押权人不享有物权请求权，因为这三种物权请求权的立法目

---

① 参见崔建远：《物权法》（第5版），中国人民大学出版社2021年版，第465页。

② 参见黄薇主编：《中华人民共和国民法典物权编释义》，法律出版社2020年版，第515页。

③ 有学者认为提前清偿的性质是恢复抵押财产价值请求权的三种方式之一，与恢复原状、增加担保方式相并列。参见谢鸿飞：《抵押物价值恢复请求权的体系化展开——兼及抵押权保全的立法论》，载《比较法研究》2018年第4期。

④ 参见梁慧星、陈华彬：《物权法》（第4版），法律出版社2007年版，第326页。

的、适用条件和适用效果与抵押权不具有兼容性。[①] 折中说认为，抵押权人享有排除妨害请求权、消除危险请求权，在特定场合下亦可代位行使返还原物请求权。[②]

本书赞同否定说，除该说已有理由外，特别强调以下两点：其一，《民法典》第235、236条设置的三种物权请求权，虽系一般性规定，但实则针对包含占有权能的物权具有特别意义，故第408条才针对不包含占有权能的抵押权设置保全权以提供救济。其二，在第三人对抵押财产实施侵权行为的场合下，现行法已设置担保物代位性（《民法典》第390条）等规则对抵押权人提供救济。即使不承认抵押权人享有物权请求权，其在此类场合下也并非得不到救济。因此，在包括抵押期间在内的整个抵押权存续期间，抵押权人不享有物权请求权。[③]

4. 抵押权人是否享有损害赔偿请求权？

如果第三人对抵押财产实施不法侵害行为，导致抵押财产价值减少或者毁损、灭失的，抵押权人能否向该行为人主张侵权损害赔偿。由于抵押权是不占有抵押财产的担保物权，且现行法针对第三人的侵权行为已经设置了物上代位性等规则，这导致该问题在学理和实务上存在争议。肯定说认为，抵押权人可依据一般侵权责任和物权保护的规定，行使侵权损害赔偿请求权。[④] 否定说认为，只有抵押人享有损害赔偿请求权，抵押权人应当通过行使物上代位权实现抵押权的担保功能，不发生权利竞合而由当事人择一选择的问题。[⑤]

本书赞同否定说。根据《民法典》第390条第一句的规定，担保期间内担保财产毁损、灭失的，担保物权人可以就赔偿金优先受偿。《民法典担保制度解释》第42条进一步规定，抵押权人就赔偿金优先受偿时，抵押权顺位仍具效力；义务人已经向抵押人给付了赔偿金的，抵押权人不得向其重复请求；抵押权人请求义务人向其给付赔偿金的，法院可以通知抵押人作为第三人参加诉讼。该条系针对抵押权物上代位性的实现程序作出的规

---

① 参见程啸：《担保物权研究》，中国人民大学出版社2017年版，第337~339页。

② 参见崔建远：《物权法》（第5版），中国人民大学出版社2021年版，第467~468页。

③ 对该问题的学理意见，参见［日］近江幸治：《担保物权法》，祝娅等译，法律出版社2000年版，第145~147页；苏永钦：《民法物权实例问题分析》，台北，五南图书出版股份有限公司2001年版，第198~199页。

④ 参见崔建远：《物权法》（第5版），中国人民大学出版社2021年版，第469页。

⑤ 参见程啸：《担保物权研究》，中国人民大学出版社2017年版，第334页。

定，以解决《民法典》第390条的相关程序问题。[①] 依据上述规定，在第三人侵害抵押财产的场合下，原则上仍由抵押人以被侵权人身份从侵权人处获得赔偿金，抵押权人对该赔偿金享有优先受偿权。虽然司法解释基于程序效率的考虑，允许抵押权人直接请求第三人向其给付赔偿金，但是该请求须以第三人与抵押人之间成立损害赔偿关系为前提，而非承认抵押权人对第三人享有损害赔偿请求权。因《民法典》第390条第一句的适用范围是“担保期间”，故该规则适用于整个抵押权存续期间；该条第二句规定的适用条件是“被担保债权的履行期未届满”，故该规则适用于抵押权行使期间未起算阶段。

（三）抵押人的权利

1. 出租抵押财产的权利

抵押权设立后，抵押人作为抵押财产的所有权人仍享有对抵押财产的收益权能，故当然有权出租抵押财产以收取租金。

（1）“先租后押”规则：抵押权设立前抵押财产已出租并转移占有的，原租赁关系不受该抵押权的影响。《民法典》第405条规定了该规则，该规则类似“买卖不破租赁”，且从另一角度观察该规则也可解读为已出租的财产可以作为标的物设立抵押权。所谓不受该抵押权的影响，是指抵押权设立后原租赁合同继续有效，且抵押权人不能以设立抵押权为由解除该租赁合同，也不能在行使抵押权时要求承租人将抵押财产交付给受让人。[②]

依据《执行异议规定》第31条第1款的规定，并非“先租后押”的情形下承租人有权阻止抵押权人行使抵押权，而是即使行使抵押权导致抵押财产被拍卖或变卖，承租人也有权继续占有抵押财产，而对要求其将抵押财产交付给受让人的执行措施提出执行异议。该规定有两点值得注意：一是该规定的适用条件是租赁关系存在于“查封之前”。虽然“查封之前”在文义上不等于“成立在前”，但是为了不与《民法典》第405条相抵触，该“查封之前”应解释为租赁关系“成立在前”。二是该规定要求承租人已经“占有使用”该不动产。《物权法》第190条规定的“先租后押”规则并无“租赁物移转占有”的要求，而《民法典》第405条增加了该要求。

（2）《民法典》删除《物权法》第190条之“先押后租”规则。《物权法》

---

① 参见程啸、高圣平、谢鸿飞：《最高人民法院新担保司法解释理解与适用》，法律出版社2021年版，第259页。

② 参见最高人民法院民法典贯彻实施工作领导小组主编：《中华人民共和国民法典物权编理解与适用》（下），人民法院出版社2020年版，第1086页。

之“先押后租”规则的核心内容是“抵押击破租赁”。依据立法机关释义书的解释,《民法典》删除该规则的理由在于,对已登记抵押权而言,该规则是登记公信效力的应有之义;对未登记抵押权而言,按照不得对抗善意第三人的规则判断抵押权与租赁期的效力。① 根据《民法典担保制度解释》第54条第2项的规定,动产抵押权未登记的场合下,“先押后租”且已移转占有,抵押权人行使抵押权的,租赁关系不受影响,但是抵押权人能够举证证明承租人知道或者应当知道已经订立抵押合同的除外。该规定系将“已取得租赁物占有的不知情承租人”解释为登记对抗主义中的善意第三人。②

仍存疑问的是,抵押权未登记的场合下,在行使抵押权的执行程序中承租人是否有权提出执行异议以中止执行?《执行异议规定》第5条第5项规定,有权提出执行异议的利害关系人包括“认为其他合法权益受到人民法院违法执行行为侵害的”人。此类承租人是否属于该项情形并不明确。③ 对于“抵押击破租赁”和抵押权登记对抗效力如何与强制执行规则衔接,尚未完全形成统一意见。

2. 转让抵押财产的权利

抵押期间内抵押财产转让规则,我国法律一直摇摆不定。《物权法》《担保法》及其司法解释曾就该规则作出规定,学界对该问题的争议极大。④《民法典》第406条对此作出新的规定,其原则上允许抵押人的转让行为,仅要求抵押人履行通知义务而不再以“抵押权人同意”为要件,同时允许当事人就此另行作出约定。《民法典担保制度解释》第43条规定:当事人约定禁止或者限制转让抵押财产,抵押人违反约定转让抵押财产的,区分该约定是否已经登记而产生不同的法律后果(不发生物权效力或发生物权效力)。该规定系基于不动产登记效力、善意取得、抵押权涤除等规则对《民法典》第406条所作的进一步解释。⑤

《民法典》第406条的适用范围是“抵押期间”,即该条仅适用于抵押权行使期间起算之前的阶段,因为该条规定的法律后果之一是“提前清偿

---

① 参见黄薇主编:《中华人民共和国民法典物权编释义》,法律出版社2020年版,第507页。

② 参见最高人民法院民事审判第二庭:《最高人民法院民法典担保制度司法解释理解与适用》,人民法院出版社2021年版,第472页。

③ 参见江必新、刘贵祥主编,最高人民法院执行局编著:《最高人民法院关于人民法院办理执行异议和复议案件若干问题规定理解与适用》,人民法院出版社2015年版,第77~78页。

④ 参见王利明:《抵押财产转让的法律规制》,载《法学》2014年第1期。

⑤ 参见高圣平:《担保法前沿问题与判解研究》(第5卷),人民法院出版社2021年版,第287~288页。

债务或者提存”。由于该条属新设规定，学理评价及实务效果还有待进一步观察。①

3. 在同一抵押财产上设立多个抵押权的权利

对于该问题，我国法律态度几经变化。《担保法》第 35 条曾经规定，抵押权设定后不得超出抵押财产的担保余额部分再次抵押。《担保法解释》第 51 条改变了态度，其规定同一抵押财产可以多次抵押，但是受担保债权数额超出抵押财产价值的部分不具有优先受偿效力。《民法典》未禁止超额抵押和重复抵押，因此抵押人可以在同一抵押财产上设立多个抵押权。该权利应解释为存在于包括抵押期间在内的整个抵押权存续期间，但抵押财产因在先抵押权人行使抵押权而被依法扣押的除外。因为在先抵押权行使期间已起算的场合下，虽然抵押财产有被行使抵押权的可能性，但是如果其他债权人仍愿意接受其作为担保，基于意思自治亦无禁止必要。如果在先抵押权人在其抵押权行使期间内依法行使抵押权并由法院扣押了抵押财产，因抵押人对抵押财产的处分权受到限制，则不能再于该抵押财产上设立其他抵押权。

4. 收取抵押财产孳息的权利

因抵押权设立后抵押财产仍属抵押人所有，故抵押人当然有权收取抵押财产所生天然孳息和法定孳息。依据《民法典》第 412 条第 1 款的规定，抵押权人有权收取抵押财产的天然孳息或者法定孳息的时间是“抵押财产被人民法院依法扣押”之后。由于抵押财产被依法扣押发生在抵押权行使期间起算之后，所以该规定可解释为在抵押权行使期间起算之前由抵押人享有收取抵押财产孳息的权利。②

二、抵押权行使期间已起算、未届满的效力

抵押权行使期间已起算、未届满的效力，是指在抵押权行使期间已起算、未届满的时间段内抵押权人和抵押人分别享有何种权利。该效力发生的时间起点是抵押权行使条件具备之时，终点是主债权诉讼时效期间届满之时。在该时间段内，因抵押权行使条件已经具备，抵押权人可依法定条件和程序行使抵押权以实现抵押权的优先受偿效力。

---

① 最新学理意见参见王利明：《〈民法典〉抵押物转让规则新解——兼评〈民法典〉第 406 条》，载《法律科学（西北政法大学学报）》2021 年第 1 期；高圣平、罗帅：《〈民法典〉不动产抵押权追及效力规则的解释论》，载《社会科学研究》2020 年第 5 期；程啸：《禁止或限制抵押财产转让的约定的法律效力》，载《人民法院报》2021 年 4 月 1 日，第 5 版。

② 参见孙宪忠、朱广新主编：《民法典评注 · 物权编 4》，中国法制出版社 2020 年版，第 209 页。

（一）抵押权人的权利

1. 行使抵押权以优先受偿的权利

该权利通常被称为优先受偿权，其为抵押权的最核心内容。该权利体现在三种场合：一是在一般场合下抵押权人的债权优先于普通债权人的债权就抵押财产价值受偿。《民法典》第394条即是对该场合所作规定。二是在抵押人破产的场合下，抵押权人可以通过行使别除权得到优先受偿。《企业破产法》第109条针对该情形作出规定。三是在抵押财产被其他普通债权人申请执行的场合下，抵押权人可以通过参与分配规则主张优先受偿权。《民诉法解释》第506条第2款规定了该场合所适用的规则。因行使抵押权或实现抵押权的具体规则并非本书的研究重点，故对其不作详尽展开。以下仅就与抵押权行使期间的相关问题予以讨论。

（1）同一抵押财产上存在数个抵押权，各抵押权行使期间起算点不一致的，如何处理？如果同一抵押财产上设立了数个抵押权，因各主债权履行期限通常并不一致，故各抵押权行使期间起算点一般也不一致，行使期间先起算的抵押权未必顺序在先，因此产生各抵押权人如何行使抵押权的问题。《担保法解释》第78条曾对此作出规定：其一，顺序在后的抵押权行使期间已起算而顺序在先的抵押权行使期间尚未起算的情形下，顺序在后的抵押权人有权行使抵押权，但仅就抵押物价值超出顺序在先的抵押担保债权的部分优先受偿。其二，顺序在先的抵押权行使期间已起算而顺序在后的抵押权行使期间尚未起算，顺序在先的抵押权人行使抵押权受偿后应将抵押物的变价余额予以提存，待顺序在后的抵押权行使期间起算后再予以清偿。该规定贯彻了抵押权的"交换价值性"且体现了抵押权顺序的效力。[①]《民法典》和《民法典担保制度解释》对该问题未作规定，但依理仍应采此解释。还应注意的是，上述规定适用于至少有一个抵押权是登记抵押权的场合。如果数个抵押权均为未登记的动产抵押权，依据《民法典》第414条第1款第3项的规定，按照债权比例清偿。因为在此情形下，各抵押权因未登记而均不能产生对抗第三人的效力，所以无论各抵押权行使期间起算属于何种形态，都应由各抵押权人在同一顺序上按照债权比例受偿。

（2）抵押权行使期间已起算但抵押权人尚未行使抵押权，其他普通债权人先向法院申请执行抵押财产的，对抵押权人如何救济？关于执行程序对担保物权的影响，存在"承受主义"与"涂销主义"两种立法模式：前者是

① 参见李国光等：《最高人民法院〈关于适用《中华人民共和国担保法》若干问题的解释〉理解与适用》，吉林人民出版社2000年版，第282页。

指担保物权随被执行财产一并处分,买受人要承受被执行财产上的担保物权负担;后者是指担保物权在处分被执行财产时被涂销,买受人取得不存在担保物权负担的被执行财产所有权。[①] 我国现行法基本采“涂销主义”,并在此前提下构建相关规则。对此情形下救济抵押权人的具体程序,《执行异议规定》第5条第1项规定由抵押权人提出执行异议,以中止执行程序。[②] 另外,在两种情形下的特殊规则值得注意:一是《民诉法解释》第511条适用于被执行财产不足以清偿全部债权人(包括普通债权人和物权担保的债权人)的债权,且被执行人属于适用《企业破产法》的民事主体。二是《民诉法解释》第506条适用于被执行财产不足以清偿全部债权人的债权,且被执行人不能适用《企业破产法》的场合。该条规定的“有优先权、担保物权的债权人,可以直接申请参与分配”,是指此类债权人申请参加参与分配程序的,不以取得执行依据为条件。[③] 如果其他债权人对抵押权所担保债权的真伪、数额等存在异议,可以通过执行异议、案外人异议程序予以救济。[④] 需要指出的是,《民诉法解释》第506条和第511条的适用条件均未要求主债权履行期限届满。因此,该规则既适用于抵押权行使期间已起算阶段,也适用于未起算阶段。在后一情形下,实则构成提前行使抵押权。

2. 抵押权的处分权、抵押财产价值减少防止权

抵押权行使期间已起算的,抵押权人仍享有抵押权的处分权,如转让抵押权、将抵押权供作担保、抛弃抵押权。在此阶段内,如果抵押权人尚未行使抵押权,仍享有抵押财产价值减少防止权以保全抵押权的价值,但不享有恢复抵押财产价值请求权和增加担保请求权。理由如前文所述,此处不赘。

(二)抵押人的权利

1. 抵押人是否享有转让抵押财产的权利?

依据《民法典》第406条的规定,抵押财产转让规则的适用范围是“抵押期间”,即抵押权行使期间未起算阶段,因此该期间起算后抵押人不享有转让抵押财产的权利。分以下三种情形讨论。

---

① 参见杨与龄:《强制执行法论》,中国政法大学出版社2002年版,第22~24页。

② 参见江必新、刘贵祥主编,最高人民法院执行局编著:《最高人民法院关于人民法院办理执行异议和复议案件若干问题规定理解与适用》,人民法院出版社2015年版,第73~74页。

③ 参见最高人民法院民法典贯彻实施工作领导小组编著:《最高人民法院新民事诉讼法司法解释理解与适用》(上),人民法院出版社2022年版,第1126页。

④ 参见《最高人民法院关于如何确定生效法律文书确定的抵押权优先受偿范围的请示答复》([2013]执他字第26号)。

(1)抵押权行使期间起算后,抵押权人已经启动相关程序行使抵押权。在抵押权行使条件具备后,依据《民法典》第410条的规定,行使抵押权的方式有两种:一是抵押权人与抵押人就抵押权实现方式达成协议。由于该协议是双方当事人就抵押财产折价及清偿主债务所为的意思表示,且该协议的履行将导致抵押权消灭,因此不可能在履行该协议的同时出现抵押人另行转让抵押财产的情形。二是抵押权人请求人民法院拍卖、变卖抵押财产。在此情形下,抵押权人以提起非讼程序的方式行使抵押权,表明其选择公力救济途径实现其权利。而且,抵押权人还可能在该非讼程序中申请对抵押财产采取查封、扣押等保全措施,这就导致抵押人转让抵押财产存在现实障碍。

(2)抵押权行使期间起算后,抵押人处于破产程序状态。具体可分为三种情形:一是主债务履行期限未届满时抵押人的破产申请被法院受理。依据《企业破产法》第46条第1款的规定,未到期的债权此时“视为到期”。二是主债务履行期限届满后抵押权人尚未行使抵押权时,抵押人的破产申请被法院受理。三是主债务履行期限届满后抵押权人已经行使抵押权,但实现抵押权的协议尚未履行完毕或者实现抵押权的法律程序尚未终结。在这三种情形下,抵押人因进入破产程序而丧失对其财产的处分权,并负有妥善保管其财产的义务[①]和将其财产交由破产管理人接收的义务,由破产管理人依法管理、处分其财产。[②] 在情形一和情形二中,抵押权人在破产受理前尚未行使抵押权,其在破产受理后应通过申报破产债权和行使别除权等破产法规则实现其债权和抵押权。[③] 在情形三中,抵押权人在破产受理前已经行使抵押权但尚未达成抵押权实现的效果,其在破产受理后已无法依据实现抵押权的协议或非讼程序行使其抵押权,也必须借助破产别除权等规则实现抵押权。因此,抵押人处于破产程序状态的情形下,没有适用《民法典》第406条之抵押财产转让规则的余地。

(3)抵押权行使期间起算后,抵押权人尚未行使抵押权,抵押人也未处于破产程序状态。在此情形下,不应适用《民法典》第406条规定的抵押财产转让规则,即应当禁止抵押人处分抵押财产。理由如下。

第一,抵押财产转让规则的基本精神是“既要考虑发挥物的效用,又要维护抵押权人和买受人的合法权益,降低交易风险”。[④] 该规则以限制抵

---

① 参见《企业破产法》第15条第1款第1项。

② 参见《企业破产法》第25条第1款第1项、第6项。

③ 参见《企业破产法》第109条、第110条。

④ 参见黄薇主编:《中华人民共和国民法典物权编释义》,法律出版社2020年版,第508页。

押人和保护抵押权人为基本指导思想,亦虑及物尽其用之价值目标。[①] 该规则所体现的对抵押人的限制和对抵押权人的保护,系着眼于抵押权已设立但抵押权行使条件尚不具备的场合下,如何实现各方当事人利益平衡这一价值目标。如果抵押权行使条件已经具备,则抵押权的优先受偿效力已具现实性,各方当事人的利益关系也随之发生变化,即应将优先保护抵押权人的利益作为首要价值目标,这就导致该条规定的抵押财产转让规则于此时丧失了适用基础。

第二,抵押权行使条件具备后,抵押权人随时有可能启动相关程序行使抵押权,故此时抵押人对抵押财产的处分权应当受到相较于抵押期间更为严格的限制。一方面,该阶段对抵押人处分抵押财产的行为予以严格限制,才能保障抵押权优先受偿效力的顺利实现;另一方面,抵押权行使条件具备后,抵押权人本可行使抵押权使债权债务关系得到终局了结,如果此时允许适用《民法典》第 406 条由抵押人转让抵押财产,将人为地导致法律关系复杂化。

2. 出租抵押财产的权利、在同一抵押财产上设立多个抵押权的权利、收取抵押财产孳息的权利

抵押权行使期间已起算的,在符合法定条件的前提下,抵押人仍享有这三种权利。理由如前文所述,此处不赘。

3. 抵押人是否有权请求抵押权人及时行使抵押权?

如果抵押权人在抵押权行使期间起算后未及时行使抵押权,可能对抵押人造成两个方面的不利影响:一是在抵押财产市场价值较高时未行使抵押权,其后抵押财产市场价值下降。在此情形下,由于抵押财产变价数额减少,抵押人将抵押财产以外的其他责任财产用以清偿债务的可能性增大。二是抵押权人未及时行使抵押权,导致债务人所负利息之债增加。在这两种情形下,能否类推适用《民法典》第 437 条认定抵押人有权请求抵押权人及时行使抵押权?遂成为问题。

在"中国农业银行某支行与锦州某公司金融借款合同纠纷案"中,最高人民法院对此持肯定意见,即抵押权行使期间起算后抵押人对抵押权人享有及时行使请求权。如果抵押权人未依抵押人请求及时行使抵押权,抵押权人对违约损失扩大部分(该案中为利息)不能请求赔偿。该裁判意见的法律依据是合同法关于减轻损失规则的规定。[②] 本书认为,不应承认抵

① 参见孙宪忠、朱广新主编:《民法典评注 · 物权编 4》,中国法制出版社 2020 年版,第 168 页。

② 参见最高人民法院(2013)民二终字第 57 号。

押人请求抵押权人及时行使抵押权的权利。上述裁判意见的理由和结论都是错误的。理由如下。

第一,本案不应类推适用《民法典》第437条。类推是在法律具有漏洞的前提下,将类似价值的法律规范适用到法律尚未直接调整的领域。[①] 该条理由在于:由于质权人占有质物,其往往不急于行使质权,故较易发生质物价格下跌或意外灭失的风险。[②] 该政策考量并不适用于抵押权,因抵押权人未取得担保物之占有,故抵押权人往往具有更迫切的意愿尽快行使抵押权以了结债务。即使抵押权人没有及时行使抵押权,也不妨碍抵押人对抵押财产进行占有、使用甚至收益。该条规定的另一目的在于,《民法典》对质权行使期间未作明确规定,故通过设置"及时行使质权规则"避免质权长期甚至永久存续。而抵押权行使期间已设有明文规定,故不存在适用"及时行使质权规则"的必要。法律解释应当遵循目的论标准,即"应以最能配合法律规整之目的及其阶层关系的方式,解释个别规定"。[③] 因该条规范目的并不适用于抵押权,故在行使抵押权的场合下不能类推适用该条规定。

第二,承认抵押人享有及时行使请求权,与抵押权行使期间的价值理念相悖。如前文所述,该制度的首要价值是保障抵押权人有足够时间行使权利,法律应避免时间因素成为行使抵押权的障碍。现行法规定的抵押权行使期间本已较短,如果还要求抵押权人进行所谓的"及时行使",显然有悖于上述价值理念的实现。而且,在行使抵押权的场合下强调"及时行使",与抵押权之权利性质已然相悖,因为只要未超过法定行使期间,就应被认定为"及时行使"或至少是正常行使,否则该行使期间将失去意义。

第三,承认抵押人享有及时行使请求权,有悖于抵押权之不可分性。依据抵押权的不可分性,抵押权人以实现抵押权时抵押财产的现有价值优先受偿。[④] 实现抵押权时,抵押财产价值低于或高于抵押权设立时抵押财产价值而导致抵押权人"少受偿"或"多受偿"的,均为正常交易风险而被当事人双方所预见,亦属抵押权不可分性之应有之义。承认抵押人有权请求抵押权人及时行使抵押权,并在抵押权人未"及时行使"抵押权时减少其受偿范围,无异于变相否认了抵押权的不可分性。在上述裁判意见

① Vgl. Franz Bydlinski, Juristische Methodenlehre und Rechtsbegriff, Wien/New Tork, Springer Verlag, 1982, S. 475.

② 参见黄薇主编:《中华人民共和国民法典物权编释义》,法律出版社2020年版,第577页。

③ 参见[德]卡尔·拉伦茨:《法学方法论》,陈爱娥译,商务印书馆2003年版,第210页。

④ 参见[日]近江幸治:《担保物权法》,祝娅等译,法律出版社2000年版,第90页。

中，一方面认为抵押人有权请求抵押权人及时行使抵押权；另一方面又因抵押物实际处于升值状态，故适用损益相抵规则，仅部分支持抵押人的诉讼请求。针对抵押财产的贬值或增值，本来通过抵押权不可分性即可清晰地予以解决，该裁判意见却运用减轻损失规则、损益相抵规则使双方的权利义务不断反转，这不仅有舍近求远之嫌，且在论证思路上也漏洞百出。

第四，从因果关系角度而言，利息债务增加的法律原因是债务人迟延履行的违约行为，而非抵押权人未"及时行使"抵押权所致；抵押财产价值降低是市场风险或其他客观原因，抵押权人未"及时行使"抵押权也不构成法律上的原因。在另一案情类似的"贵州盛安房地产开发有限公司、交通银行股份有限公司贵州省分行借款合同纠纷执行案"中，最高人民法院采取了与上述裁判意见相反的观点："债权人要求债务人支付金钱，不对案涉抵押物行使优先受偿权，属于正当行使债权，并不存在违反诚信原则的情形，也不构成过错，不属于债务人所主张的违约相对方未采取适当措施致使违约损失扩大的情形……在终结本次执行期间，被执行人也可以向法院申请自行处置案涉抵押物，以所得价款向债权人清偿债务，其以终结本次执行导致案涉抵押物未被及时拍卖处置为由，要求免除终结本次执行期间的迟延履行利息，对债权人是不公平的。"[①]该观点可资赞同。

第五，上述裁判意见认为抵押权人依据《合同法》第119条负有及时行使抵押权的不真正义务，该意见并无合法或合乎学理的依据，甚至该意见有危险的倾向。当事人设立抵押担保的目的本为强化债权效力，但上述裁判意见造成的效果是：在未设立抵押担保的场合下债权人还享有迟延利息债权；在设立抵押担保的场合下却可能因未"及时行使"抵押权而丧失该迟延利息债权。该效果不是强化了债权效力，而是使之被弱化，因为债权人能否享有迟延利息债权在某些场合下取决于债权人是否履行"及时行使"义务。可见，该效果与设立担保的初衷完全相悖，在此意义上，评价该裁判意见有危险倾向恐非危言耸听。

三、抵押权行使期间届满的效力

抵押权行使期间届满的效力，是指在该期间内抵押权人未行使抵押权的，该期间届满对抵押权产生何种影响。基于前文对域外法的梳理可知，各立法模式对该问题的态度差异较大。例如，在日本法中，抵押权行使

① 参见最高人民法院（2020）最高法执监423号执行裁定书。

期间届满的效力是由抵押人取得抗辩权，而非抵押权当然消灭；[①]在意大利，抵押权行使期间届满的效力是导致抵押权实体消灭，区别仅在前者因登记期间届满消灭，后者因除斥期间届满消灭；[②]德国法中行使抵押权不受预定期间（包括主债权时效）限制，[③]故不存在此问题。我国《民法典》第419条继承了《物权法》第202条之规定，将该效力表述为"人民法院不予保护"。但对此应作何解释，学界和实务界分歧甚大。

（一）"人民法院不予保护"的理解

1.《民法典》施行前的学理争议

《民法典》施行以前，对《物权法》第202条规定的"人民法院不予保护"应作何解释，学界和实务界存在极大争议。大致有以下几种观点。

第一种观点"胜诉权消灭说"认为，抵押权行使期间届满仅使抵押权人丧失"胜诉权"，而非实体权利消灭。《物权法》颁布后，立法机关释义书持此观点，[④]亦有最高人民法院法官持此观点。[⑤] 司法实务中，持此观点的裁判意见通常得出"抵押权之实体权利不消灭，仅胜诉权消灭"之结论。[⑥]

第二种观点"抵押权消灭说"认为，抵押权行使期间届满导致抵押权这一实体权利消灭。最高人民法院释义书持此观点。[⑦] 这样解释的优点在于，符合诉讼时效仅适用于请求权的通说，而且便于实务操作。[⑧] 该观点通常将抵押权行使期间定性为权利存续期间或除斥期间，从而得出实体权利消灭的结论。[⑨] 有《最高人民法院公报》案例采此观点，[⑩]其他采此观点的案例数量也较多。[⑪] 还有裁判意见从反对"胜诉权消灭说"的角度论证"抵

① 参见［日］近江幸治：《民法讲义Ⅰ：民法总则》（第6版补订），渠涛等译，北京大学出版社2015年版，第313页。

② 参见《意大利民法典》第2847条。

③ Vgl. Helmut Grothe, Kommentar zum § 216, in: Münchener Kommentar zum BGB, 9. Aufl., München: C. H. Beck, 2021, Rn. 1.

④ 参见胡康生主编：《中华人民共和国物权法释义》，法律出版社2007年版，第441页。

⑤ 参见曹士兵：《中国担保制度与担保方法》（第4版），中国法制出版社2017年版，第304页。

⑥ 参见吉林市中级人民法院（2016）吉02民终440号；岳阳市中级人民法院（2014）岳中民二终字第96号；重庆市潼南县人民法院（2011）潼法民初字第01828号。

⑦ 参见最高人民法院民法典贯彻实施工作领导小组主编：《中华人民共和国民法典物权编理解与适用》（下），人民法院出版社2020年版，第1145页。

⑧ 参见最高人民法院民事审判第二庭编：《担保案件审判指导》，法律出版社2014年版，第336页。

⑨ 参见程啸：《论担保物权之存续期限》，载《财经法学》2015年第1期。

⑩ 参见"王某诉李某抵押合同纠纷案"，载《最高人民法院公报》2017年第7期。

⑪ 参见吉林省高级人民法院（2017）吉民再169号；四平市中级人民法院（2017）吉03民终636号；张家界市中级人民法院（2012）张中民一终字第111号。

押权消灭说”的合理性。[①]

第三种观点“从权利效力说”认为，“人民法院不予保护”是主债权时效届满对从权利属性的抵押权的影响。抵押权“不受保护”并非适用自身诉讼时效或除斥期间的结果，而是因抵押权具有从属性，所以当主债权时效届满而不受保护时，抵押权也丧失保护。[②] 主债权因时效届满成为自然债权，抵押权也成为不受保护的“裸体权利”即“自然物权”。[③] 司法实务中，采此观点的裁判意见通常认为基于抵押权的从属性不导致抵押权消灭，而仅使抵押权丧失公力救济。[④]

第四种观点“抗辩权发生说”认为，“人民法院不予保护”是指抵押人获得时效抗辩权。该观点包括两种论证思路：一是“人民法院不予保护”应采与诉讼时效届满效力相同的解释；[⑤]二是抵押人与保证人的地位类似，故可援引主债务时效抗辩权。[⑥] 在司法实务中有一个值得注意的现象，虽然有些裁判理由和裁判结果均采“抗辩权发生说”，但是并不直接使用“时效抗辩权”或“抗辩权”之表述。例如，在“柯某涛等诉宋某贤抵押合同纠纷再审案”中，判决书一方面认为主债权时效届满后抵押权并不消灭；另一方面还认为抵押人“明确表示不再自愿承担抵押责任”构成行使抵押权的障碍。[⑦] 该裁判意见实质上采取了“抗辩权发生说”，只是将时效抗辩表述为“明确表示不再自愿承担抵押责任”。又如，在“中国农业银行某营业部与某汽车配件商店抵押合同纠纷上诉案”中，判决书中虽未出现“抗辩权”字样，但是其“近似于诉讼时效期间”“抵押人同意由抵押权人行使抵押权合法有效”等表述均与“抗辩权发生说”一致。而且，该裁判意见还适用“自愿履行后不得要求返还”规则否认抵押人的诉讼请求，故其实质上就是采取了“抗辩权发生说”。[⑧] 造成该现象的原因可能是虽然《诉讼时效规定》采取了抗辩权发生主义，但是很多法官仍然在一定程度上受《民法通则》“胜诉权消灭说”的束缚，所以即使判决书实际上采取了“抗辩权

---

① 参见青岛市中级人民法院（2017）鲁02民终7584号。

② 参见高圣平：《担保物权的行使期间研究——以〈物权法〉第202条为分析对象》，载《华东政法大学学报》2009年第1期。

③ 参见孙鹏：《论担保物权的实行期间》，载《现代法学》2007年第6期。

④ 参见最高人民法院（2017）最高法民申1355号；葫芦岛市中级人民法院（2016）辽14民终1634号。

⑤ 参见王利明：《物权法研究》（第4版）（下卷），中国人民大学出版社2016年版，第1211页。

⑥ 参见尹田：《物权法》，北京大学出版社2013年版，第470页。

⑦ 参见青岛市中级人民法院（2017）鲁02民再12号。类似案例参见哈尔滨市中级人民法院（2017）黑01民终1389号；河南省高级人民法院（2016）豫民再583号。

⑧ 参见长春市中级人民法院（2015）长民四终字第435号。

发生说”,但是在行文上不敢或不习惯直接采取“时效抗辩权”或“抗辩权”等表述。

上述4种观点从性质上可分为两类:一类认为《物权法》第202条之“主债权诉讼时效期间”系正面直接规定抵押权行使期间,无论将其称为权利存续期间、除斥期间还是其他名称,该期间届满的后果是抵押权消灭。“抵押权消灭说”属于此类。另一类认为该条并非直接对抵押权行使期间所作界定,其本意是作为主权利的债权之诉讼时效期间届满后对作为从权利的抵押权之影响。这种影响可能是抵押权人丧失胜诉权、取得抗辩权或者其他。换言之,应基于现行法对诉讼时效届满效力规则和从随主规则界定这种影响。“胜诉权消灭说”、“从权利效力说”和“抗辩权发生说”都属于此类。

2.《民法典担保制度解释》采取“抗辩权发生说”

《民法典》第419条继承了《物权法》第202条中“人民法院不予保护”之表述,但其含义仍未明晰。《民法典担保制度解释》采取“抗辩权发生说”,体现为:其一,其第44条第1款规定,“抵押人以主债权诉讼时效期间届满为由,主张不承担担保责任的,人民法院应予支持”。从该款文义来看,系赋予抵押人抗辩权以拒绝抵押权人行使抵押权的主张。其二,其第20条规定,抵押人(物上保证人)可以适用《民法典》第701条关于保证人抗辩权的规定,故抵押人可以援引主债务人享有的时效抗辩权。这两条内容具有一致性,即抵押人有权援引主债务时效抗辩权,以拒绝抵押权人行使抵押权的主张。①

(1)“抗辩权发生说”的合理性。

本书认为,《民法典担保制度解释》采取“抗辩权发生说”是合理的。理由如下。

第一,我国现行法对抵押权从属性的立法模式,与法国、日本最为接近,法国法和日本法都承认抵押人有权援引主债务时效抗辩权。在我国现行法框架下,抵押权制度的最主要功能是作为一种担保方式“强化债权效力,规避交易风险”,因此抵押权在性质上是为担保主债权而设立的从权利。② 该立法模式与坚持抵押权从属性的法国、日本类似,③而与以流通性

① 参见高圣平:《担保法前沿问题与判解研究》(第5卷),人民法院出版社2021年版,第299页。

② 参见黄薇主编:《中华人民共和国民法典物权编释义》,法律出版社2020年版,第450页。

③ 应当指出,近年来法国、日本在抵押权从属性的立法态度上有所松动,例如,2006年修订后的《法国民法典》第2422条规定了突破从属性原则的“可再负担抵押”。由此可见,我国对抵押权从属性的立法态度比法国、日本贯彻得更为彻底。

抵押权为原则的德国、瑞士不同。《法国民法典》第 2488 条第 1 项规定“主债务消灭”是抵押权消灭事由，我国学界对该规定普遍存在一个误解，即认为依该规定，主债务诉讼时效期间届满导致抵押权消灭。[①] 实际上，由于《法国民法典》第 2247 条“职权禁用规则”的存在，主债务时效虽然届满，但是如果主债务人并未援引时效抗辩权，则抵押权并不消灭。对于抵押人能否直接援引主债务人的时效抗辩权，《法国民法典》第 2253 条持肯定态度。2017 年《日本民法典》修订以前，学理和实务对时效抗辩权援引主体采取“因时效而直接受益”标准，抵押人被解释为属于援引主体。[②] 修订后的《日本民法典》第 145 条则明确规定物上保证人属于有权援引时效抗辩权的“当事人”。法国法和日本法承认抵押人有权援引主债务时效抗辩权的主要理论依据是抵押权的从属性，即从义务人当然享有主债务人的抗辩权。[③] 我国在抵押权从属性问题上与法、日类似，且《民法典》第 419 条将抵押权行使期间与主债权时效予以捆绑的做法与法、日亦属同一模式，因此承认抵押人有权援引主债务时效抗辩权符合现行法框架下抵押权的属性。

第二，在现行法语境下，“人民法院不予保护”是对诉讼时效届满后果的习惯性表述。由于《民法典》已明确采取抗辩权发生主义，因此第 419 条中“人民法院不予保护”应解释为抵押人有权援引主债务时效抗辩权。对于时效届满效力，《民法通则》第 137 条就采取“人民法院不予保护”之表述，但由于其语义不明，以至于产生“胜诉权消灭说”等多种解释。[④] 虽然《民法典》第 188 条第 2 款仍然采取“人民法院不予保护”之表述，但是由于第 192 条第 1 款规定时效届满的后果是债务人取得抗辩权，故现行法对时效届满效力采取抗辩权发生说并无疑义。虽然有学者认为第 419 条“人民法院不予保护”之表述与时效届满后果的表述相同“纯属巧合”，[⑤]但是在没有其他有力理由支撑的前提下仅以“巧合”为由简单地否认立法习惯性表述的含义，似不具有说服力。我国在制定《物权法》的过程中，有德国学者曾建议规定抵押人和出质人可以援引主债务时效抗辩权，其目的是防

---

① 参见孙鹏：《论担保物权的实行期间》，载《现代法学》2007 年第 6 期。

② 参见最判昭和 42(1967)年 10 月 27 日判决，载《民集》第 21 卷第 8 号第 2110 页。

③ 参见[日]我妻荣：《我妻荣民法讲义Ⅲ：新订担保物权法》，申政武等译，中国法制出版社 2008 年版，第 384~385 页。

④ 参见杨巍：《民法时效制度的理论反思与案例研究》，北京大学出版社 2015 年版，第 221~222 页。

⑤ 参见刘贵祥：《〈物权法〉关于担保物权的创新及审判实务面临的问题》（下），载《法律适用》2007 年第 9 期。

止担保权人向债务人和担保人(有可能是债务人以外的第三人)主张双重权利,防止担保权人滥用权利。[①] 虽然难以断定《物权法》第202条最终就是采纳了德国学者的观点,但是从该条摒弃了司法解释的规定以及采取“人民法院不予保护”这一对时效届满后果的习惯性表述来看,该条确实在很大程度上是受德国学者观点影响的结果。

第三,行使抵押权的有关程序法规定与“抗辩权发生说”相契合。《民诉法解释》第369条第1款规定,在实现担保物权案件中,法院审查最主要、最核心的内容是担保物权实现条件是否成就(担保物权是否有效成立、债务履行期是否届满等),抵押权行使期间并不属于主动审查内容。同条第2款规定,抵押人(被申请人)就抵押权行使期间提出异议时,法院才应当“一并审查”。当事人双方对此事项存在分歧的,构成实质性争议,须另行通过诉讼解决。上述规定均与诉讼时效“抗辩权发生说”及“职权禁用规则”的精神一致,即当事人未主张时效抗辩权的,法院对时效事项不作主动审查(《民法典》第193条)。

第四,虽然《最高人民法院公报》案例“王某诉李某抵押合同纠纷案”采取“抵押权消灭说”,但是其说理并不充分,也未使实务争议就此平息。该公报案例似乎是最高人民法院为解决该争议而特意颁布的,但遗憾的是,该案判决书说理部分并未给出令人信服的理由,也未真正厘清“抵押权消灭说”与其他各说的核心分歧所在。在该案判决书中,为得出抵押权消灭的结论,给出三点理由:一是抵押权属于支配权,不应适用诉讼时效;二是限制行使抵押权的期限,以利于物之使用和流通效能的发挥;三是抵押权作为从权利,理应随主债权时效届满而消灭。[②] 其中理由一和理由二并不能必然得出抵押权消灭的结论,这两个理由亦被“抗辩权发生说”等其他观点承认。理由三的说理则最不充分,因为其根本未解释清楚为什么主债权时效届满并不导致主债权实体消灭,却能够导致作为从权利的抵押权消灭,而这正是“抵押权消灭说”与其他各说的根本分歧所在。理由三对此含糊其词,仅表述为“在主权利已经丧失强制力保护的状态下,抵押物上所负担的抵押权也应消灭方能更好地发挥物的效用”。该理由运用“从权利效力说”的论证思路,却得出“抵押权消灭说”的结论,这无益于解决现有争议,只会增加新的困扰。可能正是由于该公报案例没有提供具有足够说服力的裁判理由,导致即使在该公报案例颁布以后仍有法院并未采取

---

① 参见《德国专家对担保物权的意见》,载全国人大常委会法制工作委员会民法室编著:《物权法立法背景与观点全集》,法律出版社2007年版,第661页。

② 参见“王某诉李某抵押合同纠纷案”,载《最高人民法院公报》2017年第7期。

“抵押权消灭说”。例如，在“吉林靖宇农村商业银行股份有限公司等诉宫某奎等抵押权纠纷案”中，虽然一审法院采取“抵押权消灭说”，但是二审法院认为：“抵押权人未及时行使抵押权，人民法院不予保护，当事人可以自愿履行，自行协商行使抵押权……原告作为抵押权人已实际丧失了私力救济的条件和机会，溯其根源，原因在于其作为债权人未在诉讼时效期间内积极主张债权和抵押权所致，而并非法院判决抵押权消灭所致。”①

第五，其他各观点均存在论证上的瑕疵。如前文所述，“胜诉权消灭说”、“从权利效力说”和“抗辩权发生说”在性质上属于同一类观点，即都认为《民法典》第419条规定的“主债权诉讼时效期间”并非直接对抵押权行使期间所作的界定，而是规定主债权时效期间届满对作为从权利的抵押权之影响。“胜诉权消灭说”大致产生于2008年《诉讼时效规定》确立“抗辩权发生主义”之前，它是时效旧通说在抵押权行使期间问题上的反映。在《民法典》明确采取“抗辩权发生主义”的前提下，“胜诉权消灭说”显然已丧失了存在的基础。“从权利效力说”可视作一种“不彻底的抗辩权发生说”，因为二者都承认第419条“人民法院不予保护”是指主债权时效届满对抵押权的影响。二者的区别在于，“从权利效力说”在指出了这种影响后没有更进一步准确揭示这种影响的具体表现是抵押人享有主债务时效抗辩权，而“抗辩权发生说”则清楚地指出了这一点。因此可以说，“从权利效力说”是“不彻底的抗辩权发生说”，而“抗辩权发生说”则是“威力加强版的从权利效力说”。

(2)“抗辩权发生说”与“抵押权消灭说”之优劣比较。

真正与“抗辩权发生说”对立的只有“抵押权消灭说”。虽然《民法典担保制度解释》施行后仍有学者主张“抵押权消灭说”，②但是该说的具体理由大多似是而非或者根本不能成立。分析如下。

第一，“抵押权消灭说”认为，诉讼时效只适用于请求权，而物权性质的抵押权不能适用诉讼时效。“抗辩权发生说”并非将抵押权作为诉讼时效的适用对象，而是将主债权时效届满后产生的时效抗辩权赋予抵押人享有，类似于保证人可以援引主债务时效抗辩权。③

第二，“抵押权消灭说”进一步认为，抵押人无法援引主债务时效抗辩权，因为该抗辩权对抗的是债权请求权，故该抗辩权不能在抵押权人实现

---

① 参见白山市中级人民法院(2017)吉06民终920号。

② 参见程啸、高圣平、谢鸿飞：《最高人民法院新担保司法解释理解与适用》，法律出版社2021年版，第273页。

③ 参见《民法典》第701条、《诉讼时效规定》第18条。

抵押权时行使。[1] 事实上,在现行法规定的实现抵押权的几种方式中,抵押人不仅在诉讼外订立实现抵押权协议的场合下能够行使时效抗辩权,而且在抵押权人向法院申请拍卖、变卖抵押财产的场合下也可以通过提出执行异议的方式行使该抗辩权。而且,在承认抵押人可援引主债务时效抗辩权的法国、日本等国,也未见因此产生学理实务上的困扰。因此,仅从抽象意义上分析抗辩权能不能对抗担保物权并无意义,关键须看法律是否在实现抵押权的场合下提供了行使该抗辩权的具体路径,而现行法对此持肯定态度。

第三,“抵押权消灭说”还认为,如果抵押权行使期间届满后抵押权不消灭,将妨碍抵押财产转让并不恰当地限制抵押人对抵押财产的利用,因为抵押权人可通过不同意抵押人转让抵押财产的方式,造成“你不让我拍卖我就不同意转卖”的僵局状态。[2] 但如前文所述,抵押财产转让规则适用于“抵押期间”,而不适用于抵押权行使期间届满之后。而且在《民法典》第 406 条承认抵押权追及效力的前提下,亦无从产生此类“僵局”。

第四,“抵押权消灭说”还认为,如果承认抵押权不因行使期间届满而消灭,将导致不受公力保护的抵押权不能注销登记而长期存在,因为抵押权人有可能故意不配合抵押人办理注销登记,这对抵押人极为不公平。[3] 事实上,抵押权人不配合抵押人办理注销登记的可能性并非此情形所特有,即使债务因清偿而消灭亦有可能发生抵押人的不配合行为。在此场合下,抵押人可提起诉讼或申请仲裁请求抵押权人履行办理注销登记的协助义务。[4]

以上系从理论角度分析“抗辩权发生说”与“抵押权消灭说”的分歧,以下对两者实际适用效果的差异加以比较。

第一,抵押权之强制执行效力的比较。在“抗辩权发生说”语境下,如果抵押权行使期间届满后抵押人针对抵押权人实现抵押权的行为主张时效抗辩权,因抵押权丧失强制执行效力,抵押权人既不能强制抵押人与其订立实现抵押权协议,也不能向法院申请拍卖、变卖抵押财产。在此情形下,两种学说的实际适用效果并无太大差异。

---

① 参见程啸:《论担保物权之存续期限》,载《财经法学》2015 年第 1 期。

② 参见张永:《抵押权法定存续期间效力及性质的二重分析——以〈物权法〉第 202 条为中心》,载《政治与法律》2014 年第 2 期。

③ 参见张驰:《论抵押权的存续期间——兼评我国〈物权法〉第 202 条》,载《法学》2010 年第 4 期。

④ 参见国土资源部不动产登记中心编:《不动产登记暂行条例实施细则释义》,北京大学出版社 2016 年版,第 188 页。

第二，自愿履行的比较。在“抗辩权发生说”语境下，如果抵押权行使期间届满后抵押人未主张时效抗辩权，反而同意以抵押财产优先清偿抵押权人的债权（体现为自愿订立实现抵押权协议或者未提出执行异议），该自愿履行行为有效（体现为不能再主张时效抗辩权，也不能要求返还受偿利益）。如果抵押人与抵押权人订立实现抵押权协议后未依该协议履行变价、折价等义务，抵押权人可以要求抵押人承担继续履行、赔偿损失等违约责任（《民法典》第577条）。该违约责任请求权适用3年普通诉讼时效期间，而与之前的主债权诉讼时效期间并无关联。在“抵押权消灭说”语境下，如果抵押人与抵押权人订立实现抵押权协议或者在实现抵押权程序中未提出执行异议，对抵押人的此类行为存在两种解释路径：一是在原抵押权消灭后抵押人具有重新设立抵押权的意思。如果采此解释，当事人应当依据协议重新办理抵押权登记；[①]抵押财产已被法院拍卖、变卖完毕而尚未重新办理抵押权登记的，因执行依据存在瑕疵有可能发生执行回转（《民事诉讼法》第240条）。二是抵押权消灭导致实现抵押权协议无效；抵押权人已从抵押财产价值中受偿的构成不当得利，抵押人有权请求抵押权人返还受偿利益。如果采此解释，不仅有可能诱发抵押人的不诚信行为，也人为地导致法律关系更为复杂化。可见无论采取哪种解释，都不能合理地处理抵押人与抵押权人双方的权利义务，而且极易导致双方的纠纷进一步升级。正因如此，实务中有些法院虽然名义上采取“抵押权消灭说”，但是也认可抵押权行使期间届满后抵押人自愿履行的效力。例如，在“中国信达资产管理股份有限公司广东省分公司诉方某莲等抵押合同纠纷案”中，法院一方面认为“抵押人诉求法院确认抵押权消灭，人民法院应予支持”；另一方面又认为“当事人可以自愿履行，自行协议行使抵押权”。[②] 该裁判意见固然简化了法律关系，避免了不必要的纠纷，但是在“抵押权消灭说”框架下承认抵押人自愿履行的效力，难免有自相矛盾之嫌。基于上述分析可知，“抗辩权发生说”与“抵押权消灭说”的适用效果相比较，前者在现行法框架下能够得到更为清晰合理的解释，而后者则存在诸多解释上的困扰。

综上所述，现行法框架下采取“抗辩权发生说”的合理性可以得到证成。在该说框架下，债权人在主债权诉讼时效期间内未行使抵押权的法律效果分为两个层次：一是直接效果，即该期间届满导致抵押人获得主债务时效抗辩权；二是本体效果，即抵押人行使时效抗辩权产生的效果。行使

---

① 此处仅分析典型的采登记生效主义的抵押权，对于采登记对抗主义的抵押权而言，其原理相同。

② 参见珠海市中级人民法院（2017）粤04民终2591号。

抗辩权包括积极行使和消极行使,前者是指援引抗辩权以拒绝债权人的请求,后者是指放弃抗辩权。二者产生不同的法律效果。“人民法院不予保护”是抵押权人援引时效抗辩权产生的法律效果,而抵押人放弃时效抗辩权的法律效果则须依据其他规则予以确定。

(二)抵押人援引时效抗辩权的形式和效力

1. 抵押人援引时效抗辩权的形式

抵押人援引时效抗辩权构成对抗辩权的积极行使。该援引行为是表意行为、[①]单方行为、不要式行为。援引行为在诉讼外与诉讼中均可实施,但诉讼中的援引具有决定意义。[②] 诉讼外的援引行为以书面或口头形式作出,均无不可。在诉讼程序或执行程序中实施援引行为的,具体形式应符合法律规定。在行使抵押权的不同方式中,援引行为的具体形式亦不相同。

(1)在实现抵押权程序中援引时效抗辩权的形式。

虽然实现抵押权程序作为一种非讼程序,不同于诉讼程序中典型的“攻击—防御”构架,但是现行法仍然为被申请人(抵押人)提供了否认申请人(债权人)请求的规则设计。其一,《民诉法解释》第 366 条第 2 款规定,被申请人有异议的,应当在收到人民法院通知后的 5 日内向人民法院提出,同时说明理由并提供相应的证据材料。被申请人可依此规定以书面形式援引时效抗辩权,这是该程序中援引时效抗辩权最正式、最规范的形式。其二,由于实现抵押权程序并无辩论环节,被申请人无法像在诉讼程序中那样在该环节援引时效抗辩权。《民诉法解释》第 368 条规定,人民法院审查实现担保物权案件,可以询问申请人、被申请人、利害关系人,必要时可以依职权调查相关事实。如果被申请人于此前书面异议中并未提及时效事项,在该询问环节被申请人仍然有机会以口头或书面形式援引时效抗辩权,并提供相应的证据材料,以补足其异议理由。如果被申请人此前并未提出书面异议,则不应认可询问环节中的援引机会,因为被申请人未在法定期间内提出书面异议应视为其认可申请人的申请,以防止被申请人借异议恶意拖延时间。[③]

被申请人以诉讼时效事项提出异议属于“对实现担保物权有实质性争

① 德国法认为援引行为是准法律行为。Vgl. Helmut Grothe, Kommentar zum § 214, in: Münchener Kommentar zum BGB, 9. Aufl., München: C. H. Beck, 2021, Rn. 4.

② 参见[德]卡尔·拉伦茨:《德国民法通论》(上册),王晓晔等译,法律出版社 2003 年版,第 332 页。

③ 参见最高人民法院民法典贯彻实施工作领导小组编著:《最高人民法院新民事诉讼法司法解释理解与适用》(下),人民法院出版社 2022 年版,第 814 页。

议”的典型情形。[①] 因此，法院应当裁定驳回申请，并告知申请人另行提起诉讼，而不应就诉讼时效事项作出实体认定。

(2)在诉讼程序中援引时效抗辩权的形式。

在诉讼中援引时效抗辩权属于实体权利抗辩，抵押人不仅要主张该抗辩权的要件事实，还必须有行使该抗辩权的意思表示，[②]且须符合审级的规定。其一，在一审程序中，法庭辩论终结前抵押人可以以书面形式(如答辩状)或口头形式(如言词辩论)援引时效抗辩权，以其作为一种防御手段。法官在判断当事人是否属于援引时效抗辩权时，应当以其“有主张的意思”为准，而不应苛求其必须表达出“诉讼时效”“时效抗辩权”等字样。[③]例如实务中，当事人表示“年代久远，已无钱还贷”[④]、“借条已经过了 20 年了，条子没用了”[⑤]等情形亦被认定为具有援引时效抗辩权的意思。其二，根据《诉讼时效规定》第 3 条第 1 款的规定，抵押人未在一审阶段援引时效抗辩权，在二审中不得再实施援引行为，但基于新的证据能够证明时效届满的情形除外。虽然现行法在一般场合下采答辩任意主义(《民事诉讼法》第 128 条)，但前述规定被认为是逾期答辩失权的例外规则[⑥]。基于相同理由，在原一审、二审期间当事人均未援引时效抗辩权，而在发回重审的一审程序中援引，该援引行为不被准许。[⑦] 其三，根据《诉讼时效规定》第 3 条第 2 款的规定可知，抵押人在终审判决做出前未援引时效抗辩权，又以时效届满为由申请再审或者在再审程序中援引时效抗辩权的，不被准许。理由是“保持司法程序安定性、维护司法既判力原则及诚信原则的要求”。[⑧]

(3)在执行程序中援引时效抗辩权的形式。

此处的执行程序包括两种情形：一是实现抵押权程序中无实质性争议且实现抵押权条件成就的，裁定准许拍卖、变卖抵押财产；二是实现抵押权程序中有实质性争议，被裁定驳回申请后另行提起诉讼，债权人获得胜诉

---

① 例如《四川省高级人民法院关于审理实现担保物权案件若干问题的意见》(川高法〔2017〕109 号)第 16 条第 4 项规定，“债务人或担保人对主债权的诉讼时效、效力等提出异议”属于“对实现担保物权有实质性争议”的情形。

② 参见陈刚：《论我国民事诉讼抗辩制度的体系化建设》，载《中国法学》2014 年第 5 期。

③ 参见尹腊梅：《民事抗辩权研究》(修订版)，知识产权出版社 2013 年版，第 283 页。

④ 参见黑龙江省高级人民法院(2011)黑监民再字第 139 号。

⑤ 参见福建省龙岩市中级人民法院(2014)岩民终字第 1263 号。

⑥ 参见杨巍：《论援引诉讼时效抗辩权的三种场合》，载《法学评论》2018 年第 6 期。

⑦ 参见吉林省高级人民法院(2015)吉民二终字第 69 号。

⑧ 参见最高人民法院民事审判第二庭编著：《最高人民法院关于民事案件诉讼时效司法解释理解与适用》，人民法院出版社 2015 年版，第 91~92 页。

判决并申请强制执行。上述法律文书的执行时效届满后债权人申请强制执行的，法院仍应受理，但抵押人有权援引时效抗辩权以排除执行行为。具体而言，抵押人可依据《执行异议规定》第7条第2款规定，以“债权……丧失强制执行效力”为由提出排除执行异议，法院应当参照《民事诉讼法》第232条的规定进行审查。[①] 在此情形下，抵押人提出执行异议是其在执行程序中援引时效抗辩权的具体形式。另须注意，如果抵押人以执行依据生效之前时效已届满为由提出执行异议，不构成有效的援引行为，法院应告知其依法申请再审或者通过其他程序解决，因为该情形涉及执行依据错误与否，不属于执行程序的审查范围。[②]

(4)订立实现抵押权协议场合下援引时效抗辩权的形式。

主债权诉讼时效届满后，债权人向抵押人发出订立实现抵押权协议的要约，抵押人以时效届满为由拒绝该要约的，构成援引时效抗辩权。该情形下，时效抗辩权直接针对的对象不是实现抵押权协议的履行请求权，而是缔约磋商请求权，即以时效届满为由拒绝就订立该协议展开磋商。抵押人之所以能够以此形式援引时效抗辩权，系基于抗辩权的附随效力，即拒绝给付效力之外的阻却其他实现请求权路径的效力。[③] 如果抵押人对该要约单纯地置之不理导致要约失效的，不构成援引行为，因为法律未规定该场合下沉默构成主张权利的意思表示。

(5)债权人自行拍卖、变卖抵押财产场合下援引时效抗辩权的形式。

主债权诉讼时效届满后，债权人依据事先约定将抵押财产自行拍卖、变卖，抵押人以时效届满为由拒绝履行协助义务的，构成援引时效抗辩权。该援引行为也是抗辩权附随效力的体现。如果债权人因此转而启动司法程序行使抵押权，抵押人仍须依据前述(1)~(3)中的形式实施援引行为。

2. 抵押人援引时效抗辩权的效力

(1)排除法院强制执行抵押财产。

时效抗辩权是一种永久抗辩权，抵押人援引该抗辩权的基本效力是永

---

① 由于《民事诉讼法》第232条“对违法执行行为的异议”系针对程序问题所作规定，而时效是否届满属实体问题(域外法一般通过“债务人异议之诉”制度解决该问题)，因此学界对该做法多持批评意见。参见张卫平：《民法典与民事诉讼法的连接与统合——从民事诉讼法视角看民法典的编纂》，载《法学研究》2016年第1期。

② 参见江必新、刘贵祥主编，最高人民法院执行局编著：《最高人民法院关于人民法院办理执行异议和复议案件若干问题规定理解与适用》，人民法院出版社2015年版，第102页。

③ 参见申海恩：《论抗辩权的附随效力》，载《华东政法大学学报》2019年第5期。

久地阻止法院执行抵押财产。[①] 该效力是《民法典担保制度解释》第44条第1款“抵押人不承担担保责任”的主要内容。在行使抵押权的各种方式中,援引时效抗辩权均具有排除强制执行的最终效力,但援引行为的直接效力有不同体现:实现抵押权程序中构成实质性争议,裁定驳回申请;诉讼程序中,判决驳回诉讼请求(而非驳回起诉);执行程序中,裁定终结执行;订立实现抵押权协议场合下,该协议确定地不能成立;债权人自行拍卖、变卖抵押财产场合下,该拍卖、变卖确定地不能完成。

(2)抵押人是否有权请求注销抵押登记?

最高人民法院释义书采肯定说,认为承认抵押人的注销登记请求权有利于发挥物的效用,也不违反物权法定原则。[②] 但有学者持否定说认为,时效抗辩权效力作用于抵押权表现为,抵押权虽不得行使但亦不消灭。对于如何解决无法注销亦无法行使抵押权的僵局,应由当事人自行协商。[③] 还有学者进一步提出以下质疑,由于司法解释未规定注销请求权及抵押权人的协助注销义务,导致抵押人虽可不承担担保责任,但抵押权仍然存续于抵押财产之上,这不利于抵押财产的流通利用。[④] 本书赞同肯定说。抵押人实施援引行为后,可以请求债权人协助办理注销抵押登记。理由如下。

第一,是否发生排除强制执行效力,取决于抵押人是否援引时效抗辩权,而非主债权诉讼时效届满的当然后果。对采登记生效主义的抵押权而言,注销登记程序完成后,因丧失生效要件而致抵押权消灭。有学者认为,主债权诉讼时效届满直接导致抵押权成为不具强制执行效力的“裸体权利”或“自然物权”。[⑤] 最高人民法院释义书可能受此类观点影响,认为“注销登记请求权并非意味着抵押权已实体消灭,而仅是指抵押权人因丧失法律保护而不能再通过抵押登记阻碍抵押人对标的物的利用”。[⑥] 该观点的错误在于,未区分主债权诉讼时效届满的直接效果与本体效果(援引时效抗辩权的效果),且生硬地将自然债权概念套用于抵押权。如前文所述,主债权诉讼时效届满的直接后果是抵押人获得时效抗辩权,若欲使排

① 参见[德]卡尔·拉伦茨:《德国民法通论》(上册),王晓晔等译,法律出版社2003年版,第329页。

② 参见最高人民法院民事审判第二庭:《最高人民法院民法典担保制度司法解释理解与适用》,人民法院出版社2021年版,第400页。

③ 参见申海恩:《抗辩权效力的体系构成》,载《环球法律评论》2020年第4期。

④ 参见程啸、高圣平、谢鸿飞:《最高人民法院新担保司法解释理解与适用》,法律出版社2021年版,第275页。

⑤ 参见孙鹏:《论担保物权的实行期间》,载《现代法学》2007年第6期。

⑥ 参见最高人民法院民事审判第二庭:《最高人民法院民法典担保制度司法解释理解与适用》,人民法院出版社2021年版,第400页。

除强制执行效力发生,还须抵押人实施援引行为。注销登记前,如果抵押人尚未表示如何行使时效抗辩权(援引或放弃),此时能否发生排除强制执行效力尚处于不确定状态;如果抵押人放弃时效抗辩权,转而配合债权人完成了行使抵押权的行为,则抵押权仍具强制执行效力。抵押人请求注销抵押登记,不仅包含了援引时效抗辩权意思的延伸,亦是使排除强制执行效力具备公示性的具体路径。由于登记对抵押权和债权存续具有不同意义,且因现行法并无"不导致实体权利消灭的注销登记"之制度设计,因此注销登记的后果只能是抵押权消灭。

第二,《民法典担保制度解释》未规定注销登记请求权的原因,依据参与制定司法解释的最高人民法院法官的解释,是因为《九民纪要》对此已作规定。[①] 但需进一步解释的是,《九民纪要》第 59 条规定注销请求权系以最高人民法院当时所采"抵押权消灭说"为前提,[②]在《民法典担保制度解释》改采"抗辩权发生说"的框架下该规定还有无适用可能。本书对此持肯定意见。如果债权人主张行使抵押权,抵押人援引时效抗辩权予以拒绝,并进而通过注销登记固定该抗辩效果,对此不存疑义。如果债权人尚未提出行使抵押权,抵押人能否主动请求注销登记,则成为问题。分析如下:其一,依据《不动产登记暂行条例实施细则》第 70 条的规定,申请注销登记原则上应由抵押人和债权人共同提出。依常理,抵押人要求与债权人共同提出该申请时,债权人如欲拒绝就会同时提出行使抵押权的主张或确认抵押权的存在,此时抵押人即有机会援引时效抗辩权,并依据抗辩效力进一步请求债权人履行协助注销义务。如果双方对该协助义务的履行存在争议,须通过诉讼或仲裁解决。[③] 其二,抗辩权效力对请求权可实现性的排除不限于对行使请求权本身的拒绝,亦可指向请求权之替代实现手段。[④]在司法解释允许以时效抗辩权对抗抵押权的前提下,由于抵押权借助登记产生对世性,即使债权人尚未行使权利,该对世性对抵押人亦产生某种拘束力,因此承认抵押人可于债权人尚未行使权利时"提前"促成抗辩效力发生具有合理性。换言之,虽然抗辩权作为防御性权利,一般场合下其效力发生须以对方行使请求权为前提,但是鉴于抵押权作为请求权的替代实

① 参见林文学等:《〈关于适用民法典有关担保制度的解释〉的理解和适用》,载《人民司法》2021 年第 4 期。

② 参见最高人民法院民事审判第二庭编著:《〈全国法院民商事审判工作会议纪要〉理解与适用》,人民法院出版社 2019 年版,第 361 页。

③ 参见国土资源部不动产登记中心编:《不动产登记暂行条例实施细则释义》,北京大学出版社 2016 年版,第 188 页。

④ 参见申海恩:《抗辩权效力的体系构成》,载《环球法律评论》2020 年第 4 期。

现手段具有对世性等强效力,应当允许抵押人主动请求注销登记,通过"以攻为守"的方式实现抗辩效力。

第三,不宜夸大所谓"僵局"对抵押财产流通的不利影响。其一,由于《民法典》第 406 条在承认抵押权追及效力的前提下原则上允许转让抵押财产,故抵押权是否注销登记并不直接妨碍抵押人的转让行为。其二,抵押权未被注销登记固然影响受让人的交易意愿,但在承认抵押人注销登记请求权的前提下,抵押人既可以通过注销去除标的物在登记簿上的负担后再进行交易,也可以于交易时将注销登记作为交易条件以强化受让人的意愿,在抵押人未履行注销义务时通过瑕疵担保责任对受让人予以救济。可见,多种交易安排的可能性很大程度上消解了所谓"僵局"的消极意义。其三,《民法典》施行前,在注销登记请求权缺乏明确规定的前提下,实务中多以"在主债权已丧失了强制力保护状态下,抵押物上所负担的抵押登记也应消灭"①、"抵押权不再予以保护,相关抵押登记手续也丧失了继续存在的合法依据"②等理由变相地否认登记效力,从而打破所谓"僵局"造成的交易障碍。在新司法解释继承《九民纪要》关于注销登记请求权精神的前提下,这种交易障碍变得更加不明显。

(三)抵押人放弃时效抗辩权的形式和效力

1. 抵押人放弃时效抗辩权的形式

时效抗辩权既然属于权利,原则上可由权利主体放弃,该弃权行为构成对时效抗辩权的消极行使。该弃权行为是表意行为、处分行为、不要式行为。在不同场合下,其以明示形式或默示形式实施均有可能。③ 由于时效利益不得预先放弃(《民法典》第 197 条第 2 款),以防止债权人利用优势地位苛责义务人提前放弃时效利益,④因此,此处的弃权行为系指诉讼时效届满后放弃(已取得的)时效抗辩权。

(1)在司法程序中放弃时效抗辩权的形式。

司法程序中的弃权行为须包含弃权的意思表示,且符合程序的相关规定。明示弃权行为包括:在诉讼辩论阶段以口头形式作出弃权意思表示、在答辩状中作出弃权意思表示、在执行和解协议中作出弃权意思表示等。默示弃权行为包括:在一审中未援引时效抗辩权、在执行阶段未以时效届满为由提出执行异议等。如果在实现抵押权程序中抵押人未以时效届满

---

① 参见湖南省湘西土家族苗族自治州中级人民法院(2016)湘 31 民终 1084 号。

② 参见重庆市第五中级人民法院(2016)渝 05 民终 6458 号。

③ 参见尹腊梅:《民事抗辩权研究》(修订版),知识产权出版社 2013 年版,第 275 页。

④ 参见葛承书:《民法时效——从实证的角度出发》,法律出版社 2007 年版,第 136 页。

为由提出异议，因其他实质性争议导致申请被驳回，其后进行的诉讼中抵押人仍可援引时效抗辩权。换言之，在实现抵押权程序中抵押人未提出此异议不构成默示弃权，因为法律未针对该情形设置类似于《诉讼时效规定》第3条的规定。

(2)订立实现抵押权协议场合下放弃时效抗辩权的形式。

该情形下，须依据意思表示解释规则，结合抵押人的相关言行判断是否构成弃权。例如，抵押人收到订立该协议的要约后表示同意、抵押人主动向抵押权人发出要约并订立该协议等，均可认定构成弃权行为。抵押人对该要约单纯地置之不理，不构成默示弃权，其后仍可援引时效抗辩权。

抵押人自愿与债权人就订立该协议进行磋商，但未达成协议的，是否构成弃权？例如，抵押人收到要约后发出反要约，或者主动向债权人发出要约，但最终未能形成合意。该情形应不构成弃权，因为虽然抵押人磋商系以愿意弃权为前提，但其既然选择以订立该协议方式弃权，表明其本意是以与对方就相关事项达成合意为弃权的成立条件，故不能将作为磋商前提的弃权意愿剥离出来单独认定为弃权行为。

(3)债权人自行拍卖、变卖抵押财产场合下放弃时效抗辩权的形式。

该情形下，抵押人同意履行协助义务、已经自愿履行协助义务等构成弃权行为。

一个值得讨论的问题是，主债权时效届满后债权人向抵押人发出催收通知单，抵押人在通知单上签字或盖章的，是否构成弃权行为？对于当事人在此类催收通知单上签字或盖章的性质，现行法规定涉及两处：一是债务人实施此类签字或盖章的，原则上认定为弃权行为。《民法典》施行前，最高人民法院批复“法释〔1999〕7号”确立了该规则。2020年修正后的《诉讼时效规定》第19条第3款继承了该批复的内容，将该签章行为界定为以“同意履行”的方式放弃时效抗辩权。二是保证期间届满后保证人实施此类签字或盖章的，原则上不认定为弃权行为。最高人民法院批复“法释〔2004〕4号”规定，保证人的签章行为不能适用“法释〔1999〕7号”的标准予以认定。《民法典担保制度解释》第34条第2款坚持了该做法，仅对文字表述进行了技术处理。依此规定，保证人的该签章行为不构成默示的同意履行，除非有证据证明成立了新的保证合同。① 简言之，债务人的弃权标准较低，保证人的弃权标准相对更高，故后者享有更大的期限利益。

① 参见最高人民法院民事审判第二庭：《最高人民法院民法典担保制度司法解释理解与适用》，人民法院出版社2021年版，第330页。

对于抵押人实施此类签章行为如何认定,现行法未作规定。笔者认为较为合理的解释是,抵押人为物上保证人的,应适用保证人的弃权标准;抵押人为债务人本人的,应适用债务人的弃权标准。因为保证人和物上保证人都是以其财产为他人供作担保,二者的利益关系类似,故采取相同弃权标准为妥。[①] 如果抵押人是债务人本人,实务中债权人向其发送催收通知单时主张权利的意思具有一体性,通常不会特别声明以对方为债务人身份还是抵押人身份。而且,债务人不能同时以抵押人身份享有"双重时效抗辩权",因此其作出的弃权表示对主债权和抵押权均具效力。

2. 抵押人放弃时效抗辩权的效力

(1)抵押人不得再主张原时效抗辩权。

该效力发生于弃权行为构成"同意履行"的情形,如抵押人与债权人订立实现抵押权协议、抵押人同意协助债权人自行拍卖等。《民法典》第192条第2款前段规定,此类弃权行为的效力是"不得以诉讼时效期间届满为由抗辩",即因丧失时效抗辩权而不得再主张时效抗辩。该效力的发生并不考虑抵押人于弃权后是否实际履行。[②] 抵押人未依约定履行义务构成违约的,违约请求权仍须适用其自身的诉讼时效。

(2)抵押人不得请求返还。

该效力发生于弃权行为构成"已经自愿履行"的情形,如抵押人实际履行了实现抵押权协议、抵押人协助债权人完成拍卖等。由于诉讼时效届满后主债权实体并未消灭,故自愿履行仍属具有合法原因的履行行为,可产生清偿效果,债权人受领之给付不构成不当得利。《民法典》第192条第2款后段规定,此类弃权行为的效力是"不得请求返还",即不得请求将双方的法律关系恢复至自愿履行之前的状态。具体而言:以拍卖、变卖实现抵押权的,不得请求返还同等数额的金钱;以折价方式实现抵押权的,无论返还原物是否可能,均不得请求返还。抵押人亦不得在抵押登记注销后请求恢复登记,因为该行为虽非"请求返还",但其"恢复原状"的效果与"请求返还"类似。在执行程序中抵押人(被执行人)自愿履行全部或部分义务后,不得以不知道执行时效届满为由请求执行回转。(《民诉法解释》第481条第2款)

(3)抵押人(物上保证人)能否向债务人追偿?

现行法对该问题无直接规定,应类推适用保证人的相关规定。根据

---

① 该解释也与《民法典担保制度解释》第20条的精神一致。

② 参见杨巍:《〈民法典〉第192条、第193条(诉讼时效届满效力、职权禁用规则)评注》,载《法学家》2020年第6期。

《诉讼时效规定》第 18 条第 2 款的规定，保证人未主张主债权时效抗辩权，自愿履行后不得向债务人行使追偿权，但债务人同意给付的除外。该规定的适用从以下几个方面说明。

第一，抵押人基于何种法律关系为债务人提供担保，是判断其是否享有追偿权的前提。在德国法中，区分担保是基于委任、处理事务的合同或无因管理而产生不同性质的追偿权，故担保人在不同情形下放弃时效抗辩权的后果有所不同。[①] 现行法对此虽无明确规定，但也应采相同解释，因为抵押人与债务人之间的法律关系性质，决定了追偿权的有无及追偿的具体范围。基于委托（又区分有偿、无偿）、无因管理等原因提供抵押担保的，抵押人享有相应的追偿权；基于赠与提供抵押担保的，则没有追偿权问题。因此，《诉讼时效规定》第 18 条第 2 款应缩限解释为仅适用于依据基础关系能够享有追偿权的情形。

第二，抵押人丧失追偿权以其"知道或者应当知道主债权诉讼时效届满"为条件。《民法典担保制度解释》第 35 条对《担保法解释》第 35 条进行了继承和完善，增加了该失权条件，以排除债务人未告知担保人主债权诉讼时效届满等情形，避免担保人因被消极欺诈而受损失。[②] 结合《民法典》关于委托的规定，有偿委托的抵押人（受托人）因过错、无偿委托的抵押人因故意或重大过失放弃时效抗辩权的，丧失对债务人（委托人）的追偿权，对于给债务人造成的损失负赔偿责任（《民法典》第 929 条）；受委托的抵押人因不可归责于自己的事由（如不知且不应知诉讼时效已届满）自愿履行的，不丧失追偿权或者有权请求债务人赔偿因不能行使追偿权所受的损失（《民法典》第 930 条）；无因管理之抵押人准用无偿委托规则。

第三，《诉讼时效规定》第 18 条第 2 款之但书"主债务人同意给付"，与《民法典担保制度解释》第 35 条之但书"债务人放弃诉讼时效抗辩"应采相同解释，即债务人自己也实施了弃权行为。由于债务人弃权致使其自身也不再享有时效利益，因此抵押人向其追偿并未使其增加额外的不合理负担。该规定目的是维护诚实信用原则、保护善意担保人的权利，因为担保人是为债务人利益提供担保，故债务人作为最终责任人履行给付义务符合诚实信用原则。[③]

---

① 参见［德］迪特尔·梅迪库斯：《德国债法分论》，杜景林等译，法律出版社 2007 年版，第 424 页。

② 参见最高人民法院民事审判第二庭：《最高人民法院民法典担保制度司法解释理解与适用》，人民法院出版社 2021 年版，第 334 页。

③ 参见最高人民法院民事审判第二庭编著：《最高人民法院关于民事案件诉讼时效司法解释理解与适用》，人民法院出版社 2015 年版，第 343 页。

(四)债务人行使时效抗辩权对抵押权的影响

1. 债务人援引时效抗辩权对抵押权的影响

在现行法框架下,债务人援引时效抗辩权与抵押权的关系包含分离和牵连两层关系。一方面,债务人和抵押人分别享有和行使时效抗辩权,故债务人援引行为并不导致抵押人所享时效抗辩权之效力当然发生,即该援引行为不直接导致抵押权丧失法律保护。欲使抵押权丧失保护,须有抵押人的援引行为。另一方面,债务人和抵押人的援引行为又具有某种程度的牵连性。如前文所述,在债务人未放弃时效抗辩权的前提下,抵押人自愿履行即丧失对债务人的追偿权。依“举轻以明重原则”,如果债务人实施了援引行为,抵押人自愿履行后更不得向债务人追偿。换言之,虽然债务人和抵押人各自行使时效抗辩权,但债务人实施援引行为后,抵押人便有“义务”也实施援引行为,以保持抗辩效果的一致性。否则,抵押人实施的反向行为(自愿履行)虽仍属有效,但因债务人作为原本最终责任人已确定享有时效利益,该行为效果不能再作用于债务人。

2. 债务人放弃时效抗辩权对抵押权的影响

根据《诉讼时效规定》第 19 条第 2 款的规定,当事人双方就原债务达成新的协议、债务人在催款通知单上签章等行为构成债务人放弃时效抗辩权。实务中此类行为通常被称为“债务的重新确认”,其后果是债务人不得再主张原时效抗辩权,诉讼时效重新起算。[①] 由此产生的问题是:在重新起算的诉讼时效期间内行使抵押权是否受人民法院保护?对此问题,现行法并无规定,学界亦少有讨论。本书认为,应区分抵押人是物上保证人还是债务人本人分别处理。

(1)抵押人是物上保证人的,债务人弃权不影响抵押人享有及行使原时效抗辩权。

第一,在行使抵押权与主债务诉讼时效关系问题上与我国类似的法国、日本等国,对此有明确规定。《法国民法典》第 2253 条规定,即使债务人放弃时效抗辩权,抵押人作为“因时效之完成而享有利益的人”仍可援引主债务时效抗辩权。日本学界[②]及司法实务[③]认为,物上保证人构成“因时效而直接受益者”,故可作为独立的援引主体主张主债务时效抗辩权。2017 年修订后的《日本民法典》第 145 条明确将物上保证人规定为时效抗

---

① 参见杨巍:《〈民法典〉第 192 条、第 193 条(诉讼时效届满效力、职权禁用规则)评注》,载《法学家》2020 年第 6 期。

② 金山直樹『時効における理論と解釈』(有斐閣,2009 年)294 頁参照。

③ 参见最判昭和 42(1967)年 10 月 27 日判决,载《民集》第 21 卷第 8 号第 2110 页。

辩权的援引主体。

第二,我国《民法典》对此虽无直接规定,但是根据第 701 条的规定,债务人弃权不影响保证人享有其抗辩权。虽然保证人与抵押人分属人保和物保,但二者都是以自己的财产为他人的债务提供担保,且法律均赋予其本属债务人的抗辩权以示特别保护,因此二者享有该抗辩权的保护程度不宜有异。《民法典担保制度解释》第 20 条规定,第三人提供物保的场合准用《民法典》第 701 条等关于保证合同的规定。依据最高人民法院释义书的解释,该规定的根本原因是物上保证人与保证人的法律地位本质相同,这在主体、法律关系内容、担保目的等方面可得到证成。[①] 因此,在债务人放弃时效抗辩权的场合下,作为物上保证人的抵押人准用《民法典》第 701 条之规定,仍可享有和行使该抗辩权。

第三,《民法典》施行以前,实务中多采此意见。由于当时欠缺明确法律依据,法院多以"债务人对债权的重新确认不代表保证人对原抵押权的重新确认"[②]、"债务人与债权人达成新的还款协议未经物上保证人同意,对物上保证人不具有约束力"[③]等理由认定抵押权不再受法律保护。《民法典》施行后,应以其第 701 条及司法解释的规定作为裁判依据。

(2)抵押人是债务人本人的,债务人弃权引起主债权诉讼时效重新起算。

在此情形下,新起算的诉讼时效应被解释为仍属于《民法典》第 419 条之"主债权诉讼时效期间",债权人在该期间内行使抵押权受人民法院保护。理由如下。

第一,从意思表示解释角度而言,债务人对主债务予以重新确认的行为包含愿以其责任财产清偿债务之意思。无论某项财产是否被设置抵押权担保该债务,均属于责任财产的范畴,故债权人当然有权要求就该项财产受偿。如果认为重新确认行为仅对主债务有效而对抵押权不具效力,意味着债权人行使抵押权时作为抵押人的债务人仍可援引时效抗辩权予以阻碍,而债权人只能要求就抵押财产以外的其他财产受偿。这种解释是怪异的,因为如果债务人真欲实现拒绝清偿的意愿,本可援引时效抗辩权否认债权人的全部履行请求,从而使其全部责任财产免于用来清偿债务,这也符合人之常情。可能正是基于该原因,笔者未能查阅到主债务被重新确

① 参见最高人民法院民事审判第二庭:《最高人民法院民法典担保制度司法解释理解与适用》,人民法院出版社 2021 年版,第 223 页。

② 参见郴州市中级人民法院(2017)湘 10 民终 1125 号。

③ 参见成都市中级人民法院(2006)成民初字第 183 号。

认后作为抵押人的债务人却否认债权人行使抵押权的真实案例。

第二，债务人一方面对主债务予以重新确认，另一方面却针对抵押权主张时效抗辩权，构成自相矛盾行为。在大陆法系框架下，存在自相矛盾(venire contra factum proprium)规则。例如，在德国，如果债务人援引时效抗辩权的行为与其之前行为构成自相矛盾，则该援引行为不能产生抗辩效果。该规则是诚实信用原则的体现，其基本内容是如果权利人与其之前的行为相矛盾，则权利行使不被允许或导致权利失效(Verwirkung)。[①] 在瑞士，自相矛盾行为的性质属于权利滥用。若义务人通过不正当行为使权利人未在时效期间内行使权利，则义务人不能主张权利人的权利丧失。[②] 虽然我国法律未明确规定自相矛盾规则，但是基于诚实信用原则、禁止权利滥用原则等一般条款，亦可得出类似结论。因为债务人对主债务予以重新确认，导致债权人合理信赖诉讼时效不再成为其行使权利的障碍，其后债务人无论针对主债务还是抵押权援引时效抗辩权的，均可构成悖信援引行为。[③]

第三，该情形下，不存在保护作为担保人的第三人之政策考量。抵押人是物上保证人的场合下，之所以债务人弃权时仍然承认抵押人享有主债务时效抗辩权，系基于对第三人利益保护的需要，以防止债务人与债权人恶意串通实施弃权行为而损害第三人(担保人)利益。[④] 如果债务人以自己的财产为自己的债务设定抵押担保，因其兼具债务人和抵押人的双重身份，而不存在第三人利益保护问题。

第四，《民法典》第 392 条规定，在物保和人保并存的场合下，债权人首先应当按照约定实现债权；没有约定或者约定不明确，债务人自己提供物保的，债权人应当先就该物保实现债权。理由在于：简化追偿关系；减少实现担保物权的成本和费用；体现对保证人的公平等。[⑤] 基于该条精神，在多种担保并存的情形下，债务人以其财产设立抵押权且对主债务予以重新确认的，应解释为债权人应当先就该抵押财产受偿，而不应允许债务人拒绝债权人行使抵押权而致先向其他担保人主张受偿。唯此解释，才真正有助于实现“简化追偿关系”等立法目的。

---

① 参见[德]汉斯·布洛克斯、[德]沃尔夫·迪特里希·瓦尔克：《德国民法总论》(第 33 版)，张艳译，中国人民大学出版社 2012 年版，第 408 页。

② 参见[瑞]贝蒂娜·许莉蔓-高朴、[瑞]耶尔格·施密特：《瑞士民法：基本原则与人法》，纪海龙译，中国政法大学出版社 2015 年版，第 112 页。

③ 参见杨巍：《悖信援引时效抗辩权的法律规制》，载《北方法学》2020 年第 2 期。

④ 参见最高人民法院民法典贯彻实施工作领导小组主编：《中华人民共和国民法典合同编理解与适用(二)》，人民法院出版社 2020 年版，第 1399 页。

⑤ 参见黄薇主编：《中华人民共和国民法典物权编释义》，法律出版社 2020 年版，第 468 页。

第七节　抵押权行使期间的计算

一、抵押权行使期间的起算

（一）一般场合下的起算标准

抵押权行使期间的起算，是指抵押权人行使抵押权能够得到法院支持的时间起点。在一般场合下，抵押权行使期间自抵押权实现条件具备之时起算。从另一角度分析，因现行法将抵押权行使期间界定为主债权诉讼时效期间，故二者的起算点亦为同一时点。依据《民法典》第 410 条第 1 款的规定，一般场合下抵押权行使期间起算分为两种情况：一是债务履行期限届满债务人未依法或依约履行债务；二是发生当事人约定的实现抵押权的情形。

1. 债务履行期限届满债务人未依法或依约履行债务

依据《民法典》第 387 条的规定，抵押权主要适用于借贷、买卖等合同债权的担保。[①] 合同关系中债务履行期限届满而债务人未依法或依约履行债务，此时既符合主债权诉讼时效起算标准，也符合《民法典》规定的抵押权行使条件。在该情形下，抵押权行使期间起算应具备以下条件。

（1）债务履行期限届满。债务为分期履行的，债务履行期限届满时点为最后一期履行期限届满之日（《民法典》第 189 条）。债务未约定履行期限的，依据《诉讼时效规定》第 4 条规定的宽限期等规则确定履行期限届满时点。

（2）债务人未依法或依约履行债务。具体包括：不能履行、迟延履行、不完全履行等，但不包括预期违约。

（3）债权人知道或者应当知道权利受到损害。在行使抵押权的场合下，所谓“债权人知道或者应当知道权利受到损害”应解释为受担保债务未被清偿的事实被债权人知道或者应当知道。在《民法典》第 389 条规定的担保范围中，利息、违约金、损害赔偿金、保管费用等属于主债务衍生出的从债务，其均属于抵押权担保范围。但是，并非须待此类衍生债务数额确定且被债权人知道或者应当知道时才能起算抵押权行使期间，而是“债

① 对于侵权之债等非合同债权能否适用抵押担保，依据立法机关释义书的解释，侵权之债不能事先设定抵押担保，但侵权之债在产生之后可以设定抵押担保。参见黄薇主编：《中华人民共和国民法典物权编释义》，法律出版社 2020 年版，第 455～456 页。本书以下主要讨论合同债权设立抵押担保的典型情形。

权人知道或者应当知道主债务人违约行为会导致哪些类别的损害时”即满足该要件。因为此时已具备行使抵押权的条件,各衍生债务数额的确定仅为实现抵押权协议或实现抵押权的司法程序须解决的具体事项,并不构成行使抵押权的前提。

(4)债权人知道义务人。权利人欲行使其权利,须具有权利受侵害的认识并知道向谁行使权利。[①] 在抵押权担保合同之债的场合下,债权人必然知道义务人是何人,故《民法典》第188条规定的该条件在此场合并无太大的实际意义。如果债权人虽然知道义务人是何人,但是由于债务人下落不明、住所变更或抵押财产所在不明等原因导致债权人行使抵押权存在障碍的,不影响抵押权行使期间起算,债权人可通过诉讼时效中止规则得到救济。[②]

2. 发生当事人约定的实现抵押权的情形

《民法典》第410条第1款规定“发生当事人约定的实现抵押权的情形”,实质上是赋予当事人某种机会,使其可依事先合意在某些情形下提前行使抵押权,以此满足当事人的某种特殊目的。该情形下,抵押权行使期间起算应具备以下条件。

(1)约定的实现抵押权的情形已经发生。此类约定的主要目的是约束抵押人的某些行为或防控风险。较为常见的约定情形包括:债务人实施某些类型的违约行为(如违反借款用途、连续若干期未偿付贷款本息等);债务人不能偿债的风险增高(如资产状况恶化到某种程度、以不合理低价销售产品、债务人的股东或高管发生变更[③]等)。如果在主债务履行期限届满前发生这些情形,表明债务人已有违约行为或者某种事实导致违约的可能性增高,故允许抵押权人此时行使抵押权。

(2)债权人知道或者应当知道该情形发生。如果由于债务人隐瞒或其他原因导致债权人不知也不应知该情形已经发生,债权人在不知情的情况下不可能行使抵押权,故此时不能起算抵押权行使期间。

(二)特殊场合下的起算标准

1. 债务人预期违约

该情形与保证担保中债务人预期违约的后果类似,故应采相同处理,[④]

① 参见最高人民法院民法典贯彻实施工作领导小组主编:《中华人民共和国民法典总则编理解与适用》(下),人民法院出版社2020年版,第948页。

② 参见杨巍:《〈民法典〉第194条(诉讼时效中止)评注》,载《南京大学学报(哲学·人文科学·社会科学版)》2020年第6期。

③ 参见崔建远:《物权法》(第5版),中国人民大学出版社2021年版,第471页。

④ 参见第二章第七节。

即抵押权行使期间起算点应视债权人是否向债务人提前行使违约责任请求权而定：提前行使的，抵押权行使期间起算点也提前至债权人行使权利之时，且须以“抵押人知道或应当知道该情形”为条件；未提前行使的，抵押权行使期间起算点仍为“债务履行期限届满之日”。

2. 抵押权人为保全抵押权，要求债务人提前清偿债务

抵押权人依据《民法典》第 408 条行使保全权，但债务人未按其要求提前清偿债务的，该情形符合诉讼时效的起算标准即“权利人知道或者应当知道权利受到损害以及义务人”。因此在该场合下，抵押权行使期间自债权人知道或者应当知道债务人未提前清偿债务的事实之时起算。

3. 合同无效或者被撤销

法院或仲裁机构确认合同无效或者当事人撤销合同的场合下，虽然基于从随主规则抵押合同也相应无效从而导致抵押权丧失合法存在的基础，但是合同无效或被撤销产生的缔约过失责任仍有可能依法受原抵押权担保。对于该场合下相关请求权的诉讼时效起算点，《诉讼时效规定》第 5 条第 2 款规定为“合同被撤销之日”。该条规定的返还财产不是指物权请求权性质的返还原物请求权，而是指返还不当得利请求权，包括：标的是劳务或服务，在性质上不能恢复原状；标的是专利技术、信息资料等无形财产，在客观上不能完全返还；财产是有体物但已不存在、不能返还或没有必要返还等情形。[①] 该条规定的赔偿损失请求权在性质上是缔约过失责任请求权，对此并无疑义。因此，在主合同无效、[②]被撤销而导致抵押合同无效的情形下，如果有过错的抵押人依法应承担一定担保责任，抵押权行使期间自主合同被确认无效或被撤销之日起算。

4. 债务人借新还旧

在该场合下，担保旧贷的抵押权是否还对新贷起担保作用？《民法典》施行前，实务中对该问题一般参照关于借新还旧对保证担保影响的规定处理。[③]《民法典担保制度解释》第 16 条第 1 款规定了借新还旧对担保关系影响的一般规则，且未区分人保与物保；第 2 款规定了借新还旧对担保物权登记的影响，该款系对物保的特别规定。依此规定，抵押权行使期间起算分别作如下认定。

---

① 参见最高人民法院民事审判第二庭编著：《最高人民法院关于民事案件诉讼时效司法解释理解与适用》，人民法院出版社 2015 年版，第 144 页。

② 对于合同无效法律后果的诉讼时效期间起算标准，《诉讼时效规定》未作规定，可类推适用该司法解释第 5 条关于合同撤销的规定。

③ 参见最高人民法院（2007）民二终字第 33 号；江西省高级人民法院（2018）赣民终 136 号。

(1)旧贷无抵押担保或旧贷与新贷的抵押人不同,且新贷抵押人不知或不应知借新还旧的,旧贷抵押人和新贷抵押人均不承担担保责任。在此情形下,不存在抵押权行使期间起算的问题。其一,旧贷无抵押担保的,基于防范"骗保"等原因,不知情的新贷抵押人不承担担保责任。其二,旧贷与新贷的抵押人不同的,旧贷消灭导致原抵押权消灭;新贷抵押权基于前述相同理由,也不发生担保作用。

(2)旧贷无抵押担保或旧贷与新贷的抵押人不同,且新贷抵押人知道或应当知道借新还旧的,旧贷抵押权消灭,新贷抵押权行使期间起算点为新贷诉讼时效起算之时。在此情形下,新贷抵押人在对借新还旧知情的前提下仍提供抵押担保,故抵押权有效成立,担保对象为新贷债权。因此,该抵押权行使期间起算点为新贷诉讼时效起算之时。

(3)原抵押人继续为新贷提供抵押担保的,抵押权行使期间起算点为新贷诉讼时效起算之时。该情形属于本条第1款"新贷与旧贷的担保人相同"之情形。[①] 对于该情形下当事人是否须重新办理抵押权登记,《民法典》施行前存在较大争议。[②] 本条第2款采取否定说,原抵押人同意继续为新贷提供担保的,即使未办理新的登记或变更登记,原抵押权对新贷仍具担保效力。体现为:其一,尚未注销登记的抵押权因"原抵押人同意继续为新贷提供担保"自动延伸至新贷之上。该规定延续了《九民纪要》第57条的做法,理由在于:旧贷因清偿而消灭,为旧贷设立的担保物权本应随之消灭,但当事人约定继续为新贷提供担保的,原担保继续有效,作为新贷的担保。[③] 由于该情形未办理变更登记导致债权人是否就新贷享有抵押权发生争议的,债权人可通过证明"不动产登记簿的记载与真实权利状态不符、其为该不动产物权的真实权利人",依据《民法典物权编解释(一)》第2条请求确认其享有抵押权。其二,原抵押权顺位仍具有法律效力。原抵押人在登记尚未注销的情形下同意继续为新贷提供担保,在订立新贷合同前又以该抵押财产为其他债权人设立抵押权的,担保新贷的抵押权顺位优先于其他债权人的抵押权。因为担保新贷的抵押权自动延伸其担保效力,该抵

① 相反意见参见高圣平:《担保法前沿问题与判解研究》(第5卷),人民法院出版社2021年版,第152页。

② 肯定说参见车辉、李敏:《担保法律制度新问题研究》,法律出版社2005年版,第26~27页;否定说参见何志:《担保法疑难问题阐释》,中国法制出版社2011年版,第213页。

③ 参见最高人民法院民事审判第二庭编著:《〈全国法院民商事审判工作会议纪要〉理解与适用》,人民法院出版社2019年版,第355页。

押权当然具有对抗其他债权人所设立抵押权的效力。① 在上述情形下，由于尚未注销登记的抵押权的担保对象是新贷，因此抵押权行使期间起算点为新贷诉讼时效起算之时。

5. 抵押人进入破产程序

依据《企业破产法》第46条的规定，无论是无担保的普通债权还是受担保物权担保的债权，在破产申请受理时均视为到期债权。理由在于，破产申请受理后债务人的财产处分权受到限制，如果因债权未到期而不允许进行债权申报，对这类债权人而言显然不公平。② 依据《企业破产法》第109条的规定，普通债权通过破产程序从债务人破产财产中受偿，受担保物权担保的债权通过别除权就特定财产优先受偿。因此，在抵押人进入破产程序的场合下，主债权履行期限尚未届满的，主债权诉讼时效期间自破产申请受理之时起算。在该场合下抵押权行使期间起算的意义在于，自此时起抵押权人可通过行使破产别除权使其主债权优先受偿。

二、主债权诉讼时效中断、中止、延长对行使抵押权的影响

（一）抵押权行使期间是否独立计算

由于主债权诉讼时效期间是可变期间，其因中断、中止和延长使债权实际受法律保护的时间发生变化，由此产生的问题是：主债权诉讼时效期间中断、中止或延长的，抵押权行使期间是相应发生变化？还是二者各自独立计算而互不发生影响？对于该问题，司法实务中存在以下三种观点。

第一种观点认为，“主债权诉讼时效期间”仅是抵押权行使期间的计算标准。依据这种解释，虽然抵押权行使期间的计算标准采取法律规定的主债权诉讼时效期间，但二者分别计算，故二者计算结果也可以不同。例如，在“刘某与中经信投资有限公司等借款合同纠纷上诉案”中，一审法院认为“主债权诉讼时效中断、中止、延长的，抵押权行使期间也随之中断、中止、延长”，但二审法院认为该意见属于“适用法律错误”。二审法院认为：“债权人主张债权与行使抵押权是两个不同行为，相互之间不能替代。”③ 又如，在“内黄县财政融资投资管理中心诉安阳市智远房地产开发有限公司等借款合同纠纷案”中，法院认为：“主债务诉讼时效中断，不能当然引

① 参见程啸、高圣平、谢鸿飞：《最高人民法院新担保司法解释理解与适用》，法律出版社2021年版，第110页。

② 参见李国光主编：《新企业破产法理解与适用》，人民法院出版社2006年版，第285页。

③ 参见北京市第三中级人民法院（2016）京03民终9567号。

起抵押担保时效中断。”[①]在中国裁判文书网所载案例中，此类裁判意见属少数说。

第二种观点认为，主债权诉讼时效期间和抵押权行使期间分别计算，但基于从随主规则，前者中断、中止、延长导致后者也相应地中断、中止、延长，故二者的计算结果是相同的。在中国裁判文书网所载案例中，大部分裁判意见采取这种解释。有最高人民法院判决采此观点，[②]该裁判意见可能是认为抵押权不能直接适用诉讼时效中断规则，所以没有直接表述为抵押权行使期间“中断”，而是表述为“顺延”，但从实际效果来看，二者的后果并无不同。又如，在“上诉人庞某因与被上诉人盘锦市兴隆台区农村信用合作联社抵押合同纠纷案”中，法院直接表述为抵押权行使期间随主债权诉讼时效中断而中断。[③]

第三种观点认为，抵押权行使期间没有独立计算的问题，行使抵押权能够得到法律保护，不过是从随主规则的体现而已。在中国裁判文书网所载案例中，部分法院采取这种解释。例如，在“中国东方资产管理公司武汉办事处与平安信托投资有限责任公司等借款担保合同纠纷案”中，在主债权诉讼时效期间未届满的情形下，一审法院认为：“抵押期间为法定期间和除斥期间，不因任何事由中止、中断。”作为二审法院的最高人民法院认为一审意见属于“适用法律不当”，最高人民法院认为“只要主债权诉讼时效没有届满，法院对抵押权人行使抵押权的诉请即应支持”，[④]即抵押权行使期间并无独立计算的问题。

本书赞同第三种观点，理由如下。

第一，第三种观点与“抗辩权发生说”一致，且在解释路径上最为清晰合理。依据“抗辩权发生说”，抵押权行使期间届满后由抵押人取得主债务时效抗辩权，也就是说，抵押人能否取得该抗辩权完全取决于主债务人是否取得了该抗辩权。因此，抵押权行使期间并不存在单独计算的问题。《民法典》第419条之“主债权诉讼时效期间”并非指抵押权行使期间单独依据该标准计算，而应解释为只要主债权诉讼时效期间因中断、中止、延长未届满，则抵押人就尚未取得主债务时效抗辩权，故抵押权人此时行使抵

---

① 参见安阳市内黄县人民法院（2015）内民二初字第86号。

② 参见最高人民法院（2017）最高法民申2697号。

③ 参见盘锦市中级人民法院（2016）辽11民终912号。类似案例参见深圳市中级人民法院（2016）粤03民终18981号。

④ 参见最高人民法院（2011）民二终字第28号。

押权应被法院支持。①

第二,第一种观点认为两种期间分别计算且二者计算结果可以不同,这种解释与《民法典》第419条的立法本意相悖。该条将两种期间予以捆绑的理由在于,抵押权是主债权的从权利,故行使抵押权受法律保护的时间不能超出主债权受法律保护的时间。② 虽然学理上存在"抵押权消灭说""抗辩权发生说"等不同意见,但是这些观点的争点在于,阻碍抵押权强制执行效力的具体依据应作何解释。对于抵押权行使期间应当遵循从随主规则,各观点并无分歧。换言之,无论采取"抵押权消灭说""抗辩权发生说"还是其他任何观点,均不能推导出主债权诉讼时效期间和抵押权行使期间分别计算且二者计算结果可以不同的结论。质言之,第一种观点的最大的错误在于,在没有认识到《民法典》第419条蕴含的从随主规则的前提下,仅从该条表面文义作出机械解释。

第三,第二种观点虽然在实际效果上与第三种观点相同,但是其存在解释路径上的障碍。第二种观点可能是受"抵押权消灭说"影响的结果,该观点坚持了从随主规则的立法本意,认为抵押权行使期间的实际计算结果不能超出主债权诉讼时效期间的范围,在这一点上该观点比第一种观点有所进步。但是由于"抵押权消灭说"没有进一步揭示适用从随主规则的结果是由抵押人取得主债务时效抗辩权,这就导致第二种观点在解释路径上采取了两种期间分别计算但从权利期间须与主权利期间一致的思路。这样解释虽然在结果上并非不合理,但是在论证思路上存在明显障碍:物权属性的抵押权不能适用诉讼时效,那么为什么抵押权行使期间能够随主债权诉讼时效"中断"而"中断"?正是因为存在这种解释上的障碍,最高人民法院在前引案例中采取了"顺延"而非"中断"概念。但是,该表述又造成新的困扰:"顺延"并非现有法律用语,其规范依据和规范含义何在?"顺延"的具体期间多长,依据何在?事实上,最高人民法院在该案中所采"顺延"之表述,本质上就是指中断而言,只是囿于抵押权不能适用诉讼时效的通说意见,才采取自创概念代替"中断"概念,但仍陷于难以自圆其说的窘境。在前引另一案例中,某些法院直接表述为抵押权行使期间随主债权诉讼时效中断而中断。这样表述固然在语义上清晰直白,但似乎无视否定通说意见的说理义务,故亦不足取。第三种观点避免了解释上的障碍,因为抵押人援引的是主债务时效抗辩权,故只要主债权时效届满抵

① 参见最高人民法院民事审判第二庭:《最高人民法院民法典担保制度司法解释理解与适用》,人民法院出版社2021年版,第397页。

② 参见黄薇主编:《中华人民共和国民法典物权编释义》,法律出版社2020年版,第547页。

押人就可享有该抗辩权，所以根本不存在抵押权行使期间单独中断的问题。

（二）主债权诉讼时效中断、中止、延长对行使抵押权的具体影响

1. 主债权诉讼时效因中断、中止、延长未届满的，抵押权人可行使抵押权

主债权诉讼时效未届满的情形下主债务人和抵押人均未取得时效抗辩权，故此时抵押人无法援引该抗辩权阻碍抵押权人行使抵押权的行为。主债权诉讼时效中断、中止、延长的事由和条件，适用《民法典》和司法解释的相关规定。由于《民法典担保制度解释》第44条第1款将“主债权诉讼时效”解释为包括执行时效，因此债权人获得执行依据后，执行时效因中断、中止未届满的，抵押权人仍可行使抵押权。

2. 债权人主张部分债权、债务人同意履行部分债务引起诉讼时效中断的，抵押权人可行使完整的抵押权

（1）债权人主张部分债权、债务人同意履行部分债务，中断效力及于全部债权还是部分债权？对于该问题，域外法上多存争议。对债权人主张部分债权的效力，日本学界和实务界存在两种对立观点。

第一种观点认为，应根据权利人是否明示仅就部分债权予以请求区别对待。持该观点的判例认为，提起诉讼时明确只要求对其中一部分作出判决时，成为诉讼标的的债权的一部分而不是整体，所以中断的效力仅对债权的一部分发生。[①] 如果当事人没有明示的，则视为“债权同一性的范围及于全部”。[②]

第二种观点认为，应一律认定时效中断对全部债权发生效力，因为无论何种情形都是债权人在行使债权，而且即使是主张部分债权，整个债权的存在也已被法院确认。[③]

我国《诉讼时效规定》第9条与第一种观点接近，即根据权利人是否明确表示放弃剩余债权决定中断效力的范围。另依据《诉讼时效规定》第14条的规定，义务人作出部分履行承诺或者行为的，应当认定为“同意履行义务”。该规定的理由主要是“债务的整体性”和“意思表示的推定”。[④] 因此，债权人主张部分债权、债务人同意履行部分债务的，原则上引起全部债权的诉讼时效中断，但当事人有明确的相反意思表示除外。

---

① 参见最判昭和34（1959）年2月20日判决，载《民集》第13卷第2号第209页。

② 参见最判昭和45（1970）年7月24日判决，载《民集》第24卷第7号第1177页。

③ 参见［日］山本敬三：《民法讲义1总则》，解亘译，北京大学出版社2004年版，第371页。

④ 参见最高人民法院民事审判第二庭编著：《最高人民法院关于民事案件诉讼时效司法解释理解与适用》，人民法院出版社2015年版，第276页。

(2)基于抵押权的不可分性,即使仅部分主债权诉讼时效中断,抵押权人在抵押权行使期间内仍可行使完整的抵押权。抵押权的不可分性,是指在主债权未受全部清偿前,抵押权人可就抵押财产之全部行使权利。[①]依据《民法典担保制度解释》第38条第1款的规定,如果主债权仅受部分清偿,债权人仍可就其未受偿债权对全部抵押财产行使抵押权。在部分主债权诉讼时效中断的场合下,因未中断而致时效届满的部分主债权丧失强制执行效力,这虽然不是因清偿而使部分主债权消灭,但其效果与之类似,因此亦应适用不可分性规则,即抵押权人仍可行使完整的抵押权。依据最高人民法院释义书的解释,在抵押财产是可分物或由数项财产构成的情形下,如果拍卖部分抵押财产足以清偿主债权的,抵押财产的其余部分应维持现状;如果处分数项财产中的一项即可使主债权受偿的,则处分行为不得涉及所有财产。[②] 该情形构成抵押权不可分性的变通规则。

3. 主债权诉讼时效中断、中止、延长与抵押权变更登记的关系

主债权诉讼时效中断、中止、延长的,虽导致抵押权行使期间发生变化,但无须进行抵押权变更登记。理由如下。

第一,现行法规定的抵押权变更登记事由中,不包括"主债权诉讼时效中断、中止、延长"。《不动产登记实施细则》第68条规定的抵押权变更登记事由中,并无"主债权诉讼时效中断、中止、延长"。依据官方解释,该条第1款第3项规定的"债务履行期限变更",是指债权人与债务人协议延长或缩短债务履行期限,[③]并非指该债务诉讼时效中断、中止、延长。对于动产抵押权,《机动车登记规定》等规定的变更登记事由亦不包括"主债权诉讼时效中断、中止、延长"。

第二,因现行法并不承认抵押权登记期间的效力,故抵押权行使期间虽因主债权诉讼时效中断、中止、延长而发生变化,但并无必要进行变更登记。换言之,即使登记的债务履行期限届满后当事人未办理变更登记,只要主债权诉讼时效因中断、中止、延长未届满,抵押权行使期间就仍具法律效力。[④]

第三,由于现行法规定"诉讼外请求"构成中断事由,故诉讼时效中断

---

① 参见谢在全:《民法物权论》(修订5版)(中册),中国政法大学出版社2011年版,第643页。

② 参见李国光等:《最高人民法院〈关于适用《中华人民共和国担保法》若干问题的解释〉理解与适用》,吉林人民出版社2000年版,第264~265页。由于现行法承认动产抵押和浮动抵押,故该解释确有实际意义。

③ 参见国土资源部不动产登记中心编:《不动产登记暂行条例实施细则释义》,北京大学出版社2016年版,第181页。

④ 参见威海市环翠区人民法院(2015)威环商初字第461号。

会多次发生。如果认为一旦主债权诉讼时效中断当事人就应进行变更登记,显然该做法既不经济也无必要。

三、行使抵押权对主债权诉讼时效的影响

在现行法框架下,诉讼时效中断制度对诉讼时效届满发挥着缓和作用,中断事由多与"督促权利人行使权利"相联系,因此积极行使权利的各类情形被认定为中断事由。[①] 而且,在某些情形下抵押人的行为也可能包含"同意履行义务"的意思,而导致主债权诉讼时效中断。应注意的是,由于现行法规定行使抵押权存在多种方式,在不同方式中对中断事由和中断时点的认定并不相同。

(一)启动司法程序行使抵押权对主债权诉讼时效的影响

债权人启动司法程序行使抵押权的,该行为虽非直接请求债务人履行债务,但其包含了债权人通过法律程序实现主债权的意思,故可构成诉讼时效中断事由。由于现行法将实现担保物权程序定位为非讼程序,债权人不能直接申请强制执行抵押财产,[②]须由法院依有无实体争议作出不同处理,因此"申请实现抵押权"不构成"提起诉讼"(《民法典》第195条第3项)或者"申请强制执行"(《诉讼时效规定》第11条第5项)之中断事由,而属于"与提起诉讼或者申请仲裁具有同等效力的其他情形"(《民法典》第195条第4项)。[③] 债权人提交申请书之日时效中断,诉讼时效重新计算时点须依据法院所作处理分别认定。

1. 法院经审查裁定拍卖、变卖抵押财产的,裁定生效之日诉讼时效重新计算;其后债权人依据该裁定申请执行的,该申请导致诉讼时效再次中断,中断时点为"债权人提交申请书之日"。

该情形属于《民诉法解释》第370条第1项、第2项规定的"对实现担保物权无实质性争议""有部分实质性争议",故法院裁定准许拍卖、变卖抵押财产或者就无争议部分裁定准许拍卖、变卖抵押财产。如果拍卖、变卖行为使主债权足额受偿,因债权消灭而不再有时效问题。如果未能使主债权足额受偿,执行程序终结时诉讼时效重新计算,因为虽然抵押权已行

---

① 参见陈甦主编:《民法总则评注》(下册),法律出版社2017年版,第1403~1404页。

② 参见江必新主编:《新民事诉讼法条文理解与适用》(下),人民法院出版社2022年版,第935页。

③ 有法院将抵押权人申请实现抵押权定性为"向债务人主张权利"之中断事由。《江西省高级人民法院关于审理金融债权纠纷案件的若干意见》(赣高法〔2015〕145号)第10条第2款规定:"债权人申请实现担保物权是其向债务人主张权利的意思表达,视为同时向主债务人主张权利,主债务诉讼时效发生中断……"该界定似不准确。

使完毕而消灭,但是剩余债权转为普通债权仍有诉讼时效计算的问题。另需注意,虽然申请保全措施在某些场合下可构成中断事由,[①]但是如果法院受理实现抵押权申请后债权人对抵押财产提出保全申请(《民诉法解释》第 371 条),由于此时诉讼时效已经处于中断状态,故该保全申请不单独构成另一中断事由,亦不再次发生中断。

如果债权人提交申请后又撤回申请,主债权诉讼时效是否发生中断？对于当事人起诉后撤诉是否引起诉讼时效中断,学界和实务界存在争议。[②] 笔者赞同中断说,因为在现行法框架下,诉讼时效自提交起诉状或者口头起诉之日中断(《诉讼时效规定》第 10 条),其后的处理结果(实体判决、撤诉等)不影响之前的中断效力,而仅影响诉讼时效重新计算时点。申请行使抵押权的性质虽非起诉,但二者的原理相同,故也应采中断说为妥。

2. 法院经审查裁定驳回申请的,裁定生效之日诉讼时效重新计算;其后债权人向法院提起诉讼的,诉讼时效再次中断,中断时点为"债权人提交起诉状之日"。

该情形属于《民诉法解释》第 370 条第 3 项规定的"对实现担保物权有实质性争议"。所谓实质性争议,是指申请人与被申请人之间对抵押权是否有效成立、债权是否已届清偿期等涉及实体性法律关系的事实存在争议。[③] 在此情形下,应由法院适用诉讼程序经过实体审理解决当事人之间的纠纷,故应驳回债权人的申请,并告知其另行提起诉讼。如果债权人提起诉讼后得到法院支持,判决生效时起算执行时效,债权人应在执行时效期间内就抵押财产申请强制执行;如果未得到法院支持,虽然表明抵押权未有效成立或尚不具备行使条件,但是该起诉对主债权仍构成中断事由,判决生效时诉讼时效重新计算。

---

① 参见戴孟勇:《论因起诉及与起诉类似的事项导致诉讼时效中断的效力》,载《交大法学》2016 年第 4 期。

② 中断说参见李宇:《民法总则要义:规范释论与判解集注》,法律出版社 2017 年版,第 938 页;有条件中断说参见王利明:《民法总则研究》(第 2 版),中国人民大学出版社 2018 年版,第 789 页;不中断说参见霍海红:《撤诉的诉讼时效后果》,载《法律科学(西北政法大学学报)》2014 年第 5 期。

③ 对于实质性争议包括哪些情形,学理及实务存在分歧。相关学理意见参见任重:《担保物权实现的程序标的:实践、识别与制度化》,载《法学研究》2016 年第 2 期;程啸:《论抵押权的实现程序》,载《中外法学》2012 年第 6 期。相关实务意见参见《浙江省高级人民法院关于审理实现担保物权案件若干问题的解答》(浙高法〔2013〕152 号);《江西省高级人民法院关于审理金融债权纠纷案件的若干意见》(赣高法〔2015〕145 号)。

（二）订立实现抵押权协议对主债权诉讼时效的影响

实现抵押权协议系以清偿主债务为目的，以抵押财产折价代替原本给付，其性质为代物清偿合同。[①] 订立该协议须遵循合同法上要约、承诺规则，并由此对主债权诉讼时效产生影响。

1. 债权人向抵押人发出订立该协议的要约的，该要约生效时主债权诉讼时效中断，并从中断时起诉讼时效重新计算。

通常情形下，为促成实现抵押权协议的订立，债权人会主动向抵押人发出订立该协议的要约。由于该要约包含了债权人要求以抵押财产清偿债务的意思，故构成“提出履行请求”之中断事由（《民法典》第 195 条第 1 项）。如果抵押人是债务人本人，该要约构成中断事由不存疑义。如果抵押人不是债务人本人，可视为抵押人受债务人委托以其财产清偿债务，因此该要约虽非向债务人发出，但仍构成中断事由。该要约生效，意味着债权人主张权利的请求已经完成，故此时诉讼时效中断，并从中断时起诉讼时效重新计算。债权人与抵押人就该协议进行磋商的时间段内，主债权诉讼时效处于持续中断状态。[②] 其后，如果双方经磋商未能达成协议，自任何一方拒绝订立该协议的意思表示生效时，主债权诉讼时效重新计算；如果双方达成有效协议，协议生效时主债权诉讼时效重新计算。该协议生效后，抵押权实现有赖于双方对该协议的履行，如果抵押人未依该协议履行义务，债权人请求抵押人承担违约责任适用该协议自身的诉讼时效。

2. 抵押人向债权人发出订立该协议的要约的，该要约生效时主债权诉讼时效中断，并从中断时起诉讼时效重新计算。

由于该要约包含了抵押人愿意以抵押财产清偿债务的意思，故构成“同意履行义务”之中断事由（《民法典》第 195 条第 2 项）。该要约生效后，协议订立与否对主债权诉讼时效的影响与情形 1 相同，故不再重复。

（三）自行拍卖、变卖抵押财产对主债权诉讼时效的影响

《民法典担保制度解释》第 45 条第 1 款新增一种行使抵押权的方式：当事人可以事先约定当债务人不履行到期债务或者发生当事人约定的实现抵押权的情形时，债权人有权将抵押财产自行拍卖、变卖并就所得的价款优先受偿。该规定与《民法典》缓和流抵、流质契约的效力有关，以提高

---

① 参见郑冠宇：《民法物权》，新学林出版股份有限公司 2013 年版，第 521 页。

② 虽然“磋商”在很多国家构成时效中止事由，但是在我国现行诉讼时效规则体系下，“磋商”并不构成中止事由，而是导致诉讼时效继续中断。参见杨巍：《〈民法典〉第 194 条（诉讼时效中止）评注》，载《南京大学学报（哲学 · 人文科学 · 社会科学版）》2020 年第 6 期。

担保物权的实现效率。[1] 该情形下，债权人将自行拍卖、变卖行为通知抵押人的，该通知生效时主债权诉讼时效中断，并从中断时起诉讼时效重新计算。因为该通知包含了债权人要求依事先约定实现权利的意思，故可构成"提出履行请求"之中断事由。如果自行拍卖、变卖抵押财产使主债权足额受偿，其后不再有时效问题；如果未能使主债权足额受偿，拍卖、变卖行为结束时剩余主债权诉讼时效重新计算。

第八节 特殊抵押权的行使期间

一、最高额抵押权行使期间

（一）最高额抵押权行使期间的确定

《民法典》和《物权法》均规定有最高额抵押权，该制度目的在于：提高担保效率、降低担保成本，以此加速资金的融通，促进经济的发展。[2] 确定最高额抵押权行使期间的难点在于：其一，因最高额抵押权担保多个债权而非一个债权，故无法如一般抵押权那样以某一个主债权诉讼时效期间确定为抵押权行使期间。因此在最高额抵押权场合下，对如何适用《民法典》第 419 条以确定抵押权行使期间需要作特别解释。其二，因《民法典》第 423 条规定了"债权确定期间"等规则用以确定担保的债权数额，故最高额抵押权行使期间的确定须考虑与此类规则的适用衔接问题。[3] 对最高额抵押权行使期间的确定可从以下几方面予以说明：

1. 最高额抵押权行使期间仅指法定期间，不包括约定期间

由于最高额抵押权属于一种特殊抵押权，其仍应适用抵押权行使期间一般规定，除非法律有特殊规定。因此，司法解释关于约定或登记期间不具有法律约束力的规定，亦适用于最高额抵押权。[4]《担保法解释》第 82 条曾规定，当事人对最高额抵押期间进行变更，该变更不具有对抗顺序在后的抵押权人的效力。虽然该条使用了"最高额抵押期间"概念，但该期间是指最高额抵押权的决算期，而非指最高额抵押权的约定行使期间。

---

① 参见高圣平：《担保法前沿问题与判解研究》（第 5 卷），人民法院出版社 2021 年版，第 309~311 页。

② 参见黄薇主编：《中华人民共和国民法典物权编释义》，法律出版社 2020 年版，第 548~549 页。

③ 参见孙宪忠、朱广新主编：《民法典评注 · 物权编 4》，中国法制出版社 2020 年版，第 259 页。

④ 参见"工行鹤壁分行长风路支行诉金马电子有限责任公司确认最高额抵押权案"，载最高人民法院中国应用法学研究所编：《人民法院案例选》（2004 年商事 · 知识产权专辑），人民法院出版社 2005 年版，第 276 页以下。

《民法典》第 422 条对此采用“债权确定的期间”概念,其文义更为清晰。[①]另外,《不动产登记实施细则》第 71 条第 1 款未将最高额抵押权行使期间规定为登记事项;第 72 条也未将约定行使期间变更规定为变更登记的事由。从上述规定来看,现行法未将约定行使期间规定为登记的必要记载事项。

2. 最高额抵押权行使期间不是全部主债权诉讼时效期间的总和

由于《民法典》第 419 条将抵押权行使期间与主债权诉讼时效期间予以捆绑,而最高额抵押权担保多个主债权,故较易将该条从表面文义解释为最高额抵押权行使期间是全部主债权诉讼时效期间相加之和,或者说只要有任何一项主债权诉讼时效未届满,最高额抵押权行使期间也不届满。这种解释是错误的。理由如下。

第一,最高额抵押权在从属性问题上具有特殊性。由于最高额抵押权的担保对象不是一项特定债权,而且主债权在成立、转让等各方面均不同于一般抵押权担保的债权,这就导致最高额抵押权没有体现出一般抵押权从属性的各项特征。我妻荣教授指出,最高额抵押权已经失去了普通抵押权从属性(附属性)中的成立从属性、存续从属性、消灭从属性三个属性,而仅余优先受偿从属性。即使受担保债权消灭,最高额抵押权也不消灭,而且其限额也不会减少,依然保持其效力。这是最高额抵押权最根本的特征。[②] 我国学界也持类似意见。[③]《民法典》第 419 条将抵押权行使期间与主债权诉讼时效期间予以捆绑,系建立在“一对一”的主债权和抵押权关系(且二者构成严格主从关系)基础之上,而最高额抵押权恰恰欠缺这种基础。

第二,在受担保债权确定之前,各主债权诉讼时效期间对抵押权行使没有意义。此处的“债权确定”,是指受担保的一定范围内的不特定债权,因一定事由的发生而具体特定。[④] 在债权确定之前,由于最终实际优先清偿的债权范围尚未被特定化,因此即使某些主债权因履行期限届满而起算诉讼时效,此时也不能行使抵押权。只有受担保债权确定后,最高额抵押权转变为一般抵押权,行使抵押权的条件方才具备。质言之,在受担保

---

① 参见最高人民法院民法典贯彻实施工作领导小组主编:《中华人民共和国民法典物权编理解与适用》(下),人民法院出版社 2020 年版,第 1156 页。

② 参见[日]我妻荣:《我妻荣民法讲义Ⅲ:新订担保物权法》,申政武等译,中国法制出版社 2008 年版,第 423~424、427 页。

③ 参见程啸:《担保物权研究》,中国人民大学出版社 2017 年版,第 450~451 页。

④ 参见郑冠宇:《民法物权》,新学林出版股份有限公司 2013 年版,第 565 页。

债权确定之前,各主债权诉讼时效无论处于何种状态(未起算、已起算、已届满等),此时对最高额抵押权行使均无意义。

3. 最高额抵押权行使期间是被确定的受担保债权诉讼时效期间

《民法典》第 419 条之"主债权诉讼时效期间"应作此解释的原因在于,债权确定意味着受担保债权被特定化,而依据该条蕴含的从随主精神,抵押权人应当在被确定的受担保债权诉讼时效期间内行使抵押权。有疑问的是,如果被确定的多个主债权诉讼时效期间并不一致,最高额抵押权行使期间如何认定?回答该问题须解决一个前提问题:最高额抵押权担保的各主债权种类是否相同?依据《民法典》第 420 条的规定,对于最高额抵押权所担保的债权,现行法仅要求"一定期间内将要连续发生",而对是否必须基于同一类型的基础法律关系未作规定。学理上对该问题存在争议。[①] 本书赞同肯定说,即最高额抵押权担保的各主债权应基于同一类型基础法律关系产生。理由如下。

第一,《担保法》第 60 条曾经明确采肯定说,虽然《民法典》对此未作直接规定,但是依据立法机关释义书的解释,最高额抵押权除适用于借贷关系、商品交易关系外,还可适用于票据关系、商业服务关系等。[②] 此类法律关系均属于同一类型基础法律关系。而且,由于《民法典》相关法条采取"最高债权额""最高债权额限度"等表述,故应解释为与《担保法》态度一致为妥,因为如果各债权不属于同一类型基础法律关系,其债权额无法按相同标准予以衡量。

第二,我国现行法框架下,最高额抵押权不包括"概括最高额抵押权"。所谓概括最高额抵押权,是指抵押权人对债务人的一切债权(包括基于交易关系产生的债权、基于侵权行为产生的债权、不当得利返还债权等),在最高额限度内均予以担保的最高额抵押权。如日本实务界有承认概括最高额抵押权的判例。[③] 在概括最高额抵押权的场合下,由于各主债权种类不同且诉讼时效期间亦可能不同,确会产生概括最高额抵押权行使期间如何确定的问题。从我国现行法的规定来看,在最高额抵押权的制度设计中,并未承认概括最高额抵押权。[④]

---

① 肯定说参见程啸:《担保物权研究》,中国人民大学出版社 2017 年版,第 452 页。否定说参见高圣平:《担保法论》,法律出版社 2009 年版,第 420 页。

② 参见黄薇主编:《中华人民共和国民法典物权编释义》,法律出版社 2020 年版,第 549 页。

③ 参见东京高判昭和 32(1957)年 7 月 17 日判决,载《高民集》第 10 卷第 5 号第 292 页。

④ 对于现行法是否承认概括最高额抵押权,学界存在争议。肯定说参见王利明:《物权法研究》(第 4 版)(下卷),中国人民大学出版社 2016 年版,第 1289 页。否定说参见崔建远:《最高额抵押权的争议问题及其解决》,载《国家检察官学院学报》2017 年第 4 期。

第三，在实践中，适用最高额抵押权最常见的场合是金融机构的借款合同。[①] 在其他场合下，即使当事人就货物买卖、提供劳务或服务合同等适用最高额抵押权担保，在确定债权时也须将未依约交付的货物、提供的劳务或服务等转化为金钱债务，才能够将其与最高额抵押权中约定的最高债权额加以比较。

综上所述，由于各主债权是基于同一类型基础法律关系产生，因此不存在多个主债权诉讼时效期间不一致导致最高额抵押权行使期间难以确定的问题。

（二）最高额抵押权行使期间的计算

1. 最高额抵押权行使期间的起算

基于最高额抵押权的属性，相较于普通抵押权而言，最高额抵押权行使期间的起算具有以下特征：其一，该起算点一定是在最高额抵押权所担保的债权确定之后。其二，受担保债权确定的时间点，并非必然是最高额抵押权行使期间的起算点。债权确定时，如果被确定债权已届清偿期而债务人未履行债务，最高额抵押权行使期间此时起算，即自此时起可以行使抵押权；如果债权确定时被确定债权未届清偿期，最高额抵押权行使期间此时不能起算。其三，最高额抵押权行使条件是“债务人不履行到期债务或者发生当事人约定的实现抵押权的情形”（《民法典》第 420 条第 1 款）。由于受担保债权确定前尚不能行使抵押权，故该条件应解释为行使最高额抵押权的必要条件而非充分条件。基于上述特征，最高额抵押权行使期间的起算应当具备以下条件。

（1）最高额抵押权所担保的债权确定。

法律设置债权确定规则的理由有二：一是优先受偿的债权及其金额确定的必要性；二是保护利害关系人（如后次序抵押权人、一般债权人）的利益。[②] 对《民法典》第 423 条规定的债权确定事由，分述如下。

第一，约定的债权确定期间届满。该约定期间也称为决算期，是指当事人将最高额抵押权所担保债权予以特定化的时间标准。决算期原则上由当事人约定，亦有域外法规定该约定期间受到一定限制。例如，日本法规定约定的决算期不得超过 5 年，[③]以防止该期间过长导致抵押担保关系

---

① 参见魏星等：《最高额抵押担保中“最高额”的司法认定——基于 136 份案例的实证分析》，载《天津法学》2018 年第 3 期。

② 参见最高人民法院民法典贯彻实施工作领导小组主编：《中华人民共和国民法典物权编理解与适用》（下），人民法院出版社 2020 年版，第 1159～1160 页。

③ 参见《日本民法典》第 398 条之 6。

长期处于悬而未决的状态。我国现行法对决算期是否有上限限制未作规定,有学理意见对此持肯定态度。①

第二,没有约定债权确定期间或者约定不明确,抵押权人或者抵押人自最高额抵押权设立之日起满二年后请求确定债权。在此场合下,通过当事人行使确定请求权以确定最高额抵押权所担保债权。② 对该事由,从以下几方面予以说明:其一,该“二年”为不变期间,不适用中止、中断、延长等规则。该“二年”虽是不变期间,但并非除斥期间。因为并非抵押权人须在该“二年”内行使确定请求权,如不行使则该请求权消灭,而是该“二年”届满后当事人方可行使该请求权。因此,该“二年”是排除当事人行使确定请求权的法定期间。其二,该“二年”的起算点是“最高额抵押权设立之日”。区分抵押财产适用登记生效主义还是登记对抗主义,该时间点有所不同。前者是指最高额抵押权登记之日;后者是指抵押合同生效之日。其三,该“二年”届满后当事人行使确定请求权的,债权确定的具体时间点如何认定,现行法对此未作规定。依据《日本民法典》第 398 条之 19 第 1 项的规定,该时间点是“行使确定请求权时起 2 周”,以避免抵押人承受抵押负担在时间上过于严苛。③ 该规定可资借鉴。

第三,新的债权不可能发生。在决算期届满之前,如果发生某种客观事由导致不可能再有新的债权产生,则该事由亦可导致债权确定。因为该情形下受担保债权丧失了变动的可能,故无须待决算期届满,主债权即被确定。依据立法机关释义书的解释,该事由主要包括两种情形:一是连续交易的终止;二是基础法律关系消灭,如借款人严重违约导致借款合同被解除,以致新的借款行为不可能再发生。④ 在日本的司法实务中,“交易的终了”构成债权确定的事由,且原则上采主观标准加以判断。例如,债务人的经营状态恶化,长期没有发生债权的状况持续,但债务人有使交易合同继续存在的愿望(最高额抵押权人也希望如此)时,应依据当事人的意思判断是否构成“交易的终了”。在债务人失踪导致债权不能再被期待发生时,则构成“交易的终了”。⑤ 我国有学者对此持反对意见,认为应采客观

① 参见孙宪忠、朱广新主编:《民法典评注 · 物权编 4》,中国法制出版社 2020 年版,第 280 页。

② 在此场合下,对于当事人何时可行使确定请求权,有两种模式:一是规定当事人在最高额抵押权设立后可随时行使确定请求权。二是规定当事人在最高额抵押权设立后的法定期间(例如 3 年)经过后才能行使确定请求权,如《日本民法典》第 398 条之 19。我国《民法典》系采第二种模式。

③ 道垣内弘人『担保物権法(第 4 版)現代民法Ⅲ』(有斐閣,2017 年)255 頁参照。

④ 参见黄薇主编:《中华人民共和国民法典物权编释义》,法律出版社 2020 年版,第 555 页。

⑤ 参见[日]近江幸治:《担保物权法》,祝娅等译,法律出版社 2000 年版,第 206~207 页。

标准判断是否构成“新的债权不可能发生”。[①] 本书认为，对是否构成“新的债权不可能发生”，原则上应采主观标准。理由如下：其一，由于债务人的经营状况恶化、履行能力降低等原因导致可能构成“新的债权不可能发生”的场合下，须通过当事人解除合同、主张违约责任等方式使债权确定，法院不能依职权主动做出认定，否则违反民事诉讼之处分原则。其二，在债务人失踪、转产等情形下，债权人以此主张构成“新的债权不可能发生”，这不过是债权人所依据的证据具有较强证明力而已，也仍然属于适用主观标准而非采取客观标准予以判断。其三，从立法机关释义书所举事例（借款人严重违约导致借款合同被解除）来看，也似采主观标准。

第四，抵押权人知道或者应当知道抵押财产被查封、扣押。如果决算期届满之前发生该情形，则导致债权确定。因为抵押财产被查封、扣押表明已有其他债权人启动了法律程序就抵押财产主张权利，为保障最高额抵押权人的优先受偿权，此时应允许其行使抵押权，而无须待决算期届满。虽然其他普通债权人对抵押财产申请查封、扣押的时间在先，但是并不妨碍抵押权人对该抵押财产的优先受偿权。依据《民诉法解释》第506条第2款和第508条的规定，抵押权人可通过参与分配规则在执行程序中主张优先受偿权。《民法典》颁布前，一个争议较大的问题是：查封、扣押抵押财产的，最高额抵押权所担保债权数额确定的时间点如何认定？对《查封、扣押、冻结财产规定》（法释〔2004〕15号）第27条的理解，学界及实务界存在分歧。第一种观点“查封说”（客观说）认为，债权数额自法院查封时确定。第二种观点“通知说”（主观说）认为，债权数额自法院向债权人作出的通知生效时确定。[②] 某些高级人民法院明确采取“查封说”。[③]《民法典》采取“通知说”，将该项事由增加“抵押权人知道或者应当知道”的限定。2020年修正后的《查封、扣押、冻结财产规定》也作出相应修改。本书认为《民法典》的做法是合理的，因为无论从执行程序中通知的强制性效力，还是从保护抵押权人利益的角度而言，“通知说”更具有合理性，即法院将抵押财产被查封、扣押的事实向债权人作出的通知生效时债权数额确定。对于通知送达障碍、抵押权人可能的投机行为等问题，应当通过完善

---

① 参见王利明：《物权法研究》（第4版）（下卷），中国人民大学出版社2016年版，第1293页。

② 两种观点的具体理由参见李志刚等：《抵押财产查封与最高额抵押所担保的债权确定时点》，载《人民司法（应用）》2018年第7期。

③ 参见《浙江省高级人民法院对温州市中级人民法院复函》（〔2014〕浙商他字第2号至第10号）。

通知规则予以解决。[1]

第五，债务人、抵押人被宣告破产或者解散。决算期届满之前发生此类情形，表明债务人、抵押人的主体资格即将丧失，其债务须通过清算程序了结，故此时受担保债权应予确定，以便抵押权人能够在破产等程序中行使权利。应注意的是，《物权法》第 206 条第 5 项规定的事由是“被撤销”，《民法典》第 423 条第 5 项改为“解散”。《民法典》的规定更为准确，因为在现行法框架下，民事主体（法人或非法人组织）被撤销只是解散事由之一，因其他事由导致解散同样产生清算义务。依据《民法典》第 70 条和第 107 条的规定，法人和非法人组织解散的，应当依法进行清算。《民法典》第 69 条和第 106 条规定的法人和非法人组织的解散事由包括但不限于“被撤销”。债务人、抵押人无论因何种法定事由解散，受担保债权确定后，最高额抵押权人在清算程序中均可就抵押财产优先受偿。

第六，法律规定债权确定的其他情形。依据立法机关释义书的解释，根据《民法典》第 420 条的规定，发生当事人约定的实现最高额抵押权的事由，即属于该兜底事项之情形。[2] 有疑问的是，如果当事人约定排除确定债权的法定事由，该约定是否有效？例如，当事人约定即使发生《民法典》第 423 条规定的某一个或某几个事由，也不产生债权确定的后果，而必须依据约定事由才能产生债权确定的后果。对于该约定是否违反物权法定主义，学理上存在争议。[3] 本书认为该约定无效，除物权法定主义的理由外，从文义解释角度而言，本项之兜底条款表述为“法律规定”的其他情形，并没有“当事人另有约定除外”之表述。

（2）债务人不履行到期债务或者发生当事人约定的实现抵押权的情形。

受担保债权确定之时，并非必然是最高额抵押权行使期间起算点，此时还须视被确定债权是否到期而定。

第一，债权确定时，各债权都已到期且债务人不履行债务的，最高额抵押权行使期间的起算点是债权确定时。该情形意味着债权确定之前债务人就已实施违约行为，且该违约状态持续至债权确定时。在普通抵押权的场合下，债务履行期限届满时债务人未履行的，此时即满足主债权诉讼时

---

① 相关学理意见参见崔建远：《最高额抵押权的争议问题及其解决》，载《国家检察官学院学报》2017 年第 4 期；魏星等：《最高额抵押担保中“最高额”的司法认定——基于 136 份案例的实证分析》，载《天津法学》2018 年第 3 期。

② 参见黄薇主编：《中华人民共和国民法典物权编释义》，法律出版社 2020 年版，第 557 页。

③ 参见谢在全：《民法物权论》（修订 5 版）（中册），中国政法大学出版社 2011 年版，第 890 页。

效起算条件。在最高额抵押权的场合下，行使最高额抵押权须满足“债权确定”和“债务人不履行到期债务”这两个条件，因此在已发生“债务人不履行到期债务”尚未发生“债权确定”的时间段内，主债权诉讼时效已经起算，但最高额抵押权行使期间尚未起算。换言之，在该时间段内债权人有权向债务人请求履行债务或主张违约责任，但是还不能行使最高额抵押权。当“债务人不履行到期债务”的状态持续至“债权确定”时，则行使最高额抵押权的两项条件均已具备，最高额抵押权行使期间于此时起算，即于此时起可依法行使抵押权。在此情形下最高额抵押权行使期间的起算，还须考虑抵押权人是否知道或应当知道有关事实（如是否已知“新的债权不可能发生”）、行使抵押权是否存在障碍（如抵押财产是否下落不明）等因素，具体标准参见本章第四节关于普通抵押权行使期间起算的相关内容。

在此情形下最高额抵押权行使期间的起算，还有两个值得探讨的问题。

问题1：由于最高额抵押权担保的债权通常为多个，而各债权履行期限未必相同，这导致各债权诉讼时效起算点并不一致，那么在债权确定时，是将各主债权诉讼时效的剩余期间分别认定为各自的抵押权行使期间，还是统一将一个期间认定为抵押权行使期间？

本书认为，应当起算一个完整的主债权诉讼时效期间作为最高额抵押权行使期间。在债权确定之前，虽然各主债权诉讼时效的起算点不一致，导致债权确定时各主债权诉讼时效的计算情形不一，但是债权人主张“债权确定”的行为性质属于债权人提出履行请求，故该行为导致各主债权诉讼时效此时均发生中断，各主债权诉讼时效自债权确定时重新计算一个完整的诉讼时效期间。而且，由于最高额抵押权是以一项抵押权担保多个主债权，通过一次行使抵押权的行为使各主债权一并受偿，而非针对多个主债权多次行使抵押权，所以也不存在将各主债权诉讼时效分别认定为各自抵押权行使期间的问题。①

问题2：在债权确定之前，如果已有某一项主债权诉讼时效届满，在最高额抵押权行使期间起算后该项债权是否还属于最高额抵押权的担保范围？

对该问题的回答，取决于对主债权诉讼时效与抵押权行使期间的关系采何种立法态度。德国法将二者完全分离，依其民法典第216条的规

---

① 相反意见参见杨文辉：《最高额抵押权决算期之研究》，载《法学》2009年第3期。

定，最高额抵押权所担保债权确定前主债权时效届满虽导致债权人行使请求权存在障碍，但在债权确定时债权人仍可行使抵押权。[①] 日本对该问题采取另一态度。《日本民法典》第 396 条关于抵押权时效从属于主债权时效的规定亦适用于最高额抵押权[②]。由于我国《民法典》第 419 条对主债权诉讼时效与抵押权行使期间关系的规定与日本法类似，因此对该问题应采与日本民法类似态度为宜。具体而言，在债权确定之前，如果某一主债权诉讼时效届满，则在债权确定后，抵押人有权援引主债务时效抗辩权拒绝抵押权人对该债权优先受偿的请求。换言之，该主债权被排除于最高额抵押权的担保范围。根据《不动产登记实施细则》第 73 条的规定，当发生最高额抵押权所担保债权被确定的事由时，当事人应当依法办理确定最高额抵押权的登记。该登记的作用在于将最高额抵押权变更为普通抵押权。[③] 因此，抵押人在此场合下援引主债务时效抗辩权的形式是拒绝将该主债权登记于最高额抵押权担保范围之内。如果在办理该登记时，抵押人并未就时效届满债权被登记于最高额抵押权担保范围之内提出异议，表明抵押人放弃时效抗辩权，最高额抵押权人有权就该债权以抵押财产价值优先受偿。

第二，债权确定时，各债权均未到期的，最高额抵押权行使期间于最先到期的债权到期且债务人不履行该债务时起算。对于该场合下最高额抵押权行使期间何时起算，学界存在争议。第一种观点认为，被确定的任一债权已到期而未受清偿，最高额抵押权的行使条件即被满足，即最高额抵押权行使期间的起算点是最先到期的被确认债权未受清偿时。[④] 理由主要是为了方便最高额抵押权人行使权利。[⑤] 第二种观点认为，债权确定后，各债权分别适用各自的抵押权行使期间，因为此时最高额抵押权已转化为普通抵押权。[⑥] 换言之，各债权到期未受清偿时，分别导致各自的抵押权行使期间起算。

本书赞同第一种观点，理由如下。

其一，同一抵押财产上存在数个抵押权担保数个主债权的，先到期的

① Vgl. Helmut Grothe, Kommentar zum § 216, in: Münchener Kommentar zum BGB, 9. Aufl., München: C. H. Beck, 2021, Rn. 4.

② 道垣内弘人『担保物権法(第 4 版)現代民法Ⅲ』(有斐閣，2017 年)261 頁参照。

③ 参见国土资源部不动产登记中心编：《不动产登记暂行条例实施细则释义》，北京大学出版社 2016 年版，第 197 页。

④ 参见崔建远：《物权法》(第 5 版)，中国人民大学出版社 2021 年版，第 500 页。

⑤ 参见孙鹏、王勤劳：《最高额抵押法律适用问题研究》，载《甘肃政法学院学报》2009 年第 5 期。

⑥ 参见杨文辉：《最高额抵押权决算期之研究》，载《法学》2009 年第 3 期。

债权人可以行使抵押权，而无须待所有主债权均到期。先到期的债权人行使抵押权受偿后，抵押财产的剩余变价款应予提存，留待其他主债权到期后在满足行使抵押权条件的前提下以该剩余变价款受偿。因为在此场合下，多个债权人具有不同的利益诉求，故应当保障抵押人和债务人针对未到期债权所享有的期限利益。在最高额抵押权的场合下，虽然存在多个主债权，但是债权人与债务人仍为一对一关系，且最高额抵押权特有的制度价值就是将一个债务人的多个债务以“打包”方式提供限额担保，故不存在多个债权人场合下具有不同利益诉求的问题。因此，最先到期的债权到期时债务人不履行债务的，最高额抵押权行使期间于此时起算，债权人可通过行使最高额抵押权使其所有被确定的债权优先受偿，而无须将未到期债权所对应的抵押财产价值予以提存。

其二，《民法典》第 420 条第 1 款规定行使最高额抵押权的条件之一是“债务人不履行到期债务”，对其有两种可能的解释：一是债务人不履行“任一”到期债务；二是债务人不履行“所有”到期债务。仅从文义解释的角度而言，这两种解释均可成立，结合最高额抵押权制度的“提高担保交易效率、强化担保效果”等功能，应采第一种解释为妥。

其三，前述第二种观点机械地理解“最高额抵押权转化为普通抵押权”这一事实，主张各债权分别适用各自的抵押权行使期间，这既不符合现行法关于行使最高额抵押权的规定，在实务中也无法操作。

其四，虽然《民法典担保制度解释》第 30 条规定最高额保证的保证期间起算点是“最后到期债权的履行期限届满之日”，但是由于抵押权行使期间与保证期间在性质、能否约定、届满效力等方面存在显著差异，因此前者不应类推适用后者的规定。而且，该条被规定于“保证合同”部分，而未被设置于“一般规定”中对最高额担保的共有规则（第 15 条），表明该条系针对最高额保证的特有规则。

第三，债权确定时，既有债权已到期的，也有债权未到期的，最高额抵押权行使期间于债权确定时起算。如前文所述，债务人不履行任一被确定的到期债务，即导致最高额抵押权行使期间起算。在此情形下，由于债权确定之前已有债权到期，因此最高额抵押权行使期间于债权确定时起算。

第四，债权确定前，发生当事人约定的实现抵押权的情形，最高额抵押权行使期间于该情形发生时起算。依据立法机关释义书的解释，发生当事人约定的实现抵押权的情形构成“法律规定债权确定的其他情形”，[①]因此

① 参见黄薇主编：《中华人民共和国民法典物权编释义》，法律出版社 2020 年版，第 557 页。

在《民法典》第 423 条第 1 项至第 5 项规定的事由发生并导致债权确定前，如果发生当事人约定实现抵押权的情形，亦导致最高额抵押权行使期间的起算。在此情形下，无论受担保债权是否已到期，均不影响最高额抵押权行使期间的起算。在司法实务中，此类约定的常见情形包括：担保人的担保能力明显不足；债务人的财务状况发生重大变化；债务人涉及诉讼、仲裁、行政处罚及其他司法行政程序，可能对其履行债务产生不利影响等。①

2. 主债权诉讼时效中断、中止、延长对最高额抵押权行使期间的影响

如前文所述，在现行法框架下，抵押权行使期间的本质是基于抵押权的从属性债权人在主债权诉讼时效期间内行使抵押权受到人民法院保护。该性质同样体现于最高额抵押权，分述如下。

（1）债权确定前，主债权诉讼时效中断、中止、延长对最高额抵押权行使期间不产生影响。

因为该情形下主债权尚未被特定化，即哪些主债权属于担保范围尚未确定，故此时最高额抵押权行使期间尚未起算，而各主债权诉讼时效中断、中止、延长对最高额抵押权行使期间也不产生影响。虽然在通常情形下，抵押权行使期间只是抵押权从属性的体现，而非一种独立计算的期间，但是最高额抵押权场合下由于债权确定规则的存在，导致主债权诉讼时效与抵押权行使期间的计算产生了分离的可能。

（2）债权确定后，依据普通抵押权行使期间规则，主债权诉讼时效中断、中止、延长对最高额抵押权行使期间产生影响。

该情形下最高额抵押权已转化为普通抵押权，故应当适用普通抵押权行使期间规则。② 因债权确定时未必就是最高额抵押权行使期间起算之时，故区分为以下几种情形分别处理。

第一，债权确定前，主债权诉讼时效已经起算。在此情形下，债权确定前已有主债权到期未受清偿而导致诉讼时效起算，并在债权确定后发生中断、中止、延长之情形。因最高额抵押权行使期间于债权确定时起算，故此后主债权诉讼时效因中断、中止、延长而未届满的，债权人行使抵押权就应受人民法院保护。而且，基于“提高担保交易效率、强化担保效果”等原因，只要任一主债权因中断、中止、延长而致诉讼时效未届满的，最高额抵押权行使期间即不届满，即在此期间内行使抵押权应受人民法院保护。

第二，债权确定后，主债权诉讼时效方才起算。在此情形下，债权确定

---

① 参见最高人民法院（2013）民提字第 141 号。

② 参见最高人民法院民法典贯彻实施工作领导小组主编：《中华人民共和国民法典物权编理解与适用》（下），人民法院出版社 2020 年版，第 1165 页。

时各主债权均未到期,债权确定后才发生主债权到期未受清偿而导致诉讼时效起算。在债权确定至主债权诉讼时效起算的时间段内,因诉讼时效尚未起算而不存在中断、中止、延长的问题。在主债权诉讼时效起算后发生中断、中止、延长的,最高额抵押权行使期间即不届满,在此期间内行使抵押权应受人民法院保护。

二、浮动抵押权行使期间

(一)浮动抵押权行使期间的确定

《民法典》第396条继承了《物权法》规定的浮动抵押制度,该制度目的在于:有利于企业融资,促进经济发展;有利于简化抵押手续,降低抵押成本;有利于企业正常经营等。[①] 与一般抵押权行使期间相比,浮动抵押权行使期间的特殊性在于:其一,“抵押财产确定”是浮动抵押权的行使条件之一,故该行使期间的确定须考虑此类规则的适用衔接。这与最高额抵押权制度中债权确定规则对抵押权行使期间的影响类似。其二,依据《民法典》第404条的规定,动产抵押(包括浮动抵押)期间内抵押人处分抵押财产不适用一般场合下的抵押财产转让规则,而应着重判断该处分行为是否属于正常的经营活动。[②] 浮动抵押权行使期间的确定可从以下两个方面予以说明。

1. 浮动抵押权行使期间仅指法定期间,不包括约定期间

在现行法对浮动抵押权行使期间未作特殊规定的前提下,其应当适用抵押权行使期间的一般规定,故司法解释关于约定或登记担保期间不具有法律约束力的规定亦适用于浮动抵押权。《动产抵押登记办法》第5条规定,《动产抵押登记书》应当载明的内容包括“债务人履行债务的期限”,并不包括“抵押权行使期间”。可见,现行法未将约定行使期间规定为浮动抵押权登记的必要记载事项。

2. 浮动抵押权行使期间是受担保的主债权诉讼时效期间

相较于最高额抵押权行使期间而言,浮动抵押权行使期间与主债权诉讼时效期间的关系相对清晰简单,因为浮动抵押权担保的仍为一个特定主债权,仅仅是抵押财产处于不特定状态而已。因此依据《民法典》第419条的规定,浮动抵押权行使期间是受担保的主债权诉讼时效期间,在此期间内行使抵押权受人民法院保护。

---

① 参见黄薇主编:《中华人民共和国民法典物权编释义》,法律出版社2020年版,第481~482页。

② 关于“正常经营活动”的学理意见,参见孙宪忠、朱广新主编:《民法典评注·物权编4》,中国法制出版社2020年版,第151~154页。

(二)浮动抵押权行使期间的计算

1. 浮动抵押权行使期间的起算

与最高额抵押权行使期间起算点和债权确定时间点有可能不一致不同,浮动抵押权行使期间起算点与抵押财产确定时间点是一致的。依据《民法典》第396条和第411条的规定,"债务人不履行到期债务"和"发生当事人约定的实现抵押权的情形"既是浮动抵押权的行使条件,也是抵押财产确定事由。从这两条规定来看,抵押财产确定事由的范围涵盖了浮动抵押权的行使条件。当然从逻辑上而言,应当是先有抵押财产确定的事实,该事实满足了抵押权行使条件的基本要求,然后因具备抵押权行使条件而引起浮动抵押权行使期间的起算。《民法典》第411条规定,浮动抵押权的抵押财产确定事由有4项,[①]分述如下。

(1)债务履行期届满,债权未实现。浮动抵押权制度中并无类似于最高额抵押权制度中的决算期规则,这是因为浮动抵押权的担保对象并非不确定主债权,故无须设置决算期或其他法定事由将主债权予以特定化。浮动抵押权担保的仍为一个特定主债权,当该主债权履行期限届满而未受清偿时,本处于变动之中的抵押财产于此时被固定下来,此时可就被固定下来的抵押财产行使抵押权。[②] 因此,"主债权履行期限届满而未受清偿"既构成抵押财产确定的事由,也符合主债权诉讼时效的起算条件。

(2)抵押人被宣告破产或者解散。债务履行期限届满之前抵押人被宣告破产的,该未到期的债权在破产申请受理时视为已到期(《企业破产法》第46条第1款)。在此情形下,主债权诉讼时效和浮动抵押权行使期间均于"视为已到期"之时起算。浮动抵押权行使期间起算后,在破产程序中通过别除权规则行使抵押权以使主债权优先受偿。另需注意的是,《物权法》第196条第2项规定的该事由是"被撤销",而《民法典》第411条第2项改为"解散"。该修改之合理性参见前文对《物权法》第206条第5项修改的解释。

(3)当事人约定的实现抵押权的情形。如果在债务履行期限届满前发生该约定情形,意味着可依据约定提前行使抵押权,而不必待主债权到期,故浮动抵押权行使期间于发生该约定情形时起算。当事人可以约定债务人实施某种违约行为构成实现抵押权的情形,如未按时足额支付交易文

---

① 对于该条(《物权法》第196条)是否属于英式浮动抵押权中的结晶(crystallization)制度,学界存在争议。肯定说参见高圣平:《担保法论》,法律出版社2009年版,第458页;否定说参见龙俊:《动产抵押对抗规则研究》,载《法学家》2016年第3期。

② See Philip Wood, *Law And Practice of International Finance*, Sweet & Maxwell 1980, p. 345.

件项下的任何到期款项；[①]也可以约定与违约无关的其他事实，如设定抵押的库存产品数量低于库存总量的一定比例、作为抵押财产的商品市场价格下降至一定比例等。

（4）严重影响债权实现的其他情形。依据此兜底事由，如果发生某些严重影响债权实现的情形，即使该情形不属于约定情形，且此时主债权也尚未到期，该情形的发生亦导致抵押财产确定。[②] 例如，在主债权履行期限届满之前，债务人实施明示或默示预期违约行为，即使当事人未约定该预期违约行为构成实现抵押权的情形，该预期违约行为亦导致抵押财产确定，浮动抵押权行使期间自债权人知道或应当知道该预期违约行为时起算。

2. 主债权诉讼时效中断、中止、延长对浮动抵押权行使期间的影响

与最高额抵押权所担保债权诉讼时效起算可发生于债权确定之前不同，浮动抵押权所担保债权诉讼时效均于抵押财产确定时起算。因此，浮动抵押权所担保债权诉讼时效中断、中止、延长对浮动抵押权行使期间的影响与一般抵押权的场合并无不同，即主债权因中断、中止、延长而致诉讼时效未届满的，浮动抵押权行使期间即不届满，在此期间内行使抵押权应受人民法院保护。

第九节 我国现行法之检讨

通过上文梳理可知，对抵押权行使期间规则，我国立法政策和法律规定经历了一个逐渐演变的过程。从现行法的规定来看，抵押权行使期间规则包括以下几方面内容：（1）《民法典》第 419 条继承了《物权法》第 202 条之规定，即行使抵押权的法定期间是主债权诉讼时效期间。（2）已废止的《担保法解释》第 12 条第 1 款规定，约定期间和登记期间对抵押权行使不具有法律约束力。在《民法典》施行后，仍应采此解释，但法律有特殊规定的除外。（3）《不动产登记暂行条例》及其实施细则未将抵押权行使期间规定为抵押权登记的必要记载事项。实务中虽不乏登记簿记载有抵押权行使期间或存续期间的情形，但法院通常不承认其效力。

---

① 参见北京市第二中级人民法院（2011）二中民初字第 12574 号。

② 参见最高人民法院民法典贯彻实施工作领导小组主编：《中华人民共和国民法典物权编理解与适用》（下），人民法院出版社 2020 年版，第 1114 页。

一、现行法与域外立法模式价值理念之比较

从现行法的实际适用效果来看，我国抵押权行使期间规则未能体现域外各立法模式所共同贯彻的价值理念。

（一）现行法没有体现优先保护抵押权人的理念

域外法的经验表明，无论对抵押权采取流通性（如德国、瑞士）或保全性（如法国、日本）的立法态度，也无论采取何种具体立法技术或规范表述，抵押权行使期间的规则设计都应将保障权利人享有充分时间行使抵押权作为首要目标。该目标是由抵押权制度的功能和抵押权行使期间规则的作用决定的。遗憾的是，我国现行法并未充分贯彻甚至未意识到该价值目标，其实际适用效果对保护抵押权人是不利的。具体分析如下。

第一，从表面上看，我国现行法与法国、日本模式类似，系将抵押权行使期间与主债权诉讼时效直接捆绑。但是，由于法国、日本等国规定的普通诉讼时效期间远长于我国，导致可以行使抵押权的时间程度存在很大差异。例如，修订后的 2006 年《法国民法典》规定，对人诉讼或者动产诉讼的普通时效期间是 5 年，不动产物权诉讼的普通时效期间是 30 年；①《日本民法典》第 167 条规定债权的普通时效期间是 10 年。这些国家的普通时效期间均明显长于我国《民法典》规定的 3 年时效期间，这意味着我国抵押权人能够依法行使抵押权的时间明显短于上述国家同等情形下的抵押权人。

第二，法国、日本等国一方面将主债权诉讼时效与抵押权行使期间予以捆绑，另一方面还规定了某些场合下抵押权单独适用自身的时效期间。例如，《法国民法典》第 2488 条和《日本民法典》第 396 条规定，在特定场合下抵押权适用自身的时效期间而不受或不完全受主债权时效期间的影响。这意味着，在法律规定的某些特定场合下即使主债权时效已经届满，只要抵押权自身时效尚未届满，则仍可行使抵押权。这既坚持了抵押权行使期间与主债权时效期间一致的立法原则，又为某些特殊情形下基于立法政策仍须保护的抵押权人例外地提供了行使抵押权的机会。反观我国现行法，仅设置《民法典》第 419 条将抵押权行使期间与主债权诉讼时效简单地予以捆绑，并未如上述国家那样设置例外规则对特定场合下的抵押权人提供保护。这样对不同类型的抵押权人、不同交易场合下的抵押权简单一刀切的做法，显非妥当。

第三，对抵押权行使期间的规则设计，我国立法机关和学界过分纠结

---

① 参见《法国民法典》第 2224 条、第 2227 条。

于具体立法技术的选择,而对该规则应有的价值理念和实际适用效果未给予足够的关注。从对域外各模式的梳理比较可知,虽然各模式采取的具体立法技术多种多样,但是均能实现优先保护抵押权人的立法目的。在各种立法模式中,立法技术的选择不过是实现该立法目的的具体手段,而该选择当然也须考虑与既有其他制度的兼容与衔接。在我国立法机关释义书给出的《民法典》第419条的立法理由中,仅提及"市场经济的快速运转"、"发挥抵押财产的经济效用"①等抽象理由,并未提及优先保护抵押权人的价值理念,这不能不说是我国抵押权行使期间规则立法的最大方向性失误。学界对抵押权行使期间的现有争论,也主要围绕具体立法技术的选择与设计展开,而对该选择在我国现有法律框架下能否实现与域外法类似的对抵押权人的保护强度则关注不足。② 这导致的结果是,各种学理意见无论设计出何种理论上看似合理的规则设想,其实际适用效果却未必符合该规则应有的价值目标。

(二)现行法不恰当地强调对抵押人(债务人、物上保证人)的保护

通过上文对域外各立法模式共同价值理念的总结可知,各立法模式在坚持优先保护抵押权人的前提下,对另一问题的态度也是相同或类似的,即对抵押人并不给予特殊保护的考量。例如,德国法上的担保性抵押权(Sicherungshypothek)具有严格的附随性,在债权方面没有善意保护的问题。按照德国学者的解释,担保性抵押权是对债务人而言"最安全"的负担方式,因为债权人必须说明并证明债权的存在,而债务人只有在抵押权所担保的债权存在且尚未清偿时,才会承受对其抵押物的强制执行。③ 换言之,以担保主债权实现为目的的担保性抵押权的制度设计中,排除抵押权的流通性(Umlauffähigkeit)就是对抵押人的最大保护,而在实现抵押权环节中并无对抵押人的特殊保护。又如,在日本民法上,抵押权的本质是优先支配标的物的交换价值用以填补债权偿还的约定担保物权。依据我妻荣教授的总结,抵押权对抵押人提供的主要利益包括:不剥夺抵押人对抵押物的占有,只是通过登记表征权利的存在;坚持抵押权的附随性。为

---

① 参见黄薇主编:《中华人民共和国民法典物权编释义》,法律出版社2020年版,第546页。

② 我国已有个别学者认识到现有研究的弊端,主张应在优先保护抵押权人的理念下研究相关规则设计。虽然本书并不赞同其最后的制度设计结论,但赞同其所采取的研究角度。参见徐洁:《担保物权与时效的关联性研究》,载《法学研究》2012年第5期。

③ 参见[德]鲍尔、施蒂尔纳:《德国物权法》(下册),申卫星等译,法律出版社2006年版,第40页。

了实现抵押权的担保功能，在行使抵押权阶段对抵押人并不提供额外保护。[①] 与域外法不同的是，在抵押权行使期间规则的设计问题上，我国立法和学理似乎普遍较为关注抵押人的保护，而且有将其与抵押权人保护视为同一层面问题的倾向。例如，很多学者认为抵押权行使期间的立法理念包括“避免过分加重抵押人的负担”[②]、“抵押人财产权不应受到过度限制”[③]、“防止对抵押人过于苛刻”[④]等。该观点是值得商榷的，理由如下。

第一，抵押权的担保功能是抵押权制度的核心价值，抵押人保护属于非核心价值。当这两种价值发生冲突时，当然应采取优先保护抵押权人这一核心价值的立法态度。抵押权作为一种他物权、定限物权，其基本效力本就在于对他人财产权予以一定限制而非扩张，因此在抵押权制度框架内抵押人的财产权受到限制是该制度的应有之义。由于我国尚无流通性抵押权制度，抵押权均以担保主债权为目的，只有通过限制抵押人财产权的途径才能实现优先保护抵押权人的目的。

第二，现行法已有保护抵押人的相关制度安排，如抵押财产处分权、抵押财产设定担保权、抵押财产出租权等。法律规定抵押人的这些权利是在权衡抵押权法律关系中各方当事人利益的前提下作出的，即既要实现抵押权的担保功能，又要贯彻抵押权作为不移转占有的担保物权之财产利用功能。只要是在保障抵押人享有这些权利的前提下，抵押权人行使抵押权就不会构成对抵押人财产权的所谓“过分”“苛刻”的限制。

第三，我国抵押权皆属意定抵押权，由于抵押人可基于法律规定对设定抵押权限制自身权利的程度作出清晰预判，故依自身意思设定抵押权意味着其愿意接受这种限制。在由第三人提供抵押财产的场合下，很多第三人系商业担保公司或与债务人有相互担保关系的商事主体，其为债务人提供担保时已经获得相应对价，并非有些学者所称因无偿提供担保须特殊保护者。

（三）现行法未区分抵押物由债务人占有还是第三人占有，对交易关系中的抵押物受让人没有设置必要的保护规则

域外法在抵押权行使期间规则的设计中，除贯彻优先保护抵押权人的

---

① 参见［日］我妻荣：《我妻荣民法讲义Ⅲ：新订担保物权法》，申政武等译，中国法制出版社 2008 年版，第 208~210 页。

② 参见王利明：《物权法研究》（第 4 版）（下卷），中国人民大学出版社 2016 年版，第 1210 页。

③ 参见程啸：《担保物权研究》，中国人民大学出版社 2017 年版，第 74 页。

④ 参见杨明刚：《新物权法·担保物权适用解说与典型案例评析》，法律出版社 2007 年版，第 171 页。

立法理念外,还在涉及交易第三人的场合下兼顾第三人保护的问题,并与该国不动产登记效力模式等规则相契合。例如,法国法区分抵押物由债务人占有还是由合法交易的第三人占有,对登记的抵押权行使期间规定了不同的法律效力。《法国民法典》第 2434 条、第 2435 条规定了登记的抵押权行使期间在各类情形下的界定与限制;第 2476 条规定,占有不动产的第三人欲清除不动产上负担的抵押权时,应当依照法律要求公告不动产所有权或他物权的转让合同。依此规定,第三人受让不动产行为的公示导致抵押权的登记期间归于终止,[①]该做法可以较好地兼顾优先保护抵押权人与适当保护交易第三人之间的关系。又如,在日本法中,在抵押物由第三人取得所有权的场合下,实务意见认为不适用《日本民法典》第 396 条关于抵押权时效的规定,而应适用第 167 条第 2 款规定的较长的 20 年时效期间。[②]虽然对该问题在日本学界尚存一定争议,但是对债务人本人和抵押物受让人应采取不同的保护程度和法律规则,是存在一定共识的。[③] 反观我国现行法对抵押权行使期间的规定,《民法典》、《物权法》和司法解释均未区分债务人与第三人而适用同一规则,构成立法上的明显缺憾。当然,由于法国、日本等国在登记效力模式、时效适用对象等问题上与我国存在差异,导致我国也不宜直接照搬其制度,但是域外法区分保护不同类型的抵押物占有人的立法理念,仍值得借鉴。

二、我国抵押权行使期间规则的立法完善

基于上文分析可知,我国抵押权行使期间规则的完善路径应当秉持优先保护抵押权人的立法理念,在适用效果上应达到抵押权人享有充足时间行使抵押权的程度。同时,还应兼顾保护抵押物受让人的利益,并妥善处理与其他制度的兼容性问题。基于该思路,我国抵押权行使期间规则有以下几种方案可供选择。

方案 1:主债权诉讼时效期间决定抵押权行使期间(即采取法国、日本模式),同时将普通诉讼时效期间设置为 10 年以上,以实现与法国、日本模式的类似效果。

方案 2:主债权诉讼时效期间届满后 3 年可行使抵押权,且无须修改普通诉讼时效期间,其适用效果与方案 1 较为接近。

方案 3:以登记期间作为抵押权行使期间(采取意大利、阿根廷模

---

① 参见尹田:《法国物权法》,法律出版社 2009 年版,第 511 页。

② 参见大判昭和 15 年(1940)11 月 26 日判决,载《民集》第 19 卷第 2100 页。

③ 平野裕之『担保物権法』(日本評論社,2017 年)132 頁参照。

式),并规定每次登记的法定期间为10年或15年,其适用效果与前两种方案接近。

在以上三种方案中,笔者倾向于选择方案2,并适当吸收方案3中的登记期间作为保护抵押物受让人的途径。具体设想如下。

(一)抵押物未转让给第三人时的抵押权行使期间规则

该规则适用于行使抵押权时抵押物未转让给第三人的场合。该规则的具体内容包括:(1)抵押权行使期间为主债权诉讼时效期间届满后3年。(2)如果登记簿上记载有抵押权行使期间,该期间对债务人或物上保证人不生效力。该规则的理由如下。

第一,方案1和方案3所需立法成本较高,不太具有现实性。方案1的关键在于设置较长的普通诉讼时效期间,才能在将主债权诉讼时效期间与抵押权行使期间捆绑的前提下,实现充分保护抵押权人的目的。在《民法总则》的起草过程中,对普通诉讼时效期间的设置有2年、3年、5年和10年等几种意见。① 最终《民法典》第188条第1款规定普通诉讼时效期间为3年,立法理由为:"重新分配权利义务双方的负担,缩短普通诉讼时效期间,加强对债务人的保护等。"②且不论现行法规定的普通诉讼时效期间是否合理,在《民法典》施行后,我国法律将普通诉讼时效期间改为10年甚至更长的可能性确实很小。在此背景下,方案1不具有现实性。方案3同样需要较高的立法成本和司法成本。在我国立法沿革中并无单纯以登记期间作为抵押权行使期间的历史,而且针对登记机关强制当事人续期收费的现实弊端,司法解释还曾明确否认登记期间的法律效力。因此,完全排除抵押权法定行使期间而代之以登记期间,也不具有太大的现实性。

第二,方案2无须修改普通诉讼时效期间和登记规则等制度,而且《担保法解释》第12条第2款在我国司法实务中曾经有过适用经验,无须支出额外的司法适用成本。如前文所述,由于《物权法》第202条对抵押权人保护力度的不足,实务上不乏采取迂回路径仍然适用司法解释对抵押权人提供保护的实例。③ 在《民法典》的制定过程中,有立法建议主张废除《物权法》第202条而恢复《担保法解释》第12条第2款。④ 虽然该主张最终未被采纳,但是表明司法解释该规定在学理和实务仍有相当的思想基础。因

① 参见《民法总则立法背景与观点全集》编写组编:《民法总则立法背景与观点全集》,法律出版社2017年版,第417页。

② 参见黄薇主编:《中华人民共和国民法典总则编释义》,法律出版社2020年版,第501~502页。

③ 参见德州市中级人民法院(2016)鲁14民终542号。

④ 参见《民法典立法背景与观点全集》编写组编:《民法典立法背景与观点全集》,法律出版社2020年版,第115页。

此在操作层面上，方案 2 更加具有可行性。

第三，方案 2 可以基本实现优先保护抵押权人的目的，并赋予抵押权人较为充足的时间行使抵押权。方案 2 在立法技术上采折中路线，将主债权诉讼时效期间与抵押权行使期间予以适当捆绑，但又不使二者完全一致；在主债权诉讼时效届满后仍赋予抵押权人机会行使抵押权，但又予以一定的时间限制。由于主债权诉讼时效为可变期间，其最长可达到 20 年，故抵押权行使期间在理论上最长为 23 年。在主债权诉讼时效届满后仍有 3 年“警示期”，作为行使抵押权的最后期间。正如谢在全教授指出的，这种立法模式中，由于诉讼时效有中断、中止等情形，故抵押权行使期间并非简单以主债权诉讼时效期间加上 3 年，因此对保护抵押权人甚为有利。①

第四，需要特别强调的是，方案 2 并非简单恢复《担保法解释》第 12 条之规定，而是将该规定的适用范围限定于债务人或物上保证人未将抵押物转让给第三人的场合。在此场合下，由于债务人或物上保证人在设定抵押权时已经明知主债权履行期限和效力范围，其对抵押物上所设负担已有清晰预判，故抵押权人在主债权诉讼时效届满后 3 年行使抵押权并未超出债务人或物上保证人的心理预期。而且，即使由于登记实务的原因在设定抵押权时于登记簿上记载了抵押权行使期间，该期间对债务人或物上保证人也没有意义，因为登记的作用在于通过公示让不特定第三人得知抵押权的内容，而在抵押物未转让的场合下当事人仍为债权人与债务人或物上保证人，故并不涉及第三人保护的问题。

（二）抵押物转让给第三人时的抵押权行使期间规则

该规则适用于行使抵押权时抵押物已经转让给第三人的场合。该规则的具体内容包括：（1）如果登记簿上记载有抵押权行使期间，抵押权人在登记期间内行使抵押权；（2）如果登记簿上没有记载抵押权行使期间，抵押权行使期间仍为主债权诉讼时效期间届满后 3 年；（3）在登记期间与主债权诉讼时效期间届满后 3 年长短不一致时，以有利于受让人的较短期间作为抵押权行使期间。该规则的理由如下。

第一，如果行使抵押权时抵押物已经转让给第三人，因该第三人并未参与抵押权设定行为，其对抵押权行使期间认知的最合理途径就是登记簿之记载，故登记期间对该第三人具有重要意义。对抵押权人而言，由于《民法典》第 406 条规定了抵押物转让规则，故其应知抵押物转让的可能性，并

① 参见谢在全：《民法物权论》（修订 5 版）（中册），中国政法大学出版社 2011 年版，第 819 页。

应进一步依据登记簿记载期间合理选择行使抵押权的时机,故对其也并非不公平。这样处理能够较好地兼顾保护抵押权人与交易第三人之间的利益平衡。

第二,在现行法框架下,将抵押权行使期间解释为登记的可记载事项较为妥当。[①] 如果登记簿上记载有抵押权行使期间,意味着抵押权人在设定抵押权时就已经预设抵押物进入交易领域后仅在一定期间内具有效力,因此抵押权人向第三人行使抵押权时应当受该登记期间限制。如果登记簿上没有记载抵押权行使期间,意味着抵押权人设定抵押权时没有针对抵押物进入交易领域后预设一定期间,因此行使抵押权仍应适用法定期间即主债权诉讼时效期间届满后 3 年。在登记簿上没有记载抵押权行使期间的场合下,第三人在交易行为中可通过查阅登记簿得知无登记期间的事实,并据此知道该抵押权仍适用法定行使期间,因此对第三人也并非不利。

第三,为保护交易第三人的利益,当登记期间与主债权诉讼时效期间届满后 3 年长短不一致时,以较短期间作为抵押权行使期间。对该情形的处理,域外立法不乏成例。如《葡萄牙民法典》第 730 条第 2 项、《法国民法典》第 2434 条均有类似规定。虽然这些规定的内容与方案 2 并不完全一致,但均体现了同一精神:登记期间与法定期间不一致时,以较短期间作为抵押权行使期间,即将期限利益归属于第三人。有一种情形可能会引发担心:主债权诉讼时效持续中断而未届满,登记期间由于是不变期间却已届满,抵押权人因登记期间届满而不能再行使抵押权,这对抵押权人是否过于不利?对该问题可从两方面考虑:一是抵押权人在登记期间届满前可通过续展登记延长该期间;二是该情形虽在理论上有可能出现,但在现实生活中,如果抵押权人因债务人欠缺履行能力而未受清偿,抵押权人的理性选择不是不断地请求并无清偿能力的债务人履行债务以导致时效中断,而是向第三人占有的抵押物主张权利。抵押权人如欲行使抵押权,依常理也会主动了解登记簿上记载的相关事项,包括抵押权行使期间。

(三)初始登记期间为 10 年,抵押权人可续展登记一次,即登记期间最长为 20 年

该规则的理由如下。

第一,在我国登记实务中被诟病的一个事实是,某些登记机关强制当事人在登记时记载登记期间,登记期间一般设置为 6 个月或 1 年,到期后

① 《不动产登记暂行条例》第 8 条第 3 款规定的必要记载事项和第 22 条规定的禁止记载事项均不包括抵押权行使期间,因此该解释较符合现行法规定。

须缴费续登才能维持登记效力。这显然不恰当地增加了当事人的交易成本,阻碍了抵押担保的适用。为解决该弊端,司法解释曾一律否认登记期间的法律效力。[①] 但是,该规定虽然能够简单地解决登记机关“滥收费”问题,却不加区分地否定登记期间的效力,不恰当地剥夺了当事人的意思自由,也不利于充分发挥登记簿的公示作用。如果将初始登记期间规定为可记载事项交由当事人选择记载,且规定选择记载时只能登记为法定的10年,如此当可基本消除上述实务弊端,且在一定程度上可以保障当事人的意思自由。

第二,由于登记期间仅针对第三人有效,故不宜使登记期间过长以避免造成第三人长期处于法律关系不稳定的状态之中。从域外法来看,除德国、瑞士为保障抵押权流通性而对登记期间原则上不设法定上限外,其他各国虽然对续展登记的次数要求不尽一致,但是对登记期间大多设有上限要求。例如,《法国民法典》在2006年修订以前规定登记期间的上限是35年,[②]修订之后改为50年。[③] 本书建议将我国抵押权登记期间的上限设置为20年,主要基于两方面考虑:一是适用于债务人和物上保证人的法定期间最长可达到23年,适用于第三人的登记期间与其不宜差距过大。二是《民法典》规定的最长诉讼时效期间为20年,这在一定程度上表明立法者对权利提供公力救济的最大心理底线,故登记期间的上限设置也可参照该标准。

---

① 参见最高人民法院民法典贯彻实施工作领导小组主编:《中华人民共和国民法典物权编理解与适用》(下),人民法院出版社2020年版,第1026页。

② 参见旧《法国民法典》第2154条。

③ 参见《法国民法典》第2134条。

第四章　质权行使期间

第一节　质权行使期间概述

一、质权行使期间的含义

在现行法框架下，质押期间、质权存续期间、质权行使期间是应被区分的三个概念，这与前述抵押权有关期间类似。质押期间，是指以质权设立为起点、质权行使条件具备为终点的时间段。质权存续期间，是指质权作为一种担保物权有效存续的时间，即以质权设立为起点、质权消灭为终点的时间段。质权行使期间，是指质权人能够依法行使质权的时间范围，即以质权行使条件具备为起点、质权消灭为终点的时间段。这三种期间的关系如图4-1所示。

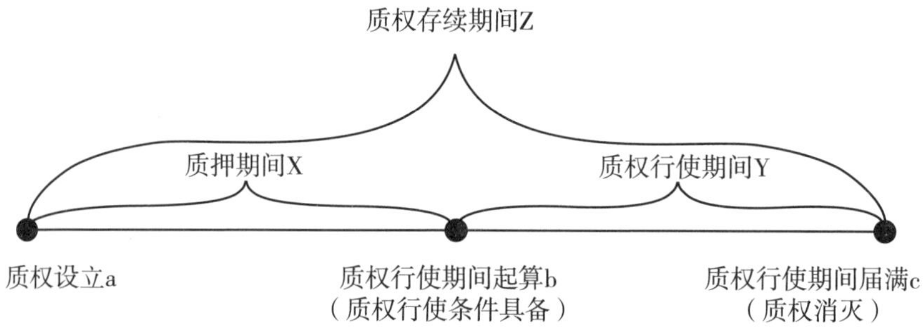

图4-1　质押期间、质权存续期间与质权行使期间的关系

《民法典》第431条、第434条使用了“质权存续期间”概念，分别规定了该期间内质权人擅自使用、处分质押财产的赔偿责任和质权人未经出质人同意转质的赔偿责任。已废止的《担保法解释》第12条的规范性质是质权行使期间规则。值得说明的是，《民法典》和其他法律虽未直接使用“质押期间”概念，但确实存在涉及质押期间的相关法条。例如，《民法典》第432条第2款和第433条规定的法律后果均为“提前清偿债务或者提存”，这表明该两条适用于主债务到期以前的场合，即质押期间之内。[①] 另外，《股票质押办法》第35条使用“质押期间”概念，规定了“质押期间”内

① 参见黄薇主编：《中华人民共和国民法典物权编释义》，法律出版社2020年版，第571~572页。

孳息处理和配股规则。

在学理上，学者大多认识到质权行使期间与另两类期间在性质上的差异，以“质权行使期间”、[①]“质权实行期间”、[②]“质权保护期间”[③]和“质权司法保护期”[④]指称本书界定的质权行使期间。值得说明的是，在质押担保的场合下，质押期间与质权行使期间的区分不如抵押期间与抵押权行使期间的区分界限清晰，这在法条用语和学理意见方面都有显著反映。可能以下几个方面的原因造成该现象。

第一，由于动产质权是由质权人占有质物的一种担保物权，在质押期间和质权行使期间（质权人未行使质权之前）内，质权人占有质物的状态并无不同。在质权人占有质物的情形下，无论此时属于质押期间还是质权行使期间，质权人都负有妥善保管质物、不得擅自使用质物等义务，因此现行法规定此类义务统一适用于“质权存续期间”，而未作质押期间与质权行使期间的区分。这样规定是合理的。

第二，由于动产质权人占有质物，故质权人依法行使质权时，无须向法院申请对质物采取查封、扣押等措施。这就使质权人行使质权的有些场合下，缺乏类似于查封、扣押抵押财产那样的标志性行为外观，正是这些标志性行为外观导致了抵押期间和抵押权行使期间在实践中具有较高的可识别性。

第三，由于动产质权人占有质物，导致出质人向第三人转让质物存在事实上和法律上的障碍，即如果出质人欲向第三人转让质物只能采取指示交付而不能现实交付。即使第三人依据有效合同取得质物所有权，其也不能请求质权人向其返还质物。换言之，动产质权人占有质物这一事实使质权人更有保障，因为出质人处分质物的行为不会在事实上和法律上对质权人造成明显不利的影响。而且，这种状态在质押期间与质权行使期间内都是存在的。因此，法律没有必要专门针对质押期间规定类似于抵押期间内转让抵押财产的规则。

二、质权行使期间的特征

（一）设置质权行使期间的目的是限制和保护质权人的担保利益

在近代经济活动中，动产担保的重心是以客体的留置效力为中心，所

---

① 参见高圣平：《担保物权的行使期间研究——以〈物权法〉第202条为分析对象》，载《华东政法大学学报》2009年第1期。

② 参见孙鹏：《论担保物权的实行期间》，载《现代法学》2007年第6期。

③ 参见徐洁：《担保物权与时效的关联性研究》，载《法学研究》2012年第5期。

④ 参见曹士兵：《中国担保制度与担保方法》（第4版），中国法制出版社2017年版，第304页。

以发展为在逐渐实现第一次作用状态下的以担保价值为中心的状态。但是为了适应动产债权化的经济现象,近代法在动产担保方面排除了质权的垄断地位。[①] 在德国法上,意定质权的适用范围主要局限于:为获得日常生活的小额贷款进行的典当;银行在有价证券、贵金属以及货物上的质权等。[②] 在日本法上,传统的质押物是诸如宝石之类的贵重器物,但近现代以来,金钱质押和股票、债券等质押物在金融实务上逐渐发挥重要功能。而且,随着动产所有权的证券化,与证券相关的质押制度也不断发展,而被广泛利用。[③]

虽然在现代金融活动中质押担保不及抵押运用广泛,但是作为一种传统担保方式,质权仍被各国立法所确认和保护。质权属于定限物权、他物权、有期限物权,一方面,质权行使期间将质权人的担保利益限制于一定时间范围之内,以避免质权长期存在对质物所有人造成过分限制;另一方面,质权行使期间的规则内容保障质权人有足够的、合理的时间享有担保利益,以实现质权的担保功能。

(二)质权行使期间的规则设计很大程度上受"占有"因素影响

占有标的物和优先受偿是质权的本质,其体现为质权的社会作用。特别是在标的物移转占有上,占有债务人的财产可以对债务人形成强有力的偿还压力。[④] 质权的这种特性对其行使期间规则产生深刻的影响,各立法均不同程度地赋予"占有"因素在质权行使期间规则中的权重,以体现质权这种特有的担保功能。[⑤] 但也应指出,近现代以来,以股权、债权等无形财产权为标的的权利质权制度迅速发展,占有质押财产具有"观念化"趋势。例如,《欧洲示范民法典草案》规定的质权生效方式包括登记、占有和控制。[⑥] 在此背景下,质权行使期间规则不可避免地受到不同公示方式的影响,并体现于规则设计之中。《民法典担保制度解释》第 44 条区分占有型质权与登记型质权设置不同的行使期间规则,即为适例。

(三)质权行使期间的限制对象在占有型质权与登记型质权中有所不同

《民法典担保制度解释》第 44 条第 3 款规定,以登记作为公示方式的

---

① 参见[日]我妻荣:《债权在近代法中的优越地位》,王书江等译,中国大百科全书出版社 1999 年版,第 101 页。

② 参见[德]鲍尔、施蒂尔纳:《德国物权法》(下册),申卫星等译,法律出版社 2006 年版,第 545 页。

③ 道垣内弘人『担保物権法(第 4 版)現代民法Ⅲ』(有斐閣,2017 年)84 頁参照。

④ 参见[日]近江幸治:《担保物权法》,祝娅等译,法律出版社 2000 年版,第 66 页。

⑤ 参见本章第二节。

⑥ 参见[德]克莱夫、巴尔主编:《欧洲私法的原则、定义与示范规则:欧洲示范民法典草案》(第 9、10 卷),徐强胜等译,法律出版社 2014 年版,第 93~94 页。

权利质权，参照适用抵押权行使期间规则；动产质权、以交付权利凭证作为公示方式的权利质权，参照适用留置权行使期间规则。依此规定，登记型质权行使期间构成对质权的间接限制，其本质为质权从属性的体现，该期间届满效力是出质人有权援引主债务时效抗辩权；占有型质权行使期间的直接限制对象是质权，该期间届满导致质权消灭。[①]

（四）我国法律中的质权行使期间主要是法定期间

我国现行法总体上不承认质权约定或登记行使期间。质权行使期间只能依据《民法典担保制度解释》第 44 条予以确定，故质权行使期间属于法定期间，约定行使期间或登记行使期间原则上不被认可。在交易实践中，《应收账款质押登记办法》《专利权质押办法》《股票质押办法》等规章均涉及质权登记期间的规定，对于此类规定的效力及合理性，学理及实务尚未完全形成共识，详见本章后文分析。

此外，《民法典》第 437 条之“及时行使质权规则”虽非质权行使期间的规定，但该规则对质权行使期间的计算能够产生实质性影响。由于该规则的存在，即使质权法定行使期间尚未届满，质权人会因出质人请求而“被动地”行使质权，而非在法定行使期间内依其意思行使质权。

（五）质权行使期间属于物权效力担保期间

质权行使期间的起算、届满具有物权效力或者能够引起物权变动，故其属于物权效力担保期间。在质权行使期间已起算、未届满阶段，质权具有优先受偿效力和排他效力，质权人可就质押财产价值优先受偿并排除其他普通债权人的清偿请求；出质人破产的，质权人可通过别除权规则实现优先受偿效力。质权行使期间届满后，质权作为一种担保物权归于消灭。

三、《民法典》施行前后质权行使期间规则的衔接适用

（一）《民法典》原则上不具有溯及既往效力

依据《民法典担保制度解释》第 44 条第 3 款的规定，登记型质权行使期间参照适用抵押权行使期间规则；占有型质权行使期间参照适用留置权行使期间规则。占有型质权行使期间规则的衔接适用详见第四章第一节，此处仅讨论登记型质权行使期间规则的衔接适用。虽然《民法典》施行后登记型质权行使期间与抵押权行使期间适用相同规则，但是在《民法典》施行前，登记型质权行使期间的法律依据是《担保法解释》第 12 条第 2

---

① 参见最高人民法院民事审判第二庭：《最高人民法院民法典担保制度司法解释理解与适用》，人民法院出版社 2021 年版，第 399 页。

款,抵押权行使期间的法律依据是《物权法》第 202 条,因此这两种期间在《民法典》施行前后的衔接适用并不完全相同。

关于登记型质权行使期间规则的衔接适用,涉及三个问题。一是期间的确定。对于登记型质权行使期间的长度,《担保法解释》第 12 条第 2 款规定为“主债权诉讼时效届满后 2 年”,《民法典》第 419 条规定为“主债权诉讼时效期间”。由于新旧法均将登记型质权行使期间与主债权诉讼时效期间予以捆绑,而《民法典》第 188 条第 1 款将普通诉讼时效期间改为 3 年,故产生该问题。二是期间的计算。《民法典》对诉讼时效中止、中断等计算规则作出若干修改,导致主债权诉讼时效的计算适用旧法和新法可能产生不同结果,故产生该问题。三是期间届满的效力。对此,《担保法解释》第 12 条第 2 款规定为“实体权利消灭”,《民法典担保制度解释》第 44 条第 1 款规定为抗辩权发生,即新法规定改变了旧法规定。

依据《民法典时间效力规定》第 1 条、第 5 条等规定,《民法典》原则上不具有溯及既往效力。分述如下。

第一,登记型质权成立于《民法典》施行后,因登记型质权行使期间等事项引起的民事纠纷案件,适用《民法典》的规定。依据《民法典时间效力规定》第 1 条第 1 款的规定,登记型质权成立和诉讼均发生在《民法典》施行后,故登记型质权行使期间的确定、计算和届满效力均适用《民法典》的规定不存疑义。

第二,登记型质权成立和行使期间起算均发生于《民法典》施行前,该期间已届满的,适用旧法的规定。依据《民法典时间效力规定》第 1 条第 2 款的规定,登记型质权的各项法律事实均发生于《民法典》施行前,故应当适用旧法的规定。该情形下,《民法典》施行时适用旧法确定和计算的登记型质权行使期间已届满的,该届满后果(实体权利消灭)不因《民法典》施行发生改变(抗辩权发生)。

第三,登记型质权成立和行使期间起算均发生于《民法典》施行前,《民法典》施行时适用旧法确定和计算的该期间处于未届满状态,其后适用《民法典》的规定。其一,对于期间的确定,该情形属于《民法典时间效力规定》第 1 条第 3 款中“民法典施行前的法律事实持续至民法典施行后”之情形,故《民法典》施行后应当适用新法的规定。其二,对于主债权诉讼时效的计算,应当遵循诉讼时效中止、中断规则的衔接适用原理。其三,对于期间届满效力,由于该情形下期间届满之法律事实发生于《民法典》施行后,故应当适用《民法典担保制度解释》第 44 条第 1 款(抗辩权发生)。

第四，登记型质权成立于《民法典》施行前，行使期间起算发生于《民法典》施行后，适用《民法典》的规定。该情形下，登记型质权行使期间起算和届满之法律事实均发生于《民法典》施行后，故期间的确定、计算和届满效力均应适用新法规定。

第五，再审案件不适用《民法典》的规定。依据《民法典时间效力规定》第 5 条的规定，《民法典》施行前案件已经终审并形成生效法律文书，即使《民法典》施行后又依法启动再审程序，再审法院也应当适用旧法作出裁决。

（二）《民法典》不具有溯及既往效力的例外规则

1. 有利溯及规则

《民法典》及其司法解释对登记型质权行使期间的规定，应当谨慎适用《民法典时间效力规定》第 2 条之“有利溯及规则”。理由如下。

第一，有利于溯及规则的适用前提是新法规定比旧法规定对当事人更有利，但就登记型质权行使期间而言，很难说新法和旧法哪一个对当事人更有利。其一，就期间长短而言，虽然新法规定的 3 年普通诉讼时效期间长于旧法规定的 2 年，[①]但是由于旧法规定登记型质权行使期间是“主债权诉讼时效届满后 2 年”、新法规定是“主债权诉讼时效期间”，且诉讼时效是可变期间，因此很难说依据新法或旧法计算出的实际长度哪一个更长。其二，就期间届满效力而言，新法规定的“抗辩权发生”对债权人更有利，但对出质人更不利。依据最高人民法院释义书的解释，有利于溯及规则的适用应当限定于对各方当事人均更有利，或者至少对一方更有利且不损害其他方权益的情形。[②] 因此，新法对登记型质权行使期间届满效力的规定似不符合有利溯及规则的适用条件。

第二，即使某些场合下依据新法计算的登记型质权行使期间对当事人更有利，也未必符合《民法典时间效力规定》第 2 条规定的“三个更有利于”之标准。具体分析详见第三章第一节，此处不再重复。因此，《民法典》及其司法解释对登记型质权行使期间的规定，应当谨慎适用或者不适用有利溯及规则。

2. 新增规定溯及规则

《民法典》及其司法解释对登记型质权行使期间的规定，不符合《民法

---

① 主债权有可能适用特殊诉讼时效期间，其原理相同。此处仅讨论主债权适用普通诉讼时效期间的情形。

② 参见最高人民法院研究室编著：《最高人民法院民法典时间效力司法解释理解与适用》，人民法院出版社 2021 年版，第 37 页。

典时间效力规定》第 3 条之“新增规定溯及规则”的适用条件。旧法对登记型质权行使期间设有规定,《民法典》及其司法解释对旧法规定作出修改,而非“新增规定”。

3. 裁判说理规则

《民法典》及其司法解释对登记型质权行使期间的规定,不符合《民法典时间效力规定》第 4 条之“裁判说理规则”。裁判说理规则的适用前提是,《民法典》施行前仅有原则性规定而《民法典》有具体规定的。在此情形下,适用旧法规定时可以依据《民法典》具体规定进行裁判说理。《民法典》及其司法解释对登记型质权行使期间的规定修改了旧法规定,而非将原则性规定作细化规定,因此不符合裁判说理规则的适用条件。

4. 尚未审结的一审、二审案件的溯及适用

依据《民法典时间效力规定》第 28 条的规定,2021 年 1 月 1 日该司法解释施行后,人民法院尚未审结的一审、二审案件适用该司法解释。如果登记型质权成立或者行使期间起算发生于《民法典》施行前,《民法典》施行后一审、二审尚未审结,且依据该条应当适用《民法典》规定的,表明《民法典》规定具有溯及效力。

第二节　质权[①]行使期间的立法例

一、模式一:行使质权不受预设期间限制

大多数国家及地区采取该模式。在该模式框架下,行使质权不受法定或约定的预设期间限制,只要处于质权人占有质物的状态,质权人就有权行使质权。尤其值得注意的是,主债权诉讼时效是否届满对行使质权不产生影响。该模式可分为以下两种路径。

(一)“击破”质权从属性

德国属于该模式。《德国民法典》第 216 条第 1 款规定,主债权时效届满,不妨碍债权人从质物中求偿。该款突破了质权从属性原则,否认主债权时效抗辩权能够对抗物权变价权,[②]使行使质权不受时间因素的限制。理由在于,时效届满仅产生抗辩权,而请求权并未消灭,因此担保该请求权

---

① 由于各国立法规定的质权种类差异较大,尤其对是否承认法定质权、裁判质权、不动产质权的态度并不一致,因此如无特别说明,本节所称质权均指被普遍认可的约定动产质权。

② Vgl. Helmut Grothe, Kommentar zum § 216, in: Münchener Kommentar zum BGB, 9. Aufl., München: C. H. Beck, 2021, Rn. 1.

的质权仍然存在。[1] 该款击破了质权的从属性,即时效届满的债权并不造成归还质物的后果。该款不仅适用于约定质权,也适用于法定质权、出质的质权和因扣押产生的质权。[2] 虽然在债法改革中这种做法受到一些学者的批评,但是立法者仍然坚持该规定。[3]

(二)强调"占有"的效力

法国、葡萄牙和奥地利等国属于该模式。《法国民法典》对质权[4]行使期间没有作出直接规定,也未规定质权适用自身的消灭时效,这与抵押权的有关规定明显不同。[5] 法国学界通说"永久承认说"认为,只要债权人占有质物,即视为债务人永久地承认债务存在,从而主债权不因时效而消灭。[6] 在法国法框架下,债权人(质权人)比前述德国法中的债权人得到更为强有力的保护。因为在主债权时效届满的情形下,德国法仅排除了出质人援引主债权时效抗辩权的可能,但主债务人仍可行使时效抗辩权。在法国法框架下,债权人占有质物的事实被解释为引起时效中断的"债务承认"。[7] 这意味着只要债权人占有质物的状态没有改变,主债权时效期间就因处于持续中断状态而不会届满,因此主债务人和出质人都无法行使时效抗辩权。该解释产生的效果是,债权人占有质物的事实不仅使质权能够长期存续,而且使主债权的效力得到极大的强化。2006 年法国担保法改革继承了上述学理意见的精神。改革后的动产质权被分为"剥夺占有的动产质权"(gage avec dépossession)和"不剥夺占有的动产质权"(gage sans dépossession):前者以占有为公示方法,债权人占有质物期间与质权存续期间是一致的,即债权未获全部清偿之前债权人享有留置权(droit de rétention);后者以登记为公示方法,质权存续期间依据登记确定。[8]《法国民法典》第 2339 条规定:"动产设质人只有在全额清偿受担保的债务的本金、利息与费用之后,才能要求注销动产质权登录或者要求返还用于设质

---

① 参见[德]汉斯·布洛克斯、[德]沃尔夫·迪特里希·瓦尔克:《德国民法总论》(第 33 版),张艳译,中国人民大学出版社 2012 年版,第 299 页。

② 参见朱岩编译:《德国新债法条文及官方解释》,法律出版社 2003 年版,第 51 页。

③ Vgl. Heinz-Peter Mansel, Die Neuregelung des Verjährungsrechts, NJW 2002, 89.

④ 法国的质押制度与我国的质权有很大不同。法国担保法改革以后,取消了移转占有作为质押设立的条件,规定"移转占有"和"登记"都能够作为质权对抗性的获得方法。前者相当于我国的动产质押,后者相当于我国的动产抵押。参见李世刚:《法国担保法改革》,法律出版社 2011 年版,第 92~94 页。

⑤ 参见《法国民法典》第 2488 条第 4 项。

⑥ 参见陈华彬:《外国物权法》,法律出版社 2004 年版,第 328 页。

⑦ 参见《法国民法典》第 2240 条。

⑧ 参见张民安:《法国民法》,清华大学出版社 2015 年版,第 521 页。

的财产。”该条虽然不是直接针对质权行使期间所作规定，但其隐含的精神是：只要债务未受清偿且质权人占有质物，质权人就仍有权保有和行使质权。

《葡萄牙民法典》第677条规定，抵押权的消灭事由亦适用于质权，但第730条b项“抵押权因20年或5年时效期间届满消灭”之事由不适用于质权。依此规定，《葡萄牙民法典》在承认抵押权适用自身时效的前提下，规定质权不适用自身时效。该立法态度与法国法类似。另外，《葡萄牙民法典》第298条第3款列举的不适用时效的权利不包括抵押权、质权等担保物权，但结合第677条和第730条之文义可知：抵押权因有特别规定适用时效；质权不适用时效而有可能适用失效规则。但在葡萄牙法律框架下，失效（caducidade）是专门适用于形成权的一种制度，[①]故质权亦不适用失效规则。我国澳门地区在此问题上与葡萄牙的规定类似，[②]兹不赘述。

《奥地利普通民法典》第1483条规定：“债权人占有担保物者，不得对债权人主张怠于行使担保物权的抗辩，且担保物权不罹于诉讼时效。债务人赎回担保物的权利，亦不罹于诉讼时效。但债权超过担保物价值者，其超过部分，得因诉讼时效而消灭。”依此规定，由于质权是一种由债权人占有担保物的担保物权，其自身不适用诉讼时效，出质人也不得以质权人怠于行使质权为由予以抗辩。

二、模式二：主债权时效为质权行使期间

日本、荷兰等少数国家采取该模式。在该模式框架下，质权行使期间是主债权诉讼时效期间，即主债权时效届满导致质权消灭或者出质人可援引主债权时效抗辩权。该模式的主要依据在于，质权作为一种担保物权从属于被担保的主债权，因此有必要共享后者的命运。[③]

《荷兰民法典》第3：323条第1款规定，债务履行请求权诉讼时效完成的，担保该请求权的质权随之消灭。第2款规定，质押财产是动产或见票即付或凭指示付款的权利，且该动产或见票即付或凭指示付款的凭证已由质权人或第三人控制的，时效的完成并不妨碍对质押财产行使质权。依该规定，主债权诉讼时效期间届满的，质权人原则上不能行使质权，但例外情形下可以行使。

---

① 参见［葡］Carlos Alberto da Mota Pinto：《民法》，澳门翻译公司等译，澳门地区法务局、澳门大学法学院2009年版，第206页。

② 参见《澳门民法典》第291条第3款、第673条、第725条b项。

③ 参见［德］克莱夫、巴尔主编：《欧洲私法的原则、定义与示范规则：欧洲示范民法典草案》（第9、10卷），徐强胜等译，法律出版社2014年版，第191页。

《日本民法典》第 166 条第 2 款规定,“债权或所有权以外的财产权”适用 20 年消灭时效期间。但依据学界通说的观点,该款规定的“债权或所有权以外的财产权”并不包括质权等担保物权。[①] 因此,质权并无单独适用自身时效的情形,这与抵押权在某些场合下可单独适用自身时效明显不同。[②] 对于质权行使期间,《日本民法典》无直接规定,但有两处间接规定。

第一,2017 年修订后的《日本民法典》第 145 条规定,出质人(物上保证人)属于有权援引时效抗辩的“当事人”。物上保证人属于“因时效而直接受益之人”,故有权援引时效抗辩。[③]

第二,《日本民法典》第 350 条规定,质权准用第 300 条关于留置权与主债权消灭时效关系的规定,即行使质权不妨碍主债权消灭时效的进行。[④] 这与法国法将占有质物视作时效中断事由截然相反,体现了两种立法对“占有”意义不同的解释。关于《日本民法典》第 300 条的规范目的和规范含义,详见本书第五章第二节。在日本法框架下,质权人在主债权时效期间内行使质权受到法律保护,但主债权时效届满并非导致质权消灭,而是物上保证人(出质人)有权援引主债权时效抗辩权对质权人行使质权造成阻碍,这是与前述荷兰民法规定的不同之处。

三、模式三:“债务人援引时效后×年”为质权行使期间

《欧洲示范民法典草案》第Ⅸ-6:103 条[⑤]规定:“即使担保物权已过消灭时效,且担保物权的债务人向债权人提出消灭时效后两年内,担保物权仍可以强制执行。”依此规定,质权行使期间是主债权时效期间及其届满后两年。依据该草案制定者的解释,该条规定是妥协和折中的结果。产生该条的基本背景是,欧洲各国对担保人能否援引时效抗辩权存在分歧。多数国家对此持否定意见;少数国家主张如果债务人已经成功援引时效抗辩权,也应允许担保人援引该抗辩权。前者的理由在于,担保物权是被担保权利的强化措施,因其通常是由债务人自己创设的,从而超越了担保的从属性。后者的主要理由是基于担保物权的从属性,强调担保物权应与主债权的命运一致。该草案制定者认为,前者理由更具有说服力。但即便如此,该草案制定者仍然选择了一种折中方案,即时效届满后两年内行使担

① 金山直樹『時効における理論と解釈』(有斐閣,2009 年)74 頁参照。

② 参见《日本民法典》第 396 条。

③ 近江幸治『民法講義Ⅰ・民法総則(第 7 版)』(成文堂,2018 年)337 頁参照。

④ 道垣内弘人『担保物権法(第 4 版)現代民法Ⅲ』(有斐閣,2017 年)97 頁参照。

⑤ 该条位于《欧洲示范民法典草案》第 9 卷“动产担保物权”,故该条所称“担保物权”是指动产担保物权。

保物权仍受法律保护。该草案制定者承认该规定可能是“武断的”,但该条规定的主要目的是主债权时效届满后,给担保权人留下充足的时间(两年)去决定其未来的行为。①

第三节　各立法模式体现的价值理念

虽然上述三种立法模式对质权行使期间的规则设计存在差异,但实则也存在一定程度的价值理念共识,并于不同的规则设计中有所体现。在各立法模式中,都体现了三种因素对规则设计的决定性影响。分述如下。

一、“占有”因素的影响

法国法给予了占有因素最大“权重”,即占有质物的事实不仅构成行使质权的合法理由,而且还具有引起主债权时效中断的效力。德国、葡萄牙等国虽未承认占有质物能够引起主债权时效中断,但也认可该占有事实足以构成质权有效存在的原因。荷兰、日本等国虽然在一般情形下以主债权时效限制质权的行使,但是于质权人占有或控制质物的某些场合下例外地允许质权人仍可行使质权。“占有”因素的重要性系基于以下几方面原因。

(一)占有质物产生更强的公示效力

第一,作为质权公示方式的占有,具有更严格的要求。例如,德国法中的意定质权对交付的要求,比所有权转让还要严格:通过占有改定设立质权不被允许;通过指示交付设立质权的,出质人应当通知直接占有人出质的事实(《德国民法典》第 1205 条第 2 款);质物返还给出质人或所有权人的,质权消灭,即使质权人并无此意思,甚至在他已经表达了相反意思的情形下(《德国民法典》第 1253 条),也是如此。② 返还质物被界定为事实行为而非法律行为,因此即使质物被错误地归还,质权仍然消灭。③ 日本法与德国法的态度类似,禁止以占有改定方式设立质权。④ 对于以占有改定方式将质物返还给出质人的后果,主流意见认为导致质权丧失对抗效力而非

① 参见[德]克莱夫、巴尔主编:《欧洲私法的原则、定义与示范规则:欧洲示范民法典草案》(第9、10 卷),徐强胜等译,法律出版社 2014 年版,第 191~192 页。

② 参见[德]鲍尔、施蒂尔纳:《德国物权法》(下册),申卫星等译,法律出版社 2006 年版,第 543 页。

③ Vgl. Jürgen Damrau, Kommentar zum § 1253, in: Münchener Kommentar zum BGB, 8. Aufl., München: C. H. Beck, 2020, Rn. 7.

④ 参见《日本民法典》第 345 条。

质权消灭。[①] 由对占有质物采取更严格标准,质权的公示方式不仅能使第三人有更充足的理由信赖该权利状态,也对质权的设立、行使和消灭等规则产生影响。

第二,占有质物产生事实支配力的效果。所谓事实支配力,是指某物从属于某一主体,而该主体享有对该物的支配。[②] 质权人对质物的事实支配,不仅使质权人能够合法占有质物、在约定范围内使用质物甚至就质物获取收益,也使质权人背负了保管质物、维持质物正常状态的义务。这种事实支配效果,影响了质权行使规则的设置,也强化了占有的公示效力。[③]

第三,以占有为公示方式的质权通常优先于以其他公示方式(如登记)设立的担保物权。例如,《欧洲示范民法典草案》第Ⅸ-4:102 条第 2 款对此设有明确规定。理由在于,担保权人通过实际控制或占有取得的对抗效力具有“优先待遇”,这与现代担保物权制度领域的共同理念相一致。在《美国统一商法典》和《英国法律委员会关于修订英国公司担保法的建议》等法律文件中也有类似规定。[④]

(二)占有质物产生留置效力

《日本民法典》第 347 条规定,质权人在受担保债权得到清偿以前,可以留置质物。依据我妻荣教授的解释,转让质物的占有不仅可以起到公示质权的作用,还可使出质人感受到无法使用质物的痛苦,并间接强制其清偿债务。这就是学理上所说的质权的留置作用。[⑤] 虽然日本学界对质权采严格“占有”要件的理由存在不同解释,但是通说认为是“为了贯彻质权的留置效力”。[⑥] 法国法在此问题上与日本法类似。[⑦] 学理上认为,动产质权以占有质物为成立要件和存续要件,动产质权人须继续占有质物始能保持其质权,故质权人有权留置质物乃当然结论。[⑧] 留置效力对质权行使期间规则的设计有重要影响,因为留置效力的基本内容是只要主债务未得到有效清偿质权人就不负质物返还义务,而单纯时间的经过并不能推翻留

---

① 平野裕之『担保物権法』(日本評論社,2017 年)161 頁参照。

② 参见[意]鲁道夫·萨科、[意]拉法埃莱·卡泰丽娜:《占有论》(原书第 2 版),贾婉婷译,中国政法大学出版社 2014 年版,第 52 页。

③ 参见徐海燕等:《动产担保权公示及优先顺位规则研究》,法律出版社 2016 年版,第 140 页。

④ 参见[德]克莱夫、巴尔主编:《欧洲私法的原则、定义与示范规则:欧洲示范民法典草案》(第 9、10 卷),徐强胜等译,法律出版社 2014 年版,第 149 页。

⑤ 参见[日]我妻荣:《我妻荣民法讲义Ⅲ:新订担保物权法》,申政武等译,中国法制出版社 2008 年版,第 94 页。

⑥ 道垣内弘人『担保物権法(第 4 版)現代民法Ⅲ』(有斐閣,2017 年)86 頁参照。

⑦ 参见《法国民法典》第 2339 条。

⑧ 参见郑玉波:《民法物权》(修订 18 版),台北,三民书局 2012 年版,第 423 页。

置效力。

（三）占有质物影响质权的行使方式

质权行使条件具备时，因质权人占有质物，故存在不必凭借公力救济手段而直接行使质权的可能性。这与抵押权人在多数场合下须借助法院才能行使抵押权有明显区别。这种区别在罗马法上就已经存在。罗马法中行使质权通常以“流质”或“出卖简约”的方式进行，[①]这些行使方式都无须借助公力机关。萨维尼指出，罗马法上的债权人通过交付质物取得了“自然担保”，这通过物的保管得到实现，债权人据此今后可以得到支付；如果他丧失了此自然占有，他也就丧失了所有的担保。[②] 虽然现代各国法律对行使质权能否完全排除公力救济因素态度不一，但是质权与抵押权在行使方式上的差异对质权行使期间规则的影响在各立法中均有体现。例如，对质权行使方式要求较为严格的法国[③]和相对宽松的德国，[④]均认可在主债权时效届满后质权人仍可行使质权。这似乎表明不同立法模式虽然对质权行使方式采取不同的技术处理，但占有质物的事实比立法技术的差异对质权行使期间规则的影响更大。该现象似乎隐含了如下精神：无须借助公力救济手段行使质权的时间限制，要比需要借助公力救济手段行使抵押权的时间限制更为宽松。当然，该精神在不同立法模式中的体现程度未必完全一致。

二、“从属性”因素的影响

各立法模式对质权行使期间规则的设计，均虑及质权“从属性”的妥善处理，并给予适当的理论支撑或设置配套规则。例如，德国法建立“击破”理论，以此否认出质人本可依据担保物权从属性援引的主债权时效抗辩权。[⑤] 德国立法者认为在质权行使期间的问题上，保护债权人利益是比坚持质权从属性更加应当优先考虑的因素，而所谓“击破”理论不过是实现该价值判断的手段。[⑥] 在法国和日本，虽然两国法律在质权行使期间问

---

① 参见［德］马克斯·卡泽尔、［德］罗尔夫·克努特尔：《罗马私法》，田士永译，法律出版社 2018 年版，第 325 页。

② 参见［德］弗里德里希·卡尔·冯·萨维尼：《论占有》，朱虎、刘智慧译，法律出版社 2007 年版，第 233 页。

③ 参见《法国民法典》第 2346 条。

④ 参见《德国民法典》第 1228 条。

⑤ 参见朱岩编译：《德国新债法条文及官方解释》，法律出版社 2003 年版，第 52 页。

⑥ Vgl. Helmut Grothe, Kommentar zum § 216, in: Münchener Kommentar zum BGB, 9. Aufl., München: C. H. Beck, 2021, Rn. 2.

题上均坚持质权的从属性，但是由于受其他规则影响而导致不同结论。两国都规定“债务人承认债务”构成时效中断事由，法国法对该事由采取较其他国家更为宽松的标准。[①] 法国最高法院认为，债务人承认“时效之进行于其不利之人”的权利，即使是部分承认，均对整个债权引起中断时效的效果。[②] 因此在法国法框架下，债权人占有质物可以引起主债权时效中断，以至于主债权和质权均不因时效届满而消灭。在日本法中，由于“债务人承认债务”之时效中断事由采较严格标准，故债权人占有质物并不能引起时效中断。而且，由于日本法对时效援引主体采取“直接利害关系人”标准，因此出质人有权援引主债权时效抗辩权成为当然结论。[③]

由此可见，各立法对质权行使期间规则进行设计时，都对质权从属性进行了充分考量，并结合立法目的和相关规则作出适当处理。虽然不能简单地说坚持从属性原则就应得出质权行使期间与主债权时效一致的结论，但是也不能基于质权行使期间与主债权时效不一致的规定推导出该立法模式否定从属性原则的结论。真实情况可能是，各立法均在不同程度上对质权从属性予以承认，并由于其他因素（如立法政策、其他规则）的影响，最终决定了质权行使期间规则的内容。正如欧洲学者指出的，“尽管从属性原则仍然是一项基础性的原则，但它已不再如最早那般被严格地运用了。在信用扩张和商业发展需求的影响下，这一原则已经被许多例外情形所弱化，并且日益适合发展要求”。[④]

三、保障质权人“担保利益”因素的影响

各立法模式均将保障质权人享有充分时间行使质权作为优先目标。质权作为一种强化债权效力的担保方式和促进融资的手段，其制度设计应将保护债权人利益置于优先价值目标，[⑤]这与抵押权行使期间的制度价值并无不同。二者的区别在于：因抵押权人不占有抵押财产，法律为保护抵押权人的时间利益须设置更多规则才能实现该目标，而这些外在规则的设置使优先保障担保利益的目标显得十分显著；质权人占有质物的事实使其能在长时间内行使质权具有更充沛的理由，法律只要不设置“多余”规则

---

① 参见［德］莱茵哈德·齐默曼、［英］西蒙·惠特克主编：《欧洲合同法中的诚信原则》，丁广宇等译，法律出版社 2005 年版，第 359 页。

② 参见《法国民法典》（下册），罗结珍译，法律出版社 2005 年版，第 1597 页。

③ 金山直樹『時効における理論と解釈』（有斐閣，2009 年）294 頁参照。

④ 参见［德］克里斯蒂安·冯·巴尔、［德］乌里希·德罗布尼西主编：《欧洲合同法与侵权法及财产法的互动》，吴越等译，法律出版社 2007 年版，第 299 页。

⑤ 平野裕之『担保物権法』（日本評論社，2017 年）158 頁参照。

限制质权行使即可达成该目标,因此该目标在行使质权的场合下显得似乎“理所当然”。即便存在这种区别,保障质权人“担保利益”在时间上的充分性也仍然是质权行使期间规则设计中应遵循的重要理念,这在各立法模式中均有体现。模式一给予担保利益的时间最为充分,采取该模式的德、法等国运用不同的立法技术及解释方法,使行使质权不受预定期间限制,只要不发生丧失占有、任意返还等情形质权人均可行使质权。模式二因坚持质权从属性原则,故对行使质权的时间限制最为严格。该模式下的担保利益存续时间也仍属充分,体现为:一是法律规定的主债权时效期间较长(如日本法规定为 10 年),且可适用中断、中止规则在更长时间内使质权人能够行使质权。二是规定在某些情形下行使质权可以不受主债权时效限制(如《荷兰民法典》第 3:323 条第 2 款)。模式三是对前两模式的折中,在模式二认可的行使期间(主债权时效期间)基础上再加上两年。该模式对担保利益的保护程度虽不及模式一,但由于主债务人援引时效抗辩权能够起到明显的警醒作用,此后留出两年给质权人行使质权,依常理时间亦属充裕。

值得注意的是,由于传统占有型质权对质押财产的正常使用和收益造成明显不利的影响,为提高财产的利用效率,占有质押财产具有“观念化”趋势。[①] 体现为:其一,以股权、债权、票据权利等为标的的权利质权制度迅速发展,在很多场合下登记或其他非实体占有方式成为质权公示方法。例如,《欧洲示范民法典草案》第Ⅸ-3:102 条规定,担保物权生效的方式包括登记、占有和控制。“控制”是一种主要适用于金融财产担保的公示方式,如为金融财产在金融机构开立账户。这种公示方式被美国、加拿大等国法律承认,并被《欧盟关于金融担保安排的 2002 号指令》(FCD)确认。《欧洲示范民法典草案》第Ⅸ-3:204 条针对中介金融财产和非中介金融票据规定了不同的控制方法。[②] 其二,在质权设立后,以占有改定等方式移转质物之占有被有些国家法律认可。例如,日本学界通说认为,在此情形下不导致质权消灭,而仅使其丧失对抗效力。[③] 在这种占有“观念化”的背景下,以占有实体质物解释质权行使期间规则的传统视角确有予以修正的必要,即对适用登记、控制等公示方式的质权行使期间规则,还需从其他角度

① 参见徐海燕等:《动产担保权公示及优先顺位规则研究》,法律出版社 2016 年版,第 145~146 页。

② 参见[德]克莱夫、巴尔主编:《欧洲私法的原则、定义与示范规则:欧洲示范民法典草案》(第 9、10 卷),徐强胜等译,法律出版社 2014 年版,第 93~94 页。

③ 参见[日]近江幸治:《担保物权法》,祝娅等译,法律出版社 2000 年版,第 78 页。

进行解读。从整个质权制度发展的角度来看,占有“观念化”对现有质权行使期间规则是否会或在多大程度上产生影响,还有待进一步观察。

第四节　质权法定行使期间

一、概述

(一)《民法典》颁布以前质权法定行使期间的立法概况

《担保法》对质权行使期间未作出规定,对质权人应否“及时行使质权”也未规定。该法规定的质权消灭事由,亦不包括某种期间届满。立法机关对此的解释参见第三章第四节“抵押权法定行使期间”的相关内容,此处不再重复。需要说明的是,《担保法》颁布后,学界对构建抵押权行使期间规则的必要性讨论较多,[①]而对质权行使期间和留置权行使期间则关注较少。

其后颁布的《担保法解释》第12条第2款规定,该款确立的行使期间规则适用于包括质权在内的所有担保物权。对于该款规范含义和规范目的的解释,参见第三章第四节“抵押权法定行使期间”的相关内容,此处不赘。对于《担保法解释》第12条第2款适用于质权,学界评价不一。持肯定评价的学者认为,该规定普遍适用于抵押权、质权、留置权是合理的,其起到了漏洞补充式解释的作用。[②] 持否定评价的学者认为,该款是由于对德、瑞民法规定的错误理解以及未充分考虑我国现行立法而作出的规定。[③]质权行使期间与抵押权行使期间都应采纳德国、瑞士法的规定。[④] 总体而言,大多数学者对《担保法解释》第12条第2款的评价主要集中在抵押权适用问题上,而对该款适用于质权的关注较少。很多论著在讨论该款适用于抵押权时附带提及质权的适用问题,且大多主张将质权与抵押权一并处理,有些论著则完全忽略该款适用于质权的问题。例如,很多著述在论述抵押权的消灭事由时会专门讨论抵押权行使期间问题,但在论述质权消灭时却未将期间届满列为消灭事由。[⑤] 这实在是一个有趣的现象。

---

① 参见翟云岭:《论抵押期限》,载《政法论坛》1999年第2期。

② 参见曹士兵:《中国担保诸问题的解决与展望——基于担保法及其司法解释》,中国法制出版2001年版,第261、288页。

③ 参见程啸:《中国抵押权制度的理论与实践》,法律出版社2002年版,第420页。

④ 参见温世扬、廖焕国:《物权法通论》,人民法院出版社2005年版,第649、712页。

⑤ 参见邹海林、常敏:《债权担保的理论与实务》,社会科学文献出版社2005年版,第313~315页;陈祥健主编:《担保物权研究》,中国检察出版社2004年版,第216~219页。

值得注意的是,《担保法解释》第12条第2款与我国台湾地区“民法”第880条虽在文义上类似,但在适用对象上明显不同,即前者适用于所有类型的担保物权,而后者仅适用于抵押权。台湾地区通说认为,质权行使期间不能类推适用“民法”第880条的理由在于,质权人既然继续占有质物,质权的担保功能应当得以继续发挥。① 该理由系从传统视角以占有质物的事实否认质权应受除斥期间的限制。最高人民法院释义书对《担保法解释》第12条第2款给出的立法理由中,对于为何该款统一适用于抵押权行使期间、质权行使期间和留置权行使期间,并未作出解释,也未针对台湾地区通说意见给予评价或反驳。② 就此观之,司法解释制定者似乎并未意识到占有会对质权行使期间规则设计产生影响,抑或有意忽略这种影响以统一各类担保物权行使期间规则。究竟属哪种情形,现今已难考证。

《物权法》没有直接规定质权行使期间,但间接涉及质权行使期间的条文有两处:一是第220条规定的“及时行使质权”规则;二是第202条关于抵押权行使期间的规定。依据立法机关释义书的解释,第220条的立法理由是:由于质权与抵押权存在是否占有担保物的区别,所以没有规定质权与主债权诉讼时效的关系,为了避免质权人滥用权利、怠于行使权利,而作出该条规定。③ 依此解释,《物权法》未规定质权行使期间似乎是立法者有意为之,其通过第220条规定质权行使请求权和怠于行使质权的赔偿责任解决质权人怠于行使权利的问题。

(二)《民法典》和《民法典担保制度解释》规定的质权行使期间

《民法典》继承了《物权法》的做法,一方面没有直接规定质权行使期间,另一方面于第437条继承了《物权法》第220条的规定。立法机关释义书延续了对后者的解释,即认为该规定一方面基于质权与抵押权之间的差异而未对质权设置存续期间规则,另一方面为防止质权人怠于行使权利而设置该条。④ 有学理意见注意到域外法并无与该条类似规定,故将其规范内容视作我国质权领域的创新性规定。⑤

《民法典担保制度解释》第44条第3款对质权行使期间作出了不同于旧司法解释的规定,分述如下。

---

① 参见邱玟惠:《民法物权逐条释义》,台北,元照出版有限公司2017年版,第319页。

② 参见李国光等:《最高人民法院〈关于适用中华人民共和国担保法若干问题的解释〉理解与适用》,吉林人民出版社2000年版,第88~90页。

③ 参见全国人大常委会法制工作委员会民法室编:《中华人民共和国物权法条文说明、立法理由及相关规定》,北京大学出版社2007年版,第399页。

④ 参见黄薇主编:《中华人民共和国民法典物权编释义》,法律出版社2020年版,第578页。

⑤ 参见孙宪忠、朱广新主编:《民法典评注·物权编4》,中国法制出版社2020年版,第353页。

(1)以登记作为公示方式的权利质权,参照适用抵押权行使期间规则,即此类质权行使期间是主债权诉讼时效期间。该规定系继承《九民纪要》第59条第2款的结果。①

(2)动产质权、以交付权利凭证作为公示方式的权利质权,参照适用留置权行使期间规则,即此类质权行使期间是质权行使条件具备之时至质权消灭之时。该规定未见于既有法律和司法解释,属于新设规则,可能是受相关学理意见影响的结果。

二、占有型质权法定行使期间

(一)《民法典》第419条、第437条的学理争议

《民法典担保制度解释》施行以前,对质权法定行使期间的适用依据,学界及实务存在较大争议。

第一种观点认为,应当类推适用《民法典》第419条(《物权法》第202条)。将该条类推适用于质权和留置权具有合理性与正当性。② 占有和登记在担保物权中具有同等法律意义,故质权和留置权也应受主债权时效届满的影响。③ 某些持该观点学者也对该类推做法提出几点担忧:一是会导致质权法律关系极不稳定;二是在理论上似有一定逻辑障碍;三是很难解决质权消灭后的注销问题。④

第二种观点认为,应当继续适用《担保法解释》第12条第2款。主要理由包括:"及时行使质权规则"性质的差异;担保物权体系的要求;类推适用抵押权行使期间规定依据不足等。⑤

第三种观点认为,行使质权不受预设期间限制,而仅受《民法典》第437条"及时行使质权规则"之限制。⑥ 现行法并未要求应当在主债权诉讼时效内行使质权,而是通过该规则督促质权人及时行使质权,以实现当事

---

① 参见最高人民法院民事审判第二庭编著:《〈全国法院民商事审判工作会议纪要〉理解与适用》,人民法院出版社2019年版,第361页。

② 参见高圣平:《担保法前沿问题与判解研究》(第4卷),人民法院出版社2019年版,第175页。采此观点的实例参见浙江省高级人民法院(2017)浙民初14号。

③ 参见孙鹏:《论担保物权的实行期间》,载《现代法学》2007年第6期。

④ 参见陈龙业、项先权:《质权·留置权》,中国法制出版社2007年版,第89页。

⑤ 参见程啸:《担保物权研究》,中国人民大学出版社2017年版,第75~76页;刘保玉:《完善我国质权制度的建议》,载《现代法学》2017年第6期。采此观点的实例参见肇庆市中级人民法院(2018)粤12民终429号。

⑥ 参见徐洁:《担保物权与时效的关联性研究》,载《法学研究》2012年第5期。采此观点的实例参见长沙市岳麓区人民法院(2015)岳执异字第00073号。

人之间的利益平衡。[①] 有学者认为,“及时行使质权规则”虽然文义不够明确,但是包含有“不因主债权罹于时效而受影响”的规范内容,故质权和留置权没有存续期间上的限制。[②] 实务界人士多将这两条解读为“是对物权法没有关于质权、留置权存续期间之规定可能带来的消极后果,所采取的另类解决措施”。[③] 主张第三种观点的各学者虽然所依据理由不尽相同,但是他们的共识是:行使质权既不受主债权诉讼时效限制,也不受除斥期间限制。

（二）《民法典担保制度解释》第44条第3款后段的解读

《民法典担保制度解释（征求意见稿）》第43条曾经设计一种方案:主债权诉讼时效届满后,债务人未履行债务,出质人债务人、请求返还质押财产的,人民法院应予支持（上述第一种观点）。但《民法典担保制度解释》最终未采纳该方案,其第44条第3款后段更为接近上述第三种观点。对该规定的含义,分述如下。

第一,占有型质权的行使和存续不受预定期间限制。依据《民法典担保制度解释》第44条第3款后段,占有型质权行使期间参照适用本条第2款关于留置权的规定。依此规定,占有型质权行使期间不是主债权时效期间或其他预定期间。在现行法框架下,占有型质权行使期间的起点是行使条件具备之时,终点是质权消灭之时。

第二,主债权消灭之前,占有型质权具有留置效力。依据《民法典担保制度解释》第44条第3款后段及第2款,占有型质权的留置效力被明确认可。[④] 对此并无疑义。对第2款之表述,以下几点有必要予以澄清。其一,适用第2款之留置效力,应以“主债权未消灭”为条件。域外法通常在法条中明确规定该条件。[⑤] 虽然第2款文义未提及该条件,但是亦应采此解释。如果由于清偿、抵销等原因导致主债权已经消灭,则质权亦已消灭而无适用该款的余地。其二,依第2款文义,该款的适用条件是“主债权诉讼时效期间届满后”。对此,不应解释为留置效力仅存在于主债权时效届满后,而应解释为“债权人占有质物的前提下,留置效力不因主债权时效届

① 参见孙宪忠、朱广新主编:《民法典评注·物权编4》,中国法制出版社2020年版,第354页。

② 参见戴永盛:《论债权之罹于时效与担保物权之存续》,载《法律科学（西北政法大学学报）》2014年第3期。

③ 参见刘贵祥:《〈物权法〉关于担保物权的创新及审判实务面临的问题》（下）,载《法律适用》2007年第9期。

④ 参见最高人民法院民事审判第二庭:《最高人民法院民法典担保制度司法解释理解与适用》,人民法院出版社2021年版,第399页。

⑤ 参见《日本民法典》第347条;《法国民法典》第2339条。

满而受影响”。依据“举重以明轻”的解释规则,主债权时效届满后留置效力都被认可,则届满前认可留置效力更具正当性。其三,依第 2 款文义,“财产被留置的债务人或者对留置财产享有所有权的第三人请求债权人返还留置财产的,人民法院不予支持”。对此,应解释为“债权人有权拒绝返还占有的质物”。留置效力的要义在于,赋予占有质物的债权人继续保有质物的权利,以实现担保功能。[①] 由于债权人有权放弃质权(《民法典》第 435 条),故法院应否支持返还质物的请求,仍须以债权人的意思为准。

第三,占有型质权的物上保证人不能依据《民法典担保制度解释》第 20 条援引主债务时效抗辩权。虽然该条规定物上保证人可适用《民法典》第 701 条关于保证人的规定,有权援引主债务时效抗辩权,但是该条位于“一般规定”部分,属于担保的一般规则;与其抵触的第 44 条第 3 款位于“担保物权”部分,系对质权的特别规定,因此应优先适用后者。

第四,《民法典担保制度解释》第 44 条第 2 款后段重申了《民法典》第 437 条之“及时行使质权规则”。该规则虽然在客观上确能产生限制行使质权时间范围的附属效果,但是其规范意义是确立质权人及时行使质权的义务以及未履行该义务的赔偿责任,因此不能作为确定质权行使期间的依据。在质权人长时间(如主债权诉讼时效届满后多年)未行使质权的场合下,“及时行使质权规则”仅能解决质权人是否构成“怠于行使”和应否承担赔偿责任的问题,但对质权是否仍然有效存在无法给出答案。

三、登记型质权法定行使期间

(一)《民法典》施行以前登记型质权法定行使期间的立法概况

对于行使期间问题,《物权法》和《担保法解释》均未区分占有型质权和登记型质权,而是将二者适用相同规则。对采取该做法的原因,立法机关和最高人民法院并未给出清晰的解释。

将占有型质权和登记型质权予以区分,而分别适用不同的行使期间规则,始于《九民纪要》。根据其第 59 条第 2 款的规定,登记型质权行使期间适用抵押权的规定。理由在于,实践中登记型质权的公示方式及产生的问题均与抵押权更为类似。[②] 登记型质权主要包括基金份额质权、股权质权、知识产权质权和应收账款质权等,此类质权登记对出质权利流转的影响与

---

① 道垣内弘人『担保物權法(第 4 版)』(有斐閣,2017 年)95 頁参照。

② 参见最高人民法院民事审判第二庭编著:《〈全国法院民商事审判工作会议纪要〉理解与适用》,人民法院出版社 2019 年版,第 361 页。

抵押权登记类似。[①]《九民纪要》的该规定对其后司法解释的制定产生了重要影响。

（二）《民法典担保制度解释》第44条第3款前段的解读

《民法典担保制度解释》第44条第3款前段系继承《九民纪要》第59条第2款的结果，其将登记型质权行使期间参照适用抵押权的规定。对该规定的含义，分述如下。

第一，登记型质权行使期间是主债权诉讼时效期间，该期间届满后出质人有权援引主债务时效抗辩权。依据《民法典担保制度解释》第44条第3款前段，登记型质权行使期间参照适用本条第1款关于抵押权的规定。本条第1款是对《民法典》第419条的细化规定，其规范含义的核心内容包括：《民法典》第419条规定的"人民法院不予保护"不是主债权诉讼时效届满的当然后果，而是抵押人或出质人援引主债务时效抗辩权的效力体现；《民法典》第419条中"主债权诉讼时效"包括执行时效等。[②] 简言之，债权人应当在主债权诉讼时效期间内行使登记型质权，该期间届满后出质人援引主债务时效抗辩权的方式包括拒绝与债权人订立实现质权的协议、在执行程序中提出执行异议等。

第二，《民法典》第437条"及时行使质权规则"不适用于登记型质权。虽然该条文义并未将其适用对象限定于某种类型的质权，但是对其应缩限解释为仅适用于占有型质权，而不适用于登记型质权。理由如下：其一，"及时行使质权规则"的立法目的是"避免质权人滥用权利、怠于行使权利"，[③]该目的系以质权人占有质押财产、出质人欠缺其他手段督促质权人行使权利为前提。登记型质权的场合下不存在该事实前提。其二，如前所述，抵押权不应适用"及时行使质权规则"。[④] 由于登记型质权行使期间参照适用抵押权规定，故登记型质权亦不适用"及时行使质权规则"。

第五节　质权约定行使期间和登记行使期间

一、概述

（一）《民法典》施行以前质权约定行使期间和登记行使期间的立法概况

《担保法》对质权约定行使期间和登记行使期间未作规定，这体现了

---

① 参见高圣平：《担保法前沿问题与判解研究》（第4卷），人民法院出版社2019年版，第176页。

② 参见杨巍：《行使抵押权与主债权诉讼时效之关联——以〈民法典〉第419条和司法解释新规定为视角》，载《北方法学》2021年第6期，第44页。

③ 参见黄薇主编：《中华人民共和国民法典物权编释义》，法律出版社2020年版，第578页。

④ 参见第三章第六节。

当时不承认存在独立的担保物权期间的立法态度。《担保法解释》第 12 条第 1 款针对担保物权约定行使期间的效力统一作出规定，否认此类约定期间和登记期间的效力。因留置权是法定担保物权，一般不存在约定期间和登记期间的问题，故该规定主要适用于抵押权和质权。[①] 依据最高人民法院释义书的解释，该规定的理由主要是物权法定原则、降低担保成本等理论上和实践上的原因。[②] 该解释未对抵押权约定行使期间与质权约定行使期间适用该款的理由予以区分，而将二者一并予以说明，似乎认为二者适用该款的理由不存差异。《物权法》对质权约定行使期间及登记行使期间亦未作出规定。

在《民法典》施行前，对《担保法解释》第 12 条第 1 款适用于质权是否合理，学界存在争议。大多数学者是在"担保物权约定行使期间"概念下对其进行讨论，或者是在论述抵押权约定行使期间时附带提及质权约定行使期间，而少有学者专门针对质权自身特征对其约定行使期间进行研讨。仅有个别学者针对质权与抵押权的区别，就质权约定行使期间予以讨论，得出的结论却未必相同。例如，有学者指出，由于《物权法》已对抵押权行使期间作出规定，而对质权行使期间未作出任何规定，因此质权人与出质人有约定行使期间或存续期间的需要。由此得出应当允许当事人约定质权行使期间的结论。[③] 也有学者认为，虽然《物权法》针对质权规定了"及时行使质权规则"，但是《担保法解释》第 12 条第 1 款对质权仍有适用价值，故不应认可当事人约定行使期间的效力。[④]

（二）《民法典》和《民法典担保制度解释》对质权约定行使期间和登记行使期间未作规定

《民法典》继承了《物权法》的做法，未对质权约定行使期间及登记行使期间直接作出规定。《民法典》第 427 条规定的"质押合同一般包括的条款"中，也未列举质权行使期间。需要说明的是，相较于《担保法》第 65 条规定的质押合同条款，《民法典》条文有两点变化：一是前者表述为"应当包括以下内容"，而后者表述为"一般包括下列条款"；二是前者设有兜底条款"当事人认为需要约定的其他事项"，而后者未设兜底条款。该变化的原因在于，《民法典》比《担保法》放宽了对质押合同内容的限制，将质

① 参见最高人民法院（2016）最高法民终 357 号。

② 参见李国光等：《最高人民法院〈关于适用中华人民共和国担保法若干问题的解释〉理解与适用》，吉林人民出版社 2000 年版，第 87~88 页。

③ 参见程啸：《论担保物权之存续期限》，载《财经法学》2015 年第 1 期。

④ 参见曹士兵：《中国担保制度与担保方法》（第 4 版），中国法制出版社 2017 年版，第 352 页。

押合同内容主要交由当事人决定。① 但是对于是否允许当事人在质押合同中约定质权行使期间,则仍不明晰。

《民法典担保制度解释》未继承《担保法解释》第 12 条第 1 款之规定。本书认为,《民法典》施行后质权约定行使期间和登记行使期间原则上仍应认定无效,但有特殊规定的除外。理由参见“抵押权约定行使期间”部分。此处“有特殊规定的除外”,主要是指《应收账款质押登记办法》等特别法规定。

二、《应收账款质押登记办法》相关规定的理解

虽然司法解释曾明确否定质权登记行使期间的效力,但是某些规章却采相反态度。例如《应收账款质押登记办法》《专利权质押办法》《股票质押办法》等皆对质权登记行使期间作出规定。以下针对最具典型意义的《应收账款质押登记办法》的相关规定展开分析。

(一)《应收账款质押登记办法》相关规定的含义和修订

为配合《物权法》的施行,中国人民银行于 2007 年制定了《应收账款质押登记办法》。该办法第 10 条规定的登记内容包括“登记期限”;第 12 条对登记期限的上限(5 年)和届满效力作出规定;第 13 条对展期作出规定。依据这些规定,允许当事人约定应收账款质权行使期间并予以登记,且对该登记设置了展期制度。

对于《应收账款质押登记办法》改变《担保法解释》立法态度的做法,学界评价存在分歧。持肯定评价的学者认为,如果当事人仅在合同中约定质权行使期间,该约定期间仅对当事人具有内部效力,对第三人没有法律约束力。当事人将约定期间通过登记予以公示,使第三人能够知晓质物上负担的情况,则对第三人发生效力。这符合公示公信原则的要求,也是维护交易秩序、保护善意第三人的需要。② 持否定评价的学者认为,《应收账款质押登记办法》的规定“加大了担保的成本,不利于债权的保护”,③该规定是借鉴国外立法失败的例证。④

中国人民银行于 2017 年和 2019 年修订了《应收账款质押登记办法》。修订后的第 10 条仍然将“登记期限”规定为登记内容之一;第 12 条对登记

---

① 参见黄薇主编:《中华人民共和国民法典物权编释义》,法律出版社 2020 年版,第 564 页。

② 参见陈龙业、项先权:《质权 · 留置权》,中国法制出版社 2007 年版,第 91 页。

③ 参见高圣平:《应收账款质权登记的法理——以〈应收账款质押登记办法〉的修改为中心》,载《当代法学》2015 年第 6 期。

④ 参见徐海燕等:《动产担保权公示及优先顺位规则研究》,法律出版社 2016 年版,第 203 页。

期限的上限和下限作出修改；第13条对展期规则作出修改。具体而言，修订后的内容包括：(1)将登记期限的上限由“5年”改为“30年”，并将下限由“1年”改为“1个月”；(2)将每次展期期限的上限由“5年”改为“30年”；(3)删除“登记期限届满，质押登记失效”之规定。依据中国人民银行的解释，修改的理由包括：部分地区的经营性公路收费期限为30年；降低登记当事人的操作风险；[①]下限改为1个月使登记期限的选择更加灵活便利。[②]

《民法典》施行前，在司法实务中大多数法院认为《应收账款质押登记办法》关于登记期限的规定违反了法律和司法解释的规定，而不认可其效力。例如，在“华夏银行股份有限公司湖州分行、中交第一航务工程局有限公司金融借款合同纠纷案”中，法院认为：“依据现行法规定，担保物权消灭的原因不包括因登记失效而归于消灭。担保物权作为从权利，应与其担保的主债权同时消灭，在法律未就担保物权是否因法定原因而消灭作出认定的情形下，登记期限对担保物权的存续不应起决定性作用。中国人民银行颁布的《应收账款质押登记办法》作为部门法规，其关于质权登记期限的规定，并不对质权的效力产生法律约束力。华夏银行虽未办理质押登记的展期，并不影响质权的成立和效力。”[③]又如，在“深圳融易商业保理有限公司、深圳市英维克科技股份有限公司与深圳市中兴康讯电子有限公司物权保护纠纷案”中，法院认为：“虽然《应收账款质押登记办法》第12条规定了质押登记期限，但是根据《物权法》第5条规定的物权法定原则，《应收账款质押登记办法》第12条的规定不具有消灭应收账款质权的效力。”[④]这些裁判意见均否认《应收账款质押登记办法》关于登记期限规定的法律效力。

（二）《民法典》施行后相关规章的适用

《民法典》施行后，应当认可《应收账款质押登记办法》等规章关于质权登记行使期间所设规定的效力，允许当事人依据此类规定对质权行使期间予以约定及登记；登记行使期间优先于法定行使期间适用。理由如下。

第一，以应收账款等无形财产权为标的的质权关系中，认可登记行使期间的效力具有更为明显的合理性。一方面，由于此类权利质权标的不具物质实体性，质权人享有权利的内容和限度完全依赖登记予以判断，因此

① 参见中国人民银行《〈应收账款质押登记办法〉修订说明》(2017)。

② 参见中国人民银行《〈应收账款质押登记办法〉修订说明》(2019)。

③ 参见湖州市中级人民法院(2017)浙05民终1446号。

④ 参见深圳市中级人民法院(2016)粤03民终19804号。

通过登记将行使期间予以记载有利于明晰当事人之间的权利义务边界。另一方面,某些立法(如美国)的登记系统并不保证其所载内容的真实性,而仅是提醒查询者担保财产之上可能存在着担保权,以起到警示作用,即所谓"声明登记制"。[①] 我国的登记内容及要求与之不同,"质权人、出质人和其他利害关系人应当按照登记公示系统提示项目如实登记,并对登记内容的真实性、完整性和合法性负责"(《应收账款质押登记办法》第25条)。在此前提下,质权行使期间的起点及终点均可依据登记内容作出准确判断,这对明确质权法律效力的时间边界更为有利。一个值得进一步研究的问题是,此类登记的法律效力如何界定?修订前的《应收账款质押登记办法》第12条曾规定,"登记期限届满,质押登记失效",修订后的该办法删除了该条。学界对该问题存在争议。"登记生效主义说"认为,我国物权法对应收账款质权采取登记生效主义,因此登记公示系统的效力应与其保持一致。[②] "登记对抗主义说"认为,该做法可以有效确立应收账款之上各类交易所产生的权利的优先顺位以及可能产生的权利冲突。[③] 本书赞同"登记生效主义说",因为该说与我国现行法体系更具兼容性。而"登记生效主义说"似以采取"声明登记制"或类似模式为前提,[④]我国登记制度显然与之不同。

第二,否认登记行使期间效力的主要理由是,此类登记提高了担保成本、增加了设立担保的非便利性。在应收账款质押登记现有模式下,该理由被极大地弱化。依据《应收账款质押登记办法》第12条、第13条和《中国人民银行征信中心中征动产融资统一登记平台操作规则》第15条、第17条的规定,虽然初始登记中的登记期限是必要记载事项,但是该期限可依当事人意思于1个月至30年之间任意选择,且登记期限届满前当事人"可以"而非"应当"续展登记期限。因此,不会出现此前登记机关强制当事人每年缴费续展抵押期间,而致担保成本加重的类似情形。而且,该登记的申请、审核等环节均为电子化操作,也极大地提升了办理登记的便捷性。

第三,《民法典担保制度解释》删除《担保法解释》第12条第1款之规定,为《应收账款质押登记办法》等规章的适用在解释上提供了足够空间。

---

① 参见徐洁:《简评美国〈统一商法典〉第九篇担保制度》,载《当代法学》2007年第4期。

② 参见高圣平:《应收账款质权登记的法理——以〈应收账款质押登记办法〉的修改为中心》,载《当代法学》2015年第6期。

③ 参见王乐兵:《"物权编"与"合同编"体系化视角下的应收账款质押制度重构》,载《法学家》2019年第3期。

④ 参见[德]克莱夫、巴尔主编:《欧洲私法的原则、定义与示范规则:欧洲示范民法典草案》(第9、10卷),徐强胜等译,法律出版社2014年版,第126页。

理由如前所述。

第四，在承认此类质权登记行使期间的前提下，登记行使期间优先于法定行使期间适用，登记行使期间届满的效力是质权消灭（“登记生效主义说”）。简言之，主债权诉讼时效届满但登记行使期间未届满的，出质人不能援引主债务时效抗辩权；登记行使期间届满而主债权诉讼时效未届满的，出质人可以以质权消灭为由主张免责，而无须待主债权诉讼时效届满后援引主债务时效抗辩权。当事人仅约定质权行使期间而未依法登记的，不具有上述效力。

第六节　质权行使期间的效力

质权行使期间的效力，是指该期间给质权人、出质人和其他当事人造成的权利义务的变动。质权行使期间的效力具体包括：质权行使期间未起算的效力；质权行使期间已起算、未届满的效力；质权行使期间届满的效力。

一、质权行使期间未起算的效力

质权行使期间未起算的效力亦即质押期间的效力。该效力发生的时间起点是质权成立之时，终点是质权行使条件具备之时。在该时间段内，质权人已经享有质权，并体现为保全、保管、转质等内容，但在该阶段因质权行使条件尚不具备还不能行使质权。对质押期间的效力，学理上一般称为“质权的效力”，并在该标题下讨论在质押期间内质权人和出质人分别存在哪些权利和义务，①而该效力并不涉及行使质权的问题。值得注意的是，由于动产质权成立后，无论质权行使条件是否具备质权人对质押财产均处于占有状态，换言之，质权行使条件是否具备对质权人占有质押财产的状态并不产生外观上的显著影响，这导致质权行使条件具备之前和之后质权人对质押财产的保全、保管、转质等效力并无明显不同。基于该原因，《民法典》第 431 条、第 434 条以“质权存续期间”为适用范围对使用、处分质押财产和转质等事项统一作出规定，而未像抵押权有关条文专门以“抵押期间”为适用范围对抵押权效力予以规定。本书以下主要从质权行使期间未起算对质权效力影响的角度，对质押期间的效力展开分析。

① 参见王利明：《物权法研究》（第 4 版）（下卷），中国人民大学出版社 2016 年版，第 1317 页以下。

（一）阻碍质权行使的效力

这是质权行使期间未起算的最基本效力，因为该期间未起算意味着质权行使条件尚不具备，故此时质权人不能折价、拍卖或变卖质押财产以行使质权。在质权行使条件具备以前，质权人得到的保护在某些方面与抵押权人类似，如保全质押财产、对行使质权的合理期待等。[①] 而且在该时间段内，亦产生阻碍质权行使的效力。该效力是质权作为一种担保物权所具有的担保功能的当然要求。在我国现行法框架下，质权的最主要功能被定位为担保债权的实现，并不具有某些域外法所承认的流通性或证券化特征。

（二）质权人的权利和义务

1. 留置质押财产的权利

质权行使期间起算前，亦即质权人的债权尚未到期之前，质权人占有和留置质押财产是给债务人造成心理压力和担保债务履行的前提，故域外立法对质权人的该权利通常设有明文规定。[②] 我国《民法典》虽未直接规定留置质押财产的权利，但依其第 436 条第 1 款规定，质权人返还质押财产的条件是“债务人履行债务”或者“出质人提前清偿所担保的债权”，因此亦可解释为质权行使期间起算之前质权人享有留置质押财产的权利。

一个值得注意的问题是，质权人留置质押财产的权利除可以对抗出质人外，是否还可以对抗其他人（如质押财产受让人）？在日本法上，质权人留置质押财产的权利可以对抗标的物受让人，还可以拒绝受让人基于所有权而提出的返还请求。该权利亦可用以对抗出质人的一般债权人，以及对质押财产享有其他担保权的人。[③] 我国《民法典》对此虽无明文规定，但有关司法解释体现了该精神。依据最高人民法院释义书的解释，《执行异议规定》第 27 条规定的执行异议规则的实体法基础是：质权人对质押财产的合法占有，可以对抗出质人及其他第三人，包括质押财产的受让人。[④] 该解释与日本法的做法类似。

2. 孳息收取权

在某些立法模式中，质权被区分为占有质权和收益质权：前者的质权人仅对质物享有占有权而无收益权；后者的质权人对质物既享有占有权也

① 参见［德］鲍尔、施蒂尔纳：《德国物权法》（下册），申卫星等译，法律出版社 2006 年版，第 557 页。

② 参见《法国民法典》第 2339 条；《日本民法典》第 347 条。

③ 参见［日］我妻荣：《我妻荣民法讲义Ⅲ：新订担保物权法》，申政武等译，中国法制出版社 2008 年版，第 130 页。

④ 参见江必新、刘贵祥主编，最高人民法院执行局编著：《最高人民法院关于人民法院办理执行异议和复议案件若干问题规定理解与适用》，人民法院出版社 2015 年版，第 401 页。

享有收益权。我国现行法对质权未作此类划分,质权人有权收取孳息并非其对质物有收益权,而仅意味着其有权占有孳息并在实现质权时就其优先受偿。[①] 依据《民法典》第 430 条的规定,质权人行使孳息收取权并无时间限制。因此,应解释为质权人占有质押财产期间内均享有孳息收取权,即该权利存在于包括质权行使期间未起算阶段在内的整个质权存续期间。

3. 转质权

转质,是指质权人以其占有的质押财产为标的物另行设定质权的行为。由于质权人占有质押财产期间原则上不能使用质押财产,不免造成资源浪费,故转质规则对于质权人调动资金和提高财产的利用效率具有积极意义。[②] 德国法和法国法对转质未作规定,而日本对承诺转质和责任转质均设有规定。[③]《民法典》第 434 条继承了《物权法》第 217 条之规定,仅规定了擅自转质的赔偿责任,对于是否允许承诺转质和责任转质,仅从法条文义难以得出结论。学界对该条解读存在较大分歧。第一种观点认为,该条是对责任转质的规定,而没有规定承诺转质。[④] 第二种观点认为,该条规定的是承诺转质,并未认可责任转质。[⑤] 第三种观点认为,该条规定的转质包括承诺转质和责任转质。[⑥] 还有学者认为该条肯定了责任转质的效力,而对承诺转质未作规定,但依据举重以明轻原则,承诺转质自然亦应有效。[⑦]

本书认为,《民法典》第 434 条不应被解释为责任转质的规定,在我国现行法框架下,质权人的转质权仅指承诺转质的权利。理由如下。

第一,从比较法角度来说,在承认责任转质的立法中,对责任转质的规定往往强调质权人在自己的"责任"范围内实施转质行为。例如,依据我妻荣教授对《日本民法典》第 348 条的解释,无论质押财产是有体物还是权利,质权的标的或主体关注的重心是其所具有的交换价值。[⑧] 因此,关于责任转质的法条必须强调质权人在自己的"责任"范围内进行转质,因为质

---

① 参见孙宪忠、朱广新主编:《民法典评注・物权编 4》,中国法制出版社 2020 年版,第 319 页。

② 参见[日]近江幸治:《担保物权法》,祝娅等译,法律出版社 2000 年版,第 73 页。

③ 参见《日本民法典》第 298 条第 2 款、第 348 条。

④ 参见梁慧星、陈华彬:《物权法》(第 4 版),法律出版社 2007 年版,第 353 页。

⑤ 参见孙宪忠、朱广新主编:《民法典评注・物权编 4》,中国法制出版社 2020 年版,第 335 页。

⑥ 参见程啸:《担保物权研究》,中国人民大学出版社 2017 年版,第 509 页。

⑦ 参见刘保玉:《完善我国质权制度的建议》,载《现代法学》2017 年第 6 期。

⑧ 参见[日]我妻荣:《我妻荣民法讲义Ⅲ:新订担保物权法》,申政武等译,中国法制出版社 2008 年版,第 139~140 页。

权人仅对该范围内的交换价值享有支配权。反观《民法典》第 434 条的文义,其规范内容的重点不是转质行为本身,而是质权人对出质人的赔偿责任,且该条未对转质行为的“责任”范围作出任何限定。由于该条文义并不符合对责任转质的习惯性表达,尤其是未揭示责任转质对质权人“责任”范围的核心要求,因此认为该条规定了责任转质是牵强的。

第二,《民法典》第 434 条是对第 431 条质权人赔偿责任在转质场合下的具体化。对于质权人擅自处分质押财产的赔偿责任,第 431 条作出规定。质权人未经出质人同意的转质行为,性质上亦属于擅自处分质押财产。基于转质行为的特殊性,故设置第 434 条对该情形下的赔偿责任予以规定。

第三,《民法典》第 434 条的真正规范意义是该条的反面解释:经出质人同意进行转质,质押财产毁损、灭失的,质权人原则上不承担赔偿责任。依据第 434 条的正面文义,质权人未经出质人同意进行转质,质押财产无论由于何种原因毁损、灭失的,质权人均应承担赔偿责任。因为在此场合下,质权人的行为属于擅自处分质押财产,故即使由于不可抗力、第三人行为等原因导致质押财产毁损、灭失,质权人亦应承担赔偿责任。而依据该条的反面解释,质权人经出质人同意进行转质(承诺转质),质权人对质押财产毁损、灭失原则上不承担赔偿责任。同时结合第 432 条关于质权人对保管质押财产承担过错责任的规定,应进一步解释为在承诺转质的场合下,质押财产由于不可抗力、第三人行为等原因毁损、灭失的,质权人不承担赔偿责任;质押财产因质权人过错毁损、灭失的,则应当承担赔偿责任。第 434 条实际上是在沿袭了司法解释允许承诺转质但禁止责任转质的前提下,对转质场合下质权人的赔偿责任所作的规定。

第四,依据立法机关释义书对《民法典》第 434 条的解释,“原则上未经出质人同意不允许转质”。[①] 该解释恰可符合本书观点。因此在现行法框架下,转质权仅指承诺转质的权利。由于《民法典》第 434 条规定的适用范围是“质权存续期间”,故该条适用于包括质权行使期间未起算阶段在内的整个质权存续期间。

4. 物权请求权

质权人虽非质押财产的所有权人,但作为担保物权人,其对质押财产的占有亦受法律保护。例如,依据《德国民法典》第 1227 条的规定,质权人享有与所有人同等的救济权利,包括返还原物请求权、排除妨害请求权、用

---

① 参见黄薇主编:《中华人民共和国民法典物权编释义》,法律出版社 2020 年版,第 573 页。

益返还和补偿请求权、损害赔偿请求权等。[①] 日本亦有类似规定。[②]《担保法解释》第 87 条第 2 款曾针对质物占有受到侵害或者质权人非依自己意愿丧失质物占有的场合，规定质权人可向不当占有人请求停止侵害、恢复原状、返还质物。虽然该规定未被新司法解释继承，但是《民法典》施行后仍应采此解释。质权人可依据《民法典》第 235 条、第 236 条行使返还原物请求权、排除妨害或消除危险请求权，还可依据《民法典》第 238 条向侵权人主张损害赔偿请求权。因质权人享有的上述救济权在质权人占有质押财产期间均可能发生，因此其存在于包括质权行使期间未起算阶段在内的整个质权存续期间。

5. 质押财产保全权

质权人占有质押财产期间，虽一般不会因出质人行为导致质押财产价值贬损，但市场行情变化、自然灾害等原因有可能导致质押财产价值贬损而影响质权人的担保利益。在此情形下，法律有必要为质权人设置保全质押财产价值的权利。《德国民法典》第 1218 条、第 1219 条规定，质物有可能腐败或价值显著减少时，出质人可以另行提供担保并请求返还质物，质权人可以将质物公开拍卖，以拍卖所得价款代替质物。

我国现行法与上述规定有所不同。《民法典》第 433 条继承了《物权法》第 216 条之规定，有学者将该条也解读为质权人的代充质物权。[③] 笔者不同意该观点，因为与德国对代充质物权的规定相比，《民法典》第 433 条有以下几点不同。

第一，该条的适用范围更大，即该条适用于“因不可归责于质权人的事由可能使质押财产毁损或者价值明显减少”的场合。换言之，只要是非因质权人保管不善导致质押财产价值贬损的，均可适用该条。[④] 而德国规定的代充质物权仅适用于质物由于自然原因腐败或因经济变动导致质物价值贬损的情形。

第二，该条规定质权人有权请求出质人另行提供担保，而《德国民法典》第 1218 条未规定此权利，而是仅承认出质人可主动提供担保并要求返还质物。

第三，该条规定质权人拍卖、变卖质押财产的前提条件是出质人未提

---

① Vgl. Jürgen Damrau, Kommentar zum § 1227, in: Münchener Kommentar zum BGB, 8. Aufl., München: C. H. Beck, 2020, Rn. 1.

② 参见《日本民法典》第 353 条。

③ 参见程啸：《担保物权研究》，中国人民大学出版社 2017 年版，第 513 页。

④ 参见黄薇主编：《中华人民共和国民法典物权编释义》，法律出版社 2020 年版，第 571 ~ 572 页。

供担保，即质权人并不享有直接拍卖、变卖质押财产的权利，该权利仅是对出质人未提供担保的一种补救措施。而德国规定的代充质物权赋予质权人直接拍卖质物的权利。

第四，最核心的差异是，该条规定质权人可将拍卖、变卖所得价款提前清偿债务或者提存，而《德国民法典》第1219条规定拍卖所得价款“必须予以提存”。相较而言，在适用范围、保护方法、保护程度等方面，《民法典》第433条比“代充质物权”规则对质权人更为有利。因第433条规定的法律效果是“提前清偿债务”或者“提存”，故该条规定的质押财产保全权只能存在于主债权履行期限届满之前，即质权行使期间未起算阶段。

6. 放弃质权的权利

质权为财产权、担保物权，原则上当然可以抛弃，除非法律针对某些情形禁止抛弃。《民法典》第435条规定了质权人弃权规则。《民法典》第393条亦规定“债权人放弃担保物权”是担保物权的消灭事由之一。质权人放弃质权的行为，性质上是对质权的处分。因该处分行为系单方行为且对出质人并无不利，故无须取得出质人同意，且不构成第431条规定的“擅自处分质押财产”的行为。由于质权人弃权有可能加重其他担保人的负担而致不公平，故第435条继承了《担保法》的做法，其他担保人原则上可在质权人弃权范围内免责。① 因第435条并未限定适用该条的时间范围，因此在包括质权行使期间未起算阶段在内的整个质权存续期间，质权人均可放弃质权。

7. 不得擅自使用、处分质押财产的义务

质权的功能是担保债的履行而非实现物的用益，故质权人虽占有质押财产，但并不能使用、处分质押财产，除非取得出质人同意。依据《民法典》第431条的规定，质权人擅自使用、处分质押财产的后果是应当向出质人承担赔偿责任。一个值得说明的问题是，质权人为履行妥善保管义务而对质押财产进行必要的使用，是否构成擅自使用？如为防止机器锈蚀而适当开动机器。域外立法大多认可质权人的此类必要使用行为。② 我国《民法典》对此虽无明文规定，但应作相同解释为宜。由于《民法典》第431条规定的适用范围是“质权存续期间”，故该条适用于包括质权行使期间未起算阶段在内的整个质权存续期间。

---

① 参见最高人民法院民法典贯彻实施工作领导小组主编：《中华人民共和国民法典物权编理解与适用》（下），人民法院出版社2020年版，第1212页。

② 参见《意大利民法典》第2792条第1款；《日本民法典》第298条、第350条。

8. 妥善保管质押财产的义务

由于质权人在质权存续期间内占有质押财产，对质押财产予以实际控制，因此负有保管质押财产的义务，以利于担保价值的维持和质物所有权人之利益。对于该保管义务应采何种注意义务标准，域外法多采善良管理人标准。[①] 对《民法典》第432条第1款规定的"妥善保管义务"，亦应解释为善良管理人的注意义务。质权人违反该义务则构成"保管不善"，后果是应当就质押财产毁损、灭失承担赔偿责任。在司法实务中，法院认定构成"保管不善"的常见情形包括：未对质押财产进行特殊标识；[②]在质押财产出现不利于授信安全的情况下未立即采取有效措施；[③]保证金账户中的资金缺失[④]等。

实践中，存在"间接占有+第三方介入"的质押模式。例如，企业（出质人）以一批仓储商品为银行（质权人）设立动产质权，银行显然不具备直接保管该质押财产的能力和条件，便由上述两方与仓储公司（监管人）订立质押财产监管协议，由监管人负责保管质押财产并按照质权人的指示对质押财产进行监管。这种质押模式常适用于以油料、燃料、煤炭、钢材等设质的场合。[⑤] 这种质押模式的优点是，既保障了质权人的担保利益，又降低了其直接保管的风险，符合物尽其用原则和效率原则。[⑥] 由此带来的问题是，在这种质押模式下，哪一方当事人是保管义务人以及如何承担保管不善的责任。对此类监管协议的性质，学理和实务上尚存争议。《民法典担保制度解释》第55条继承《九民纪要》第63条的精神，区分监管人受何人委托而规定了不同后果。

（1）监管人系受债权人的委托监管并实际控制该货物的，质权于监管人实际控制货物之日起设立。监管人为直接占有人，债权人为间接占有人。[⑦] 监管人未履行妥善保管义务导致质押财产毁损、灭失的，作为委托人的债权人应向出质人承担赔偿责任。债权人有权请求监管人承担违反监管协议的违约责任，但该违约责任并非《民法典》第432条第1款规定的违

---

① 道垣内弘人『担保物権法（第4版）現代民法Ⅲ』（有斐閣，2017年）95頁参照。

② 参见最高人民法院（2017）最高法民申93号。

③ 参见山东省高级人民法院（2015）鲁商终字第328号。

④ 参见常州市钟楼区人民法院（2017）苏0404民初5621号。

⑤ 参见刘保玉：《完善我国质权制度的建议》，载《现代法学》2017年第6期。

⑥ 参见徐海燕等：《动产担保权公示及优先顺位规则研究》，法律出版社2016年版，第145页。

⑦ 参见最高人民法院民事审判第二庭：《最高人民法院民法典担保制度司法解释理解与适用》，人民法院出版社2021年版，第475页。

反“妥善保管义务”的法定责任。① 如果监管人将监管职责全部或部分转托他人履行,应区分转托行为是否取得质权人(委托人)同意以确定责任的承担。②

(2)监管人系受出质人委托监管该货物,或者虽然受债权人委托但是未实际履行监管职责,导致货物仍由出质人实际控制的,应当认定质权未设立。监管人受出质人委托监管质物的,由于质物未交付债权人,故质权未有效设立;监管人虽受债权人委托但是未实际履行监管职责的,由于仍由出质人实际控制而未交付,故也应认定质权未设立。在这两种情形下,债权人和监管人均不适用《民法典》第432条第1款之违反“妥善保管义务”的法定责任。

9. 返还质押财产的义务

主债权由于清偿等原因消灭,作为从权利的质权亦归于消灭,此时质权人因质权消灭而应向出质人返还质押财产。域外法对质权人的返还义务通常设有明文规定。③ 我国《民法典》有两处规定涉及质权人的返还义务。

(1)《民法典》第436条第1款规定,在“债务人履行债务或者出质人提前清偿所担保的债权”的情形下,质权人负有返还义务。因主债权无论基于何种原因消灭,均导致质权消灭而使质权人负有返还义务,所以对该款应作扩张解释,即由于抵销、免除等原因导致主债权消灭的,质权人也应当返还质押财产。由于该款规定的适用情形包括“履行债务”和“提前清偿”,表明此时主债权履行期限尚未届满,故该款适用于质权行使期间未起算阶段。

(2)根据《民法典》第432条第2款的规定,质权人的行为有害于质押财产价值的,质权人负有返还义务。由于该款规定的法律后果是“提存”或“提前清偿债务”,故该款规定的返还义务只能存在于主债权履行期限届满之前,即质权行使期间未起算阶段。

(三)出质人的权利和义务

1. 质押财产处分权

出质人虽因质权设立丧失对质押财产的占有,但仍对质押财产享有所有权,故原则上仍可处分质押财产。依《德国民法典》第1209条和《日本

---

① 参见最高人民法院(2014)民申字第333号。

② 参见辽宁省高级人民法院(2014)辽民二终字第00193号。

③ 参见《德国民法典》第1223条;《瑞士民法典》第889条第1款;《葡萄牙民法典》第671条第c项。

民法典》第355条，一项质押财产上可以设立数个质权，各质权顺序依设立时间确定。例如，各债权人指定同一人为代理占有人，并依指示交付的方式设立数个质权，质权顺序依向代理占有人作出指示意思的时间顺序确定。[①] 我国台湾地区有学者认为，在质权设立后，出质人得以简易交付或指示交付方式转让质物所有权，也可以就质物再设定质权或抵押权。在此情形下，原质权不因此受影响，各担保物权的优先顺序依其成立次序确定。[②] 我国现行法对质押财产处分权未作规定，学界虽普遍持肯定意见，但对该处分权具体包括哪些形式的处分，尚存在争议。第一种观点认为，出质人对质押财产的处分，仅限于采取指示交付方式转让质押财产。[③] 第二种观点认为，出质人可采取指示交付方式转让质押财产，也可以将质押财产设立抵押权，但不能再次设立质权。[④] 第三种观点认为，出质人可采取简易交付或指示交付方式将质押财产出卖、赠与或互易，也可以将质押财产再次设立质权或抵押权。[⑤]

本书赞同第三种观点。采取简易交付或指示交付方式转让质押财产所有权，无论该行为是否有偿，出质人均可实施。出质人将质押财产再次设立质权或抵押权，在我国现行法框架下不存在障碍，实务上亦不乏此类实例。[⑥] 尤其应当指出的是，以应收账款等财产权利为标的的权利质权，由于是以登记而非占有为公示方式，出质人将此类质押财产再次设质更加不存在障碍。[⑦] 出质人享有的质押财产处分权，应解释为存在于包括质权行使期间未起算阶段在内的整个质权存续期间。这与抵押人的抵押财产处分权仅存在于抵押期间有所不同，因为即使出质人在质权行使条件具备之后处分质押财产，也不会妨碍质权人享有和行使质权。

2. 质押财产保全权

与抵押法律关系不同，在质押法律关系中，质权人和出质人均享有质押财产保全权。《民法典》第433条规定的质权人的保全权，如前所述。出质人之所以也享有保全权，是因为质权人占有质押财产期间如果实施某些行为可能导致质押财产价值贬损的，也存在保全质押财产的必要。依据

① 参见[日]我妻荣：《我妻荣民法讲义Ⅲ：新订担保物权法》，申政武等译，中国法制出版社2008年版，第133页。

② 参见郑冠宇：《民法物权》，新学林出版股份有限公司2013年版，第624页。

③ 参见高圣平：《担保法论》，法律出版社2009年版，第493页。

④ 参见陈龙业、项先权：《质权·留置权》，中国法制出版社2007年版，第71页。

⑤ 参见崔建远：《物权法》（第5版），中国人民大学出版社2021年版，第511页。

⑥ 参见南宁市兴宁区人民法院（2017）桂0102民初4451号。

⑦ 参见《应收账款质押登记办法》第6条。

《民法典》第432条第2款的规定，出质人行使质押财产保全权是针对质权人实施的可能使质押财产毁损、灭失的行为，而非已经造成质押财产毁损、灭失的行为。由于第432条第2款规定的法律后果是"提存"和"提前清偿债务"，故该款规定的质押财产保全权只能存在于主债权履行期限届满之前，即质权行使期间未起算阶段。

3. 就质押财产隐蔽瑕疵承担损害赔偿责任

因质押财产隐蔽瑕疵给质权人造成损害的，作为质押财产所有权人的出质人对质权人负有损害赔偿责任。我国台湾地区"民法"第887条第1款规定，"质物隐有瑕疵的损害而生之损害赔偿"属于质权的担保范围。所谓"隐有瑕疵"，是指依据通常注意义务标准不能立即发现的瑕疵。该损害赔偿请求权属于质权担保范围，是因质权人占有质物而导致质权与抵押权担保范围不同的体现。[①]《担保法解释》第90条曾对质物隐蔽瑕疵的赔偿责任作出规定，但《民法典》和《民法典担保制度解释》均未继承该规定。由于质权的担保范围包括损害赔偿金（《民法典》第389条），因此较为合理的解释是：出质人向质权人交付质押财产时，质权人是否明知质押财产有隐蔽瑕疵不影响损害赔偿请求权的成立，而是影响该损害赔偿请求权是否被纳入担保范围。如果质权人明知质押财产有瑕疵[②]而仍然接受，则该损害赔偿请求权不属于质权担保范围，质权人可依据普通债权规则行使该损害赔偿请求权。

二、质权行使期间已起算、未届满的效力

（一）质权人的权利和义务

1. 行使质权以优先受偿的权利

质权人的优先受偿权主要体现在三种场合下：一是在一般场合下质权人的债权优先于普通债权人的债权就质押财产价值受偿，即依据《民法典》第436条之规定优先受偿；二是在出质人破产的场合下，质权人可通过行使别除权优先受偿；三是在质押财产被其他普通债权人申请执行的场合下，质权人可通过参与分配规则主张优先受偿权。

质权人行使质权时，能否不通过法院而直接将质押财产予以拍卖或变卖？对此，域外存在三种立法模式。

模式一：质权人须通过法定程序行使质权，而不得自行拍卖、变卖质押

---

① 参见邱玟惠：《民法物权逐条释义》，台北，元照出版有限公司2017年版，第307页。

② 包括质权人明知质押财产有隐蔽瑕疵和质押财产有明显瑕疵而质权人应知的。

财产。法国、日本采取该模式。依据《日本民法典》第 354 条等规定，质权人行使质权有三种方式：一是原则上应根据民事执行法规定的程序拍卖质押财产。二是存在正当理由时，质权人可向法院提出请求，按照其选任的鉴定人的评估，采取以质押财产直接充抵清偿的方法。正当理由包括：质押财产价值过低，适用拍卖程序成本过高；存在法定市价，不需要拍卖等情形。[①] 三是依据民事执行法的规定，在其他债权人的执行程序中，质权人可以提出分配要求。[②]

模式二：质权人须通过法定程序行使质权，但允许当事人作出相反约定。德国、葡萄牙采取该模式。依据《葡萄牙民法典》第 675 条的规定，质权人应通过诉讼途径行使质权，但当事人有相反约定的除外。

模式三：无须事先约定，质权人即可自行拍卖质押财产。

这三种模式中，模式一对行使质权的方式最为严格，法律要求质权人必须借助公力程序行使质权，而不允许质权人自行将质押财产变价。该模式侧重保护出质人利益，通过对行使质权方式设置严格要求，防止质权人以较低价格出售质押财产。模式三对质权人最为宽松，在无约定的情形下，质权人也可以将所占有的质押财产自行予以变价。该模式明显偏重保护质权人利益，强调质权人行使质权的便捷与效率。模式二的严格程度介于另两种模式之间。值得注意的是，无论哪种模式均以拍卖作为行使质权的通常方式，而原则上不允许以普通买卖作为质押财产的变价方式，以此防止质权人因急于变价而将质押财产低价出售甚至是与买受人串通以损害出质人利益。[③]

我国现行法对行使质权方式的规定与上述三种模式均不相同。依据《民法典》第 436 条第 2 款、第 3 款和《民法典担保制度解释》第 45 条第 1 款的规定，行使质权的方式有以下几方面特点。

其一，不要求质权人通过公力程序行使质权，而允许质权人将质押财产自行变价。这与采模式三类似，而与模式一、模式二明显不同。

其二，允许质权人在一般场合下以变卖方式行使质权。这与上述三种模式均不相同。依据立法机关释义书的解释，该规定是基于变卖方式“方便、快捷、成本小”的考虑。[④]

---

① 平野裕之『担保物権法』(日本評論社，2017 年)165 頁参照。

② 参见[日]近江幸治：《担保物权法》，祝娅等译，法律出版社 2000 年版，第 80 页。

③ 参见[德]鲍尔、施蒂尔纳：《德国物权法》(下册)，申卫星等译，法律出版社 2006 年版，第 561 页。

④ 参见黄薇主编：《中华人民共和国民法典物权编释义》，法律出版社 2020 年版，第 576 页。

其三，行使质权的三种方式（折价、拍卖、变卖）没有适用顺序上的限制。虽然也有其他国家允许以变卖方式行使质权，但是该行使方式是作为拍卖方式的一种例外补充。例如，在德国法中，以普通买卖方式行使质权仅适用于“符合利害关系人利益”的特殊情形。[①] 我国现行法则无此限制。

其四，质权人向法院申请行使质权的条件更为宽松。根据《民诉法解释》第 365 条的规定，质权人向法院申请行使质权时应当提交的材料包括：主合同、质押合同、交付质押财产的证明、证明行使质权条件成就的材料等。法律并不要求质权人提供涉及质权行使而作出的生效判决或裁定。在我国台湾地区，质权人申请法院拍卖质押财产的，应当先取得执行名义。所谓取得执行名义，是指依非讼事件法取得法院许可拍卖质押财产之裁定。

综上所述，我国现行法规定的质权行使方式比模式三更为宽松，这不仅体现为变卖被规定为常规的质权行使方式，还体现为向法院申请拍卖质押财产的门槛更低。现行法如此规定固然有利于提高质权行使的便捷性与效率，且通过规定“质押财产折价或者变卖的，应当参照市场价格”防范质权人低价变卖质押财产，但相较于域外法对出质人的保护程度而言，现行法规定仍有较大隐患。本书认为，较为妥当的做法是借鉴日本法的规定，将《民法典》第 436 条第 2 款予以缩限解释，即将该款解释为仅在“质押财产有市场价格而无必要拍卖”的情形下，才能适用变卖方式行使质权。在一般场合，质权人只能以折价或拍卖方式行使质权，以利于实现充分变价之目的。

2. 留置质押财产的权利、孳息收取权、承诺转质权、物权请求权、放弃质权的权利、不得擅自使用或处分质押财产的义务、妥善保管质押财产的义务

质权人的这些权利和义务存在于整个质权存续期间，故其亦存在于质权行使期间已起算、未届满阶段。理由如前所述，此处不赘。

（二）出质人的权利和义务

1. 请求质权人及时行使质权的权利、直接行使质权的权利

《民法典》第 437 条第 1 款规定了出质人这两项权利。关于《民法典》第 437 条的规范含义和评价，详见本章第七节的相关内容。

2. 质押财产处分权、就质押财产隐蔽瑕疵承担损害赔偿责任

出质人的这两项权利和责任存在于整个质权存续期间，故其亦存在于

① 参见《德国民法典》第 1246 条。

质权行使期间已起算、未届满阶段。理由如前所述，此处不赘。

三、质权行使期间届满的效力

（一）占有型质权行使期间届满的效力

1. 占有型质权行使期间届满导致质权消灭

根据《民法典担保制度解释》第 44 条第 3 款后段的规定，占有型质权行使期间届满效力参照适用留置权的规定。据此，占有型质权行使期间届满后，质权作为实体权利消灭。

2. 占有型质权行使期间届满与质押财产留置效力

第一，根据《民法典担保制度解释》第 44 条第 2 款的规定，占有型质权行使期间届满前质押财产具有留置效力，即质权人有权拒绝出质人返还质押财产的请求。由于该款的适用场合是“主债权诉讼时效期间届满后”，故其规定的留置效力与《民法典》第 436 条规定的留置效力并不完全相同。该款理由在于，占有型质权与留置权在此问题上的性质类似，故只要债权人未丧失占有标的物，即使主债权诉讼时效届满，也不能请求其返还标的物。①

第二，出质人是物上保证人还是债务人本人对质押财产留置效力不产生影响。如果质押财产由债务人本人提供，在其未清偿债务的情况下质权人有权留置质押财产的正当性十分明显。如果质押财产由第三人提供，因第三人并不直接对质权人负有债务，故是否也应承认质押财产留置效力尚需斟酌。《民法典担保制度解释》对此未作区分，将两种情形作相同处理。理由在于：其一，体系解释的要求。解释法律规范时须考量该规范的意义脉络、上下关系、体系地位及其对整个规范体系所具有的功能。② 现行法构建的质权规范体系中，均未区分质押财产由债务人或第三人提供而作不同处理，即出质人由何人担任并不影响其权利义务的内容。造成该现象的原因可能是，现行法更多地强调质权担保功能的实现，而何人充任出质人则并非立法者的关注对象。其二，质押财产由第三人提供的场合下，该标的物可视作债务人的委托物，即债务人为了自己的利益委托第三人将其财产设质。因此，第三人虽不对质权人负有债务，但其作为受托人应当承担委托人（债务人）不履行债务给其造成的不利后果，然后再借助追偿权解决最终的损失分担问题。如果债务人与第三人不存在委托关系，而是由第三

---

① 参见最高人民法院民事审判第二庭：《最高人民法院民法典担保制度司法解释理解与适用》，人民法院出版社 2021 年版，第 399 页。

② 参见［德］卡尔·拉伦茨：《法学方法论》，陈爱娥译，商务印书馆 2003 年版，第 316 页。

人主动为债务人利益设质，则通过无因管理规则解决损失分担问题。

（二）登记型质权行使期间届满的效力

1. 登记型质权行使期间届满后出质人可援引主债务时效抗辩权

根据《民法典担保制度解释》第 44 条第 3 款前段的规定，登记型质权行使期间届满效力参照适用抵押权的规定。据此，登记型质权行使期间届满后，出质人可援引主债务时效抗辩权拒绝质权人行使质权的行为；出质人援引主债务时效抗辩权的条件和方式采抵押权情形下的相同标准。

第一，“质权人未行使质权”是指质权人未依据《民法典》436 条或《民法典担保制度解释》第 45 条规定的方式行使质权。具体包括：质权人没有启动法律规定的三种方式中的任何一种；质权人与出质人为订立实现质权协议进行磋商，但未达成协议，其后质权人也未启动司法程序；质权人直接启动司法程序实现质权，但未得到法院支持；质权人依据事先约定欲将质押财产自行拍卖、变卖，由于出质人原因导致质权人无法完成该拍卖、变卖行为。

第二，如果质权人已经按照法定方式行使质权，即使在质权行使期间届满时尚未实际受偿，也不应认定为未行使质权。具体包括：当事人就实现质权达成有效协议，但该协议未被履行；质权人启动司法程序实现质权，虽然得到法院支持，但因故未能有效执行；出质人协助质权人依据约定将质押财产自行拍卖、变卖，但非由于出质人原因导致该拍卖、变卖行为未完成。

第三，出质人行使主债务时效抗辩权的，其有权申请质权注销登记，质权人负有协助义务。出质人未行使主债务时效抗辩权的，质权人行使质权完毕后，出质人和质权人可申请质权注销登记。

2. 债务人放弃时效抗辩权的法律后果

区分出质人是物上保证人还是债务人本人有所不同：出质人是物上保证人的，债务人弃权不影响出质人援引主债务时效抗辩权；出质人是债务人本人的，债务人弃权导致质权行使期间重新起算，出质人不能援引主债务之原时效抗辩权。

第七节　质权行使期间的计算

一、质权行使期间的起算

（一）一般场合下质权行使期间的起算标准

质权行使期间的起算，是指质权人行使质权能够得到法院支持的时间起点。在一般场合下,质权行使期间自质权行使条件具备之时起算。在现行法框架下,主债权诉讼时效起算点与质权行使条件具备之时实际上是同一时间点。依据《民法典》第 436 条第 2 款的规定,质权行使期间与抵押权行使期间的起算标准基本相同,兹不赘述。在实务中,当事人约定的实现质权的常见情形包括出质人转让质押财产、以质押财产再设定担保物权、债务人违约(如停止支付利息、改变借款用途)等。①

(二)特殊场合下质权行使期间的起算标准

1. 以应收账款、票据、债券、存款单、仓单等权利出质的场合下,如果主债务履行期限与出质权利履行期限不一致,质权行使期间如何起算?

(1)出质权利先于主债务到期。

在该情形下,质权行使期间提前起算或仍按《民法典》第 436 条第 2 款规定的标准起算,视质权人的选择而定。② 依据《民法典》第 442 条的规定,出质权利先到期的,有两种处理方法:一是质权人与出质人协议,将兑现的价款或者提取的货物提前清偿债务。在此情形下,该协议实际上导致质权行使期间提前起算。当然,如果质权人依据该协议实际发生清偿效果,因主债权消灭而使质权行使期间的计算已无意义;主债权未被足额清偿的,就剩余主债权而言,质权行使期间此时起算仍具意义。二是质权人将兑现的价款或者提取的货物提存。在此种情形下,质权行使期间仍然按照《民法典》第 436 条第 2 款的一般标准起算。主债务到期后,质权人向提存机关领取提存物时应否会同出质人为之?我国台湾地区学界及实务界对此存在争议。③ 依据《提存公证规则》第 23 条的规定,提存受领人可以自行领取提存物,而无须与出质人一起办理领取手续。

(2)出质权利后于主债务到期。

该情形下质权行使期间按照一般标准开始起算,但质权人须待出质权利到期时才能以质押财产价值受偿。从逻辑上来说,有可能出现以下情形:质权行使期间起算后至届满前,出质权利一直未到期,以至于质权人无法就质押财产价值受偿。对该情形下的质权人如何救济?较妥当的解决方法是通过时效中止规则救济此类质权人。主债权诉讼时效届满前 6 个月内因出质权利未到期导致质权人无法行使权利,主债权诉讼时效中止。在此种情形下,质权人并非不能行使主债权,而是不能行使担保物权,因此

① 参见曹士兵:《中国担保制度与担保方法》(第 4 版),中国法制出版社 2017 年版,第 348 页。

② 参见孙宪忠、朱广新主编:《民法典评注·物权编 4》,中国法制出版社 2020 年版,第 382 页。

③ 参见谢在全:《民法物权论》(修订 5 版)(下册),中国政法大学出版社 2011 年版,第 1042~1043 页。

该解释属于目的性扩张。[①] 其规范依据是《民法典》第194条第1款第5项，该项规定的“其他……障碍”用兜底条款的方式对无法穷尽的影响请求权行使的时效进程障碍作出了概括性规定。[②] 依据该解释，出质权利到期后，质权人还有3年6个月的时间行使质权。也应指出的是，即使不存在主债权诉讼时效中断情形，质权行使期间也至少有3年，而票据、仓单等权利从成立至到期通常不会有如此之久，因此上述讨论的情形在实践中发生的概率很低。

对于出质权利后于主债务到期的处理规则，我国台湾地区的规定与《民法典》和司法解释的上述规定有所不同。我国台湾地区“民法”第906条之2和第909条第3款规定，此情形下的质权人有权选择以拍卖、订立折价协议或者以拍卖以外的方式变价而受偿。依此规定，产生质权行使期间提前起算的效果。理由在于，质权人提前以行使动产质权的方式将出质权利变价以受偿，对当事人并未产生任何不利益，故赋予质权人该权利。[③] 相较于《民法典》规定而言，我国台湾地区“民法”的相关规定更具有灵活性和效率性，可资借鉴。

2. 出质人持股比例发生变化的场合下，股权质权行使期间如何起算？

股权质押作为融资手段在我国已经被普遍运用。由于作为出质人的股东的持股比例不断变化是一种常态，加之股权转让时间多受法律或交易规则限制，故引出在此情形下质权行使期间如何起算的问题。以下分为出质人持股比例降低和持股比例增加两种情形讨论。

(1)出质人持股比例降低。

在该情形下，质权行使期间提前起算或仍按《民法典》第436条第2款的一般标准起算。依据《民法典》第443条第2款的规定，出质人经质权人同意转让股权的，质权行使期间起算分为两种情形：一是依约定以所得价款提前清偿，此时质权行使期间提前起算；二是质权人将所得价款提存，此情形下质权行使期间仍然按照一般标准起算。证券公司以自营股票质押的，适用《股票质押办法》的相关规定确定质权行使期间的起算。该办法第31条和第33条规定的情形下，质权行使期间均提前起算。

(2)出质人持股比例增加。

在该情形下，质权行使期间按照一般标准起算。由于股权质权的效力

---

① 参见黄茂荣：《法学方法与现代民法》(第5版)，法律出版社2007年版，第499页。

② 参见杨巍：《〈民法典〉第194条(诉讼时效中止)评注》，载《南京大学学报(哲学·人文科学·社会科学版)》2020年第6期。

③ 参见郑冠宇：《民法物权》，新学林出版股份有限公司2013年版，第659页。

范围一般仅及于出质股权及其孳息，故即使出质人买入同种类股份导致其持股比例增加，新购入股份也非股权质权之标的物，而对质权行使期间起算不产生影响。但是在实践中，由于股价下跌导致不能足额受偿或其他原因，质权人往往要求就出质人新购入的股份也享有优先受偿权。在此场合下，应根据当事人对质押财产范围的变更协议确定质权行使期间起算等问题。例如，在"唐山瑞丰钢铁(集团)金友钢铁有限公司等与中冶京诚工程技术有限公司公司承揽合同纠纷上诉案"中，出质人刘某、金某分别以其合法持有金友公司50%股权和45%股权为债权人设立股权质权。其后，金某将其所持全部股权转让给刘某，刘某在金友公司的持股比例增至98.3%。债权人在事后对该股权转让行为表示认可，并由刘某在"收到此函，不持异议。同意以持有的金友公司全部股权为你公司就本项目提供质押担保，继续为你公司承担保证责任"的文件后签字。债务人到期未清偿债务，债权人就刘某所持全部股权主张行使质权，最高人民法院予以支持。[①] 在该案中，出质人转让出质股权得到债权人的事后同意，但债权人并未依据《民法典》第443条第2款主张"提前清偿债务或者提存"，而是与另一出质人刘某(股权受让人)约定扩大出质股权的范围。该约定应解释为质权人在放弃对金某所享质权的前提下，与刘某协议变更了质押财产范围。因所转让股权已经办理质押登记，故债权人与刘某的变更协议生效时即引起质权变动的效果，质权行使期间仍依据一般标准起算。

一个值得注意的问题是，近年来大股东高比例质押的现象日益突出。[②] 大股东多为上市公司的发起人、董事等高级管理人员，由于《公司法》对此类人员转让股权设有限制，故该场合下的质权行使期间起算还须考虑与《公司法》有关规则相衔接。例如，股权质押属于《公司法》第141条规定的情形，如果主债务已到期而出质股权依法还不能转让，质权行使期间按照一般标准起算，但质权人须待出质股权依法或依章程可以转让时才能将其变价受偿。

3. 出质人进入破产程序

依据《企业破产法》第46条的规定，未到期的债权，在破产申请受理时视为到期。如果出质人于破产申请受理时未清偿对质权人所负债务，则因符合"债务人不履行到期债务"之起算标准而导致质权行使期间起算。分以下三种情形讨论。

---

① 参见最高人民法院(2016)最高法民终357号。

② 参见高伟生:《大股东股权质押影响上市公司的银行贷款吗?》，载《金融监管研究》2018年第10期。

(1)动产质权人占有质押财产。

在此情形下,因质权行使期间已经起算,质权人可依据《民法典》的规定直接将质押财产变价受偿,而无须通过破产别除权主张优先受偿。值得注意的是,《企业破产法》第37条之“取回质物、留置物”规则仅适用于质押财产价值低于主债权数额的场合。如果质权人因管理人清偿或接受其担保而交付质押财产,则导致质权消灭,不再有质权行使期间的计算问题;如果质权人因管理人所作清偿或提供担保不符合要求而拒绝接受,则不影响质权行使期间的计算。另外,根据《破产法规定(二)》第25条的规定,管理人拟取回质物、留置物或者与质权人、留置权人协议变价的,应当及时报告债权人委员会或人民法院,因为此类行为属于“对债权人利益有重大影响的财产处分行为”。[①] 但无论管理人是否履行报告义务,均不影响质权行使期间的计算。

(2)监管人依据监管协议占有质押财产。

在此情形下,监管人是质押财产的直接占有人,质权人是质押财产的间接占有人,故质权行使期间的起算和质权行使仍依据情形(1)处理。应注意的是,如果监管人在占有质押财产期间被申请破产,质权人可通过管理人取回质押财产。[②] 依据《破产法规定(二)》第2条的规定,监管人占有的质押财产不应认定为债务人财产。监管人破产申请受理不能引起质权行使期间起算,因为监管人非主债务人,故该情形不符合质权行使期间的起算条件。

(3)权利质权人不占有质押财产。

在此情形下,质权行使期间于出质人破产申请受理时起算,质权人应通过别除权主张优先受偿。依据《破产法规定(二)》第1条的规定,此类质押财产应认定为债务人财产。由于质权人并不占有此类质押财产,故其不能如情形(1)、(2)中的质权人直接将质押财产变价受偿,而应当通过破产别除权主张优先受偿的权利。质押财产被依法转质的,转质权人亦享有别除权。

4. 债务人预期违约

该情形与保证、抵押场合下债务人预期违约的后果相同。质权行使期间起算点应视债权人是否向债务人提前行使违约责任请求权而定:提前行使的,质权行使期间起算点也提前至债权人行使权利之时,且须以“质权人

---

① 参见最高人民法院民事审判第二庭编著:《最高人民法院关于企业破产法司法解释理解与适用》,人民法院出版社2017年版,第297页。

② 参见《企业破产法》第38条。

知道或应当知道该情形”为条件;未提前行使的,质权行使期间起算点仍为“债务履行期限届满之日”。

5. 为保全质押财产价值,债务人提前清偿债务

(1)因质权人的行为而需要保全质押财产价值的。

在《民法典》第432条第2款规定的情形下,如果质权人接受债务人提前清偿债务的要求,而债务人未按约定清偿债务,符合“债务人不履行到期债务”之起算标准,主债权诉讼时效和质权行使期间均自质权人知道或者应当知道债务人未提前清偿债务的事实之时起算。

(2)因不能归责于质权人的事由而需要保全质押财产价值的。

在《民法典》第433条规定的情形下,主债权诉讼时效和质权行使期间均自质权人知道或者应当知道出质人拒不提供担保的事实之时起算。

二、主债权诉讼时效中断、中止、延长对质权行使期间的影响

(一)质权行使期间能否中断、中止、延长

1. 占有型质权的场合

在现行法框架下,占有型质权行使期间与主债权诉讼时效未被捆绑,质权于法定消灭事由(《民法典》第393条)具备前均有效存在。因此,占有型质权行使期间不存在自身中断、中止、延长的问题,也不因主债权诉讼时效中断、中止、延长而受影响。

2. 登记型质权的场合

基于与抵押权行使期间相同的原理,登记型质权行使期间的规则设计是以质权的从属性为基础,其构成对质权的间接限制。

(1)登记型质权行使期间并非独立计算的期间,故不存在自身中断、中止、延长的问题。

(2)主债权诉讼时效中断、中止、延长可间接导致质权人行使登记型质权的时间被加长。这是质权从属性在行使期间上的反映,而非质权直接适用诉讼时效规则的结果。

(二)主债权诉讼时效中断、中止、延长影响质权行使期间的具体规则

1. 主债权诉讼时效因中断、中止、延长未届满对质权行使期间计算的影响,区分占有型质权和登记型质权有所不同

占有型质权的场合下,主债权诉讼时效是否因中断、中止、延长未届满,不影响质权行使期间的计算,质权人于质权法定消灭事由具备前均可行使质权。登记型质权的场合下,主债权诉讼时效因中断、中止、延长未届满,质权人行使质权受人民法院保护,即出质人不能援引时效抗辩权拒绝

质权人行使质权的行为。主债权诉讼时效中断、中止、延长的事由和条件,适用《民法典》和《诉讼时效规定》的相关规定。债权人起诉债务人并获得胜诉法律文书后,执行时效因中断、中止未届满的,质权人仍可行使质权。

2. 质权人主张行使质权的,引起主债权诉讼时效中断

占有型质权和登记型质权均适用该规则。依据《民法典》第436条第2款和《民法典担保制度解释》第45条规定的行使质权的方式,在不同方式中质权人主张行使质权引起主债权诉讼时效中断的具体意义有所不同。分述如下。

(1)质权人以订立折价协议方式行使质权的,质权人向出质人作出订立该协议的要约生效之时主债权诉讼时效中断。该要约生效表明质权人向出质人主张权利的请求已经完成,而该主张的内容是以质押财产价值清偿主债权,故构成主债权诉讼时效中断事由。①

(2)质权人以申请法院拍卖、变卖质押财产方式行使质权的,质权人向法院提交申请之时主债权诉讼时效中断。依据《诉讼时效规定》第10条的规定,诉讼时效中断时间是"提交起诉状或者口头起诉之日"。《诉讼时效规定》第11条第5项规定,"申请强制执行"构成诉讼时效中断事由。故在此情形下,主债权诉讼时效中断的时间为质权人向法院提交申请之时。

(3)质权人以直接拍卖、变卖质押财产的方式行使质权的,因主债权足额受偿而不再存在诉讼时效计算问题。如果拍卖、变卖质押财产所得价款仅使主债权部分受偿,质权人将该拍卖、变卖行为通知出质人的,剩余部分债权诉讼时效中断时点为通知生效之时。

第八节　我国现行法之检讨

从现行法规定来看,质权行使期间规则包括以下几方面内容:(1)《民法典》对质权行使期间未作规定,其第437条"及时行使质权规则"不应被解释为质权行使期间规则。(2)《民法典担保制度解释》第44条规定,登记型质权法定行使期间为主债权诉讼时效期间(参照适用抵押权规定);占有型质权法定行使期间为质权行使条件具备之时至质权消灭之时(参照适用留置权规定)。(3)质权约定行使期间和登记行使期间原则上应认定无效,但有特殊规定(《应收账款质押登记办法》等)的除外。

---

① 参见《民法典》第195条第1项。

一、我国现行法与域外立法模式价值理念之比较

对于质权行使期间规则,我国法律在《民法典》施行前后内容变化较大。本部分着重分析《民法典》施行前法律规定存在的弊端,下一部分对《民法典》施行后的法律规定予以评价。

(一)《民法典》施行前的法律没有意识到“占有”因素对质权行使期间规则的重要影响

事实支配力是一切占有关系都不可或缺的要素,而这种事实支配力的存在必然会对质权行使期间规则的内容产生影响。[①] 域外各立法虽然在质权行使期间规则的内容上存在差异,但均重视占有因素对该规则设计的影响,并由此作出相应的制度安排。在《民法典》施行前的法律框架下,质权行使期间规则没有考虑“占有”因素的权重,体现如下。

第一,《担保法解释》第 12 条统一适用于各类担保物权,而未关注“占有”因素对行使期间的影响。虽然最高人民法院释义书称该条是借鉴我国台湾地区“民法”的结果,[②]但是实际上台湾地区“民法”第 880 条不能类推适用于质权。理由在于,质权人既然占有标的物,表明其有行使权利之意思,不应认为其为权利之睡眠者。动产质权和抵押权存在事实支配(占有)质物和观念支配抵押物之区别,因此在质权人占有质物的前提下就应保护其担保利益,而不受该条的限制。[③] 质权人既然继续占有质物,质权的担保功能应当得以继续发挥。[④] 对于为何将《担保法解释》第 12 条统一适用于各类担保物权,最高人民法院并未作出清晰解释。无论基于何种原因,该规则设计完全未将“占有”作为考量因素,甚为明显。

第二,《物权法》第 219 条第 1 款规定的质物返还规则,未妥善处理与质权行使期间的衔接。借助质权人占有质物给债务人造成的心理压力,促使债务人履行义务,这是质权担保功能得以实现的重要途径,也是与抵押权的核心区别。如前文所述,基于该担保功能各国普遍承认质权的留置效力,并将其作为构建质权行使期间规则的重要因素。《物权法》第 219 条第 1 款虽从正面规定了债务人已清偿债务的情形下质权人应当返还质物,但未明确肯定只要债务人未清偿债务质权人就有权留置质物,且该留置效力

---

① 参见[意]鲁道夫·萨科、[意]拉法埃莱·卡泰丽娜:《占有论》(原书第 2 版),贾婉婷译,中国政法大学出版社 2014 年版,第 62 页。

② 参见李国光等:《最高人民法院〈关于适用中华人民共和国担保法若干问题的解释〉理解与适用》,吉林人民出版社 2000 年版,第 89 页。

③ 参见谢在全:《民法物权论》(修订 5 版)(下册),中国政法大学出版社 2011 年版,第 1005 页。

④ 参见邱玟惠:《民法物权逐条释义》,台北,元照出版有限公司 2017 年版,第 319 页。

不受时间限制。这使该款规范含义在更大程度上仅为质物返还规则而非质权留置效力规则，或者说该款规定的留置效力有可能被解释为有期限的留置效力。该解释显然与留置效力的属性不符。

第三，《物权法》第220条“及时行使质权规则”间接地对行使质权予以时间限制，有悖于占有质物所应具效力。详见后文分析。

（二）《民法典》施行前的法律没有区分“占有”和“登记”对质权行使期间规则的不同影响

在域外法上，区分“占有”和“登记”设置不同的质权行使期间规则，似乎已成为一种共识。在罗马法上，质押（pignus）便存在“占有质”（pignus datum）和“非占有质”（pignus obligatum）之分。例如，单纯的裁判官质押和司法质押（pignus in causa judicati captum）就不能产生对质物的一般意义上的占有。[①] “非占有质”虽然不是现代民法意义上的登记式权利质权，但因其公示方式的特殊性而形成了自身的特有规则。[②] 近现代以来，由于财产权利的证券化趋势，以债券、票据等财产权出质成为金融业中一种常用的融资方式。[③]《欧洲示范民法典草案》第Ⅸ-3：102条规定，登记是适用于所有类型财产之上的担保物权的公示方式。这种公示方式被认为是“可能的”且“合理可行的”。[④] 第Ⅸ-3：325条规定：“登记事项自载入登记簿5年后或登记中载明的有效期届满时失效。”即占有型动产担保物权适用法定行使期间，[⑤]而登记型动产担保物权适用登记（约定）行使期间。英美法系中的美国《统一商法典》第九编与此规定类似，将登记统一作为动产及权利担保的公示方式，并将担保权利期限作为登记事项之一。[⑥] 这种立法趋势的理由在于，由于登记的公示方式对质押财产仅具有观念支配力而并无事实支配力，故允许当事人约定质权行使期间并不存在难以逾越的障碍。而且，将该期间记载于登记事项还能起到充分公示的作用，这对于以无形财产出质的情形更具积极意义。反观我国《民法典》施行前的法

---

① 参见［德］弗里德里希·卡尔·冯·萨维尼：《论占有》，朱虎、刘智慧译，法律出版社2007年版，第232页。

② 参见［德］马克斯·卡泽尔、罗尔夫·克努特尔：《罗马私法》，田士永译，法律出版社2018年版，第315~317页。

③ 参见［德］曼弗雷德·沃尔夫：《物权法》（第18版），吴越等译，法律出版社2002年版，第387页。

④ 参见［德］克莱夫、巴尔主编：《欧洲私法的原则、定义与示范规则：欧洲示范民法典草案》（第9、10卷），徐强胜等译，法律出版社2014年版，第81页。

⑤ 参见《欧洲示范民法典草案》第Ⅸ-6：103条。

⑥ See Ray D. Henson, *Secured Transaction under the Uniform Commercial Code*, St. Paul, Minn：West Publishing Co. ,1989, p. 63.

律，对于“占有”和“登记”对质权行使期间规则的不同影响，在进行制度设计时没有予以充分考量。体现如下。

第一，对于质权约定行使期间和登记行使期间，《担保法解释》第 12 条第 1 款一律采禁止态度，而没有区分占有型质权和登记型质权作出不同的规则设计。对于占有型质权而言，由于质权人占有质物是质权的存续要件且产生事实支配力，如果允许当事人另行约定行使期间，将会导致权利期间与事实支配力冲突。而且，在占有公示方式之外另行进行登记，也无端增加了交易成本和规则的烦琐。因此，对占有型质权禁止约定期间和登记期间是合理的。对于大多数权利质权而言，其登记公示方式并不产生事实支配力，在登记事项中记载行使期间也不会给当事人造成额外负担，反而有利于当事人依其意思作出交易安排。允许登记型质权的当事人约定期间的做法已被域外法广泛采纳，对登记型质权禁止约定期间和登记期间并无充足理由。针对交易实践的需要，有关管理部门制定的《应收账款质押登记办法》《专利权质押办法》《股票质押办法》等规章均涉及登记期间的规定。[①] 此类登记期间在权利质押实践中已被广泛适用，简单地以其违反司法解释为由一律认定无效，恐非妥当。

第二，对于质权法定行使期间，《物权法》和司法解释均未区分占有型质权和登记型质权而适用统一规则。《担保法解释》第 12 条第 2 款规定的担保物权行使期间适用于所有类型质权，司法解释制定者对该款的解释似乎也没有关注是否占有担保物对规则内容的影响。在《物权法》的制定过程中，有立法建议认为应当区分占有型质权和登记型质权设计不同的法律规则，尤其对股权等无形财产权设立的权利质权应结合其特性作出适宜的规定。[②]《物权法》最终未对质权行使期间作出规定，且于第 229 条规定权利质权除适用自身规定外，动产质权的规定原则上亦可适用。

（三）《民法典》施行前的法律没有充分体现保护质权人担保利益的理念

域外法经验表明，虽然各国及地区法律框架下的质权制度差异较大，但是其规则内容均将保护质权人的担保利益作为较重要价值理念之一，并且该理念在质权行使期间规则中有充分体现。例如，德国法直接规定质权行使不受主债权时效届满的影响；法国学理及实务将质权人占有质

---

① 参见《应收账款质押登记办法》第 12 条、第 13 条；《专利权质押办法》第 8 条；《股票质押办法》第 10 条。

② 参见“地方人大、中央有关部门、单位和专家对《中华人民共和国物权法（草案）》（社会公开征求意见稿）的意见”，载全国人大常委会法制工作委员会民法室编著：《物权法立法背景与观点全集》，法律出版社 2007 年版，第 181～183 页。

物的事实认定为引起主债权时效中断事由；荷兰、日本等国虽然规定主债权时效届满导致质权消灭或可以此抗辩，但同时规定在若干场合下质权人仍可行使质权。总体而言，对于保护质权人担保利益的立法精神，各立法态度趋于一致，区别仅在于具体保护程度以及法律技术运用的差异。

荷兰、日本等国将质权行使期间与主债权诉讼时效适当捆绑，这一点与我国法律类似，但即使与这些国家相比，我国法律对质权人担保利益的保护强度也仍然偏弱。一则由于荷兰、日本等国列举了若干例外情形，使得在某些场合下质权人行使质权不必受主债权诉讼时效的影响；二则日本等国规定质权行使期间届满的后果仅使出质人享有抗辩权，而并非导致质权消灭。我国法律不仅没有规定排除适用的例外情形，而且还规定该期间届满的后果是导致实体权利消灭。这确实反映了在质权行使期间规则设计上，保护质权人担保利益的理念未得到足够重视。

二、我国质权行使期间规则的立法完善

基于上文分析可知，质权行使期间规则应当充分重视“占有”因素对规则设计的影响，在区分占有型质权和非占有型质权的基础上作出适当的制度安排，并在总体上贯彻保护质权人担保利益的价值理念。虽然《民法典》对质权行使期间未作规定，但是《民法典担保制度解释》的规定在相当程度上体现了上述价值理念，故总体上值得赞同。我国质权行使期间规则的具体设计为：占有型质权关系中，债务人未清偿债务而质权人占有质押财产的，质权人行使质权不受时间限制；登记型质权参照适用抵押权行使期间规则；删除“及时行使质权规则”。

（一）占有型质权关系中，债务人未清偿债务而质权人占有质押财产的，质权人行使质权不受时间限制

《民法典担保制度解释》第 44 条第 3 款后段规定的该规则，主要适用于以占有为公示方式的动产质权和仓单质权、票据质权等少数权利质权。该规则的具体内容包括：(1)质权行使条件具备后，只要债务人未清偿债务，质权人行使质权便不受时间限制。基于质权的不可分性，此处的“债务人未清偿债务”既包括债务人未清偿全部债务，也包括未清偿部分债务。(2)如果登记簿上记载有质权行使期间，该期间不具有法律约束力。(3)质押财产是否转让给第三人，不影响该规则的适用。(4)监管人依据监管协议占有质押财产的，适用该规则。相较于旧司法解释而言，该规则更具合理性，应予坚持。理由如下。

第一，该规则内容突出“占有”事实支配力的要求，并以此实现质权人

担保利益的充分保护。事实支配力与权利行使之间的关系具有体系性上的深远意义。[①] 该规则弥补了《民法典》第 436 条第 1 款有限留置效力的不足，更有利于发挥占有型质权的担保功能。

第二，占有是一种强效力的公示方式，故不宜再以登记期间限制占有的效力。一方面，作为质权公示方式的占有，具有更严格的要求，这在域外和我国学界已是共识。以这种条件严格的公示方式设立的质权，理应产生更强效力。事实上，质权的留置效力即源于此。而且从民众的朴素法感情而言，债权人明明现实占有债务人的财产且债务人也确实未清偿债务，此时债权人行使权利却要受到一个“遥远的”登记簿记载事项的限制，这恐怕难以被大多数人接受。另一方面，多数权利质权之所以采取登记作为公示方式，主要是因为股权等无形财产权难以适用占有之公示方式，故借助登记设立质权，以满足社会投资担保手段之需求。[②] 由此可见，占有与登记，对于质权公示而言应是“二选一”之关系，对已采占有方式设立的动产质权要求其另行登记，在理论和实践上都存在明显障碍。

第三，在质权存续期间内质押财产被转让的，受让人仅能通过拟制交付取得质押财产所有权，而质权的留置效力仍可用于对抗新所有权人。在此场合下，由于质权人占有质押财产的状态并未改变，因此质权人无须像抵押权人那样借助抵押权追及效力行使抵押权，而按照一般规则行使质权即可。对于善意受让人的保护问题，则应通过其与转让人（出质人）之间的协议解决，而不应影响质权行使规则的适用。

第四，监管人依据监管协议占有质押财产的场合下，质权人借助监管人对质押财产予以事实支配，其占有状态和留置效力并未改变，故仍应适用该规则。

（二）登记型质权参照适用抵押权行使期间规则

《民法典担保制度解释》第 44 条第 3 款前段规定的该规则，适用于以登记为公示方式的应收账款质权、股权质权、知识产权质权等权利质权。该规则的具体内容包括：(1)参照适用的抵押权行使期间规则内容详见第三章第九节。(2)《应收账款质押登记办法》等单行法有特殊规定的，依其规定。

《民法典担保制度解释》施行后，学界对该规则的评价存在分歧。肯

---

① 参见［意］鲁道夫·萨科、［意］拉法埃莱·卡泰丽娜：《占有论》（原书第 2 版），贾婉婷译，中国政法大学出版社 2014 年版，第 27 页。

② 参见谢在全：《民法物权论》（修订 5 版）（下册），中国政法大学出版社 2011 年版，第 1013 页。

定说认为，从我国的立法演进和登记型质权的属性等角度来看，该规则具有合理性。① 否定说认为，区分占有型质权和登记型质权设置不同的行使期间规则，理由并不充分，该规则架空了诉讼时效制度。② 本书认为，相较于旧司法解释而言，《民法典担保制度解释》设计的该规则更具合理性，应予坚持。理由如下。

第一，在担保功能的实现上，占有型质权与登记型质权存在根本差异。占有型质权借助“占有”事实支配力实现其担保功能，登记型质权则否。正如我妻荣教授指出的，质权本来是以留置为主要功能，由于以有价证券为客体的权利质权被广泛运用，故优先清偿逐渐成为质权的核心功能。从公示方法的角度来看，这些权利质权属于登记型质权；从功能的角度来看，毋宁说它们更近似于抵押权。③ 在我国现行法框架下，权利质权中的股权质权、知识产权质权、应收账款质权等均以登记为其公示方法，而且质权设定后出质人仍得行使出质权利，故更接近于权利抵押。④

第二，在司法实务中，涉及登记型质权纠纷的案型大多与抵押权纠纷类似，二者所涉争议点具有相当程度的同质性。基于该原因，《民法典担保制度解释》施行前司法实务主流意见就已经倾向于将登记型质权参照适用抵押权行使期间规则。《九民纪要》第 59 条第 2 款即为该倾向性意见的体现。⑤

第三，《民法典》施行后，应当认可《应收账款质押登记办法》等规章关于质权登记行使期间所设规定的效力，理由详见本章第五节。

（三）删除“及时行使质权规则”

具体理由详见下文分析。

三、“及时行使质权规则”之弊端

《民法典》第 437 条继承了《物权法》第 220 条之“及时行使质权规则”，立法理由是“为了避免质权人滥用权利、怠于行使权利”。⑥ 该规则亦

---

① 参见高圣平：《担保法前沿问题与判解研究》（第 5 卷），人民法院出版社 2021 年版，第 303～304 页。

② 参见程啸等：《最高人民法院新担保司法解释理解与适用》，法律出版社 2021 年版，第 278 页。

③ 参见［日］我妻荣：《我妻荣民法讲义Ⅲ：新订担保物权法》，申政武等译，中国法制出版社 2008 年版，第 104、193 页。

④ 参见高圣平：《担保物权司法解释起草中的重大争议问题》，载《中国法学》2016 年第 1 期。

⑤ 参见最高人民法院民事审判第二庭编著：《〈全国法院民商事审判工作会议纪要〉理解与适用》，人民法院出版社 2019 年版，第 361 页。

⑥ 参见黄薇主编：《中华人民共和国民法典物权编释义》，法律出版社 2020 年版，第 578 页。

被解释为针对两种情形的应对措施：一是主债务到期时，出质人往往不愿意清偿债务以获得质物，而是希望债权人实现质权；二是质物价值较大，主债务到期后债权人不行使质权导致出质人对超出担保价值部分无法支配，不利于物尽其用。[①] 亦有实务界人士将该规则视作“对物权法未规定质权行使期间可能带来的消极后果所采取的另类解决措施”。[②] 虽然该条并非直接规定质权行使期间，但由于其客观上限制了行使质权的时间范围，故亦有检讨必要。该条包含三层含义：(1)质权行使期间起算后，出质人有权请求质权人及时行使质权。从另一角度来说，质权人负有及时行使质权的义务。(2)如果出质人行使该请求权而质权人不履行及时行使质权的义务，出质人可以自己向法院申请行使质权。(3)质权人不履行及时行使质权的义务造成损害的，质权人应承担赔偿责任。

“及时行使质权规则”源于《担保法解释》第 95 条第 2 款。对于司法解释的该规定，最高人民法院仅以“防止质权人滥用权利”等抽象理由予以解释，[③]说服力有限。事实上，该规则并非借鉴域外成熟立法经验的结果，[④]立法机关现有文献对该规则也未给出令人信服的理由。笔者认为，该规定存在以下弊端。

第一，“及时行使质权规则”未必有利于质押财产的充分变价。依据《民法典》第 437 条的文义，质权人“及时行使质权”以“出质人……请求”为条件，但依据立法机关释义书的解释，“一旦债务履行期届满而债务人未清偿时，质权人就应当及时行使质权”，[⑤]而出质人请求权则是为其另行设置的救济手段。无论采哪种理解，从逻辑上来说，“及时”“怠于”均可解释为应尽快行使质权，即行使质权的时间距质权行使条件成就时越近，则越“及时”；反之，则越有可能构成“怠于行使”。问题在于，所谓“及时行使”真的有利于质押财产充分变价吗？欧陆各国自近现代以来，为提高财产的

---

① 参见最高人民法院民法典贯彻实施工作领导小组主编：《中华人民共和国民法典合同编理解与适用》(下)，人民法院出版社 2020 年版，第 1219～1220 页。

② 参见刘贵祥：《〈物权法〉关于担保物权的创新及审判实务面临的问题》(下)，载《法律适用》2007 年第 9 期。

③ 参见李国光等：《最高人民法院〈关于适用中华人民共和国担保法若干问题的解释〉理解与适用》，吉林人民出版社 2000 年版，第 331 页。

④ 我国立法机关和最高人民法院也承认这一点，并认为该规则是“借鉴并创新担保物权制度规则”的产物。参见最高人民法院民事审判第二庭编：《民商事审判指导》2008 年第 2 辑(总第 14 辑)，人民法院出版社 2008 年版，第 1～3 页。

⑤ 参见黄薇主编：《中华人民共和国民法典物权编释义》，法律出版社 2020 年版，第 578 页。

利用效率,出质人多以贵重金属、股权或债券设立质权,①因为这些缺少特殊使用价值或只具有交换价值的财产已经在交易过程中占据了主要地位。② 我国质押担保实践中,以油料、燃料、煤炭、贵重金属设立质权的情形已很普遍。③ 判断这些财产的出售时机具有极强的专业性要求,绝非凭借"及时行使"标准便可完成,一般人显然不具有这种能力。很难想象,质权人在质权行使条件具备后立刻将此类质押财产变价会一定有利于出质人的利益。

第二,依《民法典》第 437 条的规定,出质人请求质权人及时行使质权而质权人未行使的,出质人本可自己请求法院拍卖、变卖质押财产,即在此情形下已经为出质人提供了救济渠道,为何质权人却仍须因怠于行使质权而承担赔偿责任呢?依据《民诉法解释》第 359 条的规定,出质人属于《民事诉讼法》第 203 条规定的"其他有权请求实现担保物权的人"。在此前提下,出质人可以在质权人不行使质权时自己启动变价程序,以防止错过最佳变价时机。对于何时将质押财产变价最为有利,本应由质押财产所有权人(出质人)承担判断义务,而作为担保物权人的质权人则不负有该义务。换言之,真正可能构成"怠于行使权利"的主体应为出质人,而非质权人。但是《民法典》第 437 条的实际适用效果却是:在出质人和质权人都未行使质权的情形下,质押财产的价值贬损由质权人承担赔偿责任。该效果显非妥当。

第三,依据"及时行使质权规则",质权人实际上处于类似于委托或行纪合同中受托人的地位。从该条文义来看,质权人承担的赔偿责任属于过错责任,即类似于有偿委托或行纪合同中受托人未妥善处理事务的赔偿责任(《民法典》第 929 条、第 960 条)。法律对质权人课以该责任显然不合适,因为基于质押担保功能,质权人占有质押财产期间应以妥善保管为已足,而不应苛责其承担超出保管内容之外的所谓"管理义务"。要求质权人承担相当于有偿委托或行纪合同中受托人之责任,既违反质押担保目的,也因质权人未获得相应对价而极不公平。从出质人角度而言,该条规定可能会诱导出质人的以下行为:出质人本应自己支出成本判断质押财产何时变价最为有利,但出质人在可以清偿债务并要求质权人返还质押财产的情形下,为节省成本而故意不清偿以使质权人继续占有质押财产并不得

---

① 参见[德]曼弗雷德·沃尔夫:《物权法》(第 18 版),吴越等译,法律出版社 2002 年版,第 387 页。

② 道垣内弘人『担保物権法(第 4 版)』(有斐閣,2017 年)84 頁参照。

③ 参见苏斐等:《质押监管协议的性质及质物范围》,载《人民司法(案例)》2017 年第 35 期。

不花费成本行使质权，而如果质权人不愿花费成本行使质权则有可能承担赔偿责任。该结果实际上导致本应由出质人负担的管理成本无理由地转嫁给质权人，这不符合立法机关所称“防止质权人滥用权利”之本意。有学者试图将该条规定的赔偿责任解释为类推“债权人迟延”的风险分配规则，[①]但该观点仍未合理解释质权的物权属性及担保功能与债权之间的差异何以能使二者“类推”，故亦难成立。

第四，“及时行使质权规则”与质押财产留置效力的精神相悖。质权通过剥夺出质人对质押财产的占有，对其产生心理上的强制，以此促使其作出清偿行为而实现担保目的。[②] 但“及时行使质权规则”实际上导致质权人在未受清偿的情形下便丧失了对质押财产的留置效力。一种可能的解释是，“及时行使质权规则”可以使债权债务关系尽快得到了结，故否定该留置效力。但事实上，现行法已经为尽速了结债务关系设置了多个通道：债务人既可以通过履行债务请求质权人返还质押财产，也可以依法自行启动质物变价程序。这也是各立法解决质权人占有质物与债务人履行债务这对矛盾关系的通行做法。《民法典担保制度解释》第 44 条明确认可了质押财产留置效力后，“及时行使质权规则”可能与之发生抵牾。后者虽不要求质权人将质押财产直接返还给出质人，但实际上剥夺了质权人留置质押财产的效力，使债务人在未履行债务的情况下就被免除了留置效力导致的心理压力。

第五，“及时行使质权规则”与混合共同担保规则存在抵牾。依照《民法典》第 392 条的规定，主债权有多个担保且未约定担保顺序的，债权人应当首先行使由债务人提供的物保；对于由第三人提供的物保或人保，债权人可以选择行使。该条系基于“公平原则”“简化追偿关系”“节约成本”等立法理由所作规定，亦为沿袭司法解释处理模式的体现，即对于第三人提供的担保不考虑担保性质而一律采“平等主义”。[③] “及时行使质权规则”导致混合共同担保规则的适用存在以下障碍：其一，在第三人提供质押担保和债务人提供物保的场合下，这两项规则的适用陷入两难境地。例如，债务人 A 提供抵押担保、物上保证人 B 和 C 分别提供质押担保和抵押担保、D 提供保证担保，无论是依据第 392 条首先行使 A 提供的抵押担

---

① 参见徐同远：《论出质人请求质权人及时行使质权——以〈中华人民共和国物权法〉第 220 条为中心的探讨》，载《私法研究》2011 年第 1 期。

② 平野裕之『担保物権法』（日本評論社，2017 年）158 頁参照。

③ 参见最高人民法院民事审判第二庭编：《担保案件审判指导》，法律出版社 2014 年版，第 11 页。

保，还是依据第437条"及时行使"B提供的质押担保，都将构成对另一项规则的违反。其二，依据第392条规定的第三人担保之"平等主义"，B、C、D本应处于同一担保顺序，但第437条"及时行使质权"规则实际上要求优先行使B提供的质押担保。其三，第392条规定当事人可以约定担保顺序，由于"及时行使质权规则"的存在，该约定只能将B置于在先顺序。这有悖于第392条所含尊重当事人意思和简化追偿关系之立法目的。①

第六，"及时行使质权规则"的实际适用效果不佳。依据对"中国裁判文书网"和"北大法宝"的查询结果，质权人因违反"及时行使质权规则"而承担赔偿责任的案例极少，较典型的一个案例是"农行某营业所诉刘某返还质押贷款案"。该案的主审法院以"原告不按承诺对质押车辆及时进行处置"为由，判决原告对质押车辆贬值损失23,850元承担赔偿责任。② 该案发生于《担保法解释》颁布以前，且被《人民法院案例选》收录，似表明该裁判意见在当时属于实务主流意见。但事实上，其后该裁判意见并未在实务中大量重现，甚至有法院对该条的合理性提出质疑，并通过其他解释路径得出相反结论。例如，在"陈某国等与赫章县农村信用合作联社金融借款担保合同纠纷上诉案"中，当事人事先对"及时行使"的条件和时间均作出详细约定，但法院认为该约定使质权人取得某种权利而非义务。该裁判意见指出"质权人对粗锌价格变化不能及时掌握"是其无须承担责任的核心理由，其含蓄地指出了"及时行使质权规则"的弊端，即不应使质权人负有判断出售时机的义务。③ 此外，实务中还存在不少误用"及时行使质权规则"的案例，如将该规则与质权人妥善保管义务相混淆，或将这两项规定一并适用以强化质权人承担赔偿责任的理由。④ 由此可见，由于"及时行使质权规则"在规范目的与适用效果上存在抵牾，且与其他规则存在衔接障碍，因此大多数法院适用该规则时或者有意无意地误用，或者采取某种间接路径回避其适用效果。

从域外法经验来看，对于如何防止因质押财产贬值而损害当事人利

---

① 参见高圣平：《混合共同担保的法律规则：裁判分歧与制度完善》，载《清华法学》2017年第5期。

② 参见最高人民法院中国应用法学研究所编：《人民法院案例选》2003年第2辑（总第44辑），人民法院出版社2004年版，第256页以下。

③ 参见贵州省高级人民法院（2011）黔高民商终字第54号。

④ 参见镇江市中级人民法院（2017）苏11民终696号；榆林市中级人民法院（2017）陕08民初第339号；绍兴市中级人民法院（2015）浙绍商终字第746号。

益，主要存在两种规则：一是提前行使规则。① 该规则的作用是在质押财产可能发生“腐败”或“价值显著减少”的情形下，通过提前行使质权保全质押财产的价值。② 二是不足额设质规则。《德国民法典》第 237 条规定：“以动产提供担保，只能以评定价格的 2/3 为数额。有腐败之虞或特别难以保管的物，可以加以拒绝。”理由在于：动产通常以远低于其真实价值的价格出售，因此担保物估价必须至少是担保价值的 1.5 倍。为质权人免受质物被毁坏的威胁和难以储存的困扰，对某些担保物可以拒绝。③ 此二规则体现的理念是：对于质押财产贬值风险应在行使条件具备前予以事先防范，这样既使担保作用更确实可靠，也避免了当事人的事后评估成本。相较而言，域外法的做法更为合理，因为“及时行使质权规则”体现的是一种事后救济理念，其欲达成的效果是将保全规则的适用时间扩展至质权行使条件具备之后，且将其设置为质权人的义务。这既与保全规则应有之义发生偏离，也未必能产生最优担保效果。“及时行使质权规则”是继承司法解释及某些实务意见的结果，这在《物权法》历次审议稿的内容变化中可以得到印证，④该条的产生也有可能在一定程度上受到立法过程中某些学理意见的影响。总体而言，该条是一项失败的规定，未来修法时应予删除。

---

① 参见《德国民法典》第 1218 条、第 1219 条；《奥地利普通民法典》第 460a 条；《意大利民法典》第 2795 条。

② Vgl. Jürgen Damrau, Kommentar zum § 1218, in: Münchener Kommentar zum BGB, 8. Aufl., München: C. H. Beck, 2020, Rn. 2.

③ Vgl. Helmut Grothe, Kommentar zum § 237, in: Münchener Kommentar zum BGB, 9. Aufl., München: C. H. Beck, 2021, Rn. 1.

④ 《物权法（草案）》（征求意见稿）和其后的历次“审议稿”中均规定了该规则，仅文字表述和条文位置有所变化。

第五章　留置权行使期间

第一节　留置权行使期间概述

一、留置权行使期间的含义

在现行法框架下，留置权存续期间与留置权行使期间是既有关联又有区别的两个概念。留置权存续期间，是指留置权作为担保物权有效存续的时间，即从留置权成立为起点、留置权消灭为终点的时间段。债务人不履行到期债务时留置权成立，但须具备另外的条件才可行使优先受偿权。[①]《民法典》继承了《物权法》和《担保法》的做法，债权人在留置财产后，必须经过一定的宽限期后才能行使留置权。因此在宽限期届满之前，留置权虽已成立但留置权人尚不能行使其权利。

留置权行使期间，是指留置权人能够依法行使留置权的时间范围。《担保法解释》第 12 条第 2 款曾规定，留置权行使期间是主债权诉讼时效届满+2 年。《民法典》和《民法典担保制度解释》改变了该做法。依据《民法典》第 453 条第 1 款的规定，留置财产后应由当事人双方约定或者留置权人单方指定宽限期。根据《民法典担保制度解释》第 44 条第 2 款的规定，主债权诉讼时效期间与留置权行使期间不存在关联，债权人占有留置财产期间内仍可行使留置权。由此可见，与抵押权、质权行使条件不同，留置权行使条件具备的时间并非主债权到期之时，而是宽限期届满之时。[②]因此在现行法框架下，留置权行使期间是：以宽限期届满为起点，因债权人丧失占有或其他法定事由导致留置权消灭为终点的时间段。

基于以上分析，本书认为，留置权存续期间 Q 是指留置权作为一种担保物权有效存在的时间，即以留置权成立为起点，留置权丧失法律保护为终点的时间段（时间点 a 到时间点 d 之间的时间段）。留置权行使期间 Y 是以留置权行使条件具备（宽限期届满，宽限期是时间点 a 到时间点 b 之间的时间段）为起点，留置权消灭为终点的时间段（时间点 b 到时间点 d 之

① 参见最高人民法院民法典贯彻实施工作领导小组主编：《中华人民共和国民法典物权编理解与适用》（下），人民法院出版社 2020 年版，第 1285 页。

② 参见孙宪忠、朱广新主编：《民法典评注·物权编 4》，中国法制出版社 2020 年版，第 460 页。

间的时间段)。如图 5-1 所示。

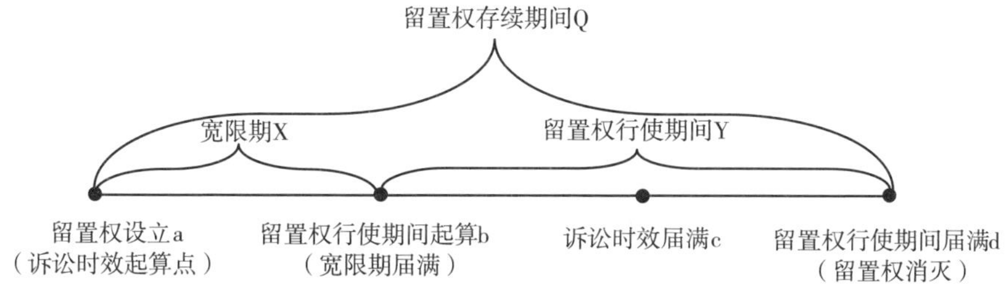

图 5-1　留置权存续期间与宽限期、留置权行使期间的关系

以公式体现:留置权存续期间 Q=宽限期 X+留置权行使期间 Y。

二、留置权行使期间的特征

(一)留置权行使期间保护的担保利益具有法定性和特殊性

留置权作为一种担保物权,其保护的担保利益具有相当程度的特殊性,并由此影响留置权行使期间的规则内容。

第一,留置权行使期间保护的担保利益具有法定性。与抵押权、质权系基于当事人约定而设立不同,留置权于法律规定的要件具备时当然成立,故留置权为法定担保物权。[①] 由于留置权并非基于当事人达成担保合意而设立,因此留置权行使期间的内容亦非由当事人意思决定,而是直接适用法律规定。

第二,留置权行使期间保护的担保利益仅涉及特定类型合同。《担保法》第 84 条第 1 款曾规定,留置权担保的主债权是"因保管合同、运输合同、加工承揽合同发生的债权"。《民法典》虽未直接继承该条,但其第 447 条规定留置权适用于"债权人已经合法占有债务人动产"的场合,亦表明留置权仅存在于某些特定类型合同。现行法对留置权所担保的债权范围采取严格限制态度,即将受担保债权限定于特定类型的合同债权,而将无因管理、拾得人占有动产等情形排除于留置权适用范围。[②] 因此,留置权行使期间的规则设计须考虑与保管合同之付款请求权履行期限的衔接等问题。

第三,留置权行使期间保护的担保利益相较于抵押权、质权具有更强的优先性。依据《民法典》第 456 条的规定,在同一动产上存在抵押权、质权和留置权的情形下,留置权居于优先地位。其理由一方面是遵循司法实

---

① 参见崔建远:《物权法》(第 5 版),中国人民大学出版社 2021 年版,第 560 页。

② 相反意见参见孙鹏:《完善我国留置权制度的建议》,载《现代法学》2017 年第 6 期。

践经验和域外立法经验,另一方面是贯彻法定担保物权优先于约定担保物权的原则。[1] 由于留置权行使期间保护的担保利益具有更强的优先性,因此在留置权行使期间与抵押权或质权行使期间适用发生冲突的场合下,应当优先保护留置权人行使权利。

（二）影响留置权行使期间规则的"占有"因素具有特殊性

《民法典担保制度解释》第 44 条第 2 款、第 3 款规定,留置权与占有型质权适用同一行使期间规则。由于二者均为占有型担保物权,债权人通过占有担保物对债务人造成心理压力并借此促使其履行债务,因此"占有"因素对二者行使期间的规则设计均产生重要影响。但是,留置权关系中的"占有"亦具某种特殊性,并影响留置权行使期间的规则内容。

第一,我国现行法框架下,留置权主要适用于合同关系中先行给付增益物之价值的情形。[2] 由于债权人占有标的物系为履行保管、运输等合同义务,而非基于设立担保意思而移转占有,所以对债务人应采适当宽容的态度,即使主债务履行期限届满,也不能立即起算留置权行使期间,而须为债务人留出合理的宽限期。[3] 质权人取得质物占有时便具有担保意思,故通常债权人于主债务履行期限届满且未受清偿时即应起算质权行使期间。

第二,留置权存续以债权人占有留置物为严格要件,因侵权行为导致债权人丧失占有时留置权归于消灭,故此后债权人不得再行使留置权。[4] 若质权人丧失质物占有,其依据物权请求权可请求第三人返还时,质权仍得存续,故质权人仍可在质权行使期间届满前行使质权。由此可见,"占有"因素对留置权行使期间的影响更甚于质权行使期间,因为债权人取得留置物占有时本无担保意思,其后因具备法定条件而成立担保关系,故对占有的要求更为严格。从另一角度观察,债权人占有留置物不仅是留置权存续要件,该占有事实亦可推定债权人保有和维持担保利益的意思。在日本学理及实务上,某些场合下债权人占有留置物的行为被视为其积极行使权利的行为。[5] 因此,对留置权行使期间规则的设计,应当充分考虑该占有的特性和意义。

第三,留置权成立要件之一是"债权人占有留置物须与债权具有牵连

---

① 参见黄薇主编:《中华人民共和国民法典物权编释义》,法律出版社 2020 年版,第 622 页。

② 参见章程:《论我国留置权的规范适用与体系整合——民法典时代的变与不变》,载《法商研究》2020 年第 5 期。

③ 参见程啸:《担保物权研究》,中国人民大学出版社 2017 年版,第 615~616 页。

④ 道垣内弘人『担保物権法(第 4 版)现代民法Ⅲ』(有斐閣,2017 年)44 頁参照。

⑤ 平野裕之『担保物権法』(日本評論社,2017 年)276 頁参照。

关系”。虽然学理上存在“债权与债权牵连说”“债权与物权牵连说”等不同观点,[①]但是无论采取哪种观点,均要求债权人占有留置物与受担保债权之间具有某种法律认可的密切关联。因此,单纯的占有事实尚不足以使债权人有权主张在留置权行使期间内享有或行使留置权,还须满足“牵连关系”要件才能使债权人的该主张得到支持。

(三)留置权行使期间直接限制的对象是留置权

在不同立法模式下,对于留置权是否直接受到某种预设期间限制,因不同的立法理念或立法技术而有所不同。在我国现行法框架下,留置权行使期间的直接适用对象是留置权,该期间届满导致留置权消灭。[②] 这与保证期间和抵押权行使期间对保证债权和抵押权构成间接限制有所不同。现行法未将主债权诉讼时效与留置权行使期间予以捆绑,故主债权诉讼时效是否届满不影响留置权的行使。

(四)留置权行使期间是法定期间

由于留置权是法定担保物权,其行使期间通常只能依法律规定予以确定,而不能由当事人约定。在域外法上,罕有允许当事人约定留置权行使期间的立法例。我国现行法与域外法的态度一致,留置权行使期间仅指法定期间,不存在约定期间或登记期间的问题。

(五)留置权行使期间与主债务履行期限不构成衔接关系

在一般场合下,保证期间、抵押权行使期间和质权行使期间与主债务履行期限均构成衔接关系,即主债务履行期限届满时债务人未履行债务的,担保权行使条件便已具备,故此时开始起算担保期间。但在我国现行法框架下,主债务履行期限届满时债务人未履行债务的,仅导致留置权成立并产生第一次效力(留置效力)。须在约定或指定宽限期届满时债务人仍未履行债务,才产生留置权的第二次效力(行使效力),此时开始起算留置权行使期间。

(六)我国法律中的留置权行使期间属于物权效力担保期间

在不同立法模式下,留置权具有物权效力抑或债权效力有所不同。我国自《民法通则》开始就将留置权定位为一种担保物权,其后《担保法》、《物权法》和《民法典》均坚持这种立法态度。因此在我国现行法框架下,留置权行使期间属于物权效力担保期间。留置权行使期间的起算、届满具有物权效力或者能够引起物权变动,即该期间的效力不仅对债权人和

---

① 参见陈龙业、项先权:《质权・留置权》,中国法制出版社 2007 年版,第 233~234 页。

② 参见林文学等:《〈关于适用民法典有关担保制度的解释〉的理解和适用》,载《人民司法》2021 年第 4 期。

债务人有效，亦对第三人发生对世效力和排他效力。

三、《民法典》施行前后留置权行使期间规则的衔接适用

（一）《民法典》原则上不具有溯及既往效力

关于留置权行使期间规则的衔接适用，涉及两个问题。一是期间的确定。《民法典担保制度解释》第 44 条第 2 款改变了《担保法解释》第 12 条第 2 款的规则内容。后者将留置权行使期间与主债权诉讼时效期间予以适当捆绑，而前者未作捆绑。二是期间的计算。《民法典》对诉讼时效中止、中断等计算规则作出若干修改，导致主债权诉讼时效的计算在适用旧法和新法时可能产生不同结果。这对依据旧法计算的留置权行使期间产生影响。关于期间的届满效力，由于新法和旧法均规定为"实体权利消灭"，故不存在衔接适用问题。

依据《民法典时间效力规定》第 1 条、第 5 条等规定，《民法典》原则上不具有溯及既往效力。分述如下。

第一，留置权成立于《民法典》施行后，因留置权行使期间等事项引起的民事纠纷案件，适用《民法典》的规定。依据《民法典时间效力规定》第 1 条第 1 款的规定，留置权成立和诉讼均发生在《民法典》施行后，故留置权行使期间的确定、计算均适用《民法典》的规定不存疑义。

第二，留置权成立和行使期间起算均发生于《民法典》施行前，该期间已届满的，适用旧法的规定。依据《民法典时间效力规定》第 1 条第 2 款的规定，留置权的各项法律事实均发生于《民法典》施行前，故应当适用旧法的规定。

第三，留置权成立和行使期间起算均发生于《民法典》施行前，《民法典》施行时适用旧法确定和计算的该期间处于未届满状态，其后适用《民法典》的规定。其一，对于期间的确定，该情形属于《民法典时间效力规定》第 1 条第 3 款中的"民法典施行前的法律事实持续至民法典施行后"之情形，故《民法典》施行后应当适用新法的规定。其二，对于主债权诉讼时效的计算，应当遵循诉讼时效中止、中断规则的衔接适用原理。由于新法对留置权行使期间与主债权诉讼时效期间未作捆绑，因此《民法典》施行时适用旧法确定和计算的该期间未届满的，其后诉讼时效规则的变化对留置权行使期间不生影响。

第四，留置权成立于《民法典》施行前，行使期间起算发生于《民法典》施行后，适用《民法典》的规定。该情形下，留置权行使期间起算之法律事实发生于《民法典》施行后，故期间的确定、计算均应适用新法规定。

第五，再审案件不适用《民法典》的规定。依据《民法典时间效力规定》第5条的规定，《民法典》施行前案件已经终审并形成生效法律文书，即使《民法典》施行后又依法启动再审程序，再审法院也应当适用旧法作出裁决。

（二）《民法典》不具有溯及既往效力的例外规则

1. 有利溯及规则

《民法典》及其司法解释对留置权行使期间的规定，应当谨慎适用《民法典时间效力规定》第2条之"有利溯及规则"。理由与质权行使期间规则的衔接适用大致相同。

2. 新增规定溯及规则

《民法典》及其司法解释对留置权行使期间的规定，不符合《民法典时间效力规定》第3条之"新增规定溯及规则"的适用条件。旧法对留置权行使期间设有规定，《民法典》及其司法解释对旧法规定作出修改，而非"新增规定"。

3. 裁判说理规则

《民法典》及其司法解释对留置权行使期间的规定，某些场合下可以适用《民法典时间效力规定》第4条之"裁判说理规则"。例如，对于留置权行使期间届满后的留置效力，旧法仅有原则性规定而《民法典担保制度解释》第44条第2款有具体规定，[①]因此适用旧法规定时可以依据新司法解释的具体规定进行裁判说理。

4. 尚未审结的一审、二审案件的溯及适用

依据《民法典时间效力规定》第28条的规定，2021年1月1日该司法解释施行后，人民法院尚未审结的一审、二审案件适用该司法解释。如果留置权成立或者行使期间起算发生于《民法典》施行前，《民法典》施行后一审、二审尚未审结，且依据该条应当适用《民法典》规定的，表明《民法典》规定具有溯及效力。

第二节 留置权行使期间的立法例

一、模式一：行使留置权不受预设期间限制

在该模式下，行使留置权不受法定或约定预设期间限制，即只要处于留置权人占有留置物状态，留置权人行使留置权即受法律保护。而且，主

---

① 参见本章第五节。

债权诉讼时效是否届满对行使留置权亦不产生影响。在大陆法系范围内,由于对留置权的立法定位存在物权性留置权与债权性留置权之分,同采该模式的国家及地区又可分为以下两类。

（一）物权性留置权模式

瑞士、奥地利、日本等属于此类情况。《瑞士民法典》将留置权规定于第四编物权法中,并与动产质权相并列。《瑞士民法典》第 895 条规定:"经债务人同意,债权人占有债务人的动产或有价证券,如其债权已届清偿期限,且债权和留置物之间有实际关联,则债权人在债务人清偿债务前,有权留置这些物品……"留置权在性质上与动产质权无甚差别,其作为担保物权的性质得到了进一步的强调。[①]《瑞士债务法》第 140 条规定:"债权之时效,不因该债权有动产担保权,而停止其进行,但其时效之完成,不妨碍债权人行使该担保权。"其所称动产担保权(Fahrnispfandrecht),除动产质权和权利质权外,还包括留置权及典当。[②] 因此,瑞士法上的留置权不因主债权诉讼时效届满而消灭。

《奥地利普通民法典》将留置权规定在担保物权一章中,第 471 条第 1 款规定:"如果为一项财产所支出费用的返还请求权或因该财产所造成损害而产生的赔偿请求权,均已届清偿期,则负有义务返还该财产的人可以留置该财产,以确保其请求权的实现;留置的效果是,法院只能判决该财产的返还与相对的给付同时进行。"第 1483 条规定:"只要债权人占有了担保财产,就不能对其提出怠于行使担保物权的抗辩,而且,该担保物权不罹于消灭时效。债务人享有的赎回其担保财产的权利,也不罹于消灭时效。在债权的数额高于担保财产价值的范围内,债权可以因在此期间的消灭时效届满而消灭。"债权人行使留置权当然占有留置物,故根据第 1483 条的规定,行使留置权不受主债权消灭时效的影响。但该条第 3 句易生误解。事实上,此时债权已经全部罹于消灭时效。第 3 句的实际含义是,在债务本身已罹于消灭时效的前提下,对债权额超出担保财产价值的部分,债权人不能通过实现担保物权的方式使超出部分的债权得到受偿。[③]

《日本民法典》第 300 条规定:"留置权的行使,不影响债权消灭时效的进行。"该条之"留置权行使",是指留置标的物,在被担保的债权未获清

---

① 参见谢在全:《民法物权论》(修订 5 版)(下册),中国政法大学出版社 2011 年版,第 329～330 页。

② Vgl. Heinrich Honsell, Nedim Peter Vogt, Wolfgang Wiegand (Hrsg.), Basler Kommentar zum Obligationenrecht (I), Helbing LichtenhahnVerlag, Basel, 4. Aufl., 2007.

③ 参见《奥地利普通民法典》,周友军、杨垠红译,清华大学出版社 2013 年版,第 248 页。

偿时可拒绝交付,并不意味着可行使的是被担保债权本身,因此被担保债权的消灭时效不停止进行。[①] 若将留置标的物视为行使主债权,则在留置关系中,主债权将永不罹于消灭时效。这不仅违背了诉讼时效制度的设立意旨,而且从理论上来看,以物之留置作为债权之行使,也是十分荒谬的。[②] 如果债权人拒绝债务人返还标的物的请求时,主张存在被担保债权的,则构成“债权人请求”之时效中断事由。[③] 韩国法与日本法的上述规定相类似。[④]

(二)债权性留置权模式

德国属于该模式,其规范内容概括如下。

第一,《德国民法典》将留置权规定于“第二编债务关系法”第 273 条,该规定的目的仅在于确保债务人的相对请求权。它是通过施加压力间接实现请求权的手段,因为如果债权人想使其债权得到满足就必须履行义务。[⑤] 依据第 274 条规定的留置权效力,提出留置权抗辩在实体法上导致的后果是,两个事实上独立的请求权在适当考虑其联系的情况下联系在一起,且只能逐步实现;[⑥]留置权是一种技术防御性权利,为了有效行使留置权,债务人必须明确说明相对请求权。[⑦]

第二,《德国民法典》第 194 条规定消灭时效适用于请求权,而债权性留置权依其性质本应适用消灭时效,但民法典对留置权行使作出了特别规定。《德国民法典》第 215 条规定,请求权的消灭时效届满不能排除抵销权和留置权的行使。该规定是德国新债法将抵销权规则扩展适用于留置权,此种做法在实践中已被判例承认,新法只是接受了判例和学说已经承认的内容。[⑧] 据此,受留置权担保之债权消灭时效届满不影响留置权的行使。

第三,德国新债法施行后,由于《德国民法典》第 215 条的存在,而不再

---

① 参见[日]我妻荣:《我妻荣民法讲义Ⅲ:新订担保物权法》,申政武等译,中国法制出版社 2008 年版,第 44 页。

② 金山直樹『時効における理論と解釈』(有斐閣,2009 年)413 頁参照。

③ 道垣内弘人『担保物権法(第 4 版)現代民法Ⅲ』(有斐閣,2017 年)35 頁参照。

④ 参见《韩国民法典》第 326 条。

⑤ Vgl. Wolfgang Krüger, Kommentar zum § 273, in: Münchener Kommentar zum BGB, 9. Aufl., München: C. H. Beck, 2022, Rn. 3.

⑥ Vgl. Wolfgang Krüger, Kommentar zum § 274, in: Münchener Kommentar zum BGB, 9. Aufl., München: C. H. Beck, 2022, Rn. 1.

⑦ Vgl. Wolfgang Krüger, Kommentar zum § 274, in: Münchener Kommentar zum BGB, 9. Aufl., München: C. H. Beck, 2022, Rn. 5.

⑧ 参见朱岩编译:《德国新债法条文及官方解释》,法律出版社 2003 年版,第 50 页。

有将第216条类推适用于留置权的问题,因为前者已经解决了后者的问题。[①]

二、模式二:主债权时效为留置权行使期间

法国、俄罗斯等国采取该模式。在该模式下,如果主债权因时效援引而消灭,留置权作为从权利亦随之消灭。法国法上的留置权是一种债权性质的权利,留置权人对留置物欠缺处分权,对留置财产也无优先受偿权。对于法国法上留置权究竟属何性质,在2006年法国担保法改革之前,不仅司法判例相互对立,而且学界也说法不一。[②] 物权说的依据主要是既有判例或留置权对一切人的可抗辩性,反对者则认为该种可抗辩性能以物权说以外的其他理论进行解释。[③] 担保法改革之后,留置权被置于民法典"第四编担保物权"中。这似乎是将其认定为一种担保物权,但有学者对此仍持反对意见,认为这样的结构安排是因为当时很难将其放到其他地方。[④] 留置权人的债权未被完全清偿之前,债权人可以保有留置财产。只有债务人清偿债务,才能消灭留置权的存在。《法国商法典》第L. 622-7条第3款进一步明确承认挽救程序中,只有债权被完整支付才能终止债权人的留置权。《法国民法典》对主债权时效届满后留置权是否消灭没有具体规定,也未单独规定留置权的时效。法国学界对此存有争议,一些学者认为只要留置物由债权人占有,即使主债权时效届满,仍可行使留置权。[⑤] 但亦有学者认为留置权的行使与主债权紧密相关,故当债权由于清偿、免除或时效完成等原因消灭时,作为债权附属的留置权亦告消灭。[⑥]

俄罗斯民法对留置权行使期间没有明确规定,债权人可以在留置权产生后的任何时间内行使留置权,但其存续期间受到一定限制。当债权人请求法院行使留置权以实现债权时,其必须在主债权时效期间内提出,否则他的请求会因错过时效期间而被拒绝,继续留置也失去法律依据。此时,留置物所有人可请求债权人返还留置物。但若留置物所有人未在时效期限内提起对物返还诉讼,则可以认定为放弃所有权。在此情形下,债权

---

① Vgl. Helmut Grothe, Kommentar zum § 216, in: Münchener Kommentar zum BGB, 9. Aufl., München: C. H. Beck, 2021, Rn. 2.

② 参见 Cass. Com., 20 mai 1997 及 Cass. civ. 1, 7 jan. 1992. 转引自李世刚:《法国担保法改革》,法律出版社2011年版,第180页。

③ 参见沈达明:《法国/德国担保法》,中国法制出版社2000年版,第109页。

④ 参见李世刚:《法国担保法改革》,法律出版社2011年版,第181页。

⑤ 参见陈华彬:《外国物权法》,法律出版社2004年版,第328页。

⑥ 参见沈达明:《法国/德国担保法》,中国法制出版社2000年版,第115页。

人继续留置的行为可以看作其将所有人放弃的物归为已有的行为。[①] 由于《俄罗斯民法典》第 234 条规定有取得时效制度,故尽管俄罗斯法律规定较短的留置权行使期间,但在双方都怠于行使权利的场合下,留置权人仍能够得到保护。在此情形下,留置权人可以通过取得时效制度取得留置物的所有权,并以此消灭留置权关系,也维护了法律关系的稳定性。

三、模式三:"债务人援引时效后×年"为留置权行使期间

《欧洲示范民法典草案》采取该模式。相较于前两种模式,该模式采取折中态度。一方面,该模式采取了上述多数立法中留置权不受主债权时效影响而消灭的规定;另一方面,为督促债权人积极行使权利,又设置一定的行使期限,超过该期限则留置权不再受法律保护。《欧洲示范民法典草案》将留置权规定于"第九章动产担保物权"之第 IX-2:114 条。该草案既规定了法定留置权,又承认约定留置权。对于留置权行使期间,适用该草案第 IX-6:103 条统一规定的担保物权消灭时效:"即使担保物权已过消灭时效,且担保物权的债务人向债权人提出消灭时效后两年内,担保物权仍可以强制执行。"对于该规定的形成原因及评价,详见第四章第二节的相关内容。

第三节 各立法模式体现的价值理念

基于域外法比较,尽管各国对留置权行使期间采取不同的立法模式,但总体上均体现了对留置权人的倾向性保护。

一、"占有"因素的影响

虽然具体表现形式有所不同,但是各立法均将"占有"因素作为留置权行使期间规则设计的重要因素。采物权性留置权模式的国家(如日本)将留置权定性为以占有为要件的物权,且该占有作从严认定,而留置权不适用消灭时效的原因亦在于留置权人对留置物的"占有"。甚至有学者认为"占有其物者即留置权之行使,故其消灭时效在标的物占有中不能进行"。[②] 简言之,采物权性留置权模式的立法通常明确规定行使留置权不存在预定期间限制。

---

① 参见[俄]E. A. 苏哈诺夫主编:《俄罗斯民法》(第 3 册),丛凤玲译,中国政法大学出版社 2011 年版,第 845~846 页。

② 参见[日]三瀦信三:《物权法提要》,孙芳译,中国政法大学出版社 2004 年版,第 238 页。

采债权性留置权模式的立法尽管是将留置权作为一种防御性权利，但是标的物的占有亦影响留置权行使期间的规则设计。法国法并未赋予留置权人处分留置物的权利，但其原则上可以对抗所有人，包括购买留置物的第三人。留置权人可以基于占有对抗任何人而无须被公示，该观点被法国最高法院所肯定。依据皮埃尔·克劳克教授的解释，由于留置权的产生源于对留置物的客观占有这一事实状态，原则上产生于简单事实状态的权利不需要通过公示取得对抗第三人的效力。[①] 由此可见，法国法上的留置权比我国现行法语境下的抗辩权具有更强的对抗效力。还有法国学者认为，只要留置物由债权人占有，受担保债权消灭时效就不会届满。[②] 在德国法中，提出留置权抗辩的效果是两个独立的请求权被依据一定标准联系在一起，且只能逐步实现。[③] 将两种请求权联系起来的主要因素即为“占有”，因为债权人占有对方当事人的财产，使双方所享有的请求权在履行上具有了牵连关系。因此在占有事实存续的情形下，法律不设置预定期间对行使留置权予以限制。

二、充分保护留置权人的担保利益

域外法经验表明，无论是只有留置效力的“债权性留置权”（如德国、法国）还是同时具有留置效力和优先受偿效力的“物权性留置权”（如奥地利），都体现了对留置权人担保利益的充分保护。尽管留置权在罗马法时期就已存在，但是近现代各国和地区对这项制度的认识仍存在极大差异。例如，关于留置权的客体，有的规定以动产或有价证券为限（如瑞士），有的则承认动产和不动产上均可以成立留置权（如日本）。而且，在民商分立的国家存在民事留置权与商事留置权之分，而在民商合一的国家则只存在特别留置权与普通留置权之划分。[④] 虽然关于留置权的立法存在较大差异，但是除少数几个国家外，对主债权时效届满后留置权的存续问题多数国家的态度较为一致，即行使留置权不受主债权时效限制（模式一）。考察其原因，一般认为是由于物权作为绝对性的支配权，而债权只是一种具有相对性的请求权，故对物权保护应优于债权。体现在立法上，则为债权可以罹于消灭时效，物权则否。而且，与设立抵押权不转移物的占有相

---

① 参见李世刚：《法国担保法改革》，法律出版社2011年版，第177~178页。

② 参见陈华彬：《外国物权法》，法律出版社2004年版，第328页。

③ Vgl. Wolfgang Krüger, Kommentar zum § 274, in: Münchener Kommentar zum BGB, 9. Aufl., München: C. H. Beck, 2022, Rn. 1.

④ 参见陈本寒：《担保物权法比较研究》，武汉大学出版社2003年版，第326页。

比，留置物一直为留置权人占有，因此各国也少有设置某种预定期间适用于留置权。模式二和模式三虽然规定行使留置权存在期间限制，但是也通过一定规则设计使留置权人的担保利益得到充分保障。例如，采模式二的俄罗斯规定，虽然留置权人应在主债权诉讼时效内行使留置权，但是在留置权人怠于行使权利时，若债务人亦不积极主张其权利，则留置权人仍享有就留置标的物受偿的权利，因为留置权人的利益是立法首要的考虑因素。采模式三的《欧洲示范民法典草案》则规定，即使主债权因债务人援引时效抗辩而丧失强制执行力，留置权人也仍有两年时间行使留置权。

第四节　留置权行使期间的确定

我国现行法对留置权约定和登记行使期间持明确否定态度，学理上亦认为留置权作为一种法定担保物权，其依据法律规定产生，不得依当事人合意设立。[①] 因此在我国现行法框架下，留置权行使期间为法定期间。

一、概述

（一）《民法典》施行以前留置权法定行使期间的立法概况

《担保法》对留置权行使期间未作规定，其第 88 条规定的留置权消灭事由中亦不包括“因期间届满消灭”之事由。

《担保法解释》第 12 条第 2 款规定，留置权行使期间是主债权诉讼时效届满后两年。对于该规定适用于留置权是否合理，学理意见不一。亦有学者提出一种新思路认为，留置权人在主债权时效届满后未放弃占有留置物的，应推定其意思是以留置物抵偿债务；留置物的所有权人如果认为这损害了其权益，其应在诉讼时效期间内主张权利，否则人民法院不予保护。[②] 该思路与法国某些学理意见类似，区别在于其将占有留置物认定为债权人行使权利而非债务人承认债务。

在《物权法》的制定过程中，全国人大法工委公布的《物权法（草案）》中曾经设计有留置权行使期间规则，[③]《物权法》最终未采纳该方案。《物权法》没有直接规定留置权行使期间，仅于第 237 条设置了行使留置权请求权规则，起到对债权人行使留置权的间接限制作用。《物权法》施行

---

① 参见孙宪忠、朱广新主编：《民法典评注 · 物权编 4》，中国法制出版社 2020 年版，第 414 页。

② 参见刘保玉：《担保物权制度：理解适用与规则完善》（下），载《山东审判》2017 年第 4 期。

③ 参见全国人大常委会法制工作委员会民法室：《物权法（草案）参考》，中国民主法制出版社 2005 年版，第 447 页。

后,《担保法解释》第 12 条第 2 款不再适用于抵押权,但仍适用于留置权。

(二)《民法典》和《民法典担保制度解释》规定的留置权行使期间

《民法典》继承了《物权法》的做法,一方面没有直接规定留置权行使期间,另一方面于第 454 条继承了“行使留置权请求权”规则(《物权法》第 237 条)。依据立法机关释义书的解释,《民法典》第 454 条的立法目的是在留置权不受主债权诉讼时效限制的前提下,为避免留置权人无限期地占有、控制留置物而不行使权利,对留置权人进行适当的限制。① 有学理意见认为,该规则在域外法上罕有先例,其目的是要“消灭留置权”,以实现物尽其用原则,防止长期不行使留置权导致留置财产价值贬损。②

《民法典担保制度解释》第 44 条第 2 款规定的留置权行使期间规则,完全改变了旧司法解释的规定。分述如下:

(1)留置权的行使和存续不受预设期间限制,留置权行使期间的起点是宽限期届满时(第二次效力的发生起点),终点是留置权消灭时。在债权人丧失占有或其他法定事由导致留置权消灭之前,债权人有权行使留置权及拒绝返还留置物。③

(2)主债权诉讼时效期间不是留置权行使期间,主债权诉讼时效届满后,债务人或者留置物的所有人不能以此拒绝债权人行使留置权或请求债权人返还留置物。

(3)债务人或者留置物的所有人不能依据《民法典担保制度解释》第 20 条援引主债务时效抗辩权。第 44 条第 2 款系对留置权的特别规定,故优先适用。

(4)《民法典担保制度解释》第 44 条第 2 款后段重申了《民法典》第 454 条之“行使留置权请求权”规则。该规则可以对行使留置权起到间接限制作用,但不能作为确定留置权行使期间的依据。

二、留置权行使期间与宽限期

《民法典》第 453 条继承了《物权法》第 236 条对宽限期的规定,该条虽非留置权行使期间的直接规定,但这两种期间关联密切,故有必要对其关系予以厘清。该条是以《担保法》第 87 条的部分内容为基础,并参酌相

---

① 参见黄薇主编:《中华人民共和国民法典物权编释义》,法律出版社 2020 年版,第 619 页。

② 参见孙宪忠、朱广新主编:《民法典评注 · 物权编 4》,中国法制出版社 2020 年版,第 468 页。

③ 参见最高人民法院民事审判第二庭:《最高人民法院民法典担保制度司法解释理解与适用》,人民法院出版社 2021 年版,第 399 页。

关域外法规则所作规定。[1] 依该条规定，留置权行使期间与宽限期的关系如下。

（1）宽限期不是留置权行使期间。留置权在宽限期内尚不具备行使条件，故宽限期内仅具留置效力（第一次效力）而不具优先受偿效力（第二次效力）。

（2）宽限期是留置权行使期间的前置期间，即二者构成衔接关系。宽限期届满时债务人未履行债务的，留置权行使期间起算。留置权行使期间起算后，留置权人才有权行使留置权将标的物变价并优先受偿。

（3）宽限期分为约定宽限期和指定宽限期。前者由当事人双方约定；后者由留置权人单方指定（不低于 60 日，鲜活易腐等不易保管的动产除外）。约定宽限期优先于指定宽限期适用。[2] 在没有约定宽限期的情形下，如果留置权人未单方指定宽限期而直接行使留置权，应如何处理？现行法未作明确规定。在司法实务中，法院通常认定留置权人应当承担赔偿责任，并不否认行使留置权行为的效力。[3] 此外，《民法典》第 453 条系规定一般情形下的宽限期规则，某些单行法针对特定领域的特别留置权宽限期作出了规定（如《海商法》第 88 条）。

三、留置权行使期间与“行使留置权请求权”

（一）“行使留置权请求权”的含义

《民法典》第 454 条规定：“债务人可以请求留置权人在债务履行期限届满后行使留置权；留置权人不行使的，债务人可以请求人民法院拍卖、变卖留置财产。”依此规定，“行使留置权请求权”规则的内容如下。

1. 行使留置权请求权的主体

对于该请求权的主体，《民法典》第 454 条规定为“债务人”，《民法典担保制度解释》第 44 条第 2 款将其扩张解释为“财产被留置的债务人或者对留置财产享有所有权的第三人”。这是为了与《民法典担保制度解释》第 62 条第 1 款、第 2 款相衔接，因为其规定：债权人因同一法律关系合法占有第三人动产的情形下，可以成立留置权；企业之间留置的情形下，留置

---

① 参见黄薇主编：《中华人民共和国民法典物权编释义》，法律出版社 2020 年版，第 616 页。

② 在没有约定宽限期和指定宽限期的情形下，现行法并未设置“法定宽限期”，构成立法缺陷。对宽限期规则的批评意见，参见程啸：《担保物权研究》，中国人民大学出版社 2017 年版，第 617~618 页。

③ 参见阜阳市中级人民法院（2015）阜民一终字第 00951 号；绥化市中级人民法院（2017）黑 12 民终 1144 号。

财产与债权虽非同一法律关系，但该债权是企业持续经营中发生的债权，亦可成立留置权。该规定的目的在于“维护交易安全”“防范给第三人造成经营风险”等。①

2. 行使留置权请求权的时间

行使该请求权的时间是“债务履行期限届满后”。对于此处“债务履行期限届满后”，有两种可能的解释：一是债务履行宽限期届满后（第二次效力发生后）；二是债务原履行期限届满后（第一次效力发生后）。最高人民法院释义书采取了第二种解释，理由在于：宽限期对债务人而言具有权利属性，宽限期届满前债务人请求留置权人提前行使留置权的，属于放弃自身期限利益的行为，应被准许。②

3. 违反行使留置权请求权的后果

留置权人未依债务人请求行使留置权的后果是，债务人有权自行请求人民法院将留置财产予以变价。换言之，在留置权人不行使权利的前提下，债务人一方可以启动实现留置权的程序，以实现消灭留置权的目的。

（二）“行使留置权请求权”与“及时行使质权规则”之比较

“行使留置权请求权”与“及时行使质权规则”分别适用于留置权和质权，二者均赋予债务人一方某种请求权，使其能够在债权人不积极行使权利的情形下，主动启动实现担保物权的程序。就此而言，两项规则确有类似之处，但二者存在以下区别。

第一，前者未规定“及时行使”要求，后者明确规定出质人可以请求质权人“及时行使质权”。该区别的原因可能在于，质押财产是依据当事人设立担保意思取得占有，双方对担保权行使条件的具备时间均有明确预见，故质权人所负义务程度较重；留置权为法定权利，债权人占有留置物并非基于设立担保的意思，且留置权系为担保保管、运输等特殊债权而设，故不宜对请求行使留置权的时间要求过苛。

第二，对权利人不行使权利的后果，前者是“债务人可以请求法院将留置财产变价”；后者包括“债务人可以请求法院将质押财产变价”和“质权人承担赔偿责任”。《民法典》未规定留置权人赔偿责任的原因可能在于：一方面，留置权为法定担保物权，留置权人占有留置财产本非基于其担保意思，故不宜使其负担过重；另一方面，法律已通过设置宽限期为债务人提

① 参见最高人民法院民事审判第二庭：《最高人民法院民法典担保制度司法解释理解与适用》，人民法院出版社2021年版，第528~529页。

② 参见最高人民法院民法典贯彻实施工作领导小组主编：《中华人民共和国民法典物权编理解与适用》（下），人民法院出版社2020年版，第1309页。

供了一定优待,而且留置权人可能会承担违反宽限期行使留置权的赔偿责任以救济债务人,故基于平衡双方利益的考量,不宜对留置权人适用类似于质权人的赔偿责任。

第三,对行使请求权的时间,前者是“债务履行期限届满后”(第一次效力发生后),此时留置权行使条件未必已经具备;后者虽然也是“债务履行期限届满后”,但此时质权行使条件已经具备。由此可见,留置权关系中行使该请求权的时间标准更为宽松。

(三)“行使留置权请求权”的评价

对于《民法典》第 454 条规定的“行使留置权请求权”,学界解读和评价不一。持肯定评价的学者认为,该规则是合理的,因为其“可以鼓励、督促留置权的行使,有效终结留置权法律关系”。[①] 也有学者认为,该条是对留置权不适用主债权诉讼时效可能带来消极后果所采取的另类解决措施,其立法本意是“留置权不受存续期间限制”。[②] 本书认为,《民法典》第 454 条可作如下解读和评价。

第一,该条的基本目的是平衡留置权关系中各方当事人的利益。相较于适用于质权的《民法典》第 437 条之“及时行使质权”规则而言,该条对留置权人的限制程度较低,比“及时行使质权”规则更为合理,也更具体系兼容性。

第二,该条并未否定留置权行使期间存在的可能,即该条与《民法典担保制度解释》第 44 条第 2 款可以并用,因为二者的规范目的和规范含义并不相同。前者规范目的是赋予债务人某种积极权利,以平衡留置权关系中各方当事人的利益;规范含义是在宽限期内(留置权行使期间未起算)和留置权行使期间起算后,债务人均可行使该请求权。后者规范目的是划定行使留置权受法律保护的时间界限;规范含义是留置权人在该期间内行使留置权的行为才受到法律保护,而在该期间未起算阶段(宽限期内)和已届满阶段的行使权利行为不被法律认可。

第三,该条适用场合是“债务履行期届满后”,但在不同阶段债务人行使该请求权具有不同意义。

(1)债务原履行期限届满至留置权行使期间起算阶段(宽限期内)债务人请求留置权人行使留置权的,由于此时宽限期尚未届满,留置权人还不能主动行使留置权,故债务人行使该请求权应解释为具有主动放弃期限

---

① 参见曹士兵:《中国担保制度与担保方法》(第 4 版),中国法制出版社 2017 年版,第 401 页。

② 参见戴永盛:《论债权之罹于时效与担保物权之存续》,载《法律科学(西北政法大学学报)》2014 年第 3 期。

利益的意思。由于《民法典》未对留置财产的保全专门作出规定,因此在该阶段内"行使留置权请求权"在一定程度上发挥着代替保全规则的作用。与此不同的是,由于质押期间内质押财产保全已设有规定(《民法典》第432条),因此"及时行使质权规则"与保全规则无关。

(2)留置权行使期间起算至届满阶段(留置权行使期间内)债务人行使该请求权的,由于此时留置权行使条件已经具备,留置权人可以主动行使留置权,故此时债务人行使该请求权具有催告的意义。在该阶段内,如果债务人没有行使该请求权而留置权人仍主动行使留置权的,债务人不得以自己未行使该请求权为由否认留置权人行使留置权的效力。

(3)留置权行使期间届满后债务人请求留置权人行使留置权的,由于此时留置权已经消灭,故债务人"请求"已不属于《民法典》第454条的规范含义。在该阶段内,应结合债务人"请求"的文义、目的等因素,将其解释为设立动产质权、以物抵债等性质的行为。

第五节　留置权行使期间的效力

一、留置权行使期间未起算的效力

留置权行使期间未起算的效力起点为留置权成立之时,终点是留置权行使条件具备之时。在宽限期内留置权已经成立,体现为占有、收益等权利内容,但债权人还不得将留置物变价受偿。以下主要从留置权行使期间未起算对留置权效力影响的角度展开分析。

(一)阻碍留置权行使的效力

留置权行使期间未起算意味着留置权行使条件尚不具备,故留置权人在该阶段不得以留置物变价使其债权优先受偿。换言之,留置权行使期间未起算具有阻碍留置权行使的效力。《担保法解释》第113条曾规定,留置权人未依法确定宽限期而直接变价处分留置物的,应承担赔偿责任。依其精神,留置权人虽依法确定宽限期但于宽限期届满前变价处分留置物的,亦应承担赔偿责任。虽然《民法典》和《民法典担保制度解释》未继承该条,但《民法典》施行后依理仍应采此解释。

在司法实务中,不乏留置权人违反该效力而承担赔偿责任的实例。例如,在"高淳县芸秀制衣有限公司与南京恒润宏苏贸易有限公司承揽合同纠纷上诉案"中,法院认为:"芸秀制衣公司于2011年4月19日向恒润宏苏公司发《律师函》,要求恒润宏苏公司五日内将剩余51030件定作物提走,并支付加工费,但在2011年5月6日就将剩余定作物全部变卖,该行为违反了法律的规定,造成了恒润宏苏公司的财产损失,故应承担相应的赔偿责任。”[①]又如,在“广西锐华钢结构有限公司与中铁二局第五工程有限公司南宁机械厂定作合同纠纷上诉案”中,法院认为,“锐华公司处置钢管余料时,若不能与中铁南宁机械厂就货款余款的支付时间达成协议,则应给予中铁南宁机械厂至少两个月的期间,该期间届满后才能变卖抵偿。而现有证据表明,锐华公司仅以通知的方式单方告知中铁南宁机械厂其拟于2013年1月12日下午自行处理钢管余料,该处置时间距中铁南宁机械厂最后一次付款仅23天,且未取得中铁南宁机械厂的同意。因此,锐华公司未按法律的规定单方处置留置物,应承担因此所导致的不利法律后果。”[②]依据上述裁判意见,《物权法》第236条(《民法典》第453条)属强制性规定。如果债权人未履行通知义务或未给予债务人60日宽限期即处置留置物,则应承担赔偿责任。在此情形下,虽然对留置物处分行为本身并非当然无效,但是留置权人须就该行为给留置物的所有人造成的损失承担赔偿责任。

(二)留置权人的权利和义务

1. 留置物占有权

留置权作为一种占有型担保物权,借助留置效力给债务人造成心理压力以促其偿债,这种担保作用与动产质权类似。留置权人对留置物的占有具有对世效力,即可以以此对抗债务人和第三人。相较于质权关系中的占有,留置权中的占有要求更为严格。体现为:其一,留置权人必须对标的物构成直接的、真实的占有,而不能是委托占有。[③] 实务中,适用于质权的“间接占有+第三方介入”方式不能适用于留置权。其二,留置权人丧失占有导致留置权消灭,此时只能借助占有制度得到救济,而不能基于留置权人的地位请求不法侵害人返还标的物。[④] 质言之,对物的占有是留置权最根本的属性,也是留置权人最基本的权利,还是维持留置权关系的必要条件。

2. 留置物必要使用权

虽然现行法对该权利未作明确规定,但是学理上多持肯定意见。[⑤] 所

---

① 参见南京市中级人民法院(2012)宁商终字第136号。

② 参见南宁市中级人民法院(2016)桂01民终2682号。

③ 参见项先权、陈龙业:《质权·留置权》,中国法制出版社2007年版,第227页。在域外法上,留置权人对标的物能否采取间接占有方式,存在不同意见。道垣内弘人『担保物権法(第4版)現代民法Ⅲ』(有斐閣,2017年)26~27頁参照。

④ 参见蒋新苗、朱方毅、蔡唱等:《留置权制度比较研究》,知识产权出版社2007年版,第108页。

⑤ 参见孙宪忠、朱广新主编:《民法典评注·物权编4》,中国法制出版社2020年版,第450页。

谓必要使用权，是指留置权人非为自己利益使用留置物，而是以保管留置物为目的进行使用的权利。如为防止电池老化而适当使用笔记本电脑、为防止工具生锈而适当使用等。为此类保管而支出的必要费用，留置权人有权请求债务人偿还。

3. 孳息收取权

《民法典》第452条对留置权人享有孳息收取权的时间未作限制，故在留置权存续期间内留置权人均享有该权利。《担保法解释》第114条和第64条曾规定，留置权人有权收取孳息的时间是“抵押物被人民法院依法扣押”之日起。相较而言，《民法典》的规定更为合理，理由在于：其一，留置权人占有留置物期间，由其收取孳息最为方便、最有效益；否则不仅对债权人不利，对财产被留置的债务人也无益处。[①] 其二，因留置权人已占有担保物，故其行使权利未必需要借助法院的扣押行为，在此情形下否认留置权人的孳息收取权显然不妥。

4. 物权请求权

对《民法典》第235条、第236条规定的返还原物请求权、排除妨害请求权和消除危险请求权能否由留置权人享有，应分别予以考虑。依据《民法典》第457条的规定，留置权人对留置物丧失占有导致留置权消灭。因此，留置权人不能基于留置权而享有返还原物请求权，但可基于第462条占有保护的规定请求不法侵夺人返还留置物。留置权人对留置物的占有被妨害或有被妨害的危险时，其既可基于留置权行使排除妨害请求权和消除危险请求权，也可基于占有的规定请求排除妨害或消除危险。

5. 对留置物的妥善保管义务

《民法典》第451条规定了留置权人对留置物的保管义务以及违反该义务的赔偿责任。通说认为，留置权人对留置物的保管义务与质权人对质物的保管义务采取相同标准，即二者均要求以“善良管理人的注意”对标的物进行保管。[②]

（三）留置物所有人的权利

1. 留置物处分权

动产被留置后，留置物所有人是否有权处分留置物，学界存在争议。肯定说认为，所有人丧失占有不影响其所有权，故对留置物仍可处分（如出

① 参见最高人民法院民法典贯彻实施工作领导小组主编：《中华人民共和国民法典物权编理解与适用》（下），人民法院出版社2020年版，第1298页。

② 参见谢在全：《民法物权论》（修订5版）（下册），中国政法大学出版社2011年版，第1086页。

卖、赠与）。留置权不因此受到影响，留置物受让人继受原留置权关系。[①] 否定说认为，留置物所有人不能对留置物为事实上的处分，也不能将留置物进行法律上的处分，如用于担保其他债权、出租等。[②] 本书赞同肯定说，理由与出质人享有质押财产处分权的理由基本相同。

2. 损害赔偿请求权

依据《民法典》第 451 条的规定，留置权人违反保管义务致使留置财产毁损、灭失的，留置物所有人有权请求其承担赔偿责任。值得注意的问题是，留置权人未尽妥善保管义务或者擅自处分留置物，但未给留置物所有人造成损害时，留置物所有人能否请求消灭留置权？《日本民法典》第 298 条第 3 款对此持肯定态度。留置物所有人的该"请求"属于形成权，消灭留置权的效果因所有人向留置权人所为的意思表示而发生。[③] 我国亦有学者持此观点。[④] 本书认为，因留置权成立并非基于当事人设立担保的意思，留置权人享有担保利益应以尽到善良管理人之注意为前提。留置权人违反该义务导致他人所有权受到侵害，而其担保利益则为债权而存在。两者相比，应优先保护物权属性的留置物所有权为宜，故留置物所有权人有权请求消灭留置权的做法可资借鉴。

3. 请求留置权人行使留置权的权利

该权利的具体含义及评价如前文所述。

二、留置权行使期间已起算、未届满的效力

留置权行使期间已起算、未届满的效力，是指在该阶段内留置权人和留置物所有人分别享有何种权利。该效力发生的时间起点是留置权行使条件具备之时，终点是留置权行使期间届满之时。该阶段内宽限期已经届满，留置权行使条件亦已具备，留置权人可依法定条件和程序将留置物予以变价，以实现对其债权的优先受偿。

（一）留置权人的权利

1. 行使留置权以优先受偿的权利

该权利是留置权第二次效力的体现，也是实现其担保功能的核心权利。行使留置权的方式与行使动产质权的方式总体上相同，区别仅在于：

---

① 参见王利明：《物权法研究》（第 4 版）（下卷），中国人民大学出版社 2016 年版，第 1426 页。

② 参见郭明瑞等：《担保法》（第 4 版），中国人民大学出版社 2014 年版，第 175 页。

③ 道垣内弘人『担保物権法（第 4 版）現代民法Ⅲ』（有斐閣，2017 年）43 頁参照。

④ 参见孙宪忠、朱广新主编：《民法典评注·物权编 4》，中国法制出版社 2020 年版，第 452 页。

由于留置权并非基于担保合同设立，而且宽限期为强制性规定，故不能适用债务人不履行到期债务等情形下，依据事先约定将留置财产自行拍卖、变卖的方式（《民法典担保制度解释》第 45 条第 1 款）。依据《民法典》第 453 条第 1 款的规定，行使留置权包括三种方式：折价、拍卖和变卖。折价和变卖无须借助公力救济，对此不存疑义。问题在于，拍卖留置物是否须借助公力救济实现？依据立法机关释义书的解释，该条规定的拍卖适用《拍卖法》规定的程序，并不需要法院介入。[①] 通说亦认为，行使留置权完全属于自力救济，留置权人按照拍卖法上的程序自行拍卖变价即可。[②] 司法实务的主流意见亦持此观点，例如，在"上海某机械公司与合肥某动力机械公司承揽合同纠纷再审申请案"中，最高人民法院虽然认为本案拍卖价格不够合理而否认其效力，但是仍然承认留置权人有权采取自行拍卖方式行使留置权。[③] 为防止折价或变卖价格过低，《民法典》第 453 条第 2 款要求折价或变价时应参照市场价格。

值得注意的是，虽然现行法允许以私力救济方式行使留置权，但是程序法的相关规定也为公力救济方式行使留置权提供了通道。依据《民事诉讼法》第 203 条、第 204 条和《民诉法解释》第 359 条的规定，留置权人、债务人或留置物所有人都有权请求人民法院实现留置权。人民法院根据《民诉法解释》第 369 条规定的内容进行审查后，作出裁定准许拍卖、变卖留置物，或驳回申请并告知申请人另行起诉。

2. 占有留置物的权利、对留置物的必要使用权、收取孳息的权利、物权请求权、妥善保管留置物的义务

留置权人的这些权利和义务存在于整个留置权存续期间，故其亦存在于留置权行使期间已起算、未届满阶段。

（二）留置物所有人的权利

留置物所有人享有留置物处分权、损害赔偿请求权、请求留置权人行使留置权的权利。这些权利存在于整个留置权存续期间，故其亦存在于留置权行使期间已起算、未届满阶段。理由如前文所述，此处不赘述。

（三）留置权能否排除强制执行

域外法对该问题多持肯定态度。在日本，普通债权人就留置物申请强制执行的，留置权人有权依《民事执行法》第 124 条拒绝向执行官交出标的物的方法，阻止其执行行为。留置权人还可依据《民事执行法》第 190 条之

---

① 参见黄薇主编：《中华人民共和国民法典物权编释义》，法律出版社 2020 年版，第 618 页。

② 参见王利明：《物权法研究》（第 4 版）（下卷），中国人民大学出版社 2016 年版，第 1435 页。

③ 参见最高人民法院（2016）最高法民申 1020 号。

规定,通过拒绝签署承诺文书的方式阻止对留置物的拍卖行为。①

对于该问题,我国现行法的态度游移不定。(1)依据《查封、扣押、冻结财产规定》第 11 条的规定,留置权人不得以其享有留置权而排除法院对留置物的查封、扣押等行为,但留置权人一般应被指定为保管人而继续占有留置物;即使留置物由人民法院保管的,留置权亦不因转移占有而消灭。(2)依据《民诉法解释》第 463 条第 1 款第 2 项的规定,案外人对执行标的享有足以排除强制执行的权益的,裁定中止执行。但留置权人是否属于该项规定的"案外人",并不明确。(3)依据《执行异议规定》第 5 条第 1 项的规定,"利害关系人"可以提出执行行为异议。依据最高人民法院释义书的解释,留置权人等担保物权人属于该项规定的利害关系人。因此,前述法律及司法解释并未赋予他案债权人明确的异议权,相关法院对于他案债权人提出的异议往往不作处理,使担保物权人的权利事实上难以得到完全的保障,故作此规定。②

对于留置权具有排除强制执行的效力,某些高级法院制定的规范性文件明确持肯定意见。例如,2010 年《浙江省高级人民法院关于审理案外人异议之诉和许可执行之诉案件的指导意见》第 8 条规定,质权、留置权可作为提起执行异议之诉的实体权利依据。2017 年《江苏省高级人民法院执行异议及执行异议之诉案件审理指南》"三、执行异议及执行异议之诉案件的受理及诉讼请求"部分规定,案外人基于留置权、质权对执行标的提出异议,请求排除执行的,应依据《民事诉讼法》第 234 条规定审查处理。

三、留置权行使期间届满的效力

(一)留置权行使期间届满导致留置权消灭

虽然《民法典担保制度解释》第 44 条第 2 款改变了《担保法解释》关于留置权行使期间的确定规则,但是对该期间届满的法律后果未有变化,二者均规定该期间届满导致留置权作为实体权利消灭。二者的区别在于,后者为留置权预设了一个除斥期间,该期间届满时即使没有担保物权消灭的事由发生(如丧失占有),留置权亦可仅因该期间届满而消灭;前者没有预设一个固定期间,而是认可留置权因法定事由消灭前即可行使留置权,这意味着留置权行使期间届满与留置权消灭只能是同一时点。

---

① 道垣内弘人『担保物権法(第 4 版)現代民法Ⅲ』(有斐閣,2017 年)39 頁参照。

② 参见江必新、刘贵祥主编,最高人民法院执行局编著:《最高人民法院关于人民法院办理执行异议和复议案件若干问题规定理解与适用》,人民法院出版社 2015 年版,第 74 页。

（二）留置权行使期间届满与留置效力

1. 留置权行使期间届满（而非主债权诉讼时效届满）是留置效力消灭的必要条件

《民法典担保制度解释》第 44 条第 2 款的本意应解释为，主债权诉讼时效届满不影响留置效力，留置权行使期间届满前留置权人可基于留置效力拒绝返还留置物。[①] 该款文义存在不严谨之处，易导致的误解是：只要处于留置权人占有留置物的状态，即可维持留置效力而拒绝返还留置物。依据《民法典》第 393 条、第 457 条的规定，虽仍处于占有留置物的状态但留置效力消灭的情形包括：主债权消灭、留置权实现、债权人放弃留置权、债权人接受债务人另行提供担保等。因此，《民法典担保制度解释》第 44 条第 2 款的规范含义仅在于排除主债权诉讼时效届满对留置效力的影响，而非在留置权法定消灭事由情形下扩张留置效力的范围。

2. 留置物所有权属于债务人或者第三人的，均适用上述规则

依据《民法典担保制度解释》第 44 条第 2 款，该规定的适用对象是“财产被留置的债务人或者对留置财产享有所有权的第三人”。理由与动产质权关系类似。值得注意的是，留置物所有权属于第三人的情形下，新旧司法解释对债权人的要求有明显区别。《担保法解释》第 108 条将其限定于善意债权人，即“债权人合法占有债务人交付的动产时，不知债务人无处分该动产的权利”。对于债权人知情对留置权的成立及效力产生何种影响，实务中颇多争议。[②]《民法典担保制度解释》第 62 条第 1 款将其改为“债权人因同一法律关系留置合法占有的第三人的动产”，即债权人是否善意不影响留置权的成立及效力，均可基于留置效力拒绝第三人的返还请求权。[③]

第六节　留置权行使期间的计算

一、留置权行使期间的起算

留置权行使期间的起算，是指留置权人行使留置权能够得到法院支持的时间起点。留置权行使期间应自留置权行使条件具备之时起算，即《民

① 参见最高人民法院民事审判第二庭：《最高人民法院民法典担保制度司法解释理解与适用》，人民法院出版社 2021 年版，第 399 页。

② 参见最高人民法院（2017）最高法民申字第 76 号。

③ 参见高圣平：《担保法前沿问题与判解研究》（第 5 卷），人民法院出版社 2021 年版，第 453 页。

法典》第453条规定的宽限期届满时起算。

(一)一般场合下留置权行使期间的起算标准

1. 宽限期的起算

当事人约定宽限期的,起算标准依约定予以确定。当事人未约定宽限期的,适用单方指定宽限期,但对指定宽限期的起算点,我国法律规定存在一定疑义。《担保法》第87条曾规定,留置权人就指定宽限期对债务人负有通知义务,该通知生效时宽限期起算。法律规定通知义务的原因在于,由于留置权是法定担保物权,如果留置权人不履行通知义务,债务人则可能无从知道留置权成立的事实。而且,该通知亦可督促债务人尽快履行债务以了结留置关系。通知的具体内容包括宽限期的长短、请求履行债务的意思等。[①]

在司法实务中,对"通知义务"的适用存在诸多困扰。有观点认为,如果债权人不能顺利通知债务人或债务人下落不明的,留置权则不具备行使条件。[②] 例如,在"天津远大联合汽车贸易集团有限公司与天津星誉物流有限公司仓储合同纠纷上诉案"中,法院认为:"本案星誉物流对远大公司仍存放在其仓库中的10辆未提出的汽车虽享有留置权,但在实现留置权前须向远大公司进行告知且应同时给予远大公司债务履行的宽限期,在履行上述法定义务的前提下,方可处置留置财产。然而本案星誉物流未能提供证据证明其对远大公司存储的5辆汽车行使留置权已向远大公司进行了告知,且亦未能提供证据证明其已履行了法定的留置权实现程序且符合法定的留置权实现条件,即通知并给予远大公司两个月以上的债务履行宽限期,因此星誉物流在本案中直接将远大公司存储的5辆汽车出售给案外人的行为不符合实现留置权的法律规定,不属于正当行使留置权的范围。"[③]依据该裁判意见,通知内容必须明确具体,且留置权人对此负有举证责任;违反通知义务导致不具备留置权行使条件。

《民法典》和《物权法》均未明确继承《担保法》通知义务的规定,而是规定"留置权人应当给债务人六十日以上履行债务的期限"。理由在于,虽然留置权人对指定宽限期有最终决定权,但是该权利受到法律限制,应给予债务人合理的时间履行债务。[④] 但是,由于债务人对指定宽限期并无参与协商的机会,如果起算点也依据留置权人单方意思确定,极易使

① 参见吴庆宝主编:《物权担保裁判原理与实务》,人民法院出版社2007年版,第566页。

② 参见曹士兵:《中国担保制度与担保方法》(第4版),中国法制出版社2017年版,第397页。

③ 参见天津市第二中级人民法院(2017)津02民终2399号。

④ 参见黄薇主编:《中华人民共和国民法典物权编释义》,法律出版社2020年版,第617页。

起算标准对债务人过于严苛而有失公平。对此,第一种观点认为,宽限期起算点应为“留置权成立时”。因为留置权成立与主债务履行期限届满系同一时间点,且债务人对主债务履行期限亦为明知,因此以留置权成立时起算宽限期较为合理。这既符合留置权人与债务人对自身权利义务的合理预期,也符合平衡双方权益的需要。① 第二种观点认为,宽限期起算点是“债权人通知债务人履行债务之日”。② 本书赞同第二种观点,理由如下。

第一,依据该观点,“六十日以上期限”之起点为指定宽限期起算点,该解释符合“六十日以上期限”的立法目的,即应给予债务人合理的时间履行债务。如果采第一种观点,指定宽限期依主债务履行期限届满之客观标准起算,意味着虽然债权人单方确定的宽限期名义上是60日以上,但是因债务人未被催告前就已起算,则催告后的期限很有可能已不足60日。

第二,虽然《民法典》第453条未继承《担保法》之通知义务的规定,但是依据指定宽限期的属性,既然该期限系由债权人单方确定,债权人当然应将该期限通知债务人始生效力。在通知生效之前就起算该期限,显然有悖于宽限期的本旨。因此《民法典》施行后,仍应解释为债权人就指定宽限期负有通知义务。

2. 宽限期届满时留置权行使期间起算

宽限期既非诉讼时效,也非除斥期间,而是依双方意思或单方意思确定的债务延缓履行期限。该期限不存在中止、中断、延长的问题。如果约定宽限期或指定宽限期届满时债务人仍未履行债务,该届满时间点即为留置权行使条件具备之时,亦为留置权行使期间起算点。

(二)特殊场合下留置权行使期间的起算标准

1. 债务人进入破产程序

债务人破产申请受理时,未到期的债权视为已届清偿期,留置权得以成立。在此情形下,主债务诉讼时效和留置权行使期间均于破产申请受理时起算。由于此时不允许个别清偿导致适用宽限期已无意义,留置权人应通过别除权就留置物优先受偿。破产程序终结后,主债权和留置权均归于消灭,故不再有诉讼时效和留置权行使期间的计算问题。

2. 紧急留置权

所谓紧急留置权,是指为保护债权人的利益,在主债权履行期限未届

---

① 参见曹士兵:《中国担保制度与担保方法》(第4版),中国法制出版社2017年版,第397页。

② 参见孙宪忠、朱广新主编:《民法典评注·物权编4》,中国法制出版社2020年版,第461页。

满的某些特殊场合下允许行使的留置权。《担保法解释》第112条曾规定紧急留置权的行使条件为：主债权未届清偿期，债权人交付占有标的物的义务已届履行期，且债权人能够证明债务人无支付能力。理由在于，基于公平理念的考虑，避免使债权人承担债权已经事实上不能受偿的风险而导致的显失公平。[①] 虽然《民法典》和《民法典担保制度解释》未继承该条，但《民法典》施行后依理仍应采此解释。

值得注意的是，紧急留置权只是将留置权成立时间点提前，仍须适用宽限期规则。换言之，紧急留置权仍为具有两次效力的权利，并非于成立时即可行使。紧急留置权成立后，须待宽限期届满而债务人未履行债务时，留置权行使条件才得以具备。因此，紧急留置权行使期间的起算点仍是"宽限期届满时"，宽限期的起算点是"债权人能够证明债务人无支付能力之时"。

二、主债权诉讼时效中断、中止、延长对留置权行使期间的影响

（一）留置权行使期间能否中断、中止、延长

《民法典》和《民法典担保制度解释》施行后，留置权行使期间与占有型质权行使期间适用相同规则。留置权行使期间与主债权诉讼时效未被捆绑，留置权于法定消灭事由（《民法典》第393条、第457条）具备前均有效存在。因此，留置权行使期间不存在自身中断、中止、延长的问题，也不因主债权诉讼时效中断、中止、延长而受影响。

（二）主债权诉讼时效中断、中止、延长影响留置权行使期间的具体规则

1. 主债权诉讼时效是否因中断、中止、延长未届满，不影响留置权行使期间的计算

债权人于留置权法定消灭事由具备前均可行使留置权。理由与占有型质权行使期间相同。兹不赘述。

2. 债权人行使留置权的，引起主债权诉讼时效中断

此处所称"行使留置权"，是指启动法定程序将留置物变价或以私力救济方式将留置物变价的行为。由于此类行为中包含有通过留置权使主债权受偿的意思，故能够引起主债权诉讼时效中断。[②] 依据《民法典》第453条第1款和《民法典担保制度解释》第45条规定的行使留置权的方式，在不同方式中债权人行使留置权引起主债权诉讼时效中断的具体意义

---

① 参见最高人民法院民法典贯彻实施工作领导小组主编：《中华人民共和国民法典物权编理解与适用》（下），人民法院出版社2020年版，第1305页。

② 金山直樹『時効における理論と解釈』（有斐閣，2009年）413頁参照。

有所不同。分述如下。

(1)债权人以订立折价协议方式行使留置权的,债权人向债务人或留置物所有人作出订立该协议的要约生效之时主债权诉讼时效中断。

(2)债权人以申请法院拍卖、变卖留置物方式行使留置权的,诉讼时效中断时间是“债权人提交起诉状或者口头起诉之日”(《诉讼时效规定》第10条),或者“债权人向法院提交强制执行申请之日”(《诉讼时效规定》第11条第5项)。

(3)债权人以直接拍卖、变卖留置物的方式行使留置权的,因主债权足额受偿而不再存在诉讼时效计算问题。如果拍卖、变卖留置物所得价款仅使主债权部分受偿,债权人将该拍卖、变卖行为通知债务人或留置物所有人的,剩余部分债权诉讼时效中断时点为通知生效之时。

3. 债权人以留置权抗辩,是否引起主债权诉讼时效中断

债务人X对债权人Y提起返还原物(留置物)的诉讼,Y在诉讼中以自己享有留置权进行抗辩。Y的该抗辩能否引起主债权诉讼时效中断?日本学理及实务对此存在争议。中断效力肯定说认为,留置权人的该主张相当于在裁判中主张该项被担保债权的存在,故构成时效中断。裁判上的催告说认为,该主张不能等于诉讼的提起,但在已就权利主张作出意思表示时,只要在诉讼结束后6个月内诉诸其他强有力的中断事由,中断的效力将被继续维持,即诉讼中主张留置权具有催告的意义。中断效力否定说认为,受担保债权的存在并未成为诉讼上的标的,因此不存在时效中断。[①]本书认为,在我国现行法框架下宜采“中断效力肯定说”,认可该抗辩具有引起主债权诉讼时效中断的效力。理由如下。

第一,《诉讼时效规定》第11条第7项规定,“在诉讼中主张抵销”构成时效中断事由。被告在应诉过程中针对原告的诉讼请求主张抵销的,该抵销具有主张权利的意思,对被告债权构成时效中断事由。[②] Y在诉讼中以其留置权进行抗辩,与“在诉讼中主张抵销”的性质十分类似。二者均以债权的某项附属权利对抗对方请求权,其虽非直接行使主债权,但包含有主张主债权的意思,故构成中断事由。

第二,另外二说在我国法语境下难以成立。裁判上的催告说的前提是日本法规定催告为相对中断事由,而我国法律规定“请求履行”为绝对中

① 参见[日]近江幸治:《民法讲义Ⅰ:民法总则》(第6版补订),渠涛等译,北京大学出版社2015年版,第323页。

② 参见最高人民法院民事审判第二庭编著:《最高人民法院关于民事案件诉讼时效司法解释理解与适用》,人民法院出版社2015年版,第250页。

断事由。中断效力否定说系以某请求是否构成诉讼标的为标准得出的结论，这似乎混淆了作为诉讼标的之请求与作为中断事由之请求的界限。而且，司法解释规定“在诉讼中主张抵销”构成中断事由，明显未采取该标准。

（三）债权人占有留置物是否构成主张权利，而导致主债权诉讼时效中断

实务中，有判例对此持肯定意见。例如，在“中山市东凤镇铭发电器厂等与中山市纳宝电器科技有限公司承揽合同纠纷上诉案”中，一审法院认为：“铭发厂答辩称纳宝公司超过诉讼时效主张模具款，因纳宝公司一直持有上述模具，持续不放弃留置权，应视为积极主张债权，因此不存在超过诉讼时效的情形。”二审法院对此予以认同，并进一步认为：“涉案模具在双方终止合作后，一直由纳宝公司持有，且按照法律规定，纳宝公司对此享有留置权，且铭发厂、彭镜泊在上诉中亦陈述在2015年6月2日发函要求纳宝公司归还涉案模具，但纳宝公司没有归还，应视为纳宝公司主张债权的行为。”[①]依据上述裁判意见，债权人占有留置物以及为保持该占有而拒绝返还的行为，构成积极主张权利的方式，因此导致主债权诉讼时效中断。

在《民法典担保制度解释》的制定过程中，有实务界人士认为，由于留置权成立于债务人不履行到期债务之后，债权人对标的物进行留置，属于主债务诉讼时效起算后行使权利的行为，构成中断事由。只要处于债权人持续占有留置物的状态，主债务诉讼时效就持续中断，而不可能届满。[②]

上述意见类似于Guillouard等法国学者的观点，即认为只要在债权人占有质物或留置物期间，主债权就并不因时效届满而消灭。[③] 亦有域外法对此持相反态度，例如在日本法上，单纯留置标的物的事实不能构成主债权时效停止计算的原因。[④] 本书认为，我国现行法框架下采取日本学界的解释较为合适，即债权人单纯占有留置物的行为不构成主债权诉讼时效中断事由，也不影响主债权诉讼时效的计算。上述裁判意见虽然对保护债权人较为有利，但是在债权人并无明确主张权利意思的情形下，将留置物占有行为视为积极主张债权，似与现行诉讼时效中断规则相抵牾。

---

① 参见中山市中级人民法院（2017）粤20民终5113号。类似案例参见南京市中级人民法院（2018）苏01民终3024号。

② 参见刘贵祥：《民法典关于担保的几个重大问题》，载《法律适用》2021年第1期。

③ 参见陈华彬：《外国物权法》，法律出版社2004年版，第328页。

④ 道垣内弘人『担保物権法（第4版）現代民法Ⅲ』（有斐閣，2017年）35頁参照。

第七节　我国现行法之检讨

在现行法框架下，留置权行使期间规则包括以下几个方面内容：(1)《民法典》对留置权行使期间未作规定，其第454条“行使留置权请求权”并非留置权行使期间规则。(2)《民法典担保制度解释》第44条第2款规定，主债权诉讼时效期间与留置权行使期间不存在关联，留置权行使期间为留置权行使条件具备之时至留置权消灭之时。

一、现行法与域外立法模式价值理念之比较

对于留置权行使期间的现行法评价，总体上与占有型质权行使期间类似，但因留置权属法定物权而占有型质权为意定物权，又使二者存在一定程度的差异。本部分着重分析《民法典》施行前法律规定存在的弊端，下一部分对《民法典》施行后的法律规定予以评价。

(一)《民法典》施行前的法律未考虑“占有”因素对留置权行使期间规则设计的影响权重

留置权与动产质权均为占有型担保物权，留置权人或质权人占有担保物所形成的“事实支配力”对担保期间规则的设计具有不可忽视的影响。具体分析详见第四章第八节。但相较于占有型质权而言，留置权行使期间规则受“占有”因素影响的权重更大。

第一，占有留置物与主债权之间具有更紧密的联系。其一，留置权第一次效力发生的情形下，留置权人占有留置物系以法律规定为依据，而非基于当事人设立担保的意思。质权人占有质押财产系基于质押合同，以及基于该合同所为的交付。换言之，留置权人占有留置物不是当事人设立担保意思的结果，而是法律认为此时有足够充分的理由可使留置权人在缺乏对方当事人设立担保意思的情形下占有留置物。① 其二，留置权第二次效力发生的情形下，留置权人占有留置物并以其优先受偿，是法律对保管、运输、承揽等特定债权提供的特殊保护措施。留置权人为履行此类合同支出了劳务和金钱，并由此维持或增加了标的物价值。② 在对方当事人不履行付款义务时，法律赋予留置权人对标的物占有和优先受偿的权利，既是为了彰显公平，也是保障这些行业良性发展的需要。质权人占有质押财产纯

---

① 占有留置物与主债权之间具有牵连关系，是该理由的重要内容。

② 参见章程：《论我国留置权的规范适用与体系整合——民法典时代的变与不变》，载《法商研究》2020年第5期。

粹基于当事人的担保意思,质押财产与主债权并不要求具有某种牵连关系。质权人除履行保管义务外,也没有为维持或增加质押财产价值做出额外贡献。可见,留置权人占有留置物与主债权之间具有更紧密的联系,这种紧密联系使占有留置物具有更强的正当性。

第二,在现行法框架下,质权的公示方式包括占有(动产质权)和登记(权利质权)。以登记为公示方式的权利质权,准用抵押权行使期间规则。留置权只能以占有为公示方式,留置权人丧失占有导致留置权消灭,故留置权不存在准用抵押权行使期间规则的可能。

第三,在担保实践中,"间接占有+第三方介入"的质押模式不能适用于留置权,留置权人占有留置物只能采取直接占有或普通的间接占有方式。这是由占有对留置权成立及行使的特殊意义决定的,如前所述。

(二)《民法典》施行前的法律没有体现优先保护留置权人的价值理念

如前文所述,对留置权的定位无论是采物权说(瑞士、奥地利)还是采债权说(德国),各立法均将优先保护留置权人置于首要价值理念,区别仅在于所采立法技术有所不同。我国法律框架下的留置权行使期间规则未能体现该价值理念,分述如下。

第一,我国法律规定虽与某些域外法在外观上类似,但其对留置权人的实际保护效果远不及域外法。《担保法解释》第 12 条第 2 款规定的留置权行使期间与《欧洲示范民法典草案》第 IX-6:103 条规定的动产担保物权行使期间在文义上类似,但前者之 2 年采客观起算标准,后者之 2 年采主观起算标准,即"债务人提出时效抗辩时"起算。显然后者对留置权人更为有利。

第二,我国法律在其他规则中体现了优先保护留置权人的价值理念,但未将该价值理念贯彻于留置权行使期间规则之中。例如,《物权法》第 239 条(《民法典》第 456 条)明显体现了优先保护留置权人的理念,即在留置物上存在多种担保物权的情形下,留置权具有更加优先地位。[①] 留置权人优先于抵押权人受偿,并不考虑二者成立时间的先后。理由在于,为了保证留置权人为标的物提供材料或劳务而使标的物增加的价值能够收回,应当承认留置权优先。[②] 但是,优先保护留置权的理念没有在留置权行使期间规则设计中有所体现。一方面,留置权行使期间与质权行使期间适用相同规则;另一方面,由于所担保债权诉讼时效各自计算,有可能出

---

① 参见孙宪忠、朱广新主编:《民法典评注·物权编 4》,中国法制出版社 2020 年版,第 479 页。

② 参见刘保玉:《论担保物权的竞存》,载《中国法学》1999 年第 2 期。

现抵押权行使期间尚未届满而留置权行使期间已经届满的情形。

二、我国留置权行使期间规则的立法完善

留置权行使期间规则应当充分重视“占有”因素对规则设计的影响权重，贯彻优先保护留置权人的价值理念，对留置权人的保护程度不应弱于对占有型质权人的保护。《民法典担保制度解释》第44条不再将各类担保物权行使期间统一规定，其意识到“占有”因素对留置权行使期间规则设计的重要影响，[①]在相当程度上体现了优先保护留置权人的价值理念，故总体上值得赞同。我国留置权行使期间规则的具体设计为：债务人未清偿债务而留置权人占有留置财产的，留置权人行使留置权不受时间限制；“债务人请求行使留置权规则”具有平衡留置权关系中各方当事人利益的功能，应予保留。分述如下。

（一）债务人未清偿债务而留置权人占有留置财产的，留置权人行使留置权不受时间限制

由于留置权只能以占有为公示方式，故该规则适用于所有类型留置权。该规则的具体内容如下。

（1）在留置权行使条件具备后，只要债务人未清偿债务，留置权人行使留置权便不受时间限制。基于留置权的不可分性，债务人未清偿全部债务或部分债务的，均可就留置物全部行使留置权。留置物为可分物的，留置权人只能就“相当于债务金额价值的留置财产”行使留置权（《民法典》第450条）。

（2）如果登记簿上记载有留置权行使期间，该期间不具有法律约束力。

（3）留置财产是否转让给第三人，不影响该规则的适用。理由详见第四章第八节。

（二）“债务人请求行使留置权规则”予以保留

如前所述，相较于“及时行使质权规则”而言，“债务人请求行使留置权规则”对留置权人的限制程度较低，也更具规则兼容性，故更为合理。《民法典》第454条继承了《物权法》第237条的内容，值得赞同。对该条规范含义的解读详见本章第四节。

---

① 参见林文学等：《〈关于适用民法典有关担保制度的解释〉的理解和适用》，载《人民司法》2021年第4期。

第六章　工程价款优先权行使期间

第一节　工程价款优先权行使期间概述

一、工程价款优先权的性质

工程价款优先权也称建设工程价款优先受偿权，是指建设工程合同[①]的承包人作为建设工程价款的债权人对该工程予以变价并优先受偿的权利。《民法典》施行前，对工程价款优先权的性质，学界存在较大争议。

第一种观点“不动产留置权说”认为，虽然留置权的客体一般是动产，但是工程价款优先权是一种特殊的不动产留置权。[②]

第二种观点“法定抵押权说”认为，从立法过程来看，《合同法》第286条规定的工程价款优先权在立法的各阶段均被理解为法定抵押权。[③]

第三种观点“法定优先权说”认为，工程价款优先权是由法律直接规定的担保特种债权实现的权利，因此是一种法定优先权。[④]

第四种观点“综合权利说”认为，工程价款优先权同时具备法定抵押权、优先权、留置权三种权利的部分属性和特征，构成抽象请求权竞合。[⑤]

第五种观点“非独立权利说（权能说）”认为，工程价款优先权不是一项独立的权利，而仅仅是担保物权普遍具有的一项权能。[⑥]

第六种观点“搁置定性说”认为，我国工程价款优先权的理论基础与域外法存在较大差异，导致该权利地位尚不明确，定性难以达成共识，故应

---

① 《民法典建工合同解释（一）》第35条规定，工程价款优先权的成立基础是建设工程施工合同，而不包括工程勘察、设计、监理合同。因此如无特别说明，本章所称建设工程合同均指建设工程施工合同。

② 参见江平主编：《中华人民共和国合同法精解》，中国政法大学出版社1999年版，第223页。

③ 参见梁慧星：《合同法第286条的权利性质及其适用》，载《山西大学学报（哲学社会科学版）》2001年第3期。

④ 参见谢鸿飞、朱广新主编：《民法典评注·合同编典型合同与准合同3》，中国法制出版社2020年版，第177页。

⑤ 参见王旭军、梁静：《建设工程款优先受偿权之担保物权有机竞合论——对〈合同法〉第286条司法解释的反思》，载《法律适用》2004年第7期。

⑥ 参见孙新强：《我国法律移植中的败笔——优先权》，载《中国法学》2011年第1期。

搁置定性争议，从现实出发逐步完善规范内容。①

《民法典》第807条继承了《合同法》第286条对工程价款优先权的规范内容，但对权利性质未予明确。在《民法典》的制定过程中，立法机关曾研究过对工程价款优先权的性质进行规定，但因未能达成共识，最终未明确作出规定。②

在司法实务中，对工程价款优先权的定性亦存争议。大致梳理如下：

（1）最高人民法院复函“[2007]执他字第11号”采取法定优先权说。最高人民法院释义书亦采此观点。③ 实务中，采此观点的实例较多。例如，在“中国银行某分行、广东某建设有限公司等执行分配方案异议之诉案”中，最高人民法院认为：“工程价款优先权是一种法定优先权，无需当事人另外予以明示。”④又如，在“江苏嘉鸿工艺品有限公司与刘某玉破产债权确认纠纷案”中，法院认为：“工程价款优先权是一种法定优先权，其立法目的是优先保障承包人的实际支出，以维护交易安全和社会稳定。”⑤

（2）少数裁判意见采取法定抵押权说。例如，在“包商银行股份有限公司诉江苏某建设工程有限公司等普通破产债权确认纠纷案”中，法院认为：“工程价款优先权属于法定抵押权，法律没有禁止××放弃工程价款优先权。在优先受偿权与约定抵押权并存情形下，××与抵押权人约定排除优先受偿权的，其受偿顺位应在抵押权人之后。”⑥又如，在“沈某荣与江苏巨诚高新材料有限公司建设工程施工合同纠纷案”中，法院认为：“工程价款优先权是法定抵押权，对主债权工程款具有依附性，主债权工程款权利无效，作为约定主债权的担保物权的工程款优先受偿权亦属无效。”⑦

（3）很多裁判意见未对工程价款优先权进行具体定性，而是直接使用“工程价款优先权”或“建设工程优先受偿权”等概念。该做法大致相当于搁置定性说。

（4）未查阅到采取不动产留置权说等其他观点的实例。

总体而言，实务界人士大多认为最高人民法院司法解释及相关批复系

① 参见孙科峰、杨遂全：《建设工程优先受偿权主体的争议与探究——〈合同法〉第286条之分析》，载《河北法学》2013年第6期。

② 参见黄薇主编：《中华人民共和国民法典合同编释义》，法律出版社2020年版，第695页。

③ 参见最高人民法院民事审判第一庭编著：《最高人民法院新建设工程施工合同司法解释（一）理解与适用》，人民法院出版社2021年版，第372页。

④ 参见最高人民法院（2016）最高法民申1281号。

⑤ 参见淮安市中级人民法院（2018）苏08民终2704号。

⑥ 参见南通市中级人民法院（2017）苏06民终2188号。

⑦ 参见苏州市中级人民法院（2018）苏05民终4426号。

将工程价款优先权定性为优先权,即建筑优先权。① 该解释产生的困扰是,如何解释《民法典》"物权编"并未规定优先权这一前提事实?该界定是否违反"类型强制"要求?关于我国应否规定优先权制度以及现行法是否已有优先权制度,学界尚有争议。② 因该问题非本书研究重点,故无意对该问题作全面梳理。以下以最高人民法院所采"优先权说"为基础展开讨论。

二、工程价款优先权行使期间的含义

工程价款优先权行使期间,是指承包人能够依法行使该权利的时间范围,即以工程价款优先权行使条件具备为起点、丧失法律保护为终点的时间段。《民法典建工合同解释(一)》第41条规定的"合理期限"和"18个月最长期限"即为工程价款优先权行使期间。该期间是实现工程价款优先权的重要内容,承包人能否将工程通过协议折价、依法拍卖方式获取工程价款,首先取决于行使权利是否符合该期间的要求。③ 对工程价款优先权行使期间规则的设计,司法解释的态度游移不定。《民法典》施行前,《工程价款优先权批复》和《2018建工合同解释》曾对工程价款优先权行使期间作出规定,但《民法典建工合同解释(一)》改变了先前规则的内容。

工程价款优先权存续期间,是指工程价款优先权作为一种担保物权有效存在的时间,即以该权利成立为起点、丧失法律保护为终点的时间段。工程价款优先权属于担保承包人价款求偿权这一债权实现的方式,属于担保物权的一种。④ 由于工程价款优先权成立时间和行使条件具备时间并不一致,故有必要区分其存续期间与行使期间。与行使抵押权类似,行使工程价款优先权仅指实现优先受偿权的行为,而不包括行使条件具备前的转让、弃权等行为。

基于以上分析,工程价款优先权存续期间D是指工程价款优先权有效存在的全部时间,即以该权利成立为起点、丧失法律保护为终点的时间段(时间点a到时间点c之间)。工程价款优先权行使期间E是指承包人能够依法行使工程价款优先权的时间范围,即以工程价款优先权行使条件具

① 参见汪治平:《建设工程价款优先受偿权的若干问题》,载《人民司法》2002年第8期。

② 参见孙新强:《我国法律移植中的败笔——优先权》,载《中国法学》2011年第1期。

③ 参见最高人民法院民事审判第一庭编著:《最高人民法院新建设工程施工合同司法解释(一)理解与适用》,人民法院出版社2021年版,第420页。

④ 参见刘燕:《担保物权体系中的建设工程优先受偿权——比较法的视角》,载《政法论坛》2004年第3期。

备为起点、丧失法律保护为终点的时间段(时间点 b 到时间点 c)。如图 6-1 所示。

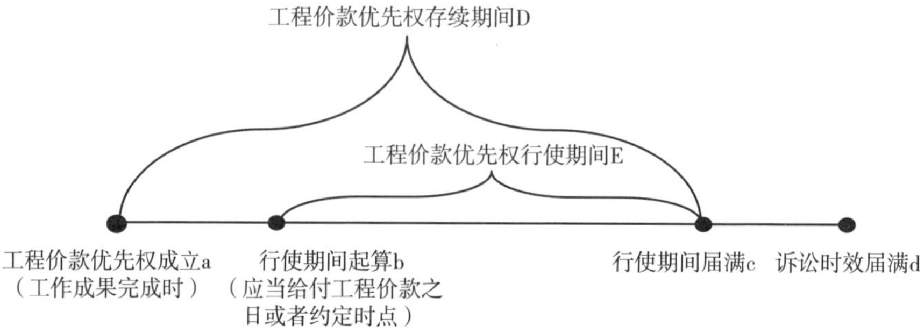

图 6-1　工程价款优先权存续期间与工程价款优先权行使期间的关系

三、工程价款优先权行使期间的特征

(一)工程价款优先权行使期间的目的是平衡承包人和第三人利益

工程价款优先权行使期间的基本效果是划定承包人享有优先受偿权的时间界限。为保障承包人的担保利益,法律应当规定足够、充分的行使期间。法律赋予承包人工程价款优先权的一个现实考量是:由于承包人实际占有建筑工程,如果法律不赋予其该权利,不但易生纠纷,而且承包人可能会寻求以折价方式出售该工程,使该工程内含价值降低,最终造成社会整体财富的减损。[①] 在我国现行法框架下,工程价款优先权的定位比较特殊,它并非《民法典》规定的担保物权,亦不适用"时间在先、权利在先"原则,且无须公示便可以取得优先于抵押权的效力。因此,工程价款优先权行使期间的确定,对包括抵押权人在内的其他第三人权利影响甚巨。如果工程价款优先权的行使效果迟迟不能确定,则必然使抵押权人等第三人的权利处于不稳定状态之中,并进而影响社会经济秩序的安定。工程价款优先权行使期间制度的最主要目的是通过设置合理的行使期间,一方面保障承包人享有足够时间行使权利,另一方面促使承包人及时行使权利,尽早地使相关权利状态得以确定。因此,工程价款优先权行使期间规则设计目的须平衡和兼顾承包人和有关利害关系人的利益保护。

(二)工程价款优先权行使期间直接限制的对象是工程价款优先权

《民法典建工合同解释(一)》第 41 条和旧司法解释规定的工程价款

① 参见最高人民法院民法典贯彻实施工作领导小组主编:《中华人民共和国民法典合同编理解与适用(三)》,人民法院出版社 2020 年版,第 2041 页。

优先权行使期间均系直接针对工程价款优先权设置的时间限制规则，而非主债权诉讼时效效力体现于该担保物权之上，也非单纯基于从权利属性的体现。因此，该行使期间直接限制的对象是工程价款优先权。

(三)工程价款优先权行使期间包括约定期间和法定期间

对工程价款优先权行使期间可否由当事人约定，《民法典》施行前的旧司法解释持否定态度。[①]《民法典建工合同解释(一)》改变了态度，其允许当事人就该期间作出约定，但该约定期间须受到一定限制。工程价款优先权行使期间之所以不能完全依据当事人意思予以确定，主要原因在于该期间的特殊性：该期间不仅具有界定当事人(发包人与承包人)权利范围的作用，还蕴含了保护第三人(建筑工人)利益的立法目的。为保护第三人(建筑工人)利益，发包人与承包人不得约定放弃或者限制该权利。

(四)工程价款优先权行使期间属于从属性担保期间

该从属性体现在以下几个方面：

第一，成立上的从属性。一方面，主债权未成立、无效或被撤销的，工程价款优先权亦无存在的基础，此时更无讨论其行使期间之必要；另一方面，工程价款优先权行使期间受到主债务履行期限的制约，即该行使期间不能早于主债务履行期限。

第二，转让上的从属性。对债权人依法将主债权转让给受让人，工程价款优先权是否同时转移，学理及实务尚有争议。笔者认为，主债权转让导致工程价款优先权随之转让，且原工程价款优先权行使期间对发包人和受让人继续有效。如果转让行为发生在工程价款优先权行使期间内，而且发包人(债务人)和债权受让人就应付款时间达成新的协议，该协议不损害第三人利益的，那么工程价款优先权行使期间从新的应付款之日起重新计算。[②]

第三，变更上的从属性。发包人与承包人对主合同履行期限予以协议变更，工程价款优先权行使期间也随之变更。[③]

第四，消灭上的从属性。主债权由于清偿等原因而消灭的，工程价款优先权因失去担保对象而丧失存在意义，故随之消灭。例外情形是，承包人在合同解除但建设工程质量合格的情形下仍享有一定的工程价款请求权，此时该请求权仍具有优先受偿性。

---

① 参见最高人民法院民事审判第一庭编著：《最高人民法院建设工程施工合同司法解释(二)理解与适用》，人民法院出版社2019年版，第447页。

② 参见本章第五节。

③ 参见本章第六节。

（五）工程价款优先权行使期间属于物权效力担保期间

工程价款优先权是担保工程价款债权的担保物权，其行使期间直接影响该权利的实现和丧失，并进一步影响各方当事人所享有的担保物权实现顺序。因工程价款优先权行使期间属于物权效力担保期间，故其于不同时间段所生效力与物上代位性、追及力等担保物权一般效力规则相通。换言之，工程价款优先权行使期间的起算、届满具有物权效力或者能够引起物权变动，故其属于物权效力担保期间。

四、《民法典》施行前后工程价款优先权行使期间规则的衔接适用

（一）《民法典》原则上不具有溯及既往效力

关于工程价款优先权行使期间规则的衔接适用，主要涉及期间的确定。《民法典建工合同解释（一）》第 41 条对确定工程价款优先权行使期间的规定改变了旧司法解释的规定，故产生新旧规则的衔接适用问题。关于期间的届满效力，由于新法和旧法均规定为“实体权利消灭”，故不存在衔接适用问题。

依据《民法典时间效力规定》第 1 条、第 5 条、第 20 条等规定，《民法典》的规定原则上不具有溯及既往效力。分述如下：

第一，建设工程合同成立于《民法典》施行后，因工程价款优先权行使期间等事项引起的民事纠纷案件，适用《民法典》的规定。该情形下，建设工程合同成立和诉讼均发生在《民法典》施行后，故适用《民法典》的规定不存疑义。

第二，建设工程合同成立和行使期间起算均发生于《民法典》施行前，适用旧法确定和计算的工程价款优先权行使期间（6 个月）已届满的，担保物权消灭的效果不因《民法典》施行发生改变。该情形下，《民法典》施行前担保物权已经确定消灭，且导致工程价款债权成为无担保的普通债权，《民法典》施行后不再有适用工程价款优先权行使期间的问题。

第三，建设工程合同成立和行使期间起算均发生于《民法典》施行前，《民法典》施行时适用旧法确定和计算的工程价款优先权行使期间（6 个月）处于未届满状态，其后适用《民法典》的规定确定和计算该期间。《民法典时间效力规定》第 20 条规定：“民法典施行前成立的合同，依照法律规定或者当事人约定该合同的履行持续至民法典施行后，因民法典施行前履行合同发生争议的，适用当时的法律、司法解释的规定；因民法典施行后履行合同发生争议的，适用民法典第三编第四章和第五章的相关规定。”该条系针对合同履行“跨越”《民法典》施行之日的情形，规定的“分段适用

规则”。其理论依据是“新法的即行效力”。[①] 工程价款优先权行使期间属于担保物权行使期间规则，并非严格意义上的合同履行规则。依据最高人民法院释义书的解释，该行使期间亦可适用该条规定。《民法典》施行时6个月行使期间已起算、未届满的，因权利仍处于“履行状态”，承包人仍有权行使工程价款优先权，其后适用新法规定确定和计算该期间（18个月）。[②] 该条的适用效果意味着，此类情形下《民法典》的规定仅具有部分的溯及既往效力。

第四，建设工程合同成立于《民法典》施行前，行使期间起算发生于《民法典》施行后，适用新法规定确定和计算该期间（18个月）。依据前述《民法典时间效力规定》第20条之“分段适用规则”的精神，行使期间起算发生于《民法典》施行后意味着行使期间的确定和起算均应适用该阶段的法律规定，即新法规定。

第五，再审案件不适用《民法典》的规定。依据《民法典时间效力规定》第5条的规定，《民法典》施行前案件已经终审并形成生效法律文书，即使《民法典》施行后又依法启动再审程序，再审法院也应当适用旧法作出裁决。

（二）《民法典》不具有溯及既往效力的例外规则

1. 有利溯及规则

《民法典》及其司法解释对工程价款优先权行使期间的规定，某些场合下可以适用《民法典时间效力规定》第2条之“有利溯及规则”。溯及适用的效果应当不破坏当事人行为预期、不减损当事人既存权利、不冲击既有社会秩序。[③] 例如，有最高人民法院判决认为，“本案虽属于《民法典》施行前的法律事实引起的民事纠纷案件，当时的法律、司法解释对于工程价款优先权行使期间亦有规定，但适用新的解释更有利于保护实际施工人的合法权益、维护社会和经济秩序、弘扬社会主义核心价值观，故对本案工程价款优先权行使期间的认定应适用《民法典建工合同解释（一）》第41条规定的最长不超过18个月期间”。[④] 由于新法规定的18个月行使期间更长，本案中对保护实际施工人、建筑工人等特殊主体更为有利，且不存在

---

① 参见最高人民法院研究室编著：《最高人民法院民法典时间效力司法解释理解与适用》，人民法院出版社2021年版，第241页。

② 参见最高人民法院民事审判第一庭编著：《最高人民法院新建设工程施工合同司法解释（一）理解与适用》，人民法院出版社2021年版，第426页。

③ 参见最高人民法院研究室编著：《最高人民法院民法典时间效力司法解释理解与适用》，人民法院出版社2021年版，第36页。

④ 参见最高人民法院（2021）最高法民终841号。

“破坏当事人行为预期”等情形,故适用有利溯及规则是合理的。

2. 新增规定溯及规则

《民法典》及其司法解释对工程价款优先权行使期间的规定,某些场合下可以适用《民法典时间效力规定》第 3 条之“新增规定溯及规则”。例如,旧法对当事人能否约定工程价款优先权行使期间起算点未作规定,而《民法典建工合同解释(一)》第 41 条对此作出规定。如果建设工程合同成立于《民法典》施行前,诉讼发生于《民法典》施行后,法院可依据《民法典建工合同解释(一)》第 41 条对该起算点作出认定。该情形下,溯及适用的效果并未明显减损当事人合法权益、增加当事人法定义务或者背离当事人合理预期,故适用新增规定溯及规则是合理的。

3. 裁判说理规则

《民法典》及其司法解释对工程价款优先权行使期间的规定,某些场合下可以适用《民法典时间效力规定》第 4 条之“裁判说理规则”。如果建设工程合同成立和行使期间起算发生于《民法典》施行前,诉讼发生于《民法典》施行后,虽然法院应当适用旧法作为裁判依据,但是可以依据《民法典》和《民法典建工合同解释(一)》的规定进行裁判说理,以强化裁判理由的说服力。

4. 尚未审结的一审、二审案件的溯及适用

依据《民法典时间效力规定》第 28 条的规定,2021 年 1 月 1 日该司法解释施行后,人民法院尚未审结的一审、二审案件适用该司法解释。如果建设工程合同成立或者行使期间起算发生于《民法典》施行前,《民法典》施行后一审、二审尚未审结,且依据该条应当适用《民法典》规定的,表明《民法典》规定具有溯及效力。

第二节　工程价款优先权行使期间的立法例

一、模式一:行使工程价款优先权不受预设期间限制

德国、瑞士等国采取该模式。基于改革建设工程合同法的需要,2017 年修订后的《德国民法典》新增“施工合同”一章(第 650a ~ 650h 条),其中第 650e 条继承了修订前的第 648 条第 1 款的内容,仅措辞有所调整。[①] 第 650e 条坚持了旧法的态度,工程价款优先权的性质被解释为建筑承揽人

① Vgl. Jan Busche, Kommentar zum § 650e, in: Münchener Kommentar zum BGB, 8. Aufl., München: C. H. Beck, 2020, Rn. 1.

因自己的报酬债权而就建筑工地上享有的一种法定抵押权（担保性抵押权）。对于该法定抵押权行使期间规则，从以下几方面说明：

第一，该法定抵押权自登入土地登记簿始告成立，建筑承揽人须获得定作人准许或取得以登记为内容的确定判决，才能取得该登记。① 第 650e 条的立法目的在于，授予建筑物、户外设施或其一部分的建筑承揽人在客户的建筑工地上获得抵押担保的权利，以确保其从施工合同中获得索赔。这旨在保障建筑承揽人的提前履行义务和与建筑相关的权利损失，以及建筑上增加的财产价值。因此，只有在建筑财产价值相应增加的情况下，建筑承揽人才能要求担保利益。② 由于第 650e 条规定的是一项法定抵押权，其具有严格的从属性，因此其担保范围仅限于受担保债权的实际金额。索赔的范围必须由建筑承揽人举证证明；土地登记簿中记载的债权数额不能推定为该法定抵押权实际担保的数额。③

第二，依据《德国民法典》第 216 条第 1 款的规定，主债权消灭时效届满不阻碍债权人就抵押财产优先受偿。该款将流通性抵押权与担保性抵押权作同等处理，即二者均不受主债权消灭时效届满效力的影响。④ 由于德国法将工程价款优先权界定为法定抵押权（担保性抵押权），故不仅该权利自身不适用消灭时效，而且依据《德国民法典》第 216 条第 1 款的规定，主债权消灭时效届满亦不阻碍建筑承揽人行使该权利。《瑞士债法典》第 140 条与德国法的上述规定类似。

二、模式二：工程价款优先权行使期间适用优先权规则

法国、日本等国采取该模式。在这些国家的法律体系下，由于设置有优先权之物权类型，工程价款优先权行使期间适用优先权相关规则。由于不同法律体系下的优先权规则存在差异，使得工程价款优先权行使期间的规范内容亦存在差异。

在法国法中，工程价款优先权被界定为不动产特别优先权。《法国民法典》第 2374 条第 4 款规定，建筑师、承包人、建筑工人等权利人在工程完

---

① 参见［德］迪特尔・梅迪库斯：《德国债法分论》，杜景林等译，法律出版社 2007 年版，第 296～297 页。

② Vgl. Jan Busche, Kommentar zum § 650e, in: *Münchener Kommentar zum BGB*, 8. Aufl., München: C. H. Beck, 2020, Rn. 2.

③ Vgl. Jan Busche, Kommentar zum § 650e, in: *Münchener Kommentar zum BGB*, 8. Aufl., München: C. H. Beck, 2020, Rn. 37.

④ Vgl. Helmut Grothe, Kommentar zum § 216, in: *Münchener Kommentar zum BGB*, 9. Aufl., München: C. H. Beck, 2021, Rn. 2.

工后6个月内,依法定程序对该工程享有优先权。该特别优先权的主体是一切实施修建工程的人,只要他们与不动产所有人有直接的关系。此类权利人具有对抗工程所有人的直接诉权。① 依据法国最高法院的解释,如果是在实施工程的过程中行使该特别优先权,仅于权利人向第三人通知之日该特别优先权才能产生;只有就其登录时已经执行的工程部分,该特别优先权才能担保不动产产生的增加值。②

同属法国法系的《魁北克民法典》第2727条规定:"为参与不动产建设或装修的人之利益的法定抵押,即使未经公示,在工作完成后的30日内存在。在30日期间届满前,如登记了描述改变了的不动产和债权数额的通知,法定抵押继续存在。此等通知应送达于不动产所有人。法定抵押在工作完成后6个月消灭,但债权人为保全法定抵押公示对不动产所有人的诉权或登记行使抵押权的预先通知的,不在此限。"依此规定,工程价款优先权属于法定抵押权,其依法成立后依当事人是否办理登记分别适用不同的行使期间。

在日本法中,工程价款优先权被界定为不动产工程优先权(先取特权)。该优先权行使期间受到两种规则的影响。

第一,《日本民法典》第327条规定,不动产工程优先权的担保对象涉及工程设计方、施工方或监理方就债务人不动产所做工程之费用。该不动产工程优先权须以施工开始前登记其费用预算额为效力要件,该做法在实际中操作困难。这导致不动产工程优先权在实践中发挥的作用大打折扣。③ 受此影响,实践中有权利人在施工开始后以保存不动产工程优先权的名义请求登记,以便在保存行为结束后履行登记程序。但由此产生的问题是,"保存的优先权"与"施工的优先权"在担保对象、担保效力等方面的差异如何界定。日本学界对此尚存一定的分歧意见。④

第二,《日本民法典》第341条规定:"先取特权的效力,除本节另有规定外,以性质不相抵触为限,准用抵押权的规定。"因此,抵押权行使期间的相关规则(如时效抗辩权)在某些场合下似乎亦可适用于不动产工程优先权。但亦有学者认为,虽然不动产工程优先权是确保工程价款债权的"最正统手段",但除此之外,承包人还可利用同时履行抗辩权(第533条)和

① 参见尹田:《法国物权法》,法律出版社2009年版,第509页。

② 参见《法国民法典》(下册),罗结珍译,法律出版社2005年版,第1529页。

③ 道垣内弘人『担保物権法(第4版)現代民法Ⅲ』(有斐閣,2017年)63頁参照。

④ 参见[日]我妻荣:《我妻荣民法讲义Ⅲ:新订担保物权法》,申政武等译,中国法制出版社2008年版,第82~83页。

留置权(第 295 条),主张不支付报酬就不交付建筑物,作为实现工程价款债权的手段。[①] 依此观点,如果承包人行使这些权利,实际上只要承包人保持占有该不动产,就能维持以工程价款债权为担保对象的担保利益,而不受时间限制。

第三节　各立法模式体现的价值理念

尽管由于各立法对工程价款优先权定性差异较大,导致其行使期间规则所采模式迥异,但是各立法仍然体现出某些相同或近似的价值理念。

一、通常无独立的行使期间规则

在大陆法系国家及地区,工程价款优先权通常不是一种独立类型的担保物权,而是抵押权或优先权的一种具体形态。因此,工程价款优先权行使期间并无专设规定,而是援用抵押权行使期间或者优先权行使期间的相关规定。各国及地区对抵押权行使期间或者优先权行使期间的不同立法态度,直接或间接地映射于工程价款优先权行使期间的认定。具体体现如下:

第一,各国及地区对抵押权行使期间和优先权行使期间的规则设计存在差异,导致在不同法律框架下映射于工程价款优先权行使期间亦存在差异。采模式一的德国对权利人的保护力度最强。在其法律框架下,由于工程价款优先权被界定为法定抵押权(担保性抵押权),而德国法中的担保性抵押权与主债权消灭时效的关系采取"击破从属性"规则,[②]因此该法定抵押权虽为从权利,但其行使并不受主债权消灭时效届满的影响。该做法对保护权利人甚为有利。采模式二的日本对权利人的保护力度次之。虽然对工程价款优先权的权利性质定位不同,即前者为优先权(先取特权)、后者为特殊抵押权,但是均将行使期间与主债权消灭时效予以适当捆绑,使得该行使期间至少不短于主债权时效期间。相较而言,采模式二的法国对权利人的保护力度最弱。法国虽亦将工程价款优先权界定为一种优先权(特别优先权),但将行使期间规定为 6 个月。该期间不仅远短于适用于不动产诉讼的时效期间(30 年),甚至短于适用于动产诉讼的时效期间(5 年)。这对权利人而言甚为不利。该做法的可能原因是:一方面,法

---

① 内田貴『民法Ⅱ債権各論(第 3 版)』(東京大学出版会,2016 年)277 頁参照。

② 参见朱岩编译:《德国新债法条文及官方解释》,法律出版社 2003 年版,第 51 页。

国法中的这种特别优先权的担保对象并非全部工程款债权，而仅限于行使优先权时不动产增加价值的尚存部分；另一方面，该特别优先权是建立在债务人财产中的一项价值的混合的观念之上。① 这些因素使立法者认为权利人应当尽速行使该权利。

第二，大多数立法倾向于赋予权利人充分时间行使工程价款优先权。除了法国法基于自身特殊的法律构造和法律观念规定较短行使期间之外，大多数立法都赋予承包人（承揽人）一种强有力的优先受偿权，该权利效力甚至优于先成立的抵押权。该做法的主要原因是，承包人对完成建设工程做出了特殊贡献。② 这与留置权行使期间的规则设计有一定程度的类似。基于该理念，各立法的制度设计都有优先保护承包人的倾向，即保障其享有充分时间行使工程价款优先权。采模式一的德国对行使工程价款优先权不预设期间限制，这固然与工程价款优先权在该国的法律定位有关（法定抵押权），但客观上确实使权利人享有极为充分的时间利益。在采模式二的日本，工程价款优先权行使期间与主债权消灭时效被适当捆绑。在普通时效期间被规定为 15 年或 20 年的法律框架下，承包人行使工程价款优先权的时间亦属充分。总体而言，大多数立法中的工程价款优先权行使期间均不短于普通时效期间，亦非直接受主债权诉讼时效限制。对于工程价款优先权的制度设计，各立法均十分关注承包人对建筑工程事先占有和避免社会资源浪费的因素，并以优先保护承包人的价值理念制定相关规范。③ 工程价款优先权行使期间规则的具体内容，正是这种立法理念的体现。

二、兼顾相关利害关系人的保护

建设工程承包合同法律关系直接或间接涉及多方主体，且相互之间的利益关系较为复杂。各方主体大致包括承包人（债权人、担保物权人）、发包人（债务人）、银行（其他债权人、通常为抵押权人）、建筑工人（承包人的雇员或基于其他法律关系提供劳务的人）、购房者（须受特别保护的债权人）等。工程价款优先权行使期间的规则设计不仅须考虑保护承包人的利益，亦须对其他各方利益作出妥善安排，以实现不同法律关系中所应贯彻之立法理念。

---

① 参见尹田：《法国物权法》，法律出版社 2009 年版，第 509 页。

② 参见［日］我妻荣：《我妻荣民法讲义 V 3：债权各论》（中卷二），周江洪译，中国法制出版社 2008 年版，第 117 页。

③ 中田裕康『契約法』（有斐閣，2017 年）503 頁参照。

第一,各立法多针对工程价款优先权设置登记规则,通过登记将行使期间等权利内容予以公示。由于工程价款数额是承包人与发包人之相对关系,一般场合下难以被第三人确知,故设置登记规则是保护利害关系人的一种常用手段。《法国民法典》第 2377 条规定,优先权只有依照法定方式在抵押权登记处进行登录并得到公示时,才能对不动产产生效力。依此规定,工程价款优先权的对世效力和担保范围均取决于登记程序的完成。《日本民法典》第 338 条对工程价款优先权(先取特权)的登记时间、数额、费用等事项作出了规定。依此规定,工程价款优先权以登记为效力要件,在法律保护的各项规则上与抵押权基本上采相同标准。[①] 该规定的目的在于,尽量迅速地把法律上当然发生的担保物权记载于登记簿,以免损害不动产交易安全。[②] 在这些立法模式中,由于工程价款优先权的成立时间取决于登记的时间,因此其行使期间亦可依登记内容推知,从而使该期间具有公示效力,由此实现对相关利害关系人的警示作用并维护交易安全。

值得注意的是,德国法与法国、日本的上述做法不同。由于德国法将工程价款优先权界定为法定抵押权,其成立及效力不以单独登记为要件。建筑承揽人行使该权利时须举证证明担保的范围(建筑物增值),土地登记簿中记载的债权数额不能推定为该法定抵押权实际担保的数额。[③] 该做法的弊端在于,由于受担保的工程价款数额未被记载于登记簿,因此其他利害关系人缺乏便利途径了解具有优先效力的工程价款数额。这似乎表明,由于法国、日本设置登记规则的做法更加有利于保护其他利害关系人及维护交易安全,故有被更多立法采纳的趋势。

第二,针对工程价款优先权人与其他利害关系人之间可能存在的利益冲突,有立法设置相关规则加以协调。例如,在日本法中,工程价款优先权人(先取特权人)启动的执行程序有担保财产拍卖和担保财产收益执行两种。如果其他债权人已经启动了担保财产拍卖程序,工程价款优先权的登记早于扣押登记的,则工程价款优先权人将自动获得利息。如果其他担保权人已经启动了担保财产收益执行程序,并且其他一般债权人已经启动了强制管理程序,则工程价款优先权人可以通过在执行法院规定的期限内申

---

① 道垣内弘人『担保物権法(第 4 版)現代民法Ⅲ』(有斐閣,2017 年)73 頁参照。

② 参见[日]我妻荣:《我妻荣民法讲义Ⅲ:新订担保物权法》,申政武等译,中国法制出版社 2008 年版,第 91 页。

③ Vgl. Jan Busche, Kommentar zum § 650e, in: *Münchener Kommentar zum BGB*, 8. Aufl., München: C. H. Beck, 2020, Rn. 37.

请执行作为一般留置权的担保财产收益来获得利息。[①] 这些处理各方利益冲突的精细化规则,对我国具有一定的借鉴意义。

第四节　工程价款优先权行使期间的确定

一、概述

（一）《民法典》施行以前工程价款优先权行使期间的立法概况

《合同法》和《物权法》对工程价款优先权行使期间均未作出规定。由于实务中存在大量涉及该问题的建筑工程纠纷,最高人民法院 2002 年颁布的《工程价款优先权批复》第 4 条规定,工程价款优先权行使期限为 6 个月,起算点是“自建设工程竣工之日或者建设工程合同约定的竣工之日”。最高人民法院复函[②]和判例[③]将该 6 个月界定为除斥期间。对该批复规定的 6 个月期间,学界多以其偏短为由而持批评意见。因为在建设工程实务中,竣工验收的程序十分烦琐、复杂。如果发包人在验收程序中的各环节故意拖延,承包人的工程价款优先权极易因行使期间届满而失效;即便发包人并非故意拖延工程价款的确认和支付,按照正常的流程,于 6 个月内完成各流程在时间上也十分紧张。[④] 该 6 个月行使期间的规定很难说是一种对承包人、发包人和建设工程有关的其他债权人利益之间的合理平衡。

《2018 建工合同解释》第 22 条继承了《工程价款优先权批复》之 6 个月行使期间的规定,但将起算点修改为“发包人应当给付建设工程价款之日”。理由如下:其一,该批复实施多年来,6 个月的行使期间已经在建设工程实务领域形成共识;其二,行使工程价款优先权会影响抵押权人等第三人利益,而且在现行法律框架下工程价款优先权无须登记,如果设置过长的行使期间,将导致大量社会关系处于长期不确定状态之中;其三,在司法实务中,涉及工程价款优先权行使期间的争议主要体现在各类情形下起算点的认定,这些分歧与行使期间的长短并无太大关系。[⑤] 总体而言,《2018 建工合同解释》第 22 条很大程度上是总结《工程价款优先权批复》第 4 条之学理及实务意见的结果。

---

① 道垣内弘人『担保物権法(第 4 版)現代民法Ⅲ』(有斐閣,2017 年)79 頁参照。

② 参见最高人民法院复函“[2007]执他字第 11 号”。

③ 参见最高人民法院(2019)最高法民终 255 号。

④ 参见王建东:《评〈合同法〉第 286 条》,载《中国法学》2003 年第 2 期。

⑤ 参见最高人民法院民事审判第一庭编著:《最高人民法院建设工程施工合同司法解释(二)理解与适用》,人民法院出版社 2019 年版,第 445~447 页。

（二）《民法典》和《民法典建工合同解释（一）》规定的工程价款优先权行使期间

《民法典》第807条继承了《合同法》的做法，仅规定工程价款优先权，但未规定其行使期间。该规定的立法背景是，随着国内固定资产投资规模的增长，拖欠工程款的现象十分突出，这不仅严重影响建筑企业的生产经营，也影响工程建设进度，制约投资效益的提高。为切实解决拖欠工程款问题，保障承包人价款债权的实现，设置了该条规定。对于工程价款优先权行使期间，立法机关认为此问题在实践中一向复杂，在实践经验成熟前不宜在立法上“一刀切”地简单作出规定。[①]

《民法典建工合同解释（一）》第41条规定的工程价款优先权行使期间不同于旧司法解释所作规定，属于新设规则。制定该规则的基本背景是，《工程价款优先权批复》6个月行使期间的规定系根据当时立法机关的意见作出，而《民法典》施行后立法机关的态度已发生变化。因此，基于6个月期间偏短的判断，为充分保障承包人权益，保持裁判规则和司法政策的连续性，最高人民法院与立法机关相关部门反复沟通，最终制定了该规则。[②] 该规则的基本内容分述如下：

（1）工程价款优先权行使期间包括约定行使期间（合理期限）和法定行使期间（18个月）。约定行使期间不得超过法定行使期间，但前者优先于后者适用。

（2）主债权诉讼时效期间与工程价款优先权行使期间无直接关联，二者分别予以确定和计算。

（3）工程价款优先权行使期间的起算点为“发包人应当给付建设工程价款之日”。该起算标准继承了《2018建工合同解释》的规定。

二、工程价款优先权行使期间与催告期

（一）催告是否为行使工程价款优先权的前置必经程序

《民法典》第807条继承了《合同法》第286条的表述：“发包人未按照约定支付价款的，承包人可以催告发包人在合理期限内支付价款。……”对于该条中的“催告”是否为行使工程价款优先权的前置必经程序，存在不同意见。立法机关释义书曾采肯定说，认为“发包人不支付价款的，承包

---

① 参见黄薇主编：《中华人民共和国民法典合同编释义》，法律出版社2020年版，第693页、第701页。

② 参见最高人民法院民事审判第一庭编著：《最高人民法院新建设工程施工合同司法解释（一）理解与适用》，人民法院出版社2021年版，第420页。

人不能立即将该工程折价、拍卖,而是应当催告发包人在合理期限内支付价款。如果在催告后的合理期限内,发包人仍不能支付价款的,承包人才能将该工程折价或者拍卖以优先受偿”。[①] 参与制定《工程价款优先权批复》的最高人民法院法官亦持此观点。[②] 但亦有否定说认为,该条性质不属于强制性规范,承包人可自行根据具体情况决定是否催告。[③]

本书认为,《民法典》及《民法典建工合同解释(一)》施行后应采否定说。发包人未按照约定支付价款的,承包人有权选择先行催告,亦可不经催告而直接启动行使工程价款优先权的法律程序。理由如下:

第一,从产生时间来看,肯定说的产生系基于特定的历史背景,而《民法典》及《民法典建工合同解释(一)》施行后该背景已经发生变化。《合同法》第286条的制定背景是:20世纪90年代初以来,随着固定资产投资规模的快速增长,拖欠工程款的现象大量出现。这严重影响了建设企业的生产经营和工程建设进度,也制约了投资效益的提高。为解决上述问题及保障承包人价款债权的实现,本条首次规定了工程价款优先权。[④] 由于在本条制定以前并无该权利类型,在《合同法》施行之初该权利属于新型权利,司法解释也尚未对行使该权利的具体规则作出细化规定。因此,在此背景下将本条之“催告”解释为行使工程价款优先权的前置必经程序可起到一定程度的缓冲作用,也更容易被债务人接受,并最终提高实现债权的可能性。《民法典》施行时工程价款优先权制度已经适用20余年,该权利在建筑行业内已经成为一项常识。即使承包人不经催告而直接启动行使工程价款优先权的法律程序,因债务人已有明确的心理预期而不存在“缓冲”的必要。

第二,从《合同法》和司法解释的制定过程来看,《2018建工合同解释》以后的司法解释系采否定说。在《合同法》的制定过程中,其“征求意见稿”曾采取肯定说,并规定催告期不得少于两个月。[⑤] 正式通过的《合同法》删除了该规定,且亦未作出符合否定说的规定,以至于该问题在学理及

---

① 参见胡康生主编:《中华人民共和国合同法释义》,法律出版社2009年版,第439页。

② 参见汪治平:《建设工程价款优先受偿权的若干问题》,载《人民司法》2002年第8期。

③ 参见余能斌、范中超:《论法定抵押权——对〈合同法〉第286条之解读》,载《法学评论》2002年第1期。

④ 参见胡康生主编:《中华人民共和国合同法释义》,法律出版社2009年版,第438~439页。

⑤ 《合同法“征求意见稿”》第161条规定:“建设工程完成后,建设人未按照约定支付价款的,承建人应当催告建设人支付价款,催告的期限不得少于两个月。建设人逾期不支付的,承建人可以与建设人协议将该工程折价,也可以将该工程依法拍卖。承建人就该工程折价或者拍卖的价款优先受偿。”

实务中滋生困扰。《2004 建工合同解释》施行后，建筑市场、管理政策和司法实践都出现了一些新举措和新现象，如工程建设项目审批制度试点改革、优化放宽资质资格管理、试点取消建设工程施工合同备案制度等。这导致建筑市场发生巨大变化，并由此对司法裁判提出新的要求。[①]《2018 建工合同解释》颁布以前，实务界对《合同法》第 286 条中的“催告”性质存在分歧意见，肯定说一度有较大影响。在《2018 建工合同解释》的制定过程中，其“征求意见稿”也曾采取肯定说，规定催告是行使工程价款优先权的前置必经程序。[②] 正式通过的《2018 建工合同解释》删除了该规定，似表明该司法解释最终未采肯定说，而转采否定说。《2018 建工合同解释》施行后，实务界亦做此理解。[③]《民法典建工合同解释(一)》继承了《2018 建工合同解释》的该做法。

第三，从法律解释的角度来看，否定说更具合理性。其一，本条“可以催告”之表述解释为任意性规范而非强制性规范，符合文义解释的要求。其二，从目的解释的角度来说，采否定说更为妥当。本条之规范目的在于，“为了切实解决拖欠工程款的问题，保障承包人价款债权的实现”。[④]由于建筑工程纠纷样态复杂，且通常纠纷持续时间也较长，很难说先行催告或者直接启动法律程序在任何场合下都对承包人更为有利。对承包人较为有利的做法是，由其根据纠纷的实际情况、自身诉求、行权成本等因素，基于其意思选择行使权利的方式。因此，否定说更有利于实现本条之规范目的。其三，从体系解释的角度来说，采否定说更为妥当。如果将催告界定为行使工程价款优先权的前置必经程序，法律应当针对承包人未经催告而直接启动法律程序的情形，为债务人设置相关救济规则(抗辩权、执行异议等)。现行法中并无此类规则，似可从反面印证立法者对该问题的态度。

(二)催告期的法律意义

如前所述，催告不是行使工程价款优先权的前置必经程序，故并非所有场合下均有催告期及其意义的认定问题。如果承包人选择先行催告，则

---

① 参见最高人民法院民事审判第一庭编著：《最高人民法院建设工程施工合同司法解释(二)理解与适用》，人民法院出版社 2019 年版，第 390~391 页。

② 《2018 建工合同解释“征求意见稿”》第 32 条规定：“承包人主张优先受偿权的，应向发包人书面催告。建设工程施工合同没有约定催告履行合理期限的，催告履行的合理期限应不少于一个月，自发包人收到催告通知之次日起计算。”

③ 参见邬砚：《建设工程合同纠纷 254 个裁判规则深度解析》(增订第 2 版)，法律出版社 2019 年版，第 255 页。

④ 参见黄薇主编：《中华人民共和国民法典合同编释义》，法律出版社 2020 年版，第 693 页。

尚需明晰催告期的法律意义。当事人对支付工程价款义务是否明确约定履行期限,对催告期的法律意义具有重要影响。详述如下:

1. 对支付工程价款义务,当事人未约定履行期限或者约定不明

在此种情形下,由于缺乏事先约定的履行期限,承包人须通过催告确定发包人履行义务的期限。催告期届满发包人仍未履行义务的,构成发包人的违约行为,此时起算诉讼时效。该情形下的催告规则与《民法典》第511 条第 4 项“履行期限不明确的催告规则”具有相同的规范属性。在实践中,如果建设工程已完成竣工结算程序,当事人通常会约定支付工程价款的履行期限。未约定履行期限或者约定不明的情形主要发生于建设工程未交付、工程价款未结算等场合下。

2. 对支付工程价款义务,当事人约定的履行期限明确

在此种情形下,“发包人未按照约定支付价款”系指约定履行期限内发包人未依约履行义务。此时承包人催告属于对方违约后的催告,意在给予发包人一定宽限期,如果宽限期届满发包人仍不履行义务,则承包人将进一步采取其他措施。由于约定履行期限届满时工程价款债务诉讼时效起算,其后实施的催告行为构成“权利人向义务人提出履行请求”之中断事由(《民法典》第 195 条第 1 项),故催告期届满发包人不履行义务导致(中断后)诉讼时效重新计算。该情形下,催告仅对工程价款债务诉讼时效的计算产生影响,而与工程价款优先权行使期间的计算无关。

(三)催告期的长短有无限制

催告期是由承包人作为权利人单方面确定的支付工程价款的期限。对承包人确定的催告期有无长短限制,或者该催告期可否直接解释为一个固定期限,学界及实务界存在分歧意见。

第一种观点认为,催告期应解释为 28 天。理由是建设部制定的《建设工程施工合同示范文本》及 FIDIC 文本的相关规定。①

第二种观点认为,催告期应界定为 2 个月。理由是参照行使留置权场合下 2 个月之宽限期规则(《民法典》第 453 条第 1 款),以及考虑到实务做法。②

第三种观点认为,催告期的长度应与《民法典》第 563 条第 1 款第 3 项的“合理期限”保持协调,即参照适用迟延履行场合下合同解除的宽限期

① 参见王建东:《评〈合同法〉第 286 条》,载《中国法学》2003 年第 2 期。

② 参见中国建设工程法律评论第四工作组编著:《建设工程优先受偿权》,法律出版社 2017 年版,第 103 页。

规则。①

第四种观点认为，催告期不应解释为一个固定期限，而应由法院按照建筑行业惯例以及建设工程合同的具体情形进行个案判断。②

本书赞同第四种观点。如前所述，催告及催告期在不同场合下具有不同的法律意义。如果催告系为确定工程价款债权的履行期限，该催告期应当适用《民法典》第511条第4项“履行期限不明确的催告规则”；如果催告系承包人对发包人迟延履行的催告，则该催告期可以参照适用《民法典》第563条第1款第3项“迟延履行场合下合同解除的宽限期规则”。同时，催告期的确定还须充分考虑建设工程领域中不同场合下的各种行业惯例，因为此类行业惯例给当事人带来的合理信赖是判断催告期是否构成“合理期限”的重要因素。

上述其他观点皆有不妥。第一种观点系以建设部1999年制定的《建设工程施工合同示范文本》为依据，该示范文本历经多次修订，2013年之后颁布的示范文本中已无此类催告期的规定。第二种观点主张参照适用留置权之宽限期规则，但工程价款优先权与留置权在立法目的、标的物性质、受担保债权类型以及具体规则构造等方面均存在显著差异，故该参照适用是否合理颇有疑问。而且，建设工程领域涉及多方当事人的利益保护，建设工程承包合同法律关系的复杂程度也远高于留置权所涉保管合同、运输合同等法律关系。该催告期在所有场合下一律适用固定的2个月，似非妥当。第三种观点虽在违约催告的场合下是合理的，但其未虑及催告在其他场合下的不同性质及意义。如前所述，兹不赘述。

（四）催告期与工程价款优先权行使期间的关系

依据《民法典》第807条的规定，催告期届满发包人不支付价款的后果是“承包人可以与发包人协议将该工程折价，也可以请求人民法院将该工程依法拍卖。建设工程的价款就该工程折价或者拍卖的价款优先受偿”。仅从文义来看，催告期与工程价款优先权行使期间似乎构成衔接关系，即前者届满时后者起算。有学者确实采此解释（衔接说）。③ 本书不赞同该解释，这两种期间应分别计算，且不构成衔接关系。理由如下：

---

① 参见李建星：《〈民法典〉第807条（建工价款的优先受偿权）评注》，载《南京大学学报（哲学·人文科学·社会科学版）》2021年第4期。

② 参见梁慧星：《合同法第286条的权利性质及其适用》，载《山西大学学报（哲学社会科学版）》2001年第3期。

③ 参见谢鸿飞、朱广新主编：《民法典评注·合同编典型合同与准合同3》，中国法制出版社2020年版，第179页。

第一，依据《民法典》第 807 条的规定，承包人“可以”催告而非“应当”催告发包人支付价款。催告不是行使工程价款优先权的前置必经程序。催告规则是为承包人提供了一个诉前主张权利的机会，而非要求承包人在起诉前必须先履行催告义务。实务中，如果发包人已构成实际违约，不乏承包人未经催告而直接起诉的实例。在此情形下，因不存在催告行为，故不可能使两种期间构成衔接关系。

第二，由于《民法典建工合同解释（一）》第 41 条规定工程价款优先权行使期间的起算点是“应当给付建设工程价款之日”，而该时间点须结合实践的不同情形（是否交付、是否竣工结算等）作分别认定，因此该时间点很难与催告期届满这一相对固定时点构成衔接关系。[①] 换言之，衔接说无法解释实践中各类复杂情形下工程价款优先权行使期间起算点的不同样态。

第三，如前所述，无论当事人对支付工程款义务履行期限有无明确约定，承包人催告的意义主要涉及诉讼时效的起算或中断。由于现行法未将工程价款优先权行使期间与工程价款请求权诉讼时效加以捆绑，故催告期届满不会直接影响前者的计算。

第四，在现行法承认工程价款优先权约定行使期间的前提下，当事人可事先就该期间的长短和起算点予以约定。当事人是否将该起算点约定为催告权届满之时，依双方意思确定。该约定不违反法律强制性规定和工程价款优先权行使期间性质的，应属有效。

三、工程价款优先权约定行使期间

《民法典建工合同解释（一）》第 41 条规定，“承包人应当在合理期限内行使建设工程价款优先受偿权”。依据最高人民法院释义书的解释，该合理期限不是诉讼时效或者除斥期间，可以由当事人事先予以约定，即构成工程价款优先权约定行使期间。该规定之所以改变旧司法解释禁止约定行使期间的做法，主要是考虑到建设工程施工具有复杂性，受多种因素影响，行使期间不宜过短或过长，否则将导致大量社会关系处于不确定状态。因此，修改旧司法解释单一适用 6 个月法定行使期间的做法，而设置合理期限的规定。[②] 依据《民法典建工合同解释（一）》第 41 条及其他条文，工程价款优先权约定行使期间具有以下特征：

---

① 参见本章第六节。

② 参见最高人民法院民事审判第一庭编著：《最高人民法院新建设工程施工合同司法解释（一）理解与适用》，人民法院出版社 2021 年版，第 421 页。

第一,该约定行使期间仅在合同中记载,而不能通过登记簿记载。在域外法上,工程价款优先权多适用登记制度,该权利相关期间依登记簿确定。[①] 在我国现行法框架下,工程价款优先权虽被界定为一种不动产担保物权,但由于各种原因而尚未建立工程价款优先权的登记制度。因此,该约定行使期间仅体现于合同条款而缺乏公示性。此种未经登记公示的约定行使期间究竟产生何种效力,尚有待进一步探讨。

第二,该约定行使期间受到其他规则的限制。其一,《民法典建工合同解释(一)》第41条规定,该约定行使期间最长不得超过18个月。该约定行使期间超过18个月的,超过部分期间无效,即行使期间缩短为18个月。换言之,当事人对工程价款优先权行使期间予以约定的,可短于法定行使期间,但不得长于法定行使期间。其二,《民法典建工合同解释(一)》第42条规定,发包人与承包人不得约定放弃或者限制建设工程价款优先权,损害建筑工人利益。依此规定,如果该约定行使期间过短(如1天),构成变相地放弃或者限制建设工程价款优先权,造成损害建筑工人利益的后果,该约定行使期间无效。其三,有学者认为,尽管《工程价款优先权批复》和《2018建工合同解释》规定的6个月行使期间已失效,但是新司法解释旨在延长行使期限,避免工程价款优先权过早消灭。基于该精神,《民法典建工合同解释(一)》第41条规定的合理期限不应短于6个月,且以6~18个月为宜。具体时长是否合理,须依客观标准并结合个案加以判断。[②] 该观点可资赞同。

第三,该约定行使期间优先于法定行使期间适用。如果该约定行使期间不存在无效事由,应适用该约定行使期间,而不适用法定行使期间。《民法典建工合同解释(一)》认可工程价款优先权约定行使期间,且使之优先于法定行使期间适用。相较于旧司法解释而言,该做法为满足当事人的各类实际需求提供了规则路径,且使意思自治更大程度地贯彻于建设工程领域之中,故更为合理。

四、工程价款优先权法定行使期间

《民法典建工合同解释(一)》第41条规定的法定行使期间为18个月。该法定行使期间具有以下特征:

第一,该法定行使期间具有限制约定行使期间的作用。本条规定的

---

① 内田貴『民法Ⅱ債権各論(第3版)』(東京大学出版会,2016年)277頁参照。

② 参见李建星:《〈民法典〉第807条(建工价款的优先受偿权)评注》,载《南京大学学报(哲学·人文科学·社会科学版)》2021年第4期。

18个月并非单纯加长旧司法解释规定的6个月法定行使期间,因为在新司法解释允许约定行使期间的前提下,该18个月的首要功能是作为约定行使期间的上限,即超过18个月的约定行使期间构成"不合理期限"。由此可知,本条规定的18个月之所以明显长于旧司法解释规定的6个月法定行使期间,意在留出足够纵深由当事人依其意思确定行使期间,以应对实践中的复杂情形和当事人的特殊需求。

第二,该法定行使期间仍然体现了"承包人应尽速行使工程价款优先权"的理念。虽然本条规定的18个月长于旧司法解释规定的6个月法定行使期间,但是其远短于3年之普通诉讼时效期间,[①]故总体而言仍显较短。该做法与法国法较为类似,而与德国法明显不同。[②] 该做法的优点在于,由于建设工程领域关涉多方当事人的利益保护,且法律关系十分复杂,法律要求承包人尽速行使工程价款优先权有利于使法律关系尽早得以明晰,以免因迁延时日而滋生潜在的争端。其缺点在于,18个月期间不仅本身较短,而且还作为约定行使期间的上限,这对权利人的保护力度似嫌不足。该做法意味着工程价款优先权行使期间仅与工程价款债权诉讼时效期间中的部分时间段发生重合,而在诉讼时效期间的大部分时间段内该债权为无担保的普通债权。

第三,该法定行使期间是不变期间,不适用中止、中断、延长规则。《民法典建工合同解释(一)》施行前,学界及实务界对工程价款优先权行使期间属于不变期间已经形成共识,故该司法解释施行后仍应采此认定。

第四,该法定行使期间后于约定行使期间适用。《民法典建工合同解释(一)》第41条规定的18个月法定行使期间的性质为半强制性规范。仅在当事人未对行使期间作出约定、约定不明或约定无效的情形下,才适用该法定行使期间。

第五节 工程价款优先权行使期间的效力

一、工程价款优先权行使期间未起算的效力

该效力是指以工程价款优先权成立之时为起点、行使条件具备之时为终点的时间段内,相关当事人权利义务的变动。在该阶段内,承包人已经

---

① 由于工程价款优先权行使期间是不变期间而诉讼时效期间是可变期间,因此更加剧了二者的实际长度差异。

② 参见本章第二节。

享有工程价款优先权,因行使条件尚不具备而不能行使权利。换言之,工程价款优先权行使期间未起算具有阻碍工程价款优先权行使的效力。学理及实务对此不存疑义。存在于该阶段的主要争议是:工程价款优先权的成立时间如何确定,即该时间段的起点在何时;工程价款优先权成立后对工程价款债权人和债务人的权利产生何种影响等。

(一)工程价款优先权的成立时间

我国现行法尚未建立工程价款优先权登记制度,无法像域外法那样借助登记确定工程价款优先权的成立时间。《民法典建工合同解释(一)》对此未作规定,学理及实务对该问题存在争议。

第一种观点"合同成立说"认为,工程价款优先权的成立时间是建设工程合同成立之时。这样解释可以回避合同效力问题,并最大限度地保护承包人利益。[①] 但是,对该说的批评意见指出:其一,该说将导致主债权(工程价款)尚未产生,而工程价款优先权成立在先;其二,脱离了与建设工程物权之关联性;其三,与我国现行法律制度冲突。根据《不动产登记暂行条例实施细则》第 75 条第 1 款的规定,不允许以尚未建设完毕的部分设定在建建筑物抵押。既然抵押权不能设立,同样具有担保性质的工程价款优先权也不能设立。[②]

第二种观点"债权未受清偿说"认为,工程价款优先权的成立时间是承包人未按约定受清偿之时,即工程价款债务履行期限届满之日。[③]《工程价款优先权批复》第 4 条曾规定,工程价款优先权行使期间自"工程竣工或约定竣工之日"起算。根据"债权未受清偿说",工程价款优先权的成立时间点是债务履行期限届满之日。实践中,工程竣工验收合格之后发包人与承包人通常签订结算协议,以约定工程价款债务履行期限。在此前提下,工程竣工之日必将早于债务履行期限届满之日。这意味着工程价款优先权尚未成立时其行使期间已开始计算。这显然在体系解释上是矛盾的。《2018 建工合同解释》第 22 条改变了《工程价款优先权批复》第 4 条的规定,将工程价款优先权行使期间起算点界定为"应当给付建设工程价款之日"。《民法典建工合同解释(一)》第 41 条继承了该规定。因此,如果仍采"债权未受清偿说",就意味着工程价款优先权的成立时间与行使期间

① 参见郑玉波:《民法物权论文选辑》(下册),台北,五南图书出版股份有限公司 1985 年版,第 688 页。

② 参见程啸:《论抵押权的预告登记》,载《中外法学》2017 年第 2 期。

③ 参见谢在全:《民法物权论》(修订 5 版)(下册),中国政法大学出版社 1999 年版,第 695~696 页;谢在全:《民法物权论》(修订 5 版)(中册),中国政法大学出版社 2011 年版,第 920~922 页。

起算点为同一时间点。这将导致工程价款优先权的成立与行使被混为一谈。而且,这还导致设立工程价款优先权登记制度已无必要,因为已经丧失提前告知其他权利人的意义,故已无公示之必要。因此,对该说的批评意见指出,该说未充分考虑工程价款优先权的物权特征和内涵,且与工程价款优先权制度的立法目的不符。

第三种观点"工作成果完成说"系在"工程竣工说"[①]的基础上提出,其认为应当以工程竣工或无过错停工为工程价款优先权成立条件。《工程价款优先权批复》曾采取"工程竣工说",但该说难以应对实务中的各种复杂问题,亦未考虑到工程未竣工情况下如何处理工程价款优先权的问题。"工作成果完成说"为解决"工程竣工说"的弊端而产生,主要理由如下:其一,工程竣工之日标志着施工的主要义务已经实际履行,应当为工程价款优先权成立之日;其二,只有在工程竣工之日,工程价款优先权的客体才得以特定化;其三,建设工程具有长期性、复杂性、连续性的特点。即便建设工程未竣工,承包人履行了劳务和其他服务的合同义务已经物化在建筑产品当中,从而使债务人的财产得以间接的增加。且此种履行已不可能恢复原状,因此对承包人予以保护也具有合理性。[②]

本书赞同"工作成果完成说",除既有理由外,以下几点特别值得注意。

第一,从司法解释有关条文的演变来看,现行法规定体现了该说的精神。在《2018 建工合同解释》出台之前,有最高人民法院法官认为,我国法律并未规定"工程竣工验收"是行使工程价款优先权的法定条件,即使施工合同无效或被解除,工程价款优先权仍应受法律保护。[③] 在《2018 建工合同解释》的制定过程中,其"征求意见稿"第 29 条第 3 项规定,工程价款优先权的成立条件是"竣工验收合格"。第 30 条规定,未竣工工程的承包人亦有可能享有工程价款优先权。该条实质上是允许法院考虑发包人和承包人的过错对工程未竣工的影响程度,并依此判断承包人是否享有工程价款优先权。该"征求意见稿"明显采取"工作成果完成说"。《2018 建工合同解释》未采上述两条表述,其第 20 条规定"未竣工的建设工程质量合

---

① 参见梁慧星:《合同法第 286 条的权利性质及其适用》,载《山西大学学报(哲学社会科学版)》2001 年第 3 期。

② 参见万挺等:《论附着建设工程价款优先受偿权建筑物转让规则》,载《法律适用》2018 年第 21 期。

③ 参见贾劲松:《未完工程承包人是否可以主张优先受偿工程款》,载最高人民法院民事审判第一庭编:《民事审判指导与参考》2008 年第 3 辑(总第 35 辑),法律出版社 2008 年版,第 122~124 页。

格”的情形下工程价款优先权亦可成立，因此实则仍采“工作成果完成说”。[①]《民法典建工合同解释（一）》第39条完全继承了《2018建工合同解释》第20条的内容，故仍应采此前相同解释。笔者认为，司法解释该规定是合理的，因为：一方面，从工程价款优先权成立要件中删除“竣工验收合格”，可有效避免故意拖延竣工验收的情形出现；另一方面，“建设工程质量合格”表明工程具有实际使用价值，此时赋予承包人工程价款优先权有利于各方利益的平衡。

第二，从比较法经验来看，各立法均倾向于工程价款优先权成立的核心条件是承包人完成工作促成建筑物增值（“增值理论”）。该立法通例与“工作成果完成说”相契合。《德国民法典》第650e条规定，承包人可就“已完成工作相对应的部分报酬和未包括在报酬中的费用”主张工程价款优先权（法定抵押权）。《法国民法典》第2374条第4款规定，工程价款优先权（不动产特别优先权）的成立时间是“工程完工后”，其担保对象是“不动产产生的增加值”。《日本民法典》第327条规定，工程价款优先权（先取特权）限于因工程所增加之不动产价格现实存在之情形，仅就其增加额而存在。这些立法所采表述虽有不同，但均体现了以下精神：承包人通过提供劳务完成工作致使建筑物增值的，就该增值部分成立工程价款优先权。理由在于，因承包人履行义务在先，且为完成建筑物工作而提供劳务使自身受有损失（如建筑材料及其他成本），故赋予承包人对建筑物增值部分享有优先受偿权对建筑行业而言具有重要意义。[②] 在我国，基于行业管理需要而设置的竣工验收程序，只是建筑物增值的证明方式之一（而非唯一方式）。《合同法》施行之初的旧司法解释及学说虽曾主张“竣工验收合格”是工程价款优先权的成立条件，但近年新司法解释转变态度，规定“未竣工的建设工程质量合格”的情形下工程价款优先权亦可成立。实际上，“建设工程质量合格”可解释为建筑物增值的相同表达，亦为“增值理论”的规范体现。[③] 这种转变符合域外立法通例的精神，故值得肯定。

第三，实践中，“工作成果完成说”能够更有效地应对建设工程领域中的各类复杂情况。该说使工程价款优先权的成立时间相对明确，但又未将

---

① 参见最高人民法院民事审判第一庭编著：《最高人民法院建设工程施工合同司法解释（二）理解与适用》，人民法院出版社2019年版，第415~418页。

② Vgl. Jan Busche, Kommentar zum § 650e, in: Münchener Kommentar zum BGB, 8. Aufl., München: C. H. Beck, 2020, Rn. 2.

③ 参见肖峰、韩浩：《建设工程价款结算及其优先受偿权的若干实务问题》，载《人民司法》2021年第22期。

成立时间点仅限定于工程竣工之日,工程停工之日亦可以成为成立时间点。这为建设工程实务中的各类情况提供了一个更为灵活的认定标准。在建设工程领域,很难简单地以“竣工验收合格”作为工程价款优先权成立时间。如果当事人对工程质量有争议,可以选择通过诉讼或者仲裁中的工程质量鉴定程序解决。此时有可能出现工程价款优先权行使条件已经具备或者权利人已实际行使了工程价款优先权,但工程价款优先权是否成立尚不明确的悖论。这明显是不合理的,而该说可尽量避免此类矛盾的发生。

综上所述,依据“工作成果完成说”,工程价款优先权成立时间的具体标准为:

(1)工程竣工的,工程实际竣工之日权利成立。

(2)工程未竣工的,实际停工之日权利成立。在实际竣工之日或者实际停工之日,虽然不能确定工程质量是否合格,但是不影响权利成立。如果之后该工程经验收不合格,或经鉴定质量不合格,工程价款优先权自始不成立;如果验收或鉴定质量合格,自实际竣工或实际停工之日权利成立。

(3)合同无效的,工程价款优先权成立时间详见下文。

(二)合同无效对工程价款优先权成立的影响

《民法典》施行前,《2004 建工合同解释》第 2 条曾规定,建设工程合同无效但经竣工验收合格,承包人可以请求“参照合同约定支付工程价款”。但该情形下承包人是否享有工程价款优先权,则并不明确。学理及实务对此存在争议,最高人民法院相关裁判意见亦不一致。

需要说明的是,由于合同无效导致“承包人”已非严格意义上的承包人,学理及实务上多以“实际施工人”指称该当事人。对于哪些实际施工人有可能享有工程价款优先权,学界及实务界均存在较大争议。[①] 因该问题并非本书重点,故不作展开。为行文方便,本书仍采“承包人”指称合同无效场合下可能享有工程价款优先权的一方当事人。

第一种观点“权利消灭说”认为,建设工程合同无效导致工程价款优先权消灭,因为该权利的基础法律关系已丧失合法性,此时赋予承包人工

① 参见高圣平:《民法典担保制度及其配套司法解释理解与适用》(下),中国法制出版社 2021 年版,第 1061~1063 页;唐倩:《实际施工人的建设工程价款优先受偿权实证研究》,载《中国政法大学学报》2019 年第 4 期;邬砚:《建设工程合同纠纷 254 个裁判规则深度解析》(增订第 2 版),法律出版社 2019 年版,第 217~220 页。

程价款优先权不具备充足的正当性基础。[①] 江苏省、[②]广东省[③]等高级法院制定的规范性文件采取该说。采取该说的最高人民法院的裁判意见认为,工程价款优先权具有优于普通债权和抵押权的属性,对该权利的享有和行使必须具有明确的法律依据,实践中应加以严格限制。根据相关法律和司法解释,施工合同合法有效时方能享有工程价款优先权;合同被确认无效时当事人承担的是返还财产和根据过错程度赔偿损失的责任,具有普通债权的属性,无效合同的承包人不应享有工程价款优先权。[④]

第二种观点"权利存续说"认为,建设工程合同无效但工程竣工验收合格的,实际施工人仍可享有工程价款优先权。这既符合工程价款优先权制度设计的目的,也考虑到承包人的人力、物力、财力已经物化于建筑工程的实际情况。[⑤] 安徽省、[⑥]四川省[⑦]等高级法院制定的规范性文件采取该说。采取该说的最高人民法院裁判意见认为,工程价款优先权的目的是保障施工方能够及时取得工程款,施工合同无效不能排除适用《合同法》第286条,只要工程款数额确定且不违反法律规定,施工方的工程价款优先权受法律保护。[⑧]

《民法典》第793条继承了《2004建工合同解释》第2条、第3条的规范内容,即对于建设工程合同无效的处理,区分建设工程经验收合格或者不合格,分别规定不同的法律后果。在建设工程经验收合格的情形下,法律后果是"可以参照合同关于工程价款的约定折价补偿承包人";验收不

---

① 参见王玮玲:《合同无效时建设工程优先受偿权的教义学探析》,载《法学论坛》2020年第1期。

② 2010年《江苏省高级人民法院建设工程案件审判指南》第5条第9项规定:"建设工程合同无效,承包人或实际施工人主张建设工程价款优先受偿权的,人民法院不应支持。"

③ 《广东省高级人民法院关于在审判工作中如何适用〈合同法〉第286条的指导意见》(粤高法〔2004〕2号)第7条规定:"在建设工程合同无效的情形下,承包人主张建设工程价款优先受偿权的,人民法院不予支持。"但是《广东省高级人民法院建设工程合同纠纷疑难问题解答》(粤高法〔2017〕151号)第13条改变了上述规定。

④ 参见最高人民法院(2015)民申字第2311号。类似裁判意见参见最高人民法院(2017)最高法民申4383号;最高人民法院(2006)民一终42号。

⑤ 参见潘军锋:《建设工程施工合同案件审判疑难问题研究》,载《法律适用》2014年第7期。

⑥ 2009年《安徽省高级人民法院关于审理建设工程施工合同纠纷案件适用法律问题的指导意见》第17条规定:"建设工程施工合同无效,但工程经竣工验收合格的,承包人主张工程价款优先受偿权,可予支持。"

⑦ 2015年《四川省高级人民法院关于审理建设工程施工合同纠纷案件若干疑难问题的解答》第37条第2款规定:"建设工程施工合同无效,但建设工程经竣工验收合格,或者未经竣工验收但已经实际使用,实际施工人请求其工程价款就承建的建设工程折价或拍卖的价款优先受偿的,应予支持。"

⑧ 参见最高人民法院(2014)民一终字第108号。

合格的情形下,视修复后的建设工程经验收是否合格,以及发包人对因建设工程不合格造成的损失有无过错,产生“承包人承担修复费用”等法律后果。立法理由在于:《2004 建工合同解释》施行后的 10 多年内,上述两条规定的适用取得了良好的法律效果和社会效果,且已作为建筑领域的一项基本规则被普遍接受。实践证明,上述两条规定符合建筑市场的实际情况。因此,上述两条合并形成《民法典》第 793 条,仅文字表述有一定变化。[①] 但是,合同无效对工程价款优先权成立的影响,从该条文义中难以得出结论。

《民法典建工合同解释(一)》第 6 条、第 24 条贯彻了《民法典》第 793 条的精神,对建设工程合同无效情形下参照适用合同约定的条件、就同一建设工程订立的数份建设工程合同无效的处理,作出细化规定。对于工程价款优先权的成立条件,《民法典建工合同解释(一)》第 38 条、第 39 条均规定为“建设工程质量合格”,而未涉及建设工程合同是否有效。对此,最高人民法院释义书的解释采取“有限的权利存续说”,即仅在合同无效的某些限定情形下承包人享有工程价款优先权。因承包人资质、未遵守特定程序等事由导致合同无效,参照有效合同处理的,承包人享有工程价款债权,故工程价款优先权仍然成立。因其他事由(如订立合同时发包人未取得建设工程规划许可证)导致合同无效,承包人对发包人仅享有赔偿损失请求权,工程价款优先权不能成立。因为该情形下即使建设工程质量合格,也无法启动折价、拍卖等法律程序,而且承包人也不能参照有效合同享有工程价款债权。[②]

本书赞同“有限的权利存续说”,因为该说与前文“工作成果完成说”的精神基本一致,且与合同无效场合下区分建设工程经验收是否合格产生不同法律后果的做法较为契合。因此,建设工程合同无效情形下工程价款优先权是否成立以及成立时间的具体标准如下:

(1)建设工程经验收合格,参照合同关于工程价款的约定折价补偿承包人的(《民法典》第 793 条第 1 款),工程价款优先权成立时间为:

其一,工程竣工的,工程实际竣工之日权利成立。

其二,工程未竣工的,实际停工之日权利成立。在实际竣工之日或者实际停工之日,虽然不能确定工程质量是否合格,但是不影响权利成立。

---

① 参见最高人民法院民法典贯彻实施工作领导小组主编:《中华人民共和国民法典合同编理解与适用(三)》,人民法院出版社 2020 年版,第 1942~1943 页。

② 参见最高人民法院民事审判第一庭编著:《最高人民法院新建设工程施工合同司法解释(一)理解与适用》,人民法院出版社 2021 年版,第 398~399 页。

如果验收或鉴定质量合格,自实际竣工或实际停工之日权利成立。

(2)建设工程经验收不合格的,按照以下情形处理(《民法典》第793条第1款):

其一,修复后的建设工程经验收合格,发包人请求承包人承担修复费用的(参照合同关于工程价款的约定折价补偿),修复行为完成之日权利成立;

其二,修复后的建设工程经验收不合格,承包人无权请求参照合同关于工程价款的约定折价补偿的,工程价款优先权不成立。

(3)无论建设工程经验收是否合格,建设工程不宜折价、拍卖的,不能参照合同关于工程价款的约定折价补偿,工程价款优先权不成立。

(三)工程价款债权人的权利

1. 转让工程价款优先权的权利

债权人转让工程价款债权的场合下,工程价款优先权(从权利)是否随工程价款债权(主权利)一并移转?实务上对此存在争议。

第一种观点"权利消灭说"认为,工程价款债权转让导致工程价款优先权消灭。某些高级法院规范性文件采取该说,理由是工程价款优先权是一种专属性权利,故不具有可转让性。[①] 采该说的实例,如"瓦房店轴承制造销售有限公司与鲁某鹏债权转让合同纠纷上诉案"中,法院将《合同法》第286条规定的"承包人"限缩解释为"实际施工人",并由此将工程价款债权转让的受让人排除在外。[②]

第二种观点"权利移转说"认为,工程价款债权转让导致工程价款优先权随之移转。理由在于,工程价款债权本质上是可流通转让的债权,工程价款优先权是附属于工程价款债权的从权利,故具有转让上的从属性。[③] 有最高人民法院公报案例[④]和某些高级法院规范性文件[⑤]采取该观点。该观点现为司法实务的主流意见。

---

① 《河北省高级人民法院建设工程施工合同案件审理指南》(冀高法〔2018〕44号)第37条规定:"建设工程价款优先受偿权与建设工程价款请求权具有人身依附性,承包人将建设工程价款债权转让,建设工程价款的优先受偿权消灭。"

② 参见大连市中级人民法院(2015)大民三终字第642号。

③ 参见谢鸿飞、朱广新主编:《民法典评注·合同编典型合同与准合同3》,中国法制出版社2020年版,第181页。

④ 参见最高人民法院(2007)民一终字第10号,载《最高人民法院公报》2007年第12期。

⑤ 《广东省高级人民法院关于审理建设工程施工合同纠纷案件若干问题的指导意见》(粤高法发〔2011〕37号)第15条规定:"承包人将建设工程施工合同约定的工程款债权依法转让,债权受让方主张其对建设工程享有优先受偿权的,可予支持。承包人在转让工程款债权前与发包人约定排除优先受偿权的,该约定对承包人以外的实际施工人不具有约束力。"

进一步的问题是,工程价款优先权随主债权一并移转的场合下,原工程价款优先权行使期间对债权受让人是否继续有效?《民法典建工合同解释(一)》对此未作规定。依据最高人民法院释义书的解释,基于工程价款优先权转让上的从属性和行使期间的法定性,原行使期间对债权受让人应继续有效。债权受让人在不损害第三人利益的情况下,可在原行使期间内与债务人(发包人)重新约定付款期限,工程价款优先权行使期间以新约定付款期限届满为起算点。①

2. 放弃工程价款优先权的权利

因工程价款优先权涉及第三人(如建筑工人)利益,故放弃该权利应受严格限制。而且,"放弃"有预先放弃和嗣后放弃之分,其具体后果亦有所不同。对于债权人能否预先放弃工程价款优先权,实务上存在争议。

第一种观点"有效说"认为,建设工程合同约定承包人预先放弃工程价款优先权,只要属于承包人的真实意思,应为有效。理由如下:其一,工程价款优先权为财产权,原则上可以任意放弃,但该行为损害他人利益的除外;②其二,弃权约定属于当事人意思自治范畴;③其三,承包人弃权后又主张弃权无效的,违背禁反言原则。④ 此外,采该说的裁判意见多强调"该弃权行为不违反法律强制性规定"⑤"保障建筑工人工资权益是另一法律问题,不应以此否认弃权效力"⑥等理由。

第二种观点"无效说"认为,预先放弃工程价款优先权的行为无效。理由如下:其一,工程价款优先权规则属于强制性规定,不能协议排除。该弃权行为是对意思自治原则的滥用。⑦ 其二,该弃权行为不利于对弱势方

---

① 参见最高人民法院民事审判第一庭编著:《最高人民法院新建设工程施工合同司法解释(一)理解与适用》,人民法院出版社2021年版,第428页。

② 参见谢在全:《民法物权论》(修订5版)(中册),中国政法大学出版社2011年版,第927~928页。

③ 参见陈信勇:《建设工程价款优先受偿权放弃行为的效力分析》,载《浙江社会科学》2016年第2期。

④ 参见陈旻、孙盈:《建设工程承包人优先权之审判实务若干问题研究》,载最高人民法院民事审判第一庭编:《民事审判指导与参考》2009年第1辑(总第37辑),法律出版社2009年版,第99页。

⑤ 参见绍兴市中级人民法院(2015)浙绍商终字第1618号。

⑥ 参见重庆市第一中级人民法院(2011)渝一中法民终字第06643号。

⑦ 参见洪浩:《学说·制度·案例——建设工程优先权问题研究》,北京大学出版社2014年版,第183~189页。

利益的保护，包括承包人和劳动者的利益。[①] 其三，现实中拖欠工程价款的现象严重，不宜承认该弃权行为的效力。[②]

第三种观点"折中说"认为，应当结合时间标准、范围标准和关联标准等因素判断弃权行为是否有效。[③] 该说的本意是赋予法官更大自由裁量权，以应对错综复杂的实务状况。

《民法典建工合同解释（一）》第 42 条似采"折中说"。该条未明确区分预先弃权和嗣后弃权，而是规定"放弃或者限制"工程价款优先权的约定原则上有效，除非损害建筑工人的利益。该规定的理由在于：尊重当事人意思自治；保护农民工等建筑工人利益等。该条的规范含义概括如下：其一，该条之"放弃"是指承包人放弃其享有的就建设工程折价或者拍卖所得价款优先受偿的权利，而非放弃工程价款债权。该弃权行为的后果是导致工程价款债权成为普通债权，而丧失优先性。其二，该条之"限制"包括各类形态，如放弃部分工程价款优先受偿权、为工程价款优先权的行使设定期限或条件、限定建设工程的范围等。其三，对于该弃权或限权行为是否"损害建筑工人利益"的判断，应视承包人该行为是否影响其整体清偿能力，要将承包人整体的资产负债和现金流情况是否因此恶化到影响建筑工人工资支付的程度作为主要考量因素。[④]

（四）工程价款债务人转让建设工程的效力

工程价款优先权成立后，如果工程价款的债务人转让建设工程的，工程价款优先权是否具有追及力？如果认可其追及力，意味着工程价款的债务人转让建设工程后，债权人于工程价款未受清偿时仍可将建设工程予以变价受偿。这显然对建设工程受让人（尤其是普通购房者）的利益影响甚巨。对于该问题，学理及实务上存在两种意见。

第一种观点"追及力否定说"认为，该情形下工程价款优先权不具有追及力。理由如下：其一，工程价款优先权与建设工程的关系密不可分，转让行为导致该关系被阻断；[⑤]其二，由于工程价款优先权不适用登记制

---

① 参见仲伟珩：《建设工程价款优先受偿权若干疑难问题分析》，载最高人民法院民事审判第一庭编：《民事审判指导与参考》2010 年第 3 辑（总第 43 辑），法律出版社 2011 年版，第 103～104 页。

② 参见陈广华、王逸萍：《建设工程价款优先受偿权预先放弃之效力研究》，载《西部法学评论》2015 年第 4 期。

③ 参见王涛、俞悦：《建设工程价款优先受偿权放弃的法律效力》，载《人民司法》2016 年第 16 期。

④ 参见最高人民法院民事审判第一庭编著：《最高人民法院新建设工程施工合同司法解释（一）理解与适用》，人民法院出版社 2021 年版，第 436～437 页。

⑤ 参见汪治平：《建设工程价款优先受偿权的若干问题》，载《人民司法》2002 年第 8 期。

度,承认其追及力有害交易安全。①

第二种观点"有限追及力说"认为,工程价款优先权既然是物权,在法律未明确否定其追及力的情况下,应肯定其追及力。② 理由如下:其一,按照"举轻以明重"原则,既然抵押权有追及力,那么优先于抵押权的工程价款优先权也应有追及力;其二,工程价款优先权的功能是担保工程款优先支付,承认其追及力才能实现其担保功能;③其三,该追及力并不是绝对的,其受到一定限制。承包人因积极作为产生公示效力后,工程价款优先权具有追及力;如果受让人取得权利时知悉权利瑕疵,不能涤除工程价款优先权。④

《工程价款优先权批复》第 2 条曾采取"有限追及力说"。依该条规定,工程价款优先权不能追及于已履行付款义务的消费者买受人。因为从利益衡量的角度考虑,基于生存需要而购房的消费者利益应优先于承包人,其享有"超级优先权"。《执行异议规定》第 29 条进一步规定,承包人为行使工程价款优先权对登记在房地产开发企业(发包人)名下的商品房申请强制执行的,在"所购商品房系用于居住且买受人名下无其他用于居住的房屋"和"已支付的价款超过合同约定总价款的百分之五十"等情形下,商品房买受人有权提出执行异议。该规定系由《工程价款优先权批复》第 2 条推导而来。⑤ 因此在现行法框架下,仅排除工程价款优先权对部分消费者的追及力,但认可对其他受让人的追及力。

《民法典建工合同解释(一)》中并无法条直接继承上述规定,原因是立法机关有关部门认为"法律对此未作规定,宜作个案处理",因此司法解释未就工程价款优先权与消费者买受人权利的关系作出规定,而留待执行异议司法解释处理。⑥ 由于《执行异议规定》第 29 条等规定未被废止,故继续适用该规定仍产生"有限追及力说"的效果。

---

① 参见中国建设工程法律评论第四工作组编著:《建设工程优先受偿权》,法律出版社 2017 年版,第 199~202 页。

② 参见宋宗宇:《优先权制度在我国的现实与理想》,载《现代法学》2007 年第 1 期。

③ 参见《民事审判指导与参考》研究组:《建设工程债权转让后,受让人是否享有优先受偿权》,载最高人民法院民事审判第一庭编:《民事审判指导与参考》2016 年第 1 辑(总第 65 辑),法律出版社 2016 年版,第 252~253 页。

④ 参见万挺等:《论附着建设工程价款优先受偿权建筑物转让规则》,载《法律适用》2018 年第 21 期。

⑤ 参见江必新、刘贵祥主编,最高人民法院执行局编著:《最高人民法院关于人民法院办理执行异议和复议案件若干问题规定理解与适用》,人民法院出版社 2015 年版,第 431 页。

⑥ 参见最高人民法院民事审判第一庭编著:《最高人民法院新建设工程施工合同司法解释(一)理解与适用》,人民法院出版社 2021 年版,第 377 页。

二、工程价款优先权行使期间已起算、未届满的效力

工程价款优先权行使期间已起算、未届满的效力，是指在工程价款优先权行使期间已起算、未届满的时间段内工程价款债权人和债务人分别享有何种权利。在该阶段内，因工程价款优先权行使条件已经具备，工程价款债权人可依法定条件和程序行使工程价款优先权。由于建设工程之上通常存在抵押权等担保物权，该阶段效力还需处理工程价款优先权与抵押权的关系问题。

（一）工程价款债权人的权利

1. 行使工程价款优先权以优先受偿的权利

对于该优先受偿权，《民法典建工合同解释（一）》第36条界定为“优于抵押权和其他债权”。依此规定，工程价款优先权的优先受偿效力不仅优先于普通债权，还优先于抵押权等担保物权。工程价款债权人的优先受偿权主要体现在三种场合：一是在一般场合下工程价款债权优先于抵押权担保的债权和普通债权就建设工程价值受偿；二是在工程价款债务人破产的场合下，工程价款债权人可通过行使别除权优先受偿；三是在建设工程被抵押权人或者其他普通债权人申请执行的场合下，工程价款债权人可通过参与分配等规则主张优先受偿权。

（1）行使工程价款优先权的方式。

《民法典》第807条继承了《合同法》第286条的表述，规定“除根据建设工程的性质不宜折价、拍卖外，承包人可以与发包人协议将该工程折价，也可以请求人民法院将该工程依法拍卖”。但是，对于“协议将工程折价”和“申请人民法院将工程依法拍卖”应当采取何种方式及适用何种程序，则并不明晰。《民事诉讼法》及其司法解释对该问题亦未作出明确规定。这导致学界对该问题存在较大争议，实务上做法也较为混乱。

第一种观点认为，必须先通过诉讼或仲裁程序确认工程价款优先权的有无及担保数额，而不能直接依据《民事诉讼法》第203条启动实现担保物权程序。因为不动产抵押权与工程价款优先权存在区别：前者必须登记，且担保数额确定；后者未经登记，且发生争议时双方对权利是否成立以及具体数额往往难以达成协议。此类争议属于实体问题，须通过诉讼或仲裁程序作出认定。[①] 虽然在执行程序或特别程序中确认工程价款优先权更

---

① 参见王轶等：《中国民法典释评合同编·典型合同》（下卷），中国人民大学出版社2020年版，第158~159页。实例参见最高人民法院（2017）最高法民再389号；最高人民法院（2016）最高法民申2502号。

有效率,但是现行程序法缺乏相应的制度设计。[①]

第二种观点认为,当事人可自行选择诉讼程序或者非讼程序行使工程价款优先权。如果当事人之间就工程价款本身并无争议,承包人可以申请启动实现担保物权程序,而无须"提起诉讼",主债权数额存在争议并不是不适用实现担保物权程序的理由。[②] 承包人选择诉讼程序的,既可以单独提起工程价款优先权确认之诉,也可以在工程款诉讼中一并提出确认其享有工程价款优先权。[③]

第三种观点认为,行使工程价款优先权的方式包括:诉讼方式、承包人与发包人协商折价、准用实现担保物权程序(适用于工程价款确定的情形)。只要承包人并非怠于行使工程价款优先权,原则上都应予保护,将工程价款优先权的行使方式限定为诉讼方式,与立法本意不符。[④] 最高人民法院释义书亦采此观点。[⑤]

第四种观点认为,除上述观点提及的行使方式以外,当事人在司法程序之外主张权利亦可成为工程价款优先权的行使方式。[⑥] 例如,在最高人民法院主审的某些案件中,承包人发出"催款函"[⑦]"催告函"[⑧]"工作联系单"[⑨]被认可为行使工程价款优先权的方式。

本书赞同第一种观点。在现行法框架下,当事人原则上必须先通过确认之诉确定工程价款优先权已有效成立及其担保数额,且行使条件已经具备,然后依据生效法律文书启动执行程序将涉案工程依法拍卖或者当事人将涉案工程协议折价,以实现承包人的优先受偿效力。建设工程已被其他权利人(抵押权人、普通债权人等)申请强制执行的,承包人申请案外人异议或者参与分配以确认工程价款优先权的,构成执行程序中行使工程价款优先权的方式。"启动实现担保物权程序"和"司法程序外请求"均不构成

---

① 参见邬砚:《建设工程合同纠纷 254 个裁判规则深度解析》(增订第 2 版),法律出版社 2019 年版,第 271 页。

② 参见刘璐:《实现担保物权案件特别程序的适用范围——从实体法与程序法交错的视角》,载《山东社会科学》2015 年第 5 期。

③ 参见潘军锋:《建设工程施工合同案件审判疑难问题研究》,载《法律适用》2014 年第 7 期。

④ 参见肖峰、韩浩:《建设工程价款结算及其优先受偿权的若干实务问题》,载《人民司法》2021 年第 22 期。

⑤ 参见最高人民法院民法典贯彻实施工作领导小组主编:《中华人民共和国民法典合同编理解与适用(三)》,人民法院出版社 2020 年版,第 2042 页。

⑥ 参见宋会谱:《建设工程价款优先受偿权疑难问题研究》,载《法律适用》2021 年第 6 期。

⑦ 参见最高人民法院(2021)最高法民申 2026 号。

⑧ 参见最高人民法院(2018)最高法民再 84 号。

⑨ 参见最高人民法院(2012)民一终字第 41 号。

行使工程价款优先权的方式。理由如下：

第一，从理论角度来看，将确认之诉作为建设工程变价（拍卖、折价）的前提条件，具有理论上的合理性。其一，由于工程价款优先权具有优先于约定抵押权的强效力，对其成立或行使条件的认定应采严格标准。对此，域外法上已形成共识。德国法上，即使工程价款优先权（法定抵押权）已经预先登记了担保数额，也不能以此作为行使权利的依据，而须由承包人另行证明索赔范围。[①] 如果发包人对此存在异议，则须通过诉讼程序解决，因为行使该权利的性质不同于金钱索赔的执行程序。[②] 日本法上的工程价款优先权（先取特权）的登记规则十分烦琐复杂。工程费用的预算金额必须提前（施工前）登记；施工开始后当事人还可进行保存登记。如果承包人在没有提前登记的情况下开始工作，则不能对第三方主张先取特权；在建造新楼的情况下，如果在开始施工后发现债务人资产贫乏，承包人将很难获得救济。[③] 这些做法表明，由于工程价款优先权具有超强效力，为避免该权利"误伤"其他合法权利人（如抵押权人），仅凭登记尚不足以满足行使条件，而须经诉讼或仲裁程序使该权利内容在法律上处于已决状态。在当事人对工程价款优先权是否成立及担保数额存在争议或者尚有争议的可能时，不具备行使条件。其二，我国现行法没有设置工程价款优先权登记制度，导致该权利状态及内容均缺乏公示性。在此前提下，当事人对工程价款优先权是否成立及担保数额极易发生争议，而工程款和各种费用计算的复杂性进一步加大了此类争议发生的可能性。这些案件中，无论是承包人向发包人行使权利，还是承包人向其他抵押权人主张优先受偿，由法院或仲裁机构经实体审理后对工程价款优先权予以确认均具有不可替代的前置意义。对比德国、日本等设置有工程价款优先权登记制度的国家，该做法的合理性更为明显。其三，该做法可较好地解释启动执行程序对执行依据的要求。《民法典》第 807 条规定的"请求人民法院将该工程依法拍卖"，必须基于合法有效的执行依据。现行法框架下，执行依据主要包括法院作出的生效法律文书、支付令、仲裁机构作出的生效裁决书、公证机关作出的依法赋予强制执行效力的债权文书等。支付令、债权文书依性质不能适用于行使工程价款优先权的场合。对何种类型的生效法律文

① Vgl. Jan Busche, Kommentar zum § 650e, in: Münchener Kommentar zum BGB, 8. Aufl., München: C. H. Beck, 2020, Rn. 37.

② Vgl. Jan Busche, Kommentar zum § 650e, in: Münchener Kommentar zum BGB, 8. Aufl., München: C. H. Beck, 2020, Rn. 38.

③ 加賀山茂『債権担保法（第 1 版）』（日本評論社，2011 年）258 頁参照。

书可作为执行依据，虽然学理及实务上曾有一定分歧，且实践中主要是给付判决作为执行依据，但主流意见认为包含明确给付内容的确认判决亦可作为执行依据。[①] 该意见亦被《民诉法解释》第461条采纳。因此，在承包人不能启动实现担保物权程序取得生效裁定书的前提下（详见后文），通过提起确认之诉形成生效法律文书成为获取执行依据的主要途径。

第二，从实践角度来看，将确认之诉作为建设工程变价（拍卖、折价）的前提条件，具有实践上的积极意义。其一，该做法有利于应对建设工程合同纠纷案件的复杂性和高对抗性的现实。实践中，建设工程合同纠纷案件中违约之诉占据大部分比例，而违约之诉中绝大多数违约行为是欠付工程款。[②] 由于工程款往往数额巨大、关涉人员众多，此类案件多具有较大社会影响。而且，普遍存在的垫资施工、违法转包等不规范操作进一步加大了建设工程合同纠纷案件的复杂性和处理难度。为强化权利的确定性、尽量避免错案的可能，司法机关基于谨慎裁判和规避风险的需要，对并无登记的工程价款优先权予以确认后再启动变价程序是一种可以理解的现实选择。其二，该做法有利于提高司法活动的效率。实践中，当事人提起此类确认之诉包括两种情形：一是单独提起确认之诉；二是承包人在请求给付工程款的诉讼中一并请求确认其享有工程价款优先权。[③] 后一种情形更为常见，因为承包人基于利益最大化需求，会倾向于尽量主张更多的权利依据。在该情形下，承包人的诉讼请求包含了给付之诉和确认之诉的双重内容。法院在判决中对给付工程款和确认工程价款优先权一并处理，满足了《民诉法解释》第461条对执行依据"给付内容明确"的要求，故更有利于提高诉讼效率。虽然从表面上看，其他观点主张的"直接启动实现担保物权程序""司法程序外请求"等方式更具效率，但是采取这些方式的过程中一旦出现实体争议，仍然须通过诉讼程序解决。这将导致此前"行使权利的行为"所支出的时间、金钱等成本归于浪费。因此，在行使权利之前先通过确认之诉使该权利处于法律上的已决状态，反而更具效率。其三，实践中，虽然各地法院对行使工程价款优先权的方式理解不一，但先通过确

① 参见杨与龄编著：《强制执行法》，中国政法大学出版社2002年版，第53页。

② 据某高级人民法院法官统计，在建设工程合同案件中，涉及发包人违约的案件占全部案件的87.8%，包括逾期付款、克扣保证金、延期开工、擅自分包、不履行合同约定的协助义务等。其中，以欠付工程款纠纷为主，占发包人违约纠纷的96%。参见潘军锋：《建设工程施工合同案件审判疑难问题研究》，载《法律适用》2014年第7期。

③ 参见李后龙等：《建设工程价款优先受偿权审判疑难问题研究》，载《法律适用》2016年第10期。

认之诉对工程价款优先权予以确认的做法更为普遍。[①] 最高人民法院指导案例 150 号中,法院认为,工程价款优先权与抵押权指向同一标的物,抵押权的实现因工程价款优先权的有无以及范围大小受到影响的,应当认定抵押权的实现同工程价款优先权案件的处理结果有法律上的利害关系,抵押权人对确认工程价款优先权的生效裁判具有提起第三人撤销之诉的原告主体资格。抵押权人(第三人)主张工程价款优先权人行使该权利时未采取起诉、仲裁等具备公示效果的方式,已经提供初步证据证明原案生效判决内容可能存在错误并将损害其抵押权的实现。[②] 该做法亦被最高人民法院的其他相关判决书采纳,[③]故可作为成熟的司法经验予以坚持。

第三,以“启动实现担保物权程序”的方式行使工程价款优先权,既缺乏现行法依据,也存在诸多障碍。其一,虽然工程价款优先权属于担保物权,但是现行法没有相关制度设计,以“启动实现担保物权程序”的方式行使该权利。《民诉法解释》第 359 条对有权申请实现担保物权的担保物权人作出封闭式列举,即仅限于抵押权人、质权人、留置权人。《民诉法解释》第 365 条第 2 项规定,申请实现担保物权时,应当提交下列材料:证明担保物权存在的材料,包括主合同、担保合同、抵押登记证明或者他项权利证书,权利质权的权利凭证或者质权出质登记证明等。对于享有工程价款优先权的承包人而言,这些规定均构成申请实现担保物权的障碍。其二,有学者认为,工程价款优先权与留置权均属法定担保物权,故二者均可适用实现担保物权程序。[④] 该观点并不合理。一方面,这两种权利在标的物属性、法律关系复杂程度、所涉第三人利益等方面差异显著。行使留置权的实现担保物权程序中区分有无实体争议分别处理(《民诉法解释》第 370 条)较具效率性,而由于建设工程合同关系的复杂性等因素,行使工程价款优先权时存在实体争议是大概率事件,故适用实现担保物权程序并非最优选择。另一方面,行使留置权规则相对简略,很多场合下准用行使质权的规定,[⑤]故行使留置权适用实现担保物权程序并无法律上的障碍。行使工程价款优先权缺乏此类准用规则的依据。其三,上述观点二、观点三

---

① 参见邬砚:《建设工程合同纠纷 254 个裁判规则深度解析》(增订第 2 版),法律出版社 2019 年版,第 270 页。

② 参见最高人民法院指导案例 150 号:“中国民生银行股份有限公司温州分行诉浙江山口建筑工程有限公司、青田依利高鞋业有限公司第三人撤销之诉案。”

③ 参见最高人民法院(2012)民一终字第 19 号;最高人民法院(2011)民一终字第 62 号。

④ 参见刘璐:《实现担保物权案件特别程序的适用范围——从实体法与程序法交错的视角》,载《山东社会科学》2015 年第 5 期。

⑤ 参见谢在全:《民法物权论》(修订 5 版)(下册),中国政法大学出版社 2011 年版,第 1089 页。

主张在“当事人之间就工程价款本身无争议”的情形下承包人可以申请启动实现担保物权程序，该观点貌似合理，但实际上不具可操作性。实践中，工程价款争议并非一开始就是明确的且被双方当事人明知的，多数场合下此类争议随着工程款结算、支付等行为渐次产生。将此类纠纷划分为当事人之间就工程价款本身“无争议”和“有争议”以进一步决定适用何种程序，是一种理想化的思维方式（上帝视角），而法院在审查承包人申请时就对此作出准确区分是几乎不可能的。而且，现行法已为实现担保物权程序中存在实体争议设置了相应规则，上述观点却以“无争议”作为适用该程序的条件，似有自相矛盾之嫌。

第四，《民法典》第807条规定的“协议折价”，原则上应解释为工程价款优先权经过确认之诉确认后的“协议折价”。其一，对于抵押权和工程价款优先权的行使方式，现行法均规定了“协议折价”（《民法典》第410条、第807条），但二者的含义存在差异。行使担保物权应以确权为基本前提，在已有抵押登记或抵押合同的前提下当事人同意协议折价，已具备确权的要求；行使工程价款优先权时欲具备确权要求，则须先通过确认之诉程序。其二，如果承包人行使工程价款优先权不以确认之诉为协议折价的前提，会造成以下困扰：该“协议折价”究竟是指一方向对方提出折价请求（订立折价协议的要约），还是指双方已订立折价协议（折价协议成立）。如采前者理解，由于此时能否达成协议尚不确定，且该行为与司法程序外主张权利的性质无异，故并不妥当。如采后者理解，则意味着“一方作出折价协议的要约”至“折价协议成立”的期间内仍处于承包人“未行使权利”的状态。该理解对承包人十分不利，因为无论承包人是作出还是收到要约的一方，在其合理信赖折价协议可能达成的状态下，其行使工程价款优先权的期限利益却得不到保护。对此，可对比行使抵押权对抵押权行使期间的影响：一方作出折价协议的要约、对方反要约、折价协议成立等事实均可引起主债权诉讼时效中断。① 由于抵押权行使期间与主债权诉讼时效期间予以捆绑，故无论将“一方作出折价协议的要约”还是“折价协议成立”认定为行使抵押权的行为均不会损害债权人的期限利益。反观行使工程价款优先权的场合，一方作出折价协议的要约、折价协议成立等事实虽可引起工程价款债权（主债权）诉讼时效中断，但由于工程价款优先权时效期间为不变期间，故其计算并不受影响。可能正是由于该原因导致协议折价

① 参见杨巍：《行使抵押权与主债权诉讼时效之关联——以〈民法典〉第419条和司法解释新规定为视角》，载《北方法学》2021年第6期。

不具有可操作性,实践中罕有承包人与发包人因协议折价而发生争议的实例。[①] 因此,较为合理的解释是:承包人应当于工程价款优先权行使期间提起确认之诉,而在司法程序外向对方提出折价请求并不构成行使权利的行为。当事人未经确认之诉订立折价协议,如果已经履行完毕,不再有行使期间认定问题。当事人未经确认之诉订立折价协议,如果履行协议过程中发生实体争议,仍须通过确认之诉补正对工程价款优先权的确认;基于诚信原则及信赖利益保护的考虑,该补正效果具有溯及力,即订立折价协议之时可认定为已通过提起确认之诉的方式行使权利。

第五,承包人于司法程序外向发包人主张工程价款优先权,不构成行使该权利的方式,但具有中断诉讼时效的意义。其一,与“行使抵押权”的含义类似,“行使工程价款优先权”系指“实现工程价款优先权”,即通过变价程序使主债权得以优先受偿的行为,而非指针对该权利的各项权能予以行使的行为。[②] 承包人于司法程序外向发包人主张工程价款优先权,无论是采用催款通知、律师函、当面催收等何种方式,均不能对启动变价程序产生实质性影响。[③] 该行为仅具有“主张权利”或“催告”的意义,但不构成实现担保物权的行为。其二,承包人于司法程序外向发包人主张工程价款优先权,虽然不构成行使工程价款优先权的行为,但其包含了以建设工程的价值清偿工程价款的意思,可构成“权利人向义务人提出履行请求”之诉讼时效中断事由(《民法典》第 195 条第 1 项)。由于现行法未将工程价款优先权行使期间与主债权诉讼时效予以捆绑,故此类行为对工程价款优先权行使期间的计算不生影响。

第六,建设工程已被其他权利人(抵押权人、普通债权人等)申请强制执行,承包人申请参与分配的,构成执行程序中行使工程价款优先权的方式。依据《民诉法解释》第 506 条第 2 款的规定,对人民法院查封、扣押、冻结的财产享有工程价款优先权的承包人,可以直接申请参与分配,主张优先受偿权。此处所谓“直接申请”,是指申请时不以取得执行依据为限。由于此时工程价款优先权及其担保的债权未经生效法律文书确认,在参与分配程序中如果其他债权人对债权的真伪、数额等提出异议,则须通过执

---

① 参见邬砚:《建设工程合同纠纷 254 个裁判规则深度解析》(增订第 2 版),法律出版社 2019 年版,第 268 页。

② 具体理由参见第三章第一节。

③ 参见李建星:《〈民法典〉第 807 条(建工价款的优先受偿权)评注》,载《南京大学学报(哲学 · 人文科学 · 社会科学版)》2021 年第 4 期。

行异议、案外人异议等程序解决。[1] 这些程序亦须对工程价款优先权的成立及内容予以实体认定，故该申请亦可认定为执行程序中行使工程价款优先权的方式。上述观点被最高人民法院指导案例 171 号采纳。该案中，涉案工程被其他债权人申请强制执行后，承包人向执行法院提交《在建工程拍卖联系函》，请求确认对案涉建设工程的优先受偿权；其后向另一执行法院提交《优先受偿权参与分配申请书》，请求确认并保障其对案涉建设工程价款享有的优先受偿权。最高人民法院认为，虽然承包人在工程价款优先权行使期间内未以诉讼方式行使权利，但上述行为可认定为行使工程价款优先权的行为。[2]

（2）同一建设工程上存在数个工程价款优先权，各行使期间起算点不一致，各权利效力是否存在差异？

《民法典建工合同解释（一）》第 41 条规定工程价款优先权行使期间的起算点是“发包人应当给付建设工程价款之日”。在同一建设工程上存在数个承包人的情形下，其各自享有的工程价款优先权之行使期间起算点不一致即成为可能。在此情形下，因各行使期间有先后之分，故明确各权利效力成为问题。回答该问题须解决一个前提问题：数个工程价款优先权是否存在顺位问题？学界对此存在争议。第一种观点认为，工程价款优先权属于法定抵押权，自应遵循“时序先后决定次序先后”原则，按照工程价款优先权成立的时间顺序受偿。第二种观点主张借鉴域外法，根据债权性质确定工程价款优先权的顺位。一般而言，首先是劳工的优先权，其次是材料供应商，再次是次承包人，最后是主承包人。第三种观点认为，各享有工程价款优先权的承包人按债权比例受偿。[3]

由于我国尚无工程价款优先权登记制度，故第一种观点缺乏实际操作性。在《2018 建工合同解释》颁布之前，对工程价款优先权的主体范围存在很大争议，但该司法解释和《民法典建工合同解释（一）》第 35 条、第 37 条已明确该权利主体为“施工合同或装饰装修工程的承包人”，故第二种观点在我国现行法框架下欠缺存在基础。[4] 本书赞同第三种观点。《2018

---

① 参见最高人民法院民法典贯彻实施工作领导小组编著：《最高人民法院新民事诉讼法司法解释理解与适用》（下），人民法院出版社 2022 年版，第 1126 页。

② 参见最高人民法院指导案例 171 号：“中天建设集团有限公司诉河南恒和置业有限公司建设工程施工合同纠纷案。”

③ 参见江必新、何东宁等：《最高人民法院指导性案例裁判规则理解与适用·房地产卷》，中国法制出版社 2014 年版，第 268～269 页；梁慧星：《合同法第 286 条的权利性质及其适用》，载《山西大学学报（哲学社会科学版）》2001 年第 3 期。

④ 参见张巍：《建设工程承包人优先受偿权之功能研究》，载《北大法律评论》2005 年第 2 期。

建工合同解释》"征求意见稿"第26条曾明确采取该观点，虽然该条最终未正式出现于司法解释中，但是在现行法缺乏工程价款优先权登记制度的背景下，其可能是较为妥当的选择。如果认可均未登记的工程价款优先权存在顺位之分，似与"未登记不产生公示效力"的法理相悖。因此，同一建设工程上的数个工程价款优先权按比例清偿，即使它们行使期间的起算点不一致，对权利效力也无影响。

2. 转让、放弃建设工程优先受偿权的权利

在该阶段内，工程价款债权人仍享有转让、放弃工程价款优先权的权利。如前所述，此处不赘述。

（二）工程价款债务人的权利

在该阶段内，工程价款债务人仍然可以转让建设工程标的物。工程价款债务人转让行为对工程价款优先权追及力的影响，如前所述，此处不赘。

（三）行使工程价款优先权与行使抵押权及普通债权的关系

1. 工程价款优先权与抵押权的顺位关系

在同一建设工程上，如果工程价款优先权成立在先而抵押权成立在后，前者优先于后者行使，对此不存疑义。但是对抵押权成立在先、工程价款优先权成立在后的情形下何者优先行使，《民法典》施行前学界对此存在争议。第一种观点"工程价款优先权优先说"认为，即便抵押权成立在先，其仍劣后于工程价款优先权。第二种观点"抵押权优先说"认为，因工程价款优先受偿权未经公示登记，所以登记抵押权顺位优先。第三种观点"成立顺序说"认为，根据"时间在先，权利在先"的原则，同一物上抵押权的受偿顺序以设定时间的先后决定。第四种观点"平等受偿说"认为，一般抵押权和工程价款优先权具有同等效力，应平均受偿。①

《民法典建工合同解释（一）》第36条采取"工程价款优先权优先说"，该条系继承《工程价款优先权批复》第1条的结果。依据最高人民法院释义书的解释，其理由在于：其一，登记不是工程价款优先权产生的条件；其二，时间先后不是判断工程价款优先权优先的标准；其三，与船舶优先权、民用航空器优先权的规定保持一致；其四，与有关执行的司法解释保持一致。② 学理上，对该条合理性的辩护理由还包括：该条考虑到绝大多数的抵押权早于工程价款优先权生效，若以前后顺序进行判断，势必造成工

① 参见张学文：《建设工程承包人优先受偿权若干问题探讨》，载《法商研究（中南政法学院学报）》2000年第3期。

② 参见最高人民法院民事审判第一庭编著：《最高人民法院新建设工程施工合同司法解释（一）理解与适用》，人民法院出版社2021年版，第373～375页。

程价款优先权制度目的落空。对于因工程价款优先权缺乏公示性而可能出现承包人与发包人恶意串通损害抵押权人的情况,可借助“通谋虚伪行为”规则予以解决。[①] 费用性担保物权(以担保因保存或增加标的物价值所生债权为目的)优先于融资性担保物权(以担保因融资所生之债权为目的),构成物权之间“时间在先、权利优先”原则的例外。[②]

依据《民法典建工合同解释(一)》第36条的规范目的,该条的规范含义概括如下。

(1)同一建设工程上既存在工程价款优先权,又存在抵押权的,无论二者成立先后关系如何,工程价款优先权均优先行使。行使工程价款优先权的行为仍须受行使期间限制,即行使行为必须发生于工程价款优先权行使期间已起算至未届满阶段。

(2)该条中的抵押权所担保债权应解释为融资性债权,而不包括在立法政策上优先于工程款债权得到保护的债权。

(3)抵押人是债务人本人还是物上保证人,不影响工程价款优先权的优先地位。

(4)工程价款优先权与抵押权各自担保债权数额的大小,不影响工程价款优先权的优先地位。

2. 抵押权人或者其他普通债权人先于工程价款优先权人启动执行程序,如何处理?

该问题的本质是《民法典建工合同解释(一)》第36条如何体现于执行阶段,即工程价款优先权行使期间起算后,享有工程价款优先权的承包人尚未行使权利,抵押权人或者其他普通债权人先向法院申请执行建设工程的,承包人如何获得救济。

(1)行使工程价款优先权不具有排除执行抵押权的效力。

依据《执行异议规定》第27条的规定,能够排除执行抵押权的“案外人”是指所有权人、该司法解释第28~30条规定的主体、部分消费者等,不包括工程价款优先权人等担保物权人。[③] 该解释被某些高级人民法院规范

① 参见李建星:《〈民法典〉第807条(建工价款的优先受偿权)评注》,载《南京大学学报(哲学·人文科学·社会科学版)》2021年第4期。

② 参见中国建设工程法律评论第四工作组编著:《建设工程优先受偿权》,法律出版社2017年版,第139页。

③ 参见江必新、刘贵祥主编,最高人民法院执行局编著:《最高人民法院关于人民法院办理执行异议和复议案件若干问题规定理解与适用》,人民法院出版社2015年版,第390~391页。

性文件确认。[1] 最高人民法院执行异议司法解释在起草过程中,对工程价款优先权能否排除执行的问题仍有一定分歧,绝大多数观点持否定意见。[2] 有最高人民法院裁定书认为,有权提起案外人执行异议之诉的案外人应当对执行标的享有“所有权或者有其他足以阻止执行标的转让、交付的实体权利”。工程价款优先权是承包人就建设工程折价或者拍卖的价款优先受偿的权利,属于法定优先权的范畴。优先受偿权是债权优先得到清偿的权利,这种权利不是所有权等实体权利,不能阻止执行标的的转让、交付。因此,主张工程价款优先权的人不能提出案外人异议。案外人对人民法院正在执行的财产主张享有工程价款优先权的,应当依据《民诉法解释》第 506 条第 2 款申请参与分配,而不能对执行标的提出异议。[3]

上述规定及实务意见表明,工程价款优先权制度的目的是以建筑工程的交换价值作为担保,来实现对欠付工程价款的最终受偿。其主要功能在于确保工程价款优先权人处于优先于其他债权人的次序获得受偿,并非使其获取建筑工程本身的所有权或处分权。因此,承包人不能以其享有的工程价款优先权排除其他债权人就建设工程的强制执行程序。尽管工程价款优先权不能阻止执行标的转让、交付,但是并不影响执行标的在转让、交付获得相应执行价款之后,承包人以享有工程价款优先权为由请求参与执行价款的分配。[4] 简言之,抵押权人先于工程价款优先权人启动执行程序的场合下,“工程价款优先权优先于抵押权”体现为:在不允许工程价款优先权人提起案外人异议以排除执行抵押权的前提下,允许其借助参与分配规则实现其优先受偿权。理由在于,不宜允许承包人提起执行异议之诉中止执行,以避免承包人与发包人恶意串通损害抵押权人的利益。[5]

该做法的一个深层次原因是,由于我国没有工程价款优先权登记制度,该优先权的公示性有所欠缺,抵押权人无法借助不动产登记规则获知工程价款优先权的有无及担保数额。为了既体现工程价款优先权的更优顺位,又避免抵押权人的利益受到过分干预和限制,故采取了较为折中的

---

① 参见《江苏省高级人民法院执行异议之诉案件审理指南》(2015)第 24 条。《江苏省高级人民法院执行异议及执行异议之诉案件审理指南(一)》(2017)坚持了该做法,将工程价款优先权界定为“不足以排除执行的实体权利”。

② 参见司伟:《执行异议之诉裁判思路与裁判规则》,法律出版社 2020 年版,第 625 页。

③ 参见最高人民法院(2017)最高法民申 5098 号。

④ 参见王轶等:《中国民法典释评合同编 · 典型合同》(下卷),中国人民大学出版社 2020 年版,第 160 页。

⑤ 参见王旭光:《建筑工程优先受偿权制度研究——合同法第 286 条的理论与实务》,人民法院出版社 2010 年版,第 199 页。

该做法,以平衡承包人与抵押权人的利益。在设置有工程价款优先权登记制度的法律框架下,则主要通过登记规则解决各种担保物权的顺位问题。将工程价款优先权规定为"法定抵押权"的国家及地区,基本采取"时间在先,权利在先"的原则,即按照登记的先后确定受偿次序。[①] 采取"优先权"立法例的国家也大多规定,优先权只有经过"保存"即登记,才具有优先于抵押权的效力。[②]

(2)行使工程价款优先权不具有排除执行普通债权的效力。

《民法典建工合同解释(一)》第 36 条规定工程价款优先权优于"其他债权",该"其他债权"应解释为其他普通债权,包括尚未被申请强制执行的普通债权和已被申请强制执行的普通债权。基于上文的分析,其他普通债权人先于工程价款优先权人就建设工程启动执行程序的场合下,工程价款优先权人不能排除该执行行为,而只能借助参与分配规则实现其优先受偿权,即与前述抵押权人申请执行作相同处理。二者适用参与分配的依据均为《民诉法解释》第 506 条第 2 款。因为虽然工程价款优先权优先于普通债权,但是其不构成"依法足以阻止执行标的转让、交付的实体权利"。[③]

(3)执行程序中能否直接认定工程价款优先权。

在执行程序中,如果承包人要求行使未经生效法律文书确认的工程价款优先权,被执行人对工程款金额无异议且满足其他合法性要件,由于该情形不存在实体争议,执行机关可准许承包人行使优先受偿权。如果当事人就承包人是否享有工程价款优先权或对具体金额存在争议的,则构成实体争议。在此种情形下,法院应告知承包人可另行诉讼,通过实体审理确定当事人之间的权利义务,[④]亦可通过执行异议、案外人异议等程序对该争议作出处理。[⑤]

(四)能够排除行使工程价款优先权的债权

该阶段内,即使承包人行使工程价款优先权符合行使期间的要求,特

---

① 参见《德国民法典》第 879 条;《瑞士民法典》第 813 条。

② 参见《法国民法典》第 2374 条、第 2382 条、第 2386 条;《日本民法典》第 338 条、第 339 条。

③ 参见江必新主编:《新民事诉讼法条文理解与适用》(下),人民法院出版社 2022 年版,第 1118 页。

④ 参见《民事审判指导与参考》研究组:《未经诉讼直接向执行机构主张建设工程价款优先权的,执行机构应当如何处理》,载最高人民法院民事审判第一庭编:《民事审判指导与参考》2015 年第 3 辑(总第 63 辑),法律出版社 2016 年版,第 237~238 页。

⑤ 参见最高人民法院民法典贯彻实施工作领导小组编著:《最高人民法院新民事诉讼法司法解释理解与适用》(下),人民法院出版社 2022 年版,第 1126 页。

定债权人亦可排除该行使行为。此类债权主要是在立法政策上优先于工程款债权得到保护的债权。换言之,《民法典建工合同解释(一)》第 36 条规定的“其他债权”不包括此类债权。

1. 能够排除行使工程价款优先权的债权种类

(1)无过错不动产买受人的债权。

该债权是指无过错的买受人基于不动产买卖合同所享有的请求移转不动产所有权,且符合其他法定条件的债权。依据《执行异议规定》第 28 条的规定,金钱债权执行中,买受人对登记在被执行人名下的不动产提出异议,符合下列情形且其权利能够排除执行的,人民法院应予支持:其一,在人民法院查封之前已签订合法有效的书面买卖合同;其二,在人民法院查封之前已合法占有该不动产;其三,已支付全部价款,或者已按照合同约定支付部分价款且将剩余价款按照人民法院的要求交付执行;其四,非因买受人自身原因未办理过户登记。该规定的理由在于,此类买受人享有物权期待权,应当优先保护。因为此类买受人已经为取得物权履行了一定义务并以一定方式进行了公示,尽管这种公示方式比登记公示方式在效力上较弱。该条要求在查封前已经占有不动产,是为了减少被执行人与第三人恶意串通的可能性。①

(2)部分商品房消费者的债权。

该债权是指消费者基于与开发商签订的商品房买卖合同所享有的请求移转商品房所有权,且符合其他法定条件的债权。依据《执行异议规定》第 29 条的规定,金钱债权执行中,买受人对登记在被执行的房地产开发企业名下的商品房提出异议,符合下列情形且其权利能够排除执行的,人民法院应予支持:其一,在人民法院查封之前已签订合法有效的书面买卖合同;其二,所购商品房系用于居住且买受人名下无其他用于居住的房屋;其三,已支付的价款超过合同约定总价款的 50%。对于该情形下部分商品房消费者的认定,《九民纪要》第 125 条作出进一步的解释。

依据《最高人民法院关于商品房消费者权利保护问题的批复》(法释〔2023〕1 号)的规定,部分商品房消费者的债权优先于工程价款优先权。其一,商品房消费者以居住为目的购买房屋并已支付全部价款,其房屋交付请求权优先于工程价款优先权、抵押权以及其他债权。只支付了部分价款的商品房消费者,在一审法庭辩论终结前已实际支付剩余价款的,适用

---

① 参见刘贵祥、范向阳:《〈关于人民法院办理执行异议和复议案件若干问题的规定〉的理解与适用》,载《人民司法》2015 年第 11 期。

前款规定。其二,在房屋不能交付且无实际交付可能的情况下,商品房消费者的价款返还请求权优先于工程价款优先权、抵押权以及其他债权。

上述规定系继承《工程价款优先权批复》第 2 条并予以细化的结果。理由在于,此类商品房消费者享有的物权期待权属于生存权的范畴,故应受到更高价值的维护。此类债权在顺位上优先于其他债权,因此赋予商品房消费者以排除执行的权利。① 亦有学者从"商品房买卖合同备案具有公示效力"②等角度论证该规定的合理性。还有学者认为,为了保持协调性,符合《执行异议规定》第 29 条规定的消费者解除合同所生价值偿还请求权与不当得利请求权,虽然不具有排他性,但是也应具有优先于工程价款优先权的效力。③ 该意见可资赞同。

须注意的是,《执行异议规定》第 28 条和第 29 条均是基于买受人享有物权期待权而赋予其排除执行的权利,在某些场合下该两条可能发生竞合。有最高人民法院裁定书认为,《执行异议规定》第 28 条是对无过错不动产买受人物权期待权的保护,第 29 条是对房屋消费者物权期待权的保护。在适用对象上,第 28 条对所有类型被执行人均可适用,而第 29 条是为专门针对房地产开发企业的被执行人规定的特别条款。本案因同时存在"登记在被执行人名下的不动产"与"登记在被执行的房地产开发企业名下的商品房"两种情形,导致《执行异议规定》第 28 条与第 29 条的适用产生竞合。此种情况下当事人可以择一适用,并非适用其中一条就自然排斥另一条。④

(3)行权费用债权能否排除行使工程价款优先权。

该债权是指强制执行过程中发生的,为了在执行程序中行使权利而支出的费用,包括执行费、评估拍卖费等。例如,《最高人民法院关于人民法院执行工作若干问题的规定(试行)》第 49 条第 2 款规定,"委托拍卖、组织变卖被执行人财产所发生的实际费用,从所得价款中优先扣除"。拍卖、变卖过程中发生的此类实际费用即属于行权费用的性质。在权利顺位上,行权费用债权优先于工程价款优先权,因为行权费用的支出是推动和完成执行程序的成本之一,其有助于实现全体债权人的利益。⑤ 须注意的

---

① 参见江必新、刘贵祥主编,最高人民法院执行局编著:《最高人民法院关于人民法院办理执行异议和复议案件若干问题规定理解与适用》,人民法院出版社 2015 年版,第 431 页。

② 参见常鹏翱:《中国式买房:网签备案的功能分析》,载《法律科学(西北政法大学学报)》2020 年第 4 期。

③ 参见李建星:《〈民法典〉第 807 条(建工价款的优先受偿权)评注》,载《南京大学学报(哲学·人文科学·社会科学版)》2021 年第 4 期。

④ 参见最高人民法院(2018)最高法民申 4090 号。

⑤ 参见高永周:《债权平等:逻辑、风险与政策》,载《北方法学》2021 年第 3 期。

是,行权费用仅在清偿顺位上优先于工程价款优先权,但不具有排除行使工程价款优先权的效力,因为其亦属于“不足以阻止执行标的转让、交付的实体权利”。

2. 排除行使工程价款优先权的方式

特定债权人排除行使工程价款优先权,仅发生于建设工程变价的执行程序中,即承包人为行使工程价款优先权而启动执行程序将建设工程予以拍卖、变卖的场合。无过错不动产买受人、部分商品房消费者依据《执行异议规定》第 28 条、第 29 条排除执行的,均应采取申请案外人异议的方式。案外人异议申请被人民法院裁定驳回的,无过错不动产买受人、部分商品房消费者可提起案外人执行异议之诉(《民诉法解释》第 303 条)。由于案外人执行异议之诉的目的是排除法院对特定执行标的的执行,因此作为案外人的特定债权人必须提出明确的排除对执行标的的执行的诉讼请求。[①]

抵押权人或者其他普通债权人先启动执行程序,承包人以申请参与分配方式行使工程价款优先权的,特定债权人排除行使工程价款优先权的方式亦为申请案外人异议或者提起案外人执行异议之诉。该情形下,不仅具有排除行使工程价款优先权的效力,也具有排除执行抵押权或者其他普通债权的效力(《九民纪要》第 126 条)。[②]

承包人在司法程序之外主张工程价款优先权的(如发出催款函),由于并未启动变价程序,故不存在特定债权人排除执行的问题。承包人提起确认之诉请求确认工程价款优先权的,因该诉讼仅具有确权效果,且现行法并未为特定债权人参与诉讼设置规则通道,故不存在特定债权人排除行使工程价款优先权的可能。承包人采取折价协议方式行使工程价款优先权的,由于未启动执行程序,特定债权人无法依据《执行异议规定》第 28 条、第 29 条排除执行。依据该两条精神,似可解释为特定债权人可提起确认之诉请求确认该折价协议无效,以排除行使工程价款优先权。

3. 排除行使工程价款优先权的效力

(1)中止执行。

依据《民事诉讼法》第 234 条的规定,案外人对执行标的提出书面异议的,人民法院应当自收到书面异议之日起 15 日内审查,理由成立的,裁定中止对该标的的执行;理由不成立的,裁定驳回。依据《民诉法解释》第

---

① 参见最高人民法院民法典贯彻实施工作领导小组编著:《最高人民法院新民事诉讼法司法解释理解与适用》(下),人民法院出版社 2022 年版,第 671 页。

② 参见最高人民法院民事审判第二庭编著:《〈全国法院民商事审判工作会议纪要〉理解与适用》,人民法院出版社 2019 年版,第 637 条。

310 条第 1 款的规定,案外人对驳回申请裁定不服而提起案外人执行异议之诉,人民法院经审理,案外人就执行标的享有足以排除强制执行的民事权益的,判决不得执行该执行标的;案外人就执行标的不享有足以排除强制执行的民事权益的,判决驳回诉讼请求。

(2)不具有否认工程价款优先权的效力。

无论特定债权人申请案外人异议,还是提起案外人执行异议之诉,都只是基于特定债权的优先顺位发生排除执行的效力,而不具有否认工程价款优先权有效成立及其担保数额的效力。这与当事人或利害关系人为了确认工程价款优先权不成立或无效而提起确认之诉不同。最高人民法院指导案例 154 号中,最高人民法院认为,案外人主张排除工程价款优先权的执行与否定工程价款优先权本身并非同一概念。前者是案外人在承认对方权利的前提下,对两种权利的执行顺位进行比较,主张其根据法律规定享有的民事权益可以排除他人工程价款优先权的执行;后者是从根本上否定工程价款优先权本身,主张诉争工程价款优先权不存在。简言之,当事人主张其权益在特定标的的执行上优于对方的权益,不能等同于否定对方权益的存在;当事人主张其权益会影响生效裁判的执行,也不能等同于其认为生效裁判错误。① 因此,特定债权人排除行使工程价款优先权的,不影响工程价款优先权对抵押权和其他债权的优先效力。

(3)特定债权人可否放弃物权期待权,而主张优先受偿?

由于执行的具体情况各不相同,且当事人的实际需求各异,某些场合下部分商品房消费者有可能不主张排除执行,而主张其享有的购房款返还请求权、违约金请求权就房屋变价款优先受偿。该情形下,部分商品房消费者的诉求实际上是在不排除执行的前提下,在正在进行的执行程序中申请参与分配且分配顺位优先。现行法对此未作规定,但依据《执行异议规定》第 29 条优先保护部分商品房消费者的精神,法院对该诉求似应支持。最高人民法院释义书对此也持肯定意见。②

须注意的是,虽然部分商品房消费者的债权优先于工程价款优先权、抵押权和其他债权,但是由于其并非担保物权,因此该情形下申请参与分配应依据《民诉法解释》第 506 条第 1 款以"已经取得执行依据"为条

① 参见最高人民法院指导案例 154 号,"王四光诉中天建设集团有限公司、白山和丰置业有限公司案外人执行异议之诉案"。

② 参见江必新、刘贵祥主编,最高人民法院执行局编著:《最高人民法院关于人民法院办理执行异议和复议案件若干问题规定理解与适用》,人民法院出版社 2015 年版,第 436 页。相反意见参见汤文平:《建设工程价款优先权与消费者购房债权的关系》,载《金融法苑》2010 年(总第 80 辑)。

件,而并非依据第 2 款“直接申请参与分配”。

三、工程价款优先权行使期间届满的效力

(一)行使期间届满对工程价款优先权的效力

工程价款优先权行使期间届满而承包人未行使权利的,是导致实体权利消灭抑或其他法律后果,现行法对此未作规定。对该问题的回答,与工程价款优先权行使期间的性质定位以及行使行为的认定有关。学理及实务上对此存在争议。

第一种观点“实体权利消灭说”认为,工程价款优先权行使期间届满导致该实体权利消灭。依据最高人民法院释义书的解释,工程价款优先权行使期间的性质是除斥期间,因此该期间届满导致实体权利消灭。[①] 该观点被大多数学者及实务界人士采纳。[②] 最高人民法院主审的某些案件[③]和某些高级法院规范性文件[④]亦采取该观点。该观点现为主流意见。

第二种观点“胜诉权消灭说”认为,如果承包人在工程价款优先权行使期间内主张了权利,此时起算诉讼时效;如果承包人未在行使期间内主张权利,则丧失优先受偿的胜诉权。[⑤] 该观点为少数说。

第三种观点“抗辩权发生说”认为,工程价款优先权行使期间届满而承包人未行使权利的,发包人可援引抗辩权拒绝承担担保责任。如果发包人同意将建设工程变价,构成弃权行为,应属有效。对于工程价款优先权行使期间和工程价款债权诉讼时效是否届满,法院均不应主动审查。[⑥]

第四种观点“催告效果说”认为,工程价款优先权行使期间仅为催告期,该期间届满导致未依法催告的后果。该观点仅为个别法院所主张。[⑦]

---

① 参见最高人民法院民事审判第一庭编著:《最高人民法院新建设工程施工合同司法解释(一)理解与适用》,人民法院出版社 2021 年版,第 421 页。

② 参见王轶等:《中国民法典释评合同编·典型合同》(下卷),中国人民大学出版社 2020 年版,第 158 页;邬砚:《建设工程合同纠纷 254 个裁判规则深度解析》(增订第 2 版),法律出版社 2019 年版,第 257~258 页。

③ 参见最高人民法院(2012)民一终字第 41 号。

④ 参见《浙江省高级人民法院执行中处理建设工程价款优先受偿权有关问题的解答》(浙高法执〔2012〕2 号)。

⑤ 参见中国建设工程法律评论第四工作组编著:《建设工程优先受偿权》,法律出版社 2017 年版,第 83 页。

⑥ 参见李建星:《〈民法典〉第 807 条(建工价款的优先受偿权)评注》,载《南京大学学报(哲学·人文科学·社会科学版)》2021 年第 4 期。

⑦ 参见《杭州市中级人民法院民一庭关于审理建设工程及房屋相关纠纷案件若干实务问题的解答》(2010 年)。

本书赞同“实体权利消灭说”，理由如下。

第一，“实体权利消灭说”符合工程价款优先权及其行使期间的性质。最高人民法院复函“[2007]执他字第11号”指出：“建设工程承包人行使优先权的期限为六个月，且为不变期间，不存在中止、中断、延长的情形。”在现行法语境下，该表述是对除斥期间的典型表达。该复函内容虽未被《民法典》及司法解释条文继承，但在实务中已然成为共识。笔者认为，虽然工程价款优先权行使期间届满导致实体权利消灭且为不变期间，但是由于在我国现行法及理论框架下除斥期间的适用对象是形成权，因此工程价款优先权行使期间界定为绝对权存续期间更为妥当。[①] 此外，由于学界及实务主流意见将工程价款优先权定位为一种法定优先权，在我国《民法典》“物权编”对优先权未作具体规定的前提下，借鉴域外法的通常做法，行使期间届满亦应解释为导致优先权消灭。[②]

第二，我国现行法框架下尚无工程价款优先权登记制度，这导致该权利缺乏有效的公示手段。由于其他利害关系人（如抵押权人、其他债权人）无法借助登记簿知晓工程价款优先权的内容和强度，借助行使期间规则判断该权利的时间范围成为弥补公示性欠缺的无奈途径之一。将行使期间届满后果解释为实体权利消灭，法律效果更为清晰、明确，故对弥补公示性欠缺更为有利。如果将行使期间届满后果解释为抗辩权发生等后果，由于义务人是否援引抗辩权存在不确定性，将使其他利害关系人仍然无法借助行使期间规则判断工程价款优先权是否会发生优先效力。

第三，其他观点都存在难以克服的缺陷。其一，在我国诉讼时效制度明确采取“抗辩权发生说”的背景下，“胜诉权消灭说”乃至“胜诉权”概念本身都已被证明是不科学的表述，[③]故观点二所采思路明显滞后。而且，观点二认为工程价款优先权行使期间与诉讼时效构成衔接关系，即类似于保证期间与保证债权诉讼时效的关系，这混淆了工程价款优先权行使期间与工程价款债权诉讼时效的计算规则。实际上，这两种期间各自依据自身规则计算，并不构成衔接关系。因此，观点二在现行法框架下难以证成。其二，观点三将工程价款优先权届满效力局限于承包人与发包人之间的关系框架内考虑，而未充分虑及工程价款优先权消灭或效力减损对抵押权人、

---

① 参见杨巍：《中国民法典评注·规范集注（第1辑）诉讼时效·期间计算》，中国民主法制出版社2022年版，第333页。

② 参见《法国民法典》第2488条第4项。

③ 参见杨巍：《民法时效制度的理论反思与案例研究》，北京大学出版社2015年版，第225~226页。

其他债权人等利害关系人的影响。观点三将行使期间届满后发包人同意将建设工程变价的意思表示准用诉讼时效制度中的放弃抗辩权规则,从价值判断的角度和准用条件的角度来看,并不合理。其三,依前文所述,催告不是行使工程价款优先权的必经程序,催告期也不必然存在。观点四混淆了工程价款优先权行使期间与催告期的关系,故亦不足取。

综上,在“实体权利消灭说”的框架下,工程价款优先权行使期间届满而承包人未行使权利的法律后果体现如下。

(1)在诉讼程序中,对工程价款优先权行使期间届满导致实体权利消灭,法院可依职权主动做出认定,而无须以当事人主张为前提。

(2)在执行程序中,承包人申请参与分配的,仅具有普通债权人地位。法院对此亦可依职权做出认定。

(3)在司法程序之外义务人(发包人)作出确认工程价款优先权的意思表示的,不产生工程价款优先权恢复或者行使期间重新计算的后果。因为在实体权利已经消灭的前提下,不能适用类似于诉讼时效制度中的放弃抗辩权规则(《民法典》第192条第2款)。而且,由于工程价款优先权存续与否关涉抵押权人、其他债权人等各方利益,故不能仅凭当事人双方或单方确认予以认定,而应由法院严格审核确定。[①]

(二)行使期间届满对工程价款债权的效力

工程价款优先权行使期间届满而承包人未行使权利的,仅导致该担保物权消灭,并不导致工程价款债权消灭。工程价款债权由有担保债权变为无担保的普通债权,承包人以普通债权人身份享有及行使该债权。

第六节　工程价款优先权行使期间的计算

一、工程价款优先权行使期间的起算

(一)《民法典》施行以前工程价款优先权行使期间的起算标准

《工程价款优先权批复》第4条曾规定,工程价款优先权行使期间起算点是“建设工程竣工之日或者建设工程合同约定的竣工之日”。对该条的具体解释及适用,司法实务中存在诸多争议:其一,已实际竣工,但实际竣工之日与约定竣工之日不一致的,起算点如何确定?其二,建设工程未竣

① 参见最高人民法院民事审判第一庭编:《建设工程案件审判指导》,法律出版社2020年版,第754页。

工的,起算点如何确定? 其三,合同被解除或终止履行的,起算点如何确定?①

由于上述批复规定在实务中导致诸多纷扰,其后的《2018 建工合同解释》改变了起算点标准。其第 22 条规定,工程价款优先权行使期间起算点是"应当给付建设工程价款之日"。理由如下:其一,工程价款优先权作为担保物权,具有附随性。在债务履行期限期未到期时,债权人无权行使债权请求权,更无权行使工程价款优先权。其二,工程竣工或约定竣工之日的规定无法解决实务中诸多复杂问题,如实际竣工之日晚于约定竣工之日时以何者为准、承包人中途解约后由其他承包人继续施工并竣工时如何确定竣工日期、未完工的"烂尾楼工程"如何计算行使期间等。其三,建设工程结算周期长、流程复杂,如果以《工程价款优先权批复》第 4 条计算行使期间,很可能会使得起算时间早于行使条件具备之日,而且存在限制当事人意思自治的可能。②

(二)一般场合下工程价款优先权行使期间的起算标准

《民法典建工合同解释(一)》第 41 条继承了《2018 建工合同解释》第 22 条的内容,规定工程价款优先权行使期间的起算点是"应当给付建设工程价款之日"。依据最高人民法院释义书的解释,《2018 建工合同解释》第 22 条规定的起算标准对维护承包人的合法权益起到了重要作用。在《民法典建工合同解释(一)》的起草过程中,起草小组曾试图将起算标准具体化,但是考虑到不能穷尽应当支付工程款的所有情形,最终延续了《2018 建工合同解释》第 22 条的规定。③

学界及实务界亦普遍认为,对于"应当给付建设工程价款之日"之起算点的理解,不应仅拘泥于文义,而应"结合清偿期、催告等因素在个案中作具体判断"④"综合考量该行权期间的性质及承包人'知道或应当知道'

---

① 涉及这些争议问题的司法文件,参见最高人民法院会议纪要"法办[2011]442 号"第 26 条;《广东省高级人民法院全省民事审判工作会议纪要》(粤高法〔2012〕240 号)第 27 条;《江苏省高级人民法院关于审理建设工程施工合同纠纷案件若干问题的意见》(苏高法审委〔2008〕26 号)第 19 条;《浙江省高级人民法院执行中处理建设工程价款优先受偿权有关问题的解答》(浙高法执〔2012〕2 号)第 1 条。

② 参见最高人民法院民事审判第一庭编著:《最高人民法院建设工程施工合同司法解释(二)理解与适用》,人民法院出版社 2019 年版,第 451~456 页。

③ 参见最高人民法院民事审判第一庭编著:《最高人民法院新建设工程施工合同司法解释(一)理解与适用》,人民法院出版社 2021 年版,第 423 页。

④ 参见高圣平:《民法典担保制度及其配套司法解释理解与适用》(下),中国法制出版社 2021 年版,第 1050 页。

的主观因素，并根据具体个案情形作出认定”，[①]或者将该起算点解释为“工程价款债权具有可实现性的时点”、[②]“工程价款债权支付条件成就之时”[③]等。

本书认为，基于建设工程合同内容的多样性、复杂性以及与竣工、结算等规则的衔接要求，在个案中结合诸多因素作具体判断的整体思路值得肯定。具体而言：其一，“应当给付建设工程价款之日”应解释为工程价款履行期限“届满”而非“届至”，即发包人就工程价款债务已构成迟延履行。唯此解释，才符合担保物权从属性、补充性的要求。其二，“应当给付建设工程价款之日”（工程价款履行期限届满）是工程价款优先权行使期间起算的必要条件，而非充分条件。由于现行法允许当事人约定工程价款优先权行使期间，故该期间起算点亦可约定，但该约定不得使该期间超过法定上限（18 个月），亦不得违反担保物权的从属性、补充性。其三，由于“工程价款履行期限届满”以工程价款数额和履行期限已被确定或者应当已被确定为前提，而工程价款数额和履行期限的确定在多数场合下须经过结算程序，故多数场合下该起算点受结算程序的影响。

基于上述分析，结合实践中的常见情形，对工程价款优先权行使期间起算点分以下几种情形讨论。

1. 工程价款数额已经确定，且工程价款履行期限有明确约定

此类情形下，工程价款优先权行使期间起算点原则上是“工程价款履行期限届满之日”。具体包括以下几种情况。

（1）工程竣工验收合格且当事人对结算工程价款数额均无异议。

该情形下，工程价款数额和履行期限均已确定且当事人对此予以认可，故工程价款优先权行使期间的起算点是“工程价款履行期限届满之日”不存疑义。工程价款履行期限既可约定于建设工程合同中，也可约定于结算协议中。

（2）当事人约定结算默示条款。

实践中，很多建设工程合同包含有结算默示条款（如“不予答复视为认可”）。该条款通常约定发包人收到承包人提交的竣工结算单的审批时

---

① 参见高印立：《建设工程价款优先受偿权行使期限之起算日的类型化分析——兼论〈建设工程施工合同司法解释（二）〉第二十二条》，载《北京仲裁》2020 年第 3 辑。

② 参见李建星：《〈民法典〉第 807 条（建工价款的优先受偿权）评注》，载《南京大学学报（哲学·人文科学·社会科学版）》2021 年第 4 期。

③ 参见邬砚：《建设工程合同纠纷 254 个裁判规则深度解析》（增订第 2 版），法律出版社 2019 年版，第 259 页。

间，且约定发包人在相应天数内未完成审批且未提出异议的，视为其认可承包人提交的竣工结算申请单及签发竣工付款证书。[①] 依据该条款，如果发包人在审批时间内未依约履行审批义务，该沉默之意思表示亦可使工程价款数额和履行期限被确定，故工程价款优先权行使期间的起算点是“工程价款履行期限届满之日”。[②] 如果结算默示条款生效后当事人就结算工程价款又进行磋商并达成协议，构成对结算默示条款的变更，应以新协议约定的付款期间届满之日为工程价款优先权行使期间起算点。

(3)当事人约定按照固定价结算工程价款。

如果当事人约定按照固定价结算工程价款，由于工程价款数额的确定无须另行结算或者鉴定(《民法典建工合同解释(一)》第28条)，故工程价款优先权行使期间的起算点为“工程价款履行期限届满之日”。

在上述三种情形下，工程价款优先权行使期间起算点与工程价款债权诉讼时效起算点是同一时点。在这些情形下，工程价款优先权作为担保物权的从属性、补充性在期限利益方面体现为主债权履行期限与担保物权行使期间的“无缝衔接”。

2. 工程价款数额已经确定，工程价款履行期限没有约定或约定不明

该情形主要包括两种情况：一是承包人与发包人通过结算程序已就工程价款数额达成一致，但建设工程合同和结算协议均未约定工程价款履行期限；二是当事人约定按照固定价结算工程价款，但未约定工程价款履行期限。此类情形下，工程价款债权属于履行期限不明确的债权，故应当适用《民法典》第511条第4项之宽限期规则。承包人可以催告发包人在合理期限(宽限期)支付工程价款，宽限期届满发包人仍未支付的，工程价款优先权行使期间和工程价款债权诉讼时效同时起算。

3. 建设工程已交付、符合结算条件，但工程价款数额未确定，且工程价款履行期限有明确约定或者无明确约定

实践中，该情形主要是由于发包人不履行审核义务、拖延结算程序或者双方当事人对结算工程价款数额存在分歧所致。该情形下，无论工程价款履行期限有无明确约定，工程价款优先权行使期间起算点均采相同标

---

① 《建设工程施工合同(示范文本)》(GF-2018-0201)第二部分通用条款第14.2条第1项规定：“发包人在收到承包人提交竣工结算申请书后28天内未完成审批且未提出异议的，视为发包人认可承包人提交的竣工结算申请单，并自发包人收到承包人提交的竣工结算申请单后第29天起视为已签发竣工付款证书。”

② 参见最高人民法院民事审判第一庭编著：《最高人民法院新建设工程施工合同司法解释(一)理解与适用》，人民法院出版社2021年版，第423~424页。实例参见最高人民法院(2016)民终463号。

准。具体包括以下几种情况。

(1)当事人约定了结算审核期限,但未约定结算默示条款,发包人未在审核期限内进行审核。

由于合同中没有结算默示条款,故在审核期限内发包人的不作为不构成对承包人单方提交的竣工结算申请单中工程价款数额的认可。如果在建设工程合同中约定了工程价款履行期限,由于该履行期限系以当事人遵守结算审核期限、履行结算义务以使工程价款得以确定为前提,因此在发包人违反审核义务、拖延结算的情形下,因无法通过结算程序确定工程价款数额而致原履行期限失去意义。因此,无论建设工程合同对工程价款履行期限有无明确约定,均意义相同。

此时工程价款优先权的担保对象转化为承包人对发包人的违约责任请求权,[①]故承包人能够向发包人行使违约责任请求权的最早时点即为工程价款优先权行使期间起算点。因此,该情形下工程价款优先权行使期间起算点可作如下认定:其一,起算点原则上是“结算审核期限届满之日”。因为依据当事人约定在该时点工程价款数额本应当被确定,但是由于发包人违约而使结算程序未能完成。该时点是承包人能够向发包人行使违约责任请求权的最早时点,且此时工程价款优先权行使条件已经具备。工程价款的具体数额,可以在诉讼中通过鉴定等方式予以确定。[②] 其二,如果审核期限届满后当事人就结算工程价款又进行磋商但未达成协议,起算点是承包人知道或者应当知道无法达成协议的最早时点(如发包人明确表示拒绝继续磋商)。其三,如果审核期限届满后当事人就结算工程价款又进行磋商并达成协议,起算点是新协议约定的付款期间届满之日。

(2)当事人约定了结算审核期限,发包人完成审核后承包人不同意审核结果而使结算未达成一致。

如果建设工程合同约定了工程价款履行期限,该情形下由于未能通过结算程序使当事人就工程价款数额达成一致,同样致使原履行期限失去意义。基于前文的理由,同样应以承包人能够向发包人行使违约责任请求权的最早时点为工程价款优先权行使期间起算点。具体而言:其一,起算点原则上是承包人知道或者应当知道发包人审核结果违反约定或法定标准的最早时点。此时承包人已知发包人的违约行为,故可向其行使违约责任请求权和工程价款优先权。工程价款的具体数额,可以在诉讼中通过鉴定

① 由于《民法典建工合同解释(一)》第40条规定,工程价款优先权的担保范围不包括逾期利息、违约金、损害赔偿金等,因此该违约责任请求权的数额仅限于工程价款本身。

② 参见《民法典建工合同解释(一)》第30~34条。

等方式予以确定。其二,如果当事人就结算工程价款又进行磋商但未达成协议,[1]起算点是承包人知道或者应当知道无法达成协议的最早时点。其三,如果当事人就结算工程价款又进行磋商并达成协议,起算点是新协议约定的付款期间届满之日。

有观点认为,该情形下工程价款优先权行使期间的起算点是“承包人起诉之日”。[2] 实务中亦不乏采此观点的实例。[3] 本书不赞同该观点,理由如下。

第一,该观点导致行使工程价款优先权实质上不受特定期间限制。依据该观点,只要承包人未起诉,工程价款优先权行使期间就未起算,即承包人于任意时间起诉均不会因该行使期间届满而致权利消灭。这有违工程价款优先权行使期间制度的督促权利人尽快行使权利以稳定法律关系的立法本意。

第二,该观点与工程价款优先权的行使方式难以兼容。虽然学理及实务上对工程价款优先权的行使方式存在分歧,[4]但是无论采何种理解,均难与该观点共存。如果认为工程价款优先权的行使方式仅限于提起诉讼或申请仲裁,那么通过起诉行使权利本应发生在行使期间起算后至届满前的阶段,起诉之日何以成为行使期间起算点呢?如果认为诉讼外请求(如催告函)也可构成工程价款优先权的行使方式,则依据该观点,承包人须先行起诉使工程价款优先权的行使期间得以起算,然后才能通过催告函等方式行使权利。这种解释显然是怪异的。

第三,该观点的本意是否认工程价款优先权行使期间仍以原履行期限为起算基础,以维护承包人的期限利益。其出发点应予肯定,但缺陷在于走向了极端。该情形下对承包人期限利益的保护,应着眼于将承包人因合理信赖可与发包人达成付款协议而暂未起诉的时间段置于起算点之前,而非简单地直接以起诉之日为起算点。换言之,由于该情形下工程价款尚未确定,只要承包人与发包人就此仍在以某种形式进行磋商,就不应苛求承包人此时通过起诉行使权利。如果客观情形表明达成付款协议已无可

---

① 《建设工程施工合同(示范文本)》(GF-2018-0201)第二部分通用条款第14.2条第3项规定:“承包人对发包人签认的竣工付款证书有异议的,对于有异议部分应在收到发包人签认的竣工付款证书后7天内提出异议,并由合同当事人按照专用合同条款约定的方式和程序进行复核,或按照第20条(争议解决)约定处理。”

② 参见高印立:《建设工程价款优先受偿权行使期限之起算日的类型化分析——兼论〈建设工程施工合同司法解释(二)〉第二十二条》,载《北京仲裁》2020年第3辑。

③ 参见新疆维吾尔自治区高级人民法院(2019)新民终320号。

④ 参见本章第五节。

能,则应起算工程价款优先权行使期间,承包人应尽快行使权利。唯此解释,才能既符合工程价款优先权行使期间的督促权利人尽快行使权利的立法目的,又能最大限度地保护承包人的期限利益。

(3)当事人未约定结算审核期限,承包人与发包人未通过结算程序对工程价款数额达成一致。

虽然该情形与情形(2)在是否约定结算审核期限上存在差异,但是二者的共同点在于,当事人未能通过结算程序使当事人就工程价款数额达成一致,致使原履行期限失去意义。因此,该情形应与情形(2)作相同处理。具体而言:其一,起算点原则上是承包人知道或者应当知道无法与发包人达成付款协议的最早时点。例如,承包人向发包人发出订立付款协议的要约,但收到发包人拒绝磋商的回信之日。其二,如果当事人就结算工程价款进行磋商但未达成协议,起算点是承包人知道或者应当知道无法达成协议的最早时点。其三,如果当事人就结算工程价款又进行磋商并达成协议,起算点是新协议约定的付款期间届满之日。

4. 建设工程未交付、不符合结算条件、工程价款数额未确定,且工程价款履行期限有明确约定或者无明确约定

实践中,该情形主要包括工程未完工("烂尾"工程)、完工后因质量问题未能竣工验收等。该情形与情形3的区别在于,前者系因根本不符合结算条件而致工程价款未确定,后者是在符合结算条件的前提下由于发包人拖延审核等原因而致工程价款未确定。该情形下,无论工程价款履行期限有无明确约定,工程价款优先权行使期间的起算点均采相同标准。如前文所述,如果建设工程合同约定了工程价款履行期限,该情形下因无法通过结算程序确定工程价款数额而致原履行期限失去意义,其与履行期限无明确约定意义相同。

依据《民法典建工合同解释(一)》第27条第3项的规定,利息开始计付的时点是应付工程价款之日,付款时间无约定或者约定不明,且建设工程未交付、工程价款未结算的,"当事人起诉之日"为应付款时间。实务中,对于可否参照该条确定工程价款优先权行使期间的起算点,存在分歧意见。

第一种观点"肯定说"认为,该条规定的利息实为逾期付款利息,"逾期"的本意是指付款期限届满而仍未支付,因此以该条规定的"当事人起诉之日"作为工程价款优先权行使期间起算点符合司法解释的本意。[1] 最

---

① 参见宋会谱:《建设工程价款优先受偿权疑难问题研究》,载《法律适用》2021年第6期。

高人民法院释义书似乎倾向于肯定说。①

第二种观点“否定说”认为,该条规定的计息标准主要是考虑到发包人占有工程而受益以及发包人的过错,而工程价款优先权行使期间的功能是督促承包人及时行使权利以避免妨碍其他权利人的利益。由于二者的出发点完全不同,因此不应参照该条确定工程价款优先权行使期间的起算点。②

本书赞同否定说。基于前文理由,该情形下也应以承包人能够向发包人行使违约责任请求权的最早时点为工程价款优先权行使期间的起算点。但由于该情形下发包人违约行为处于持续未结束状态,故承包人起诉时原则上应认定工程价款优先权行使期间未届满。理由如下。

第一,工程价款优先权行使期间起算标准不具备参照适用《民法典建工合同解释(一)》第 27 条的条件。其一,从立法渊源来看,《民法典建工合同解释(一)》第 27 条系继承《2004 建工合同解释》第 18 条的结果,仅文字表述略有变动。该条立法目的是统一拖欠工程价款的利息计付标准,而并非对工程价款无约定履行期限的处理规则。该条规定的利息给付标准在一定程度上包含惩罚违约人的目的。③ 利息计算只是一项技术性规则,计算利息是建立在已经确定保护工程价款债权的前提下,故利息起算点无论定于何时,都不会影响工程价款债权的保护。工程价款优先权行使期间的意义则在于,通过督促承包人尽快行使权利致使各方的法律关系尽快得以稳定,其关乎该权利在多长时间内受法律保护。由于两者的立法目的存在较大差异,故并不具备参照适用的基础。其二,从担保范围来看,《民法典建工合同解释(一)》第 40 条将逾期利息排除于工程价款优先权的担保范围之外,亦反映出现行法对工程价款与其逾期利息的不同立法态度。在此种前提下,通过逾期利息计付标准反推出工程价款优先权行使期间的起算点,说服力不足。其三,从体系解释的角度来看,依据《民法典建工合同解释(一)》第 27 条第 1 项、第 2 项的规定,建设工程已实际交付和没有交付的情形下,应付款时间为“交付之日”和“提交竣工结算文件之日”。该两项规定与《工程价款优先权批复》第 4 条的精神一致,即以与竣

① 参见最高人民法院民事审判第一庭编著:《最高人民法院新建设工程施工合同司法解释(一)理解与适用》,人民法院出版社 2021 年版,第 425 页。

② 参见高印立:《建设工程价款优先受偿权行使期限之起算日的类型化分析——兼论〈建设工程施工合同司法解释(二)〉第二十二条》,载《北京仲裁》2020 年第 3 辑。

③ 参见最高人民法院民事审判第一庭编著:《最高人民法院建设工程施工合同司法解释的理解与适用》,人民法院出版社 2004 年版,第 162~163 页。

工有关事实作为计算标准。但是,由于《工程价款优先权批复》第 4 条之起算标准在实务中的适用效果不佳,已被其后的司法解释废止。在此前提下,如果认为《民法典建工合同解释(一)》第 27 条第 1 项和第 2 项因与新司法解释的规定不符不能参照适用,而第 3 项却可参照适用,似有违体系解释的要求。

第二,该情形下,仍属于因发包人违约导致工程价款优先权的担保对象转化为违约责任请求权的场合,故仍应遵循前文所述起算标准,即以承包人能够向发包人行使违约责任请求权的最早时点为工程价款优先权行使期间的起算点。该情形的特殊之处在于:一方面,由于发包人违约致使根本不具备验收结算条件,因此无法认定“工程价款数额本应当被确定的时点”(与情形 3 有异),而难以进一步确定能够行使违约责任请求权的最早时点;另一方面,由于建设工程合同金额巨大、牵涉因素众多,为了避免不必要的损失,实践中承包人通常更倾向于积极努力使发包人正常完工,或者通过与发包人磋商以谋求变更合同的可能,而不会于发包人违约时就立刻通过诉讼行使工程价款优先权。“烂尾”纯属事后判断,故不应将工程价款优先权行使期间的起算点界定于承包人作出上述各项努力之前,否则对承包人过于严苛,亦不符合鼓励交易的精神。较为合理的解释是,由于建设工程未完工的状态仍然持续,不可能通过结算程序确定工程价款数额,故该情形下工程价款优先权行使期间尚未起算。该情形下工程价款数额虽未确定,但应允许承包人行使工程价款优先权,否则将导致“违约行为不终止,权利人就不能寻求救济”的悖论。① 承包人通过起诉行使权利后,该行使期间也失去意义,因为“承包人因行使期间届满而丧失权利”已确定不可能发生。

第三,该情形下,承包人起诉时原则上应认定工程价款优先权行使期间未届满。直接以“承包人起诉之日”为起算点并不合理,理由如前文所述。实务中,多有裁判意见认定“承包人起诉之日”为起算点。对此,应将其实质意义解释为:该情形下承包人通过起诉行使工程价款优先权应受保护,发包人不得以行使期间届满为由主张工程价款优先权已经消灭。

兹举两则实例。例如,在“陕西航天建设集团有限公司、甘肃昊鑫市场开发有限公司建设工程施工合同纠纷案”中,在案涉工程未实际交付、工程价款也未结算的情形下,一审法院以工程价款优先权行使期间的起算点是

---

① 该情形与持续性侵权场合下诉讼时效起算的原理类似。参见杨巍:《中国民法典评注 · 规范集注(第 1 辑)诉讼时效 · 期间计算》,中国民主法制出版社 2022 年版,第 46 页。

"约定竣工之日"为由,认定承包人起诉时已经超过行使期间。最高人民法院(二审)推翻了该认定,认为工程价款优先权行使期间的起算点是承包人起诉之日,承包人行使权利未超过法定行使期间。[①] 又如,在"南通华荣建设集团有限公司、天津市新城建筑工程有限公司建设工程施工合同纠纷案"中,一审法院认为,因案涉工程未完工且未竣工,工程价款优先权行使期间应自双方明确表明不履行合同之日起算,因此承包人起诉时已经超过行使期间。二审法院认为,因双方当事人在诉前未就工程价款结算事宜协商一致,工程欠款金额尚未确定,故一审法院将承包人起诉之日作为应付款之日即工程欠款利息起算点并无不当,但一审法院认定承包人行使工程价款优先权超过法定期限适用法律欠妥,予以纠正。[②] 此类裁判意见的核心共同点在于:其一,承包人起诉时案涉工程仍处于未完工或未竣工状态的,法院倾向于保护承包人的工程价款优先权。其二,二审法院对于一审认定工程价款优先权行使期间的起算点是某一相对确定时点持否定态度。其隐含的理由是,虽然将该确定时点认定为起算点可能具有理论上的合理性(如双方明确表明不履行合同之日),但是由于案涉工程处于未完工或未竣工状态,当事人尚有磋商、斡旋的可能,故不应苛求承包人于此状态下行使权利。其三,为达成保护工程价款优先权的结果,《民法典建工合同解释(一)》第 27 条成为差强人意的一个依据。简言之,此类裁判意见的实质意义是承包人起诉时对其工程价款优先权仍予以保护,而非确定一个精准的起算点以使该期间得以继续计算。

第四,该情形下,承包人亦可选择解除合同作为发包人违约的救济手段。当事人解除合同的,工程价款优先权行使期间的起算点详见后文分析。

如果"烂尾"工程等情形系由发包人一方违约所致,承包人可以选择的救济手段包括行使违约责任请求权、解除合同等。有观点认为,在建设工程未完工的情形下承包人行使工程价款优先权的,必须以解除合同为前提。如果不解除合同,承包人有恢复施工的可能,后续可能出现的纠纷会导致承包人多次行使权利,徒增讼累。[③] 本书不赞同该观点,理由如下:其一,基于建设工程领域的复杂性,停工原因存在多种可能,能否恢复施工亦受多种因素影响,故应由承包人基于实际情况选择合适的救济方式为妥。

---

① 参见最高人民法院(2020)最高法民终 496 号。

② 参见河北省高级人民法院(2019)冀民终 616 号。

③ 参见邬砚:《建设工程合同纠纷 254 个裁判规则深度解析》(增订第 2 版),法律出版社 2019 年版,第 263 页。

仅以可能的讼累为由剥夺承包人的选择权,似非妥当。实践中,有些建设工程停工时间较长,此场合下承包人先行使违约责任请求权和工程价款优先权,其后条件成熟时再订立复工协议,有利于保障建设工人的利益且符合鼓励交易的精神。其二,在所有类型的合同关系中,均有可能出现该观点所称"不解除合同后恢复履行"的可能。但未见其他类型合同关系中以此为由要求守约方必须解除合同后才能行使担保物权,故该理由并不合理。

5. 当事人对工程价款优先权行使期间的起算点另有约定的,依其约定

相较于旧司法解释,《民法典建工合同解释(一)》中的工程价款优先权行使期间规则的最大变化是更加尊重当事人意思对该期间的影响,即明确允许当事人约定该期间,且优先于法定期间适用。在此框架下,当然应解释为亦允许当事人约定该期间的起算点,以实现当事人对自身期限利益的安排。[①] 当事人既可以约定该期间及其起算点,也可以仅约定起算点而仍适用法定期间。起算点的约定,应符合下列要求。

(1)约定起算点可以是某一固定期日(确定时点),也可以是某一事实发生之日(不确定时点)。

约定起算点是确定时点还是不确定时点均无不可,但是不确定时点应当于行使权利时依据某种方式能够确定。当事人约定确定时点为起算点的,如"发包人收到竣工结算报告及结算资料后××天内不支付工程价款的,承包人可以于×年×月×日起×个月内行使工程价款优先权"。当事人约定不确定时点为起算点的,如"发包人收到竣工结算报告及结算资料后××天内不支付工程价款的,承包人可以于收到竣工结算报告及结算资料之日起 2 个月后行使工程价款优先权"。由于约定起算点起到替代法定起算点(应当给付建设工程价款之日)的作用,故约定起算点只能是某一期日,而不能以小时、分、秒计算。

(2)约定起算点不得早于工程价款履行期限届满之日。

基于担保物权的从属性、补充性,约定起算点不得早于工程价款履行期限届满之日。[②] 工程价款履行期限届满之前,发包人有权就工程价款(主债务)主张期限利益抗辩,故此时承包人还不能行使工程价款优先权。工程价款履行期限届满之前,发包人是否会履行工程价款债务尚不确定,故该约定也违反了工程价款优先权的补充性。如果约定起算点早于工

---

① 在《民法典建工合同解释(一)》施行前,即有允许当事人约定工程价款优先权行使期间起算点的实例。参见安徽省高级人民法院(2019)皖民终 750 号。

② 参见最高人民法院(2016)民终 106 号。

程价款履行期限届满之日,应将起算点推迟至工程价款履行期限届满之日。

(3)约定起算点可以适当晚于工程价款履行期限届满之日。

约定起算点适当晚于工程价款履行期限届满之日的,亦应准许。该约定的效果是强化工程价款优先权的补充性,适当推迟行使担保物权的时间,而使主债务履行期限与担保物权行使期间进行“有缝衔接”。例如,建设工程合同约定,发包人应当于竣工结算审价完成后1个月内支付工程价款;发包人未依约支付工程价款的,承包人可于12个月内行使工程价款优先权,起算点是审价完成后第3个月的首日。该约定的本意是:如果发包人违约未支付工程价款,承包人不能“立即”行使工程价款优先权以启动变价程序,而应给发包人2个月的缓冲期,以使其有机会恢复履行。2个月后发包人仍不履行的,承包人才可启动变价程序。该约定不违反担保物权的从属性、补充性,且有助于节省司法资源、提高履行效率,故应予准许。

(4)约定起算点不得过分晚于工程价款履行期限届满之日。

所谓“过分晚于”,是指约定起算点晚于工程价款履行期限届满之日所生后果有违担保物权的从属性、补充性。此类约定起算点应为无效。分以下两种情形讨论。

第一,约定起算点晚于工程价款债权诉讼时效届满之日的,该约定无效。例如,约定“承包人于工程价款债权诉讼时效届满之日起8个月内有权行使工程价款优先权”。现行法框架下,工程价款债权于诉讼时效期间内按照一般债权受到保护,而在此保护期间中的某一部分期间内受工程价款优先权担保。如果工程价款优先权行使期间起算点晚于工程价款债权诉讼时效届满之日,会导致诉讼时效届满后发包人有权拒绝支付工程价款而承包人仍可行使工程价款优先权的荒谬局面。由于这意味着从权利(工程价款优先权)的效力反而强于主权利(工程价款债权),因此显然与现行法框架下的工程价款优先权的规则设计不符。

第二,约定起算点位于工程价款债权诉讼时效期间之内的,该约定是否有效需要考量两个因素。其一,当事人于合同中作出该约定时,由于诉讼时效是否会发生中断、中止尚不确定,约定起算点是否实际晚于工程价款债权诉讼时效届满之日,亦有可能不确定。如果约定起算点位于工程价款履行期限届满之日起3年[①]之内(情形1),该起算点必然位于工程价款债权诉讼时效期间之内,该约定有可能有效。如果约定起算点位于工程价

① 对于工程价款债权的诉讼时效,法律未作特殊规定,故应适用普通诉讼时效期间(3年)。

款履行期限届满之日起3年之后、20年之前(情形2),则既有可能因诉讼时效中断、中止致使起算点实际位于诉讼时效届满之前,也有可能因未发生中断、中止致使起算点实际位于诉讼时效届满之后。情形2中的约定起算点应为无效,因为其形式上已违反担保物权的从属性,且不应在订立合同时对诉讼时效中断、中止作出没有根据的期待。其二,虽然情形1中的约定起算点不违反担保物权的从属性,但是仍须考虑其是否与工程价款优先权行使期间的制度目的相符,即促使权利人尽速行使权利且享有合理的时间行使权利。因此,情形1中的约定起算点是否有效尚需结合其实际效果予以判断。例如,约定起算点位于诉讼时效届满之日前3天,因行使权利的时间过短,该起算点应认定无效。值得庆幸的是,实践中此类约定的实例并不多见。

(三)特殊场合下工程价款优先权行使期间的起算标准

1. 分期支付工程价款

实务中,由于工程价款数额巨大,且出于监督承包人的目的,当事人通常约定按照工程进度支付工程款。具体分为两种做法:一是在一份建设工程合同中约定将整体工程分阶段施工,且每一阶段支付相应的工程价款;二是就一项建设工程订立数份施工合同,分别以不同施工内容为合同标的。此处所称"分期支付工程价款"系指前者情形。在后者情形下,数份合同中的工程价款由不同的工程价款优先权分别担保,故行使期间应各自计算。在前者情形下,分期支付工程价款对工程价款优先权行使期间起算的影响,主要涉及以下两个问题。

(1)依据各阶段履行期限分别起算,抑或依据最后一期履行期限起算?

该情形下,工程价款优先权行使期间的起算点是"最后一期履行期限届满之日",而不能依据各阶段履行期限分别起算。理由如下。

第一,某一阶段施工虽然完成,但是建设工程合同整体仍处于履行状态。如果该阶段履行期限届满之日(发包人未支付工程价款)可就该部分工程价款行使工程价款优先权,意味着此时可启动建设工程变价程序。这将导致其后各阶段的施工无法完成,故最后一期履行期限届满前仍处于合同履行过程中,当事人主张分阶段起算工程价款优先权行使期间不应予以支持。[1] 同理,合同约定分阶段施工但未约定分期支付工程价款的,亦不得

① 参见最高人民法院民事审判第一庭编著:《最高人民法院新建设工程施工合同司法解释(一)理解与适用》,人民法院出版社2021年版,第427页。

主张分阶段起算工程价款优先权行使期间。[①]《民法典》施行前曾有裁判意见认为,合同对工程不同部分的竣工日期分别作出约定的,应当分别认定不同部分工程价款优先权行使期间的起算点。[②] 该裁判意见系以《工程价款优先权批复》规定的起算标准为依据,故《民法典》施行后不应再采此认定。

第二,某一阶段或某几个阶段发包人未依约支付工程价款的,可通过逾期利息、违约金等方式对承包人予以救济。该阶段发包人的违约行为并未促使工程价款优先权行使条件得以成就。而且,依据《民法典建工合同解释(一)》第 40 条的规定,逾期利息、违约金不属于工程价款优先权的担保范围。

第三,该情形可参照适用《民法典》第 189 条关于分期履行债务诉讼时效起算的规定。该条的立法目的(同一债务的特性、实现诉讼效率等)[③]对工程价款优先权行使期间的起算同样具有意义。

(2)质量保证金是否属于最后一期工程价款?

在建设工程实务中,保证金的类别、功能、缴纳方式等多种多样。其具有督促、担保承包人施工质量的积极意义,但是在很多场合下也给承包人造成不必要的负担,且使法律关系复杂化而滋生纷扰。国务院等管理部门曾多次清理和规范建设工程领域中的保证金规则。[④] 实务中,质量保证金最为常见。建设工程合同通常约定有质量保证金条款,由承包人向发包人缴纳或预留 5%的工程价款作为质量保证金。依据《建设工程质量保证金管理办法》第 2 条、第 10 条的规定,质量保证金从工程价款总额中预留,工程竣工验收后,约定的缺陷责任期届满后发包人向承包人支付(返还)质量保证金。由此产生的问题是:质量保证金是否属于最后一期工程价款?质量保证金返还期限是否构成分期履行的最后一期履行期限?学理及实务中对此存在争议。

第一种观点"同一债务说"认为,从工程价款中预留质量保证金,旨在促使承包人在一定时期内履行维修义务,其并未改变质量保证金属于工程价款的实质。[⑤] 有最高人民法院裁定书采此观点认为,"工程款和质保金

---

① 参见最高人民法院(2016)最高法民申 606 号。

② 参见最高人民法院(2017)最高法民申 2902 号。

③ 参见黄薇主编:《中华人民共和国民法典总则编释义》,法律出版社 2020 年版,第 506 页。

④ 参见《国务院办公厅关于清理规范工程建设领域保证金的通知》(国办发〔2016〕49 号);住建部、财政部《关于印发建设工程质量保证金管理办法的通知》(建质〔2017〕138 号)。

⑤ 参见李建星:《〈民法典〉第 807 条(建工价款的优先受偿权)评注》,载《南京大学学报(哲学·人文科学·社会科学版)》2021 年第 4 期。

均属与案涉工程相关的应付款项”，故质量保证金返还期限构成最后一期履行期限。[①]

第二种观点“性质相异说”认为，质量保证金系为保障工程质量而缴纳，不属于应付工程款，因此不能以质量保证金返还期限作为应付工程款的认定时间以及工程价款优先权行使期间的起算标准。最高人民法院释义书持此观点。[②] 采此观点的裁判意见多强调“基于质保金的担保功能，质保金和工程款并非同一性质的债务”等理由。[③]

本书赞同第一种观点。在分期支付工程价款且从工程价款总额中预留质量保证金的场合下，工程价款优先权行使期间的起算点是“质量保证金返还期限届满之日”[《民法典建工合同解释（一）》第 17 条]。理由如下。

第一，质量保证金属于承包人所获对价的一部分，其性质不具有独立性，故仍然属于工程价款的组成部分。在国际上具有权威性的 FIDIC 合同条件下，竣工验收并不意味着施工合同义务的完成，也不意味着业主对工程的接受。直至工程师向承包人颁发履约证书，注明承包人完成各项义务的日期后，承包人义务才算完成，即履约证书才构成对工程的接受。[④] 我国法律中并无履约证书的规定，竣工验收合格意味着承包人的主给付义务在形式上已经完成。为解决竣工验收后工程缺陷的保修问题，《建设工程质量保证金管理办法》和建设工程施工合同示范文本的各版本设置了缺陷责任期规则。在缺陷责任期内，由于承包人原因造成的缺陷由承包人保修并承担相关费用。原则上缺陷责任期届满后，发包人返还质量保证金。可见，缺陷责任期内承包人所负保修义务本质上仍然是基于建设工程合同关系产生的义务，预留的质量保证金也不是额外缴纳的担保金，而是承包人保修义务的对价。[⑤] 因此，发包人返还质量保证金仍具有履行合同义务的性质，返还期限亦构成履行期限的一部分。

第二，质量保证金返还期限可由当事人另行约定，其与缺陷责任期并不必然一致。返还期限短于缺陷责任期的，发包人返还质量保证金后，承

---

① 参见最高人民法院（2018）最高法民申 1454 号。

② 参见最高人民法院民事审判第一庭编著：《最高人民法院新建设工程施工合同司法解释（一）理解与适用》，人民法院出版社 2021 年版，第 427 页。

③ 参见辽宁省高级人民法院（2017）辽民申 2136 号。

④ 参见宿辉：《建设工程合同争议裁判观点集成：最高人民法院建设工程施工合同司法解释（二）适用指引》，法律出版社 2019 年版，第 65 页。

⑤ 承包人负有保修义务是确定的，但实际作出维修行为则须以建设工程存在缺陷为条件，因此不能认为未作出实际维修行为的情形下质量保证金就不构成对价。

包人在缺陷责任期内仍负有保修义务;返还期限长于缺陷责任期的,缺陷责任期届满即导致保修义务终止,即使因返还期限未届满发包人还不必返还质量保证金。这表明返还质量保证金具有的履行意义大于担保意义。对于当事人可否约定不同于缺陷责任期的质量保证金返还期限?《建设工程质量保证金管理办法》第2条似乎将二者等同。亦有观点认为,约定质量保证金返还期限短于缺陷责任期的,将难以发挥质量保证金的作用,因此二者应当一致。但最高人民法院未采纳该观点。①《民法典建工合同解释(一)》第17条第1款规定,当事人可另行约定质量保证金返还期限;第2款规定,发包人返还质量保证金后,不影响承包人根据合同约定或者法律规定履行工程保修义务。该规定表明,现行法框架下的质量保证金并不构成一种真正意义的担保。如果说质量保证金具有担保作用,那么该"担保"仅是所有类型合同中后履行顺序的付款义务所具有的"担保"。与其说预留质量保证金是一种"担保",不如说它是当事人对期限利益、顺序利益的一种安排。而且由于可约定返还期限短于缺陷责任期,该情形意味着发包人仅享有部分顺序利益。因此,质量保证金返还期限在性质上仍然属于当事人基于期限利益、顺序利益作出的约定,其仍然构成履行期限的一部分。

第三,在实务操作中,发包人履行返还质量保证金义务后,才被认为付款义务履行完毕。《建设工程施工合同(示范文本)》(GF-2018-0201)第二部分通用条款第14.4.1条"最终结清申请单"第1项规定:"除专用合同条款另有约定外,承包人应在缺陷责任期终止证书颁发后7天内,按专用合同条款约定的份数向发包人提交最终结清申请单,并提供相关证明材料。除专用合同条款另有约定外,最终结清申请单应列明质量保证金、应扣除的质量保证金、缺陷责任期内发生的增减费用。"第14.4.2条"最终结清证书和支付"第1项规定:"除专用合同条款另有约定外,发包人应在收到承包人提交的最终结清申请单后14天内完成审批并向承包人颁发最终结清证书。发包人逾期未完成审批,又未提出修改意见的,视为发包人同意承包人提交的最终结清申请单,且自发包人收到承包人提交的最终结清申请单后15天起视为已颁发最终结清证书。"上述条款内容表明,质量保证金仍被计入工程价款之中,返还质量保证金也仍然属于支付工程价款的性质,只不过返还时存在抵扣规则的适用。

---

① 参见邬砚:《建设工程合同纠纷254个裁判规则深度解析》(增订第2版),法律出版社2019年版,第71页。

2. 合同解除

因当事人一方违约建设工程合同解除的,由于承包人的劳动仍然已经物化到建筑物之中,故承包人仍享有工程价款优先权。[①] 依据《民法典》第566条第1款、第3款规定,合同解除后,尚未履行的义务终止履行;合同存在担保关系的,合同解除产生的民事责任仍受担保,但是担保合同另有约定的除外。严格来说,建设工程合同解除后工程价款优先权的担保对象是合同解除产生的民事责任,该民事责任的内容依据工程价款标准计算。因此,合同解除场合下工程价款优先权行使期间的起算点必然处于合同解除之后,而不应以合同约定的履行期限为起算标准。

(1)因发包人违约合同解除。

依据最高人民法院会议纪要"法办[2011]442号"第26条的规定,由于发包人的原因,合同解除或终止履行时已经超出合同约定的竣工日期的,承包人行使工程价款优先权的期间起算点是"合同解除之日或终止履行之日"。虽然该规定制定时系以《工程价款优先权批复》作为起算标准的依据,但是该规定与现行规则并不抵牾,故仍具参照意义。各地高级人民法院制定的规范性文件大多采取该起算标准。[②] "最高人民法院指导案例73号"裁判意见亦采用该起算标准。该案中,因发包人未能按约支付工程款导致停工,其后发包人被申请破产。主审法院认为,涉案建设工程合同在法院受理破产申请后已实际解除。依据最高人民法院会议纪要的精神,承包人行使工程价款优先权的期间起算点是合同解除之日。[③]

合同解除后,如果发包人与承包人就支付工程价款达成协议(实际上是如何承担民事责任的协议),应以该协议约定的支付工程价款履行期限届满之日为起算点。

(2)因承包人违约合同解除。

有观点认为,由于承包人原因导致工程未竣工停建,且双方未能达成复工协议,合同解除后承包人无权主张工程价款及优先受偿权。[④] 该观点并不合理,因为其混淆了违约责任规则与合同解除后行使担保物权规则的

---

① 参见最高人民法院民事审判第一庭编著:《最高人民法院新建设工程施工合同司法解释(一)理解与适用》,人民法院出版社2021年版,第426页。

② 参见广东省高级人民法院"粤高法[2012]240号"第27条;浙江省高级人民法院"浙高法执[2012]2号"第1条。

③ 参见最高人民法院指导案例73号:"通州建总集团有限公司诉安徽天宇化工有限公司别除权纠纷案。"

④ 参见肖峰等:《〈关于审理建设工程施工合同纠纷案件适用法律问题的解释(二)〉解读与探索》,载《法律适用》2019年第7期。

关系,且基于工程价款优先权的制度目的,只要承包人对建设工程增值作出贡献,就应享有优先受偿权。[①] 对于承包人的违约行为,通过违约金等方式对发包人予以救济,而非剥夺其工程价款优先权。本书认为,该情形下原则上亦可参照最高人民法院会议纪要“法办[2011]442号”第26条,认定工程优先权的期间起算点是“合同解除之日”。

第一,发包人以通知方式解除合同的,起算点是“该通知生效之日”。

第二,发包人以起诉或申请仲裁方式解除合同的,如果承包人在诉讼或仲裁程序中提出反诉行使工程价款优先权,且被法院或仲裁机构支持,因承包人已经有效行使权利,其后不再有行使期间届满导致权利消灭的可能。如果承包人在诉讼或仲裁程序中未提出上述反诉,起算点是支持解除合同的法律文书生效之日。虽然依据《民法典》第565条第2款规定,该情形下合同解除的时点是“起诉状副本或者仲裁申请书副本送达对方时”,由于解除合同之形成之诉结束前合同是否解除尚不确定,承包人显然无法就合同解除产生的民事责任行使工程价款优先权。因此,应将起算点延后至支持解除合同的法律文书生效之日较为妥当。

3. 合同无效

如前所述,建设工程合同无效的,仅在建设工程验收合格或者修复后验收合格的场合下工程价款优先权才能成立。该场合下,参照合同关于工程价款的约定折价补偿承包人(《民法典》第793条第1款)。实务中,通常将该“参照”解释为包括工程价款数额计算标准、履行期限等约定内容均应参照。[②] 依此理解,合同无效场合下工程价款优先权行使期间的起算与合同有效场合下采相同标准。本书认为,该做法是合理的,不必如前述合同解除场合下那样以“合同被确认无效之日”作为起算点。理由如下。

第一,在现行法框架下,建设工程验收合格表明承包人对建筑物增值做出贡献,故其享有工程价款优先权而不论合同是否有效。即使合同无效,承包人对行使工程价款优先权亦具有可期待性,故要求其依据合同约定履行期限行使权利并不苛刻。合同解除多发生于建设工程未完工的场合,且当事人行使解除权之前往往努力促使复工而未成功,故原合同约定履行期限对界定起算点失去意义。

第二,从行使权利的方式来看,承包人并非通过提起确认合同无效之诉行使工程价款优先权。很多案件中,是在承包人“正常”行使工程价款

---

① 参见最高人民法院民事审判第一庭编著:《最高人民法院新建设工程施工合同司法解释(一)理解与适用》,人民法院出版社2021年版,第425~426页。

② 参见最高人民法院(2019)最高法民终1962号。

优先权的诉讼中法院查明存在合同无效事由（如欠缺资质），且由法院参照工程价款约定确认承包人享有工程价款优先权。这表明，承包人仍然是基于合同条款有效的心理预期行使权利的。如果以“合同被确认无效之日”作为起算点，将导致合同无效场合下承包人不合理地享有更长期限利益，有违参照适用规则的本意。而在合同解除场合下，通常一方违约导致建设工程未完工，另一方多次努力无果后遂解除合同并行使工程价款优先权。因此将起算点界定为“合同解除之日”是合理的，如前所述。

第三，从实务现状来看，建设工程合同纠纷中合同无效情形占比不小，其中常见无效事由包括违反招投标程序、违反资质要求等。[①] 如前所述，因此类事由导致合同无效的，承包人仍享有工程价款优先权。[②] 在此背景下，如果确定起算点的依据不是合同约定履行期限而是合同被确认无效的时点，由于后者的不确定性和不可预知性，将对抵押权人和其他债权人利益产生不合理的不利影响。

二、工程价款优先权行使期间与工程价款债权诉讼时效的关系

（一）两种期间的基本关系

工程价款优先权行使期间与工程价款诉讼时效均为工程价款所涉时间限制规则。前者的限制对象是工程价款优先权，期间届满导致该担保物权消灭；后者的限制对象是债权请求权，期间届满致使义务人取得抗辩权。对于二者的关系，学界存在争议。

第一种观点“并行说”认为，工程价款债权诉讼时效的计算适用《民法典》及其司法解释的一般规则，与工程价款优先权行使期间的计算并无直接关联。[③]

第二种观点“衔接说”认为，承包人在法定期间内行使工程价款优先权的，自行使权利的时点起算诉讼时效。[④] 有少数法院制定的文件采此观点。[⑤]

第三种观点“同一说”认为，工程价款优先权行使期间与工程价款债

---

① 参见潘军锋：《建设工程施工合同案件审判疑难问题研究》，载《法律适用》2014 年第 7 期。

② 参见本章第五节。

③ 参见邬砚：《建设工程合同纠纷 254 个裁判规则深度解析》（增订第 2 版），法律出版社 2019 年版，第 354 页。

④ 参见中国建设工程法律评论第四工作组编著：《建设工程优先受偿权》，法律出版社 2017 年版，第 83 页。

⑤ 参见《杭州市中级人民法院民一庭关于审理建设工程及房屋相关纠纷案件若干实务问题的解答》（2010 年）。

权诉讼时效均为法律对承包人的工程价款提供保护的期间,二者无法区分,故二者的计算为同一问题。①

本书赞同“并行说”,理由如下。

第一,现行法框架下,这两种期间在立法目的、适用对象、届满后果、是否为可变期间、可否由当事人约定等方面均存在显著差异。“同一说”仅认识到二者的共性,但忽略了二者在诸多方面的差异性,故不足取。实务中也罕有将这两种期间完全等同的实例。

第二,“衔接说”的实质是将工程价款优先权行使期间与保证期间作相同处理,即权利人在该期间内依法定方式行使权利的,则该期间的作用结束,开始适用诉讼时效规则,故二者相互衔接。② 该观点的不合理之处在于:其一,保证期间的性质是合同所附解除条件,属于债权效力担保期间。工程价款优先权行使期间的性质是担保物权行使期间,属于物权效力担保期间。二者不具备相互准用的条件。其二,如前所述,即使就保证期间与保证债务诉讼时效的关系而言,“衔接说”亦不合理,而应采“并行说”。③ 其三,“衔接说”无法解释下列现象:承包人起诉请求支付工程价款,并表示暂不行使工程价款优先权的,如果发包人援引时效抗辩权拒绝支付工程价款,法院仍须依据诉讼时效起算、中断等规则对诉讼时效是否届满作出认定。该情形下,不能仅以承包人尚未行使工程价款优先权致使诉讼时效不起算为由,否认发包人的时效抗辩权。

第三,现行法框架下,采“并行说”解释这两种期间的关系最为合理。其一,从《工程价款优先权批复》《2018 建工合同解释》到《民法典》及其司法解释,虽然规定的工程价款优先权行使期间规则存在差异,但是均将该期间定位为担保物权行使期间,而非将其设计为诉讼时效规则,也未将两种期间的计算加以捆绑。其二,《民法典建工合同解释(一)》第 41 条允许当事人就工程价款优先权行使期间作出约定,进一步表明该期间与适用严格法定主义的诉讼时效系两种不同规则。其三,这两种期间涉及不同的期限利益,故可各自计算、并行不悖。诉讼时效仅涉及发包人(或其他付款义务人)享有的债务履行之期限利益,该期限利益体现为发包人(或其他付款义务人)可享有和援引抗辩权。工程价款优先权行使期间涉及承包人、发包人、抵押权人和其他债权人等多方的期限利益或顺序利益,该期限利益体现为:该期间内承包人处于优先受偿的最优地位;该期间届满的,承包

① 参见宋会谱:《建设工程价款优先受偿权疑难问题研究》,载《法律适用》2021 年第 6 期。

② 参见曹士兵:《中国担保制度与担保方法》(第 4 版),中国法制出版社 2017 年版,第 163 页。

③ 参见第二章第一节。

人因丧失实体权利而仅享有一般债权人地位。由于这两种期间所涉期限利益不同且承载着不同立法目的，其各自计算且分别发生法律效力，才能有效地实现各自的制度价值并保护各方利益。

基于“并行说”，工程价款优先权行使期间与工程价款债权诉讼时效的基本关系概括如下。

（1）两种期间各自确定。工程价款优先权行使期间依据当事人约定或者法定标准予以确定；工程价款债权诉讼时效依法适用普通诉讼时效期间（3年），不得由当事人另行约定。

（2）两种期间各自依其规则计算。工程价款优先权行使期间仅适用起算规则，不适用中断、中止、延长规则；工程价款债权诉讼时效依法适用起算、中断、中止、延长规则。

（3）基于担保物权的从属性、补充性，工程价款优先权行使期间原则上处于工程价款债权诉讼时效期间之内（已起算至未届满）。虽然工程价款优先权行使期间独立计算，但是原则上应在工程价款债权诉讼时效期间之内计算。如果工程价款优先权行使期间的起算发生于诉讼时效起算之前或者届满之后，显然有悖于担保物权的从属性、补充性。

（4）当事人约定了工程价款优先权行使期间的，有可能出现以下情形：约定工程价款优先权的行使期间是18个月、起算点是“工程价款履行期限届满后第三年的首日”，其后发包人未依约支付工程价款，诉讼时效也未发生中断、中止、延长事由。该情形下，工程价款债权诉讼时效届满后，工程价款优先权行使期间尚有6个月仍在计算。[①] 该情形构成前述（3）之例外。对于该情形较为合理的处理是：其一，工程价款优先权是否消灭仍依据行使期间届满时点判断，这是该行使期间独立计算的应有之义。其二，该6个月内，发包人或者建设工程所有人（如受让人）可援引主债务诉讼时效抗辩权，拒绝承包人行使工程价款优先权，即类推适用《民法典担保制度解释》第44条第1款。该情形与主债权诉讼时效届满后抵押人可享有主债务人时效利益的场合类似，且发包人等援引此诉讼时效抗辩权也体现了担保物权的从属性（担保责任不得重于主债务），因此符合类推适用该规定的条件。

---

① 由于《工程价款优先权批复》《2018建工合同解释》规定的工程价款优先权行使期间是6个月，且不允许约定该期间，因此不可能发生该情形。该情形仅可能发生于《民法典建工合同解释（一）》施行后。

（二）工程价款优先权行使期间起算与工程价款债权诉讼时效起算的关系

1. 工程价款债权诉讼时效的起算标准

（1）工程价款债权诉讼时效适用《民法典》规定的一般起算标准。

现行法对工程价款债权诉讼时效起算未作出特殊规定，因此其适用《民法典》第188条第2款规定的一般起算标准。该款之"权利人知道或者应当知道权利受到损害以及义务人之日"，学理及实务上通常解释为行使权利的法律障碍消除且当事人对此知情的最早时点。[①] 由于工程价款债权属于合同之债，故不存在不知义务人的可能，且"权利受到损害"系指未支付工程价款及利息之违约损害。因此，工程价款债权诉讼时效的起算点可分述下。

第一，当事人对工程价款履行期限有约定的，起算点原则上是"履行期限届满之日"。如果约定履行期限届满时发包人未依约支付工程价款，表明此时承包人的工程价款债权受到损害，且承包人知道或者应当知道该损害及义务人，故具备诉讼时效起算条件。约定履行期限的常见情形包括：合同约定按照固定价结算工程价款，且约定了履行期限；建设工程经竣工验收，当事人达成结算协议，且约定了工程价款履行期限[②]等。如果当事人约定分期支付工程价款，适用《民法典》第189条之起算标准。

第二，当事人对工程价款履行期限没有约定的，依据《诉讼时效规定》第4条确定起算点。具体而言：其一，依照《民法典》第510条、第511条的规定，可以确定履行期限的，起算点是"履行期限届满之日"。其二，不能确定履行期限的，起算点是"承包人要求发包人支付工程价款的宽限期届满之日"，发包人在承包人第一次向其主张权利之时明确表示不支付工程价款义务的，起算点是"发包人明确表示不支付工程价款之日"。[③]

第三，无论当事人对工程价款履行期限有无约定，当事人一方实施其他违约行为[④]导致诉讼时效起算条件具备的，起算点是"当事人一方违约且被另一方知道或者应当知道之日"。例如，当事人对工程价款履行期限有约定，且履行期限届满前发包人明确表示或者以自己行为表明不支付工程价款（预期违约）的，承包人知道或者应当知道该违约行为时，诉讼时效起算条件即已具备，而无须待履行期限届满。

---

① 参见杨巍：《〈民法典〉第188条第2款第1句、第2句（诉讼时效起算）评注》，载《法学家》2022年第5期。

② 参见天津市第二中级人民法院（2022）津02民终1820号。

③ 参见滁州市中级人民法院（2020）皖11民终319号。

④ 此处的"其他违约行为"是指迟延履行之外的违约形态。前述"第一、第二"中均系针对迟延履行界定起算标准。

（2）工程价款结算程序对工程价款债权诉讼时效起算的影响。

关于工程价款债权诉讼时效起算的一个富有争议的问题是：在非以固定价结算工程价款的场合下，一般需经竣工验收结算程序才能确定工程价款数额，那么是否意味着未经结算程序确定工程价款数额之前诉讼时效不能起算？实务中对此存在分歧意见。

第一种观点“结算后起算说”认为，未经结算程序确定工程价款数额的，承包人难以提出具体请求，因此诉讼时效不应起算。如果当事人双方未能确定工程价款的具体数额，即使超过了合同约定的结算期限，也不应起算诉讼时效，因为不应混淆结算义务与付款义务。①

第二种观点“违约后起算说”认为，发包人违反结算审核义务构成违约，即导致诉讼时效起算，而不以“通过结算程序确定工程价款数额”为起算条件。承包人将其单方制作的结算书送交发包人，发包人不予审核签字的，该结算书可依据约定审核期限届满而生效。审核期限届满时发包人未履行审核义务的，诉讼时效起算。② 如果合同既约定履行期限，又约定结算期限，该结算期限届满时发包人未履行结算义务的，即具备诉讼时效起算条件。③

本书赞同“违约后起算说”，理由如下。

第一，“经结算程序确定工程价款数额”并非诉讼时效起算的必要条件，发包人违约可以使诉讼时效起算条件得以具备。其一，依据传统民法理论，仅要求权利人对“行使权利具有法律上的期待可能性”知情，即满足诉讼时效起算条件。一般而言，权利人知道或者应当知道以下事项即满足起算要求：一是使请求权产生的基础事实（侵权行为、违约行为）；二是对该请求权的法律评价。④ 到期日总体上对诉讼时效起算具有决定作用，它是否会受到合同一方行为的影响并不重要，该请求权的金额是否取决于官方作出的决定也不重要。⑤ 发包人违反结算审核义务导致未完成结算程序且承包人对此知情的，虽然未经结算程序确定工程价款数额，但是承包人已知请求权产生的基础事实（发包人违约）和对该请求权的法律评价（有权请求发包人承担违约责任），因此已经具备诉讼时效起算条件。其二，未

① 参见邬砚：《建设工程合同纠纷254个裁判规则深度解析》（增订第2版），法律出版社2019年版，第354～356页。实例参见塔城地区中级人民法院（2022）新42民初2号。

② 参见薄一才等：《建设工程施工合同纠纷案件中的工程款结算问题》，载《中国招标》2012年第21期。实例参见成都市青羊区人民法院（2020）川0105民初7941号。

③ 参见吴宝庆：《准确起算诉讼时效维护当事人合法权益》，载《法律适用》2008年第11期。

④ 平野裕之『新債権法の論点と解釈』（慶応義塾大学出版会，2019年）73頁参照。

⑤ Vgl. Helmut Grothe, Kommentar zum § 199, in: Münchener Kommentar zum BGB, 9. Aufl., München: C. H. Beck, 2021, Rn. 5.

经结算程序确定工程价款数额的情形下,承包人起诉主张工程价款的数额可通过依约定方式计算、单方委托鉴定等方式予以确定。并非如“结算后起算说”认为的那样,未经结算程序承包人就难以提出具体请求。一般而言,损害“类别确定”就具备了诉讼时效起算条件,而无须“数额确定”。最终损害数额通过实体审理认定,起诉时并不要求权利人对损害数额已形成精确结论。[①] 其三,原告诉讼请求中主张的数额经法院审理后未被采纳或被部分采纳是民事诉讼的常态。承包人非依结算程序主张的工程价款数额即使可能得不到法院支持,也不意味着承包人起诉时因结算程序未完成而存在行使权利的障碍。换一角度而言,即使结算程序完成且确定了工程价款数额,亦有可能被反证推翻(如因欺诈订立结算协议)。由此可见,“经结算程序确定工程价款数额”只是承包人主张权利所凭借的一项证据(但非唯一、不可替代的证据),并非行使权利或诉讼时效起算的必要条件。

第二,从现行法规定来看,其已为未完成结算程序情形下承包人行使权利设计了规则通道。根据《民法典建工合同解释(一)》第 31 条、第 32 条的规定,诉讼中当事人对工程造价等问题有争议的,负有举证责任的当事人可以申请鉴定。第 33 条、第 34 条对争议的鉴定材料、鉴定意见的质证规则作出规定。这些规定表明,承包人在未经结算程序确定工程价款数额的情形下起诉的,并非不符合起诉条件而应驳回起诉或不予受理。承包人与发包人对工程价款数额存在分歧意见的,可通过诉讼中申请鉴定的方式予以解决。

第三,对“违约后起算说”的最大质疑是,在未经结算程序确定工程价款数额的情形下起算诉讼时效,可能因“过早地”起算诉讼时效导致承包人丧失法律保护。对于该质疑,本书回应如下:其一,由于现行法规定的诉讼时效中断条件极为宽松,承包人可通过“诉讼外请求”等中断事由[②]维护其时效利益。实务中,发包人违约后承包人为维护自身权益,通常会采取寄送催款函、律师函、邮件或其他方式沟通付款事宜等措施。[③] 这些措施均有可能导致诉讼时效中断,而使承包人持续其时效利益。其二,在采取“违约后起算说”的前提下借助中断规则保护承包人,比采取“结算后起算说”推迟起算点更加符合诉讼时效制度的目的。发包人实施违约行为,表明承包人正常实现其权利的可能性降低,故承包人的合理选择是通过催款函等

---

① 参见杨巍:《〈民法典〉第 188 条第 2 款第 1、2 句(诉讼时效起算)评注》,载《法学家》2022 年第 5 期。

② 参见《民法典》第 195 条、《诉讼时效规定》第 8~14 条。

③ 参见武汉市中级人民法院(2022)鄂 01 民终 1252 号。

方式积极行使权利以促成权利的实现。承包人实施此类行为表明其未怠于行使权利，故应使诉讼时效中断以继续保护承包人的时效利益。该效果符合诉讼时效制度“督促权利人积极行使权利”之立法目的。如果采取“结算后起算说”，只要未经结算程序确定工程价款数额的状态未结束，诉讼时效就不起算。这意味着即使承包人消极地未采取任何措施，也不必担心诉讼时效届满而丧失保护。该效果似与诉讼时效制度的上述目的相悖。其三，为解决未经结算程序确定工程价款数额情形下的诉讼时效起算问题，有高级法院采取的做法是，“工程完工后，发包人无正当理由不依照法律规定或者合同约定进行竣工验收的，视为恶意阻止付款条件成就，其应当履行验收或者组织验收义务之日为付款条件成就之日”。[①] 该做法系借助附条件法律行为之“条件成就拟制规则”(《民法典》第 159 条)，将发包人违约行为认定为“恶意阻止付款条件成就”。该做法产生的诉讼时效起算效果与“违约后起算说”类似，但有人为地导致法律关系复杂化之嫌，亦与建设工程合同通常并非附条件合同的性质相悖，因此不如“违约后起算说”合理。

综上，该情形下发包人的违约行为可解释为前述“当事人一方实施其他违约行为导致诉讼时效起算条件具备”之情形，起算点是“承包人知道或者应当知道发包人违约之日”。

2. 工程价款优先权行使期间的起算点不应早于工程价款债权诉讼时效的起算点

总体而言，工程价款优先权行使期间处于工程价款债权诉讼时效期间之内(已起算至未届满)的某一阶段，即工程价款债权在诉讼时效期间之内作为一般债权受到保护，其中某一阶段受到工程价款优先权担保。基于担保物权的从属性、补充性，工程价款优先权行使期间的起算点不应早于工程价款债权诉讼时效的起算点。而且，还须考虑当事人有无特别约定等因素，以确定两种起算点之间的关系。

(1) 当事人对工程价款优先权行使期间的起算点没有约定的，该起算点同于或者晚于工程价款债权诉讼时效的起算点。

虽然现行法对这两种起算点的表述不同，即分别为“应当给付建设工程价款之日”[《民法典建工合同解释(一)》第 41 条]和“权利人知道或者应当知道权利受到损害以及义务人之日”(《民法典》第 188 条第 2 款)，但

---

① 参见《福建省高级人民法院关于审理建设工程施工合同纠纷案件疑难问题的解答》(2008) 第 18 条。

是二者原则上均应解释为“行使权利的法律障碍消除且当事人对此知情的最早时点”。因此在某些场合下，这两种起算点为同一时点。但是在另一些场合下，由于工程价款优先权行使期间的起算受结算程序影响，工程价款优先权行使期间的起算点可能晚于工程价款债权诉讼时效的起算点。结合前文对工程价款优先权行使期间起算标准的分析，对这两种起算点的关系分析如下。

第一，竣工结算程序完成，结算协议已确定工程价款数额等情形下，两种起算点为同一时点。此类情形下，结算程序正常完成且工程价款数额已被确定，结算程序未对工程价款优先权行使期间的起算产生影响，因此两种起算点均为“行使权利的法律障碍消除且当事人对此知情的最早时点”。具体而言：工程价款履行期限有明确约定的，两种起算点原则上都是“履行期限届满之日”；工程价款履行期限没有约定或者约定不明的，两种起算点都依据《民法典》第511条第4项和《诉讼时效规定》第4条予以确定。

第二，竣工结算程序未完成，工程价款数额未确定等情形下，工程价款优先权行使期间的起算点可能晚于工程价款债权诉讼时效的起算点。此类情形下，结算程序未能正常完成虽然对诉讼时效起算点不生影响，但是对工程价款优先权行使期间的起算点会产生影响，因此两种起算点有可能不同。例如，发包人在符合结算条件的情形下违反结算审核义务的，诉讼时效起算点是“审核期限届满之日”，而工程价款优先权行使期间的起算点可能是“审核期限届满之日（届满后未磋商）”、“承包人知道或者应当知道无法达成协议的最早时点（磋商但未达成协议）”或者“新协议约定的付款期间届满之日（磋商达成协议）”。该情形下，工程价款优先权行使期间的起算点可能晚于工程价款债权诉讼时效的起算点。理由前文已有详尽分析。造成该结果的核心原因在于：“审核期限届满之日”导致诉讼时效起算，其后承包人与发包人就付款事宜磋商引起诉讼时效中断或中止，承包人的时效利益仍可得到保护。由于工程价款优先权行使期间为不变期间，不适用中断、中止规则，承包人因合理信赖可与发包人达成付款协议而暂未起诉的状态下不应计算该行使期间，因此推迟起算点才是合理的选择。

（2）当事人对工程价款优先权行使期间的起算点有约定的，该起算点不得早于工程价款债权诉讼时效的起算点，但可适当晚于工程价款债权诉讼时效的起算点。

如前所述，当事人对工程价款优先权行使期间的起算点另有约定的，该约定起算点不得早于工程价款履行期限届满之日，但可适当晚于（不得过分晚于）工程价款履行期限届满之日。据此，对这两种起算点的关系可作以下推论。

第一,工程价款优先权行使期间的约定起算点不得早于工程价款债权诉讼时效的起算点。如果允许工程价款优先权行使期间的约定起算点早于工程价款债权诉讼时效的起算点,则意味着因发包人享有期限利益,承包人尚不能请求其支付工程价款,但此时已经可以启动建设工程变价程序以获得优先受偿。该效果导致从权利(工程价款优先权)的效力强于主债权(工程价款债权),故不应被允许。工程价款履行期限有明确约定的情形下,由于诉讼时效的起算点原则上就是“工程价款履行期限届满之日”,因此工程价款优先权行使期间的约定起算点不得早于诉讼时效的起算点。工程价款履行期限没有约定或者约定不明的情形下,诉讼时效的起算点依据宽限期规则予以确定,如果工程价款优先权行使期间的约定起算点早于诉讼时效的起算点(如约定宽限期届满之前一周为工程价款优先权行使期间的起算点),亦不被允许。

第二,工程价款优先权行使期间的约定起算点可适当晚于工程价款债权诉讼时效的起算点。工程价款优先权行使期间的约定起算点适当晚于工程价款履行期限届满之日(亦为诉讼时效起算点)的,其法律效果是强化工程价款优先权的补充性,适当推迟行使担保物权的时间。该效果不违反担保物权的从属性、补充性,故被允许。如果该约定起算点过分晚于诉讼时效的起算点,导致承包人缺乏足够、合理的时间行使权利,该约定起算点应为无效。

(三)工程价款优先权行使期间与工程价款债权诉讼时效中断、中止、延长的关系

1. 工程价款债权诉讼时效中断、中止、延长不影响工程价款优先权行使期间的计算

与抵押权行使期间不同,现行法未将工程价款优先权行使期间与主债权诉讼时效的计算加以捆绑,故二者应依据自身规则分别计算。工程价款优先权行使期间为不变期间,不适用中断、中止、延长规则,也不受工程价款债权诉讼时效中断、中止、延长影响。

2. 承包人行使或主张工程价款优先权以及发包人的某些行为,可引起工程价款债权诉讼时效中断

承包人通过起诉、申请仲裁行使工程价款优先权,该行为虽非直接请求发包人履行债务,但其包含了承包人通过法律程序实现工程价款债权的意思,故可构成“权利人提起诉讼或者申请仲裁”之中断事由。承包人于诉讼外主张工程价款优先权的,该行为包含了请求发包人履行工程价款债

权的意思,故可构成"诉讼外请求"之中断事由。某些情形下,发包人的某些行为可能包含"同意履行义务"的意思,而构成"同意履行义务"之中断事由。例如,发包人向承包人就订立建设工程折价协议发出要约。总体而言,承包人和发包人的此类行为与抵押权人行使抵押权以及抵押人的某些行为引起主债权诉讼时效中断的原理相同,故可以准用抵押权行使期间相关规则。①

第七节　我国现行法之检讨

一、现行法与域外立法模式价值理念之比较

与域外法所体现的价值理念相比,我国现行法工程价款优先权行使期间规则在立法理念上存在以下几个方面的缺陷。

(一)现行法缺乏对工程价款优先权的准确定位

在域外法中,虽然对工程价款优先权的性质定位有所不同,但无论是将其界定为不动产优先权、法定抵押权还是准用抵押权规定,均可在特定物权体系内依其性质设置与之相应的行使期间规则,并使该规则与其他相关规则形成融贯性。在我国现行法体系下,工程价款优先权处于"先天不足"的状态。虽然《民法典》"合同编"第 807 条对该权利作出规定,但是《民法典》"物权编"并未规定此种物权类型,这导致学界及实务界对该权利的属性及效力长期存在分歧意见,②司法解释在设计行使期间规则时也显得"底气不足"。这种状况对行使期间规则的设计产生了深刻影响,体现为:工程价款优先权行使期间规则既不是类比抵押权行使期间规则设计(现行法不承认其为抵押权),也难以在优先权框架下对其进行规则设计(现行法无一般意义的优先权制度),更谈不上准用抵押权的规定。这导致现行法框架下的工程价款优先权行使期间规则不是建立在理性、成熟的立法理念基础之上,可能仅仅是对既有司法经验进行较低层面的总结。

(二)现行法没有保障权利人享有充分时间行使工程价款优先权

如前所述,域外各立法模式无论对工程价款优先权采取何种定位,均通过具体规则设计实现权利人充分时间行使权利的效果。例如,德国法将该权利定位为法定抵押权,对其不设置预定期间;法国法将其定位为优先

---

① 参见第三章第七节。

② 参见孙宪忠、朱广新主编:《民法典评注·合同编典型合同与准合同 3》,中国法制出版社 2020 年版,第 176~177 页。

权,适用30年的时效期间。这些规定的具体适用效果虽不完全相同,但总体而言权利人均享有较为充分的时间行使权利,且该权利行使期间皆不短于普通时效期间。观诸我国现行法对权利人的保护程度,显然与域外存在较大差距。

第一,司法解释规定的合理期限和18个月的行使期间,远短于3年普通时效期间。现行法所采模式似未见有类似立法成例。域外法的通常做法是,在普通时效期间的基础上再增加一定时间使权利人能够行使工程价款优先权,以彰显对该担保物权的特殊保护。具体做法包括:直接适用更长的时效期间(如法国)、主债权时效期间届满后×年作为行使期间等。在现行法框架下,由于主债权诉讼时效存在中断、中止和延长的可能,而工程价款优先权行使期间为不变期间,使二者的长度差异更为显著。该规定的合理性难以得到解释。

第二,现行法立法理念是侧重保护第三人(建筑工人),而不是保护担保物权人(承包人)。工程价款优先权行使期间现有规则设计的一个重要背景是,在建设工程领域中发包人拖欠工程价款的情形较为普遍,致使承包人经常拖欠建筑工人(主要是农民工)工资,并进而引起严重的社会问题。[①] 在《2018建工合同解释》和《民法典建工合同解释(一)》制定过程中,最高人民法院已经意识到保护承包人工程价款优先权所带来的经济效用,但是政策上对弱势的建筑工人倾斜保护的观念依旧占据主导位置。[②]这种思路的弊端在于,其偏离了该制度本应保护的对象(担保物权人),且未将承包人享有该担保物权所产生的经济效用作为立法的主要考量因素。借鉴域外法经验,为保护建筑工人等弱势群体的报酬利益,较优的规则设计是:赋予该报酬请求权以优先权地位,使其受偿顺序居于工程价款请求权、普通债权等债权之前。退一步而言,在现行法未设置报酬优先权的前提下,规定较长的工程价款优先权行使期间对建筑工人也是有利的,因为这样可以间接增大其受偿机会。

(三)现行法未设置工程价款优先权登记制度,导致行使期间不具有公示性滋生诸多困扰

从域外法经验来看,在法国、日本等国,工程价款优先权在施工前就需要依法登记,并对工程价款等内容进行确认,且权利成立时间亦依据登记予以确定。该登记不仅使受担保债权的范围通过登记被事先确定,还使其

---

① 参见黄薇主编:《中华人民共和国民法典合同编释义》,法律出版社2020年版,第693页。

② 参见最高人民法院民事审判第一庭编著:《最高人民法院新建设工程施工合同司法解释(一)理解与适用》,人民法院出版社2021年版,第392~393页。

他利害关系人可通过登记簿得知工程价款优先权的成立时间及存续时间。我国《民法典》颁行以前,对应否建立工程价款优先权登记制度,学界存在两种对立意见。否定说认为,建设工程合同成立时受担保的工程价款数额尚未确定,承包人也不可能事先知道发包人是否逾期支付工程价款,故登记难以操作。而且,工程价款优先权是一项法定权利,抵押权人和其他债权人可借助法律规定获得警示,从而间接起到公示作用。[①] 肯定说认为,建立该登记制度的理由在于:一方面,工程价款优先权的性质是不动产物权,其应遵循登记生效主义的一般要求;另一方面,该登记在操作层面并不存在障碍,可要求权利人在合同约定的工程任务完成后的一定期限内(如30日内)进行登记,因为此时担保范围已经固定下来。[②] 借鉴法国、日本等国的得失经验,应将登记作为工程价款优先权的生效要件,同时赋予已登记的工程价款优先权优先于抵押权的效力。[③]

在《民法典》的制定过程中,有关部门建议建立工程价款优先权登记制度,明确权利顺位与范围,以应对普遍拖欠建筑工程款的社会现实。[④] 全国人大常委会法工委起草的"室内稿"草案曾规定,工程价款优先权未经登记不具有对抗效力。因对该规定分歧过大,最终该条文被删除,《民法典》仍然延续了《合同法》不设置登记制度的做法。[⑤] 从某种程度上而言,实务中很多涉及工程价款优先权的疑难问题均直接或间接与缺乏登记制度有关。

第一,由于工程价款优先权的权利人、权利标的、担保数额和担保期间等信息均未通过登记予以明确,导致此类问题极易产生纠纷,且增加了法院的处理难度。其一,由于权利人未被登记,实务中产生"实际施工人、无效合同当事人是否享有工程价款优先权"等问题。其二,由于作为担保财产的权利标的未被登记,产生"建设工程的哪些部分可予以变价""可否针对违章建筑行使工程价款优先权"等问题。在适用登记制度的框架下,作为担保财产的建设工程应详尽地记载于登记簿,违章建筑因证照不全则根本无法办理登记。其三,由于工程价款担保数额未被登记,产生"结算程序是否影响工程价款优先权的成立和行使"等问题。实务中,围绕结算程序

---

① 参见汪治平:《建设工程价款优先受偿权的若干问题》,载《人民司法》2002年第8期。

② 参见石佳友:《〈民法典〉建设工程合同修订的争议问题》,载《社会科学辑刊》2020年第6期。

③ 参见梅夏英:《不动产优先权与法定抵押权的立法选择》,载《法律适用》2005年第2期。

④ 参见《民法典立法背景与观点全集》编写组编:《民法典立法背景与观点全集》,法律出版社2020年版,第262页。

⑤ 参见王轶等:《中国民法典释评合同编·典型合同》(下卷),中国人民大学出版社2020年版,第156页。

是否影响、如何影响权利的成立和行使的各种纷扰,根本上均与担保数额未被登记有关。其四,前文所述工程价款优先权行使期间的各种疑难问题的产生,也直接或间接与该期间未被登记有关。为解决上述问题,司法解释不断地增加"次生规则"。例如,实际施工人是否及如何享有权利(《民法典建工合同解释(一)》第43条);结算程序各种形态下工程价款优先权的处理(第38条、第39条);担保主债权的范围和数额(第37条、第40条)等。这造成的后果是,本来借助登记即可高效、简单解决的问题,须通过法院的实体审理、当事人质证才能予以认定。这无疑不合理地增加了当事人的讼累,也浪费了宝贵的司法资源。

第二,由于利害关系人无法借助登记簿了解工程价款优先权的各项信息,导致其他相关法律关系处于不稳定的状态。虽然有学者认为工程价款优先权是法定担保物权,法律规定就具有公示作用,但是实际上此种所谓的"公示"作用是令人怀疑的。因为该法律规定仅能使抵押权人、其他债权人等利害关系人知道"权利的存在",却无法得知"权利的内容"。在此前提下,势必导致其他利害关系人参与相关交易的积极性降低,发包人通过融资获取建设资金的难度增加。这显然不利于建设工程领域的健康有序发展。

第三,法定行使期间仅具有有限的"公示"作用,而在司法解释允许约定行使期间的背景下,利害关系人因不了解该约定期间而受影响的可能性则更为加剧。而且,因该行使期间起算点受到工程价款履行期限、竣工结算、特别约定等因素的影响,合同之外的利害关系人很难了解该起算点的准确日期。可能正是基于该原因,司法解释才规定了较短行使期间,以避免优先受偿效力存在时间过长给利害关系人造成过分的不利影响。但该做法造成的不良后果是,权利人享有和行使担保物权的时间极不充分。

二、我国工程价款优先权行使期间规则的立法完善

基于上文分析,对工程价款优先权行使期间规则的设计,我国应当在清晰界定该权利性质的基础上,保障权利人以担保物权人的身份享有充分时间行使该权利。实现该目标的一项关键制度设计,是建立工程价款优先权登记制度,以使该不动产担保物权具有合适的公示途径。[①] 基于该思

---

① 值得注意的是,在日本法上,由于成立先取特权要求在开始施工前必须登记费用预算额,导致手续麻烦,且施工前就显露出对订单的不信任,故实际适用效果不佳。由此可见,如何使登记规则的具体设计既具可操作性又具实效性,并非易事。内田貴『民法Ⅱ:債権各論(第3版)』(東京大学出版会,2016年)277頁参照。

路，工程价款优先权行使期间规则有以下两种方案可供选择。

方案1：将工程价款优先权定位为优先权，且规定该权利适用10年以上的特别诉讼时效期间（采取法国模式）。

方案2：将工程价款优先权定位为法定抵押权，准用意定抵押权行使期间规则（采取类似德国模式）。

在这两种方案中，均应建立与该权利性质相应的登记制度，将该权利的担保范围及担保期间作为登记事项。考虑到我国《民法典》中并无优先权的一般规定，方案1的实施需花费较大立法成本，而且会产生更多相关规则的兼容性问题，因此本书倾向于选择方案2。规则具体内容如下。[①]

（一）建设工程未转让给第三人时的工程价款优先权行使期间规则

该规则适用于行使工程价款优先权时建设工程未转让给第三人的场合。该规则的具体内容如下。

（1）承包人行使工程价款优先权的期间为主债权诉讼时效期间届满后3年。

（2）如果登记簿上记载有工程价款优先权行使期间，该期间对债务人不生效力。

（二）建设工程转让给第三人时的工程价款优先权行使期间规则

该规则适用于行使工程价款优先权时建设工程已经转让给第三人的场合。该规则的具体内容如下。

（1）如果登记簿上记载有工程价款优先权行使期间，该登记期间为工程价款优先权行使期间。

（2）如果登记簿上没有记载工程价款优先权行使期间，工程价款优先权行使期间仍为主债权诉讼时效期间届满后3年。

（3）当登记期间与主债权诉讼时效期间届满后3年长短不一致时，以有利于受让人的较短期间作为工程价款优先权行使期间。

（三）登记期间为10年，承包人可续展登记一次，即登记期间最长为20年

工程价款优先权行使期间的申请登记规则，承包人依法定条件取得请求登记的权利，请求无效果的，须经起诉后凭生效判决申请登记。[②] 工程价款优先权行使期间登记规则的其他内容，准用意定抵押权的规定。

---

① 具体理由详见第三章第九节。

② 参见邱聪智：《新订债法各论》（中册），中国人民大学出版社2006年版，第72页。

参考文献

一、中文文献

(一)著作

1. 黄薇主编:《中华人民共和国民法典释义》,法律出版社2020年版。

2. 最高人民法院民法典贯彻实施工作领导小组主编:《中华人民共和国民法典理解与适用》系列,人民法院出版社2020年版。

3.《民法典立法背景与观点全集》编写组编:《民法典立法背景与观点全集》,法律出版社2020年版。

4. 孙宪忠、朱广新等主编:《民法典评注》系列,中国法制出版社2020年版。

5. 全国人大常委会法制工作委员会民法室编著:《中华人民共和国担保法释义》,法律出版社1995年版。

6. 全国人大常委会法制工作委员会民法室编:《中华人民共和国物权法条文说明、立法理由及相关规定》,北京大学出版社2007年版。

7. 全国人大常委会法制工作委员会民法室编著:《物权法立法背景与观点全集》,法律出版社2007年版。

8. 石宏主编:《中华人民共和国民法总则条文说明、立法理由及相关规定》,北京大学出版社2017年版。

9. 最高人民法院民事审判第二庭:《最高人民法院民法典担保制度司法解释理解与适用》,人民法院出版社2021年版。

10. 参见最高人民法院民事审判第一庭编著:《最高人民法院新建设工程施工合同司法解释(一)理解与适用》,人民法院出版社2021年版。

11. 最高人民法院民事审判第一庭编著:《最高人民法院建设工程施工合同司法解释(二)理解与适用》,人民法院出版社2019年版。

12. 最高人民法院民事审判第二庭编著:《最高人民法院关于民事案件诉讼时效司法解释理解与适用》,人民法院出版社2015年版。

13. 最高人民法院民事审判第二庭编著:《〈全国法院民商事审判工作会议纪要〉理解与适用》,人民法院出版社2019年版。

14. 参见江必新、刘贵祥主编,最高人民法院执行局编著:《最高人民法院关于人民法院办理执行异议和复议案件若干问题规定理解与适用》,人民法院出版社 2015 年版。

15. 最高人民法院物权法研究小组编著:《〈中华人民共和国物权法〉条文理解与适用》,人民法院出版社 2007 年版。

16. 国土资源部政策法规司、国土资源部不动产登记中心编著:《不动产登记暂行条例释义》,中国法制出版社 2015 年版。

17. 国土资源部不动产登记中心编:《不动产登记暂行条例实施细则释义》,北京大学出版社 2016 年版。

18. 江必新主编:《新民事诉讼法条文理解与适用》(上、下),人民法院出版社 2022 年版。

19. 最高人民法院民法典贯彻实施工作领导小组编著:《最高人民法院新民事诉讼法司法解释理解与适用》(上、下),人民法院出版社 2022 年版。

20. 李国光等:《最高人民法院〈关于适用中华人民共和国担保法若干问题的解释〉理解与适用》,吉林人民出版社 2000 年版。

21. 中国建设工程法律评论第四工作组编著:《建设工程优先受偿权》,法律出版社 2017 年版。

22. 程啸等:《最高人民法院新担保司法解释理解与适用》,法律出版社 2021 年版。

23. 高圣平:《担保法前沿问题与判解研究》(第 5 卷),人民法院出版社 2021 年版。

24. 高圣平:《民法典担保制度及其配套司法解释理解与适用》(上、下),中国法制出版社 2021 年版。

25. 王利明:《民法总则研究》(第 2 版),中国人民大学出版社 2018 年版。

26. 王利明:《合同法分则研究》(下卷),中国人民大学出版社 2013 年版。

27. 王利明:《物权法研究》(第 4 版)(下卷),中国人民大学出版社 2016 年版。

28. 崔建远:《债法总论》,法律出版社 2013 年版。

29. 崔建远:《物权法》(第 5 版),中国人民大学出版社 2021 年版。

30. 郭明瑞等:《担保法》(第 4 版),中国人民大学出版社 2014 年版。

31. 高圣平:《担保法论》,法律出版社 2009 年版。

32. 程啸:《保证合同研究》,法律出版社 2006 年版。

33. 程啸:《担保物权研究》,中国人民大学出版社 2017 年版。

34. 叶金强:《担保法原理》,科学出版社 2002 年版。

35. 邹海林、常敏:《债权担保的理论与实务》,社会科学文献出版社 2005 年版。

36. 车辉、李敏:《担保法律制度新问题研究》,法律出版社 2005 年版。

37. 曹士兵:《中国担保制度与担保方法》(第 4 版),中国法制出版社 2017 年版。

38. 邱聪智:《新订债法各论》(中册、下册),中国人民大学出版社 2006 年版。

39. 谢在全:《民法物权论》(修订 5 版)(中册、下册),中国政法大学出版社 2011 年版。

40. 胡康生主编:《中华人民共和国合同法释义》(第 2 版),法律出版社 2009 年版。

41. 胡康生主编:《中华人民共和国物权法释义》,法律出版社 2007 年版。

42. 王胜明主编:《中华人民共和国民事诉讼法释义》,法律出版社 2012 年版。

43. 王胜明主编:《中华人民共和国物权法解读》,中国法制出版社 2007 年版。

44. 最高人民法院民事审判第一庭编著:《最高人民法院民间借贷司法解释理解与适用》,人民法院出版社 2015 年版。

45. 最高人民法院民事审判第二庭编:《担保案件审判指导 3》(增订版),法律出版社 2018 年版。

46. 最高人民法院中国应用法学研究所编:《人民法院案例选》系列,人民法院出版社。

47. 最高人民法院民事审判第一庭编:《民事审判指导与参考》系列,法律出版社。

48. 最高人民法院民事审判第二庭编:《商事审判指导》系列,人民法院出版社。

49. 住房和城乡建设部政策法规司、住宅与房地产业司、村镇建设办公室编:《房屋登记办法释义》,人民出版社 2008 年版。

50. 江必新、何东宁等:《最高人民法院指导性案例裁判规则理解与适用·房地产卷》,中国法制出版社 2014 年版。

51. 李国光主编:《新企业破产法理解与适用》,人民法院出版社 2006 年版。

52. 吴庆宝主编:《物权担保裁判原理与实务》,人民法院出版社 2007 年版。

53. 许胜锋主编:《人民法院审理企业破产案件裁判规则解析》,法律出版社 2016 年版。

54. 王利明:《债法总则研究》,中国人民大学出版社 2015 年版。

55. 王利明:《合同法研究》(第 3 版)(第 2 卷),中国人民大学出版社 2015 年版。

56. 王利明:《法律解释学导论——以民法为视角》(第 2 版),法律出版社 2017 年版。

57. 崔建远:《合同法总论》(第 2 版)(中卷),中国人民大学出版社 2016 年版。

58. 崔建远主编:《合同法》(第 5 版),法律出版社 2010 年版。

59. 程啸:《中国抵押权制度的理论与实践》,法律出版社 2002 年版。

60. 程啸等:《不动产登记暂行条例及其实施细则的理解与适用》(第 2 版),法律出版社 2017 年版。

61. 曹士兵:《中国担保法诸问题的解决与展望——基于担保法及其司法解释》,中国法制出版社 2001 年版。

62. 韩世远:《合同法总论》(第 4 版),法律出版社 2018 年版。

63. 温世扬、廖焕国:《物权法通论》,人民法院出版社 2005 年版。

64. 孙鹏主编:《担保法精要与依据指引》(增订版),北京大学出版社 2011 年版。

65. 李明发:《保证责任研究》,法律出版社 2006 年版。

66. 杨巍:《民法时效制度的理论反思与案例研究》,北京大学出版社 2015 年版。

67. 杨巍:《民事权利时间限制研究》,武汉大学出版社 2011 年版。

68. 沈达明编著:《法国/德国担保法》,中国法制出版社 2000 年版。

69. 刘保玉、吕文江主编:《债权担保制度研究》,中国民主法制出版社 2000 年版。

70. 张雪楳:《诉讼时效审判实务与疑难问题解析——以〈民法总则〉诉讼时效制度及司法解释为核心》,人民法院出版社 2019 年版。

71. 孔祥俊:《担保法及其司法解释的理解与适用》,法律出版社 2001 年版。

72. 申建平:《债权让与制度研究——以让与通知为中心》,法律出版社 2008 年版。

73. 詹森林:《民事法理与判决研究》,北京大学出版社 2005 年版。

74. 刘言浩:《担保法典型判例研究》,人民法院出版社 2002 年版。

75. 李世刚:《法国担保法改革》,法律出版社 2011 年版。

76. 尹田:《法国物权法》,法律出版社 2009 年版。

77. 许明月:《抵押权制度研究》,法律出版社 1998 年版。

78. 姚瑞光:《民法物权论》,中国政法大学出版社 2011 年版。

79. 黄家镇:《德国流通式不动产担保物权制度研究》,法律出版社 2010 年版。

80. 杨与龄:《强制执行法论》,中国政法大学出版社 2002 年版。

81. 杨明刚:《新物权法 · 担保物权适用解说与典型案例评析》,法律出版社 2007 年版。

82. 徐海燕等:《动产担保权公示及优先顺位规则研究》,法律出版社 2016 年版。

83. 陈祥健主编:《担保物权研究》,中国检察出版社 2004 年版。

84. 陈龙业、项先权:《质权 · 留置权》,中国法制出版社 2007 年版。

85. 佟柔主编:《中国民法学 · 民法总则》,中国人民公安大学出版社 1990 年版。

86. 李燕:《独立担保法律制度》,中国检察出版社 2004 年版。

87. 王旭光:《建筑工程优先受偿权制度研究——合同法第 286 条的理论与实务》,人民法院出版社 2010 年版。

88. 洪浩:《学说 · 制度 · 案例——建设工程优先权问题研究》,北京大学出版社 2014 年版。

89. 蒋新苗、朱方毅、蔡唱等:《留置权制度比较研究》,知识产权出版社 2007 年版。

90. 徐洁:《担保物权功能论》,法律出版社 2006 年版。

91. 朱岩编译:《德国新债法条文及官方解释》,法律出版社 2003 年版。

92. 王融擎编译:《日本民法条文与判例》(上册),中国法制出版社 2018 年版。

93. 王泽鉴:《债法原理》(第 2 版),北京大学出版社 2013 年版。

94. 王泽鉴:《民法物权》,北京大学出版社 2009 年版。

95. 黄立主编:《民法债编各论》(下),中国政法大学出版社 2003 年版。

96. 孙森焱:《民法债编总论》(下册),法律出版社 2006 年版。

97. 林诚二:《民法债编各论》(下册),中国人民大学出版社 2007 年版。

（二）论文

1. 刘贵祥:《民法典关于担保的几个重大问题》,载《法律适用》2021 年第 1 期。

2. 林文学等:《〈关于适用民法典有关担保制度的解释〉的理解和适用》,载《人民司法》2021 年第 4 期。

3. 杨永清:《〈新担保司法解释〉中有关保证合同的几个问题》,载《法律适用》2021 年第 2 期。

4. 包晓丽、司伟:《民法典保证期间规定之理解适用中的几个问题》,载《法律适用》2021 年第 1 期。

5. 熊赖虎:《时间观与法律》,载《中外法学》2011 年第 4 期。

6. 熊赖虎:《权利的时间性》,载《现代法学》2011 年第 5 期。

7. 于兵:《私权救济的时间限度》,吉林大学 2005 年博士学位论文。

8. 张平华:《私法视野里的权利限制》,载《烟台大学学报(哲学社会科学版)》2006 年第 3 期。

9. 丁文:《权利限制论之疏解》,载《法商研究》2007 年第 2 期。

10. 张维迎:《法律制度的信誉基础》,载《经济研究》2002 年第 1 期。

11. 廖志敏:《担保的效率之谜——兼谈法律经济学方法》,载《法学》2007 年第 1 期。

12. 刘斌:《论民法典分则中人的担保之体系重构》,载《当代法学》2018 年第 5 期。

13. 程啸:《论我国〈民法典〉及其司法解释中的保证期间》,载《财经法学》2021 年第 3 期。

14. 高圣平:《论独立保证的典型化与类型化》,载《武汉大学学报(哲学社会科学版)》2016 年第 1 期。

15. 高圣平、何颖来:《论独立保证中保证人的权利保护体系——兼评独立保函司法解释征求意见稿》,载《社会科学》2016 年第 4 期。

16. 高圣平:《民法典上保证期间的效力及计算》,载《甘肃政法大学学报》2020 年第 5 期。

17. 高圣平:《特殊情形之下保证期间的计算三论》,载《法学杂志》2021 年第 4 期。

18. 石冠彬:《论保证债务诉讼时效与主债务诉讼时效的关联性》,载《浙江社会科学》2020 年第 12 期。

19. 汪渊智、侯怀霞:《论保证人的先诉抗辩权》,载《中国法学》1997 年第 1 期。

20. 张谷:《论约定保证期间——以〈担保法〉第 25 条和第 26 条为中心》,载《中国法学》2006 年第 4 期。

21. 孔祥俊:《保证期间再探讨》,载《法学》2001 年第 7 期。

22. 李明发:《论法定保证期间的法律性质相关问题》,载《法学》1998 年第 1 期。

23. 李明发:《关于保证期间的几个问题——兼评〈担保法解释〉关于保证期间之若干规定》,载《政法论坛》2003 年第 1 期。

24. 王恒:《保证期间的本体论批判》,载《河北法学》2011 年第 10 期。

25. 杨洁、李洁:《保证期间是除斥期间》,载《当代法学》2003 年第 9 期。

26. 张爱云、马向伟:《保证期间若干实践问题探讨》,载刘保玉主编:《担保法疑难问题研究与立法完善》,法律出版社 2006 年版。

27. 张鹏:《我国保证债务诉讼时效问题研究》,载《中外法学》2011 年第 3 期。

28. 刘铁光:《论补充性任意性规范的目的及其实现——以保证期间为例的验证》,载《西南政法大学学报》2014 年第 4 期。

29. 夏沁:《或有期间三论》,载《北方法学》2017 年第 1 期。

30. 曾祥生:《保证期间若干疑难问题析辨》,载《江西社会科学》2007 年第 5 期。

31. 姜朋:《保证期间的困扰——兼论法律与司法解释的关系》,载《北方法学》2017 年第 1 期。

32. 宋宗宇、王热:《保证期间的性质再认识》,载《西南大学学报(社会科学版)》2009 年第 1 期。

33. 宋宗宇:《优先权制度在我国的现实与理想》,载《现代法学》2007 年第 1 期。

34. 王启江:《浅谈保证期间》,载《政法论丛》1997 年第 6 期。

35. 甄增水:《解释论视野下保证期间制度的反思与重构》,载《法商研究》2010 年第 5 期。

36. 李昊、邓辉:《论保证合同入典及其立法完善》,载《法治研究》2017 年第 6 期。

37. 冯珏:《或有期间概念之质疑》,载《法商研究》2017 年第 3 期。

38. 冯永军、徐诚明:《论保证期间与诉讼时效》,载《河南财经政法大学学报》2015 年第 2 期。

39. 费安玲、龙云丽:《论银行格式保证条款中的保证人权利救济》,载

《中国政法大学学报》2012 年第 4 期。

40. 王韶华:《主合同变更对担保责任的影响》,载《法学研究》1999 年第 2 期。

41. 安海涛:《保证合同诉讼的程序原理——基于〈民诉法解释〉第 66 条的分析》,载《华东政法大学学报》2017 年第 2 期。

42. 张平华、景朝阳:《论保证人的抗辩权》,载《中国社会科学院研究生院学报》2006 年第 5 期。

43. 余立力:《论一般保证期间的性质》,载《武汉大学学报(哲学社会科学版)》2007 年第 5 期。

44. 王利明:《抵押权若干问题的探讨》,载《法学》2000 年第 11 期。

45. 崔建远:《最高额抵押权的争议问题及其解决》,载《国家检察官学院学报》2017 年第 4 期。

46. 程啸:《论抵押权的预告登记》,载《中外法学》2017 年第 2 期。

47. 孙鹏、王勤劳:《最高额抵押法律适用问题研究》,载《甘肃政法学院学报》2009 年第 5 期。

48. 高圣平:《担保物权的行使期间研究——以〈物权法〉第 202 条为分析对象》,载《华东政法大学学报》2009 年第 1 期。

49. 张清河、何志:《论抵押期间》,载《法律适用》1999 年第 10 期。

50. 翟云岭:《论抵押期限》,载《政法论坛》1999 年第 2 期。

51. 张爱珍:《确立"抵押期间"制度的必要性》,载《法律适用》2000 年第 11 期。

52. 张驰:《论抵押权的存续期间——兼评我国〈物权法〉第 202 条》,载《法学》2010 年第 4 期。

53. 张永:《抵押权法定存续期间效力及性质的二重分析——以〈物权法〉第 202 条为中心》,载《政治与法律》2014 年第 2 期。

54. 刘凯湘等:《抵押担保若干问题研究》,载《浙江社会科学》2001 年第 2 期。

55. 谢鸿飞:《抵押物价值恢复请求权的体系化展开——兼及抵押权保全的立法论》,载《比较法研究》2018 年第 4 期。

56. 梁上上等:《抵押物转让中的利益衡量与制度设计》,载《法学研究》2005 年第 4 期。

57. 魏星等:《最高额抵押担保中"最高额"的司法认定——基于 136 份案例的实证分析》,载《天津法学》2018 年第 3 期。

58. 杨文辉:《最高额抵押权决算期之研究》,载《法学》2009 年第 3 期。

59. 董学立:《论“正常经营活动中”的买受人规则》,载《法学论坛》2010 年第 4 期。

60. 李莉:《浮动抵押权人优先受偿范围限制规则研究》,载《西南政法大学学报》2014 年第 3 期。

61. 龙俊:《动产抵押对抗规则研究》,载《法学家》2016 年第 3 期。

62. 邹海林:《抵押权时效问题的民法表达》,载《法学研究》2018 年第 1 期。

63. 高圣平:《应收账款质权登记的法理——以〈应收账款质押登记办法〉的修改为中心》,载《当代法学》2015 年第 6 期。

64. 刘保玉:《完善我国质权制度的建议》,载《现代法学》2017 年第 6 期。

65. 刘保玉:《担保物权制度:理解适用与规则完善》(下),载《山东审判》2017 年第 4 期。

66. 苏斐等:《质押监管协议的性质及质物范围》,载《人民司法(案例)》2017 年第 35 期。

67. 徐同远:《论出质人请求质权人及时行使质权——以〈中华人民共和国物权法〉第 220 条为中心的探讨》,载《私法研究》2011 年第 1 期。

68. 宋宗宇:《建设工程优先受偿权——兼评〈中华人民共和国合同法〉第 286 条》,载《重庆大学学报(社会科学版)》2001 年第 4 期。

69. 刘燕:《担保物权体系中的建设工程优先受偿权——比较法的视角》,载《政法论坛》2004 年第 3 期。

70. 张学文:《建设工程承包人优先受偿权若干问题探讨》,载《法商研究(中南政法学院学报)》2000 年第 3 期。

71. 董翠香:《浅论建设合同承包人的优先受偿权》,载《政法论丛》2000 年第 1 期。

72. 刘坚、刘斐然:《关于建设工程价款优先受偿权适用的若干问题探究》,载《西安建筑科技大学学报(社会科学版)》2012 年第 6 期。

73. 王全弟、丁洁:《物权法应确立优先权制度——围绕合同法第 286 条之争议》,载《法学》2001 年第 4 期。

74. 王建东:《评〈合同法〉第 286 条》,载《中国法学》2003 年第 2 期。

75. 梅夏英:《不动产优先权与法定抵押权的立法选择》,载《法律适用》2005 年第 2 期。

76. 张巍:《建设工程承包人优先受偿权之功能研究》,载《北大法律评论》2005 年第 2 期。

77. 王旭军、梁静:《建设工程款优先受偿权之担保物权有机竞合论——对〈合同法〉第 286 条司法解释的反思》,载《法律适用》2004 年第 7 期。

78. 汪治平:《建设工程价款优先受偿权的若干问题》,载《人民司法》2002 年第 8 期。

79. 侯进荣:《建设工程价款优先受偿权制度的司法适用》,载《人民司法》2005 年第 4 期。

80. 丁林阳:《施工合同解除后,未完工承包人主张工程价款优先受偿权起算点的确定》,载《人民司法》2012 年第 18 期。

81. 孙新强:《我国法律移植中的败笔——优先权》,载《中国法学》2011 年第 1 期。

82. 马永龙、李燕:《建筑工程款优先受偿权法律适用问题探析——从担保法的视角出发》,载《现代法学》2003 年第 6 期。

83. 万挺、冯小光、张闻:《论附着建设工程价款优先受偿权建筑物转让规则》,载《法律适用》2018 年第 21 期。

84. 宿辉:《建设工程价款优先受偿权论争》,载《重庆社会科学》2017 年第 9 期。

85. 陈信勇:《建设工程价款优先受偿权放弃行为的效力分析》,载《浙江社会科学》2016 年第 2 期。

86. 陈广华、王逸萍:《建设工程价款优先受偿权预先放弃之效力研究》,载《西部法学评论》2015 年第 4 期。

87. 王涛、俞悦:《建设工程价款优先受偿权放弃的法律效力》,载《人民司法(应用)》2016 年第 16 期。

88. 林雪:《〈关于建设工程价款优先受偿权问题的批复〉第 2 条的解释与适用——以利益衡量为视角》,载《研究生法学》2017 年第 5 期。

89. 梁慧星:《合同法第 286 条的权利性质及其适用》,载《山西大学学报(哲学社会科学版)》2001 年第 3 期。

90. 王利明:《我国民法典物权编中担保物权制度的发展与完善》,载《法学评论》2017 年第 3 期。

91. 程啸:《论担保物权之存续期限》,载《财经法学》2015 年第 1 期。

92. 程啸:《民法典物权编担保物权制度的完善》,载《比较法研究》2018 年第 2 期。

93. 孙鹏:《论担保物权的实行期间》,载《现代法学》2007 年第 6 期。

94. 高圣平:《担保物权司法解释起草中的重大争议问题》,载《中国法学》2016 年第 1 期。

95. 高圣平:《混合共同担保的法律规则:裁判分歧与制度完善》,载《清华法学》2017 年第 5 期。

96. 刘贵祥:《担保法适用中的几个新问题》,载《法律适用》2004 年第 6 期。

97. 刘贵祥:《〈物权法〉关于担保物权的创新及审判实务面临的问题》(下),载《法律适用》2007 年第 9 期。

98. 张驰:《论诉讼时效的限制与缓冲——以诉讼时效法律规范的性质为主线》,载《政治与法律》2010 年第 10 期。

99. 徐洁:《担保物权与时效的关联性研究》,载《法学研究》2012 年第 5 期。

100. 张卫平:《民法典与民事诉讼法的连接与统合——从民事诉讼法视角看民法典的编纂》,载《法学研究》2016 年第 1 期。

101. 朱晓喆:《诉讼时效完成后债权效力的体系重构——以最高人民法院〈诉讼时效若干规定〉第 22 条为切入点》,载《中国法学》2010 年第 6 期。

102. 金印:《执行时效的体系地位及其规制方式——民法典编撰背景下执行时效制度的未来》,载《法律科学(西北政法大学学报)》2017 年第 5 期。

103. 戴永盛:《论债权之罹于时效与担保物权之存续》,载《法律科学(西北政法大学学报)》2014 年第 3 期。

104. 耿林:《论除斥期间》,载《中外法学》2016 年第 3 期。

105. 廖炜冕:《担保物权不因主债权诉讼时效结束后 2 年的经过而消灭——从个案谈对〈担保法司法解释〉第 12 条第 2 款的理解》,载《法律适用》2005 年第 6 期。

(三)译著

1. 欧洲民法典研究组、欧盟现行私法研究组编著:《欧洲私法的原则、定义与示范规则:欧洲示范民法典草案》(第 4 卷),于庆生等译,法律出版社 2014 年版。

2. [德]克莱夫、巴尔主编:《欧洲私法的原则、定义与示范规则:欧洲示范民法典草案》(第 9、10 卷),徐强胜等译,法律出版社 2014 年版。

3. [德]汉斯·布洛克斯、[德]沃尔夫·迪特里希·瓦尔克:《德国民法总论》(第 33 版),张艳译,中国人民大学出版社 2012 年版。

4. [德]迪特尔·梅迪库斯:《德国债法分论》,杜景林等译,法律出版社 2007 年版。

5. [德]鲍尔、施蒂尔纳:《德国物权法》(下册),申卫星等译,法律出版社 2006 年版。

6. [法]弗朗索瓦·泰雷、菲利普·森勒尔:《法国财产法》(上册),罗结珍译,中国法制出版社 2008 年版。

7. [日]我妻荣:《我妻荣民法讲义Ⅳ:新订债权总则》,王燚译,中国法制出版社 2008 年版。

8. [日]我妻荣:《我妻荣民法讲义Ⅲ:新订担保物权法》,申政武等译,中国法制出版社 2008 年版。

9. [日]近江幸治:《民法讲义Ⅰ:民法总则》(第 6 版增补),渠涛等译,北京大学出版社 2015 年版。

10. [日]近江幸治:《担保物权法》,祝娅等译,法律出版社 2000 年版。

11. [俄]E. A. 苏哈诺夫主编:《俄罗斯民法》(第 1、3 册),黄道秀、丛凤玲译,中国政法大学出版社 2011 年版。

12. [德]卡尔·拉伦茨:《德国民法通论》(上册),王晓晔等译,法律出版社 2003 年版。

13. [德]卡尔·拉伦茨:《法学方法论》,陈爱娥译,商务印书馆 2003 年版。

14. [德]维尔纳·弗卢梅:《法律行为论》,迟颖译,法律出版社 2013 年版。

15. [德]迪特尔·梅迪库斯:《德国民法总论》,邵建东译,法律出版社 2001 年版。

16. [德]迪特尔·施瓦布:《民法导论》,郑冲译,法律出版社 2006 年版。

17. [德]曼弗雷德·沃尔夫:《物权法》(第 18 版),吴越等译,法律出版社 2002 年版。

18. [德]克里斯蒂安·冯·巴尔、[德]乌里希·德罗布尼西主编:《欧洲合同法与侵权法及财产法的互动》,吴越等译,法律出版社 2007 年版。

19. [德]本德·吕特斯、[德]阿斯特丽德·施塔德勒:《德国民法总论》(第 18 版),于馨淼、张姝译,法律出版社 2017 年版。

20. [德]莱茵哈德·齐默曼、[英]西蒙·惠特克主编:《欧洲合同法中的诚信原则》,丁广宇等译,法律出版社 2005 年版。

21. [德]马克斯·卡泽尔、罗尔夫·克努特尔:《罗马私法》,田士永译,法律出版社 2018 年版。

22. [德]汉斯-贝恩德·舍费尔等:《民法的经济分析》(第 4 版),江清云等译,法律出版社 2009 年版。

23. [日]我妻荣:《债权在近代法中的优越地位》,王书江等译,中国大百科全书出版社 1999 年版。

24. [日]於保不二雄:《日本民法债权总论》,庄胜荣校订,台北,五南图书出版股份有限公司 1998 年版。

25. [日]三潴信三:《物权法提要》,孙芳译,中国政法大学出版社 2005 年版。

26. [日]四宫和夫:《日本民法总则》,唐晖等译,台北,五南图书出版股份有限公司 1995 年版。

27. [日]山本敬三:《民法讲义Ⅰ总则》,解亘译,北京大学出版社 2004 年版。

28. [日]田山辉明:《物权法》,陆庆胜译,法律出版社 2001 年版。

29. [美]罗斯科·庞德:《通过法律的社会控制》,沈宗灵译,商务印书馆 1984 年版。

30. [美]罗斯科·庞德:《法理学》(第 3 卷),廖德宇译,法律出版社 2007 年版。

31. [美]理查德·波斯纳:《法律的经济分析》(第 7 版),蒋兆康译,法律出版社 2012 年版。

32. [美]斯蒂文·沙维尔:《法律经济分析的基础理论》,赵海怡等译,中国人民大学出版社 2013 年版。

33. [法]弗朗索瓦·泰雷等:《法国债法·契约篇》(下),罗结珍译,中国法制出版社 2018 年版。

34. [法]雅克·盖斯旦等:《法国民法总论》,陈鹏等译,法律出版社 2004 年版。

35. [英]芭芭拉·亚当:《时间与社会理论》,金梦兰译,北京师范大学出版社 2009 年版。

36. [英]帕特里克·贝尔特:《时间、自我与社会存在》,陈生梅等译,北京师范大学出版社 2009 年版。

37. [瑞]贝蒂娜·许莉蔓-高朴、[瑞]耶尔格·施密特:《瑞士民法:基本原则与人法》,纪海龙译,中国政法大学出版社 2015 年版。

38. [葡]Carlos Alberto da Mota Pinto:《民法》,澳门翻译公司等译,澳门地区法务局、澳门大学法学院 2009 年版。

39. [德]弗里德里希·卡尔·冯·萨维尼:《论占有》,朱虎、刘智慧译,法律出版社 2007 年版。

40. [意]鲁道夫·萨科、[意]拉法埃莱·卡泰丽娜:《占有论》(原书第2版),贾婉婷译,中国政法大学出版社2014年版。

二、外文文献

(一)英文

1. Philip Wood, *Law and Practice of International Finance*, Sweet & Maxwell 1980.

2. E. Kellaway, *Principles of Legal Interpretation of Statutes, Contracts and Wills*, Butterworths, 1995.

3. Zweigert & Puttfarken, *Statutory Interpretation—Civilian Style*, 44 TUL. L. REV, 1970.

4. Ray D. Henson, *Secured Transaction under the Uniform Commercial Code*, St. Paul, Minn: West Publishing Co., 1989.

5. H. Martins, *Time and Theory in Sociology*, in J. Rex, Approaches to Sociology: An introduction to Major Trends in British Sociology, London, Routledge and Kegan Paul, 1974.

6. Rudolf von Jhering, *Der Zweck im Recht Vol.* 1, English Translation by Isaac Husik as Law as a Means to an End, The Modern Legal Philisophy Series.

7. Robert A lexy, *A Theory of Constitutional Rights*, Oxford University Press, 2002.

8. Reinhard Zimmermann, *Comparative Foundations of a European Law of Set-off and Prescription*, New York: Cambridge University Press, 2002.

9. Camille Cameron, Elsa Kelly, *Principles and Practice of Civil Procedure in Hong Kong*, Sweet Maxwell Asia, 2001.

10. Andrew McGee, *Limitation Periods*, Swee Maxwell Limited, 2002.

11. T. Jackon, A. Kronman, *Secured Financing and the Priorities Among Creditors*, Yale Law Journal, 1979.

12. Robert Cooter, *Law and Economics* (Third Edition). Pearson. 2004.

13. Emilio Betti, *On a Genernal Theory of Interpretation*, The American Journal of Jurisprudence, Vol. 32.

(二)德文

1. Helmut Grothe, Kommentar zum, Münchener Kommentar zum BGB, 9. Aufl., 2021.

2. Honsell, Heinrich/Vogt, Nedim Peter/Geiser, Thomas(Hrsg.), Basler Kommentar zum Zivilgesetzbuch, 3. Aufl., 2007.

3. Palandt, Bürgerliches Gesetzbuch, 78. Aufl., 2019.

4. Vieweg/Werner, Sachenrecht, 3. Aufl., 2007.

5. Bydlinski, Franz, Juristische Methodenlehre und Rechtsbegriff, Wien/New Tork, Springer Verlag, 1982.

6. Heinrichs: Reform des Verjährungsrechts?, NJW 1982.

7. Mansel, Heinz-Peter: Die Neuregelung des Verjährungsrechts, NJW 2002.

(三)日文

1. 金山直樹『時効における理論と解釈』(有斐閣,2009年)。

2. 潮見佳男『新債権総論Ⅱ』(信山社,2017年)。

3. 中田裕康『債権総論(第3版)』(岩波書店,2014年)。

4. 内田貴『民法Ⅱ債権各論(第3版)』(東京大学出版会,2016年)。

5. 吉田徹-筒井健夫『改正民法[保証制度・現代語化]の解説』(商事法務,2005年)。

6. 道垣内弘人『担保物権法(第4版)現代民法Ⅲ』(有斐閣,2017年)。

7. 平野裕之『担保物権法』(日本評論社,2017年)。

8. 加賀山茂『債権担保法(第1版)』(日本評論社,2011年)。